Die Kunst des Clusterns

Britta Verena Pieper

Die Kunst des Clusterns

Wissensvorsprung und Wettbewerbsvorteile kunstvoll vereinen

 Springer VS

Britta Verena Pieper
Potsdam, Deutschland

Gefördert im Metaprojekt und Sonderforschungsbereich „Advantage Avantgarde"
Competence Center Cluster-Management (CCCM) und artlab21

Zugleich angenommene Dissertation an der Philosophischen Fakultät der Universität
zu Köln, 2008

ISBN 978-3-531-18444-9 ISBN 978-3-531-94172-1 (eBook)
DOI 10.1007/978-3-531-94172-1

Die Deutsche Nationalbibliothek verzeichnet diese Publikation in der Deutschen National-
bibliografie; detaillierte bibliografische Daten sind im Internet über http://dnb.d-nb.de
abrufbar.

Springer VS
© Springer Fachmedien Wiesbaden 2013

Gedruckt auf säurefreiem und chlorfrei gebleichtem Papier

Springer VS ist eine Marke von Springer DE. Springer DE ist Teil der Fachverlagsgruppe
Springer Science+Business Media
www.springer-vs.de

Inhalt

Danksagung

Die vorliegende Arbeit entstand im Rahmen des Metaprojekts ,Advantage Avant-garde', das vom Competence Center Cluster-Management (CCCM) und artlab21 über einen Zeitraum von fünf Jahren gefördert wurde. Großer Dank sei deshalb an die Projektträger gerichtet, welche anfängliche Vorüberlegungen zu dieser Arbeit vorausschauend in ihre Forschungs- und Entwicklungsprogramme aufnahmen, obgleich die Idee zu dieser Arbeit zu Beginn der Förderung noch ,out of the box' und seinerzeit für die Cluster- und Innovationsforschung somit ,out of scope' war. Vor dem Hintergrund einer international orientierten, verstärkt global ausgerichteten Forschungs- und Innovationspolitik und der damit einhergehenden Forderung einer systemübergreifenden Zusammenarbeit von Wissenschaft und Wirtschaft, erweist sich diese Arbeit nun als hochaktuell.

Namentlich danke ich dabei an allererster Stelle dem geschäftsführenden Vorstand vom CCCM Herrn Lukas Gersdorff und nachfolgend dem Vorstand von artlab21 Herrn Dr. Bernhard Zünkeler. Lukas Gersdorff konnte sowohl die Realisierung des gesamten Metaprojekts als auch die Durchführung dieser Arbeit über die Bildung eines Sonderforschungsfonds sichern und richtungsweisende Kooperationsprojekte mit Universitäten und Hochschulen erwirken. Die dadurch realisierten Lehr-, Forschungs- und Praxisprojekte sowie sich daran anschließende Symposien, Workshops und interkulturelle ,Exploring Packages' in Paris und Rom erlaubten mir die praktische und reflexive Vergegenwärtigung avantgardistischer Kunstprozesse und Strategien. In diesem Zuge bedanke ich mich auch für das Vertrauen, das CCCM bei Empfängen in Botschaften und Konsulaten sowie auf Einladungen des BMBF und der Wirtschaftskammer Österreich in Bonn, Berlin und Brüssel international vertreten zu können. Bernhard Zünkeler danke ich vielmals für den internationalen Zugang zur zeitgenössischen Kunstszene und das damit verbundene Angebot, künstlerisches Wirken in einem ,Kunstlabor' mit Standorten in Los Angeles, Berlin und Bonn vertiefend zu ergründen. Der fortwährende Austausch mit internationalen Nachwuchskünstlern der Gegenwart gestattete es mir, Kunstprozesse grenzüberschreitend zu analysieren.

Meine begleitenden und sich nahtlos anschließenden Tätigkeiten als Lehrbeauftragte, Dozentin und wissenschaftliche Mitarbeiterin an den Universitäten

Duisburg-Essen, Köln sowie der TU Berlin verhalfen mir dazu, meine umfangreichen und disziplinübergreifenden Forschungsfragen zielführend zu konkretisieren. Besonderen Dank richte ich an Prof. Dr. Eckart Pankoke und Prof. Dr. Lutz Ellrich. Sie beide begleiteten mich mit vielen Impulsen zur Thematik durch Forschung und Lehre. Eckart Pankoke unterstützte mich als umsichtiger Mentor in den unterschiedlichsten Projekten und war stets offen für neue Ideen und interdisziplinäre Zugangsweisen. Lutz Ellrich ermutigte mich in meinem Vorhaben, eine medienkulturwissenschaftliche Einebnung der primär wissensökonomischen Thematik grundlegend voranzutreiben und meinen Ansatz sozio-ökonomischer Clusterforschung auf medial-ästhetischer Basis weiterzuentwickeln. Herzlich danke ich auch Prof. Dr. Irmela Schneider für ihr zweites Gutachten und ihre fachliche Stellungnahme.

Liebevollen Dank richte ich ganz besonders an meine Familie, welche mich in vielerlei Hinsicht unterstützte, mich in schwierigen Phasen (er)trug und stets an mich glaubte. In Dankbarkeit und Liebe widme ich diese Arbeit meiner Mutter Angelika Pieper als meiner Mentorin, Freundin und Vertrauten, die nun von einem fernen Stern Licht spendet.

Potsdam, im Juli 2012

1. Im Delta von Wissensavantgarden und Cluster-Künsten

„ – Im Aufwind –
Metaphorisch lässt sich die Wissensgesellschaft
mit der Entdeckung von Amerika durch Kolumbus vergleichen:
Segelten damals Flotten unter einer Flagge mit unterschiedlichen Winden
gen Horizont und überbrückten den tobenden Atlantik,
so benötigen heute isolierte Wissensorganisationen
für einen gemeinsamen Aufstieg in neue Sphären,
eine Lösungsparole und Luftschiffe, die im Gewindegang
die getürmten Kumulus-Wolken durchfahren."

(Lukas Gersdorff 2007:1)

Das gesamtgesellschaftliche Koordinatensystem, die Gestalt einzelner gesell-schaftlicher Teilsysteme sowie das intermediäre Zusammenspiel von Markt, Staat und Gesellschaft verändern sich durch das ostentative Eindringen des Metafak-tors ‚Wissen' zusehendlich.[1] Relativ neu ins kollektive Bewusstsein gerückt ist

---

1 Die vermeintliche Verschiebung der gesellschaftlichen Definitionsfoki und Arbeitsmodi, deren ursächliche Faktoren oftmals zu auslösenden Momenten einer großangelegten formati-ven Wende von der Industrie- über die Informations- bis hin zur Wissensgesellschaft erklärt wurden oder aber als innovativationstreibende Movens den scheinbaren Wechsel von der Arbeits- zur Wissensgesellschaft begründeten, wird inzwischen von vielen Autoren in Bezug auf Dimensionierung von Relevanzkontexten und Gewichtung von Referenzfaktoren kritisch reflektiert. In den Focus geraten dabei u. a. soziale und kognitive Entwicklungsdimensionen der Gesellschaft, respektive ihres Zusammenspiels. (Vgl. z. B. Weingart 1976, Stehr 2001, Ellrich 2008a) An dieser Stelle sei hier nur beispielgebend eine pointierte Analogie zur „Chi-märe der Wissensgesellschaft" (Moldaschl 2007:492) angeführt: „Eine weitverbreitete These behauptet einen Bedeutungsverlust des ‚Faktors Arbeit' gegenüber dem ‚Faktor Wissen'. Das ist, als behaupte man einen Bedeutungsverlust des Managements gegenüber der Strategie, des Produkts gegenüber der Produktion oder des Baums gegenüber der Birne. [...] Und anders, als ein Birnbaum die Birne hervorbringt, *erzeugt ein vorhandenes Wissen rein gar nichts* – wenn es nicht in Arbeitsprozessen *angewandt* wird" (Moldaschl 2007:492, kursive Hervorhebung im Original). Verbreiteter Konsens ist mittlerweile, dass „Wissensgesellschaften [...] nicht Ergebnis eines einfachen, eindimensionalen gesellschaftlichen Wandlungsprozesses [sind, B. P.]. Sie entstehen nicht aufgrund eindeutiger Entwicklungsmuster" (Stehr 2001:11). Im angestrebten Rahmen einer übergeordneten Formation lässt sich die Genese und das Zu-sammenspiel der primären gesellschaftskonstituierenden Indikatoren, damit nicht auf deren Faktorierung und Gewichtung verkürzen und ebensowenig auf der Basis vermeintlich linearer Abfolgen erklären. (Vgl. Pritsching 2004) Eine Interpretation, die der wissensgesellschaftlichen Konstruktion auch nur annähernd gerecht wird, kann aufgrund inhärenter Mehrdeutigkeiten und unbekannter Wechselwirkungen lediglich einen, sich global ausdehnenden, mehrdeutigen ‚Schwellenzustand' in den Blick nehmen. Ad abstractum wird dies unmittelbar auf ein phasisch verlaufendes, polykontexturales Mehrebenenmodell hinauslaufen müssen, das den Zustand gesellschaftlicher „Liminalität" (Turner) taxiert.

die Erkenntnis, dass Wissen ganz entscheidend „die Entwicklung des Humankapitals ebenso wie die der Kapitalgüter und damit die Wachstums- und Entwicklungsmöglichkeiten einer Gesellschaft" (Haase 2004:67) beeinflusst. (Vgl. ebd.) Im Rahmen der Agenda von Lissabon formulierte der Vorsitz des Europäischen Rates seine Zukunftsstrategie für die Dekade der nächsten zehn Jahre einst in dem Bestreben, „*die Union zum wettbewerbsfähigsten und dynamischsten wissensbasierten Wirtschaftsraum in der Welt zu machen*" (EU-Kommission 2000, kursive Hervorhebung im Original). Obschon diese abgesteckte Zielvorstellung bislang nicht realisiert werden konnte, überrascht es nicht, dass auch das Nachfolgeprogramm ‚EU 2020' wiederum Strategien und Perspektiven für ein „[i]ntelligentes Wachstum" (EU-Kommission 2010:12) entwirft, welche die „Entwicklung einer auf Wissen und Innovation gestützten Wirtschaft" (ebd.) fokussieren: Unumstößlich steht mittlerweile außer Frage, dass Wissen zu einem der bedeutsamsten Wettbewerbsfaktoren und zu einer entscheidenden Vorbedingung und Erfolgsgröße zukünftiger Innovationsfähigkeit avanciert ist.

Allerdings wird – und auch das ist längst augenfällig – unter einem vorausschauenden Umgang mit Wissensressourcen nicht nur die neutralisierte und mittlerweile relativ ‚weichgespülte' Betrachtung von Wissen als wichtigem Innovationsfaktor verstanden. Unter der Ägide fortschreitender Vermarktung von Wissen ist im Gerangel der Kräfte vielmehr längst ein substanzieller Kampf um die Relais der Macht entbrannt.[2] (Vgl. Pankoke 2004:18 sowie Crozier/Friedberg 1979) Obgleich ein kapitalbildender intelligenter Umgang mit Wissen aufgrund seines Interventionspotentials im Hinblick auf vielgestaltige Herausforderungen längst als Primärziel auf wirtschaftspolitische Agenden gesetzt wurde, gibt u. a. die Expertenkommission Forschung und Innovation (EFI) in ihrem Gutachten zu bedenken, dass „[d]ie Organisation des Wissens- und Technologietransfers […] in Deutschland derzeit noch nicht optimal gestaltet" (EFI 2009:12) sei. Allerorten

---

2   Die berühmte Formel „Scientia potestas est" (Bacon) offenbarte bereits ihrer Zeit die machtvolle Korrelation der Faktoren Wissen und Macht. Sie aktualisiert sich jedoch im Rahmen der Hinterfragung des aktuell aufbrennenden Interesses in Bezug auf den Faktor Wissen. Längst sind Tendenzen feststellbar, dass Wissen als Differenzierungsinstrument von ‚Sein' und ‚Schein' sukzessive entthront und als Organum einer erfolgreichen Absteckung hegemonialer ‚Claims' wiederentdeckt wird. (Vgl. auch Lyotard 2009) Hinsichtlich des Warencharakters der Ressource Wissen macht u. a. Mittelstraß kritisch darauf aufmerksam, dass „sich ja auch die Wissensgesellschaft in der Regel *nicht* in der Weise [versteht, B. P.], daß hier eine Gesellschaft konsequent auf ihr wissenschaftliches, d. h. ihr epistemisches, Wesen setzt, sondern so, daß sie das Wissen als eine handelsfähige Ware entdeckt" (Mittelstraß 2001:39, kursive Hervorhebung B. P.). Vor diesem Hintergrund gewinnt in Anlehnung an Lyotards kritisches Credo (2009:32ff.) die Prognose neuerliche Brisanz, dass im Kontext von Effizienz und Machtsteigerung, insbesondere die Frage ‚wer' wissen werde (vgl. ebd., insbes. S. 33) in den Focus der Partikularinteressen(ten) rückt.

wird eine sich aktuell verschärfende Krisenzeit beklagt: Wirtschafts-, Finanz-, Management- und Wertekrisen sind als omnipräsentes Problemkonglomerat in die Diskurse aller gesellschaftlichen Teilsysteme eingeschrieben. Ökonomische und sozialkulturelle Wandlungsprozesse werden von Einzelakteuren oft als kaum noch überschaubar wahrgenommen. Deren Auswirkungen erzeugen zunehmend massive Handlungs- und Entscheidungsdrucke, welche aufgrund von Funktions-, Methoden- und Finanzierungslücken weder ausschließlich von Markt, Staat noch Gesellschaft in ihrer Komplexität erschöpfend getragen werden können. Längst wird überdeutlich, dass kein einzelner Akteur (sowohl Personen, Organisationen und Sektoren) den aktuellen Herausforderungen im Alleingang gewachsen ist: Die Erhaltung gesellschaftlicher Innovationsfähigkeit entledigt sich immer deutlicher tradierter Vorstellungen ,begrenzender organisationaler Korsetts' und der Handhabung zwar etablierter, aber zuweilen technokratisch und technologisch verkürzter Modalitäten und Mentalitäten.

Eine systemische ,Auskragung' wurde zwar als notwendig erkannt, jedoch spiegelt sie sich in den Strategien wirtschaftlicher Entwicklung und organisationaler Veränderung aktuell nur suboptimal wider. Dies wiederum verweist auf eine bislang unbefriedigende Entwicklung der kohäsiven Kraft komplementärer Akteure: Wenngleich die mit dem sozioökonomischen Wandel einhergehenden Problematiken ursächlich miteinander verknüpft scheinen und sich auf alle gesellschaftlichen Teilsysteme gleichermaßen auswirken, werden sie dennoch in eben jenen Teilsystemen solitär betrachtet und getrennt voneinander bearbeitet. Sowohl die Aufhebung der Verinselung von Wissensbeständen als auch die Einebnung der strukturellen Separierung von Wissenspraxen werden vor dem Hintergrund globaler Dynamiken somit zu großen mikro- und makropolitischen Herausforderungen. Zügige Entwicklungen und Erneuerungen von Prozessen und Produkten im globalen Markt erfordern folglich neuartige Steuerungsformen zur produktiven und effizienten Verbrückung von Akteuren und Wissenssystemen. Unser „Regime der verteilten Wissensproduktion" (Rammert 2002:o. S.) unterliegt damit der Herausforderung, verteilte und verstreute Wissensressourcen und bislang vielfach solitär betriebene Wissensgenerierung so zu kombinieren, dass ein übergeordnetes Wissensmosaik entsteht und Entwicklungspfade für die Permeabilität von Wissen in der postmodernen Gesellschaft geebnet werden.[3] (Vgl. auch Rammert 2002:o. S.)

---

3 Diese Durchgängigkeit ist, obschon der Begriff ‚Wissensgesellschaft' – als scheinbare Komposition von Wissen und Gesellschaft – auf deren längst vollzogene Verschwisterung abhebt, derzeit noch Fiktion denn Faktum. Auch wenn es hier keinesfalls darum geht, dem Begriff seine Wertigkeit zu entziehen, muss dennoch der Tatsache Rechnung getragen werden, dass sich der Blick auf die Herausforderung einer aktuell unzureichenden Diffusion und Kombination von

Verstehen wir unsere aktuelle wissensgesellschaftliche Formation solchermaßen als Formation der Postmoderne und ziehen zur Beschreibung ihrer Organisations- und Wissensmuster auch entsprechend postformative Diskurse hinzu, scheint sich bereits eine erste Crux abzuzeichnen: In jenen Diskursen formiert sich ein konträres Bild zu diesen in der Praxis vorzufindenden Phänomenen der Differenzierung und Diversifizierung von Wissen. Diese Diskurse heben zumeist auf eine längst vollzogene Verschränkung und Verschmelzung der vormals funktional getrennten Wissenssysteme und ihrer Wissenspraxen ab. Schneider folgend[4] zählt „Hybridisierung zur Signatur der gegenwärtigen Zeit" (Schneider 1997:47).[5] Dies scheint sich makroperspektivisch dahingehend auszuweiten, dass – laut Schneider – sogar „die Welt insgesamt [...] als ‚hybrid' bewertet"

Wissen und deren Ursachen nur zu leicht verstellt und damit vielgestaltige gesellschaftliche und organisationale Entgrenzungsprozesse unberücksichtigt bleiben. Infolge der Komplexität dieser Problematiken geschieht aktuell bspw. Folgendes: Zum einen ist es freilich kein Novum, dass zahlreiche Akteure auf globale und sozio-ökonomische Herausforderungen und damit einhergehende notwendige Neuerungsmaßnahmen aufgrund zunächst nicht abschätzbarer Auswirkungen mit der Errichtung von Barrieren und Blockaden antworten. Zum anderen werden die Herausforderungen ‚von heute' bisweilen sicherheitshalber mit Stempeln wie Innovationen ‚für morgen' überdeckt, obgleich ein auf die Zukunft gerichtetes Vorgehen unabhängig vom Verantwortungsbewusstsein der Akteure aufgrund unbekannter und somit unkalkulierbarer Größen auch immer mit Risiken behaftet ist. Bußkamp beschrieb diesen gegenwärtigen Problemzusammenhang bereits zu Beginn der 90-er Jahre folgendermaßen: „Wer sich auf Innovation einläßt, begibt sich in unsichere Gefilde. Man versucht die Zukunft vorwegzunehmen, vorauszusehen wie sich zukünftige Märkte gestalten werden; man versucht in der Gegenwart darauf eine Antwort zu finden, indem man heute für eine fernere Zukunft plant. Jede Neuerung (Innovation) ist eine riskante Entscheidung, aber auch das Verharren in der Tradition (redundante Entscheidungen) ist riskant. Wer sich z. B. nicht auf Änderungen in der Umwelt einläßt, muß damit rechnen, daß er eines Tages in dieser Umwelt nicht mehr bestehen kann" (Bußkamp 1993:50f.). Eine mögliche Alternative scheint aber auch die Flucht in nur potentielle (also buchstäblich virtuelle) Zukünfte. Dabei ist eine solche "Zukunft als leere Fülle [...] streng genommen gar keine Zukunft mehr, die historisch aus der Gegenwart hervorgeht. Sie ist einfach eine andere Welt, die mehr oder weniger zufällig auf die jetzt gegebene folgt und die sich allein dadurch auszeichnet, dass in ihr gewisse Dinge verwirklicht sind, die bisher allenfalls als möglich gegolten haben. Diese Zukunft ist kein Zeitpunkt oder Ziel, dem unsere Gegenwart verpflichtet wäre. Sie ist völlig unterbestimmt und offen" (Nordmann 2009:16). Doch unabhängig welche Zukunftsvorstellung man hier auch favorisieren mag, so gilt die von Koederitz veranschlagte pointierte Formel: „Wer nicht mit der *Zeit* geht, *geht* mit der Zeit" (Koederitz 2012:6, kursive Hervorheb. B. P.).

4   So auch Schneider: „Wenn es um Analysen der postmodernen Gesellschaft geht, dann gehört das Hybride zu den charakterisierenden Merkmalen" (Schneider 1997:13).

5   Versteht man Kulturen (man fokussiere z. B. die zu etablierende Kultur eines vereinten Europa) als ein sich aus heterogenen Systemen zusammensetzendes Konglomerat, macht es Sinn, für ein entsprechendes Bedeutungsgebäude auch die Option auf Vereinigung der Verschiedenheit zu einer starken Union, letztlich Harmonisierung offenzuhalten. Dies wird auch politisch gestützt, durch die Markierung des „Europäischen Jahr[es] der Bürgerinnen und Bürger 2013" (EU-Kommission 2012) sowie die Verleihung des Friedensnobelpreises an die EU im Jahr 2012.

(Schneider 1997:13) werde.[6] Obschon auch die (sich in der Postmoderne zwangs-läufig anders als in der Moderne formierende) Ressource Wissen seitens der Akteure längst als Hybridwissen beobachtet und bewertet werden müsste, scheint diese Erkenntnis den Akteuren weder in ausreichendem Maße zugänglich noch ist es den Akteuren gänzlich ersichtlich, wie sie ihre Aktivitäten auf die neuartigen Gegebenheiten ausweiten bzw. wie sie handlungsleitende Maximen, Maßnahmen und dementsprechende Umsetzungen folgen lassen können. Hier wird eine Dysbalance sichtbar zwischen jener vorab skizzierten postmodernen Beobachtung einer „Hybridkultur" (Schneider/Thomsen 1997) einerseits und jener in praktischem Feld scheinbar noch in der ‚Moderne' steckengebliebenen Problembearbeitung andererseits.[7]

Gelingt es nicht, den offenbar noch weithin vorherrschenden Tenor der Singularität aufzuheben und den Puls der postmodernen Zeitzeichen als Schrittmacher zu verstehen, hätte dies zwangsläufig zur Folge, dass wissensbasierte Innovationsvorhaben ins Leere laufen: Denn das "Innovationspotenzial [liegt, B. P.] aus wettbewerbsstrategischer Sicht gerade in der *Vernetzung von Leistungen* (Leistungsbündelung) sowie in der *Vernetzung der Akteure* (Kompetenzbündelung) begründet. Beide Gestaltungsdimensionen bedingen und ermöglichen sich gegenseitig" (Kölling/Möslein 2007:196, kursive Hervorhebung im Original). Dies hat zur Folge, dass sich „Hybridität und Interaktion [...] gleichermaßen als Treiber der Innovationsfähigkeit" (Kölling/Möslein 2007:198) hervortun. Allerdings lassen sie sich – und auch das impliziert obige Aussage – keinesfalls separieren und werden erst durch ihr rekursives Zusammenspiel in „[i]nteraktive hybride Wertschöpfung" (ebd.) überführt und damit zu einem wettbewerblich wirkungsvollen Erfolgsfaktor.

6　Vgl. dazu kritisch Goehler (2006): Goehler negiert eine sich vollends durchgesetzte „Hybrid-kultur" (so der Titel von Schneider/Thomsen 1997), indem sie konstatiert, dass in unserem aktuellen Gesellschaftsmodell beispielsweise „*noch* die Voraussetzungen für soziale Konstruktionen fehlen, die Hybride zwischen Fürsorge und Selbstorganisation erzeugen könnten" (Goehler 2006:14, Hervorhebung im Original). Dabei setzt Goehler kritisch an der aktuellen Konsolidierungsphase unserer gesellschaftlichen Formation an und bezeichnet diese als Übergangsphase eines „‚nicht mehr und noch nicht'" (Goehler 2006:11, kurs. Hervorheb. des Orig. getilgt). Als Mittel der Wahl, den damit verbundenen Herausforderung zu begegnen, führt sie „Verflüssigung als Gegenmoment zur Abkapselung gesellschaftlicher Blöcke und Verhärtung starrer Oppositionen" (Goehler 2006:16) sowie „als Gegenmoment zur Verfestigung von Verhältnissen, die ihren Gegenstand aus dem Blick verloren haben" (ebd.) an.

7　Ausgehend von dieser Dysbalance ließe sich die Fragestellung dahingehend erweitern, dass erfragt wird, ob beobachterabhängiges Wissen postmoderner Akteure und eine damit verbundene Verständnislogik selbst noch nicht genügend ‚postmodernisiert' werden konnten, um in postmodernen Organisationsgefügen entsprechend wirksam zu werden?

Damit ist das primäre sozio-ökonomische Gebot der Stunde also, ungenutzte und brachliegende Wissensressourcen integrativ so zu konzentrieren und zu verräumlichen, dass sich über den entstehenden Wissenszuwachs auch ein generativer Wissensvorsprung und resultierend daraus ein messbarer Wettbewerbsvorteil erzielen lässt. Diese Bestrebungen und die dementsprechende Zielsetzung, Innovationspotentiale zu sichern und ökonomische Wettbewerbsvorteile zu steigern, werden aktuell insbesondere im Bereich der Standortpolitik eingehend verfolgt. Dabei wird maßgeblich diskutiert, ob und wie es gelingen kann, marktrelevantes Wissen organisationaler Akteure erfolgreich zu bündeln und langfristig an ausgewählte Standorte zu binden. Leistungsstarke Schlüsselakteure und regionale Wirtschaftsräume nachhaltig so zu stärken, dass Ihnen im globalen wissensbasierten Wettbewerb eine prädestinierte ökonomische Vormachtstellung zukommt, zählt daher aktuell zu den kardinalsten Zielsetzungen von EU, Bund und Ländern.[8]

Potentielle Initialzündungen zur Erlangung derartiger Vormachtstellungen werden aktuell insbesondere in der Initiierung und Etablierung sog. Cluster gesehen. Der Clusterbegriff – gegenwärtig selbst noch Suchformel – bezieht sich derzeit ‚en gros' vornehmlich auf die Beschreibung eines geographisch gerahmten Bündels ökonomischer Produktions- und Produktivkräfte.[9] Angestrebte Ziele von Clustern sind ökonomisch betrachtet fast durchweg Standortsicherung und -verbesserung, Aufbau und Erschließung neuer Märkte und damit verbundene Stra-

---

8   Auf eine Stärkung der ökonomischen und regionalen Kohäsionskräfte und damit verbundener Wettbewerbsvorteile fokussieren insbesondere die Programme „GA" („Gemeinschaftsaufgabe zur Verbesserung der regionalen Wirtschaftsstruktur") und „EFRE" (Europäischer Fonds für regionale Entwicklung) (vgl. dazu auch Alecke/Untiedt 2005:12) aber auch der im Rahmen der ‚Hightech Strategie 2020' lancierte Spitzencluster-Wettbewerb des Bundesministeriums für Bildung und Forschung. (Vgl. BMBF 2011) Im Rahmen der Hightech Strategie wird der Auf- und Ausbau von Exzellenz- und Spitzenclustern zum kardinalen Mittel, auf den steigenden Druck zu reagieren, der darin besteht, sich im Feld international herausragender wissenschaftlicher und wirtschaftlicher Spitzenforschung positionieren und profilieren zu müssen. Bei der Bildung von Eliten und der Stärkung bereits augenscheinlich starker, weithin sichtbarer Stärken ist jedoch demgegenüber auch die Gefahr einer damit einhergehenden neuerlichen Separierung von Kräften gegeben, da primär spezifische, bereits als Exzellenzen eingestufte und vorselektierte Kompetenz-Verbünde gefördert werden und potentielle ‚hidden champions' damit möglicherweise ausgespart bleiben.

9   Die derzeit bekannteste Clusterdefinition stammt von Porter, einem in Harvard lehrenden Ökonom. Dieser definiert Cluster als „geographically proximate group of interconnected companies and associated institutions in a particular field, linked by commonalities and complementarities" (Porter 2008:215). Das Bundesministerium für Bildung und Forschung definiert einen Cluster im Rahmen des Spitzencluster-Wettbewerbs als „eine räumliche Konzentration von verschiedenartigen interagierenden Akteuren, die ein gemeinsames Tätigkeitsfeld verbindet und deren gemeinsames Ziel es ist, durch Kooperation und Bündelung ihrer komplementären Interessen und Potenziale ihre Leistungsfähigkeit zu steigern und sich so langfristige Wettbewerbsvorteile und eine führende Marktposition zu sichern" (BMBF 2011).

tegien, die Wertschöpfung auf Grundlage der Erschließung neuer Wettbewerbsvorteile zu steigern.[10] Schwerpunkte zur Initiierung und Etablierung von Clustern
liegen aktuell primär im Auf- und Ausbau produktiver Verbundsysteme, um die
den Clustern derzeit zugeschriebenen Vorteile einer weiträumigen Ressourcennutzung heben zu können. In politischen, wirtschaftlichen und zunehmend auch
wissenschaftlichen Kontexten scheint Clusterbildung eine, wenn nicht gar *die* erfolgsversprechende Antwort auf drängende Struktur- und Zeitproblematiken zu
sein. (Vgl. u. a. Grote Westrick/Muth/Rehfeld 2005:153) Cluster werden sowohl
als neue zentrale Triebkräfte für ökonomische Produktivität und Prosperität als
auch regionale Innovationsfähigkeit gehandelt. (Vgl. u. a. Kiese 2008, BMBF 2011)

Unabhängig davon, dass Cluster im rein ökonomischen Sinne keineswegs als
gänzlich neue Phänomene eingestuft werden können, da sie in der Historie zahlreiche Vorläufer, (z. B. Unternehmensagglomerationen) besitzen (vgl. u. a. Porter
2002:21, Späth/Henzler 2002:58, van der Linde 2005:15, Pieper 2009:59f., Quennet-Thielen 2012:3f.), zeichnet sich im Zuge sich ausdehnender globaler Märkte ein dazu scheinbar paradoxales „Re-entry" (Spencer-Brown) regionalwissen-
schaftlicher Fokussierung ab.[11]

---

10   Demgegenüber macht Kiese deutlich, dass „vorhandene Erklärungsansätze auch die Möglichkeit
     eines negativen Zusammenhangs von Clustern und Regionalentwicklung zulassen. Sowohl
     das Altern von Clustern als auch das Überschreiten der optimalen Clustergröße (Agglom-
     erationsoptimum) [...] können sich negativ auf die Regionalentwicklung auswirken" (Ders.
     2008a:55), so Kiese. Floeting und Zwicker-Schwarm verweisen ebenso darauf, dass „Cluster
     [...] auch die Anpassungs- und Modernisierungsfähigkeit von Regionen gefährden [können,
     B. P.], wenn sie zur Verfestigung nicht wettbewerbsfähiger Strukturen beitragen" (Floeting/
     Zwicker-Schwarm 2008:15). Auch Hartmann macht auf die „latente[...] Gefahr eines Nieder-
     gangs" (Ders. 2008:117) von Clustern aufmerksam, in dem er auf die potentielle Gefahr von
     Erstarrungen abhebt und Lernfähigkeit als eine der entscheidenden Gelingensbedingungen für
     das Fortbestehen und den Erfolg von Cluster hervorhebt. (Vgl. Hartmann 2008) Im Rahmen
     seiner Studien zu lernenden Regionen markierte Scheff bereits 1999 „Lernfähigkeit als eine
     Schlüsselfähigkeit [...], die zur Erzielung von Wettbewerbsvorteilen eine wesentliche Rolle
     einnimmt" (Scheff 1999:72).
11   Vgl. zur Erklärung dieses scheinbar paradoxen Phänomens auch Kiese, der eine „Renaissance
     der Regionen" (Kiese 2008:9) konstatiert. In Bezug auf die mit dieser „Renaissance" (ebd.)
     verbundene Innovationsdebatte gibt Rehfeld kritisch zu bedenken, dass sich in dieser „immer
     wieder ein konzeptionell/normativer Bias findet, der suggeriert, es handele es [sic!] sich bei der
     Aufwertung von Regionen um einen generellen, zwangsläufigen Trend. Konzepte wie lernende
     Region, Netzwerkregion oder regionale Innovationssysteme beinhalten in der Regel die Vor-
     stellung eines veränderten gesellschaftlichen Trends, der Regionen in einer – wie auch immer
     theoretisch fundierten – Hinsicht zwangsläufig aufwertet. Empirische Untersuchungen lassen
     erkennen, dass dies keineswegs der Fall ist" (Rehfeld 2007:2). Cernavin und Führ konstatieren
     demgegenüber eine sich gegenwärtig wandelnde Wahrnehmung der regionalen Perspektive:
     „Heute werden Regionen als eigenständige ökonomische Einheiten mit spezifischen und
     einzigartigen Qualitäten und Bedingungen wahrgenommen. Die spezifischen ökonomischen
     Beziehungen in der Region, ihre spezifischen humanen und sozialen Ressourcen, die regionalen
     Institutionen und die kulturellen und ökologischen Potenziale des regionalen Raums werden

Bereits zum Ende des 19. Jahrhunderts beschrieb Marshall (1890) regionale
Agglomerationsvorteile, die sich aufgrund einer damit verbundenen Option wechselseitiger Ressourcennutzung positiv auswirken können. (Vgl. insb. Scheuplein
2006) Ein derart starker regionaler Fokus galt jedoch zugunsten der Formierung
einer vernetzten Weltgesellschaft lange als zu kleinteilig gedacht, vor dem Hintergrund globalgesellschaftlicher Problematiken kaum zielführend und damit fast
schon als obsolet. Das derzeitige Verständnis von Clustern als lokaler Entitäten
basiert jedoch nicht auf einem reinen ‚Back to the Roots' regionaler Zusammenhänge, sondern auf einer Verschwisterung regionaler und globaler Perspektiven:
Cluster scheinen geeignete Organa zu sein, um den Auf- und Ausbau räumlich
lokalisierter, höchst wettbewerbsfähiger Produktions- und Innovationszentren
voranzutreiben, welche die regionale Wirtschaftskraft u. a. durch ihr geschicktes
Placement sichern und stärken. Parallel dazu befördern sie zugleich die An- und
Einbindung dieser Produktions- und Innovationszentren in überregionale und
globale Kapitalflüsse und steigern damit die Teilhabe und Wettbewerbsfähigkeit
der Akteure im Weltmarkt. (Vgl. Manger 2009:17) Damit sind Cluster per se die
gegenwärtig prädestiniertesten Glokalisierungsinstrumente, die in öffentlichen
Diskursen (freilich unter Vorbehalt einer entsprechend zu stützenden Kommu-
nikations- und Vertrauenskultur) immer wieder als gewichtige ‚Flaggschiffe' in
die Waagschale geworfen werden, wenn es um die Balancierung und Beförderung räumlicher, sozialer und kultureller Kohäsion geht. Entscheidend sind zudem die Clustern zugeschriebenen Innovations- und Wettbewerbsvorteile. Dabei werde die „Innovationskraft [von Clustern, B. P.] [...] darauf zurückgeführt,
dass sie komplexe regionale Beziehungs- und Wertschöpfungsnetzwerke entstehen lassen, welche eine Vielzahl an Kooperationen in unterschiedlichen betrieblichen Funktionsbereichen ermöglichen" (Elbert/Müller 2008:161).
 Politik, Wirtschaft und große Teile der Gesellschaft haben sich deshalb in
zunehmendem Maße mit dem „Cluster-Fieber" (Kiese/Schätzl 2008a:XIII) infi-
ziert. Die „Clustermania" (Alecke/Untiedt 2005:2) weitet sich viral auf zahlreiche
öffentliche Bühnen aus. Cluster werden gar als „Schlüsselgrößen der künftigen
Wirtschaftsentwicklung in Europa und der Welt" (Späth/Henzler 2002:56) prognostiziert. Das Augenmerk der praktischen Clusteranalysen fokussiert sich da-

---

als Faktoren für Wettbewerbsfähigkeit erkannt" (Cernavin/Führ 2005:7). Ohne den enthu-
siastischen Anteil dieser Annahme schmälern zu wollen, muss dennoch gesagt werden, dass
die Integration vieler der von Cernavin und Führ benannten Faktoren wie z. B. die „humanen
und sozialen Ressourcen" (ebd.) zwar zunehmend ins Blickfeld der Betrachtung einzelner
Partialansätze geraten, jedoch hinsichtlich ihrer regionalen Umsetzungen und instrumentellen
Entwicklungen – zumindest global betrachtet – größtenteils noch in den Kinderschuhen stecken
und in vielen ökonomisch ausgerichteten Ansätzen noch immer vernachlässigt werden, wenn
nicht gar unberücksichtigt bleiben.

her insbesondere auf diejenigen Branchen, für die zukünftig hohe monetäre Erträge prognostiziert werden. (Vgl. u. a. Grote Westrick/Muth/Rehfeld 2005:155) Auf Basis dieser aktuell primär ökonomisch gelagerten und regional vorgenommenen Clusteranalysen wird diese Methode der Clusterforschung gegenwärtig insbesondere in den Regional- und Wirtschaftswissenschaften vorangetrieben. Deren vorrangiges Untersuchungsziel liegt primär auf der Analyse von Agglomerationsvorteilen sowie dem Output ökonomischer Produktivkräfte, welche zumeist auf Grundlage einer Kombination vorwiegend regionalökonomischer Indices definiert werden.

Vor diesen Hintergründen werden Cluster im aktuellen Diskurs zwangsläufig als gesetzte regionalökonomische Stell- und Richtgrößen vordimensioniert. Die Gefahr besteht nun darin, dass damit verbundene Aussprachen möglicherweise in stark vereinseitigende Diktionen münden. Worauf gründet oder genauer: wie reklamiert Clusterforschung allerdings ihre evidenten Größen, wenn ihr Forschungsgegenstand selbst zwar als gewichtige Stellgröße propagiert, jedoch nicht eindeutig definiert ist?

Eine durchaus renitente Frage. Mir geht es hier allerdings darum, zu spezifizieren, welche Objekte bzw. Objektbereiche in der Clusterforschung überhaupt zum Forschungsgegenstand erhoben werden und welche Forschungsdisziplinen bzw. -bereiche demnach zur Hebung und Hervorhebung jener den Clustern bereits im Diskurs unterlegten Potentiale, aber auch zur Dimensionierung ihnen neu zu unterlegender Potenzen beitragen können? Dementsprechend geht es mir darum neuerlich zu cadrieren, *was* Cluster, *unter welchen Voraussetzungen, warum* beinhalten, beherbergen und bewegen können. Dies ist also auch der Forschungsgegenstand dieser Arbeit.

Damit stehen trotz oder gerade aufgrund der Clustern aktuell (freilich noch als Leihgabe) verliehenen öffentlichen Bedeutsamkeit als vermeintliches „Panacea [deutsch = Allheilmittel, B. P.]" (Martin/Sunley 2001) globaler wissensökonomischer Herausforderungen, m. E. n. zunächst übergreifende Fragen des inhaltlichen Begriffsinventars von Clustern, also eine Untersuchung ihrer Semantiken und Bedeutungsgefüge, ihre Verortung als Interaktions- und Kulturformen sowie damit verknüpfte erkenntnistheoretische Analysen der ästhetischen und sozialkulturellen Form- und Sinnbildungsprozesse, kurz die Nachverfolgung von Objektivierungsprozessen und die Herausstellung von Ins-Werk-Setzungs-Bedingungen aus. Dazu fehlen im bislang noch unausbuchstabierten Cluster-Formenfeld Anschlüsse zur Entwicklung übergreifender Topologien und übertragbare Typologien, um die sich gegenwärtig wandelnden Arten von Wissensformung und

Innovationsgestaltung in systemübergreifende Prozesse der Clusterentwicklung transportieren und modellhaft spezifizieren zu können.

Modellbildungen, die den Anspruch verfolgen, die fundamentale Reichweite dieser Transformationsprozesse trotz notwendiger Komplexitätsreduktion zu konturieren, können sich nun allerdings weder nur in der ausschließlichen Skalierung ökonomisch relevanter Indices widerspiegeln noch aus der hermetischen Abgeschlossenheit reiner Laborsituationen emergieren und gewiss auch keine sich in den Diskurs aktuell einspeisende Mythenbildung lediglich ,co-intonieren'. Die Herausforderung bei der Entwicklung dieser Modelle besteht dann darin, dass sowohl wissenschaftliche Theoriestränge als auch die Reflexion aktueller und zukünftiger Praxisrelevanzen notwendigerweise in die Modellbildung zu integrieren sind. Wenngleich diese Modelle a priori nur als abstrakte Erstentwürfe präkonzeptioniert werden können, müssen sie dennoch die sich zukünftig abzeichnenden Problemfelder der Praxis antizipieren, um eine sich anschließende Überführung ,in corpora' gewährleisten zu können. Derartige Modellbildungen, die den doppelten Anspruch verfolgen, einerseits Impulse für eine Vermessung des Forschungsraumes zu geben, andererseits Akzente für eine Charakterisierung des Forschungsgegenstandes zu setzen, erfordern zunächst eine möglichst umfassende Aufarbeitung jener, im Clusterformenfeld aktuell vorfindlichen Herausforderungen, um diese nachgerade (re)integrieren und somit ihre eigene Passfähigkeit absichern zu können. Diese Herausforderungen gruppieren sich m. E. n. um ein primär feldorientiertes, ein forschungstheoretisches und ein semantisches Kernproblem. Im Rahmen einer notwendig übergreifenden Bearbeitung kann die erwähnte Problemtrias dementsprechend nur in einer übergeordneten Zusammenschau zusammenfassend bearbeitet werden. Um der Verständlichkeit dieser komplexen Materie Rechnung zu tragen, möchte ich die Objektbereiche dieser Triade zunächst einführend und unabhängig voneinander skizzieren.

Beginnen wir zunächst mit der *feldorientierten Herausforderung* im Bereich der Clusterbildung: Intermediäre Interorganisationsformen, welche die wissensgesellschaftlichen Rahmenbedingungen berücksichtigen und die Durchgängigkeit von Wissen über coevolutive intersystemische Lernprozesse nachhaltig befördern müssen, verlangen zur Sicherung der Zukunftsfähigkeit auch eine erfolgsversprechende Gestaltung. Die ,Ins-Werk-Setzung'[12] von Clustern bedingt dabei nicht nur ein konzeptionelles Rahmenwerk, sondern setzt notwendig bei den daran zu beteiligenden Organisationen an. Diese müssen nicht nur fähig sein, ihre organisationalen Strukturen hinsichtlich einer prozessualen Durchgängigkeit über die

---

12   Vgl. zur Veranschaulichung der ,Ins-Werk-Setzung' von Clustern in der Wissensökonomik bereits Pieper (2007a).

Organisationsgrenzen hinaus intersystemisch zu verbinden. Wollen die Organisationen den angestrebten Produkt- und Prozessinnovationen im Cluster gerecht werden, müssen sie zudem die Bereitschaft mitbringen, ihre systemimmanente Auf- und Ablauforganisation den Entwicklungen und Fortschritten im Cluster anzupassen und zu verändern.[13]

Da „[m]it dem Begriff der Innovation [...] die gesamte Steuerungs- und Planungssemantik mitbewegt" (Bußkamp 1993:51) wird, stellen sich für das „Innovationsmanagement im Sinne der Steuerung von Innovationsprozessen [...] praktische Fragen danach, inwieweit die Lernfelder innovativer Entwicklung organisatorisch einzubinden oder auszukuppeln sind" (Pankoke 1993a:66). Im Zuge dieser „Ausweitung der ‚Kontaktfläche' zur Umwelt" (ebd.) eröffnen sich vielfältige Fragestellungen, welche aktuell insbesondere in den Forschungsdisziplinen und Beratungskontexten bearbeitet werden, die sich mit organisationalen Entwicklungs-, Veränderungs- und Umstrukturierungsprozessen befassen. Ebenso notwendig werden jedoch auch Anstrengungen und Optimierungsversuche im Bereich (wissens)kultureller Kapitalbildung und Kompetenzentwicklung, um den (personalen) Akteuren die Gestaltung sich ausdehnender und weitreichender Handlungs- und Wirkungsräume zu ermöglichen.[14]

Vor dem Hintergrund notwendiger Umstrukturierungsprozesse lässt sich die Dimension und Beträchtlichkeit der Zusammenschau dieser komplexen Handlungsfelder und sich daran anlagernder Lernerfordernisse bereits erahnen: Insbesondere bei der Clusterbildung müssen Clusterakteure nicht nur intraorganisationale Problemstellungen bearbeiten, sondern auch hochkomplexe Außen- und Umweltbeziehungen über eine Meta-Dimensionierung rekonzeptionalisieren. Diese Erfordernisse führen zu weiteren Herausforderungen im Bereich der Dimensionierung und Gestaltung von Zusammenkunft und Verständigung zwischen Akteuren, Organisationen, Sektoren und Systemen. Unumgänglich verbunden sind damit Untersuchungskomplexe, welche die Möglichkeiten, Schwierigkeiten und Grenzen

---

13   Die Veränderung organisationaler Strukturen betrifft natürlich nicht nur eine Neugestaltung von Aufbau- bzw. Ablauforganisation, sondern erweitert sich je nach situativem Kontext und angestrebter Zielstellung bspw. um die Notwendigkeit, das Wechselspiel zwischen unternehmens- und personalpolitisch gelenkter Struktur und einer sich auf dieser Basis herauskristallisierenden Informations- und Wissenskultur zu reflektieren, d. h. also, die Auswirkungen dieses Wechselspiels einer kritischen Bestandsaufnahme zu unterziehen und seine Voraussetzungen mit Blick auf gewünschte Wirkungen möglicherweise auch gänzlich neu zu justieren.

14   Organisations- und Personalentwicklungsmaßnahmen, die im Zuge von wissensgesellschaftlichen Erneuerungs- und Clusterbildungsprozessen auch interorganisationale Zusammenhänge aufgreifen müssen, sind somit stets Teile eines gemeinsamen Handlungsfeldes und damit schon per se nicht separierbar.

einer zwar auch technischen, jedoch kardinal sozialen und kulturellen Verbindung von Akteuren, Wissenssystemen und Wissensbeständen in den Blick nehmen.

Die primäre Herausforderung besteht nun in der Vollführung jenes Meisterstückes, den Akteuren ihr vorhandenes Wissen und ihre disponiblen Kompetenzen nicht bezüglich eines für diese zunächst unfasslichen, da übergeordneten Clusterzieles ‚entlocken' zu wollen, wohl aber liegt sie darin, den Akteuren, ihre eigene wettbewerbliche Anschlussfähigkeit als durch eine mit dem übergeordneten Clusterziel verbundene, – genauer: als eine nur durch ihre proaktive Mitwirkung im Cluster vulgo eine Bereitstellung und kollektive Bewirtschaftung von Wissensressourcen überhaupt erst erzielbare und sich dauerhaft als tragfähig erweisende – gewahr werden zu lassen. Um dies zu erreichen, muss nun jedoch zuvorderst die angestrebte Zusammenarbeit für alle Cluster-Beteiligten als synergetisches Potential gemeinsamer Entwicklungs- und Gestaltungsprozesse sichtbar herausgestellt und ein ihr unterlegter Benefit als ein für alle einzelnen Beteiligten ebenso einträglich, wie auch individuell verwertbares Kapital angeschlossen werden.[15]

Die Bearbeitung dieses Handlungsbereiches stellt aktuell eine komplexe und nicht minder komplizierte Herausforderung dar: Zunächst muss vorhandenes Wissen (ebenso wie in allen anderen sozio-ökonomischen Kontexten, die auf Wissensakkumulation und Wissensspeicherung abzielen) aufgespürt und sichtbar gemacht werden. Darauf aufbauend gilt es jedoch, – und hier sind die Herausforderungen nun völlig anders gelagert – gänzlich neuartige clusterspezifische Formen der Übertragung, Überführung und Übersetzung dieses Wissens zu (prä-) konzeptionalisieren: Juristisch werden damit die Verwendung und Stellung originären geistigen bzw. personalen und organisationalen Eigentums sowie der Umgang mit Patenten und Lizenzen berührt.[16] Sozio-ökonomisch schwenkt dies auf

---

15   Mit Klotz stimme ich darin überein, dass sich bereits die unternehmenskulturellen und organisationalen Vorbedingen des Wissensaustausches nicht allein mit technischen Mitteln lösen lassen und sich ebenfalls nicht – so möchte ich hier hinzusetzen – durch den alleinigen Umbau struktureller Tektoniken ins Positive wenden, denn: "Die Bereitschaft von Menschen, ihr Wissen anderen oder einer Organisation zur Verfügung zu stellen, hängt ja nicht von den technischen Möglichkeiten ab, sondern von ‚weichen Faktoren' wie Vertrauen, Respekt, Anerkennung, Freiheit, Fairness und Toleranz" (Klotz 2007:189). Vgl. zur Gefahr der Überbetonung der informationstechnologischen Ausrichtung und Perspektive im Rahmen des Wissensmanagements u. a. Pieper (2002).

16   „Wichtig für die Ansiedlung von FuE-Zentren und die Zuordnung von Patenten zu Standorten sind Steuer-Arbitrage-Überlegungen: Patentportfolios und zugehörige Forschungsarbeiten werden bevorzugt dort konzentriert, wo die Besteuerung der Lizenzeinnahmen besonders vorteilhaft ist. Deutschland ist in diesem Bereich ins Hintertreffen geraten und hier ergeben sich zunehmende Wettbewerbsverzerrungen" (EFI 2012:26). Zur Forcierung eines zielgerichteten Umganges mit Patenten und einer Sicherstellung von Rechten dient u. a. auch die „Abschaffung des Hochschullehrerprivilegs" (EFI 2012:36): „Mit der Abschaffung des Hochschullehrerprivi-

Fragen der Herstellung und Hervorhebung marktlicher Alleinstellungskriterien sowie der Herausbildung von Wettbewerbsvorteilen durch Wissensvorsprünge ein. Mikropolitisch sind hierzu hierarchische Verteilungs- und Machtfragen der Urheberschaft neu zu deklinieren und damit einhergehende potentielle Inkongruenzen des propritären Schutzes bezüglich der Nutzung im Vorfeld zu charakterisieren und zu spezifizieren.

Deutlich wird anhand dieser (für Cluster noch weithin ungelösten) Herausforderungen, dass die Zusammenhänge von Wissenskonstruktionen, Lernprozessen und Kulturcharakteristika für Clusterbildungsprozesse bislang nur marginal ausbuchstabiert sind: Die Entstehens- und Steuerungsbedingungen sowie die sozio-kulturellen Erfolgsfaktoren von Clustern bzw. das komplexe Zusammenspiel dieser Faktoren sind bei weitem noch nicht abschließend geklärt. Wie Clusterentwicklung zu präkonfigurieren, Cluster ins ′Werk′ zu setzen, Cluster-Akteure zu empowern sowie Cluster-Prozesse zu steuern sind, ist bislang (noch) nahezu offen. Besonders deutlich wird diese Problematik im Hinblick auf die Notwendigkeit zahlreicher Forschungsverbünde und Spitzencluster-Wettbewerbe, zügig ein problemorientiertes Clusterdevelopment und ein professionelles Clustermanagement etablieren zu müssen, ohne aber auf gesicherte Forschungsgrundlagen zurückgreifen zu können.[17]

Die *forschungstheoretische Herausforderung* bezieht sich auf die Beschreibung des inhaltlichen Inventars des Clusterbegriffs: Wenn eine sich etablierende Clusterforschung den Anspruch auf ein eigenständiges Forschungsfeld inklusive der begrifflichen Einebnung ihres Forschungsgegenstandes reklamiert, müssen die Definitionen und Relationen einer Begriffsdefinition von Clustern von ähnlich

---

legs sollte der Wissens- und Technologietransfer an Hochschulen gefördert und damit zu mehr Innovationen beigetragen werden. Mit Unterstützung des Bundes im Rahmen des Programms SIGNO Hochschulen wurden Patentverwertungsagenturen aufgebaut, deren Aufgabe es ist, Erfindungen hinsichtlich der Marktpotenziale und der Patentfähigkeit zu prüfen und gegebenenfalls dem Prozess der Schutzrechtsanmeldung zu begleiten und zu finanzieren" (EFI 2012:36). Vgl. dazu die aktuellen übergreifenden Aktivitäten des BMWi: „Im Rahmen des Programms ‚SIGNO – Schutz von Ideen für die gewerbliche Nutzung' fördert das Bundesministerium für Wirtschaft und Technologie (BMWi) den Technologietransfer durch die effiziente Nutzung von Geistigem Eigentum. SIGNO unterstützt Hochschulen, Kleine und Mittlere Unternehmen (KMU) und freie Erfinder bei der rechtlichen Sicherung und wirtschaftlichen Verwertung ihrer innovativen Ideen" (BMWi 2011:3364). Zu international vergleichender Forschung mit Schwerpunkt auf Hochschulerfindungen siehe insbesondere Blind/Cuntz/Schmoch (2009).

17 Kiese und Schätzl erheben hinsichtlich dieser Schieflage den Einwand, dass eine derartige „Cluster-Euphorie, die in Deutschland mit dem Spitzencluster-Wettbewerb im Rahmen der Hightech-Strategie der Bundesregierung sowie zahlreichen Konzepten und Programmen auf Landes- und regionaler Ebene einen neuen Höhepunkt erreicht hat, [...] dem theoretischen und empirischen Verständnis von Clustern in der Wissenschaft weit voraus" (Kiese/Schätzl 2008:1) eile.

gelagerten wissenschaftlichen Forschungsbereichen separiert oder aber innerhalb
dieser neu spezifiziert werden. Dies ist grundlegend dafür, dass der Forschungsgegenstand ‚Cluster' den ihm aktuell verliehenen Innovationsanspruch auch auf
definitorischer Ebene einzulösen vermag und nicht nur als „Feigenblatt" (Jonas
2005:270) oder „wissenschaftliches ‚Fliegengewicht'" (ebd.) betrachtet wird. Die
Versuche, Cluster eindeutig zu definieren und zu klassifizieren, sind demgegenüber
gegenwärtig mehr als vage, uneinheitlich und kaum systematisiert.[18] Unbestreit-
bar existieren trotz aktueller Versuche, begriffliche Spezifikation herbeizuführ-
ren und die Einbettung der Materie in bestehende Forschungsdiskurse voranzutreiben, offensichtlich (noch) beträchtliche forschungstheoretische Lücken. (Vgl.
auch Jonas 2005, Alecke/Untiedt 2005, Kiese 2008, Kiese 2008a, Wrobel 2008)
    Die *semantische Herausforderung* liegt in der Verwendung der Begrifflich-
keit und ihrer Reichweite selbst begründet. Sie teilt sich in zwei Problembereiche
auf: Erstens ist der Clusterbegriff – bedingt durch seine Allgegenwart in politischen und ökonomischen Kontexten – und seine damit einhergehende „inflatio-
näre Verwendung" (Kiese 2008:13) arg strapaziert und (vor)schnell als weitge-
spannte, zumeist idealistische Metapher vereinnahmt worden. Zudem ist er, wie
Sternberg anmerkt, mit „sehr unterschiedliche[n] Inhalte[n]" (Sternberg 2005:119)
besetzt worden. (Vgl. dazu auch Kiese 2008a:56) Daher unterliegt der Begriff
der Gefahr, sukzessive sinn- und inhaltsleer zu werden: Längst vernimmt man
in einschlägigen Kreisen Parolen wie ‚heute schon geclustert?' oder aber man
begrüßt sich mit ‚alles cluster'? Derartige Bedeutungsumschwünge der Begrifflichkeit regen bisweilen zum Schmunzeln an. Sie geben jedoch erste Hinweise
darauf, dass sich der Begriff einer plakativen Verschlagwortung möglicherweise
gefährlich nähert. (Vgl. auch Cernavin/Führ 2005:12, Cernavin 2005:35, Sternberg 2005:119) Dies hätte die unmittelbare Folge, dass der Begriff zukünftig in
wissenschaftlichen Kontexten nur als vorübergehender ‚Zaungast' geduldet oder
aber zum suggestiven, gar fiktiven oder bestenfalls ephemeren Label deklariert
und daher kurzerhand ausgeschlossen wird. So betont auch Ellrich, dass es sich
bereits abzeichne, „dass auch die Verwendung der Vokabel ‚Cluster' rasch zu einer Mode ausarten kann. Unübersehbar ist die Gefahr, dass relevante Probleme
durch frisch ersonnene Handlungsroutinen abgeblendet und einem neuen ‚Mo-

---

18 So werden Cluster je nach Perspektive nicht nur, – wie aktuell ‚common sense' – als spezielle
    Form regionaler Netzwerke verhandelt, sondern auch als „Knubbel der Kompetenz" (Bierach
    2000:219) und als „flexibles Instrument zur regionalökonomischen Analyse" (Kiese 2008:22 im
    Rekurs auf Feser/Luger 2003) verstanden. (Kiese bezieht sich hier auf: Feser, Edward. J./Luger,
    Michael, I. (2003): Cluster Analysis as a mode of Inquiry: Its Use in Science and Technology
    Policymaking in North Carolina, in: European Planing Studies, 11 (1), S. 11-24) Im Bereich
    der KKI bspw. werden Cluster auch als „eng miteinander verbundene Gruppe reaktiver und
    anpassungsfähiger Industrieunternehmen" (EU-Kommission 2010a:11) definiert.

dellplatonismus' gehuldigt wird, der die guten Ansätze verspielt" (Ellrich 2008:2). Zweitens wird der ursprüngliche (etymologische) Bedeutungsgehalt des Clusterbegriffs unter der Ägide einer primär ökonomischen Verwendung stark verkürzt. Dies wirft das Paradoxon auf, dass der Begriff nun auf der einen Seite universalisiert zu werden scheint, indem sein Gegenstandsbereich unsauber und zu weit gefasst wird. Auf der anderen Seite wird er durch eine Fokussierung auf ein rein ökonomisches Besitzstandsverhältnis dermaßen verzweckt, dass ein übergreifendes und mehrdimensionales Verständnis seiner sozio-kulturellen und medial-ästhetischen Bedingungsgefüge und Bedeutungsrelationen in den Hintergrund gerät.

Die vorliegende Arbeit verfolgt den Anspruch, diesen vorab beschriebenen Herausforderungen – zumindest partiell – zu begegnen. Dazu wird sie disziplinübergreifende Erklärungsansätze skizzieren, das diskursive Feld erweitern und die Problemfelder praktischer Relevanz berücksichtigen. Im Fokus der Arbeit steht die Erarbeitung von Erklärungsansätzen und die Beschreibung von Innovationen im Entstehungs- und Entwicklungsprozess. Obschon sie keine, sich an ökonomischen Kriterien abarbeitende und diese lediglich erweiternde Theoriearbeit im engeren Sinne ist, ist sie nichtsdestotrotz dergestalt angelegt, dass sie auch den Schlüsselakteuren in Wirtschaftsunternehmen wertvolle Hinweise auf deren aktuell dringlich gewordene Fragen in Bezug auf die Vorbedingungen ihrer Innovationsfähigkeit geben kann.[19]

Zudem bearbeitete ich die Materie nicht in enger Anlehnung an eine einzelne spezielle wissens- bzw. organisationssoziologische, netzwerkanalytische oder (sozial)kapitalorientierte Theorie, wie man dies vor dem Hintergrund einer kulturwissenschaftlichen Zugriffsweise zunächst vermuten würde. Auch wird nicht angestrebt, den Clusterbegriff dezidiert von anderen ähnlich gelagerten Ansätzen mit regionalem Fokus, wie etwa „innovativen Milieus", „Industriedistrik-

---

19 Im Hinblick auf die produktive Gestaltung unternehmerischer Innovationsprozesse wird momentan – so stimme ich mit Arend Oetker überein – primär folgende Frage virulent: „Wie lassen sich neue Ideen so generieren, teilen und weiterentwickeln, dass sich Innovationsprozesse im Betrieb beschleunigen und Wissen unternehmerisch nutzbar gemacht werden kann?" (Oetker 2011:4). Noch bevor sich die Wirtschaft en gros, bzw. ein spezielles Unternehmen als solches, jedoch überhaupt mit der ökonomischen Faktorierung oder Indizierung vorhandener bzw. noch fehlender wettbewerbsrelevanter Elemente befassen kann, sind die Anwendungs- und Antezedenzbedingungen der Faktoren, Instrumente und ihres Zusammenspieles auszubuchstabieren. Je nach Ausrichtung der Zielsetzung und aktueller Disposition kann dies ein hochkomplexes Konglomerat von Herausforderungen sein, und eine notwendig vorgängige Zusammenschau bspw. von Identitätsbildung, Inkulturation, Sprachbildungsnormen und Wahrnehmungsformen erfordern. Der spätere und vorallem langfristige Wettbewerbserfolg ist damit also unmittelbar an die Bedeutung seiner ‚Präliminarien' und präformativen Insignien geknüpft.

ten" oder „lernenden Regionen" abzugrenzen[20] oder ihn gar einer einzelnen disziplinären Richtung einzuverleiben. Zwar maßt sich diese Arbeit nun weder an,
der ganzheitlichen Betrachtung von Clustern gänzlich nahe zu kommen noch die
Gesamtheitlichkeit von Clustern vollständig abbilden zu können. Gleichwohl ist
es ihr Anliegen, das Cluster-Formenfeld ‚abzuschreiten' und die akteursspezifische Tätigkeit des ‚Clusterns' im prozessualen Handlunsgvollzug (und damit als
Verbum) zu konkretisieren, um bedeutsame Tendenzen zu modellieren, an die
eine sich daran anschließende Tiefenforschung mit Blick fürs Ganze anknüpfen
kann. Mein kardinaler, notwendig transdisziplinärer[21] Bearbeitungsansatz wird
sich dementsprechend darin begründen, aktuelle in der Clusterpraxis vorfindbare Herausforderungen und theoretische Präliminarien an ihren Naht- und Verbindungsstellen an die Clusterthematik anzukoppeln, um die Gefahr disziplinärer
Engführungen und Einseitigkeiten zu minimieren und eine systemübergreifende
Modellbildung von Clustern vorzeichnen zu können.

Durch eine solchermaßen angelegte Zugriffnahme, welche darauf ausgerichtet ist, Figurationen und Phänomene verschiedener Wissenschaften theorie-pra-
xisübergreifend zu verschwistern und diskursive Wechselwirkungen aufzuzeigen, muss sich diese Arbeit zwangsläufig differenziert und kritisch mit etwaigen
Spannungsfeldern, möglichen Brüchen und potentiellen Dissonanzen in Theorie
und Praxis sowie mit deren (zuweilen problematischen) Zusammenspielen befassen. Eine Vielzahl sehr spezifisch gelagerter Theorie- und Themenbereiche, deren Ausbuchstabierung für den Themenkomplex gewiss ebenfalls relevant und
fruchtbar gewesen wäre, formierte sich allerdings inmitten eines „gigantischen
Diskurshof[es]" (Pfeiffer 1999:68) und konnte zugunsten einer bewussten Ent-

---

20   In diesem Zusammenhang verweist Kiese darauf, dass „das Clusterkonzept mit alternativen
     Ansätzen wie Industriedistrikten, innovativen Milieus, regionalen Innovationssystemen oder
     lernenden Regionen um die beste Erklärung einer wissensbasierten Regionalentwicklung"
     (Kiese 2008:14) wetteifere. „Im Kern enthalten diese Partialansätze jedoch in unterschiedlicher
     Zusammensetzung Elemente der Konzepte Agglomeration, Wissen und Evolution, in deren
     Schnittmenge die Clustertheorie in den letzten Jahren die größte Dynamik und Konvergenz
     entfaltet hat" (ebd.), so Kiese.
21   Nach Mittelstraß wird „Transdisziplinarität [...] als ein *Forschungs- und Wissenschaftsprinzip*
     verstanden, das überall dort wirksam wird, wo eine allein fachliche oder disziplinäre Defini-
     tion von Problemlagen und Problemlösungen nicht möglich ist bzw. über derartige Defini-
     tionen hinausgeführt wird" (Mittelstraß 2005:1, kursive Hervorhebung im Original). Heinz
     von Foerster markiert darüberhinaus grundlegende Unterschiede zwischen Disziplinarität,
     Interdisziplinarität und Transdisziplinarität: „Disziplinen erfordern das Verstehen eines Ge-
     genstandsbereiches, Interdisziplinarität ein Verstehen des anderen, Transdisziplinarität jedoch
     verlangt das Verstehen des Verstehens als solchen" (Ders. 1993:285). Da von Foerster weiter
     vorschlägt, „daß das Ziel bzw. die Aufgabe von Epistemologien das Verstehen des Verstehens
     sein soll" (Ders. 1993:368) wäre Transdisziplinarität gleichsam Folge und Vollendung jener
     gänzlich ausgereiften Epistemologien.

scheidung für ein überschaubares Rahmenwerk nur skizziert werden. Eine intensive übergreifende Beschäftigung mit der Clustermaterie vereinnahmt vielerlei komplexe Wissensgebiete. Verfolgt sie den Anspruch, die Universalität der Materie zumindest in Grundzügen zu konturieren, kann sie sich nicht auf einzelne Wissensgebiete beschränken und daher nur in der Breite bearbeitet werden. Auf dieser Basis wird die Arbeit übergreifend die Zielsetzung und Marschroute verfolgen, prekäre Punkte innerhalb des Forschungsfeldes herauszustellen und Modellbildungen für ein übergreifendes Verständnis der komplexen Zusammenhänge des Clusterformenfeldes ‚en bloc' voranzutreiben. Die Arbeit unternimmt den anspruchsvollen Versuch, Cluster als sozio-ökonomische Interaktionsmedien kollektiven Lernens und Wissens zu spezifizieren und sie als Denk- und Handlungsmodelle in das wissensökonomisch anzustrebende Dreieck sozial-kultureller Verbundenheit, technischer Virtualität und ökonomischer Leistungsfähigkeit zu integrieren.

Um dies zu realisieren, werden zunächst integrative Erweiterungen der vorhandenen, primär ökonomisch gelagerten – und sich fast ausnahmslos an Porter angliedernden – Clusterkonzepte notwendig. Ohne Porters Werken ihre Tragweite für die Erforschung von Wettbewerbsverhältnissen absprechen zu wollen, heben dessen clusterspezifische Erklärungsansätze auf die Relation primär ökonomischer Entstehungs- und Einwirkungsfaktoren ab. (Vgl. auch Cernavin 2005:38) Es erscheint mithin zudem so, dass Regionalökonomie und Wirtschaftsgeografie die Konturierung des Clusterformenfeldes aus der Wissensökonomie herausgelöst und Cluster zu einem ihnen eigenen Gegenstandsbereich mit disziplinärem Alleinstellungsanspruch erhoben haben. Auf Basis dieser Abkapselung unterliegt das aktuelle Clusterverständnis disziplinärer Engführung. Dies hat zur Folge, dass sozio-kulturelle Dimensionen in Clustern bislang vernachlässigt wurden und medial-ästhetische Diskurse keinen Zugang in die wissenschaftliche Clusterdiskussion fanden. Cluster, (auch wenn man sie aktuell primär als ökonomische Produkte versteht), unterliegen als moderne Interorganisationsformen der Wissensgesellschaft jedoch immer sozio-kulturellen Praxen und basieren auf Prozessen der Identitätsfindung und Sinnbildung ihrer gestaltenden Akteure.

Die im Cluster tätigen Praxisakteure stehen zudem als ‚Pro-Motoren' und ‚Pro-Former' in der Verantwortung, bestehende Lücken in der Wertschöpfungskette zu schließen und sich im internationalen Standortwettbewerb durch Wissensakkumulation erfolgreich zu positionieren. Damit einhergehende Kapitalbildungs- und Kompetenzbündelungsprozesse erfordern jedoch auch eine hochkomplexe (sozio-)politische Steuerung von branchen-, system- und sektorenübergreifendem Wandel. In Cluster-Kontexten, die auf eine Verbindung hybrider „Wissensarrangements" (Gersdorff 2007:1), also eine Bündelung von Wissen und Kompetenzen angewiesen sind, stellen sich damit nicht nur neue organisationsübergreifende Fragen strategischer Partizipation, sondern verstärkt auch politische Orientierungsfragen. Im Fokus von Clusterdevelopment und Clusterentwicklung sind somit sowohl die ‚Formierung' und ‚Integration' vielschichtiger Contents, die ‚Migration' verschiedener Ideen, als auch Gestaltungs- und Steuerungsfragen zur Erzielung von Polyperspektivität bis hin zu performativ ineinander übergreifenden Wissens- und Innovationsprozessen zu untersuchen. Vor diesem Hintergrund werden in dieser Arbeit notwendige Rahmen für die Bündelung und Bindung von Kapital und Kompetenz konturiert und der anspruchsvolle Versuch unternommen, die dazu erforderlichen Bedingungsgefüge zu modellieren, um daran anschließend im späteren Verlauf der Arbeit passfähige Steuerungsmodi vorzuschlagen.

Um diesen notwendigen Brückenschlag von Theorie und Praxis zu realisieren, reichen auch Arbeitsmodi der Interdisziplinarität – wie sie aktuell im wissenschaftlichen Bereich zwar zunehmend angestrebt und gefördert werden, aber vielerorts noch eher visionäres Etikett, denn gelebte und durchgängig belebte Praxis sind – kaum aus. (Vgl. auch Ellrich 2008:4) Moderne Ökonomie, die sich in hohem Maße durch die aktuell vielgepriesenen Cluster zu legitimieren und im internationalen Wettbewerb zu reputieren sucht *und* anwendungsnahe Grundlagenforschung, die den Forschungsgegenstand zu spezifizieren und zu deklinieren sucht, müssen bei der gemeinsamen Bearbeitung transdiziplinär zusammenwirken.[22]

Versteht man einen Cluster selbst als Konstrukt vielschichtiger Contents, wird umso deutlicher, dass die gesamte Clusterthematik unabdingbar über System- und Disziplingrenzen hinaus zu verhandeln ist. Um Cluster, als hybride und auf Wechselwirkungen basierende Formen fassbar zu machen, lassen sich Ansätze aus der Medien(kultur)forschung annektieren, denn insbesondere „[i]m medialen Vollzug hybridisieren sich die Eigen- und Fremdstrukturen des Mediums. Bild, Text, Körper, Raum, Performativität werden zu zentralen Begriffen der Medienforschung" (Wulf/Zirfas 2005:12). Damit bietet die Medienforschung durch ihre zentralen, bereits weithin ausbuchstabierten Definitionen dieser Begriffe eine Option, diese Definitionen anzuleihen und sie für eine Modellbildung von Clustern anzuschließen und aufzubereiten. Im Zuge dieses Vorhabens ist es jedoch ebenso

---

22   Im Rahmen einer homogenen Clusterbestimmung eröffnet Transdisziplinarität, Möglichkeiten der Integration theoriebasierten Wissens und praktische Anwendung im den Bearbeitungsprozess: Im Cluster-Formenfeld zielt Transdisziplinarität auf die ziel- und ergebnisorientierte Bearbeitung kollektiver Problemszenarien ab, die eine derartige Beträchtlichkeit aufweisen, dass sie aufgrund ihrer hochkomplexen Beziehungs-, Inhalts-, Sinn- und Zieldimensionen zum einen nicht mittels *fach*spezifischer Organa lösbar sind (vgl. Mittelstraß 2001:118) und sich zum anderen ebenso der rein pragmatischen Abarbeitung der Feldproblematiken durch die Praxis entziehen.

unabdingbar, den Medienbegriff selbst dergestalt metamedial zu verhandeln, dass er sich als „ein strategischer, ein politischer und, wenn man so will, ein kämpferischer – und kein rein technischer Begriff" (Groys 2002:82) konfiguriert, damit Cluster und deren soziokulturelle Rahmenbedingungen, Wissenspraxen und Lernmodi durch ihn erfasst und ausgedrückt werden können.

Forschungsseitig stellt sich nun die Frage, wie sich die bislang skizzierten Theoriebereiche und Verbindungsstränge zusammenführen und an die Konturierung eines notwendig erweiterten und homogenen Clusterverständnisses anschließen lassen: Die gesamte Clusterforschung muss dazu ihr Forschungsfeld und ihren Forschungsgegenstand unweigerlich über das jeweils vorherrschende Wissenssystem, d. h. transdisziplinär ausdehnen und intersystemisch ausweiten, sollen doch die Cluster *selbst* in gemeinsamer Zusammenarbeit von Forschung und Entwicklung ebenfalls zwischen Theorie und Praxis durchgehende und systemübergreifende Ergebnisse erzielen. Somit baut sich bereits zu Beginn dieser Arbeit das gesamte Clusterformenfeld zu einem hochkomplexen, mehrdimensionalen und intersystemischen ‚Ge-Werk' auf. Dieser Herausforderung, die sich zwangsläufig durch die Ausweitung und Ausdehnung ergibt, muss man als Forscher[23] dahingehend begegnen, dass Forschungstiefe und Forschungsbreite der Dimension und Beträchtlichkeit des Forschungsfeldes angepasst werden. Vor diesem Hintergrund mutet diese Arbeit für den ungeübten Betracher evtl. als ‚Durchmarsch' durch die thematisch vielfältigsten Wissensgebiete an. Geschuldet ist dieses Vorgehen jedoch lediglich der nun ersichtlichen Komplexität und einer daraus resultierenden Notwendigkeit, meine Perspektivik der Bearbeitung dahingehend auszurichten, dass ich meine Sicht einer übergeordneten Metasicht anpasse, um über diesen gewonnenen Abstand sowohl gezielt theoretische Anschlüsse an andere Wissensbereiche ausfindig zu machen als auch Verbindungen zu anderen Disziplinen herstellen zu können.

So erscheinen dann einige Teilaspekte dieser Arbeit, beispielsweise die sprachhistorischen Untersuchungen und die philosophischen Rekurse, – verortet man sie lediglich vor dem Hintergrund eines klassischen (medien)kulturwissenschaftlichen Theoriehorizonts – auf den ersten Blick als extrareflexive ‚Ausflüge'. Auch auf der Folie einer genuinen Betrachtung sozial-gesellschaftlicher Dynamiken muten sie in den Augen der Leser anfangs evtl. als exkursorische ‚Umwege' an. Diese Ausrichtungen sowie auch die Annektierung der verwendeten Analogien und Assoziationen dienen jedoch nicht dem Aufgreifen etwai-

---

23 Um die Lesbarkeit zu erleichtern, wird hier und im Folgenden auf männliche (Berufs-)Bezeichnungen zurückgegriffen. Trotz dieser sprachlichen Vereinfachungen sind damit jedoch selbstverständlich auch Integration und Adressierung weiblicher Akteure intendiert.

ger randseitiger Berührungspunkte verschiedener Disziplinen in Bezug auf die
Clusterthematik. Mein Vorgehen basiert vielmehr auf folgenden Vorüberlegungen: Wie bereits skizziert, handelt es sich bei einem Cluster um eine noch weithin unbekannte Größe. Dies spiegelt sich auch in der narrativen Kanalisierung
des Inhalts in eine neue Form wieder. So wird der signifikante Inhalt von Clustern in aktuellen Diskursen sinnenfälligerweise oftmals in ‚sprachliche Hülsen'
von Metaphern oder Begriffskorrelaten gegossen. Auch wird das Clusterkonstrukt oftmals mystifiziert, mythologisiert und dabei selbst zur „‚symbolische[n]
Form'" (Cassirer 1978:49) erhoben. Dabei unterliegt dieser Vorgang der Gefahr,
evtl. ein unvalides und unverifiziertes ‚Ebenbild', d. h. also hier ein etwaiges Trug-
und Zerrbild in der Öffentlichkeit zu begründen und festzusetzen.[24] Wenn wir bei
der Clusterbestimmung also nur primär die pragmatischen und augenfälligen Logoi verfolgen würden, geraten sowohl die Ursachen derartiger Metaphorisierun-
gen und Mythologisierungen als auch Mystifizierungen schnell aus dem Blickfeld. Zu hinterfragen ist jedoch, ob es sich dabei um die Resultanten einer bloßen
‚Leerstelle' oder um eine bewusst herbeigeführte ‚Sollbruchstelle' handelt und
unter welchen Voraussetzungen diese ‚Unbestimmbarkeitsstelle' im kollektiven
Bewusstsein zur ‚Bestimmbarkeitsschwelle' werden kann.

Insbesondere die aktuelle Mythisierung von Clustern, die auf der Hoffnung
der Entdeckung und Landnahme eines nur verschollenen ‚Clustriversums' auf-
zusetzen scheint, gibt guten Grund, das Wechselspiel von Mythos und Logos neu
zu hinterfragen, da sich hier zwangsläufig die Frage aufwirft, ob „der Weg vom
Mythos zum Logos auch nur ein Mythos [ist, B. P.], den sich der Logos selber er-
zählt" (Burger 1990:51). Wenn man davon ausgeht, dass „der Mythos eine ma-
nipulative Distanz zur Welt" (Burger 1990:49) schaffe und „damit ein Potential
von Freiheit" (ebd.) enthalte, (vgl. ebd.) ließe sich schlussfolgern, dass die Praxis
der Mythisierung von Clustern partout als Distanz zur aktuell gängigen Bestimmung und Erfassung von Clustern über Indices auszumachen wäre. Dies kontras-
tiert jedoch damit, dass bei der Bildung und Entwicklung von Clustern aufgrund
der zügigen Herbeiführung umsetzbarer lösungs- und ergebnisorientierter Strategien zumeist auf eine pragmatische Bezugnahme in klar erfassbaren Rechengrößen abgehoben wird.[25]

---

24 Dies gründet darauf, dass ein Mythos laut Cassirer selbst eine „‚symbolische Form'" (Cassirer
     1978:49) sei, (vgl. ebd.) und selbige Formen sich dadurch charakterisieren, „daß sie auf jeden
     beliebigen Gegenstand angewendet werden können. Nichts ist für sie unzugänglich oder un-
     durchdringlich: der spezielle Charakter eines Objekts beeinflusst ihre Aktivität nicht" (ebd.).
25 Das Clusterkonstrukt – so ließe sich gewagt formulieren – ist eher ein Narrativ. Es fußt bis-
     lang also primär auf den inhaltlichen Anschauungen derjenigen Subjekte, die das Konstrukt
     imaginieren, besitzt jedoch selbst noch keine differenzierte Form. Um nicht nur als Vorstel-
     lungskonstrukt, sondern als eigenständiger Begriff und semantische Einheit wahrgenommen

Da die vorab skizzierte Distanz als vermeintliche Dissonanz anmutet und deren Ursachen kritisch zu hinterfragen sind, wendet sich diese Arbeit nicht nur primär den augenfälligen Aspekten von Clustern, beispielsweise deren geographischer und ökonomischer Verortung zu, sondern arbeitet – wo ergiebig – selbst mit Analogien und Assoziationen. Damit erziele ich eine Freilegung eben jener, in aktuellen Diskursen zwar stets mitschwingenden, aber nicht eindringlich manifestierten Bedeutungsrelationen von Clustern aus ihrer Latenz, um das aktuell primär regionalökonomische Bestimmungsfeld aus kritischer Distanz heraus mit einem sozio-kulturellen Sinn- und medial-ästhetischen Bedeutungsfeld hinterlegen zu können.

Die in dieser Arbeit verwendeten Analogien, die teils dem Bereich der Kunst entstammen, lassen allerdings erst dann ihre Bedeutsamkeit für die Thematik erkennen, wenn ersichtlich wird, dass ihre Provenienz und Übertragung auf einem notwendig zu erweiternden Kunst- und Werkbegriff aufsetzt. Einem derartigen Kunst(werk)begriff wird in dieser Arbeit ein besonderes Abstraktions- und Projektionspotential für gesellschaftliche Prozesse und Clusterlogiken abverlangt. Entgegen der Annahme, dass ein Kunstbegriff nur aus bestimmten, lediglich der Kunst zuzurechnenden Bereichen emergiere, und daher seine Gültigkeit nur innerhalb traditioneller Kunstbereiche unter Beweis stellen müsse, propagierte speziell Beuys einen „erweiterten Kunstbegriff" (Ders.), der eine rein ästhetische Zweckverfolgung der Kunst überwindet, sich auf alle Lebensbereiche ausdehnt und die allen Akteuren zueigenen Kreativitätspotentiale einbezieht. (Vgl. Beuys 1992) Durch diese ‚Wanderung' aus den engen Grenzen eines klassisch traditionsgebundenen Kunstverständnisses zielt ein derartiger Kunstbegriff durch eben seine Entgrenzung auf eine Verschmelzung von ‚Kunst' und ‚Leben' ab.[26] Seine Bedeu-

---

zu werden, muss das Clusterkonstrukt erst noch durch den engen ‚Bottleneck' der Objektivation geschleust werden. Cluster können daher nicht mit real existenten, längst materialisierten Objekten gleichgesetzt werden. Dies stützt u. a. Elbert (2008:5), der einen eher pragmatischen Vergleich zwischen einem Cluster und einer Kaffeetasse zieht und durch das Kriterium der Faßbarkeit darauf verweist, dass diese nicht verwechselt werden dürften. (Vgl. ebd.) Dabei bleibt Elbert allerdings verhandelbaren Rechengrößen verhaftet und sieht die Lösung obiger Problematik primär in der Ausformulierung organisationaler Zielsetzungen und der Verfügbarkeit von Budgets. (Vgl. ebd.)

26   Vgl. insbesondere Vostell, der als bedeutender Fluxuskünstler ‚Leben' und ‚Kunst' gleichsetzte und die Maxime „Kunst ist Leben, Leben ist Kunst" (Ders.) aufstellte. Diese Verschränkung ist jedoch nicht einfach nur ad hoc formulierte Gleichung, sondern zugleich eine Verkettung und Überleitung rekursiver Schleifen. Dies verdeutlicht eine sprachliche Verknüpfung von Vostell, dessen Relevanz u. a. von Gronau (2010) im Rekurs auf Vostell herausgestellt wird: „Kunst als Raum, Raum als Umgebung, Umgebung als Ereignis, Ereignis als Kunst, Kunst als Leben" (Vostell 1970:o. S., zit. n. Gronau 2010:83). (Die Autorin bezieht sich hier auf: Vostell, Wolf (1970): Aktionen: Happenings und Demonstrationen seit 1965. Reinbek: Rohwolt) Diesbezüglich verweist Gronau auf damit verbundene performative Praxen der räumlichen

tung für diese Arbeit erlangt er deshalb, da eine Erweiterung des Kunstverständnisses sich insbesondere auf den Werkbegriff entscheidend auswirkt. Nicht nur das fertige, ausstellbare Exponat als solches tritt als Kunstwerk in Erscheinung, sondern ebenso die performativen Konstruktionsprozesse des Erdenkens und Erfindens sowie des Gestaltens und Umsetzens. Eine damit verbundene konzeptionelle Leistung wird nicht nur als Vorstufe im Gesamtprozess, sondern bereits als eigenständiges Kunstwerk gewertet.[27] Anders gesagt, werden dem Kunstbegriff die immateriellen Schöpfungs- und Materialisierungsprozesse zum materiellen Exponat bereits im Vorfeld einverleibt.

Genau an dieser Stelle trifft sich ein erweitertes Kunstverständnis mit einem notwendig ausstehenden, erweiterten und homogen übertragbaren Clusterverständnis, das in der Lage ist, auf die Rahmungen und Prozesse der kunstvollen ‚Ins-Werk-Setzung' von Clustern einzugehen. Unter der Ägide dieser begrifflichen Neudimensionierung tritt die Kunst, in dieser Arbeit bereits titelgebend, nicht als l'art pour l'art oder zur Verfolgung eines kunstimmanenten Selbstzweckes auf den Plan. Kunst wird hier vielmehr als Fähigkeit verstanden, komplexe Prozesse dergestalt sicht-, greif- und erfahrbar zu machen, dass Architektur und Dynamik sozio-ökonomischer Logiken erfassbar(er) und einfassbar(er) werden. Dies erklärt sich wie folgt: Indem ich die sozio-ökonomischen Clusterlogiken auch mittels künstlerischer Praxen einzufassen suche, hebe ich zum einen ihre unmittelbare Korrelation, gar Konnexion mit einer Topologie des Performativen hervor. Denn: „Künstlerische Praktiken sind performative Praktiken in dem Sinn, dass Kunstwerke und kreative Prozesse etwas mit uns tun, uns in Bewegung setzen, unser Verständnis und unsere Sichtweise der Welt verändern – auch im moralischen Sinn" (Borgdorff 2009:36). Kann Kunst nun jedoch auch dazu gereichen, bestehende Sichtweisen und Perspektiven bezüglich der Verortung und Einordnung von Clusterobjekten bzw. Clusterbegriffen neu zu dimensionieren und ist es möglich, ihr eine derartige Unterstützungsfunktion zuzumessen, dass bisherige Einfassungen hinsichtlich einer notwendigen Einbettung und Einwendung sozio-kultureller Antezedenzbedingungen (r)evolutionieren? Anders gewendet: Kann es mit Hilfe der Kunst gelingen, eine Ermittlung der Bedingungs- und Bedeutungsgefüge von Clustern voranzutreiben, und wenn ja, wie? Oder kurzge-

---

Entgrenzung, wobei „dem Raum die Rolle zugesprochen [wird, B. P.], Austragungsort einer doppelten Überschreitung zu sein" (Gronau 2010:83).

27   Diese konzeptionelle Leistung wird insbesondere im Bereich der ‚Conceptual Art' aufgegriffen und dort als eigenständige Kunstform gewertet. Als einer der Urväter dieses Gedankens kann Paul Valéry genannt werden, der mit seiner Aussage *„Warum sollte man denn die Ausführung eines Kunstwerkes nicht auch als Kunstwerk ansehen dürfen?"* (Valéry 1965:174, kursive Hervorhebung im Original) jenen, sich auf den Prozess und Entstehungskontext ausgeweiteten Werkbegriff vorwegnimmt.

fasst: Kann Kunst als ein wegweisender Enabler dazu gereichen, Cluster als so-zio-kulturelle Wissenslaufwerke neu verorten zu können?

Laut Baecker sei Kunst eine Kulturrecherche. (Vgl. Ders. 2009:94) Denn: „Kunst recherchiert. Sie stellt Fragen, sie experimentiert, sie variiert mit Metho-de und Zufall, sie theoretisiert und spekuliert, sie wirft Probleme auf" (Baecker 2009:79). Folgen wir Baecker weiter: „In dieser Form leistet die Kunst als Kul-turrecherche ihren eigenen Beitrag zur soziokulturellen Evolution, indem sie sich mit keinem erreichten Zustand zufrieden gibt, sondern in jedem Zustand seine mögliche Verschiebung, seinen semantischen Mehrwert, seine strukturel-le Subversion, seine uneindeutige Geschichte und seine offene Zukunft aufzeigt und nachweist" (Baecker 2009:95).[28] Folglich „will [die Kunst, B. P.] etwas wis-sen und darstellen, was man so vorher noch nicht wusste. Sie will etwas zeigen, was man so noch nicht gesehen hat. Sie will etwas zu Gehör bringen, was man so noch nicht gehört hat" (Baecker 2009:85).

Dementsprechend kommt der Kunst in ihrer Funktion zur Sichtbarmachung vormals nicht sichtbarer Kontexte auch in meiner Arbeit ein Moment der Vermitt-lung zu: Unter Clusterperspektive betrachtet, fungiert sie als dankbare ‚Lücken-und Raumfüllerin' zur Besetzung des bislang noch unzureichenden und zuwei-len eher mythisch gelagerten Clusterverständnisses. Damit bietet die Kunst eine Option, Cluster insbesondere vor dem Hintergrund ihrer Rahmungs- und Ord-nungsbildung sowie ihrer Prozesslogiken zu verstehen, damit diese im Hinblick auf ein zukunftsfähiges und homogenes Clusterverständnis als ‚Gesamtkunst-werke'[29] erkennbar und fassbar werden.[30]

28	Anhand dieser Aussagen von Dirk Baecker wage ich zu vermuten, dass dieser nicht nur darauf votiert, die Kunst als kulturelle Recherche zu verstehen, sondern es sich hier vielmehr um eine Art Gleichung handelt, d. h. die kulturelle Recherche, sodenn sie eine proaktive und wagemutige ist, liesse sich in seinem Sinne vermutlich ebenso als eine Kunstform interpretieren.

29	Begriff und Idee des Gesamtkunstwerkes werden hier weder im Sinne einer Verknüpfung eng gefasster Kunstsparten noch als Output ausschließlich künstlerisch tätiger Branchenakteure verstanden. Mit den Worten von Odo Marquard gesprochen, geht es hier vorrangig darum, „als besonderes Kennzeichen des Gesamtkunstwerks nicht allein die multimediale Verbindung aller Künste in einem einzigen Kunstwerk gelten zu lassen, sondern vor allem auch noch eine andere Verbindung: die von Kunst und Wirklichkeit; denn zum Gesamtkunstwerk gehört die Tendenz zur Tilgung der Grenze zwischen ästhetischem Gebilde und Realität" (Marquard 1983:40).

30	Eine ‚Modellage' von Gesamtkunstwerken fordert immer auch neue Wahrnehmungsmuster und die Umwidmung überkommener Referenzmodi ein: Wie Wulf und Zirfas aufzeigen, ergebe sich bspw. durch die „Erzeugung multimedialer Gesamtkunstwerke [...] eine Neuorientierung der theatralen Kunst im Hinblick auf die Raum- und Zeitstrukturen, das Verhältnis zwischen Akteuren und Zuschauern und deren wechselseitige Wahrnehmung" (Wulf/Zirfas 2005:10), welche zudem „[n]eue Formen der Körperlichkeit, Sprachlichkeit und Materialität" (ebd.) nach sich ziehe. (Vgl. ebd.)

Unter dieser Perspektive betrachtet, werden die Clusterakteure ebenso zu Teilen des Gesamtkunstwerkes. Damit lässt sich wiederum ein weiteres Bedeutungsfeld des Kunstverständnisses aufspannen. Berücksichtigt man eine eher akteursspezifisch gelagerte Dimension des Kunstbegriffs, lässt sich Kunst auch als die in einem speziellen Feld erworbene Kompetenz bzw. Virtuosität verstehen. So kann die *Kunst des Clusterns* auch als Metakompetenz angeführt werden, die es den im Clusterformenfeld tätigen Akteuren erlaubt, die Entstehungsprozesse der Clusterbildung zu antizipieren, vorhandene Rahmenbedingungen zu reflektieren und darauf aufbauend produktive Übersetzungs- und Übertragungsstrategien zu generieren. Erfragt wird in dieser Arbeit demzufolge, wie eine solchermaßen verstandene Kunstform als intersystemischer ‚Modus Operandi' in die agilen Entwicklungsprozesse der Clusterpraxis einfließen könnte bzw. welche reziproke Gestaltungsfunktion dieser Kunstform zukäme, um in diesem neuen übergeordneten Wissenssystem lösungs-, ziel- und ergebnisorientierte Transformationsprozesse anstoßen und bewirken zu können? Darauf aufbauend wird erfragt, ob, wie und wodurch man schöpferisches, gestalterisches und grenzüberschreitendes Denken und wissensökonomisch produktives Handeln verbinden, also mitunter höchst heterogene Akteure nicht nur bündeln, sondern sowohl Akteure als auch deren Zielstellungen und Erträge zu einem übergeordneten und sich stets wechselseitig stützenden Kapitalgut vereinen kann?

Weder die Bedeutsamkeit eines derartigen Konnexes noch dessen potentielle Umsetzbarkeit leuchten unmittelbar ein. Greift man allerdings auf die Bedeutungsgebäude und Entstehungskontexte von Kunst und Wissen zurück, lässt sich eine Kurskorrektur wagen. Kunst und Wissen verbindet – so wage ich zu behaupten – weit mehr als es eingangs zunächst erscheint. So ziele ich darauf ab, Wissen nicht primär zu faktorieren oder zu faktizieren, sondern es vielmehr so zu dimensionieren, als dass es weit über das Maß seiner Merkantilitätslogik hinaus als Fähigkeit zur Aktivierung schöpferischer Schaffenskraft und damit im Arbeitsprozess unmittelbar als übergreifendes Kapitalgut,[31] d. h. als bedeutsamer Produktionsfaktor wirkt und *zugleich* aus Prozessen des schöpferischen Tätigseins hervorgeht.[32] Auch eine rein pragmatisch intendierte Bezugnahme

---

31   In seiner Charakterisierung von „Innovationsarbeit" (Moldaschl 2007:493f.) stellt Moldaschl jenen frappanten Zusammenhang zwischen Innovationsleistung und schöpferischer Kraft bzw. kreativem Schaffen in Arbeitsprozessen her, welcher trotz der aktuellen Innovationsnotwendigkeiten bislang noch vielfach unterberücksichtigt blieb. (Vgl. Moldaschl 2007:492f.)

32   Ein damit einhergehendes Verständnis von Wissen lässt sich unmittelbar an die Definition von Wissen bei Stehr anschließen, da dieser „Wissen [...] als *Fähigkeit zum (sozialen) Handeln* (als Handlungsvermögen) [...] und damit als die Möglichkeit, etwas ‚in Gang zu setzen'" (Stehr 2001:8) definiert und Wissen damit zu einer „*Fähigkeit zum Handeln* [...], als Möglichkeit, einem Vorgang eine neue Richtung zu geben" (ebd. kursive Hervorhebung im Original) erklärt.

auf Kunst inklusive ihrer Verweise auf ihre Antizipations-, Interpretations- und Interventionsoptionen sozioökonomischer Wirklichkeit wird bei Vernachlässigung ihrer Vorbedingungen, Entstehungs- und Mitteilungskontexte schnell zur leeren Emphase. Deren Echo verklingt spätestens dann, wenn tiefgreifende gesellschaftliche Herausforderungen in ihren Ausformungen und Anwendungen mit Re-Aktionen abgegolten werden, welche die Kunst lediglich merkantilisieren und damit faktorisieren,[33] ihre Kompensationskraft suspendieren und sie lediglich im Dienste der Ökonomie oberflächlich verding(lich)en. Ein weiteres und für diese Arbeit gleichwohl das frappanteste Bedeutungsfeld der Kunst, welches den Weg jedweder sozioökonomischen Prozesslogik vorzeichnet, ist deshalb ein die Verbindung von ‚Idee' und ‚Begriff' der Kunst verbrückendes, also genuin philosophisch gelagertes und auf Prozesse der sinnlichen Wahrnehmung abzielendes.[34] Ein solches u. a. die historischen Wurzeln und die sozialen Veränderungen aufgreifendes Kunstverständnis ist m. E. n. eine schier unerschöpfliche Quelle für eine medial-ästhetische Bearbeitung der kognitiven, räumlichen und sozialen Clusterdimensionen. Dieser Zugang verunmöglicht zwangsläufig eine vorschnelle Abkürzung über den verführerischen Weg einer adhoc geführten Merkantilisierungslogik des Kunstbegriffs. Meine Auseinandersetzung mit dem sich wandelnden Kunst(begriffs)verständnis eröffnet jedoch Anschlüsse an die Komposition eines, sich für Ambiguitäten reflexiv offenhaltenden Clusterkunstwerkes und bildet die Grundlage zur Vorzeichnung einer Clusternotation, die von der Idee über die Ins-Werk-Setzung der Cluster bis hin zu ihren herzustellenden Produkten zu führen sein wird.[35]

---

33 Auf diesen Fallstrick der vorschnellen ökonomischen Vereinnahmung von Kultur verweist auch Gauland (1992:61), der die Frage nach der gegenwärtigen Leistung von Kunst aufwirft und eine Gefahr in der Oberflächlichkeit der Beantwortung dieser Frage durch die Faktorisierung der Kultur skizziert. (Vgl. ebd.)

34 Ich wage zu vermuten, dass ein solches Kunstverständnis wie es u. a. bereits Schopenhauer (2008) in seinem monumentalen Werk „Die Welt als Wille und Vorstellung" (Ders.) seinerzeit konturierte, – auch und insbesondere unter den Vorbedingungen spätmoderner Ökonomie – viel eher dazu geeignet wäre, der Ökonomie selbst ihre organische Verbindung und damit ihren verlorenen ‚Oikos' wieder zu geben, als dass es ein, dem marktwirtschaftlichen Gefüge einverleibtes, d. h. merkantilisiertes Kunstverständnis vermag.

35 Zur Veranschaulichung dieser Notation werden ausgewählte künstlerische Bewegungen und Tendenzen der Moderne aufgenommen und – wo ergiebig – mit der Darstellung von Kunstwerken unterlegt. Diese Kunstwerke werden bewusst unter jenen Prämissen ausgewählt, die den von Fischer-Lichte (2010:7) aufgeführten aktuellen Entwicklung und Voraussetzungen eines sich sukzessive verändernden Kunstverständnisses Rechnung tragen: Sie gründen auf einer Überschreitung und Aufhebung der Grenzen eines traditionellen Kunstverständnisses, das Kunst von ‚Nicht-Kunst' bzw. anderen außerkünstlerischen Lebensbereichen trennte und basieren zudem auf einer Grenzüberschreitung zwischen ehemals als getrennt verstandenen Kunstformen. (Vgl. ebd.) Durch ihre Grenzüberschreitung sind sie damit gewissermaßen postavantgardistisch und durch ihre Grenzverflüssigungen zudem postmodern.

Insbesondere Erklärungsansätze und Denklogiken künstlerischer Avantgarden werden uns aufgrund ihrer Abstraktions- und Modellfunktion in Bezug auf die Erklärung von Erneuerungsprozessen und damit einhergehenden Betrachtungs- und Bewertungsverschiebungen durch viele Teile dieser Arbeit begleiten. Diese avantgardistischen Bedeutungsbezüge lassen sich als Wegweiser und Zeitzeichen auf aktuelle dynamische Performativitätsprozesse zwischen Markt, Staat und Gesellschaft übertragen und bieten das Potential, Organisationen, Systeme und Akteure ästhetisch neu zu verknüpfen und in sozial-ökonomisch erweiterten Wissensräumen zu verankern.

Greift man nun die den Clustern aktuell verliehene Bedeutsamkeit erneut auf, scheint es nur logisch, dass diese auf der Hoffnung aufsetzt, dass Cluster, als hochmoderne hybride Interorganisationsformate theoretisch dazu prädestiniert wären, wissensgesellschaftliche Gesamtkunstwerke par excellence zu werden. Ohne den darauf basierenden zahlreichen politischen und wirtschaftlichen Versuchen, Cluster zu initialisieren und in ihren Konsolidierungsphasen zu fördern, die Ernsthaftigkeit absprechen zu wollen, wird jedoch bereits jetzt erkennbar, dass einige dieser Versuche in der Vergangenheit suboptimal waren. (Vgl. auch Scheff 1999:62, sowie zu den scheiternden Bestrebungen bspw. in Asien auch Manger 2009:17)

Erst durch eine Rekonzeptualisierung des (regional-)ökonomisch eng gefassten Clusterbegriffs zu ‚Lern- und Wissensclustern' – so meine hier vertretene These, – empfehlen sich Cluster als komplexitätsbewältigende Meta-Strategie für veränderte ökonomische Prinzipien und globale gesellschaftliche Wandlungsprozesse. Dies zielt auf eine notwendige Verknüpfung der (medien)kulturellen Balancierung, der ökonomischen Bilanzierung und sozialer Relevanzen ab. Dieser Verknüpfung sowie einer damit verbundenen Sensibilisierung für Antezedenzbedingungen, neuartige Steuerungsinstrumente und Lenkungsmechanismen widmet sich daher ein Großteil dieser Arbeit. Parallel dazu erfolgt eine Spurensuche nach künstlerischen und historischen ‚Abdruckmarken' von Clustern. Diese sind zuweilen im historischen ‚Dickicht' verborgen und geben sich vielfach erst jenseits von Bilderstürmen und begrifflichen Semantiken der Gegenwart zu erkennen. Vor diesem Hintergrund scheut diese Arbeit nicht davor zurück, en passant auch die historischen Wurzeln unseres gewagten und aktuell medial fokussierten Umgangs mit Wissen, Werten und Worten aufzugreifen.

Hinsichtlich der Aufarbeitung des Forschungsgegenstandes folgt die Abfolge der Kapitel einem im Wissenschaftsbereich eher unüblichen formallogischen Muster. Dies ist jedoch der Problemstellung geschuldet: Zugunsten einer permanenten Inklusion und Rückbettung in sozio-kulturelle Sphären sowie globa-

le Problemdimensionen wird der aktuell vorherrschende wirtschaftsgeographische ‚Status Quo' zum Forschungsgegenstand Cluster nicht bündig abgehandelt.
Dies erklärt sich vor dem Hintergrund, dass ich die geistes- und gesellschafts-
wissenschaftlichen Zugänge als notwendige Enabler verstehe, um überhaupt zu
einem eben *nicht* primär nur auf wirtschaftsgeographischen Impeti beruhenden, homogenen Clusterverständnis zu gelangen: Erst im Anschluss an diese
Zugriffe und aufbauend auf deren Ergebnissen, kann das derzeitige Verständnis von Clustern einer kritischen Reflexion unterzogen, entsprechend erweitert
und ausgedehnt werden.

Bevor sich die Arbeit also einem ‚Blueprint' und Grundriss von Clustern
zuwenden kann, werden zunächst jene, mit der Clusterthematik unmittelbar verbundenen Diskurskonzepte, etymologische Wegweisungen und politische Dispositionen untersucht sowie forschungstheoretische Präliminarien konturiert. (Kapitel 2) Dann wird die komplexe Topologie der Performativität (Kapitel 3), das
in dieser Arbeit verwendete Verständnis und Zusammenspiel von Kunst, Strategie und Avantgarde (Kapitel 4) sowie die Verknüpfung der Faktoren Wissen und
Lernen (Kapitel 5) erarbeitet. Im Anschluss daran wird neben einer Aufarbeitung
der aktuellen ökonomischen Befunde und geographischen Relationen, auch eine
Kontrastierung von Clustervorläufern und heutigen Clusterformationen vorgenommen. Zudem werden notwendige Erweiterungen des Clusterverständnisses
im Bereich von Kapitalbildung und Kompetenzbündelung herausgearbeitet. Dabei werden insbesondere die Spannungen und Wechselwirkungen zwischen den
materiellen Interessen des Marktes und den ideellen Interessen sozialer Wertschöpfung sowie zwischen den Mikrostrukturen personalen Wissens und den
Makrohorizonten integrativer Kapitalbildung in den Fokus genommen. (Kapitel 6) Aufbauend auf diesen Ergebnissen wird mit den ‚Lern- und Wissensclustern' schrittweise sowohl ein theoretisches Begriffsgebäude als auch ein praktisches Umsetzungskonzept für die wissensbasierte Gestaltung und ganzheitliche
Ins-Werk-Setzung von Clustern modelliert. Dazu werden Herausforderungen im
Bereich der intersystemischen Rückkoppelungsschleifen und Lernprozesse von
Person, Organisation und Cluster skizziert. (Kapitel 7) Im Anschluss daran werden die räumlichen Dimensionen und Figurationen von Clustern erarbeitet und
Cluster als sozialkulturelle Raumformen verortet. (Kapitel 8)

Der praktische Teil der Arbeit vollzieht den Brückenschlag der Theoriebildung hin zu anwendungsnaher Managementforschung. Im Anschluss an eine Diskussion und Dekonstruktion der aktuellen Managementsituation wird auf Basis
der herausgearbeiteten Erkenntnisse ein Managementmodell zur Steuerung von
Clustern entwickelt. Basierend darauf werden Lösungs- und Gestaltungsoptio-

nen zur Bewältigung potentieller Steuerungs- und Lenkungsproblematiken im Bereich Cluster-Development und Cluster-Management vorgeschlagen. (Kapitel 9) Schlussendlich werden die Ergebnisse der Arbeit in einer Synopse zusammengeführt sowie potentielle Ausrichtungs- und Handlungsoptionen unterbreitet. (Kapitel 10)

2. Clusterdiskurse und Diskussionen: Etymologische Wegweiser. Politische Dispositionen. Ideologische Prämissen

2.1 Präambel

> „Wie immer, wenn es um das Messen und Bewerten geht, kann man dabei von zwei Paradigmen ausgehen, einem objektivistischen beziehungsweise zweckrationalen und einem diskursiven respektive reflexiven. Objektivistische Bewertungsansätze streben nach Abbildung – in diesem Fall der Leistung, um sie zum Beispiel durch äquivalente ökonomische Anreize zu ‚managen'. Diskursive Ansätze streben eher danach, mittels Bewertung die Aufmerksamkeit der Akteure auf Phänomene (hier Leistungen) zu richten, die zuvor außerhalb systematischer Beobachtung, Anerkennung und Förderung standen. Die Genauigkeit der ‚Messung' ist hier sekundär gegenüber der Orientierungs- und Entwicklungsfunktion der Kriterien im Hinblick auf die beobachtete Praxis."

(Moldaschl 2007:498)

Mein Vorgehen, dieser Arbeit Untersuchungen über das Diskursive und die Praxen der Diskurse im Clusterformenfeld voranzustellen, sei durch obiges Zitat von Moldaschl erklärt, den ich hier aufgrund einer ähnlich gelagerten Denkmaxime als einen Wortführer antreten lassen möchte: Um zunächst eine auch von mir intendierte „Orientierungs- und Entwicklungsfunktion der Kriterien im Hinblick auf die beobachtete Praxis" (ebd.) zu gewährleisten, nimmt dieses Kapitel dementsprechend die aktuellen (wirtschafts)politisch gespeisten Diskurse[36] in Bezug auf den Forschungsgegenstand Cluster auf, verbindet diese mit sprachhistorischen und ideologischen Fragestellungen und ist damit unmittelbar mit dem Begriffs-

---

36 Eine einschlägige und für die in dieser Arbeit verwendete Lesart stimmigste Definition von Diskursen bietet Hall: „Discourses are ways of referring to or constructing knowledge about a particular topic of practice: a cluster (or *formation*) of ideas, images and practices, which provide ways of talking about, forms of knowledge and conduct associated with, a particular topic, social activity or institutional site in society. These *discursive formations*, as they are known, define what is and is not appropriate in our formulation of, and our practices in relation to, a particular subject or site of social activity; what knowledge is considered useful, relevant and ‚true' in that context; and what sorts of persons or 'subjects' embody its characteristics" (Hall 1997:6, kursive Hervorhebung im Original).

und Bedeutungsgebäude der „[w]issenssoziologische[n] Diskursanalyse"[37] (Keller 2005) verbunden.

Einer der bedeutendsten Wegbereiter der Diskursanalyse war unzweifelhaft Michel Foucault, der mit seiner „Archäologie des Wissens" (so der Titel von Ders. 1973) eine ausführliche Grundierung und Einebnung des Forschungsfeldes vorgelegt hat. Keller verweist darauf, dass Foucault „vier Grundmomente von Diskursen [unterscheidet, B. P.], die im Hinblick auf ihre Formationsregeln analysiert werden können" (Keller 2005:132, im Rekurs auf Foucault 1988:48ff.,[38] vgl. direkt Foucault 1973). Diese von Foucault herausgearbeiteten „diskursiven Formationen" (Ders. 1973:48), nehmen ihren Ursprung ausgehend von Foucaults' Anspruch, „keine Form von Diskontinuität, von Schnitt, von Schwelle oder Grenze zu vernachlässigen" (Ders. 1973:48). Sehr ausführlich beschreibt der Autor denn auch „[d]ie Formation der Gegenstände" (ebd.:61), „[d]ie Formation der Äußerungsmodalitäten" (ebd.:75), „[d]ie Formation der Begriffe" (ebd.:83) und „[d]ie Formation der Strategien" (ebd.:94). All diese Formationen integriere ich durchgehend – freilich mit unterschiedlichem Schwerpunkt und keinesfalls en detail – in den Aufbau und Ablauf meiner Arbeit: Ganz im Sinne Foucaults werde ich Diskurse als „Praktiken […] behandeln, die systematisch die Gegenstände bilden, von denen sie sprechen" (Foucault 1973:74).

Ich schließe meine Argumentationen im Folgenden allerdings an die Ausführungen von Reiner Keller an, da dieser einen komprimierten und kompakten Überblick über die oben genannten Formationen Foucaults gibt. (Vgl. Keller 2005:132) Indem ich die „Rekonstruktion der Regeln erfasse[…], nach denen die Gegenstände gebildet werden, von denen die Diskurse sprechen" (Keller 2005:132), also bspw. die rekursive Zusammenschau und das Zustandekommen von Clusterobjekten und Clusterkonstrukten untersuche, trage ich der „Formation der Gegenstände eines Diskurses" (ebd., im Rekurs auf Foucault 1988a:48ff., kursive Hervorhebung getilgt) Rechnung. Indem ich ergründe „von welchen ins-

---

37   „Wissenssoziologische Diskursanalyse zielt auf die soziohistorisch orientierte Rekonstruktion
      von Diskursen, um deren Verläufe zu verstehen und auf der Grundlage der gewonnenen Er-
      kenntnisse zu erklären. Ihr geht es damit um die Nachzeichnung der Schließung kontingenter
      Entwicklungen im Prozess institutioneller Wirklichkeitsbestimmung, um die Aufklärung über
      bestehende und verworfene Alternativen sowie über die Interessen, Strategien und Handlungs-
      ressourcen der in den erwähnten Prozessen agierenden Akteure. Sie entwickelt dabei allgemeine
      theoretische Kategorien und Hypothesen über typisierbare Formen und Mechanismen von
      Diskursen. Über einzelne Diskursverläufe hinaus untersucht sie die Herausbildung typisier-
      barer Diskursformationen und die Prozesse ihrer soziohistorischen Transformation" (Keller
      2005:15). Einen sich an vorgenannte Untersuchungskomplexe anschließenden, kompakten
      Fragenkatalog wissenssoziologischer Diskursforschung bietet Keller (2005:257).
38   Keller rekurriert hier auf: Foucault, Michel (1988): Archäologie des Wissens. Frankfurt am
      Main: Suhrkamp

titutionellen Orten und Subjektpositionen aus [...] über einen Diskursgegenstand gesprochen [wird, B. P.]" (Keller 2005:132), ich mich also u. a. auf politische, wissenschaftliche und unternehmerische Schlüsselakteure fokussiere, nehme ich die „Formation der Äußerungsmodalitäten" (ebd., im Rekurs auf Foucault 1988a:48ff., kursive Hervorhebung getilgt) in den Blick. Indem ich „die Regeln, die den jeweiligen Aussagen zugrunde liegen" (ebd.) und die dazu verwendeten „rhetorischen Schemata" (ebd.), hier also bspw. die bezüglich der Zielvorstellungen eingesetzten Metaphern untersuche, fokussiere ich die „Formation der Begriffe" (ebd., im Rekurs auf Foucault 1988a:48ff., kursive Hervorhebung getilgt). Einen besonderen Schwerpunkt in meiner Arbeit nimmt die „Formationen der Strategien" (ebd., im Rekurs auf Foucault 1988a:48ff., kursive Hervorhebung getilgt) ein, da ich den Forschungsgegenstand derart präpariere, dass „die Außenbezüge" (ebd.) nicht nur erfragt, sondern inter- und transdisziplinär bearbeitet werden können.

Selbstverständlich kann es hier nicht Ziel sein, die Foucaultschen Formationen dergestalt zu destillieren, als dass sie qua petit point und en detail auf den Clusterdiskurs abstrahierbar sind. Ich nutze sie hier vielmehr als eine Art grobes Raster, welches sich an das Ziel anlagert, die diskursive Clusterformation en gros zu charakterisieren und ihr einen individuellen Charakter zu verleihen. So kann laut Foucault "[e]ine diskursive Formation [...] individualisiert werden, wenn man das Formationssystem der verschiedenen sich darin entfaltenden Strategien definieren kann; in anderen Worten, wenn man zeigen kann, wie sie sich alle (trotz ihrer manchmal extremen Unterschiedlichkeit, trotz ihrer Verstreuung in der Zeit) vom selben Mechanismus von Relationen ableiten" (Foucault 1973:100f.). Die zügige Konstruktion von Relationen und die (Re-)Vitalisierung von Strategien wiederum basiert bekanntermaßen zumeist auf Dringlichkeiten, wie bspw. dem Überwinden von Krisenlagen und einem damit einhergehenden Wunsch nach Wiederherstellung oder Neuformierung von mitunter aus dem Gleichgewicht geratener Ordnung und Orientierung.

Die folgenden Ausführungen befassen sich daher mit globalen (wirtschafts)politischen Notwendigkeiten, aus denen auch das Clusterkonzept seine aktuelle Brisanz bezieht, damit verbundenen Clusterdiskursen sowie Diskussionen über die kommunikative und kulturelle Ins-Werk-Setzung von Clusterkonstrukten. Demzufolge handelt es sich um eine Thematik, die unmittelbar auf sprachliche Interaktionen und den aktuellen Umgang mit der Begrifflichkeit durch verschiedene Nutzergruppen abhebt. Da Kultur und Sprache sich stets wechselwirkend bedingen und befördern, werde ich den Clusterbegriff im folgenden Unterkapitel als sich sukzessive formierendes Sprach- und Kulturgebäude betrachten, seine historischen Ursprünge zunächst sprachgeschichtlich rekonstruieren und dazu seine etymologischen Wurzeln in den Blick nehmen.

Ferner streift das folgende Kapitel die relevante Anschlussfrage, weshalb und inwiefern der Clusterbegriff aufgegriffen, in die Diskurse der verschiedenen Wissenschaften gespeist wurde und sich dort manifestieren konnte. Geschieht dies, *weil* sein strategischer Einsatz, zumindest semantisch ein „höhere[s] Abstraktionsniveau" (Foucault 1973:98) bezüglich der Be- und Umschreibung verschiedenartigster, vorab nicht näher definierter Prozesse gestattet oder aber – ganz im Gegenteil dazu – wird eine, bereits als problematisch empfundene, da nicht er- und einfassbare Abstraktheit dieser Prozesse durch tiefergehende begriffliche Konkretisierung aufzulösen und abzumildern gesucht?

2.2 Altes Erbe – Neues Vermächtnis: Sprachhistorische Wurzeln

„se stât in ênen kluster to hope"[39]

Der Begriff Cluster befindet sich aktuell auf einem Kulminationspunkt der Polysemie und läuft damit – trotz seiner Aktualität – Gefahr, nicht nur mit uneinlösbaren Hoffnungen verbunden, sondern möglicherweise auch en gros (über) strapaziert zu werden. Als Zeitzeichen führt er in Funktion eines Hyperonyms (Oberbegriff) ein Gefolge von Art- und Sprachverwandten an, in Form eines zwar nicht semantischen, so doch konnotativen Hybrids verweist er auf ein ihm inhärentes Konglomerat verschiedenster Bedeutungen. Zu seinen häufig genannten, vermeintlich nächsten Verwandten zählen z. B. die Begriffe *Traube, Bündel(ung), Ballung, Büschel, Haufen* bzw. *Häufung* und *Ansammlung.* Offenbar trägt dieses dem Clusterbegriff zugeeignete weitreichende Bedeutungsgefüge auch dazu bei, dass der Begriff sich in unterschiedlichen fachspezifischen Zusammenhängen und differenten Wissenslandschaften etablieren und verstetigen konnte und dort oftmals die Stelle eines ‚missing elements' besetzt. Der Clusterbegriff scheint geeignet, Zusammenballungen und spezifische Phänomene, die sich in spezifischen Teilbereichen als konstitutiv erweisen, fassbar(er) zu machen und begrifflich zu verdichten. Zugleich tritt er als übergeordnete Begrifflichkeit auf, welche die Ballung und Bündelung des jeweils zu bezeichnenden Phänomens amplifiziert.[40]

---

39   DWB, Bd.11, Spalte 1308-1309, dereinstige Rechtschreibung originalgetreu übernommen.
40   Aktuell erlangt der Clusterbegriff zumeist als Begriffshybrid, also im Accompagnement mit einem anderen, in der jeweiligen Fachdimension beheimateten Begriff bedeutungstragende Referenz (z. B. ‚Solar-Cluster', ‚IT-Cluster'). Zudem fokussiert er auf die übergeordnete Relevanz der *Verortung* und *Verräumlichung* spezifischer Merkmalseigenschaften (z. B. ‚Cluster-Kopfschmerz'). Auch Kiese (2008a:55) hebt auf das prägnante Beispiel des sog. Cluster-Kopfschmerzes ab. Zu weiteren prägnanten Einsatzfeldern und Verwendungszusam-

Die verschiedenen Nutzungen rekurrieren damit en gros auf die ‚Ballung'
und ‚Bündelung' von Elementen bzw. Eigenschaften – zwei, dem Clusterbegriff
offenbar genuin innewohnende Bedeutungsgebäude. Ballung und Bündelung gehen dabei zugleich immer auch mit einer Selektion, Verortung und Verdichtung
der je spezifischen Phänomene einher. Bei den zahlreichen Verwendungsweisen
des omnipräsenten Clusterbegriffs schwingen zudem immer auch die Bedeutungsgehalte seiner vielzähligen Sprachverwandten mit. Im Rahmen einer näheren Beschreibung und Füllung des Clusterbegriffs wird daher aktuell oftmals auf
ein Konglomerat anderer Begriffe und vermeintlich sinngleicher Korrelate abgehoben, die dem Clusterbegriff als Stellvertreter zur Seite gestellt werden, *ohne*
aber auf deren Entstehung und Etablierung im Diskurs abzuheben und deren tief
in der Sprachhistorie verankerten Bedeutungsgefüge nachzuzeichnen. Ergiebig
ist eine Suche nach Spuren des Clusterbegriffs in Bezug auf dessen ehemalige
Bedeutung(en) insbesondere auch vor dem Hintergrund, dass neuzeitliche Über-
setzungen und begriffliche Übertragungen, die im Zeitverlauf seiner Etablierung
entstandenen inhaltlichen Bedeutungsverschiebungen mitunter nicht mitführen.
Zudem basieren aktuelle Verwendungsarten möglicherweise bereits auf Vereinseitigungen und Verkürzungen des ursprünglichen Bedeutungsgebäudes. Dies
birgt die Gefahr, dass bedeutungtragende Teilbereiche des Clusterkonstruktes
trotz ihrer möglicherweise hochaktuellen sinnadäquaten Anschlussfähigkeit in
Theorie und Praxis keiner produktiven Anbindung mehr zugeführt werden können. Diese Anbindbarkeit soll im Folgenden nachgeholt werden.

Obschon der englische Begriff Cluster laut dem Deutschen Wörterbuch der
Brüder Grimm schon im ags. vorlag (vgl. DWB, Bd. 11, Spalte 1308-1309) findet
sich auch im Deutschen ein etymologisches Korrelat: Das im heutigen Sprachgebrauch ausgestorbene Wort „Kluster" (ebd.), das ursprünglich u.a. all dasjenige
umschrieb, „'was dicht und dick zusammensitzet'"[41] (ebd., kurs. Hervorh. des Orig.
getilgt)[42] und neben der Ballung dinglicher Gegenstände auch Pflanzen-, Tier- und

---

menhängen des Clusterbegriffs innerhalb verschiedener Disziplinen vgl. Kiese (ebd.) und
Pieper (2007:10).

41 Dies ist jedoch noch keine *Beschreibung* eines konkreten oder abstrakten Objektes, sondern
nur eine *Um*schreibung, die auf die *Form*eigenschaften eines nicht näherdefinierten ‚Etwas'
rekurriert. Sie sagt lediglich etwas darüber aus, *wie* das Objekt formiert sein muss, um überhaupt mit dem Begriff ‚Kluster' belegt werden zu können.

42 Der obige Verweis findet sich auch in einigen aktuellen Diskursen wider. Problematisch
scheint mir allerdings der in diesen Diskursen oftmals stark vernachlässigte Rückbezug auf
den *deutschen* Begriff ‚Kluster' selbst, welchen die Brüder Grimm hier als denjenigen Begriff
anführen, auf den sich eben jene Umschreibung bezieht. Diese Auslassung bzw. Minderberück-
sichtigung trägt möglicherweise dazu bei, dass der Vorstellung Vorschub geleistet wird, dass
es sich bei dem Begriff ‚Cluster' lediglich um einen ins Deutsche übertragenen Anglizismus
handelt.

Menschenformationen umschloss. (Vgl. ebd.) Neben der sprachlichen Nähe findet
eine inhaltliche Verwandtschaft der Begriffe auch dadurch Halt, dass beide Begriffe
auf die Korrelation und den Verbund nicht näher bezeichneter Elemente durch die
Kriterien räumlicher Nähe und dichter Ballung abheben. Weiterführend ließe sich
jene, von den Brüdern Grimm zur inhaltlichen Füllung des Begriffs ‚Kluster' aufgeführte ‚Dichte' und ‚Dicke' verstehen als inneres ‚dicht machen' – also als eine
Art *Abgrenzung von etwas* (anderem), bei gleichzeitigem äußeren ‚dick machen'
– also *Platz einnehmender und diesen Platz evtl. auch einfordernder Ausbreitung.*
    Auch im aktuellen wirtschaftspolitischen Verständnis von Clustern finden
wir diese Maximen der Abgrenzung und Ausbreitung wieder, geht es doch darum, durch die gezielte Stärkung spezifischer Schlüsselakteure regionale Alleinstellungsmerkmale zu generieren, diese Uniques schnellstmöglich in die Öffentlichkeit zu transportieren und in diesem Zuge nicht nur die Wettbewerbsfähigkeit
zu steigern, sondern in der Folge auch internationale Strahlkraft zu erlangen. Im
Folgenden werde ich diese, mit dem Clusterbegriff seit jeher kardinal verbundenen Maximen der Ballung und Bündelung daher um das offenbar stets mitschwingende Kriterium der räumlichen Ein- und Abgrenzung ergänzen und dies
am Beispiel zweier, dem Cluster etymologisch verwandter Begriffe, der *Klause*
und dem *Kloster*, untersuchen.
    Zwar ist der Begriff der *Klause* bis heute nicht gänzlich ausgestorben. Zu-
meist ist er jedoch nur noch in der Bedeutung ‚kleines[43] Wirtshaus' bzw. ‚Dorf-
schenke' geläufig. Die unterschwellig mitschwingende Assoziation, dass die
Klause oftmals primär von einer überschaubaren Stammkundschaft frequentiert
wird und hinzukommende fremde Gäste zumeist erst einmal kritisch ‚beäugt'
werden, verweist auf weitere, in der Etymologie des Wortes liegende Bedeutungen. Wir finden prägnante Verweise auf die dem Begriff inhärente Bedeutung der Ab- und Ausgrenzung z. B. in seiner ihm ursprünglich zugrundeliegenden frappantesten Bedeutung – der „Einsiedelei" (Wahrig 1968/1972:2043) bzw.
„'weltabgeschiedene[n] Behausung; Klosterzelle'" (DUDEN 1963:330). Die Brüder
Grimm halten für Klause, „*mhd.* klûse, klûs *und* klôse" (DWB, Bd. 11, Sp. 1035-
1039, kursive Hervorhebung im Original), zudem folgende übergreifende Definition bereit: „*Verschlossene, schwer zugängliche, entlegene, enge behausung oder*
örtlichkeit überhaupt" (ebd., kursive Hervorhebung im Original). Zudem findet
sich dort eine weitere markante Bedeutung des Begriffs – interpretiert im Sinne
eines „Engpass[es]" (ebd.): „*nhd.*: clause, *ort oder pass so ein land schlieszt, wo*

---

43   Selbst das Wort ‚klein', das „eigt. ‚mit Fett eingeschmiert' oder ‚verschmiert', ‚verputzt'"
      (DUDEN 1963:345) bedeutet, verweist bereits auf den Einschluss und die Abgrenzung der
      „'Kontaktfläche' zur Umwelt" (Pankoke 1993a:66).

man den feind leicht ausschlieszen kan" (ebd., kursive Hervorhebung im Original, dereinstige Rechtschreibung originalgetreu übernommen). Wie der DUDEN sichtbar macht, basiert „[d]as Substantiv (*mhd.* klūse, *ahd.* klūsa) [...] auf einer Entlehnung aus *mlat.* clūsa ‚umschlossener, umhegter Raum; Klosterzelle; Einsiedelei', das zu. *lat.* claudere (clausum, Nebenform clūsum) ‚schließen, zusperren, verschließen; abschließen usw.' gehört" (DUDEN 1963:330, kursive Hervorheb. im Original). *Claudere* gliedert sich etymologisch auch an „*lat.-kirchenlat.* claustrum ‚Verschluß; Klausur; Wohnraum- und Wohngebäude für die in religiöser Abgeschiedenheit lebenden Mönche und Nonnen" (DUDEN 1963:336, kursive Hervorheb. im Original). Die „Quelle des Wortes [Kloster, B. P.] ist eine *vlat.* Nebenform clōstrum von *lat.-kirchenlat.* claustrum" (DUDEN 1963:336, kurs. Hervorheb. im Orig.). „*[A]uch in der echt lat. bedeutung fand es eingang, doch eigner weise mit anderm vocal*, s. klauster, *diesz* au (û) *ist neben dem o wie in mhd. klûse neben* klôse" (DWB, Band 11, Spalte 1235, kurs. Hervorheb. im Orig., dereinstige Rechtschreibung originalgetreu übernommen). Diese Korrelation verdeutlicht die unmittelbare Nähe der Begriffe Cluster und Kloster.

Auch „[d]as *lat.* Verb [claudere, B. P.], das eigentlich ‚mit einem Nagel, Pflock, Haken oder Riegel verschließen' bedeutet" (DUDEN 1963:330, kurs. Hervorheb. im Orig.) hat wiederum eine Vielzahl von Entlehnungen nach sich gezogen. (Vgl. ebd.) Enge Verwandtschaft bestehe laut dem DUDEN zu den lateinischen Begriffen „clāvus[44] ‚Nagel, Pflock'" (ebd.), „clāvis ‚Schlüssel; (mlat.:) Taste'" (ebd.) und zu den Entlehnungen „clausula ‚Schluß, Ende; Schlußsatz, Schlußformel'" (ebd.), „clausūra[45] ‚Verschluß, Einsperrung'" (ebd.) sowie auch zu den lat. Verben „inclūdere ‚einschließen'" (ebd.) und „ex-clūdere ‚ausschließen; absondern; abhalten; abschneiden'" (ebd.) sowie zu „mlat. exclūsa ‚Schleuse, Wehr'" (ebd.). Erkennbar sei eine Verwandtschaft ebenso zu unseren noch heute gebräuchlichen Begriffen „Enklave", und „Exklave" (vgl. ebd.) (alle vorgängigen Verweise und deren Bedeutungen ebd., kurs. Hervorheb. des Orig. getilgt).

An dieser Stelle finden sich auch in Bezug auf die Verwendungsweise des ökonomischen Clusterbegriffs unmittelbare Ähnlichkeiten und Assoziationen: Ökonomische Cluster werden als „Schlüsselgrößen der künftigen Wirtschafts-

---

44 Wie der DUDEN (1963:96) sichtbar macht, wurde aus dem lat. Begriff ‚clāvus' der frz. Begriff ‚Clou' = „Höhepunkt, Kernpunkt" (ebd.) entlehnt. (Vgl. ebd.) Das Bedeutungsgebäude des ursprünglichen Begriffes ‚Nagel' habe dabei offenbar eine Bedeutungsübertragung erfahren (vgl. ebd.): „Der Bedeutungsübertragung, die sich wohl in der *frz.* Umgangssprache vollzogen hat, liegt etwa die Vorstellung zugrunde, daß der Clou einer Sache das Ganze befestigt und zusammenhält wie ein Nagel" (ebd., kurs. Hervorheb. im Orig.).

45 Heute existiert das Bedeutungsgefüge des Begriffs ‚clausura' immer noch in der Bedeutung ‚in Klausur gehen', im Sinne eines sich Zurückziehens in ein Refugium, in dem man sich (unter Abscheidung aller Störquellen) auf wesentliche Aspekte konzentriert.

entwicklung in Europa und der Welt" (Späth/Henzler 2002:56) beschrieben. Bei
der Setzung exklusiver Cluster-Claims, geht es – wie bei einer Landnahme – darum, das hinsichtlich einer spezifischen Zielstellung nutzbringendste, ertragreichs-
te Territorium zunächst auszuwählen, gegenüber anderen Territorien abzugrenzen und durch die Setzung eines öffentlich sichtbaren Zeichens zu markieren, um
es als ein sich zugeeignetes und zueigen gemachtes (also erobertes und besetztes)
Gebiet zu schützen. Praktisch auf den Cluster übertragen bedeutet dies, dass er
durch die Bündelung und Bindung lokaler Stärken und Kompetenzen, eine ihn aus-
zeichnende Einzigartigkeit bzw. Alleinstellung aufbauen muss, welche weit über
lokale und sogar nationale Grenzen hinausweist. Dazu muss er sich nach außen
abgrenzen, in seiner Strahlkraft wiederum weit über diese Grenzen hinaus ausbreiten, Schlüsselakteure nicht nur räumlich implizieren, sondern diese zu einer
Einheit verschmelzen und sich durch seine Präsenz und die Alleinstellungsmerkmale in Produkt und Prozess gegenüber Mitbewerbern im Wettbewerb behaupten.

Wenn wir den Begriff *Kluster* nun noch mal aufnehmen und abschließend
bis auf seine im Mittelhochdeutschen verankerten etymologischen Wurzeln zu-
rückschneiden, gelangen wir u. a. zu den mittelhochdeutschen Begriffen „klôz [...]
[=] Kugel; Knauf; Klumpen" (Hennig 1998:183) bzw. zu „kliu, klûel, klûwen [...]
[=] Kugel, Knäuel" (Hennig 1998:182). Zudem sei ‚kluster' laut dem DWB auch
in der Verwendung von „klus m., büschel, traube" (DWB, Bd. 11, Spalte 1308-
1309) gebräuchlich gewesen. (Vgl. ebd.) Wie die Brüder Grimm im DWB zeigen, entspreche der Begriffsstamm „einer nd. nord. nebenform von klosz klump"
(ebd.), wobei der „eig. Begriff [...] offenbar klump" (ebd.) sei.[46] (Vgl. ebd.) Damit
finden sich einige der gegenwärtig am häufigsten verwendeten Bedeutungskor-
relate zum Clusterbegriff bereits als etymologische Wurzeln des Begriffs Kluster im Mittelhochdeutschen wider. Es handelt sich bei den Begriffen Klumpen,
Kugel, Knäuel, Büschel, Traube etc. jedoch noch immer um Objekte, die auf die
Bündelung und Verdichtung, der sie formierenden Elemente verweisen, diese
sich formierenden Elemente aber nicht näher explizieren. Deren inhaltliche Zu-
sammensetzung und Funktion erschließt sich ebenso wie beim Begriff ‚Cluster'
erst durch ihren Gebrauch in spezifischen Kontexten oder durch die Erweiterung
zu Begriffshybriden.[47]

---

46   Die Brüder Grimm verweisen in ihren Abhandlungen darauf, dass der Begriff ‚klosz' sich
      urspr. auf die Beschreibung von Holzstücken bezogen habe, bereits in den Abhandlungen Ovids
      in der Bedeutung eines ungeformten, noch nicht urbar gemachten und bearbeiteten Klumpens
      Verwendung gefunden habe und Opitz ihn als begriffliche Entsprechung für ‚Chaos' verwandte.
      (Vgl. DWB, Band 11, Spalte 1244-1248)
47   So werden die Begriffe entweder direkt mit Materialbegriffen verschwistert (z. B. Wollknäu-
      el, Lehmklumpen) oder aber es wird auf die Markanz, der dieser Begrifflichkeit inhärenten
      Bündelungseigenschaften von Objekten und der sie formierenden Elemente abgehoben (z. B.

Allerdings haben sich aus den dereinstigen Substantiven klôz und klûse auch Verben abgeleitet, wie „klôzen [...] [=, B. P.] trennen" (Hennig 1998:183) sowie „klûsen [...] [=, B. P.] sich ins Kloster zurückziehen" (ebd). Während Kloß laut DUDEN auf „*westgerm.* *klauta- ‚Klumpen, zusammengeballte Masse'" (DU-DEN 1963:336, kurs. Hervorheb. im Original) zurückgehe, verweise die Etymologie von *klauta wiederum auf die „Wurzelform *gleu-" (ebd.), der „Wz. *gel-‚zusammendrücken, ballen'" (ebd.), die zur Entlehnung vielzähliger Verben gereichte und damit auch auf ein aktives Tätigsein von Akteuren abhob.[48] Diese Verben überschreiben den bloßen Verweis auf die Formeigenschaften des dichten Verbundes eines nicht näher zu definierenden ‚Etwas', indem sie eine auf den Akteur verlagerte, gestalterische Notwendigkeit, d. h. ein eigenes Tätigsein des Subjekts markieren, welches durch sein *aktives* gestalterisches Handeln erst die Objektform mit ihren sinngebenden und bezeichnenden Eigenschaften (hier Verbundenheit und Dichte der unverbundenen Einzelelemente zu einem großen basalen Ganzen, also einer Einheit) erwirkt.[49] (Vgl. Pieper 2007:11)

Durch die hier geführten etymologischen Rekurse wird ersichtlich, dass ein Cluster kein einfaches Ballungsprodukt aus Einzelelementen sein kann, sondern

---

Kugelblitz). Dies stellt also keinerlei Erweiterung zu den Bildungsprozessen der Begriffsformen im Clusterbereich dar, denn beide Fälle haben wir weiter oben mit Begriffshybriden wie z. B. ‚Solar-Cluster' bzw. ‚Cluster-Kopfschmerz' bereits dargestellt.

48 Der idg. Wurzel *gel[ə]- schlössen sich laut DUDEN u. a. die Sippen von Klumpen, Klüngel, Klunker, Kloß, Klotz, Knäuel (vgl. DUDEN 1963:344f.) sowie von „Klette (nach den anhaftenden Blütenköpfen)" (ebd.), von „Klaue (eigt. ‚die Packende' oder ‚die Geballte')" (ebd.) und von „Kleie (eigt. ‚klebrige Masse'), Kleister, kleiben (eigtl. ‚kleben machen'), kleben, Klee (nach dem klebrigen Saft)" (ebd.) an. (In der Originalquelle aufgeführte Pfeilsymbole, die dort als Symbol des Verweises fungieren, wurden im gesamten vorgängigen Satz von mir getilgt) Auch „‚abkühlen, gefrieren', (wohl eigtl. ‚klumpig werden, gerinnen')" (ebd.) ließen sich auf die idg. Wurzel zurückführen. (Vgl. ebd.) Eng verwandt seien z. B. auch „*lat.* globus ‚Kugel, Ball, Klumpen'" (DUDEN 1963:353, kurs. Hervorheb. im Original) und „*lat.* glomus ‚Kloß, Knäuel'" (ebd., kurs. Hervorheb. im Orig.), welche wiederum eine Verwandtschaft zum Begriff „Konglomerat" = "bunt Zusammengewürfeltes, Gemisch" (ebd.) aufweisen. Hier wird ein assoziativer Bezug zum heute angeforderten Clusterverständnis darin sichtbar, dass die an einem Cluster beteiligten Organisationen quasi ihren Aggregatzustand ändern müssen und dazu ihr gesamtes vorhandenes Wissen, obschon es potentiell klebrig ist und zunächst aus heterogensten Quellen stammt, ballen, in eine neue Form gerinnen und an den Cluster ‚kleben machen' müssen.

49 Etymologisch verwandt mit Kluster ist auch der Begriff ‚Klüngel', welcher laut DUDEN auf ahd. clungilīn zurückgehe, welches eine Verkleinerungsform von ahd. clunga (Knäuel) sei und dementsprechend eigentlich kleines Knäuel bedeute. (Vgl. DUDEN 1963:336) Auch etymologisch finden wir also die assoziative Nähe des Begriffes ‚Klüngel' als eines dichten Verbundes, der sich durch seine Formgebung nach außen hin abgrenzt: „Der heutige übertragene Gebrauch des Wortes im Sinne von ‚Anhang, Sippschaft, Parteiwirtschaft' breitete sich im 19. Jh. vom Raum Köln aus" (DUDEN 1963:336), weshalb wir auch heute noch von ‚Kölschem Klüngel' sprechen.

sich erst durch die zielgerichteten Tätigkeiten der ihn formierenden und konstituierenden Akteure ergibt. Dies bedingt wiederum, dass sich die inhärenten
Formeigenschaften des Clusters nicht nur durch die von Akteuren vorgenommene Bündelung bzw. Anhäufung der basalen ihn formierenden Elemente (Produkte) ergeben, sondern sich die Akteure im Rahmen der Verknüpfung selbst zu
einer (geistigen) Einheit verschwistern müssen. Die Zielstellung, ein Terrain entsprechend abzustecken und Produkte sowie Dienstleistungen wettbewerbsfähig
zu vermarkten, erfordert es allerdings, dass alle beteiligten Akteure sich im Prozess der Ins-Werk-Setzung erfolgreicher Cluster nicht nur zu einem strategisch
operierenden Heer ‚zusammenrotten', sondern allesamt selbst zu Unikaten werden müssen, um als präformative Bildner und proaktive Gestalter des zu Bildenden und zu Gestaltenden wirken zu können.[50]

2.3 Interoperabilität der Systeme als strategisch übergreifendes Ziel

> „We have, sometimes painfully, learned how to manage interdependence in Europe –
> we now need to bring this experience in a united European response to the global level.
> These are no ordinary times. What Europe needs is a transformational agenda.
> Only by working together can Europe have the critical mass needed.
> We face a choice: either we collectively shape the new order,
> or Europe will become irrelevant."
>
> (José Manuel Barroso 2009:11)

Die Wissensgesellschaft sucht für sich nicht nur einen problem-, sondern einen
lösungsorientierten, kompetenz- und kapitalbildenden Umgang mit den Herausforderungen von Wissenstransfer und -transformation zu reklamieren. So nehmen Kooperationen und deren Kombinatorik zu herausragenden Spitzenkräften
im internationalen Wettbewerb kardinale Stellungen in politischen Diskussionen
ein. Als probates Mittel zur Erlangung gesamtgesellschaftlicher Transformation
werden diese allerdings längst nicht mehr ausschließlich auf Makroebene der EU
thematisiert, sondern haben auch auf Meso- und Mikroebene ihren Einzug in die

---

50   Pointiert ließe sich fragen, ob Cluster als Clausula in Clausura gesetzt wurden? Anschlussfragen
     wären dann, weshalb der einst so bedeutungsstarke Begriff Kluster im Deutschen ausstarb,
     der Begriff Cluster im angelsächsischen jedoch überlebt hat? Hier kann nur spekuliert werden,
     dass der Begriff sich aufgrund der Abgeschlossenheit durch die Verinselung Englands halten
     konnte oder aber dessen Verbreitung im Deutschen – evtl. durch seinen Bezug und das Korrelat
     auf eine, den damaligen Mächten wiederstrebende, da zu starke (geistige) Einheit – gehemmt
     wurde, da das sinnverwandte Wort „Haufen" auch „Einheit des Landsknechtsheeres" (Wahrig
     1968/1972:1668) bedeutete. Interessant ist diesbezüglich, dass auch der Begriff der ‚Rotte',
     den wir heute noch in dem reflexiven Verbum ‚sich zusammenrotten' wiederfinden, bereits
     „im landsknechtheere [...] als bezeichnung einer bestimmten abtheilung" (DWB, Bd.11, Spalte
     1315-1320, dereinstige Rechtschreibung originalgetreu übernommen) Verwendung fand.

Programme von Bund und Ländern gehalten.[51] Zur Überwindung systemischer Grenzen müssen Akteure aus Markt, Staat und Gesellschaft nun jedoch fähig sein, ihre speziellen Interessen so miteinander zu verbinden, dass nicht nur ein problemorientierter Dialog entsteht, sondern eine gemeinsame Lösungsorientierung ermöglicht und der politisch eingeforderte Wissenstransfer auch gestaltbar und umsetzbar wird. Erste Impulse und Wegweiser diesbezüglicher Formierung und Zusammenführung zu übergreifenden Kooperationsbündnissen zeichnen sich als Umsetzungsvarianten aktueller EU-Strategien sektoren- und systemübergreifend bereits deutlich ab:

Forschungseinrichtungen und Bildungsinstitutionen sind durch Forschungstransfere in expandierende übergreifende Wissens-Verbünde eingespeist. Aufgrund systeminhärenter und disziplinübergreifend angelegter und anerkannter Wissenschaftsstandards weiten sich Kooperationen und Forschungsverbünde zunehmend auch über internationale und transatlantische Grenzen stetig weiter aus. Um mittlerweile auch europaweit anerkannte, internationale Standards im Wissenschaftssystem zu gewährleisten und zugleich eine praktische Berufsorientierung zu ermöglichen, reagieren Universitäten und (Fach-)Hochschulen mit europäisch standardisierten Modularisierungskonzepten und internationalen Kooperation auf die Neugestaltung des europäischen Hoschschulraumes. Hier finden Internationalisierungsstrategien in konzeptionellen Neuerungen Anwendung, z. B. durch den strukturell tiefgreifenden „Bologna-Prozess" und der damit einhergehenden Umstellung der Studiengänge auf Bachelor- und Masterabschlüsse. Politische, wissenschaftliche und wissenschaftsmanageriale Innovationsstrategien von Bund und Land äußern sich derzeit u. a. in neuartigen Zusammenschlüssen von Exzellenzen,[52] in der Mobilisierung und Re-Integration wissenschaftlicher Kräfte sowie in der Entgegenwirkung des ‚Brain-Drain' durch die Öffnung

---

51 So plädierte z. B. Quennet-Thielen anlässlich der Konferenz ‚Enterprising Knowledge' für eine Veränderung in der perspektivischen Betrachtungsweise von Partnerschaften zwischen Wissenschaft und Wirtschaft und eröffnete diesen Themenkomplex mit Fragen nach damit verbundenen Erfolgsbedingungen und -faktoren. (Vgl. Quennet-Thielen 2011:4)

52 Zahlreiche Universitäten setzen (u. a. mit Blick auf forschungs- und förderpolitische Überlegungen) zunehmend auf den Aus- und Aufbau von ‚Exzellenzclustern'. Dabei darf allerdings nicht vergessen werden, dass ein dazu erforderlicher transdisziplinärer und intersystemischer Wissenstransfer neuartiger Akteurskompetenzen und dementsprechend äußerst voraussetzungsvoller Lernprozesse bedarf. So fokussiert bspw. auch Cernavin darauf, dass „Wissensarbeit [...] zu einer neuen Kombination von fachlichen und fachübergreifenden Kompetenzanforderungen" (Cernavin 2005:59) führe. Dies hat selbstverständlich auch erheblichen Einfluss auf Cluster, da in ihnen „die Lern- und Wandlungsfähigkeit in den neuen Produktions- und Leistungsprozessen" (ebd.) zu einer entscheidenden Richt- und Erfolgsgröße wird. In diesem Zuge können „[d]ie sozialen Ressourcen eines regionalen Clusters [...] ein Lernmilleu und ein Feld ständig aktivierender Anreize für Wissensarbeit" (Cernavin 2005:60) eröffnen.

und Veränderung wissenschaftlicher Reputationsstrukturen. (Zum Beispiel durch Rückkehrmöglichkeiten der im Ausland tätigen deutschen Wissenschaftler und Forscher in den deutschen Wissenschaftsbetrieb und/oder die parallele bzw. zeitlich versetzte Sammlung praktischer Erfahrungen in Wirtschaft und Industrie.) Auch außeruniversitäre Forschungs- und Entwicklungsinstitutionen im Bereich Research & Development sehen sich zusehendlich mit überregionalen und international bestimmenden Standortfaktoren und hoher Infrastrukturdichte im Wettbewerb zwischen den Wissenssystemen von Wissenschaft und Wirtschaft konfrontiert und müssen sich (ebenso wie die Hochschulen) verstärkt auf internationale Kooperationen fokussieren, um innovations- und wettbewerbsfähig zu bleiben.

Global agierende, internationale Unternehmen sind zunehmend mit der Umbildung der Organisation und der Optimierung von Geschäfts- und Produktionsprozessen befasst. Auf Basis langfristig angelegter Wettbewerbs- und Innovationsstrategien gilt es für die Unternehmen neuartige Ressourcen und Kompetenzen zu erschließen, diese zukunftsnah anzubinden und sich dabei auch weltweit auf Regionen mit ersichtlichem und messbarem Innovationspotential zu fokussieren. (Vgl. Pieper 2007:19, vgl. Hausberg 2006:127f.)

Kleine und mittlere Unternehmen (KMU) können „durchaus ökonomisch gesund, technologisch fortgeschritten und im Sinne der sozialpolitischen Errungenschaften moderner Sozialpartnerschaft sozial gerecht sein" (Pankoke 1993b:127). Allerdings seien sie „auch anders störanfällig und verletzbar als funktional durchrationalisierte und emotional neutralisierte Großbetriebe" (ebd.): Im Gegensatz zu Großunternehmen verfügen kleine und mittlere Unternehmen oftmals nur über vergleichsweise suboptimale Möglichkeiten zum Auf- und Ausbau erweiterter Services und breitenwirksamer Vertriebsstrukturen. Kooperationen sind damit insbesondere in Bezug auf die ihnen zunehmend abgeforderte Internationalität, die etwaige Erweiterung nachfrageorientierter Produktportfolien sowie die zeitnahe Genese marktrelevanter Innovationen, eine für KMU entscheidende Erfolgsgröße. (Vgl. EFI 2009:53, vgl. Hausberg 2006:128, vgl. Pieper 2007:19)

Akteure und Institutionen staatlicher und kommunaler (Steuerungs-)politik, welche Kooperationen regional oder urban unterstützen, sehen sich in Zusammenarbeit mit den Wirtschaftsförderungen der Herausforderung gestellt, notwendige Services anzubieten, finanzielle Anschubfinanzierungen zu leisten, Infrastrukturen bereitzustellen und über die Zusammenarbeit mit regionalen Partnern mögliche Beteiligung zu mobilisieren.[53]

---

[53]   Vgl. zu den hier konturierten Kooperationsbemühungen und -notwendigkeiten zwischen Wissenschaft, Wirtschaft und Politik mit einer zum Teil ähnlichen Untergliederung der Akteure sowie entsprechend ähnlich gelagerten Argumentationssträngen bereits Hausberg (2006:127ff.).

All diese tatkräftigen Anstrengungen spiegeln die umfangreichen sektoral-
übergreifenden Erfordernisse zur Erhaltung von Innovations- und Wettbewerbsfähigkeit bezeichnend wider. Zukünftige Innovationstrategien verlangen jedoch eine
gesteigerte und anders gelagerte Produktivität von den Wissenssystemen, denn
ein effizientes intersystemisches Zusammenwirken erfordert dementsprechend
auch zwingend eine vorgeschaltete Interoperabilität zwischen den heterogenen
Wissenssystemen. Insbesondere neue Kooperationsformen zwischen Wirtschaft
und Wissenschaft gelten als zunehmend bedeutsamere Innovationsgeneratoren,
um Wissensvorsprung und Wettbewerbsvorteile nachhaltig und zukunftsfähig
zu sichern und zu steigern. Daher wird besonders dieser Neukombinatorik spezifischer intersystemischer Wissenskonstellationen besonderes Augenmerk ver-
liehen: Sie wird als besonders zielführend betrachtet und aktuell als maßgebli-
cher Imperativ in Bezug auf aktuelle Problemszenarien kommuniziert.[54] Da unter
Clusterperspektivik die Wissenssysteme – hier Wissenschaft und Wirtschaft –
‚Embedded Systems' darstellen, stellt sich natürlich nicht nur die Frage, wer oder
was zukünftig eine übergreifende Steuerungs- oder Regelfunktion wahrnehmen
kann, sondern es stellt sich auch die Frage, ob und in welchem Ausmaß die bislang autonom aktiven Wissenssysteme untereinander überhaupt interaktiv kommunizieren können. Es wird zukünftig darum gehen müssen, die bisherigen Ei-
genlogiken von Wirtschaft und Wissenschaft grenzübergreifend zu verhandeln
und neue Referenzrahmen für die Schaffung gemeinsamer win-win Situationen
zu bilden. Erfolge dieser kooperativen Bestrebungen stellen sich jedoch nicht adhoc ein: Formen der Kooperation müssen nach außen bestätigt, durch die Ent-
scheidungsträger und Führungsorgane organisationsübergreifend bekräftigt und
auf Dauer in Tiefe und Breite ausgelegt werden. Dieses ‚Hand-Shaking'[55] ist notwendig, um vorgezeichnete Hemmnisse zu überwinden, denn „[d]en Beteiligten

---

54 Kooperative Kont(r)akte, – obschon beileibe keine neuen Stellgrößen, – werden aufgrund ihrer
zahlreichen Vorteile aktuell nicht nur von politischer Seite forciert, sondern als handlungsleitende Primärziele auch auf die aktuellen ‚To do' von Unternehmen und Hochschulen
gesetzt. Eine Studie des Stifterverbandes für die Deutsche Wissenschaft macht die Vorteile von
Kooperationsverbünden zwischen Wirtschaft und Hochschule zur wechselseitigen Steigerung
der Leistungsfähigkeit beispielhaft sichtbar: Große Vorteile lägen für die Hochschulen z. B.
in einer Schärfung der Profilbildung, einer Erschließung neuer Finanzierungsquellen, einer
Ermöglichung des Zuganges zu Praxisfeldern und einer Optimierung des Personaltransfers.
Den wirtschaftlichen Unternehmen verhälfen Kooperationen mit der Wissenschaft wiederum
dazu, eigene Forschungsrisiken über die Partizipation an öffentlichen Forschungsprogrammen
zu kompensieren und Netzwerke zu initiieren, um in diesem Zuge ihre Wettbewerbsfähigkeit
zu sichern, so die Ergebnisse der Studie. (Vgl. Frank/Meyer-Guckel/Schneider 2007:24) Vgl.
zu ähnlichen Ergebnissen auch EFI (2009:75).
55 Ein solches ‚Hand-Shaking' beschränkt sich allerdings nicht auf "den zweckrational kalku-
lierten ‚Hand-in-Hand'-Austausch von Zwecken und Mitteln. Verhandelt wird vielmehr die
Verständigung über Bedeutungen von Worten und Werten" (Pankoke 2006:182).

mangelt es häufig an Verständnis für die Arbeitsweise und Kultur[56] des jeweils
anderen, wenn Unternehmen und Hochschulen nur vorübergehend und nur auf
der Ebene weniger Personen oder Abteilungen zusammenarbeiten" (Frank/Mey-
er-Guckel/Schneider 2007:6).

Berücksichtigt man die Prognose, dass insbesondere Clustern das wettbewerbsrelevante Potential zugesprochen wird, wissensökonomische Transformationen auszulösen, scheint sich für Deutschland möglicherweise ein nicht zu un-
terschätzender ‚gap of knowledge transformation' aufzutun, da allein die Anzahl
deutscher Cluster international betrachtet vergleichsweise gering ist (vgl. auch
Frank/Meyer-Guckel/Schneider 2007:14) und deutsche Spitzenakteure damit auf
der internationalen Bühne unterrepräsentiert sind. Damit ist die gesamte Forschung,
die dazu gereicht, das Clusterformenfeld in seinen Erfolgsbedingungen und Voraussetzungen eindeutiger zu bestimmen, in die Verantwortung gesetzt, die „These ‚Wissenschaft schafft Wirtschaftskraft'" (Kleiner, aufgeführt in: Frank/Meyer-
Guckel/Schneider 2007:90) nicht nur, – wie Kleiner vorschlägt – „zu untermauern"
(ebd.), sondern zuvorderst umfassend zu hinterfragen. Dies wird nicht nur zur „Herausforderung an die Strategie*prozesse* derjenigen Disziplinen, die zu einer ‚Forschungswirtschaft' beitragen können" (Ders. ebd., kursive Hervorhebung B. P.),
sondern eben auch und vollends zur *intersystemischen* Herausforderung für die
strategischen *Akteure*: Über die an Wirtschaft und Wissenschaft gerichtete Forderung der Kooperation hinaus, gilt es für diese Akteure also, den jeweils anderen wechselseitig in *eigene* (sozio-)kulturelle Praxen zu involvieren und sich in die
Entscheidungs- und Entwicklungsprozesse *des anderen* zu integrieren.

Die Schwierigkeit einer konzeptionellen Etablierung und Initialisierung von
Clustern sowie die damit verbundene Aus- und Durchführung kooperativer Akte

---

56   Insbesondere die bislang offenbar disparate Kultur, – welche sich sowohl auf die Formen der
      Wissensproduktion, die Formate der Wissensverortung als auch die Reputationsstrukturen
      auswirkt, – ist eines der ausschlaggebenden Charakteristika für die bisherige Separierung der
      Systeme Wirtschaft und Wissenschaft. Während das Wirtschaftssystem der Notwendigkeit
      einer schnellen, schlagkräftigen Umsetzung unterworfen ist, d. h. seine Produkte und Portfolien
      umgehend an die Markterfordernisse anpassen und sich ohne Zeitverzug auf die wettbewerbli-
      chen Richtgrößen einstellen muss, verlagert sich das Wissenschaftssystem traditionellerweise
      primär auf die theoriegeleitete Betrachtung und die tiefgehende Beweisführung. Mittlerweile
      wird diese traditionelle Aufgabenteilung den globalen sozio-ökonomischen Herausforderungen
      bekanntermaßen schon lange nicht mehr gerecht. (Vgl. Rammert 2002:o. S.) Nicht umsonst
      hebt daher auch eine aktuelle Förderinitiative des BMBF auf die Verbindung dieser komple-
      mentären Kräfte an einem Ort und die gemeinsame Bearbeitung sich zukünftig abzeichnender
      Innovationsthemata ab. Denn augenfällig ist, dass „[d]ie Herausforderungen der Zukunft [...]
      nur gemeistert werden [können, B. P.], wenn Wissenschaft und Wirtschaft noch frühzeitiger
      und intensiver kooperieren. Die Förderinitiative ‚Forschungscampus' unterstützt daher den
      Aufbau von mittel- bis langfristig angelegten öffentlich-privaten Partnerschaften unter einem
      Dach" (BMBF 2011a).

lässt sich u. a. sowohl auf nationale als auch auf systemische Problemstellungen zurückführen und wird diesbezüglich von der Politik auch zu Recht als DIE wesentliche Herausforderung kommuniziert. Forschungsansätze und Zugriffsmodalitäten, die sich in diesen neuen Bereichen auftun, sind hingegen noch weitgehend unspezifiziert, woraufhin unterschwellige praktische Problemstellungen auf Basis alleiniger (regional)ökonomischer Betrachtung nicht erkennbar, bzw. die Bewältigung der Herausforderungen mit der Anwendung traditioneller Wirtschaftsinstrumente im Alleingang nicht lösbar erscheinen. So sind aktuell u. a. sowohl die Modalnotation als auch der ‚Modus Operandi' von Clustern – obschon bedeutsame ‚nota bene' – allenfalls eines Resonanzbodens harrende Suchformeln. Diese bedingende Erzeugung bedarf zuvorderst einer Neu-Referenzierung, welche über ihre Bestimmung der Sinn- und Zweckerfüllung hinaus erst eine übergreifende Zielsetzung und anschließende Bearbeitung zur Zielverfolgung im Cluster erlaubt. Zu erfragen wäre damit die Cunjunctio zwischen Ursächlichkeit, Ursache, Sinn, Form und Funktion von Clustern.

Eine Möglichkeit dieser Herausforderung zu begegnen, wäre es zunächst zu erfragen, wie es gelingen könnte, „daß kausale Erklärung und Sinninterpretation in einem *einander wechselseitig befruchtenden Verhältnis* stehen" (Haller 2003:517, kursive Hervorhebung im Original). Dieses Verhältnis anstrebend, könnte die Ergründung der Sinnkomponente von Clustern einen wichtigen Mehrwert darstellen, um zunächst einmal die potentielle Veränderlichkeit dieser neuen Wissensformen nachzuweisen. Verstünden wir die kausale Erklärung und die Sinninterpretation darüber hinaus nicht nur als voneinander abhängig, sondern als einander voraussetzend, ließe sich die Sinninterpretation auch als Vorbedingung einer kausalen Erklärung ansetzen und wäre damit nicht länger bloßer surplus, sondern gleichsam auslösendes Moment, welches unmittelbar über Erfolg bzw. Misserfolg in der Veränderbarkeit systemisch verhafteter Wertschöpfungsprozesse und damit in der Folge über das Gelingen und Scheitern von Clustern (mit)entscheidet.

Eine weitere Möglichkeit bestünde darin, die (Erfolgs-)Ursache von Clustern als ganzheitliche Formation verschiedener Teilursachen zu betrachten. Im Rahmen einer derart übergreifenden Ursachenforschung müsste der Begriff der Ursache allerdings weiter gefasst werden und sich an die bereits von Aristoteles aufgeworfenen Unterscheidungen der ‚causa' heranwagen:[57] Aristoteles unterscheidet vier Formen der causa: Eine „causa materialis", eine „causa formalis",

---

57 Eine sehr knappe Skizzierung und teilweise ähnlich gelagerte Übertragung der Aristotelischen Kausalitätsformen auf Clusterphänomene nahm bereits Riedl (2002) vor. Seiner Einschätzung nach, „können wir die Kontextfaktoren für ökonomische Cluster auch mühelos aristotelisch übersetzen: Die handelnden Menschen wären demnach die Substanz. Im Kapital, das verfügbar

eine „causa efficiens" sowie eine „causa finalis". Überträgt man dies auf Cluster, so lassen sich diese aktuell als wirtschaftsgeographische Größen verstehen, die auf Grund ihrer potentiellen, ihnen zahlreich zugemessenen Wirkkräfte (causa efficiens) auf den Zweck gerichtet sind, die ökonomische Situation einer Region oder eines Landes mit verschiedenen Mitteln entscheidend zu verbessern (causa materialis und causa finalis). Die aktuellen Versuche, Clusterformationen zu beschreiben, nehmen damit vorrangig die ,causa efficiens' und die ,causa finalis' in den Blick. Die ,causa materialis' und die ,causa formalis' blieben bislang allerdings wenig berücksichtigt: Akteure, die in ihrer bestmöglichen Kombinatorik erst das ,Material' darstellen, (hier causa materialis) müssen entweder in die Lage versetzt werden bzw. ihre Selbstorganisation dergestalt zielgerichtet steuern, dass ihr Wissen nicht nur gebündelt, sondern im Cluster auch nachhaltig ein- und angebunden wird. Dazu bedarf es der Initierung und Implementierung eines organisationsübergreifenden ,Modus Operandi', der aufgrund der unterschiedlichen Strukturen und Kulturen, jener in den Cluster zu integrierenden Organisationen, insbesondere von den Gestaltungsbereichen der Personal- und Organisationsentwicklung ein Füllhorn an neuen Meta-Architekturen, Instrumenten und Zugangsweisen (causa formalis) einfordert.

Ungeachtet dessen, welcher dieser oben skizzierten Ursache-Wirkungsprinzipien man den Vorzug geben mag oder ob man sich dafür entscheidet, Kausalität weiterzufassen:[58] Vernachlässigt man die Sinnkomponente von Clustern zugunsten ihrer zweckorientierten Zielstellung oder unterschätzt man bedeutsame Teilbereiche, durch die sich Ursachenbewusstsein von (und in) Clustern erst formiert, kann sich der Prozess der Clusterbildung nicht seines ganzen Potentiales entsprechend entfalten und entwickeln. Damit verklärt sich eine vermeintlich längst gefundene ,Signatura Rerum', da die Initalisierungs-, Etablierungs- und Konsolidierungsakte von Clustern trotz fachlich versierter Ausführung einer systemüberspannenden Modalnotation entbehren: Die Annahme, dass die Notation von Wissen auf den gesamten Wertschöpfungsprozess im Cluster durchgängig einwirkt und sich die Modalität dieser Bindung und Bündelung von Wissen auf den Cluster wiederum unmittelbar auswirkt, ist Grundvoraussetzung dafür, dass sich Wissen über eine, ihm vom jeweiligen Organisationssystem verliehene Ty-

---

ist, steckt die causa efficiens. Und im Potential an Ideen, im Willen, ein Ziel zu erreichen, finden wir die causa formalis und causa finalis" (Riedl 2002:77).

58   Ein weitergefasstes Verständnis von Kausalität lässt sich z. B. in Form sog. „Kreiskausalität" in der Synergetik finden. (Vgl. Haller 2003:462) Dabei „wird angenommen, daß nicht nur die Elemente untereinander zusammenhängen und -wirken (wie es die traditionelle Systemtheorie tut), sondern daß kohärente Systeme von Elementen sich wechselseitig bedingen. So können etwa bestimmte Prozeßmuster auf der Mikroebene erst entstehen, wenn sich mehrere davon auch auf der Makroebene zu einem bestimmten Muster vereinigen" (Haller 2003:462).

pik hinaus auch systemübergreifend ausdehnen und intersystemisch neu strukturieren kann, um neue wirksame transformative Wissensformen herauszubilden.
Verfolgt man also das Interesse, die in Clustern stattfindenden kooperativen
Vollzüge nicht nur im Hinblick auf die Referenzierung vorhandener Wissensbestände zu untersuchen, sondern parallel dazu die Reichweite von Clustern daraufhin zu analysieren, inwieweit und unter welchen Bedingungen diese aus sich
selbst heraus als transformatorische Triebkraft für die dynamische Hervorbringung und Herausbildung neuen Wissens wirksam und produktiv werden können,
lässt sich eine tiefergehende wissenschaftstheoretische Untersuchung damit verbundener Sprach-, Lern- und Wissensprozesse kaum umgehen.[59] Dass sich eine
Beschreibung dieser prozessualen Zusammenhänge dabei selbstverständlich nicht
auf eine monokausale Reihung einfacher Ursache-Wirkungsketten stützen kann,
versteht sich von selbst. Ich werde deshalb auf die ‚Conjunctio' der Ursache-Wirkungsverhältnisse im Hinblick auf die Performativität von Begriffslogiken und
Bedeutungsunterlagen im Cluster noch eingehender zurückkommen.[60]
Summa summarium ermöglicht letztlich erst die Beschreibung der Prozesse
vor dem Hintergrund ihrer ursächlichen Hervorbringung eine erfolgreiche Ins-
Werk-Setzung jener, von Barroso als explizit für notwendig befundenen, wissensökonomisch auszubuchstabierenden „transformational agenda" (Ders. 2009:11). Die
Verwirklichung dieser Zukunftsagenda verlangt zunächst also ein konstruktives
Vorgehen, welches die Brücke zwischen Ursachenbezügen und Prozessen praktischer Umsetzung gangbar und den Prozess der Überführung vollziehbar macht.[60]
Jene, diese Vollzüge voraussetzenden Präkonfigurationen – so notwendig
sie auch der Lösungsfindung harren, – beschäftigen jedoch weniger die ökonomischen Disziplinen als vielmehr die Geistes-, Kultur- und Sozialwissenschaften.[61]

---

59 Erforderlich wären umfassendere Analysen, die sich eng an Zugänge und Fragestellungen der
    Wissenschaftsforschung anschmiegen müssten, um die Ausprägung des neuen Formen- und
    Forschungsfeldes als Ursache und/oder Wirkung und/oder Symptom der Hervorbringung
    gänzlich neuer Wissenskulturen konkretisieren zu können. Diese referentiellen Verweisungs-
    kontexte können hier nur in Ansätzen und knappen Rekursen konturiert werden und damit
    als Ausgangspunkt für weitere Forschung gereichen. Sie sind aber auch als solche bereits von
    Belang, da eine derartige Rückbindung in der konzeptionellen und strategischen Behandlung
    von Clustern noch immer stark vernachlässigt, wenn nicht gar ausgespart wird.

60 Eben jene Gangbarkeit scheint mir ein potentielles Kriterium zu sein, das nicht nur allgemein über
    die Ausprägung erfolgreicher Kooperationen entscheidet, sondern auch die Basis zur Erlangung
    jener eingangs von Barroso eingeforderten Erlangung und Verdichtung intelligibiler Koopera-
    tionen bildet, welche letztlich vorhanden sein muss, um Transformationsprozesse einzuleiten.

61 Deren notwendiger Ein- und Rückbezug wurde auch seitens der Politik erkannt: Neben der
    Frage nach erfolgversprechenden Formen produktiver Zusammenarbeit und deren zukunfts-
    naher Handhabbarkeit werde es zukünftig darum gehen müssen, insbesondere Möglichkeiten
    der Ausweitung und Erschließung von Forschungsfeldern zur Nutzung von Wissensquellen
    der Geistes-, Kultur- und Sozialwissenschaften in den Fokus zu rücken (vgl. Quennet-Thielen

Hier schließt sich der Kreis, denn ebenso dringlich wie die aktuell primär ökonomisch dominierte Clusterforschung der Geistes-, Kultur-, und Sozialwissenschaften bedarf, so dringend benötigen diese Wissenschaften die Möglichkeit der
Anbindbarkeit ihrer Theorien an hochaktuelle gesamtgesellschaftlich relevante
Objektbereiche, sowohl um die ihnen zunehmend abgeforderte Anwendungsnä-
he herzustellen als auch praktische Übertragbarkeit zu offerieren.

Diese Arbeit nimmt daher die bislang (noch) unbeantworteten Fragekonglo-
merate aktueller Vollzugspraxis kooperativer wissensintensiver Akte und Aktionen in Clustern zum Anlass, mit geistes-, kultur- und sozialwissenschaftlicher
Theoriebildung zu antworten, diese für die Kooperationsfrage im Clusterformenfeld anbindbar zu machen und wo notwendig zu reformulieren.[62]

2.4 Forschungstheoretische Präliminarien zur Objektivation von Clustern

> „Es ist nicht so, daß es Gebiete gibt, die ‚rein wissenschaftlich' sind,
> und andere Gebiete, die nichts anderes sein können als ‚reine Kunst',
> und dazwischen einen Bereich, in dem sich die beiden Dinge vermischen,
> sondern künstlerische Verfahren kommen überall in den Wissenschaften vor
> und besonders dort, wo neue und überraschende Entdeckungen gemacht werden.
> [...] Alle Fächer waren zuerst ‚Künste' [...] ."
>
> (Paul Feyerabend 1984:8)

Meine Hypothese beläuft sich darauf, dass es sich bei Clustern um noch unfassliche, da abstrakte und in der sinnlichen Erfahrungswelt noch nicht eindeutig veri-
fizierbare Größen handelt, die bekanntermaßen zudem uneinheitlichen Definiti-

---

2011:8f. sowie EFI 2009:38), denn „immer dringender ist die Gesellschaft darauf angewiesen,
dass die Geistes- und Sozialwissenschaften Lösungen für unser Zusammenleben mitentwik-
keln" (Schulze 2010:5). Auch Quennet-Thielen votiert für einen „ganzheitlichen Ansatz, der
notwendigerweise die gesellschaftlichen und kulturellen Wandlungsprozesse umfasst" (Dies.
2012:o. S.). Demzufolge brauche „auch die geistes-, wirtschafts- und sozialwissenschaftliche
Forschung in ‚Horizont 2020' einen angemessenen, eigenen Platz" (Quennet-Thielen 2012:o.S.).
Eine Integration der Wissensressourcen von Geistes-, Kultur- und Sozialwissenschaften in den
Innovationsprozess sei mithin auch deshalb erforderlich, um insbesondere im Hinblick auf die
in Deutschland immer bedeutsamer werdende Größe wissensintensiver Dienstleistungsinno-
vationen proaktiv reagieren zu können. (Vgl. Quennet-Thielen 2011:8f. sowie EFI 2009:38)

62   Die Funktionen geistes- und gesellschaftswissenschaftlicher Theoriebildung für eine sich
etablierende Clusterforschung lassen sich auf Basis der Definitionen bei Haller (2003:472)
primär als *„heuristische Funktion"* (ebd.) und *„Kritikfunktion"* (ebd.) verstehen. Während
die ‚heuristische Funktion' darin läge, „Anregungen [zu, B. P.] geben, neue Aspekte und
Sichtweisen bewußt zu machen" (ebd.) und diese damit als Grundlage und Ausgangspunkt
einer vertieften Clusterforschung fungieren kann, diene die Kritikfunktion laut Haller dazu
"der Praxis zur Selbstreflexion [zu, B. P.] verhelfen, [sowie, B. P.] unerwünschte Folgen und
Wirkungen bestimmter Praktiken beachten [zu, B. P.] lernen" (Haller 2003:472).

onskriterien unterliegen. Im Folgenden verneine ich damit *nicht*, dass es Cluster als Objekte bereits *gibt*, sondern werde herausstellen, dass Clusterdiskurse die Bildung von Clusterobjekten entscheidend beeinflussen und die Art und Weise der Ins-Werk-Setzung von Clusterobjekten wiederum entscheidenden Einfluss auf damit einhergehende Clusterdiskurse nimmt. Versteht man Cluster nicht als konkret feststehende, bereits objektivierte Paradigmen, sondern als bislang unfassliche und daher noch zu objektivierende Größen, so kann eine Zugriffnahme auf Cluster nicht allein in einer deutenden Interpretation der Clusterobjekte liegen, da diese eine entsprechende Verortung dieser Objekte hinsichtlich der umfassenden Kenntnis ihres Bedeutungsgefüges und Bedingungsrahmens bereits voraussetzen würde.

Nun könnte man dem entgegenhalten, dass Cluster in der Praxis schon in vielen Förderstrategien berücksichtigt sowie als Narrative bereits ubiquitär verwendet werden und demzufolge längst als reelle Größen feststehen. So proklamiert bspw. Enright (2003), dass sich das starke Interesse an Clustern u.a. der Tatsache schulde, dass selbige eben ‚vorhanden' seien (vgl. Ders. ebd.:99): „One reason for the enormous interest in (subnational) regional clustering is the simple fact that ‚they are there'" (Ders. ebd.:99). Worauf gründen also (m)eine vermeintlich durchgängige Hypertrophierung des Forschungsgegenstandes mit linguistischen und formallogischen Prämissen und dessen kausale Hinterfragung, obschon Cluster als ‚gängige Gebilde' im Horizont der Praxis ausgemacht werden und im Hinblick auf ihre Notation und Dimension abgearbeitet scheinen?

Diese Frage ist vor dem Hintergrund der gegebenen (förderpolitischen und forschungspolitischen) Situation durchaus nachvollziehbar, basiert jedoch m.E. n. auf fragwürdigen Vorannahmen: Der perspektivische Tenor, der diese Frage begleitet und die Akteure je nach Ausrichtung der Vorannahmen zu Antwortoptionen geleitet, entscheidet unmittelbar darüber „ob wir die Funktion aus dem Gebilde oder das Gebilde aus der Funktion zu verstehen suchen, ob wir diese in jenem oder jenes in dieser ‚begründet' sein lassen" (Cassirer 2010:8). Auf die Clusterforschung übertragen bedeutet dies, dass sich vor jeder Untersuchung von Clustern zunächst einmal die Grundsatzfrage stellt, ob sich diese Untersuchung primär auf deren (wettbewerbsrelevante) Funktionen beschränkt oder aber metaperspektivisch auf die (wissensarchitektonische) Gesamtarchitektur bezogen wird, die als solche wiederum die Verknüpfung von kausalen Auswirkungen und sinngenerierenden Einwirkungen in Clustern einfordert.

Schwenken wir zum besseren Verständnis dieser eher philosophisch anmutenden Ausrichtung auf aktuelle Handlungsrealität ein: Die weitverbreitete Annahme, dass Cluster bereits gesetzte Größen sind, führt meist jene Prämissen mit

sich, die sich entweder auf eine Verbindung mit dem traditionellen Netzwerkge-
danken gründen und Cluster als Untergruppen oder Synonyme von Netzwerken
betrachten. Oder aber sie geht von bislang unhinterfragten (Kurz-)Schlussfolge-
rungen aus und blendet die Conjunctio der Bedingungsgefüge und Bedeutungsrelationen und damit die Wirkkraft bildnerischer und sprachlicher Vollzugsakte aus.

Dies bedarf der Klärung: Zum einen können wir davon ausgehen, dass ein
Cluster und seine ihm unterlegten Attribute oder – in Anlehnung an Cassirer
(2010:123) – sein ihm zugeschriebener Inhalt und sein gespiegelter Ausdruck sich
wechselseitig bedingen und beeinflussen und zusammengenommen erst das Potential zur Objekt(ivitäts)konstruktion mitführen. Oder um direkt auf Cassirer zurückzugreifen: „Beide, der Inhalt wie der Ausdruck, werden erst in ihrer wechselseitigen Durchdringung zu dem, was sie sind: Die Bedeutung, die sie in ihrer
Beziehung aufeinander empfangen, tritt zu ihrem Sein nicht bloß äußerlich hinzu,
sondern sie ist es, die dies Sein erst konstituiert" (Cassirer 2010:123). Verstehen
wir Cluster in Anlehnung an Cassirer als symbolträchtige Zeichen, so verändert
sich bei ihrer Demontage immer auch „die Richtung, die sich der Geist auf ein ge-
dachtes Objektive gibt, in welcher hier die letzte Gewähr ebendieser Objektivität
selbst enthalten ist" (Cassirer 2010:10). Unter dieser Perspektive wäre eine Untersuchung der Conjunctio von Begriffsinhalt, Begriffsausdruck und Bildnerischer
Formation im Realen, sogar unhintergehbare Bedingung einer ursächlichen und
damit möglicherweise reversiblen Bedeutungserzeugung von Clustern. Der zweite
Punkt schließt unmittelbar an die Notwendigkeit dieser Bedeutungserzeugung an:
Jenseits der Rubrifizierung von Clustern unter die Kategorie der Netzwerke existieren und florieren – und darauf komme ich am Ende des nächsten Kapitels unter
Zuhilfenahme performativer Zugriffe eingehend zurück – zahlreiche Umschreibungen von Clustern, in denen der Clusterbegriff in ‚metaphorische Gewänder'
gekleidet und dazu mit ‚bildhaftem Geschmeide' ausstaffiert wird, um jene mit
ihm verbundenen Anschauungs- und Vorstellungswelten zu ver(sinn)bildlichen
und Bedeutungsinhalte zu verabsolutieren. Damit werden (Sprach-Denk-)Bilder
erzeugt, die auf einen vorhandenen Referenten schließen lassen. Böhme folgend
beziehe dasjenige, „[w]as wir ein Bild nennen, […] sein [Vorhanden-, B. P.]Sein
nicht notwendig von einem Referenten" (Böhme 1999:46), was dazu führe, „ein
Sein von Bildern anzunehmen, das unabhängig ist vom Sein der Dinge" (Böhme
1999:45). Verstehen wir Cluster solchermaßen als ‚Referenten' oder ‚Dinge', so
muss sich das Clusterbild der Akteure und dessen öffentliche Verbreitung also
nicht zwangsläufig auf diese Referenten oder Dinge beziehen, sondern wird möglicherweise von ganz anderen Faktoren beeinflusst: Orientierungsprozessen ist
es immanent und Meinungsbildungen inhärent, dass Vorstellungs- und Sinnbil-

der imaginiert und Begriffskorrelate konstruiert werden, welche es ermöglichen, (hoch)abstrakte Bezugsgrößen oder noch weithin unbekannte Bedeutungsgebäude auf Gegebenes mit dinglicher Präsenz und/oder bereits durch Erfahrungsprozesse Erschlossenes zu abstrahieren und es in diesem Zuge zu generalisieren, letzlich zu kategorisieren.

Dieser Vorgang unterliegt jedoch einer konstruktionalen Komponente, denn „[i]n jedem von ihm frei entworfenen Zeichen erfaßt der Geist den ‚Gegenstand‘, indem er dabei zugleich sich selbst und die eigene Gesetzlichkeit seines Bildens erfaßt" (Cassirer 2010:23). Genau diese „eigene Gesetzlichkeit seines Bildens" (ebd.) ist es, die es erforderlich macht, zu erfragen, inwieweit und warum zahlreiche Cluster-Metaphern ins Mythologische abgleiten und damit die gesamte Kausalität des Clusterverständnisses konterkarieren und diese gar umkehren? Denn „[n]icht minder erscheint z.B. die allgemeine Form der ‚Kausalität‘ in völlig verschiedenem Lichte, je nachdem [ob, B. P.] wir sie auf der Stufe des wissenschaftlichen oder des mythischen Denkens betrachten" (Cassirer 2010:28). Verstehen wir Cluster also als zukünftig dominierende Form zur Wissensformung und Innovationsgestaltung, so wird es umso wichtiger, den „‚Index der Modalität‘ […] [zu klären, B. P.] der angibt, innerhalb welches Funktions- und Bedeutungszusammenhangs sie zu nehmen ist" (Cassirer 2010:29).

Genannte Punkte führen mich zur dritten Begründung für eine notwendige Rekonstruktion von Clusterdiskursen. Diese ist eher forschungstheoretischer Natur und führt medial-ästhetische Forschungsfragen im Gefolge, die diese Arbeit anleiten und einen (medien)kulturwissenschaftlichen Zugriff erfordern: Clusterforscher, die auf die unbearbeitete ‚Kluft‘ zwischen noch unausgearbeiteter Clustertheorie und aktueller Clusterpraxis aufmerksam machen, sind mittlerweile kein Novum mehr. Diese Verweise auf die ‚Lücke‘ gründen darauf, dass in der Praxis bereits Handlungsstrategien und Methoden für Cluster aufgesetzt und umgesetzt werden, die in der Theorie weder erforscht sind noch mittels theoretischer Abdeckung tiefgehend evaluiert wurden. (Vgl. z.B. Kiese 2008a, Wrobel 2008) Dieses Manko hat die Wissenschaft für das Clusterformenfeld bereits erkannt und ist dabei, dies sukzessive zu beheben. Meiner Ansicht nach müssen sich Feldforscher, die eine Weiterentwicklung des Forschungsfeldes anstreben, jedoch weitaus umfassender als bisher mit einer Einordnung und Beschreibung ihres Forschungsgegenstandes bezüglich dessen bedeutungstragender begrifflicher Verortung befassen, um Zerrbildern und Zirkelschlüssen zu entgehen. Damit stellen sich auch Fragen danach, inwiefern die Essenz des (Cluster-)Konstruktes aktuell überhaupt verhandelbar und damit wandelbar ist, inwieweit in einer ‚Dar-Zu-Stellung‘ und vereinnahmenden Zuschreibung künstlich eine annähernd natürliche Ordnung hergestellt werden soll und welche (Sinn-)Bilder zu ihrer Be-, Um- und Fortschreibung bezüglich welcher Ziel-, Zweck-, und Interessenhintergründe bemüht werden.[63]

Hier stellt sich (zumindest von soziologischer Seite) sicherlich die Frage, weshalb ich die systemtheoretische Perspektive zugunsten von umsetzungspraktischen auf der einen und vielfach arg philosophisch anmutenden Zugriffen auf der anderen Seite im Folgenden weitgehend ausspare, obschon sie doch entscheidenden Einfluss auf die Dimension und Wahrnehmung der Beobachtungsperspektive genommen hat, deren verschiedene Basen auch in meiner Arbeit unmittelbar verhandelt werden? Unbestritten kommt der Systemtheorie zudem u. a. das wertvolle Verdienst zu, die praktischen Dimensionen wechselseitiger Verhandlung und Verständigung nicht länger einseitig auf Missverhältnisse im Bereich der intra-individuellen Perspektive zu verkürzen, weshalb sie gerade im Bereich der Beratungspraxis, aber auch der anwendungsorientierten Lehr-Lernforschung konstruktivistischer Provenienz einen enormen Boom erfuhr. Die der Systemtheorie immanente Setzung von Schwerpunkten auf „operationale Geschlossenheit" und „Autopoiesis" jedoch, lässt sich vor dem Hintergrund einer akteursspezifischen Clusterperspektive, welche die *inter*systemische Durchlässigkeit der Systeme zunächst einmal herstellen und ihr Augenmerk auf globale, sich *wechselseitig beeinflussende* Systemzusammenhänge richten muss, kaum anschließen und erscheint sowohl für diesbezügliche theoretische Implikationen als auch damit einhergehende praktische Interventionen im Clusterbereich weitestgehend nicht passfähig. So merkte bspw. Haller bereits kritisch an, dass „die Systemtheorie LUHMANNS systematisch zwei Aspekte ausblendet: (1) Den notwendigen Bezug von Systemen auf externe Werte und Ziele und (2) die Bedeutung individueller und kollektiver Akteure bei Aufbau und Gestaltung von Organisationen und anderen sozialen Systemen" (Haller 2003:483, Hervorhebung durch Versalien im Original). Da jedoch insbesondere jene von Haller genannten Aspekte meine Forschungsfragen weitestgehend anleiten und ich vorallem eine für die Clusterpraxis umsetzbare Denklogik und Handlungsperspektive verfolge, sei hier nur darauf verwiesen, dass diese soziologische Theorierichtung, die für die Clusterthema-

---

63   Auch hier zeichnen sich aktive (Forschungs-)Interessen buchstäblich durch bewegliche Pro- und Interaktionen aus, welche bereits die etymologische Wurzel des Begriffs sekundieren: „Lat. *inter-esse*, das heißt ‚dazwischen sein' oder ‚dabei sein'. Dieses aktive Interesse wurde im Mittelenglischen durch das Wort ‚to list' [...] ausgedrückt. [...] ‚To list' bedeutete einmal, ‚aktiv nach etwas streben', ‚echt interessiert sein an'. Die Wurzel ist die gleiche wie bei ‚Lust', aber ‚to list' heißt nicht, von einer Lust *getrieben sein*, sondern beinhaltet *das freie und aktive Interesse oder das Streben nach etwas*" (Fromm 1999:39; kursive Hervorhebungen im Orig.).

tik zunächst vordergründig richtungsweisend anmutet, lediglich an einigen wenigen Stellen herangezogen wird.

Ich möchte diese kritischen Betrachtungen nun mit weiteren Fragestellungen ins Konstruktive wenden, welche die Essenz obiger Punkte enthalten und damit gleichsam einige forschungsleitende Fragestellungen formulieren: Wir bedienen uns wie selbstverständlich des Ausdruckes ,Cluster', aber was genau ist das, was wir in der Realität scheinbar vorfinden, aber kaum definitorisch eindeutig verorten können und unter der Begrifflichkeit Cluster führen? Und wieso nennen wir es so und nicht anders, wenn es sich doch um eine noch nicht definitorisch verortete Größe handelt? Warum bzw. um was zu bezeichnen, haben wir einen Begriff (re)animiert, der doch als solcher (zumindest im Deutschen) längst ausgestorben war? Um welche wie auch immer geartete Form zu beschreiben, deren Verortung nicht nur neuer Versprachlichung, sondern genauer: eines (zumindest) sprachlichen „(re)-entrys" (Spencer-Brown) bedurfte?

Damit wäre die nächste logische Anschlussfrage, wer sich nun wie in welchen Kontexten welches Bild von diesem Begriff macht und warum? Wie entsteht aus einer unfasslichen Größe also noch vor jeder Materialisierung ,in corpora' ein (Sprach-, Denk-, Wahrnehmungs-Eben-)Bild, das sich kollektiv imaginieren und kommunizieren lässt? Und welchen Einfluss üben derartige, als Präkonfigurationen entwickelte, bedeutungstragende und sinngenerierende Aspekte auf die Prozesse der Sinnbildung, sowie die Entwicklung von Lernen und Wissen im Cluster aus? Was also macht den Cluster zu einem Cluster? Und wo müssen Clustertheorie und Clusterpraxis demnach ansetzen? Und um all diese Fragen auf eine einzige zusammenzuzwingen, die im Hinblick auf praktische Relevanz oberste Priorität erhält: *Wer* clustert *weshalb* und – noch entscheidender – *was* wird in einem Cluster *wie* ,geclustert'?

Vorgängige Fragen sind kaum voneinander zu separieren, wodurch die entscheidende Ausrichtung meiner Arbeit vorgezeichnet ist, die in der Analyse dessen besteht, worauf sich eine (nicht DIE!) Synthese der Fragestellungen gründen könnte und was deren Conclusio im Hinblick auf ein homogenes Verständnis von Clustern bedeuten und leisten könnte. Vor dem Hintergrund einer damit notwendig werdenden inter- und transdisziplinären Bearbeitung dieser Fragestellungen schließe ich mich der These Kandinsky's in Bezug auf die Vorbedingung bestimmter Entwicklungsleistungen an. Dieser konstatiert: „Der Anfang besteht in der Erkenntnis der Zusammenhänge. Immer mehr wird man sehen können, dass es keine ,speziellen' Fragen gibt, die isoliert erkannt oder gelöst werden können, da alles schließlich ineinander greift und voneinander abhängig ist. Die Fortsetzung des

Anfangs ist: weitere Zusammenhänge zu entdecken und sie für die wichtigste Aufgabe des Menschen auszunützen – für die Entwicklung" (Kandinsky 1955:97f.).

Um gleich vorauszuschicken, wirkt sich ein solches Verständnis sowohl auf meinen Zugang zum Forschungsfeld als auch auf die Art meiner Spezifizierung des Forschungsgegenstandes aus: Um anders- und neuartige Zusammenhänge ursächlich explizieren zu können, bediene ich mich höchst verschiedenartiger Fundgruben, d. h. ich nutze Quellen, die aus unterschiedlichen Disziplinen und Epochen stammen, was auf den ersten Blick erstaunen mag. Selbstverständlich ließe sich vor dem Hintergrund fachdisziplinär intendierter bzw. die historischen Bedingtund Begebenheiten in den Fokus stellender Lesarten einwenden, dass die einzelnen Aussagen oder Fragmente von Theorien oder Anschauungen, derer ich mich in dieser Arbeit bediene, nur vor dem Kolorit ihrer jeweiligen Historizität bzw. disziplinärer Einordnung verstehbar und damit nur auf Basis höchst spezifischer Tiefenforschung erschließbar und anschlussfähig seien. Dem stelle ich gegenüber, dass es in dieser Arbeit nicht (primär) um eine Abarbeitung an bzw. Übertragung von speziellen Theorien gehen kann, sondern um den Versuch einer transdisziplinären Präkonfiguration zur Bildung eines neuen Forschungsfeldes, dass seinen Forschungsgegenstand dementsprechend zunächst einkreisen und einfassen muss. Vor diesem Hintergrund wird sowohl die Aufnahme und Anbindung historisch und inhaltlich mitunter weitverzweigter theoretischer Schleifen als auch eine Neuzentrierung des Clusterbegriffs in Schnittfeldern sich überlappender und überschneidender Disziplinen erforderlich. Dabei nehmen Exkurse insofern große Bedeutung ein, als dass sie sich an ‚Randseitiges' heranwagen, also quasi an den Rändern der Einzelwissenschaften bewegen, deren Grenzen permeabel werden lassen und einen sog. „synaptischen Spalt" überbrücken.[64] Dasjenige, was in der jeweiligen Wissenschaft also als ursprünglich rein ‚Akzidentielles' galt, wird durch diesen ‚Circle turn' zum Zentrum des Neuen.

Jede Begründung eines neuen Forschungsfeldes unterliegt zudem ähnlichen Kriterien wie die Formierung der Wissenschaft selbst. Dieser Formierungsprozess wird von Cassirer dergestalt beschrieben, dass „Wissenschaft [...] in einer Form der Betrachtung [entsteht, B. P.], die, bevor sie einsetzen und sich durch-

---

64   Bei dem Begriff ‚synaptischer Spalt' handelt es sich um einen Begriff aus der Neurophysiologie. Selbstverständlich ließe sich hier auch soziologisch argumentieren, allerdings stellt die neurophysiologische Begrifflichkeit eine brauchbare Metapher dar, um den Transfer des Wissens und die Weiterleitung einer Information grenzüberschreitend zu verbildlichen: Für unseren Zugang reicht es eigentlich schon, zu wissen, dass der synaptische Spalt im Organismus entscheidend an der Weiterleitung von Informationen durch bestimmte Referenzgeber beteiligt, von Überträgerstoffen angefüllt und so unmittelbar in die Weiterleitung von Impulsen integriert ist. (Vgl. von Foerster 1985:35) Wie Heinz von Foerster ausführt, kann „[d]er synaptische Spalt [...] folglich als die ‚Mikroumwelt' einer sensiblen Spitze" (Ders. 1985:35) betrachtet werden.

setzen kann, überall gezwungen ist, an jene ersten Verbindungen und Trennungen des Denkens anzuknüpfen, die in der Sprache und in den sprachlichen Allge-
meinbegriffen ihren ersten Ausdruck und Niederschlag gefunden haben" (Cassirer
2010:11). Vor diesem Hintergrund steht die Clusterbegrifflichkeit mithin selbst im
Zentrum dieser Untersuchung. Dass der Begriff Cluster derart selbstverständlich
und global verwendet wird, verweist m. E. n. jedoch auch auf die tragende Kraft
und das Gehaltpotential der Clusterbegrifflichkeit selbst.

Hinsichtlich ihres Erneuerungspotentials maße ich mir zudem keineswegs
an, Cluster als DIE zukünftigen Entwicklungsinstrumente der Gesellschaft zu
bezeichnen. Ich nehme derartige Hilfslinien lediglich auf, da entsprechende In-
terpretationsmodi von Clustern an anderer Stelle offenkundig sind und maßgeb-
liche Bezugspunkte offerieren: Einerseits werden Cluster vor dem Hintergrund
moderner Innovationsforschung konsequent als Hervorbringungsinstrumente des
Neuen eingeordnet, zweitens verweisen zahlreiche Beschreibungen auf ihr mithin globales Entwicklungspotential.[65] Versteht man einen Cluster allerdings als
neuartige, innovations- und wettbewerbsorientierte ‚Globalitätsbühne' kann eine
Untersuchung der in ihm stattfindenden Wissensentwicklungen (Genese, Transfer
und Transformation) selbstverständlich nicht losgelöst von seiner Historie bzw.
ohne entsprechende Berücksichtigung der aktuell gängigen Typisierung erfolgen.
Allerdings werde ich ein größeres Gewicht auf eine, sich an aktuellen Diskursen orientierende, metatheoretische Performanzanalyse legen. Diese interessiert
sich – obschon sie die historisch situative Kontextorientierung integriert – unmittelbar „für diejenigen Handlungsakte, die überhaupt erst zur Herausbildung
oder zum Wandel von Wissensnormen, von Disziplinen und von Wissenskultu-
ren beitragen" (Tkaczyk 2011:117). Eine solchermaßen verstandene clusterspezifische Performanzanalyse muss daher zunächst fokussieren, „wie Kenntnisse einen
Denk- und Darstellungsstil kennzeichnen, wie Akteure […] als Experten legitimiert werden oder […] Forschungsfelder begründet werden" (Tkaczyk 2011:117).

Will eine sich entwickelnde und etablierende Clusterforschung oben aufgeführte Fragestellungen und Herausforderungen also berücksichtigen und verfolgt
sie den Anspruch einer umfassenden Schau auf ihren, besser noch Sichtbarmachung der Anschauung(en) im Hinblick auf ihren Forschungsgegenstand, bleibt
ihr zunächst nur der Umweg über ihr – zumindest in der Vorstellung – bereits
Vorhandenes. Wenn es also erklärtes Ziel der Clusterforschung *ist*, neue erwei-

---

65   An dieser Stelle sei hier nur beispielgebend nochmals auf Späth/Henzler (2002) verwiesen, die
      Cluster als „Schlüsselgrößen der künftigen Wirtschaftsentwicklung in Europa und der Welt"
      (Späth/Henzler 2002:56) bezeichnen. Aus einem akteursspezifischen Blickwinkel, stellt sich
      zwangsläufig die Frage, wer die Wirtschaft entwickelt, wenn nicht die Menschen und auf wen
      sie entwickelnden Einfluss ausübt, wenn nicht auf die Menschen?

terte diskursive Räume zu finden, um das Forschungsfeld zu eröffnen und den
Forschungsgegenstand zu erschließen, so müssen Cluster(diskurse) zunächst als
sinngenerierende und handlungsleitende Zeichen dieser Entwicklung verstehbar
werden. Dieses Vorhandene zu beschreiben, bedingt wiederum die Erfassung der
Korrelationen und Bedingtheiten der Verquickung von Ursache, Sinn und Form
von Cluster*konstruktionen*. Dies hingegen erfordert es, die Bedeutungskonstel-
lationen von Clustern, also hier die wechselseitige Bedingtheit von Inhalt und
Form kontrovers zu diskutieren.

Allein derartige Diskurse – so meine These – leiten die Art und Weise der
Ins-Werk- Setzung von Clustern bereits maßgeblich an und entscheiden mit über
deren zukünftige Erfolge oder Misserfolge. Damit lassen sich die oben genannten
präkonzeptionellen (Cluster)Diskurse bereits unter einen ‚erweiterten Kunstbegriff' subsumieren, denn „[d]er erweiterte Kunstbegriff ist keine Theorie, sondern
eine Vorgehensweise, die das *innere Bild*, also die *Denkform* oder die bildliche
Idee als qualitative Voraussetzung für ein stimmiges, realisiertes Bild (Werk) annimmt" (Bunge 1996:151, im Rekurs auf den Kunstbegriff von Joseph Beuys, kursive Hervorhebung im Original). Ohne eine Hinterfragung dieser Diskurse UND
eine Sichtbarmachung ihrer möglichen ideologischen Ursprünge würde der rekursive Clusterbildungsprozess vom ideellen Korrelat über den symbolisierenden
Prozess bis hin zum physischen Produkt – und zurück! – keine wirklichen Ent-
wicklungsoptionen bieten. Denn: „Denken (in Begriffen) und Bilden (von Werken) sind parallel verlaufende Prozesse, *Bildnerisches Denken und denkerisches
Bilden konfiguriert in einem ‚Paralellprozess'* (Bunge 1996:153, im Rekurs auf
den Kunstbegriff von Joseph Beuys, kurs. Hervorheb. im Orig.). Die Untersuchung derartiger Herangehensweisen ist – verbleiben wir im Rahmen aktuell ge-
setzter Disziplinen – wiederum genuines Terrain der Sozial-, Geistes- und Kulturwissenschaften.

Mit Blick auf die notwendige Hinzuziehung dieser Disziplinen möchte ich
Cluster zunächst als der Vorstellungswelt (über Cluster) entspringende Narrative untersuchen, deren praktische Bedingungsunterlage zwar zweckrational ausbuchstabiert, deren ideologische Bedeutungsunterlage jedoch über exkursive
Räume diskursiv erst erschlossen werden muss. Die Beschreibung der Objektivierung in der „Philosophie der symbolischen Formen" (so der bezeichnende Titel des Werks) von Cassirer (2010) bildet dazu eine Grundlage, die sich fast kongruent mit meiner Annahme deckt, dass die Problematik, den noch unbestimmten
Clusterbegriff mit propositionalem Sinn- und Bedeutungsgehalt zu füllen, nicht
so sehr eine genuin feldspezifische Problematik ist, sondern zuvorderst auf eine
geistig-mentale Praxis diskursiv gestützter Anschauung abheben muss und dabei

deren Veranschaulichung über Symbole und Signale, kurz ‚Zeichen' einfordert. Die Bedeutsamkeit dieser Aussage für diese Arbeit erschließt sich unter Rückgriff auf die Relevanz der Entstehung und Wirkung von Zeichen und rechtfertigt eine umfänglichere Zitation aus Cassirers Werk:

> „Denn das Zeichen ist keine bloß zufällige Hülle des Gedankens, sondern sein notwendiges und wesentliches Organ. Es dient nicht nur dem Zweck der Mitteilung eines fertig gegebenen Gedankeninhalts, sondern ist ein Instrument, kraft dessen dieser Inhalt selbst sich herausbildet und kraft dessen er erst seine volle Bestimmtheit gewinnt. Der Akt der begrifflichen Bestimmung eines Inhalts geht mit dem Akt seiner Fixierung in irgendeinem charakteristischen Zeichen Hand in Hand. So findet alles wahrhaft strenge und exakte Denken seinen Halt erst in der Symbolik und Semiotik, auf die es sich stützt" (Cassirer 2010:16).[66]

Die schöpferische Praxis der Bild- und Symbolgenese ist also, um noch einmal Cassirer zu bemühen, an eine „echte geistige Grundfunktion" (Cassirer 2010:7) gebunden, da „ihr eine ursprünglich-bildende, nicht bloß eine nachbildende Kraft innewohnt. Sie drückt nicht bloß passiv ein Vorhan | denes aus, sondern sie schließt eine selbständige Energie des Geistes in sich, durch die das schlichte Dasein der Erscheinung eine bestimmte ‚Bedeutung', einen eigentümlichen ideellen Gehalt empfängt" (ebd., Hervorheb. bzw. Worttrennung im Original). Jenes Tätigsein, das Cassirer als „selbständige Energie des Geistes" (ebd.) fasst, inkludiert einen Bildungsprozess kreativen Denkens und *zugleich* einen Formungsprozess künstlerischen Handelns. (Vgl. auch die argumentativ ähnlich gelagerten Ausführungen von Bunge 1996:153). Um das Sichtbarmachen und Binden dieser rekursiven Schleife, die „[z]wischen Intuition und Ratio" (Bunge 1996)[67] verläuft und sich im besten Fall einer Lemniskate gleich figuriert, wird es mir in den folgenden Kapiteln gehen.

Folgt man Cassirers Spuren und versteht Zugriffe auf Sprache, Mythen und Kunst als mögliche Treiber neuer Erkenntnisse, die „der Geist in seiner Objektivierung, d. h. in seiner Selbstoffenbarung verfolgt" (Cassirer 2010:7), so sind diese geeignet, „einen neuen Zugang zu einer allgemeinen Philosophie der Geisteswissenschaften" (ebd.) zu eröffnen.[68] Darüberhinaus lassen sich Rekurse auf

---

66 Verstehen wir Symbole als kollektiv verstehbare Bilder, über welche Ideen, Anschauungen und Wissen kommuniziert werden, drängt sich wiederum die Frage auf, ob der Cluster bereits ein Gebilde für die Formation von Kollektiven *ist*, bzw. unter welchen sinnbildenden Voraussetzungen er eine damit verbundene Funktion überhaupt aufnehmen *kann*, um sich nicht im Strom der Mode als eine Art Zerrbild festzusetzen oder sich als utopisches Trugbild eines längst überkommenen Heilsversprechens in Wohlgefallen aufzulösen?
67 Siehe dessen gleichnamiger Publikationstitel.
68 Bei Thabe, die sich intensiv mit „Raum(de)konstruktionen" (Thabe 2002, Titel der Publikation) auseinandergesetzt und dazu auf einige Zitate Cassirers zurückgegriffen hat, wie ich sie ebenso in meiner Arbeit verwende, lassen sich tiefgehende Analysen zu diesen Zitaten

Sprache, Mythos und Kunst auch als Enabler verstehen, um den genuin sozialen Vorgang der Objektivation mit Hilfe der Geisteswissenschaften, auf eben jene sozio-ökonomischen Bereiche zu übertragen, deren aktuelle Problembereiche geisteswissenschaftlicher Grundlagenforschung harren, eben weil sie aufgrund ihrer gesteigerten Komplexität und ihrer Verankerung im medial-ästhetischen nicht allein mit ökonomischen Logoi zu bewerten sind. Ihre Verankerung im medial-ästhetischen gründet darauf, dass jene, sich im Rahmen der Clusterbildung vollziehenden Prozesse eben nicht linear vom Imaginären über das Symbolische bis ins Physische verlaufen, sondern sich komplexen Verschachtelungsprozessen gleich, immer wieder wechselseitig bedingen und beeinflussen. Um diese Objektivation als Summe der Prozesse des Bildens vom imaginären Cluster*konstrukt* bis hin zum realen Cluster*objekt* nachzuzeichnen, werden wir uns nun deren Präliminarien zuwenden und uns dazu zunächst medial-ästhetische Topoi anschauen. Die medial-ästhetischen Topoi stehen jedoch nicht (allein) für sich selbst, sondern kennzeichnen und verkörpern thematisch den Prozess und die Hervorbringungsleistung des „Bildnerischen Denkens" (Bunge 1996:150, im Rekurs auf Klee und Beuys) im Vollzug. Um Cluster als ein „multidisziplinäres Interaktionsfeld"[69] sichtbar zu machen, greife ich in den nächsten Kapiteln sinnenfälligerweise auf ein Zusammenspiel jener, von Cassirer (2010) als bedeutungserschließend und richtungsweisend beschriebenen Erkenntniswege – die Sprache, den Mythos und die Kunst – zurück.

---

finden. So hebt Thabe bspw. hervor, dass „Cassirer, wie vor ihm schon Kant, theoretische Sinnbildungsleistungen nicht nur deskriptiv abbilden, sondern sie vielmehr aus ihrer inneren Dynamik heraus als ein Wissen vom Wissen begreifen" (Thabe 2002:63) suche.

69   Zum linguistischen Fokus einer Konzeptionierung von Clustern als multidisziplinärer Interaktionsfelder vgl. auch Gersdorff/Pieper (2008a:1): "Cluster are a multi-disciplinary interaction field of research and practice dealing with practical problems of culture, communication and language that can be framed by applying available theories, methods and results of Linguistics" (ebd.).

3. Die Topologie des Performativen

3.1 Perform Knowledge to Function[70]

Insbesondere die aktuell viel diskutierte Umsetzungsfrage der intersystemischen Zusammenarbeit von Wirtschaft und Wissenschaft in Clustern scheint mir eine lange gesuchte Schnittstelle für neue Anschlüsse und Applikationen zu bilden, an der sich die aktuell in den Sozial- und Geisteswissenschaften wieder aufflammenden Diskurse bezüglich einer praktischen Anbindung und erweiterten Ausformulierung der Theorien des Performativen vorzüglich abarbeiten könnten: In Anlehnung an König (2011:64) kann der Begriff Performativität auch als „Leistungsfähigkeit" (ebd.)[71] gefasst werden und schließt damit unmittelbar an die praktische Zielsetzung von Clustern an, deren Zweck aktuell vorrangig in der Steigerung von Markt- und Wettbewerbsfähigkeit gesehen wird. Die Clusterforschung benötigt zur Findung und Beschreibung der Vor- und Rahmenbedingungen von Clustern, zudem ein durch alle Phasen der Clusterbildung hinweg valides und damit übergreifendes Charakteristikum zur kohärenten Beschreibung aller stattfindenden kooperativen Vollzugsakte. Der Gegenstand der Performativitätsforschung wiederum ist seit jeher die Untersuchung von (kommunikativen) Vollzugsakten und deren (sozialgesellschaftlichen) Auswirkungen. Damit lassen sich Clusterforschung und Performativitätsforschung als wechselseitige Erfüllungsgehilfen betrachten. Die Frage, welcher Forschungsrichtung man den Vorzug gibt und ihr ein dementsprechendes ‚Apriori' attestiert, würde demnach hinfällig, denn im Rahmen einer rekursiven Theorie-Praxisforschung ergänzen sich beide vielmehr par excellence.[72]

---

70 So auch der Untertitel von Gersdorff/Pieper (2008).

71 König führt aus, dass man den Begriff „*performativity* im Sinne von dt. ‚Leistungsfähigkeit' [als, B. P.] eine Erweiterung des Begriffs durch Selbstunterordnung (Autohyponomie)" (König 2011:64, kursive Hervorhebung im Original) verstehen könne.

72 Theoretisch ließe sich bereits an dieser Stelle die Argumentation verfolgen, dass die Clusterforschung der Performativitätsforschung nicht nur unabdingbar bedarf, sondern immer zugleich Performativitätsforschung *ist*. Wenn dem so wäre, könnte man die Clusterforschung, welche dann deckungsgleich mit der Performativitätsforschung wäre, entweder nicht mit Theorien des Performativen erklären oder aber man säße einem vorschnellen ‚idem per idem' Schluss auf, der die Aussagekraft seines Inhalts bereits vorab gen null tendieren ließe.

Die Ausdehnungen der Performativitätsforschung beschränkten sich bislang allerdings primär auf die Gebiete der Kunst-, Literatur-, Medien- und Theaterwissenschaft, mit besonderen Foki im Bereich der Ritual- und Genderforschung und verblieben damit auf genuin geistes-, kultur- bzw. gesellschaftswissenschaftlichem Terrain. Trotz ihres möglicherweise weitreichenden Erklärungspotentials in Bezug auf die unhintergehbaren Vor- und Rahmenbedingungen sozio-ökonomischen Handelns blieben Theorien des Performativen in der Organisations- bzw. managementnahen Forschung bislang wenig beachtet und auch im sozioökonomischen Praxisfeld eigentümlicherweise nahezu unberücksichtigt.[73]

Rubrifiziert man unsere Gesellschaft unter die Label einer ‚wissensökonomischen Mediengesellschaft' oder einer ‚medienbasierten Wissensökonomie' erstaunt diese Übertragungsproblematik umso mehr, denn laut Pfeiffer spielt „[i]n ‚Mediengesellschaften' neuerer *wie* älterer Art, [...] der Vollzug und die Fabrikation von Erfahrung – die entscheidende Rolle" (Pfeiffer 1999:64, kursive Hervorhebung im Original).

Fokussiert man auf neuartige clusterspezifische Problemstellungen, wie z. B. Fragen nach der Inkulturierung und sinnhaft-sozialen Verräumlichung von Wissen durch symbolträchtige Formen, sinngebende Zeichen und kommunikative Muster, müssten sich Erweiterungen performativer Konzepte, die sich beispielsweise in den Ritualtheorien, der Theater- und Raumforschung sowie der Wissenssoziologie etabliert haben, scheinbar nahtlos an diese Bedarfe anbinden lassen. Doch auch die Anbindung eben jener genannten Theoriebereiche an die Clusterforschung ist mit Focus auf performative Aspekte bislang nicht oder nur marginal vorgenommen worden. Zwar werden Cluster gemeinhin mit marktöffnenden Generalschlüsseln assoziiert (vgl. z. B. Späth/Henzler 2002:56), die u. a. den Wissens-

---

73   Auf die Notwendigkeit einer Verbindung zwischen Performativität und sozialer Praxis im allgemeinen macht bereits Volbers aufmerksam. Er schafft damit eine erste Basis, um den Zusammenhang zwischen Praxistheorien und Performativitätskonzepten sichtbar zu machen. Allerdings verweist Volbers dabei nicht auf entsprechende Praxisbeispiele und führt auch keine konkreten in der Praxis vorfindlichen Kontexte des Sozialen an. Allerdings ist dies auch nicht sein Anliegen, da es ihm primär darum geht, eine Grundlage zu schaffen, die dazu verhelfe, „das Wort ‚Performativität' und seine Verwandten als diskursive Marker zu deuten, die ein Problem umkreisen, das nicht auf die in ihrem Namen geführte Debatte im engeren Sinne beschränkt bleibt" (Volbers 2011:142). Relevant für meine Ausführungen ist dieser Verweis vor dem Hintergrund, dass Volbers den Versuch unternimmt, die zwischen Praxisforschung und Performativitätstheorien bestehende „Familienähnlichkeit hervorzuheben, die auf eine geteilte Problemwahrnehmung hinweist" (Volbers 2011:142). Dies untermauert meine These dahingehend, dass es sich bei sozial-kultureller Clusterforschung und Performativitätsforschung nicht um kontradiktorische Stellgrößen, sondern viel eher um wechselseitige ‚Erfüllungsgehilfen' handelt.

vorsprung eines Landes bzw. einer Region entscheidend befördern. Dieser Wissensvorsprung bedeutet allerdings noch lange keinen Wettbewerbsvorteil, wenn er für das jeweilige System nicht interoperabel und damit anschlussfähig und produktiv nutzbar gemacht werden kann. Um diese Nutzbarkeit von Clustern jedoch zu erlangen, gilt es, nicht nur die Praxis der Bündelung von Wissensressourcen in den Blick zu nehmen, sondern u. a. auch die performativen Prozesse in Clustern zu erkennen und entsprechend zu analysieren. Da dies bislang nicht erfolgt ist, kann vermutet werden, dass Clusterforscher und im Clusterformenfeld tätige Praxisakteure sich im Rahmen des Auf- und Ausbaus von Clustern u. a. (noch) zu wenig mit performativen Wirkdimensionen beschäftigt haben und auch demzufolge keine langfristige Inkulturation einer durchgängigen und sozio-kulturellen Verständnisbasis von Clustern entwickeln konnten. Diesbezüglich stellt sich die Anschlußfrage, ob der Cluster erst dann als eigenständiges Sinnsystem etabliert werden kann, wenn sein Bedeutungsgebäude vollständig inkulturiert ist? Offenkundig ist zumindest, dass die Akzeptanz, langfristige Entwicklung und effiziente Etablierung von Clustern am Markt nicht als Allheilmittel sozio-ökonomischer Problematiken ‚verschrieben' werden kann, solange es nicht gelingt, zusätzlich zu den unmittelbaren Zweckrelationen des Clusters auch seine inhärenten performativen Diskurs- und Sinndimensionen mitzuführen.

Da es sich bei der Performativitätsforschung und der managementnahen Clusterforschung allein schon im Hinblick auf deren ‚Prozesslogiken des Vollzugs' sicher nicht um kontravalente Stellgrößen handeln kann, ist fraglich, weshalb eine Übertragung des Performativen bislang weder im Rahmen einer Breitenfokussierung auf das gros sozio-ökonomischer Prozesse noch auf eine clusterspezifische Problemanalyse hin erfolgt ist bzw. aufgrund welcher Übertragungshemmnisse schlicht nicht gelang?

Um diese Leerstelle nun nicht restriktiv mit einer feldspezifisch evtl. inadäquaten Begriffsdefinition, sondern mit einer passfähigen Bedeutungskonstitution aufzufüllen, schlage ich vor, den hier zu verhandelnden Begriff des Performativen zunächst ganz allgemein als Überbegriff für den handlungsaktiven Vollzug sinnstiftender und formgebender Prozesse zu verwenden. Solchermaßen adaptiert lässt er sich leichtgängiger an neuartige Formen sozioökonomischen Wandels anschließen und im Zuge eines übergeordneten Verständnisses von „Performativität avant la lettre" (Hempfer/Volbers 2011:12) für Clusterdiskurse aufschließen.

Dies befreit die weitere Argumentation jedoch nicht davon, begriffliche Entstehungskontexte und Seitenlinien zunächst zumindest zu konturieren, um eine Begriffsunschärfe des in der Kulturwissenschaft gegenwärtig omnipräsenten Performativitätsbegriffes zu vermeiden und einer etwaig willkürlichen ‚In-Zugriff-Nahme' in anderen Bereichen entgegenzuwirken: Dass der Begriff, wie Fischer-Lichte aufzeigt, kulturwissenschaftlich bereits als universeller „umbrella term" (Fischer-Lichte 2004:41, kursive Hervorhebung des Originals getilgt) vereinnahmt worden sei, kann dementsprechend ebenso positiv wie negativ gewendet werden, je nachdem ob man eine mögliche Arbitrarität vermutet oder aber das Moment begrifflicher Gehaltfülle und immanente Aussagekraft fokussiert. Zunächst werden daher Origo und erweiterte Kontexte der aktuellen Performativitätsdiskurse vorgezeichnet. Diese werden nachgerade auf mögliche Anschlüsse zum Clusterverständnis hin untersucht und wo notwendig erweitert, um die Relevanz der Prozesshaftigkeit, Dynamik und Durchgängigkeit des sozialkulturellen Gesamtaktes von der ‚Idee zum Ergebnis' bzw. von der ‚Vision zur Innovation' in Clustern hinterfragen und skizzieren zu können. Im Hinblick auf dieses Teilziel kann es nun zwangsläufig weder darum gehen, die Gesamtheit der hochspezifischen Argumentationsstränge, die sich in den einzelnen Disziplinen in Bezug auf die Untersuchung des Performativen ausgebildet haben, vollständig abzubilden noch einen neuerlichen Neologismus zu erschaffen, um die Implikationen des Performativen quasi zwanghaft in die sozio-ökonomische Sphäre hinüberzuretten.[74] Vielmehr werden die für den weiteren Gang der Untersuchung relevanten und potentiell ergiebigen Anknüpfungspunkte markiert und im Hinblick auf einen konzeptuellen Kerngehalt untersucht, welcher sich als Ausgangspunkt für eine feldspezifisch adäquate und transdisziplinär erweiterte Clusterforschung eignet und Performativität als ein allen Clusterkonfigurationen zugrundeliegendes und formgebendes ‚Apriori' sichtbar macht.

---

74   Diese Arbeit könnte bestehende Unterscheidungskriterien und Dimensionen von Performativität nun theoretisch um einen Neologismus erweitern, um einen feldspezifisch passfähigen und auf sozio-ökonomische Clusterprozesse applizierbaren Performativitätsbegriff zu generieren. Dies würde in der Folge jedoch evtl. zu erneuter Dichotomisierung von Begriffen führen, deren Notwendigkeit man in Bezug auf die aktuelle soziale Handlungspraxis im sozio-ökonomischen Kontext wiederum eingehend zu diskutieren und aufgrund etwaig fehlender Anschlussfähigkeit evtl. erneut zu revidieren hätte. Wichtiger erscheint es mir daher, die Akte performativer Welterzeugung en gros dahingehend zu bestimmen, dass sie an die aktuelle Handlungsrealität in Clustern anschließen. Aus diesem Grund geht es mir in der Folge vielmehr darum, meinen Fokus auf die soziale Verfasstheit der Bedingungs- und Bedeutungserzeugung des Perfomativen selbst zu legen.

3.2 Circle around the turn: Performativität als neuer Modus Operandi

„Der römische Brunnen"[75]

„Aufsteigt der Strahl und fallend gießt
Er voll der Marmorschale Rund,
Die, sich verschleiernd, überfließt
In einer zweiten Schale Grund;
Die zweite gibt, sie wird zu reich,
Der dritten wallend ihre Flut,
Und jede nimmt und gibt zugleich
Und strömt und ruht."

(C. F. Meyer)[76]

In Reaktion auf sich verstärkende globale Herausforderungen und deren Bewältigung wird auch ein gelingendes Zusammenspiel kollektiver Kräfte zunehmend entscheidender für erfolgreiches Handeln. Damit einhergehende Handlungsvollzüge
setzen fachspezifische Blickwinkel und tiefgehende Expertise zwar als notwendige Größen voraus, bedürfen jedoch ebenso inter- und transdisziplinärer Öffnung
und damit der Überwindung disziplinärer und systemischer Beschränkung, um
als polyperspektivische Enabler gesellschaftlichen Wandels hinreichend wirksam
zu werden. Anders gesagt: Weder Addition noch bloße Akkumulation vorhandenen Wissens gereichen zur Beantwortung und Bewältigung aktueller Problemlagen, sondern es werden Diffusions- und Multiplikationsprozesse notwendig, um
zukunftsfähige Modifikationen einleiten zu können. Dies mag theoretisch ein-
leuchten, jedoch besteht die Crux darin, dass eben jene notwendigen Modifikationen nicht nur die Formen der Zusammenarbeit betreffen, die sich theoriegeleitet
auf die disziplinäre Beobachtungs- und Bewertungsebene beziehen, sondern sich
auch auf die wirtschaftliche Systempraxis der praktischen Ausführung und Umsetzung ausweiten. Hier müssen jene, vormalig als sich ausschließend betrachtete
dichotome Prozesse und Vorstellungen in ein ‚Fließgleichgewicht' und eine produktive Balance gebracht werden. Innerhalb von Systemen können die Problemstellungen zwar weiterhin interdisziplinär bearbeitet werden, müssen jedoch an
den Systemgrenzen notwendigerweise transdisziplinär verhandelt werden, damit
die neue Intermediäre den Input wechselseitig verarbeiten kann.

  Nun scheint dies im obigen Beispiel des Brunnens recht anschaulich und
einfach. Ganz so einfach ist es im Bereich intersystemischer Wandlungsprozesse, – die dem Anspruch unterliegen, als gesellschaftliche Wirkkräfte zu fungieren, bzw. Strategien für eine intensivierte „Forschungswirtschaft" (Kleiner, geführt in: Frank/Meyer-Guckel/Schneider 2007:90) (mit) zu entwickeln – sicher

---

75   So der Titel des Gedichtes von Meyer, zit. n. von Petersdorff (2008:79).
76   Zit. n. von Petersdorff (2008:79).

nicht. Wie aber sieht der Prozess und das Enabling' dieses Wandels nun beispielsweise im Bereich der Kultur- und Geisteswissenschaften aus bzw. welche Order
können diese (vielleicht sogar als Ordner) geben, um den Akt des Enablings zu
unterstützen? Erste Schritte dieses Wandels wurden bereits hinsichtlich diverser
Problemstellungen eingeleitet und mit einer fortschreitend interdisziplinär orientierten ‚Melange' von Kultur-, Sozial- und Medienwissenschaften beantwortet.

Dieser Wandel wiederum lässt sich auch an den, in den kulturgesellschaft-
lichen Corpus, als Erkennungsmale eingeschriebenen ‚turns' ablesen. Im Rahmen des (medien)kulturwissenschaftlich geprägten ‚performative turn' wurden
die Foki der Betrachtung auf die tätigen Handlungen der Akteure im proaktiven
Vollzug und auf damit einhergehende kontextspezifische Prozesslogiken gelenkt:
Der ‚performative turn' konstituiert sich „fort von Texten hin zu Handlungen,
Tätigkeiten und Vorgängen" (Meyer 2006:39), d. h. dieser ‚turn' akzentuiert die
proaktiven Vollzüge „des Machens, Herstellens, Produzierens, die Art und Weise der Herstellung und Durchführung, die Prozesse der Entstehung, Transformation und Interaktion" (ebd.).[77] Der Begriff ‚Text' ist dabei zwar nicht kryptisch,
jedoch durchaus metaphorisch, d. h. nicht nur schriftsprachlich, sondern gewissermaßen als festgefügte, vorfindliche ‚Textur' der Kultur zu verstehen. Noch
bis in die 90-er Jahre war es laut Fischer-Lichte (2004:36) gängige Praxis, Kultur
vorrangig als zu dechiffrierenden Text zu betrachten, d. h. „[e]inzelne kulturel-

---

[77]   Einer nicht nur semantischen Herausforderung, die eine m. E. n. für intermediäre kulturalistische
       Zugänge notwendige Verquickung der Nomen Performance und Performativität mit sich bringt,
       begegnet z. B. Fischer-Lichte in ihrem Werk „Ästhetik des Performativen" (so der gleichnamige
       Publikationstitel von Fischer-Lichte 2004) mit einer Nominalisierung. Bei performativen Äuße-
       rungen wird stets ein *prozesshafter Handlungsvollzug* in den Blick genommen. Der Begriff ‚per-
       formativ' ist jedoch ein Adjektiv, bezieht sich also auf die *Art und Weise,* also einen besonderen
       Modus Operandi des Herstellens dieser Handlungsvollzüge. (Ganz ähnlich formuliert dies
       Bohnsack 2005:250 im Kontext der „ikonologische[n] Analyseeinstellung" (Ders. ebd.): Diese
       „unterscheidet sich radikal von der Frage nach dem *Was* und fragt nach dem *Wie,* nach dem
       modus operandi der *Herstellung* bzw. *Entstehung* einer Gebärde bzw. Handlung" (ebd., kursiv
       im Orig.). Der Begriff performativ (nicht das Performativum selbst!) konstituiert dementspre-
       chend das *wie* und das (Sammel-)Nomen Performativität nominalisiert dieses adjektivistische
       wie des Handlungsvollzuges. Zu fragen wäre aber, wie das Verb lauten müsste, das all diese
       Handlungsvollzüge als Prozesse des *was* konstituiert, kennzeichnet und beschreibt? Außer des
       kaum trefflichen Verbums ‚performieren' hält die deutsche Sprache dazu wenig bereit. Wir sehen,
       dass das Adjektiv performativ nicht ohne weiteres nominalisiert werden kann, wie es bei Verben
       wie beispielsweise ‚organisieren' möglich und auch sinnvoll ist, um damit verbundene *Prozesse
       des Tuns* als abgeschlossene Beschreibungskorrelate zur ‚Organisation' zu nominalisieren. Den-
       noch bedürfte die Nominalisierung ‚Performativität' eines in der deutschen Sprache (noch) nicht
       gegebenen, stimmigen Verbums. Der definitorische Schritt zur Objektivierung des Begriffes
       ‚performativ' hin zum ‚Performativen', ist demnach ein Stück weit notwendige Hilfskonstruk-
       tion, scheint vor dem beschriebenen Hintergrund jedoch logische, folgerichtige Konsequenz für
       eine optionale Verquickung verschiedener sprach- und kulturwissenschaftlicher Zugänge.

le Phänomene ebenso wie ganze Kulturen, wurden als ein strukturierter Zusammenhang von Zeichen begriffen, denen bestimmte Bedeutungen zuzuschreiben sind" (ebd.). Im Rahmen des performative turn rückten dagegen,

> „[...] die bisher weitgehend übersehenen performativen Züge von Kultur in den Blick, die eine eigenständige Weise der (praktischen) Bezugnahme auf bereits existierende oder für möglich gehaltene Wirklichkeiten begründen und den erzeugten kulturellen Handlungen und Ereignissen einen spezifischen, vom traditionellen Text-Modell nicht erfaßten Wirklichkeitscharakter verliehen. Die Metapher von ‚Kultur als Performance' begann ihren Aufstieg" (Fischer-Lichte 2004:36).

Da man nun Möglichkeiten sah, Kultur nicht länger als feststehendes, historisch verdingtes Gefüge zu entschlüsseln, sondern als Fluidum permanent in Aushandlung befindlicher Prozesse zu (er)denken, avancierte das Begriffs-, Bedingungs- und Bedeutungsinstrumentarium der Performativität zumindest in den Geistes-, Kultur- und Sozialwissenschaften zum erquickenden Kraftquell neuer sozialkultureller und intermedialer Betrachtungsweisen. Diese Betrachtungsweisen stellen den Akteur (und mit ihm seine dynamischen, prozesshaften Handlungsvollzüge) als zentrale Instanz in den Mittelpunkt. (Vgl. Wulf/Zirfas 2005:7f.) Der performative turn lässt sich jedoch bereits selbst als sozial-mediale Erweiterung der ursprünglichen begrifflichen Prägung von Performativität und deren Bedingungs- und Bedeutungsinventarien lesen: Der von Austin im Rahmen seines Werkes „How to do things with Words" (Ders. 1972) erwähnte und erschaffene Neologismus ‚performativ' (vgl. eingehend Ders. 1986, vgl. auch Hempfer 2011:15) hingegen hob noch primär auf die Beschreibung von Sprechakten und nur sekundär auf soziale Zusammenhänge ab. (Vgl. Volbers 2011:144) Der Begriff ‚performativ' gereichte Austin ursprünglich vielmehr dazu, sprachliche Äußerungen dahingehend zu differenzieren, ob sie einen sog. „'konstativen' (weltbeschreibenden, nach wahr oder falsch beurteilbaren)" (König 2011:45) oder aber einen „'performativen' (weltverändernden)" (ebd.) Charakter aufweisen. Austin hat also zunächst eine Separierung zwischen performativen und konstativen Äußerungen eingeführt, um anhand dieses Prüfsteines die Antezedenz-, Gelingens- und Folgebedingungen für derartige Äußerungen festlegen zu können, d.h. sie hinsichtlich ihres Wahrheitsgehaltes und ihres Potentials einer Zustandsveränderung differenzieren zu können. Sein eigentliches Verdienst jedoch ist vielleicht das seines (un)gewollten Scheiterns: Mit seinem Versuch der Charakterisierung und Differenzierung sprachlicher Äußerungen sowie seiner Suspendierung eigens festgeschriebener polarer Formkategorien legte er dereinst auch eine Basis für die Notwendigkeit einer Neubetrachtung, -bewertung und -referenzierung von Kontravalenzen bzw. Dichotomien. (Vgl. Krämer 2003:27) Mit von Hantelmann (2005) und Krämer

(2003) stimme ich darin überein, dass Austin – durch die pointierte Erschütterung seiner vorab selbst eingeführten, jedoch der Fortführung seiner Untersuchungslogik nicht dienlichen Schemata und einer darauf folgenden selbsttätigen Überwindung bzw. Suspendierung – offenbar selbst ein Exempel für ein „Scheitern mit Methode" (von Hantelmann 2005:30) als generalisierbare Form für ‚erfolgreiches Scheitern'[78] statuierte. Diese Fehlbarkeit markiert wie Krämer aufzeigt „die Anfälligkeit aller Kriterien und das Ausgesetztsein aller definitiven Begriffe für die Unentscheidbarkeiten, die Unwägbarkeiten und Vieldeutigkeiten, die mit dem wirklichen Leben verbunden sind" (Krämer 2003:32).[79]

Die Überwindung und Aufhebung nicht zielführender Dichotomien setzt wiederum stets die bewusste Wahrnehmung dieser Differenzierungen voraus. Es kann also nicht darum gehen, bestimmte, der Orientierung und Ordnungsbildung dienliche Differenzierungen und deren Polarität generell einfach aufzulösen und zu negieren, sondern nur als evtl. zu festgefahrene Größen hinsichtlich ihrer aktualen Anwendungsrelevanz und damit ihre gesetzten (bi-)polaren Verortungen zu hinterfragen. In Linguistik und Kulturforschung ist dies mit der Hinwendung zum Performativen gelungen: So geht „[d]ie von Austin inspirierte sprachphilosophische Reflexion des Performativen [...] davon aus, dass Zeichen die Welt nicht nur repräsentieren, sondern zugleich auch konstituieren, also hervorbringen (können)" (Krämer 2004:19). In diesem Zuge wurde nicht nur, „[d]ie Äußerung [...] aus der Abhängigkeit befreit, von der Welt nur ‚konstativ' zu berichten, und als eine wirkende Kraft anerkannt, die als situiertes Ereignis in die Welt eingreift und sie zu verändern vermag" (Hempfer/Volbers 2011:9). Vielmehr

---

78   Die Formulierung ‚erfolgreiches Scheitern' mutet hier scheinbar als bis ins paradoxe getriebene ‚contradictio in adiecto' an. Dass sie keinesfalls eine solche bleiben muss, zeigen beispielsweise die (in ganz anderen Zusammenhängen als die hier konturierten Aussprengungen von Dichotomien entstandenen) Untersuchungen zur Dritt-Sektor-Forschung von Seibel (1994).
       Die Verortung bzw. Einordnung des austinschen Modus Operandi geschehe laut Krämer im allgemeinen derart, dass angenommen werde, dass Austin „das Defizit der Theorie durch eine Reparatur an der Theorie zu überwinden hofft" (Krämer 2003:27). Diese Betrachtungsweise sei jedoch laut Krämer eventuell ein Fehlschluss, da sich „in Austins Texten [...] Indizien [auffinden lassen, B. P.], die auch den Schluss zulassen, dass er die Anfechtbarkeit der Kriterien der Performativa nicht nur als eine Schwäche aufnahm, die durch bessere Kriterien zu beheben ist, sondern als eine skeptische Infragestellung der philosophischen Rationalisierbarkeit unseres Sprachgebrauchs überhaupt einschätzte" (Krämer 2003:27). Vgl. auch Fischer-Lichte, die anmerkt, dass sich „[a]ls weiteres Merkmal [...] die Fähigkeit des Performativen anführen [ließe, B. P.], dichotomische Begriffsbildungen zu destabilisieren, ja zum Kollabieren zu bringen" (Fischer-Lichte 2004:33f.).
79   Vgl. hierzu auch die Forschung zur „Aisthetisierung" von Krämer (2004:21): „Die Aisthetisierung ist ein Vollzug, in dessen Beschreibung dichotomisch organisierte Begriffsraster an ihre Grenzen stoßen. Bei den Phänomenen, die hier von Belang sind, vermischt sich gerade das, was unsere kategorischen Unterscheidungen gewöhnlich auseinander halten. Diese Phänomene ‚besiedeln' also eine Grenze, ein Dazwischen" (ebd.).

diente diese ‚Befreiung' zudem als wegweisend und bahnbrechend dafür, auch die Sichtweise von/auf Kultur allmählich aus ihrer ‚Verhaftung' zu befreien, indem man sie aus der (zu) engen ‚Schablone' eines lediglich zu interpretierenden Text- und Formkorsetts ab- und herauslöste. (Vgl. insbesondere Fischer-Lichte 2004:36)

Generell lässt sich festhalten, dass der Origo sozial wirkmächtiger Handlungsvollzüge, die eine intersubjektiv nachvollziehbare Neuinterpretation nach sich ziehen, zumeist auf Akten des Performativen gründet. Dies gibt guten Grund, die generelle Form eines performativen Aktes noch einmal bildhaft zu veranschaulichen und – mit Krämer gesprochen – zu verdeutlichen, dass „[e]ine performative Äußerung konstituiert, was sie konstatiert" (Krämer 2003:22). Dazu greife ich – u. a. in Anlehnung an die Ausarbeitungen von Fischer-Lichte (2004) – auf einen, der wohl prominentesten performativen Akte, den Vollzug der Eheschließung, zurück.[80] Vergegenwärtigen wir uns dazu das Szenario einer kirchlichen Trauung: Indem ein Priester, die in unserem Kulturkreis allseits bekannte Aussage ‚Hiermit erkläre ich Sie zu Mann und Frau' tätigt, vollstreckt er die Eheschließung und erwirkt mit dieser Aussage– laut Fischer Lichte 2004:32 – gleichsam einen „neue[n] Sachverhalt". Die Personen sind fortan nun nicht mehr ‚ledig', sondern miteinander ‚verheiratet'. (Vgl. Fischer-Lichte 2004:32)

Fischer-Lichte, die obiges Beispiel eingehend beschreibt, spricht performativen Äußerungen deshalb die Charakteristika der ‚Selbstreferentialität' und der ‚Wirklichkeitskonstitution' zu: „Denn die Sätze sagen nicht nur etwas, sondern sie vollziehen genau die Handlung, von der sie sprechen. Das heißt, sie sind selbstreferentiell, insofern sie das bedeuten, was sie tun, und sie sind wirklichkeitskonstituierend, indem sie die soziale Wirklichkeit herstellen, von der sie sprechen. Es sind diese beiden Merkmale, die performative Äußerungen charakterisieren" (Fischer-Lichte 2004:32). Damit der performative Sprechakt eines Akteurs nun jedoch auch dazu gereicht, zugleich die besagte Handlung zu vollziehen, werden wiederum außersprachliche Kriterien virulent: Erstens inkludiert der performative Vollzugsakt notwendig zwei sich bedingende und einander bestimmende Handlungsvollzüge (vgl. auch Hempfer 2011:23) die nicht nur der Synchronizität bedürfen, sondern gleichsam *unisono* verschachtelt werden müssen.[81] Zweitens benötigt dieses Handlungskonglomerat, wie Fischer-Lichte aufzeigt, einen institutionellen Kontext, in dem es wirksam werde, und indem dasjenige, was der

---

80   Dieses simple Beispiel ist bewusst gewählt, da es der „Domäne der sozialen Tatsachen" (Krämer 2004:15) entspringt und auf Fakten basiert, „deren Sein in ihrem Anerkanntsein wurzelt" (ebd.).

81   Für Hülk sind performative Äußerungen deshalb „in zweifacher Hinsicht selbstreferentiell. Zum einen nämlich liefert das performative Verb eine Selbstbeschreibung dessen, was es tut; zum anderen ist der Akt des Äußerns dieses Verbs bereits wesentlicher Teil der Handlung, die durch das performative Verb bezeichnet wird" (Hülk 2005:11).

sprachliche Teil des Handlungskonglomerates besage, aufgrund bestehender Legitimation auch umgesetzt und auf Dauer gestellt werden könne. Dementsprechend votiert Fischer-Lichte dafür, dass eine performative Äußerung nur dann als Vollzugsakt in der Praxis fruchtbar eingelöst werden, d. h. in eine Zustandsänderung überführt werden könne, wenn der situativ-kulturelle Kontext die Legitimation hinreichend berechtige. (Vgl. Fischer-Lichte 2004:32)[82] Da sich die mit dem Akt der Eheschließung verbundene „performative Äußerung [...] immer an eine Gemeinschaft [richtet, B. P.], die durch die jeweils Anwesenden vertreten wird [...] bedeutet [sie, B. P.] in diesem Sinne die Aufführung eines sozialen Aktes. Mit ihr wird die Eheschließung nicht nur *aus*geführt (vollzogen), sondern zugleich auch *auf*geführt" (Fischer-Lichte 2004:32, kursive Hervorhebung B. P.).[83] Damit skizziert Fischer-Lichte den Akt der Eheschließung, der hier nunmehr nur stellvertretend für das Gros performativer Akte im allgemeinen steht, wiederum als Exempel für die Auflösung vormals bestehender Dichotomien. Denn: Indem selbiger Akt nicht nur *aus*geführt sondern ebenso *auf*geführt werde, (vgl. ebd.) trägt er (bezieht man seine Ins-Werk-Setzungs-Bedingungen sowie seine vor- und nachgelagerten Akte mit ein) neben genuinen Elementen der Performativität auch inszenatorische Züge in sich. (Dies ist freilich abhängig von Auslegung, Variation und Reichweite des jeweilig zugrundegelegten Inszenierungsbegriffes)[84] Mithilfe der Darlegung der Aus- und Aufführungskonzeption von Fischer-Lichte kann

---

82   So verweist Fischer-Lichte (2004:32) darauf, dass nur die Legitimation eines Amtes oder einer sonstigen im jeweiligen Kulturkreis gültigen Berechtigung eines speziellen Akteurs dazu gereiche, den Akt der Eheschließung durchzuführen. Dabei setze Performativität – will sie in diesem speziellen situativen Kontext erfolgreich sein – notwendig einen spezifischen Handlungsrahmen voraus, der wie bereits beschrieben, institutionell verdingt sein müsse. (Vgl. ebd.) Hempfer negiert demgegenüber die generelle Voraussetzung institutioneller Gebundenheit als grundlegendes und übertragbares Konstitutionsmerkmal performativer Akte, indem er in Anlehnung an eine Formulierung von Benveniste darauf abhebt, dass diese „nur notwendig [sei, B. P.], wenn es sich um ‚actes d'autorite' (Benveniste 1966/74: I, 272) handelt wie etwa Ernennungen, Proklamationen u. ä., Versprechen, Wetten u. ä. setzen demgegenüber keinen institutionellen Rahmen voraus" (Hempfer 2011:23, Zitation von Benveniste im Original enthalten).

83   Auch Krämer verweist auf die Rolle der Öffentlichkeit im Rahmen der Ritualisierung performativer Praxen: „Die zeremonielle Rede ist immer an ein Auditorium gerichtet. Hierin liegt der ‚Aufführungscharakter' der ursprünglichen Performativa" (Krämer 2003:24).

84   Da ‚Performance' laut Meyer als „Modell für kulturelle Praktiken" (Meyer 2006:35) firmiert, werden damit einhergehende Fragestellungen immer evoziert, wenn „politische Reden und Demonstrationen, Rituale, Zeremonien sowie alltägliches Verhalten als Performances" (ebd.) verfolgt werden. Wulf und Zirfas definieren Performances als „künstlerische Ereignisse, deren räumliche, zeitliche, symbolische, körperliche und soziale Bedingungen in der Inszenierung und Aufführung selbst ausgehandelt und in deren Inszenierung und Aufführung sehr unterschiedliche Rollen eingenommen und spielerisch in der Schwebe gehalten werden" (Wulf/Zirfas 2005:10).

also ein erster Zugang gelegt werden, um die ursprünglich kontravalenten Konzeptionen von Performativität und Performance etwaig neu zu justieren.[85]

Noch bedeutsamer ist es für meine Argumentation allerdings, dass Fischer-Lichte mit ihrer Konzeptionierung des Ehevollzugs als gesamtheitlicher Aufführung eine Basis dafür legt, den eigentlichen performativen Sprechakt als einen *Teil* der Aufführung zu extrahieren und ihn in einen übergeordneten kontextuellen Rahmen einzubetten. Dieser Rahmen inkludiert demnach eine Reihe vor- und nachgelagerter sowie beiläufig stattfindender Akte, die erst in summa auf die gemeinsam geteilten (da inkulturierten) und der Situation vorgängigen (da tradierten) Sinnbezüge rekurrieren und diese damit als notwendige Bezugsgrößen abbilden. (Vgl. Dies. 2004:39) Dies lässt sich durch einen ihrer Rekurse auf Judith Butler stützen:

> „Butler vergleicht die Verkörperungsbedingungen mit denen einer Theateraufführung. Denn wie bei einer Theateraufführung stellen die Akte, mit denen Geschlechtszugehörigkeit hervorgebracht und aufgeführt wird, ‚clearly not one's act alone' dar. Vielmehr handelt es sich bei ihnen um ‚shared experience' und ‚collective action'; die Handlung nämlich, die man ausführt, ist eine Handlung, die in gewissem Sinne immer schon begonnen hat, bevor der individuelle Akteur auf dem Schauplatz erschienen ist. Entsprechend ist die Wiederholung der Handlung ein ‚re-enactment' und ein ‚re-experiencing' eines Repertoires von Bedeutungen, die bereits gesellschaftlich eingeführt sind" (Fischer-Lichte 2004:39, im Rekurs auf Butler).

Performative Akte sind also stets in den Handlungsrahmen der Aufführung integriert, der als Gesamtprozess die außersprachlichen, vor- und nachgelagerten sowie parallel und beiläufig stattfindenden Akte prozessual einschließt. Durch diese Einbettung in ein Sozialität bedingendes und gleichsam hervorbringendes Aufführungskonzept lassen sich performative Akte auch als Interpunktionsgeneratoren verstehen, die aufeinander referenzierende ‚Ereignisfolgen' auslösen. (In Anlehnung an Watzlawick/Beavin/Jackson 2003:57ff.)[86] Wenn wir nun per-

---

85   Eine etwaige Verquickung bereitete bislang einige Schwierigkeiten, da die Termini ‚performance' und ‚performativ' wie Hempfer herausstellt, „nicht nur unterschiedliche ‚Systemstellen', sondern gänzlich unterschiedliche Theoriebildungen benennen" (Hempfer 2011:15). In diesem Zusammenhang sei hier nur beispielgebend auf die Ausführungen von Meyer (2006) verwiesen: Mit besonderem Augenmerk auf die Performance-Art stellt Meyer heraus, dass sich die Insignien der austinschen Sprechakttheorie schwerlich mit den Konzeptionen der ‚Performance-Art' in Einklang bringen ließen. Performance unterläge vielmehr "permanent neue[r] Differenzen, die Menschen sind und machen" (Meyer 2006:41) als wie sie auch, „die lebendigen Wandlungsprozesse, denen Mensch und Leben unterliegen, freisetzt und betont" (ebd.). Dementsprechend suche Performance „zumeist auch für Sprechakte konstitutive, konventionelle Prozeduren gerade zu vermeiden oder paradoxal zu verkehren" (ebd.).

86   König verweist in Anlehnung an Aristoteles darauf, dass „Prozesse und Ereignisse [...] gegensätzliche Typen von Situationen [sind, B. P.]: Ereignisse haben klare zeitliche Konturen und enthalten eine Zustandsänderung, während dies für Prozesse nicht gilt. Daher können das Prozesshafte und das Ereignishafte nicht zugleich zu den zentralen Eigenschaften des Performativen gerechnet werden" (König 2011:45). Aufgrund dieser Diskrepanz scheint es

formative Akte explizit als Interpunktionsgeneratoren für derartige Ereignisfolgen verstehen wollen, können diese zwangsläufig weder selbst die Ereignisse sein noch die alleinigen Auslöser für diese Ereignisfolgen darstellen. Denn es bedarf neben den genuin performativen Sprechakten und deren notwendiger Antezedenzbedingungen auch stets eines Handlungsrahmens, der die Ereignisse dazu handlungsrahmend überleitet. Erforderlich wird also die Berücksichtigung weiterer unmittelbar bedeutsamer Akte, welche letztlich erst dazu führen, den performativen Sprechakten selbst ihre Wirkmächtigkeit im konstruktionalen Gefüge der performativen Aufführung zu verleihen.[87]

Stellvertretend für die Bedeutsamkeit vor- und nachgelagerter sowie beiläufig stattfindender Akte der performativen Aufführung ,Eheschließung' möchte ich jeweils einen Akt aus jeder dieser Kategorien skizzieren. Diese fasse ich im Folgenden als ,Akt der Willensbekräftigung', ,Akt der Bezeugung' und ,Akt rekursiver Bedeutungserzeugung'. Der *Akt der Willensbekräftigung* ist dem perfor-

---

mir hier sinnvoller auf kommunikationstheoretische Anschlüsse abzuheben, die wir z.B. in der Axiomatik von Watzlawick/Beavin/Jackson (2003) wiederfinden. Diese untersuchen die „Interpunktion von Ereignisfolgen" (ebd.:57ff.) sowie deren Konsequenzen. Insbesondere ein damit oftmals verbundener und jeglichen Folgeprozessen zugrundeliegender rekursiver Automatismus wird als eine mögliche Quelle von Beziehungskonflikten sichtbar gemacht. Die Autoren greifen dabei auf alltägliche zwischenmenschliche Kommunikationen zurück, bei der sich die Verhaltensdispositionen des ego je nach Perspektive aus den Verhaltensdispositionen des alter ergeben, sich wahrnehmungsbedingt immerzu weiter fortschreiben und verfestigen und graphisch als Endloskette darstellen lassen. (Vgl. eingehend Watzlawick/Beavin/Jackson 2003:57ff.) Laut Markowitz ist eine „[s]olch zirkuläre Referenz [...] der prozessual-dynamische Rahmen, in dem sich doppelte Kontingenz ereignet. Wenn Ego auf Alter und Alter auf Ego referiert, kommt es unausweichlich zu dem, was Jürgen Habermas als ,den mißlichen Zirkel doppelter Kontingenz' (1985:437) bezeichnet" (Markowitz 2007:25, Zitation von Habermas im Original). Vgl. zur tiefergehenden Beschreibung doppelter Kontingenz eingehend Luhmann (1994:148ff.).

Dies lässt sich in Anlehnung an Watzlawick/Beavin/Jackson (2003:57ff.) metaperspektivisch an unsere Thematik anschließen, indem wir auf jene, den Vollzugsakten vorgelagerten und diese stets begleitenden Ereignisse abheben, die von den Akteuren einseitig-subjektiv interpretiert werden und stets zu (oftmals auf falscher Interpretation der Handlungen basierenden) Folgehandlungen führen, sich unmittelbar auf den Gesamtprozess auswirken und nachfolgende Teilprozesse entweder befördern oder aber (weit häufiger) behindern. Dieser durchgängige Prozess formiert sich also auf Basis der jeweils wahrgenommenen Ereignisse, führt zu subjektiv abgeleiteten Folgehandlungen und schreibt sich aufgrund (oftmals fehlgedeuteter) Ursache-Wirkungsrelationen permanent performativ fort. Insofern halte ich es hier weder für unangebracht noch für falsch, sowohl Ereignisse als auch Prozesse in ein Metamodell performativer Konstruktionen zu integrieren, sofern es sich um aufeinander aufbauende, einander auslösende und stets rekursiv aufeinander verweisende Vollzüge dreht.

87   Diese Akte können also selbst wiederum als dem performativen Akt vorausgehende oder nachgeordnete Bedingungen gefasst werden, die dann – ebenso wie die zumindest im Beispiel der Eheschließung erforderliche institutionelle Verankerung – wiederum über das Gelingen und Scheitern performativer Äußerungen (mit)entscheiden.

mativen Akt des Ehevollzugs notwendig vorgelagert. Indem die Eheleute vorab gefragt werden, ob sie gewillt sind, die Ehe zu vollziehen (vgl. auch Fischer-Lichte 2004:32) und ihre positive Gestimmtheit der Öffentlichkeit bzw. dem Priester durch die Aussage ‚Ja ich will' bestätigen, wird der Priester erst in die Verantwortlichkeit gesetzt, diesem ihren ausdrücklichen Wunsch und ausgedrückten Willen, kraft seines, ihm – wiederum von höherer Instanz verliehenen – Amtes nachzukommen und stattzugeben und das beiderseitige Einverständnis einvernehmlich zu bekräftigen. Auch diese Legitimation muss seitens des Priesters wiederum kundgetan werden. Nicht umsonst heißt es ‚*Kraft des mir verliehenen Amtes*, erkläre ich Sie hiermit zu Mann und Frau'.[88]

Einen ebenso bedeutsamen, jedoch dem performativen Akt unmittelbar beigelagerten Akt bezeichne ich hier als den ‚Akt der Bezeugung'. Dieser erfordert die Anwesenheit externer Beobachter, die als solche Teil des Geschehens sind und das gesamte Ereignis sowie die Funktion der Überführung bestätigen und nachgerade bezeugen.[89] Im Beispiel der Eheschließung wären jene Beobachter die Trauzeugen bzw. die beteiligten Akteure, die nicht wie die Eheleute unmittelbar von der Zustandsänderung der Eheschließung betroffen sind. Abstrahiert man vom Akt der Eheschließung auf das gros performativer Akte lässt sich der Akt der Bezeugung wie folgt auf einen performativen Sprechakt beziehen: Erst in jenem Moment, in dem der vollzogene Sprechakt des Subjekts in den *Akt der Bezeugung* mündet, wird der Status des Subjekts bzw. Objekts transformiert und in eine sich neu konstituierende Ausgangssituation transponiert.[90]

---

88 Obschon der Priester mit der Bekundung der personellen Ich-Deixis seine scheinbar selbstmotivierte Situation konstatiert und er zudem durch sein Amt zur Eheschließung legitimiert ist, ist die Bekundung im Wortlaut nicht abwandelbar (vgl. Krämer 2003:24f.) – „[d]aher spricht der Sprecher nicht im eigenen Namen, sondern im Namen einer durch Rezitierung aufgerufenen Tradition seiner Sprechergemeinschaft" (Krämer 2003:25). Demnach ist eine Gelingensbedingung performativer Akte also daran geknüpft, „ob die Autorität des Sprechenden anerkannt wird, ob er als Repräsentant einer Gruppe wahrgenommen und mit solcherart symbolischem Kapital ausgestattet, in ihrem Namen zu sprechen befugt ist" (Gamm 2003:205).

89 Die Ausführungen von Fischer-Lichte (2004:32) stützen die Notwendigkeit dieses Aktes, da sie auf die sozialen Voraussetzungen performativer Akte, vulgo das notwendige Vorhandensein einer „Gemeinschaft" (ebd.) abhebt.

90 Dieser Akt der Bezeugung ist es auch, der als bedeutsame Komponente der Legitimation dazu gereicht, die Kraft eines Mythos zu befördern, dementsprechend in immer neuen bzw. abgewandelten Formen kommuniziert wird und schlussendlich selbst zum Mythos wird. Als Beispiel dafür ließe sich die Bezeugung der Geburt und damit einhergehender Anbetung von Jesus durch drei Akteure bezeichnen, die je nach Ausrichtung und Auslegung der biblischen Erzählung als ‚Weisen aus dem Morgenland' bzw. als die ‚Heiligen Drei Könige' auftreten. Diese Akteure, der Raum ihrer Zusammenkunft, ihre Geschenke, ihre Nationalität und ihr Gefolge wurden je nach historischer Einbettung unterschiedlich dargestellt. (Vgl. Poeschel 2005:144f.) Die Legitimation der Inszenierung als solche kommt also auch ohne ein kohärent ausgestaltetes ‚Bühnenbild' aus. Immer jedoch manifestierte sich in den Überlieferungen auch

Oder allgemeiner formuliert: Performativität stellt sich nur dadurch ein, wenn sich aktive Sprechakte und die gleichzeitig überführte Funktion durch passive (externe) Beobachtung von der Ausführung bis zur Durchführung nachvollziehen lassen. Damit verlangt Performativität immer den Nachweis einer Aus-, Über- und Durchführung eines abgeschlossenen Handlungsvollzugs.[91]

Stellvertretend für jene, dem performativen Akt nachgelagerten Akte dieses Heiratsszenarios lässt sich der *Akt rekursiver Bedeutungserzeugung* heranziehen: Dieser rekurriert zeitversetzt auf den Akt der Bezeugung und bedarf dazu eines Mediums, das schriftliche bzw. bildliche Dokumentation erlaubt, womit der Vollzugsakt quasi doppelt rückbezüglich wird.[92] Diese Rückbezüglichkeit ist natürlich kein Spezifikum performativer Akte, sondern gilt generell für die Zeitversetztheit all jener, in Medien eingeschriebener Informationen. Auch die Form und Darstellungskraft des gewählten Mediums ist hinsichtlich der Vollendung einer performativen Aufführung sekundär, der Sinn- und Bedeutungsgenese also allenfalls nachgeordnet, obschon diese natürlich sowohl durch etwaige Gesetze als auch Gepflogenheiten des institutionellen bzw. sozialen Rahmens gesetzt sowie begrenzt wird. Zwingend erforderlich ist jedoch das Scriptum *selbst,* da die einzelnen Akte der Aufführung zwar als solche in sich geschlossen sind, der gesamte Vorgang der Aufführung jedoch durch dessen Dokumentation erst vollendet und *nachweislich* legitimiert wird.[93] Das Performative konzentriert sich aufgrund

---

die voraberfolgende Erkennung und Auslegung eines für das Ereignis stehenden, sinngebenden und richtungsweisenden Symbols (hier wegweisender Stern bzw. Engel), welches als solches zunächst erkannt und eingeordnet werden muss. (Vgl. auch Poeschel 2005:144) Wichtiger aber noch, verfestigt sich das Ereignis in der Erzählung zur ,symbolischen Formgebung' und wird eben auch dadurch zum Mythos, als dass dem Ereignis stets ein ,Akt der Bezeugung' durch eine gewisse Anzahl externer Größen zugrunde liegt.

91   Dies finden wir z. B. auch im Rahmen von Dissertationen und dem nachgelagerten Akt und Ereignis der Disputationen im Kontext des Aktes der Promotion. Dabei wird die ,Inauguration' als „feierliche Einsetzung in ein akademisches Amt od. eine akademische Würde" (DUDEN 1990:339) betrachtet und deren Ergebnis in Form einer Urkunde entsprechend dokumentiert. Das Phänomen der ,Inauguration' besitzt auch in Clusterkontexten unmittelbare Bedeutsamkeit und wird daher im Verlauf dieser Arbeit an anderer Stelle noch ausgeführt.

92   Die anwesenden Beobachter, die den Akt des Vollzugs bezeugen, sind natürlich in der Lage, über diesen nachgerade zu berichten. Zudem besteht die Möglichkeit, dass externe Akteure, also jene, welche dem Akt während seines Vollzugs nicht beigewohnt haben, einen gewissen Teil an Details aus den Medien erfahren und über diese Information nachgerade berichten. Allerdings sind die Beschreibungen beider Akteursgruppen, unabhängig davon, ob diese sich nun mittelbar oder zeitversetzt an den Akt anschließen *nicht* performativ, da sie keine neue Handlungsrealität auslösen, sondern die bereits existente, nur durch Bestätigung bekräftigen. (Eine Ausnahme bilden gewollte und intendierte Verzerrungen.) Ihre Aussagen sind allenfalls rekursiv beschreibend und können sich immer nur in sprachlichen Passiva auf das aktive Geschehen, also den Handlungsvollzug in der Vergangenheit, beziehen.

93   Dies wird immer dann relevant, wenn sich der Fokus auf die Fixierung eines vollzogenen Statuswechsels bezieht, z. B. bei Würden, Ehren, beruflichen Aufstiegen und Amtseinführungen,

seines Aufführungscharakters also längst nicht nur auf das auslösende Moment des ausgeführten Sprechaktes, sondern bezieht stets auch den Abschluss des Gesamtvorganges als dessen Aufführung und Abhandlung mit ein.[94]

Das Beispiel des Ehevollzugs stützt die Erkenntnis, dass eine sprachliche Handlung *zugleich* mit einer anderen (außersprachlichen) Handlung *unisono* verschwistert werden muss (vgl. Hempfer 2011:23), um performativ wirkkräftig zu werden. Für die Applikation des Performativen auf sozialkulturelle Prozesse ist es jedoch ungleich bedeutsamer, dass jede performative Handlung selbst wiederum einer Einbettung in einen übergeordneten Handlungsrahmen bedarf, um ihrerseits wirkmächtig zu werden. Performative Akte sind also, wie Fischer-Lichte (2004:32) hervorgehoben hat, zwar stets Auf- und Ausführungen selbst, (vgl. ebd.) jedoch – je nach Dimensionierung ihrer Handlungsrahmen und ihrer Einbettung in übergeordnete Gefüge – wiederum lediglich Teile von Auf- und Ausführungen. (Vgl. Dies. 2004:39)

Die Voraussetzungen performativer Handlungen müssen für soziale Zusammenhänge also dergestalt erweitert werden, dass die sprachliche Handlung mit einer anderen Handlung nicht nur unisono gesetzt, sondern mit dieser und anderen Handlungen kunstvoll verschachtelt wird. Auch dies hat das Beispiel der Eheschließung verdeutlicht. Zieht man schlussendlich die Überlegungen Krämers im Hinblick auf das Wechselspiel von Medialität und Performativität hinzu, ließen sich der von mir beschriebene ‚Akt der Bezeugung' und der ‚Akt der rekursiven Bedeutungserzeugung', die sowohl auf ästhetischen Prinzipien beruhen als auch auf erforderliche Medialität abzielen, auch unter die „Akte der Aistehtisierung" (Krämer 2004:14) subsumieren, da der Begriff „Aistehtisierung" laut Krämer voraussetzt, „dass es sich im Wechselverhältnis von Ereignis und Wahrnehmung um ein ‚in Szene gesetztes' Geschehen handelt, welches Akteur- und Betrachterrollen einschließt" (ebd.). Insofern bildet das gewählte Beispiel ein Paradigma, dass sich, wenngleich nicht in allen bedeutungsgenerierenden Einzelakten, so doch vermutlich in seinem generellen Ablauf en gros auf Prozesse sozialkultureller Ordnungsbildung schlechthin übertragen ließe. Denn, um noch einmal Krämer zu bemühen, ist:

> „Performativität [...] kein rein sprachliches, sondern vielmehr ein soziales Phänomen. Und ‚soziales Phänomen' heißt hier zweierlei: Einmal muss ein Gefüge sozialer Kraft- und Macht-

---

welche durch schriftliche Dokumentation z.B. in Form von Urkunden belegt werden, denn: „Den Performativa ist eine konstitutionelle Nachträglichkeit eigen, insofern ihr Gelingen verwiesen ist auf die sich in Anschlusspraktiken zeigende, bestätigende Anerkennung durch die Öffentlichkeit" (Krämer 2003:26).

94 Hülk macht darauf aufmerksam, dass performative Akte, die durch performative Äußerungen ins Werk gesetzt werden, immer nur durch neuerliche performative Akte auflösbar seien. (Vgl. Hülk 2005:11)

verhältnisse gegeben sein, die den Sprecher als ‚Urheber' einer Handlung autorisieren. Zum anderen muß das Publikum, an das sich eine performative Aussage stets wendet, in seinem gegenwärtigen und zukünftigen Verhalten eine Einstellung gegenüber der Welt einnehmen, in welcher die Welt fortan genau so betrachtet wird, dass sie übereinstimmt mit dem Gehalt der performativen Äußerung" (Krämer 2003:23f.).

Nach der Abhandlung des beschriebenen Eheszenarios stellt sich zudem die Frage, wo und ab wann Performativität wirklich ‚*beginnt*' und wo sie endet? Im beschriebenen Szenario des Ehevollzugs liegt die Wurzel noch im Vorfeld der eigentlichen Bekundung des Willens zur Eheschließung der zukünftigen Eheleute, und zwar in der ausdrücklichen Frage des Priesters nach deren Wille bzw. zielgerichteter Absicht zur Ausführung. Primärer Auslöser dieses performativen Aktes ist also die Erfragung dieser Absicht, da der performative Prozess als solcher ansonsten gar nicht in Gang gesetzt würde und keine Folgedynamik entfalten könnte. Die Frage, „willst du …" geht dem Folgeprozess also als auslösendes Moment voran, indem eine *Ent*scheidung erfragt wird, die erst zu einer *Unter*scheidung, nämlich ledig versus verheiratet führt. Performativitätsforschung darf daher zukünftig nicht isoliert betrachtet werden: Die bisherige Ausflaggung des Performativen erfordert einen kontextsensitiven Rückbezug auf das jeweilig auslösende, evt. noch präformative Moment des Handlungsvollzuges. Ebenso bedarf die performative Konstruktion nicht nur der Untersuchung ihrer sozio-kulturellen Ein- und Rückbettung, sondern auch einer Vorschaltung virulenter Verweisunghorizonte. Damit sind sprachliche Akte allein, obgleich notwendige ‚Proformer' bei weitem keine hinreichenden ‚Performer' eines intendierten Zustandswechsels: Bereits im Szenario der Eheschließung gerät der sprachliche Akt schon insofern in den Hintergrund, als dass er zwar dazu beiträgt, einen Zustandswechsel in der sozialgesellschaftlichen Betrachtung und Bedeutung der ‚Akteursgemeinschaft' hervorzurufen, aber sobald er als sprachlicher Akt ausgeführt ist, wird er durch die sich anschließende neuartige sozialgesellschaftliche Sinnkonstruktion, gekennzeichnet durch Bräuche (wie bspw. den Brauch des Brautkusses) und sich anschließende Festivitäten, inszenatorisch überformt.

Die Inszenierung sozialer Praktiken von Akteuren schreibt sich jedoch nicht nur in explizit würdevolle-feierliche, institutionell-amtliche oder politische, sondern auch in alltägliche Kontexte immer dann sinnvermittelnd ein, wenn transformatorische Zustände eingeleitet bzw. in ihrer Wirkung bekräftigt und festgehalten werden sollen. Fast könnte man damit sagen, dass sämtliche (und hier durchaus nicht nur die exklusiven und prominenten) Begebenheiten, z. B. der erste Schrei eines neugeborenen Kindes, der durch einen stolzen Vater filmisch begleitet wird, durch institutionalisierte, inszenierte, teils medialisierte Akte selbstund/oder fremdperformt werden. Inszenatorische Praxen (um hier das von mir bereits als nicht ganz stimmig charakterisierte Verbum dennoch zu nutzen) performieren sich zudem selbst, d. h. nicht nur die konkreten Handlungsvollzüge als solche lassen sich als Performances lesen, sondern sie vermischen sich stets mit höchst individuellen Selbstdarstellungsmechanismen der ausführenden Akteure im dynamischen Vollzug. Dies lässt sich (nun in englischer Sprache, da diese ein hier durchaus passendes Verbum bereithält) beispielsweise anhand der Formulierung ‚perform yourself beyond the power' signifizieren, welche die Wirkmächtigkeit der Inszenierung durch eigenes kraftvolles Beteiligtsein ausdrückt. (Selbst) Inszenierung findet ihre Anwendung – und das ist beileibe kein Novum – längst auf politischen, sozialen und unternehmerischen Schauplätzen. Inszenierung ließe sich damit als performativer Akt der Bedeutungserzeugung im Spiegel reflexiver Weltbeobachtung verstehen.

Zusammengefasst: Verstehen wir das Performative als einen Gesamtakt mit zahlreichen vor- und nachgelagerten sowie beiläufigen Teilakten, die sozial, historisch, sprachlich, kulturell etc. eingebettet werden müssen, um in ihrer Gesamtheit als stimmhaftes Gefüge wirksam werden zu können, so ist dieser Gesamtakt immer nur im kontextspezifischen Zugriff und Rückgriff auf eben jene Einbettungen möglich, die es daher stets gesondert zu berücksichtigen und zumindest zu konturieren gilt. Diese Perspektive ist für die Argumentation notwendig durchzuhalten, um den hochindividuellen und stets situations- und kontextspezifischen Aufführungscharakter performativer Handlungsvollzüge nicht aus dem Blick zu verlieren: Bei diesen (wie wir gesehen haben, nicht nur rein sprachlich manifestierten) Handlungsakten handelt es sich stets um symbolische Verweisungs-, Repräsentations- und Folgezeichen, die ihrerseits im Sinne der semiotischen Formel „aliquid stat pro aliquo" auf etwas außerhalb ihrer selbst verweisen. Nichtsdestotrotz schreiben sie sich wirkmächtig in das kulturelle Gedächtnis von Gesellschaften ein, signifizieren und transformieren es permanent. Daran erkennt man, dass Sprechen, Denken und Handeln stets im Vollzug zusammenwirken müssen. Verbleibt jedoch die Frage, *wie* sie dies tun?[95] Die primäre Problematik verschiebt sich damit in den Überlappungsbereich von Sprache, Denken und Handeln.

---

95 Man könnte an dieser Stelle die Überlegung anstellen, ob der performative Sprechakt einem kommunikativ-konstruierten Sinnbezug über kulturelle Bilder und kulturgenerierende Signale entspräche und damit gleichsam dessen historisch und kontextspezifisch indizierte Funktion mitführte, ebenso wie die künstlerische Performance desselben als Medium der Synthese von Form und Sinn eingeordnet werden könnte? *Kulturtreibend* sind sie jedoch beide, ebenso *sinnstiftend*.

3.3 Performative Verquickung von Sprache, Denken und Handeln

> „Das Denken von festem Punkt zu festem Punkt, das nicht weniger
> den Sprung einschließt, als das sich der Transzendenz überliefernde,
> zieht seine Notwendigkeit, seine Energie gerade aus dem Unbehagen
> an seinen nicht zu schließenden Diskontinuitäten."
>
> (Hans Blumenberg 1999:8)

Abstrahiert man zunächst auf sprachtheoretische Zusammenhänge so lässt sich
– unter Rückgriff auf Whorf (1999) – festhalten, „daß das linguistische System
(mit anderen Worten, die Grammatik) jeder Sprache nicht nur ein reproduktives
Instrument zum Ausdruck von Gedanken ist, sondern vielmehr selbst die Gedanken formt, Schema und Anleitung für die geistige Aktivität des Individuums ist,
für die Analyse seiner Eindrücke und für die Synthese dessen, was ihm an Vorstellungen zur Verfügung steht" (Whorf 1999:12). Oder mit Demmerling: „Als
Grundform der menschlichen Praxis ist die Sprache für die Welterfahrung des
Menschen konstitutiv; sie ist nicht nur erst auf dem Hintergrund von Praxis verstehbar und nicht nur mit dieser verklammert, sondern sie selbst ist eine Praxis,
welche die Erkenntnis und Welterfahrung des Menschen strukturiert" (Demmerling 1994:61).[96] Dementsprechend entlädt sich auch jede performative Äußerung in
einen ‚Duktus' der Inkulturation, welchen sie gleichsam (mit-)konfiguriert. Will
heißen, jeder performative sprachliche Akt ist immer an kulturelle Handlungen
und soziale Zuschreibungen gebunden und von diesen schon per se nicht separierbar.[97] Stets lässt sich dieser Akt – neben seiner sprachlichen Bedeutung – als
kulturtreibender und kulturell getriebener Impuls lesen, der es vermag, eine Zustandsänderung aktiv hervorzubringen und eine in einen Dominoeffekt gipfeln-
de Kettenreaktion auszulösen.

Im vorangegangenen Kapitel habe ich im Rückgriff auf Fischer-Lichte (2004)
bereits skizziert, dass performative Akte mit zahlreichen anderen Akten einhergehen müssen, um eine Zustandsänderung auszulösen. Nun soll der Fokus spezieller darauf gerichtet werden, wie sich Ideen und Vorstellungsbilder im Medium
der Sprache performativ verdichten lassen und durch gezielte Benennung nicht

---

96   Diese noch recht allgemeine Formulierung lässt sich im Kontext von „usage based" Theo-
      rien näher spezifizieren: „Diese *usage based theories* wenden sich gegen die Auffassung,
      dass Sprachstruktur vom Sprachgebrauch unabhängig sei [...]" (König 2011:59f., kursive
      Hervorhebung im Original). Trotz der unterschiedlichen Richtungen liege der gemeinsame
      Fokus dieser Theorien laut König auf „de[m] Primat des Gebrauchs, der Oberfläche und d[er]
      Wirkungsrichtung vom Gebrauch (*performance, parole*) zum System (*competence, langue*),
      oder anders ausgedrückt, vom Gebrauch zur Verfestigung und Konventionalisierung in einem
      System" (König 2011:60, kursive Hervorhebung im Original).
97   Dieser Sachverhalt erklärt mitunter auch das Scheitern der Etablierung einer Universalsprache,
      wie z. B. ‚Esperanto'.

nur *er*fasst werden, um ,greifbar', ,mitteilbar' und ,vermittelbar' zu werden, sondern durch eben jene Benennung primär erst einmal *ein*gefasst werden, um in den Objektstatus zu gelangen, d. h. überhaupt reifizierbar werden.[98]

Durch die gesamte Geschichte hinweg finden wir in Sagen, Mythen und Geschichten, Belege für die Wirkkraft und damit einhergehende Macht bezüglich der passenden Benennung einer Sache oder eines Akteurs.[99] Diese Macht der Benennung gereicht zunächst scheinbar dazu, als Beispiel einer gedoppelten performativen Kraft herangezogen zu werden. Die performative Dopplung erfolgt dabei zugleich im bildgebenden Akt der Vorstellung sowie im Verfahren des Sprechaktes selbst: Indem der Akteur eine bestimmte Vorstellung im Wort(bild) fixieren kann, wird er *zugleich* der Wesenheit gewahr und kann sie ebenfalls *zugleich* im mentalen Bild fixieren. Im Anschluss an die Gewahrwerdung des (Namens)Wortes rekonfiguriert sich unisono mit dem Vollzugsakt der Namensgebung (also gleichsam der Nutzung des neuen Wissens) ein neuartiges Herrschaftsverhältnis.[100] Obschon in seinen Ausformungen auf den ersten Blick ein Beispiel für erweiterte Performativität par excellence, entzieht sich dieses Beispiel dennoch den Antezedenzbedingungen performativer Akte insofern, als dass die vorab feststehende Bedeutung nur konstativ erkennbar und aus der Person bzw. Sache herausgelesen wird.

Übertragen wir diese Benennung nun auf aktuelle kulturelle Formationen, verstehen Kultur dabei jedoch nicht als feststehendes Textgefüge, sondern in performativer Manier als situativ und kontextorientierte und daher veränder- und gestaltbare Konstruktion (vgl. Fischer Lichte 2004:36), finden wir statt aktueller kultureller Konkreta, die als bereits objektivierte Größen nur noch entsprechender Benennung bedürfen, weitaus öfter kulturelle Abstrakta vor, die – aufgrund ihrer Referenz- und Kontextsensitivität, also aufgrund des permanenten Wandels, den die Akteure zeitlich, räumlich und situativ vollziehen – in ihrer We

---

98   Mit Cassirer gesprochen „[z]eigt [...] der Prozess der Sprachbildung, wie das Chaos der unmittelbaren Eindrücke sich für uns erst dadurch lichtet und gliedert, dass wir es ,benennen' und es dadurch mit der Funktion des sprachlichen Denkens und des sprachlichen Ausdrucks durchdringen" (Cassirer 2010:18). Die Bedeutsamkeit jener Benennung lässt sich also auf eine damit einhergehende Gewahrwerdung, Verinnerlichung und Explikation einer vormals unfasslichen Stellgröße zurückführen. So konstatiert beispielsweise Arendt, dass „die Schaffung von Wörtern, [...], die menschliche Art der *Aneignung* und gewissermaßen der Aufhebung der Entfremdung von der Welt [ist, B. P.], in die ja jeder als Neuling und Fremder hineingeboren wird" (Arendt 2008:104f., kursive Hervorhebung im Original).
99   Vgl. zur Wortmacht auch Cassirer (2010:52ff.). Ein in unserem Kulturkreis bekanntes Beispiel ist z. B. das Märchen vom ,Rumpelstilzchen'. Allerdings finden sich, wie Cassirer zeigt, z. B. auch im Rigveda Zusammenhänge zwischen Herrschaftsausübung, Macht und Namensbemächtigung. (Vgl. Cassirer 2010:53)
100 Vgl. dazu ebf. den Verweis von Cassirer (2010:52) auf die Entstehung von Herrschaft durch die Passung von Wort und Ding bzw. Person.

senheit und Gestalt noch nicht fassbar bzw. nicht beobachtbar sind. Vor diesem Hintergrund eröffnen uns sprachliche *Tropen* eine erste Möglichkeit des bildgebenden Einordnens. Dabei kommt insbesondere den Metaphern als „genuine[n] Instrumente[n] der [sic!] Erkennens" (Heidenreich 2009:16) eine „welterschließende Funktion" (ebd.) zu, weil sie, wie Heidenreich aufzeigt, Versuche darstellen, das u. a. von Blumenberg konstatierte „Unbegriffliche" durch „das vortastende Verstehen einer noch nicht abgeschlossenen Anschauung" (Heidenreich 2009:21) fassbar zu machen. Die Metapher fungiert damit quasi als eine Art Gefäß, also als eine Hilfskonstruktion, welche die abstrakte Idee und/oder die nicht vorhandene begriffliche Form in einem ersten Schritt mit versinnbildlichendem Inhalt füllt. In einem solchen Fall beschreiben Metaphern keine bereits vorherrschende konsistente Größe, deren Bedeutung nur auf einen Teilaspekt der Wahrnehmung des vermeintlich existenten Sachverhaltes oder Dinges rekurriert, sondern entspringen der Vorstellung von etwas (noch) nicht existentem und/oder (hoch)abstraktem, dessen Bedeutung nicht durch Interpretation des Bestehenden, d. h. durch Bestandsaufnahmen und Analysen aus der etwaig gegebenen Welt erschlossen werden kann, wie es bspw. die Vorstellung von „Kultur als Text" (Fischer-Lichte 2004:36) nahelegt. Derartige Neukonfigurationen und Neukonstruktionen müssen mithilfe der als Organa fungierenden Metaphern zumeist erst als neue Stellgröße in die Welt hineingeschrieben werden, damit selbige neu und anders interpretierbar wird. (Vgl. ähnlich auch Heidenreich 2009:18) Oder mit Heidenreich auf den Punkt gebracht: „Sie [die Metaphern, B. P.] prägen den Inhalt, den sie vermeintlich nur ausdrücken, selbst mit und geben damit die Bahnen vor, in denen sich das Denken weiterentwickeln kann" (Heidenreich 2009:17).[101] Man könnte dies sogar noch schärfer formulieren und konstatieren, dass Metaphern den Inhalt einer zu etablierenden Vorstellung nicht nur mitprägen, sondern quasi präformativ enorm beeinflussen. Dabei ist die Metapher als versinnbildlichendes Sprachbild einer (noch) nicht fasslichen Größe nicht länger bloß temporäre Prothese, sondern in ihrer Wirkkraft gleichsam Eskorte einer Präkonfiguration, die zunächst als abstraktes Denkbild erscheint und sich über ihre ideologische Konn-

---

101   Obschon die Funktion von Metaphern hier erkenntnisphilosophisch gefasst wird, um noch
       unbestimmte Größen zu charakterisieren und in ein ‚Begriffs-Bild' zu bannen, kommt den
       Metaphern selbstverständlich auch bei der Genese neuen Wissens im intersystemischen
       Zusammenspiel von Wissenschaft und Gesellschaft bzw. Wirtschaft und Wissenschaft eine
       tragende Rolle zu: „„Metaphern fungieren bspw. als Übersetzungshilfen zwischen verschie-
       denen Arenen oder Sprachspielen, zwischen Wissenschaftlern und Laienpublikum, aber auch
       als Generatoren neuer Ideen, neuen Wissens, neuer Bedeutungen" (Keller 2005:57). Dabei
       zeichnen „[b]eide Aspekte der Metapher, ihre dynamische Relation zum Kontext und speziell
       ihre Flüchtigkeit, [...] die Metapher als eine ideale Kandidatin für die Analyse von Prozessen
       des Wissenstransfers aus " (Maasen 1999:57).

notate zur handlungsleitenden Maxime manifestiert: „Sie [die Metapher, B. P.] bewirkt die ‚Übertragung' – metapherein –, einen echten und scheinbar unmöglichen Übergang – metabasis eis allo genos – von einem existentiellen Zustand, dem des Denkens, in einen anderen, daß man Erscheinung unter Erscheinungen ist, und das ist nur mit Hilfe von *Analogien* möglich" (Arendt 2008:108, kursive Hervorhebung im Original).

Zusammenfassend verhelfen Metaphern also dazu, das vormals Unfassliche erklärbar zu machen, diesem durch ‚sinn-bildliche' Verdichtung Identität und Gewicht zu verleihen und damit – um auf besonders passende Begriffsgebäude Max Webers und Eckart Pankokes zurückzugreifen – seine „Sozialgestalt" mit „Sinngehalt" zu füllen. (Vgl. zu „Wechselwirkungen von Sinngehalt und Sozialgestalt" Pankoke 2002d:104, im Rekurs auf Weber) Zudem können Metaphern als Überträger dahingehend eingesetzt werden, präformative (da noch abstrakte) Konstruktionen (z. B. Ideen und Ideologien) in kollektiv nachvollziehbare Sinn-Bilder zu überführen, die laut Jain (2001:1) – wo sie durch Konkretisierung einmal erkannt, – auch diskursiv neu interpretiert werden können:

> „Zudem wird paradoxerweise genau durch die Anbindung an das Konkrete ein per se niemals eingrenzbarer Interpretationsraum eröffnet – indem jede Konkretion den ‚sinnlichen' Ausgangspunkt für ‚assoziative' und somit potentiell auch abweichende Denkbewegungen bildet. So initiiert, ‚erregt' die Konkretion in der (bildhaften) Metaphorik eine Aufsprengung der Sinn-Grenzen. Die Metapher ist die (be-)greifbare, reale, dingliche Differenz im Diskurs. Sie verweist – als ‚schiefes', der Kontextlogik widersprechendes Bild – auf die Uneinheit des (jedes) Gesagten. Und diese Differenz, dieser ‚Spalt' kann – wo er wahr-genommen wird – für imaginative, den vorgegebenen Rahmen auch überschreitende Interpretationen genutzt werden" (Jain 2001:1; Hervorhebung durch Trennung im Original).

Allerdings ist auch der umgekehrte Fall möglich, d. h. es ist ebenso möglich, dass die gewählte Metapher entweder 1) *nicht* dazu beiträgt, die ‚Sozialgestalt' anhand sinnbildender Konnotate oder Korrelate entsprechend zu versinnbildlichen[102] und/oder 2) den inhaltlichen ‚Sinngehalt' der Sozialgestalt in der Folge

---

102 Der erste Fall wird hier, ohne dass ein Accompagnement mit dem zweiten ersichtlich und möglich scheint, nicht weiter von mir verfolgt, denn das Scheitern der Inkulturation eines gewünschten Inhaltes ist evident, gießt man ihn in die falsche Form. Seine Folgeprozesse sind jedoch keineswegs trivial: So wird unsere Wahrnehmung unbewusst beeinflusst und eine dementsprechende Missinterpretation der Inhalte befördert, weil z. B. allgegenwärtig bekannte Icone sukzessive in die Referenzstellen von Metaphern *ein*treten, da sie ebenso wie die Metaphern scheinbar als sinnbildende Zeichen *auf*treten. Umgekehrt ist jedoch der Gebrauch von Metaphern nicht zwangsläufig sinnvoll und wirkt sich (insbesondere im Rahmen einer medialen Kontextualisierung) zuweilen auch kontraproduktiv aus. (Vgl. auch Stapelkamp 2010:57) Dies sei anhand eines Rekurses erklärt: Mit der Nutzung der GUI (Grafisches User Interface) von Personalcomputern wissen wir, welche Operationen die Icons vereinnahmen. Allerdings sind „[d]ie dort verwendeten Icons […] keine Metaphern, sondern nur Imitationen

sogar (un)bewusst verschleiert.[103] Die Metapher erlaubt es also nicht nur, bis dato unfassliche Abstrakta mit Sinngehalt auszukleiden, in dem sie ihre Abstraktheit in das Hilfsgefüge eines konkret vorstellbaren Körpers einkleidet, sondern sie verführt auch dazu, der möglichen ‚Sozialgestalt' ihren ‚Sinngehalt' nachgerade oder bereits im Vorfeld zu entziehen und diesen (un)gewollt in die Latenz zu verbannen: Wählt man eine Metapher bspw. zu unbefangen aus und verleiht ihr von prominenter Seite wiederkehrend kraftvolle Stimme, so lässt sich auf Basis der Erkenntnisse der ‚usage-based' Theorien konstatieren, dass die Metapher kraft ihres Gebrauchs Wegweiser einer zu erlangenden Sicht wird. So gereichen Metaphern nicht nur dazu, abstrakte Größen durch ihre Bannung im (Wort)Bild zu konkretisieren und damit die dichotomische Polarität von Abstrakta und Konkreta performativ aufzulösen, sondern auch dazu, eine bestimmte Fokussierung und Verfestigung von Denkinhalten und Handlungsmaximen voranzutreiben.[104]

Versteht man die Metapher nicht nur als ein rhetorisches Stilmittel, sondern als ein solchermaßen mächtiges, da sinngenerierendes und bedeutungserschaffendes Werkzeug, erhebt sie sich nicht nur über den (Bedeutungs)Rahmen der Trope, sondern sie (er)stellt gleichsam selbst den Rahmen. Damit ist sie nicht länger lediglich vorstellbares (Sprach-Denk-)Bild, sondern fasst Teile des bevorzugten (Sprach-Denk-)Bildes rahmend ein, und schließt damit andere mögliche Teile des Sprach-Denk-Bildes zwangsläufig aus. Die Metapher schafft also über die Einrahmung die Vorbedingung für eine Manifestierung von Denkinhalten und Sichtweisen, die als ideologische Präkonfigurationen wiederum einen referenzierenden

---

von Objekten und Funktionen, weshalb die beabsichtigten Aussagen nicht erreicht werden. An Stelle von Metaphern sollten keine Imitationen eingesetzt werden. Stattdessen sollte Abstraktion angestrebt werden und die Einsicht, dass sich nicht für jeden Bedarf eine geeignete Metapher finden lässt. Es ist schwierig, passende Metaphern zu finden und es ist noch schwieriger diese gut darzustellen. Metaphern sind aber weder zwingend erforderlich, und auch nicht immer die beste Lösung. Solange versucht wird, mit Abläufen und Funktionen, die aus der Realität bekannt sind, die Möglichkeiten interaktiver Produkte versinnbildlichen und somit die realen Möglichkeiten unmodifiziert in die virtuellen, computerbedingten Umgebungen übertragen zu wollen, wird die Suche nach einer Metapher lediglich dazu verleiten, die äußere Realität mit Hilfe des Computers zu imitieren. So kann die Suche nach einer Metapher zur Inspirationsbremse werden" (Stapelkamp 2010:57). Zudem seien „[d]ie bei einer inhaltlich orientierten interaktiven Produktion darzustellendenden Emotionen, Abläufe, Funktionen und Erzählabsichten [...] oft zu vielschichtig, als dass sie sich sinnvoll in Metaphern pressen ließen" (ebd.).

103   Dies inkludiert auch jenen Sinngehalt, der sich auf eine, nur ‚der Möglichkeit nach vorhandene' Sozialgestalt bezieht.

104   Dieser Vorgang lässt sich auch noch in Bezug auf eine andere Charakteristik präkonfigurieren, die im Gebrauch der Metapher selbst verborgen liegt. Indem Metaphern „wie es ihre Tendenz ist, in das wissenschaftliche Denken eindringen, so werden sie gebraucht und mißbraucht, um einleuchtendes Beweismaterial für Theorien zu schaffen und heranzuschaffen, die in Wirklichkeit bloße Hypothesen sind, die noch durch Tatsachen bewiesen oder widerlegt werden müssen" (Arendt 2008:117).

Ausgangspunkt für die nachstehende *Art* der Überführung und Übersetzung in Handlungsprozesse erzeugen. Somit lässt sich ihre Anwendung für die Bestandsaufnahme und Beschreibung aktueller Phänomene auch anhand bildtheoretischer Zusammenhänge erklären: Format und Sinngehalt eines Bildes korrespondieren durch die Auswahl von Art und Größe eines *Passepartouts*, mit welchem *unisono* die Dimensionierung und Hervorhebung eines Bildes bzw. Bildausschnitts erfolgt. Damit erleichtert die Rahmenlegung die Be-Schauung und An-Schauung von Teilbereichen des Wesens, indem sie einen vorab ausgewählten Objektbereich sichtbar einrahmt. Über diese Einrahmung erwirkt sie gleichermaßen eine Selektion sowie eine Hervorhebung und Verdichtung von bedeutungstragenden Inhalten. Damit reduziert sie die Komplexität des vormalig Unfassbaren auf ein nun fass- und bearbeitbares Maß. Oder mit Jain formuliert:

> „Die Verschiebung, die in der Metapher stattfindet, eröffnet zwar den Raum der Interpretation, indem sie ein ‚Wörtlich-Nehmen' unmöglich macht, verweist auf die Differenz von Signifikant und Signifikat. Doch erst die Verdichtung bewirkt, daß dieser Differenz-Raum deutend beschritten wird. Denn die Verdichtung gibt Gewicht, verleiht der Metapher ihre eigentliche und eigentümliche Macht, sorgt dafür, daß man sich ihrer Bildlichkeit nicht ohne weiteres entziehen kann, sich angesprochen fühlt, Anklänge an eigene (eventuell verschüttete) Gedanken wahrnimmt. Sie erzeugt eine subtile, latente, aber dadurch nur um so größere Wirksamkeit der metaphorischen Bildlichkeit" (Jain 2006:7).

Zugleich beschneidet die Metapher über die Rahmung des ausgewählten Inhalts aber auch die Auslegung für anderweitige Konnotationen. Damit wird zwar eine erweiterte Interpretierbarkeit von Gehalt und Gestalt des (Sprach-Denk-)Bildes förmlich eingegrenzt, jedoch verschließt und versperrt diese Rahmung auch andersartige Einsatzbereiche und mögliche Funktionen desjenigen Abstraktums, worauf sich die Metapher selektierend und inhaltsdeterminierend gründet.

Anschlussfähig daran ließe sich das Konzept der Kadrierung von Deleuze (1997) fruchtbar machen, um das ‚Sprach-Denk-Bild' als durch den Rahmen der Metapher eingegrenztes Bildfeld zu verstehen: Kadrierung ist nach Deleuze *„die Festlegung eines – relativ – geschlossenen Systems, das alles umfasst, was im Bild vorhanden ist* [...]" (Deleuze 1997:27, kursive Hervorhebung im Original). Damit ist „Kadrierung [...] die Kunst, Teile aller Art für ein Ensemble auszuwählen. Dieses Ensemble ist ein relativ und künstlich geschlossenes System" (Deleuze 1997:35), denn „[j]ede Kadrierung determiniert ein Off" (Deleuze 1997:32) und selbiges „verweist auf das, was man weder hört noch sieht und was trotzdem völlig gegenwärtig ist" (ebd.). Die Vorstellung einer Präsenz außerhalb des Bildfeldes ‚out of the box' stellt sich jedoch, wie Deleuze bereits anmerkt, als Herausforderung dar. (Vgl. ebd.) Dies lässt sich (unter Rückgriff auf eine systemische Perspektive) am ehesten damit erklären, dass ein außerhalb gelagertes

Objekt, sich eben durch die Fokussierung auf die „Cadrage" (Deleuze) in einem nicht zugänglichen Bereich der Absenz verortet, somit für den Beobachter in der Latenz liegt und sich deshalb auch nicht in dessen Zugriff befindet. Aus der Systemtheorie wissen wir, dass ein geschlossenes System trotz oder gerade aufgrund der Grenzziehung von System und System/Umwelt immer auf einen außerhalb des Systems liegenden Möglichkeitsraum in der Umwelt verweist. (Vgl. auch Deleuze 1997:33)

In Anlehnung an Deleuze cadriert man mit der Metapher also einen sinnbildenden Rahmen,[105] der all dasjenige ins Bildfeld rückt, was sich im Bedeutungs- und Begriffsfeld der Metapher befindet. Ein sich daran anschließender Diskurs kann sich in der gesetzten Basis des Bildes im Bedeutungsfeld zwar frei bewegen, begrenzt jedoch das ‚Blickfeld' auf den gesetzten Rahmen. Hier wäre die Funktion der Metapher zwar in der Tat eine sehr wirkmächtige, aber eben auch eine restriktive. Nimmt man hingegen die Unterscheidung von „cache" und „cadre" hinzu, auf die Deleuze (1997:32) in Anlehnung an Bazin zurückgreift, so erhält man parallel zur Kadrierung als einer kontextuellen Verdichtung auch die Option einer kontextuellen Verschiebung des Bildfeldes. Während der cadre, mit Deleuze – einem Rahmen gleich – jenes, dem Akteur gesetzte, situativ bedingte und kontextorientiert erschließbare Bildfeld wiederspiegelt, weitet der cache, – als eine Art versetzbare Maske – den Blick über das vom cadre gesetzte Feld in einen virtuellen (hier im Sinne der Möglichkeit nach vorhandenen) Raum aus. (Vgl. Deleuze 1997:32) Dieser Möglichkeitsraum verbleibt selbst zwar im Latenten, jedoch verweist dasjenige, was Deleuze als „Reuma" (1997:322) bezeichnet, und damit die „Wahrnehmung von dem, was ein Bildfeld passiert oder durchströmt" (ebd.) beschreibt, wohl noch am ehesten darauf, dass dem Akteur bewusst wird, dass eine Kadrierung überhaupt *vorgenommen* wurde.

Ohne hier noch weiter in die durchaus spannenden Tiefen von Bildgesetzlichkeiten primär Deleuzescher Provenienz abwandern zu wollen, scheint ein Nachdenken und Nachsinnen über Bilder und deren (Wahrnehmungs-)Architekturen nicht nur für ein Verständnis der Macht von Metaphern, sondern für eine Bestimmung von Performativität *en gros* essentiell notwendig: Versteht man Performativität als inkulturierten Akt der Überführung von einem (Aggregat-)Zustand in einen neuen bzw. als auslösendes Moment der Wirklichkeitstransformation, das stets in einen sozial akzeptablen bzw. legitimierten Rahmen eingebettet ist und der Verschachtelung mit anderen bedeutungstragenden Akten bedarf, lässt

---

105 Die Bezeichnung des ‚sinnbildenden Rahmens' nutze ich im hier beschriebenen Fall nicht auf der Basis, die man dem Ausdruck ‚Sinnbild' zumeist zurechnet, vulgo als rhetorisches Stilmittel, sondern als Bezeichnung, welche die Sinnhaftigkeit und Sinnenfälligkeit bildhafter Abstraktionen en gros markiert.

sie sich selbstverständlich nicht nur auf rein sprachliche Akte reduzieren und ist zudem explizit bildgebenden Vermittlern unterworfen, die im Folgenden nun eingehender spezifiziert werden sollen.[106]

---

106 Allerdings verbleibt ihre Bildhaftigkeit bei weitem nicht in der reinen Abstraktion von Sprachbildern und Analogien stecken, sondern wird durch ins Visuelle gebannte Sinn- und Bedeutungsbilder auf der Folie dokumentarischer Akte erst vollzogen. Eine derartige Perspektive ist nicht neu, allerdings verhelfen fotomechanische Neuerungen heute natürlich dazu, den Vollzugsakt ex post auf eine größere Öffentlichkeit auszudehnen, dessen Performativität intersubjektiv nachvollziehbarer zu machen, dauerhaft im Bild zu bannen und damit nicht nur den Grad der Bezeugung, sondern auch die Öffentlichkeits- bzw. Breitenwirksamkeit der Inszenierung selbst zu erhöhen. Dies begegnet uns tagtäglich, wenn in Medien eingeschriebene Bilder, – wie z. B. Fotos der Eröffnung eines neuen Areals, die bspw. den ‚Akt der Seildurchschneidung' dokumentieren, – den Menschen neuerlich als performatives ‚Bildertier' ausweisen. Demnach muss es sich bei dem Versuch eines Akteurs, sich situativ und kontextspezifisch im Bild gesamtgesellschaftlicher Gefüge zu verorten und sich „*mitten ins Bild*" (Boccioni 2002:110, kursive Hervorhebung im Orig.) zu positionieren, um performative Prozesse permanenter Rahmen(ver)setzung handeln, die im stetigen Wechselspiel von Verinnerlichung und Veräußerlichung erfolgen. Dass ein Wechselverhältnis von Verinnerlichung und Veräußerlichung wiederum performative Züge aufweist, ist damit fast schon evident und sei hier deshalb nur kurz angerissen: Die ‚doppelte Spiegelung', d. h. das Aufsaugen des eigenen Bildes nach innen und das stete Abbilden nach außen begegnet uns heute in jedem Bereich sozialer Form-, Sinn- und Systembildungen. Bereits Simmel widmete sich der zeitgleichen, soziologisch höcht relevanten Sinnes- und Beziehungsleistung, welche das menschliche Auge durch Blick und (Rück-)Spiegelung vollbringt: „Unter den einzelnen Sinnesorganen ist das Auge auf eine völlig einzigartige soziologische Leistung angelegt: auf die Verknüpfung und Wechselwirkung der Individuen, die in dem gegenseitigen Sich-Anblicken liegt. [...] In dem Blick, der den andern in sich aufnimmt, offenbart man sich selbst; mit demselben Akt, in dem das Subjekt sein Objekt zu erkennen sucht, gibt es sich hier dem Objekte preis. Man kann nicht durch das Auge nehmen, ohne zugleich zu geben" (Simmel 1968:484f.). Auch Unger (1984:147) zeigt auf, dass ein dem Spiegel verwandtes Symbol bereits bei Goethe das Auge gewesen sei, welches in performativen Akten quasi zugleich „vernimmt und spricht" (von Goethe, Vorstudien zur Farbenlehre (o. J.): Das Auge WA II,5. zit. n. Unger 1984:147). Das Auge ist dabei aufzufassen als Bildnis, in welchem „sich von außen die Welt, von innen der Mensch" (von Goethe, Vorstudien zur Farbenlehre (o. J.): Das Auge WA II,5 zit. n. Unger 1984:147f.) spiegele. So werde „[d]ie Totalität des Innern und Äußern [...] durchs Auge vollendet" (von Goethe, Vorstudien zur Farbenlehre (o. J.): Das Auge WA II,5, zit. n. Unger 1984:148). Goethe korreliert die Projektion des Außen also mit einer notwendigen Entsprechung im Innern und setzt dazu auf einer relationalen Verschränkung auf: „Aus gleichgültigen tierischen Hülfsorganen ruft sich das Licht ein Organ hervor, das seines Gleichen werde; und so bildet sich das Auge am Lichte fürs Licht, damit das innere Licht dem äußeren entgegentrete" (Goethe 1955:18). Dabei wird das Auge laut Goethe „zu einer Art von Opposition genötigt, die, indem sie das Extrem dem Extreme, das Mittlere dem Mittleren entgegensetzt, sogleich das Entgegengesetzte verbindet, und in der Sukzession sowohl als in der Gleichzeitigkeit und Gleichörtlichkeit nach einem Ganzen strebt" (ebd.:32).

3.4 Performative Sinnerzeugung und Bildgenerierung

> „Wär' nicht das Auge sonnenhaft,
> Wie könnten wir das Licht erblicken?"
>
> (J. W. von Goethe 1955:18)

Der Mensch, mit seiner Neigung, sich fotomechanisch abzubilden und filmisch in fremde Szenerien zu setzen, ist schon durch die biologisch bedingte Stellung der Augen als ‚Jäger' deklariert. Er vermag es daher, bestimmte Ausschnitte der Umgebung in seinem Blickfeld zu fokussieren und letztlich zu fixieren. Als mit hochentwickelten visuellen Sinnesorganen ausgestattetes ‚Bildertier' par excellence ortet, observiert und ordnet er seine Umwelt über orientierende äußere und innere Sprach-, Gedanken-, Raum- oder visuelle Bilder.[107] Dabei müssen wir uns stetig vergegenwärtigen, dass die menschliche Wahrnehmung einer komplexen Kopplung der einzelnen Sinne und Sinneswahrnehmungen aufsitzt. Das bedeutet zunächst, dass jegliche Wahrnehmung nicht rein visuell, sondern immer schon mit anderen Sinneswahrnehmungen und Wahrnehmungspraxen synästhetisch verknüpft, also z. B. haptisch und/oder olfaktorisch ist. (Vgl. Lommel 2005)[108] Es scheint, – mit den Worten von Novalis – nahezu, dass „alle Sinne [...] am Ende ein Sinn [sind, B. P.]" (Ausspruch von Novalis, zit. n. Lommel 2005:41).

Weit entscheidender als die Verknüpfung der Sinne im Hinblick auf das Ziel einer umfassenden Beschreibung der Wahrnehmung ist mir jedoch ein mit der Bildperzeption und Bildrezeption verknüpfter Sinn, den ich hier als – durch eine

---

107 Das Eingeständnis, den Menschen als ‚Bildertier' zu verorten, kann zu den neueren ideologisch gespeisten Errungenschaften in Bezug auf das komplexe Feld von Anschauung und Wahrnehmung gezählt werden, da sich, laut Heidenreich, die „Einsicht, dass der Mensch nicht nur und vor allem nicht primär in Begriffen, sondern in Bildern denkt, [...] spät und gegen große Widerstände durchgesetzt" (Heidenreich 2009:14) habe.

108 Lommel bringt Synästhesie folgendermaßen auf den Punkt: „Wenn man Synästhesie als Vermischung der Sinne, Verknüpfung von Sinneswahrnehmungen definiert, heißt das: Bei der Stimulation einer Sinnesqualität (z. B. Hören, Sehen, Riechen) werden unwillkürlich eine oder mehrere andere Sinnesqualität(en) wahrgenommen. Eine – verhältnismäßig große – Anzahl von Synästhetikern sieht beispielsweise, wenn sie Musik hört, Farben und geometrische Figuren (so genannte Chromästhesie oder *audition colorée*)" (Lommel 2005:39, kursive Hervorhebung im Original). Anklänge der Beobachtung und Beschreibung von Synästhesie finden wir selbstverständlich durch unsere gesamte Geschichte hinweg. Ausführungen von Göbel (1997:23ff.) und Lommel (2005) lassen jedoch vermuten, dass sich das Phänomen der Synästhesie insbesondere in der Kunst scheinbar umfassender als in anderen Bereichen – als eine Art schöpferische Kraft der „verlebendigten Sinne" (Steiner, Rudolf (1964): Das Rätsel des Menschen. Vortrag vom 15. August 1916. GA 170. Dornach, zit. n. Göbel 1997:24) – ausgeprägt zu haben scheint. So verweist Göbel beispielgebend u. a. auf Kandinsky, der in seinen Beschreibungen eine Verquickung visueller und auditiver Elemente vornehme, (vgl. Göbel 1997:23ff., zu Ausführungen über Kandinsky insbesondere ebd.:S.24) welche aufgrund ihrer unisono gelagerten, zeitgleichen Wahrnehmung wiederum performative Züge aufweist.

mediale Bilderflut sich steigernde Aumentation der Bilder fortgetriebenen (vgl.
Wulf/Zirfas 2005) – *Bild-Sinn* (Ausdruck und Gefüge des „Bildsinns" (Wulf)
bereits erwähnt durch Ders. 2005:36) bezeichnen möchte: Jegliches menschliche
Denken, Wahrnehmen und Handeln scheint Bildcharakter aufzuweisen, ein ob-
sessiver Modellationswunsch von Geist und Psyche, alle Systeme und Disziplinen
zu beherrschen, bildnerische Abstraktion sämtlichen Denkgebäuden übergestülpt
zu werden. (Vgl. Wulf/Zirfas 2005) Damit sind „Bilder [...] nicht nur Ergebnisse
der Performativität kulturellen Handelns und Verhaltens, sondern sie erzeugen
sie auch" (Wulf/Zirfas 2005:7): Bilder begrenzen, transportieren, transponieren
und verknüpfen menschliches Denken, Wahrnehmen, Handeln und Fühlen derart performativ, (vgl. Wulf/Zirfas 2005:7) dass es schon fast müßig scheint, über
diese Selbstverständlichkeit nachzudenken und den Weg einer mental-materiell-
mentalen Verknüpfung zu dechiffrieren, der das Aufsprengen restriktiver Bilder
erlaubt und den Blickwinkel neu fokussiert. (Vgl. Wulf 2005:48) Dennoch zeichnet sich gerade auf der Folie eines übergreifenden Verständnisses der Performativität eine nicht unbedingt exklusiv dem Performativen anhängige Problematik,
wohl aber eine dies unmittelbar begleitende und darauf einwirkende Wahrneh-
mungscharakteristik ab, welche sich bis in Problematiken der Sprachwahrneh-
mung, Identitätsbildung und Raumgestaltung im übergreifenden Sinne ausdehnt,
sozial bedingt ist und von den neuen Medien noch verstärkt wird: Wulf und Zirfas (2005) heben die Korrelation von Bild, Wahrnehmung und Vorstellungskraft
hervor. Sie situieren die neue und andersartige Reichweite der Bilder im Kontext performativer Praxen: Gerade die „chiastische Struktur der Wahrnehmung"
(Wulf/Zirfas 2005:14) erfordere nach Einschätzung der Autoren eine kontextorientierte Spezifikation der Art und Entstehung von Bildern, welche „über vorhandene Ähnlichkeiten ikonisch, über referentielle Bezüge indexikalisch und über
Konnotationen symbolisch" (Wulf/Zirfas 2005:19) seien. Mit der Trias Ikon, Index und Symbol verschleiert sich allerdings in gewisser Weise die Binnenkom-
plexität, Interpellation und Dependenz der Zeichen, aber viel gefährlicher wird
der Betrachter *nur* als Betrachter, Beobachter und Interpretand der Zeichen, also
passiv präsent. Als Konstrukteur, Produzent und Multiplikator der Zeichen bleibt
er ausgeschlossen, obschon er diese erst durch eben seine Betrachtung aktiv zum
Ikon, Index und Symbol erhebt. Man könnte fast sagen, dass diese linguistische
Trias ohne Beachtung jener, auch für performative Akte notwendigen sozial-
kulturellen Antezedenzbedingungen dem Verständnis von „'Kultur als Performance'" (Fischer-Lichte 2004:36) ein ,Schnippchen' schlägt und unsere innere
Vorstellungswelt mit einer Welt gegebener Umstände, im Sinne vorab festgesetz-

ter Zeichen gleichsetzt, die demzufolge nur einer bloß konstativ gelagerten Berichterstattung bedarf.[109]

Worauf wir hier jedoch zurückweisen können, ist die insbesondere von Konstruktivismus und Systemtherorie stark gemachte Annahme, dass die Reifikation der gesamten Lebenswelt ohne einen Beobachter leere Emphase bleiben muss, denn: „[w]as immer wir unter ‚Erkenntnis' verstehen wollen, es kann nicht mehr die Abbildung oder Repräsentation einer vom Erlebenden unabhängigen Welt sein" (von Glasersfeld 2002a:17). Dies erklärt sich dadurch, dass ein Beobachter die (potentielle Anschaulichkeit der) Dinge erst in seiner Vorstellung bearbeitet, ihnen Bedeutsamkeit zumisst und sie durch entsprechende Bezeichnung nachgerade (als Abstrakta oder Konkreta) in den Objektstatus überführt. Ebenso ist die Verortung eines Bildes, so der gegenwärtig vorherrschende medienwissenschaftliche Status Quo, nicht ohne das Vorhandensein eines medialen Transporteurs möglich. Wobei diese Annahme natürlich cum grano salis einen weitgefassten Medienbegriff voraussetzt. Will heißen, alle Bilder sind in Medien eingeschriebene Reifikationen unserer jeweilig inkulturierten, historisch und individuell vergegenwärtigten Lebens- und Vorstellungswelt und insofern sind sie an mediale (Ver-)Mittler gebunden, die ihrerseits auch selbst spezifische Bedeutungen rekonfigurieren (vgl. Wulf 2005:40): "[...] Bilder existieren nur, weil sie medial sind, d. h. weil sie in einem Medium in Erscheinung treten, das es erst möglich macht, sie wahrzunehmen, in den Körper einzuschreiben und ihre Wirkung sinnlich zu erfahren" (Wulf 2005:40). Krämer (2004) erweitert diese Annahme, in dem sie eine notwendige Einschreibung in Medien nicht nur auf Bilder bezieht, sondern Medialität als strukturierende Voraussetzung jeglicher Ästhetik sowie der Kommunikation und des Denkens selbst vorschaltet. Zudem wird hier auch eine Erweiterung von Luhmanns Überlegungen der (stets medialen) Wissensgenese[110] erkennbar, da die Autorin konstatiert, „dass also, was immer von uns wahrgenommen, kommuniziert und gedacht wird, stets mit Hilfe von und in Medien wahrgenommen, kommuniziert und gedacht wird" (Krämer 2004:22).

Ohne hier bereits in einen Wissensdiskurs mit „mille plateaux" (Deleuze/Guattari) einsteigen zu wollen, soll uns an dieser Stelle vorrangig interessieren, dass mediale Möglichkeiten dazu gereichen, die Darstellbarkeit, Offenkundigkeit und

---

109   Diese Annahme in der Umwelt bereits existenter, feststehender ontischer Objekte, die nun lediglich noch über die uns zur Verfügung stehenden Sinne wahrzunehmen und entsprechend zu beschreiben sind, wurde von gewichtigen Größen der Sprachphilosophie (insbesondere im Bereich konstruktivistischer Denkrichtungen) immer wieder mit kontradiktorischen Gegenschlägen pariert. Auf diese Positionen werde ich noch eingehend zurückkommen.

110   Luhmann konstatierte dereinst, dass sich unser gesamtes Wissen aus den Massenmedien speise: "Was wir über unsere Gesellschaft, ja über die Welt, in der wir leben, wissen, wissen wir durch die Massenmedien" (Luhmann 2004:9).

Breitenwirksamkeit von Bildern zu ermöglichen bzw. zu erhöhen, sodass diese zur sinnlich erfassbaren Reifikation der vergegenwärtigten Lebenswelt, in bestimmten Fällen zum auf Dauer stellbaren sozial-kulturellen Gut und zum zumindest temporär abrufbaren Vermächtnis manifestierbar sind. Allerdings darf hier keinesfalls der Denkfehler begangen werden, mit dem Begriff ‚Bilder' nur materiell und dinglich (er)fassbare Bilder zu charakterisieren, denn die Basis der Entstehung dieser, für mögliche alteri visuell erfassbaren Form von Bildern, sind imaginative, also der Reifikation vorgeordnete, den Entstehungsprozess zum materiellen Exponat jedoch unweigerlich präkonfigurierende und diesen ebenso unhintergehbar begleitende mentale Denk- und Sprachbilder. Diese besitzen enorme Wirkkraft, da sie sich bspw. unweigerlich auf die in Diskursen vertretenen Meinungs- und Urteilsbildungen auswirken, diese mitunter gar präjudizieren. Denn: Jegliche zur Darstellung gebrachte und in Medien sichtbar und offenkundig festgeschriebene Bildproduktion, vulgo materielle Inkorporation „ad oculos" (Bühler) unterliegt – ebenso wie die Modellbildung – einem nicht sichtbaren Entstehungsvorgang bzw. mentalen Herstellungsprozess am ‚phantasma'. (Vgl. auch Bohnsack 2005:248) Damit ist auch vermeintlich mediale Nicht-Präsenz, keinesfalls auf Inaktivität respektive fehlende Bildproduktion zurückzuführen, genauer: keinesfalls mit medialer Absenz zu verwechseln. Folglich ist insbesondere eine anwendungsorientierte Medientheorie zwangsläufig an kulturelle, (oft unbewusst) reifizierende Praxen von Wahrnehmung und Beobachtung gebunden, der Beobachter nie nur Betrachter, sondern im Bilden von Bildern auch immer bildgebender Produzent. (Vgl. auch Bohnsack 2005:250)

3.5 Objektivation des Performativen: Transition und Transmigration performativer Akte

Gewahr der Unmöglichkeit, die Performativität von Clustern bereits hier im Ganzen zu fassen, unternehme ich im Folgenden zunächst den Versuch, einige der in diesem Kapitel verhandelten Theorierahmen des Performativen auf die Charakteristika von Clusterdiskursen zu übertragen, als auch die Spezifika semantischer Bedeutungserzeugung von und in Clustern nachgerade auf ihre performativen Auswirkungen hin zu untersuchen. Bei diesem rekursiven Verfahren stellt sich zunächst zwangsläufig nicht nur die Ausgangsfrage, *was* das Performative im und für den Cluster bedeutet, sondern ab wann man vom Cluster selbst als einem performativen Gebilde sprechen kann und ob dies – mit Blick auf die aktuelle Handlungsrealität – gegenwärtig bereits möglich ist? Bleibt schließlich nur die Option, den Clusterbegriff selbst der Performativität zu unterstellen und ihn damit als ‚offenen' Begriff zu gebrauchen, um eine notwendige Offenhaltung für eine zukunftsfähige und zeitgemäße Begriffsverwendung zu gewährleisten, die eine Abstraktion auf all seine verschiedenartigen Kombinationen erlaubt? Und wenn ja, welche Kriterien werden dennoch an die Begriffsbildung geknüpft, die im forschungstheoretischen Bereich dann z. b. sowohl auf die Variabilität als auch Similarität zu anderen Begriffsbildungen und deren Definitionsderivate abzielen und/oder im Praxisfeld z. b. Handlungsrahmen abbilden können, welche jene (der Performativität immanente) Simultanität von Vollzügen entsprechend berücksichtigen?

Um eine erste clusterspezifische Anbindung des Performativitätsbegriffes zu ermöglichen, gilt es zunächst, einen Bogen von der Sprach- und (Medien-)Kulturforschung, – der Provenienz und kulturellen Erweiterung des Performativitätskonstrukts – auf spätmoderne Interaktionsdynamiken zu spannen. Spezifischer auszuführen ist, weshalb insbesondere die vorgängigen theoretischen Überlegungen zu Vollzugsakten und deren Wirkweisen im Allgemeinen sowie die sich zwischen Sprachbildungsnormen und Wahrnehmungsformen entwickelnden performativen Prozesse im Besonderen dazu gereichen, das aktuelle, primär auf ökonomischen Impeti basierende Clusterverständnis zu erweitern, und inwiefern gängige Performativitätsverständnisse dementsprechend einer ‚Re-vision' für die Anwendung im Clusterformenfeld bedürfen?

Zu Beginn dieses Kapitels ging ich von der Annahme aus, dass sich performative Prozesse längst nicht nur auf Sprechakte, Theater, Film oder bildende Kunst beschränken lassen, sondern sich wie Krämer aufzeigt, als „soziales Phänomen" (Dies. 2003:23f.) hervortun und sich als sozio-ökonomischer Modus Operandi sowie als ein die Clusterpraxis bestimmendes Apriori herausstellen. Diese Annahme stützt sich u. a. auf die Zeitdiagnose, dass medial-ästhetische Basen eine wichtige Grundlage für die veränderte Verräumlichung inszenatorischer Praxen bilden und selbige Praxen sich längst viral auf zahlreiche Anwendungsflächen ausgeweitet haben. Verstehen wir Cluster als neuartige ‚weltpolitische Bühnen', bedürfen sie neuer Inszenierungs- und Gestaltungsformen zur kollektiven Inkulturierung und Verräumlichung von Wissen in Form materieller und immaterieller Ressourcen. Damit ist ein erster Ansatzpunkt für eine Verschwisterung von Performativität und aktueller Clusterpraxis gegeben, der sich nicht auf (meta)theoretische Implikation von Performativität beschränkt, sondern sich in sozialkulturellen Akten der Clusterbildung gleichsam als spezifisches Praxisfeld der Performativität bzw. performative Clusterpraxis manifestiert und neue Bedarfe im Clusterformenfeld in theoretisch konzeptionelle Überlegungen integriert. Zudem ist die Topologie des Performativen – wie bereits skizziert – in der Lage, bestehende Dichotomien als konträre, jedoch veränderbare Setzungen (vgl. Fischer-Lichte 2004:33f.) sowie diskursive Zirkelschlüsse sichtbar zu machen und (wo nötig) zu entschärfen. Auf den Cluster übertragen, schafft dies die Basis für einen neuen, an veränderte Gegebenheiten angepassten architektonischen Überbau: Insbesondere wenn Wirtschaft und Wissenschaft als funktional differenzierte, ursprünglich getrennt arbeitende Systeme mit heterogenen Mentalitäten und Modalitäten zukünftig effektiv in Clustern zusammenarbeiten sollen, muss im Rahmen der Clusterbildung eine ‚Unique' etabliert werden, welche die erforderlichen Sinn- und Identitätsbildungsprozesse system- und organisationsübergreifend architektonisch und strukturell (unter)stützt. Hier verhilft ein performativer Zugang dazu, etwaige Kontravalenzen nicht zu negieren, sondern zunächst sichtbar zu machen und nachgerade diskursiv zu bearbeiten. (Vgl. Krämer 2003:32)

Die in diesem Kapitel bisher skizierten theoretischen Anschlüsse des Performativen müssen jedoch im Hinblick auf den Forschungsgegenstand Cluster z. T. modifiziert werden: Außerhalb sozio-ökonomischer Bezüge können performative Akte respektive Äußerungen insbesondere im Theater im mitreißenden Spiel mit Fakt und Fiktion mit einer realen Einlösung lediglich ‚charmieren', denn sie müssen Wahrhaftigkeit, Überführbarkeit und Einlösbarkeit nicht verbindlich manifestieren. Auch im Rahmen einer intendierten mentalen Bewusstwerdung, wie sie bspw. Fischer-Lichte in Bezug auf eine Performance von Abramović aufzeigt (vgl. Fischer-Lichte 2004:35) werden die ursprünglich von Austin aufgeführten Gelingensbedingungen performativer Aussagekraft, zugunsten der Erlangung neuer Perspektiven vernachlässigt, mitunter gar außer Kraft gesetzt, da sich die kontextuelle Logik über sie erhebt. (Vgl. ebd.) Denn: Oftmals kommt dabei „gerade d[em] Spiel mit den verschiedenen Rahmen und deren Kollision, […] für die Transformation der Beteiligten eine wichtige Bedeutung zu[…]" (ebd.). Allerdings verbleibt die Performance in diesem Beispiel von Fischer-Lichte (vgl. Dies. 2004:35) auf der Ebene und im Format einer als *theatralisch verort- und verhandelbaren* Performance.

Demgegenüber benötigt Performativität – will sie im sozio-ökonomischen Clusterformenfeld Wandlungsprozesse hervorrufen – *notwendig* eine institutionell gültige und/oder rechtskräftig legitimierte, zumindest aber eine in Bezug auf spezielle Handlungsmodi von der Adressatengruppe anerkannte und inkulturierte Rahmung sowie eine Orientierung an noch auszubuchstabierenden sozio-ökonomischen Zielportfolien. Insbesondere in Clusterbildungsprozessen sollte ein konzeptionelles Rahmenwerk zur Integration und Initialisierung von Performativität somit darauf abzielen, ebenso wie das Konzept von Austin es nahelegt, „eine lebensweltlich gültige Realität" (Häsner et al. 2011:78) zu erzeugen. (Vgl. ebd.)

Dies geht bei der Clusterbildung jedoch mit Herausforderungen einher, die zum einen auf einer pragmatischen und zum anderen auf einer ideologischen Ebene ansiedeln: Erstens ist der institutionelle Kontext in der Initialisierungsphase von Clustern meist noch nicht gegeben, d. h. deren bestimmende Rechtsform ist oftmals noch nicht gebildet, in der sich die Prozesse als performative Akte auf institutionell gestütztem Grund bewegen können. (Vgl. Pieper 2009:60) Zudem ist der Materialisierungsprozess von Clustern in sozialkulturelle, arbeitsrechtliche und (wissens)ökonomische Ebenen eingebettet.[111] Demnach ist der Erfolg einer prozessualen Durchgängigkeit stets davon abhängig, ob aus der konzeptionellen Clusteridee, welche die kreative Bildungskraft im Kollektiv sinnstifend befördert, real existente Maßnahmen umgesetzt werden. Daher beherbergt eine performative Dimensionierung der Clusterbildung und -entwicklung sowohl Anschlüsse an theatral gestützte Performativitätsforschung, indem z. B. die Ins-Werk-Setzung des Clusters in Phasen eingeteilt und dementsprechend als Aufführung mit mehreren Akten verstehbar wird, (vgl. Fischer-Lichte 2004) als auch an die Sprechakttheorie Austins, da sowohl Austins Theorie als auch die Initialisierung und Etablierung eines Clusters auf einen lebensweltlichen Umsetzungsbezug der Akte (vgl. Häsner et al. 2011:78) im Realen abzielt.

Allerdings lässt sich eine Anbindung an beide Konzepte nur mit zwei entscheidenden Einschränkungen vollziehen: Mit dem Konzept der performativen Darbietung, die beispielsweise in Oper oder Theater ihre Ausformung findet, teilt sich die performative Dimension der Cluster, wie oben bereits beschrieben, die Art und Weise der phasisch verlaufenden Inszenierung, allerdings *nicht* die (vielen fiktionalen Texten und theatralen Inszenierungen eigene) etwaige „temporäre Wirklichkeitsstiftung unter dem Signum des Als Ob" (Häsner et al. 2011:78). Zwar gründen die Bestrebungen zur Initialisierung eines Clusters zu Beginn ebenso auf der imaginativen bzw. präkonzeptionellen Kraft der beteiligten Akteure, welche auf einer zunächst virtuellen (hier im Sinne einer, der Möglichkeit nach vorhandenen) Realität basieren, allerdings kann ein auf Einlösung im Realen gerichtetes Bestreben notwendig nicht im Bereich des bloß Imaginären oder Epheremen verbleiben, da auf Dauer gestellte politische, ökonomische und sozio-kulturell wirksame Folgen intendiert werden.

Mit der Sprechakttheorie Austinscher' Prägung wiederum teilt die performative Dimensionierung der Clusterbildung also deren Charakteristikum der nur durch eingesetzte *Richtgrößen* erfolgreich zu *legitimierenden* Vollführung, die – da reale Folgeprozesse der (Selbst-)Steuerung intendiert werden – nur durch eine

---

111   Durchgängigkeiten damit notwendig einhergehender gemeinsamer Entwicklungs- und Ausgestaltungsprozesse von der Clusteridee zum marktfähigen Produkt werden zunehmend als soziale Prozessinnovationen thematisiert und in entsprechende Förderprogramme auf Bundesebene eingespeist.

zur Autonomie berechtigte Autorität vollzogen werden kann, *nicht* jedoch deren Minderberückichtigung sozialer Einbettung.

Auch die vorgelagerten, beiläufigen und nachgelagerten Akte performativer Bedeutungserzeugung, der ‚Akt der Willensbekräftigung', der ‚Akt der Bezeugung' und der ‚Akt rekursiver Bedeutungserzeugung', die ich bereits am Beispiel der Eheschließung erklärt habe, lassen sich für die Initiierung und Etablierung von Clustern passgenau anschließen: Cluster und Clusterinitiativen benötigen gerade *diese* Initialisierungsakte der ‚Willensbekräftigung', der ‚Bezeugung' und der ‚rekursiven Bedeutungserzeugung', nicht nur um einen Cluster buchstäblich ins ‚Werk' zu setzen, intern bestätigt und handlungsaktiv zu werden, sondern auch dazu, um *überhaupt* als Gebilde im öffentlichen Raum extern wahrnehmbar und somit beobachtbar zu werden.

Damit stellt sich die Frage, ob und in wie weit ‚top down' initialisierte Cluster, also Ansätze ohne vorherige Willensbekräftigung der Akteure greifen können, bzw. ob die zu clusternden Organisationen überhaupt schon ‚cluster-ready' sind? Insbesondere stellt sich hier die kritische Frage, ob der Cluster als bedeutungstragende Begrifflichkeit schon soweit inkulturiert ist, dass Clusterbildung als ein tradierter Akt verstanden werden kann. Trifft die dem Performativen von Fischer-Lichte (2004:32) zugesprochene Merkmalskombination von Selbstreferentialität *und* Wirklichkeitskonstitution auch auf die rekursiv erzeugte und ineinander verschachtelte Bedeutungserzeugung von Clustergebilde und Clusterdiskurs zu? Dies wird im Folgenden anhand semantischer und formallogischer Folien untersucht.

3.6 Zirkularität des Performativen: Wechselwirkung von Begriffsbildung und Bedeutungserzeugung

Um Cluster als performative Kunstwerke situieren zu können, die dem Impetus globalgesellschaftlicher Bedeutungserzeugung folgen, müssen wir zunächst untersuchen, ob Cluster*begriffe* – verstehen wir sie als Teil der Konstruktionen des Performativen – (be)sagen, was Cluster(objekte) ausführen und in einem nächsten Schritt ergründen, ob, unter welchen Voraussetzungen und wie Cluster(objekte) und die in ihnen agierenden Clusterakteure unisono zugleich dasjenige ausführen, was der Clusterbegriff impliziert? Dazu müssen wir erfragen, welche Prozesse Cluster auslösen und inwiefern sie dabei Ereignisse handlungsüberleitend in Gang setzen? Ist ein Akt damit Teil des Ereignisses oder ist das Ereignis Teil des Aktes? Dies hängt wiederum entscheidend davon ab, wie wir die Beziehung von Teilen und Gesamtgefüge begrifflich bestimmen und was dementsprechend als ‚totum pro parte' bzw. als ‚pars pro toto' definiert wird.

Um einer möglichen Antwort näher zu kommen, müssen wir jedoch zunächst danach fragen, was wir *tun,* wenn wir clustern? Eine erste, vorläufige Antwort wäre: Wir schaffen Über-Ordnungen und Rahmungen (Cluster) für die Ausbildung neuer struktureller Kombinationsmöglichkeiten. Wir erschaffen oder kreieren also Cluster nicht nur erst *während* wir Cluster bilden, sondern *indem* wir aktiv clustern.[112] Wenn der Cluster nun dementsprechend nicht erst *während* des Clusterns ins Werk gesetzt wird, sondern bereits zu einem mit unseren Sinnen erfahrbaren und in der Begriffswelt verankerbaren validen *Konstrukt* wird, *indem* wir einer spezifisch ordnenden Tätigkeit bereits selbsttätig vorgreifen, müssten wir gleichwohl danach fragen, ob sich der aktuelle Clusterdiskurs in der Praxis überhaupt auf seinen unterlegten Objektbereich stützt bzw. systemübergreifend ausdehnt und inwieweit die gängige Clusterpraxis den Wissenschaftsdiskurs vice versa beeinflusst!?

---

112 Diesen esentiellen Unterschied verdeutlichte laut Glasersfeld bereits Vico, freilich mit Blick auf ein anderes Untersuchungsfeld: „…wenn die Sinne (aktive) Fähigkeiten sind, so folgt daraus, daß wir die Farben machen, indem wir sehen, die Geschmäcke, indem wir schmecken, die Töne, indem wir hören, das Kalte und Heiße, indem wir tasten" (Vico 1858, Kapitel VII, §3, zit. n. von Glasersfeld 2002:29f. – Glasersfeld bezieht sich hier auf: Vico, Giambattista (1858/Orig. 1710): De antiquissima Italorum sapientia. Neapel). Auch König macht deutlich, dass es sich bei performativen Äußerungen „um mehr als Gleichzeitigkeit" (Ders. 2011:46) handele: „Die relevante Relation ist am treffendsten als eine INDEM–Beziehung zu charakterisieren (Indem man p äußert, tut man q), die als grundlegende Relation jeder Handlungstheorie nicht durch elementarere Relationen expliziert werden kann […]. E. Koschmieder (1945), der als erster auf die besondere Form und Funktion von explizit performativen Äußerungen aufmerksam gemacht hat, spricht hier vom ‚Koinzidenzfall'" (König 2011:46, Rekurs auf Koschmieder und Hervorhebung im Original). Wir können diese Koinzidenz von den performativen Äußerungen allerdings abstrahieren und auf den oben beschriebenen performativen Akt des Clusterns ausweiten: Verbinden wir Königs Aussage mit der von Vico und verstehen das Verbum ‚clustern', nicht nur verkürzt als die Tätigkeit der ‚Ins-Werk-Setzung' von ökonomischen Clustern, sondern zudem als präformative Tätigkeit der Ordnungsbildung menschlicher Akteure schlechthin, stellt sich die Frage, ob diese zwei scheinbar unterschiedlichen Auslegungsformen des Verbums im Akt der Setzung von Clustern nicht als unisono verstanden werden müssten? Segmentiert man diese zwei möglichen Ausdrucksformen des Verbums ‚clustern', wirft sich die Frage auf, *wie* die Koinzidenz der beiden Tätigkeitsformen gestaltet und gewichtet sein müsste? Ist die Tätigkeit des Ordnens und Rahmens, die allen menschlichen Handlungsprozessen zugrunde liegt, mit der Tätigkeit der Ins-Werk-Setzung von Clustern *wesensgleich* und kann damit im Verbum in eins fallen? Oder setzt der Erfolg der sozio-ökonomischen Tätigkeit der ‚Ins-Werk-Setzung' von Clustern notwendig auf dieser allen menschlichen Handlungen zugrunde liegenden ordnenden Tätigkeit des Clusterns auf, setzt er diese – und dies wäre die logischste Konsequenz – präformativ voraus und ist dementsprechend ein unmittelbar nachgeordneter Akt? Insofern als dass bspw. dem (wirtschaftsgeographischen) Clustern in der Praxis eine vorgängige Handlung des (mentalen) Clusterns vorausginge, würde nicht nur der Cluster selbst zu einem, in die sozio-ökonomische Praxis überführten Superlativ-Performativum, sondern er wäre möglicherweise sogar, jenes sich in der Praxis zeigende Paradigma performativer Ordnungsbildung schlechthin.

Der Clusterbegriff wird im Diskurs nahezu ausnahmslos als ökonomische Potenz und ‚Pro-Bono' vereinnahmt und daher gegenwärtig zuweilen dermaßen ubiquitär verwendet, dass alle (noch) nicht näher spezifizierten sozialen Gebilde, seien es nun Gruppen, Netzwerke, regionale Innovationzonen bzw. branchenspezifische Ansammlungen organisationaler Ausprägung etc. von vielen Praxisakteuren als ‚Cluster' definiert und in der Öffentlichkeit zunehmend als solche deklariert werden. Dies verweist einerseits auf eine bestehende (bereits in der Einführung dieser Arbeit skizzierte) definitorische Schwäche, ist jedoch auch aufgrund der aktuellen Fördermittelsituation von Bund, Land und EU nachvollziehbar.

Cluster treten aktuell jedoch nicht nur als spezielle Erfüllungsgehilfen zur Neustrukturierung des Wettbewerbs auf den Plan, sondern avancieren vor dem Hintergrund ihres öffentlich postulierten und diskursiv stets erneuerten Erfolgsversprechens zu „Schlüsselgrößen" (Späth/Henzler 2002:56), „Hoffnungsträger[n]" (Dybe/Kujath 2000) und „Heilsbringer[n]" (Alecke/Untiedt 2005). Daneben finden sich zur Bedeutungsunterlegung von Clustern jedoch auch einige wenige Formulierungen, die bspw. auf Figuren aus Märchen oder Fabeln rekurrieren und die gewagten positiven Diagnosen vor dem Hintergrund der aktuellen Situation kritisch markieren, indem sie die Clustern zugeschriebenen Konnotationen in ihr Gegenteil verkehren, wie z. B. „Wolf im Schafspelz" (Alecke/Untiedt 2005).[113]

Um beschreibbar zu werden – so mutet es an, – müssen Cluster in unserer Vorstellung also zunächst bildhaft imaginiert werden, um gleichsam „die allgemeine Beschaffenheit eines Gegenstandes, der niemals unseren Sinnen gegeben ist, im Kantischen Sinne ‚anschauen' [zu, B. P.] können" (Arendt 2008:105). Diese Hilfskonstrukte sind jedoch nicht nur selbst Metaphern, sondern Ausgangspunkte einer übergeordneten Metaphorisierung von Clustern, die zum einen eine Mythisierung von Clustern vorzeichnen, zum anderen einer ubiquitären Begriffsverwendung neuerlichen Vorschub leisten. Für Linguisten und Sprachphilosophen wäre dies ein willkommener Forschungsgegenstand, allerdings sind dies aktuell nicht diejenigen Akteure, die sich mit der Bildung und Etablierung von Clustern beschäftigen. Für alle anderen sind die angesprochenen Metaphern, – die hier nur stellvertretend für das gros der im Clusterbereich verwendeten Metaphern stehen, – lediglich richtungsweisende Bildvergleiche, die das Phänomen Cluster bzw. sein

---

113 Bereits Kiese machte darauf aufmerksam, dass durch diese und ähnliche Begrifflichkeiten „in der Praxis von Strukturpolitik und Wirtschaftsförderung eine einseitig positive Bewertung von Clustern als räumlich-sektoralen Konzentrationen von Unternehmen und unterstützenden Einrichtungen" (Kiese 2008a:55) geschaffen werde. Betrachtet man diese Begriffe hinsichtlich ihres metaphorischen Gehaltes wird schnell ersichtlich, mit welcher Wirkkraft sie auch den Clusterbegriff selbst ausstatten, ja diesen durch eben jenen metaphorisch stark positiv aufgeladenen Gestus vielleicht erst in den Status eines ubiquitären „Allheilmittel[s]" (Martin/Sunley:2001) setzen.

Bedeutungsfeld ein wenig verständlicher machen. Die Grundlagen, Vorbedingungen und Auswirkungen derartiger Metaphorisierung muten jedoch in der Praxis allenfalls als ein „Balanceakt zwischen Sprachwagnis und Sprachwirrnis" (Stierlin 2002:165) an. Damit werden Metaphern im Clusterfeld zwar zahlreich verwendet, hingegen sind deren bedeutungstragende Funktionen dort zumeist längst (noch) nicht über die Grenze praktischer Relevanz bzw. kritischer Distanz gelangt.

Dass wir es hier jedoch keineswegs mit einem linguistischen Teilproblem, sondern mit einem durchweg praktischen Problem zu tun haben, das lediglich auf sprachwissenschaftlichen Impeti beruht und daher nur durch eine Verbindung linguistischer und formallogischer Zusammenhänge erklärbar wird, scheint bislang unerkannt. Die zunehmende Metaphorisierung im Clusterbereich weiterhin auszublenden, hätte jedoch möglicherweise fatale Folgen: Wendet man die Metaphorisierung positiv, ermöglicht eine „Zusammenfassung, die im Zeichen gegeben ist, [...] neben dem bloßen Rückblick immer zugleich einen neuen Ausblick. Sie setzt einen relativen Anschluß, der jedoch unmittelbar die Aufforderung zum Weiterschreiten enthält und der die Bahn für diesen weiteren Fortschritt frei macht, indem er seine allgemeine Regel erkennen läßt" (Cassirer 2010:44). Geht man – um hier auf die Formulierung von Deleuze (1997) zurückzugreifen – davon aus, dass jegliche Metaphernbildung als „Cadrage" (Ders.) zu verstehen ist, also immer auch den Verständigungs- und damit den Handlungsrahmen selbst einrahmt, gilt es im Clusterfeld ein besonderes Augenmerk auf die Wahl der Metapher zu legen, um größtmögliche Sensibilität für jene „in dem Ordner der Sprache liegenden Versklavungsgefahren" (Stierlin 2002:157f.) zu erlangen, zu denen auch eine „Sensibilisierung für die [...] Festschreibung von Verdinglichungen" (ebd.) zählt. Damit entscheidet bereits die Auswahl, Verwendung und Verfestigung spezieller Metaphern maßgeblich über „die sich daraus ergebenden Konsequenzen für das Eröffnen oder Verschließen von Handlungsoptionen" (Stierlin 2002:157f.). Dementsprechend „besitzt die Metapher eine subtile, vielleicht sogar um so größere Macht. Ihre Bilder setzten sich fest, sie lassen sich – d. h. wenn es für uns treffende, gewichtige, ‚dichte' Bilder sind – nicht einfach ausblenden und abschütteln, sondern sie wirken im Untergrund des Denkens latent strukturierend: Die Metapher ist ein machtvoller ‚Ort' im Diskurs. Deshalb müssen wir, wenn wir uns den (untergründigen) Metaphern nicht ausliefern wollen, diese wahr-nehmen und deutend hinterfragen, anstatt sie und ihre Macht zu negieren" (Jain 2006:10). Evident ist damit, dass eine Metaphorisierung nicht nur bislang unbekannte bzw. abstrakte Größen durch sprachliche Einfassung erfahrbar und erschließbar macht. Metaphern können von einzelnen Akteursgruppen im Kampf um die Relais der Definitionsmacht eines Forschungsgegenstandes zudem als probates Mittel zur

Feldbesetzung eingesetzt bzw. als ‚Sinnerzeuger' oder gar als ‚Sinn(es)zeugnis' instrumentalisiert werden.[114]

In Diskursen, die auf Kriterien der Ordnungsbildung abzielen und der argumentativen Verortung von Clustern als gewichtiger Forschungsgegenstände Rechnung tragen, werden Cluster zumeist als spezielle, primär ‚regionale Netzwerke' in Anschlag gebracht. Ich werde daher zunächst die aktuellen Verortungen von Clustern innerhalb von Netzwerkdiskursen erfragen. Dabei geht es mir nicht darum, den Forschungsgegenstand ‚Netzwerke' inhaltlich zu (re)spezifizieren, um ihn mit dem Forschungsgegenstand ‚Cluster' vergleichen zu können. Diese komparative Zugangsweise wäre sicher höchst ergiebig, allerdings würde sie erst dann Sinn machen, wenn der Clusterbegriff als solcher schon hinsichtlich seiner Bedingungen und Bedeutungsgefüge valide ausgelotet wäre. Genau an dieser Stelle befindet sich jedoch die aktuelle Forschungslücke, weshalb ich hier zunächst den Versuch unternehme, zu skizzieren, worauf ebenjene Diskurse ihre argumentative Logik im Hinblick auf eine entsprechende Verortung von Clustern rein formallogisch stützen.

‚Evergreen' scheint im Rahmen vieler Clusterdiskurse zunächst nur, dass Cluster (auch und vor allem) Netzwerke sind. (Vgl. kritisch dazu auch Kiese 2008a:58 sowie Cernavin 2005:36) Allerdings existiert darüber hinaus auch innerhalb dieser Diskurse kein klarer ‚Common Sense' im Hinblick auf die weitere

---

114 Sind diese als ‚Sinnerzeuger' oder gar als ‚Sinn(es)zeugnis' verwendeten Metaphern nun ihrerseits, aber noch als bloße „Sinnverweisungen" (Fuchs 2007:52) zu verstehen, – die, den Verweisen ähnlich, (vgl. ebd.) als „so etwas wie Sub- oder Paratexte" (ebd.) verstehbar sind, und sich als „der ‚Hof', die ‚Corona' aktueller Selektionen" (ebd.:53) manifestieren, bei denen „[d]er je aktuell prozessierte Sinn [...], sich gegen das [profiliert, B. P.], worauf er verweist" (ebd.)? So ist „[d]ie Selektion, die den Horizont der Sinnverweisungen aufblendbar macht, vor dem sie dann als Auswahl imponiert, [...] stets (anders kann sie nicht beobachtet werden) *Selektion-von-Etwas*" (Fuchs 2007:53, kursive Hervorhebung im Original). Damit werden bezüglich der Verwendung von Metaphern im Clusterformenfeld zwei Anschlussfragen virulent: 1) Versteht man die im Clusterformenfeld oszillierenden Metaphern als Sinnverweise, die im sozio-ökonomischen Bereich lediglich eine diesem Kontext entsprechende, aktualisierte Form annehmen, müsste es sich (in Anlehnung an die Verweisungskontexte bei Fuchs) bei den Metaphern um Subtexte handeln, die dem eigentlichen Text unterlegt werden, auf den hin sie ihren Sinnverweis bezugnehmend konstruieren. Kann dies jedoch vorausgesetzt werden, obschon die eigentliche Substanz und Essenz des Textes (hier Cluster) als solche nicht nur semantisch noch unklar ist, sondern der Text gewissermaßen selbst, noch über keine homogene ‚Textur' verfügt? Oder anders gefragt, kann eine Metapher als Konnotat greifen, wenn das Denotat, auf das hin sie ihre Konnotation konstruiert, selbst nicht zumindest als homogen versinnbildlichtes Vorstellungsbild vorliegt? Was mich zu einer zweiten Frage führt: 2) Wird durch einen zumeist idealistischen und nahezu spannungsfrei gelagerten Metaphernzugriff im Clusterformenfeld evtl. bewusst darauf hingearbeitet, den von bestimmten fokalen Schlüsselakteuren forcierten Sinn, zu einem sich im Kollektivbewusstsein formierenden, favorisierten Sinn zu transformieren und wenn ja, auf Basis welcher Motive und auf welches Ziel hin orientiert?

Verortung des Forschungsgegenstandes. Neben eher ökonomischen Verortungen, die Cluster quasi als Synonyme für (industriell erfolgreiche) Netzwerke setzen, bilden geographische Forschungszugänge das Primat, die Cluster als ‚regionale Netzwerke' ausweisen. Zwar ist der Forschungsgegenstand auch innerhalb dieser Diskurse nicht klar verortet, allerdings werden Cluster dort zumeist als Netzwerke bzw. zumindest als Teile von Netzwerken oder als eine spezifische Untergruppe von diesen verhandelt.

Haben wir den Clusterbegriff also nur einer notwendigen Spezifizierung innerhalb der Netzwerkdebatten zu verdanken? Um ein spezielles, sich in der Praxis formierendes, eher industriell ausgerichtetes Regionalnetzwerk zu benennen und theoretisch beschreibbar zu machen? Falls dem so wäre, (was der Diskurs scheinbar impliziert) wären die aktuellen Problematiken eher ein definitorisches Teilproblem der Wirtschaftsgeographen und Regionalökonomen. So zählen Cluster in diesen Forschungsfeldern zu den avanciertesten Konzepten, weshalb es nicht verwundert, dass die aktuell vorherrschend veranschlagten und arriviertesten Definitionsversuche quasi ausnahmslos aus diesen Forschungsbereichen stammen. Wie lassen sich damit jedoch all die anderen, außerhalb dieser übergeordneten Netzwerkdebatte erfolgenden Versuche erklären, deren Ziel es ist, Cluster näher zu definieren? Sind dies evtl. nur ungelenke Versuche, einen aktuell vornehmlich mit Clustern intendierten Bündelungsgedanken aufzunehmen und jenseits der Netzwerkdebatte (neu) zu positionieren?

Im Folgenden soll es nun nicht um eine eingehende Untersuchung von Beschreibungen gehen, die den Clusterbegriff auf (wie auch immer gelagerte) Zusammenschlüsse en gros beziehen und ad hoc ‚Definitionen' prägen, wie es leider insbesondere in der Praxis aktuell zu Hauf der Fall ist: Da werden Cluster vorschnell und fast schon beliebig zu Gruppen, Bündeln oder Allianzen umgemünzt, ohne aber näher auf die Spezifika dieser Einordnung zu verweisen, geschweige denn diese Erklärung mit Kriterien der Ordnung oder Argumenten der Orientierung zu unterlegen. Diese Begriffsverwendungen die je nach Provenienz bestenfalls auf der Ubiquität des Clusterbegriffs, schlechterdings auf Arbitrarität gründen, gereichen aufgrund ihres, im assoziativen Feld verbleibenden Charakters – um auf eine Formulierung Cassirers zurückzugreifen – zwangsläufig bloß dazu, „allenfalls [...] den nackten Tatbestand der Verbindung überhaupt [zu, B. P.] bezeichne[n], ohne das geringste über ihre spezifische Art und Regel zu verraten" (Cassirer 2010:36). Ohne inhaltliche Spezifika mitzuführen, gereichen diese Formen der Bezeichnung nun weder zur Definition noch zur Beschreibung, ja nicht mal zur Umschreibung. Damit verfallen sie umso konstanter zu inkonsistenten Metaphern, je weniger sich die nachträglich herangezogenen definitorischen Inhalte auf die Formation in der

Praxis übertragen und in ihren Bezügen verorten lassen. Unschöne Folge: Die (Sprach-)Form entbehrt komplett der Logik ihres Inhalts.

Lassen wir hier jedoch die Einordnung der Qualität und Substanz derartiger ‚Definitionsversuche' außen vor und konzentrieren uns zunächst nur auf ihre Vielfältigkeit und Verschiedenartigkeit en gros: Fest steht, dass verschiedene Begriffe zur Erklärung und Einordnung des Clustergebildes herangezogen werden, wobei es hier zunächst sekundär ist, ob es sich nun um *Um*schreibungen oder *Be*schreibungen handelt. Unabhängig von der Clustern zugemessenen Funktion, die z. B. darin gesehen wird, dass Cluster als Innovationsmotoren im Wettbewerb wirksam werden können, scheint sich auf diesem vermeintlichen Nebenschauplatz ein Ringen um die Unterscheidung von Sinn und Form von Clustern und eine damit verbundene, möglicherweise andersartige Objektivation abzuzeichnen: Es stellt sich zwangsläufig die Frage, ob Begriffsgebäude, wie bspw. Gruppen, Interaktionszonen, intermediäre Allianzen etc. nur auf unterschiedliche Formen abheben, diesen jedoch den gleichen Sinn unterstellen, oder ob die Begriffsgebäude, mit denen man Cluster zu umschreiben sucht, zwar die gleiche Formation bezeichnen, jedoch ganz unterschiedliche Sinn- und Bedeutungskontexte mitführen.[115]

Oder mit Cassirer gesprochen: „Wenn die Definition, die Bestimmung des Erkenntnisgegenstandes immer nur durch das Medium einer eigentümlichen logischen Begriffsstruktur erfolgen kann, so ist die Folgerung nicht abzuweisen, daß einer Verschiedenheit dieser Medien | auch eine verschiedene Fügung des Objekts, ein verschiedener Sinn ‚gegenständlicher' Zusammenhänge entsprechen muß" (Cassirer 2010:5, Hervorhebung bzw. Trennung im Original).

Um einordnen zu können, ob es sich bei den zahlreichen Umschreibungen von Clustern also primär um eher ungelenke Definitionsversuche handelt oder aber diese Versuche sich mitunter darauf gründen, dass sich eine (un)vermutete, in der Praxis jedoch längst vorfindliche Schere zwischen den Begriffs- und Bedeutungsgebäuden von Netzwerken und Clustern auftut, macht es also doppelt Sinn, zuvor die formallogischen Prämissen der Diskurse und der in ihnen abge-

---

115 Interessant wäre daher eine Studie, die eine ausreichend große Grundgesamtheit heterogener Organisationsformen in den Blick nähme, um nicht nur einen Vorstoß im Hinblick auf eine Schärfung des Clusterbegriffs und inhaltliche Verständnisse zu erlangen, sondern die empirische Verifizierung meiner Annahme zu ermöglichen, dass es sich bei Clustern *selbst* um Medien handelt, in welche sich aktuell verschiedene Formen einschreiben. Dabei müssten die Organisationsformen allerdings so ausgewählt werden, als dass man nicht nur deren externe Rahmungen und offensichtliche Eigenheiten in den Fokus nähme, sondern auch die differenten (Selbst-)Verständnisse der Organisationen als solcher, hinsichtlich einer sinnhaften Ein-, Zu- und Unterordnung ihrer selbst in spezielle Formkategorien in die Untersuchung einbezöge, um auf dieser Folie wiederum auch „das Medium zu erschließen, in das sich [diese, B. P.] Formen einschreiben lassen" (Fuchs 2007:52).

handelten Gleichstellungslogiken von Clustern und Netzwerken näher zu untersuchen. Lassen wir die pragmatische Dimension von Clustern zunächst außer Acht,
die sich darauf gründet, dass sich ein Cluster als Verbund von Akteuren möglicherweise in einer speziellen Region konfiguriert und damit scheinbar Merkmale interorganisationaler und/oder regionaler Netzwerke aufweist und wenden uns
der semantisch-formallogischen Dimension zu: Zum einen werden Cluster durch
Klassifikationen, die den Clusterbegriff unter die Kategorie Netzwerke rubrifi-
zieren, zu speziellen Untergruppen von Netzwerken erklärt, zum anderen wird
die zwar nicht vollends der Arbitrarität anheim gefallene, so doch zumindest „oft
und gern strapazierte[...] Netzmetapher" (Ellrich 2008:2) scheinbar dazu herangezogen, Cluster als abstrakte Größen zumindest fassbarer zu machen. In beiden
Fällen wird der Netzwerkbegriff entweder vorausgesetzt oder geborgt, jedoch immer (zuweilen ad abstraktum) (mit)geführt.

Umso dringlicher stellt sich damit die Frage, ob es sich bei der Verwendung
des Netzwerkbegriffs in Bezug auf Cluster um eine Ausdrucksform handelt, welche sich – wie im erwähnten Beispiel der Namensbemächtigung – nur anschickt,
die unbekannte Größe konstativ zu erfassen, oder aber, ob ihr durch Metaphorisierung selbst wieder performative Eigenschaften unterlegt werden. Der erste Fall
würde entweder dem ‚performative turn' und einem damit einhergehenden Ver-
ständnishorizont von „'Kultur als Performance'" (Fischer-Lichte 2004:36) schlicht
seine Auswirkungen auf sozialgesellschaftliche Zusammenhänge absprechen.
Oder aber die Begriffsbildung entspringt einer intendierten Vereinnahmung, die
auf eine kollektiv getragene und manifeste Bildproduktion hinarbeitet. Im zweiten Fall gereicht der Netz(werk)begriff – einer Metapher ähnlich – zur Erklä-
rungsfunktion des Unbekannten, muss jedoch insoweit performativ gehandhabt
werden, als dass sich die Eigenschaften und Charakteristika von Netzwerken erst
noch am konkreten Clustergebilde im Einzelfall und en gros (auf)zeigen müssten.

Ähnliches gilt für die in das vorherrschende Clusterverständnis eingeschriebene Raumkomponente, die in der oder vielmehr für! die Praxis gegenwärtig primär geographisch derart eng fixiert wird, dass man alle anderen Komponenten
der Bestimmung von Räumlichkeit für das Verständnis von Clustern en gros als
wenig wirkkräftig oder gar irrelevant aussart. Dabei hebt sich ein übergreifendes Raumverständnis, wie z. B. das für regionale Cluster von Cernavin zugrun-
degelegte, noch deutlich von dem aktuell zirkulierenden und in der Praxis umge-
setzten ‚state of the art' vieler Zielgruppen ab, wenn Cernavin konstatiert; dass:
„Der Begriff regionales Cluster [...] auf die Qualitäten [abzielt, B. P.], die in sozialen Beziehungen entstehen können mit ihren sozialen Entscheidungsmustern
(Normen, Werte, Handlungsprogramme, kulturelle Codes, implizite und explizi-

te Wissensvorräte) in einem begrenzten wirtschaftlichen Handlunsgzusammen-hang" (Cernavin 2005:36). Obgleich ich mit Cernavin in der Notwendigkeit die-ser übergeordneten Betrachtungsweise vollkommen übereinstimme, zeigen viele aktuelle Herausforderungen in diesem Bereich, dass eine derartige Betrachtung aktuell offenbar noch ‚Zukunftsmusik' ist und es dementsprechend zahlreicher Umwälzungen bedarf, um dies wirklich als übergreifende Denklogik inklusive entsprechender Handlungsmodi zu etablieren.[116]

Bei der Bestimmung der systemisch ordnenden Räumlichkeit stehen wir unabhängig von einer regionalen Verortung also vor der Herausforderung, uns zunächst ein Gesamtbild davon zu machen, welche vorhandenen Elemente in das relationale System der Ordnung (hier Cluster) einfließen und welche wiede-rum ausgeschlossen werden sollen. So ist der Raum hier noch vor jeglicher geo-graphischen Grenzmarkierung viel eher „Inbegriff ideeller Funktionen [...]", die sich gegenseitig zur Einheit eines Ergebnisses ergänzen und bestimmen" (Cas-sirer 2010:34). Auf diese Zusammenhänge werde ich an anderer Stelle noch ein-gehender zurückkommen, wohlwissend dass eine erschöpfende Beschreibung der Raumkomponente in Clustern einer eigenen Forschungsarbeit bedürfte. Ich möchte hier nur vorab darauf einschwenken, dass die geographische Eingrenzung von Clustern weder die einzige Resultante dieser hochkomplexen Raumeinhei-ten noch die einzige vorab erfolgende Vermessungs- bzw. Bestimmungsrichtlinie sein kann. Ganz sicher kann es hier jedoch ebensowenig eine befriedigende (Auf-) Lösung sein, die Raumkomponente lediglich als weitere metaphorische Dimensi-on zu begreifen, die sich einer Anbindung und Verortung im Clusterformenfeld dann gänzlich entzöge. Allerdings ist insbesondere das topographisch abgezirkelte Raumverständnis, das den Clustern von Wirtschaftsgeographie und Regionalöko-nomie als – eine vielen Clusterdefinitionen dieser Provenienz eigene – explizite Erfolgsgröße unterlegt wird und in der Folge zumeist in der Verortung von Clus-tern als ‚regionale Netzwerke' gipfelt, hinsichtlich seiner aktuellen Ausformung in der Clusterpraxis einer notwendigen Revision zu unterziehen. Denn: Hier ver-mute ich einen ersten Zirkelschluss, der auf eben jenen definitorischen Kriterien basiert, die dem Clusterkonzept aktuell unterlegt werden: Zum einen sind dies ausschließliche Gelingensbedingungen, die sich auf die vermutete Notwendigkeit räumlicher Nähe bzw. eine Form sozialer und/oder strategisch nicht näher defi-

---

116 Auf diese Argumentation und Definition eines regionalen Clusters stützt Cernavin auch eine mögliche Abgrenzung von Netzwerken und Clustern, indem er konstatiert, dass „[d]ie tatsächli-chen Potentiale von Clustern durch den Begriff Netzwerk – verstanden als Produktions- bzw. Dientsleistungsnetzwerk mir (sic!) dem Ziel der *Realisisierung von konkreten gemeinsamen Produkten und Dienstleistungen* – nicht beschrieben" (Cernavin 2005:36, kursive Hervorhebung im Original) würden.

nierter Nähe gründen, und Cluster zum anderen quasi als Synonyme für innovationsstarke Regionen verhandeln. Frank, Meyer-Guckel und Schneider bringen dieses aktuelle förderpolitische Verständnis von Clustern und deren Verortung und Einordnung als Triebkräfte von Innovationen folgendermaßen auf den Punkt:

> „Vor allem international erfahrene Unternehmen sehen in Deutschland im Vergleich zu Ländern, mit denen Deutschland im Wettbewerb steht, zu wenig starke Regionen ('Cluster') der Wissenserzeugung. [...] Ein großer Teil des für Innovationen relevanten Wissenstransfers geschieht in Netzwerken. Netzwerke sind Bündnisse, und 'Cluster' sind im aktuellen förderpolitischen Verständnis regionale Bündnisse" (Frank/Meyer-Guckel/Schneider 2007:76).

Schlussfolgernd aus vorgängigen Aussagen ergibt sich: Cluster werden je nach Ausrichtung des perspektivischen Blickwinkels oftmals als Synonyme, Hyperonyme (Oberbegriffe), Hyponyme (Unterbegriffe, hier auch verstanden als Untermengen und Subgruppen) von Regionen und (regionalen) Netzwerken verstanden.[117] Diesen Annahmen stelle ich im Folgenden einige Kritikpunkte gegenüber: Erwiesen ist bekanntermaßen, dass räumliche Nähe bei der Bildung und Etablierung von Clustern keine unerhebliche Rolle spielt, ebenso wie erfolgreich funktionierende Cluster immer auch Eigenschaften von Netzwerken mitführen. Cluster sind jedoch weder zwangsläufig regional noch sind Cluster (zumindest in Initialisierungsstadien) stets Netzwerke. Oder spezifischer zusammengefasst: Nicht *alle* Cluster sind ausschließlich regional gelagert und nicht *alle* Cluster sind stets Netzwerke. Hier spielen die Berücksichtigung der Stadien und Phasen der Clusterbildung eine erhebliche Rolle.[118] Regionale Einfassung ist also keine unhin-

---

117   Abstrahiert man auf die sprachlichen Tropen lassen sich in Bezug auf den Regionen- und Netzwerkbegriff zudem metonymische und synekdochische Verwendungsweisen des Clusterbegriffs finden, wobei dem Clusterbegriff (je nach Foki von Bezügen und Ausrichtungen des Gesamtgefüges) die Stellung eines 'totum pro parte' oder aber eines 'pars pro toto' zukommt. Da Cluster zudem scheinbar dem Kriterium räumlicher Nähe unterliegen, welches regionale Netzwerke explizit auszeichnet, ist der Clusterbegriff und mit ihm das gesamte mitschwingende Clusterverständnis auch der Gefahr einer möglichen 'Diallele' ausgesetzt, wenn angenommen wird, dass es sich bei Clustern aufgrund der sie scheinbar auszeichnenden räumlichen Nähe eben um 'regionale Netzwerke' handelt. Auch ein 'idem-per-idem' Schluss ist nicht auszuschließen, wenn man Cluster auf Basis ihres vermeintlich übergeordneten Regionalbezuges vorschnell zu Synonymen für starke Regionen erklärt.

118   In diesem Zusammenhang ermöglicht die im Zusammenhang mit erweiterten Konzepten des Performativen stehende Ritualforschung laut Fischer-Lichte (2004:305) die Kennzeichnung und Beschreibung sog. „Übergangsriten" (ebd.), bei der für die Clusterbildung insbesondere die „Schwellen- oder Transformationsphase" (ebd.) relevant erscheint. Insbesondere die von Turner (1969:94ff.) beschriebene sog. „Liminality", auf welche auch Fischer-Lichte (2004:305) in Bezug auf eine Verortung performativer Impeti rekurriert, lässt sich in Bezug auf Cluster, gerade aufgrund ihrer Erfassung, als ein zwischen zwei Phasen/Dimensionen/Ebenen gelagertes Übergangsmoment anschließen: „Liminal entities are neither here nor there; they are betwixt and between the positions assigned and arrayed by law, custom, convention, and ceremonial. As

tergehbar notwendige, primäre Bedingung für die *Konsolidierungsstadien* in Clustern, noch sind bei Clustern in deren *Anfangsstadien* stets die notwendigen Kriterien vorhanden, als dass man sie ohne weiteres unter den Netzwerkbegriff subsumieren könnte.[119]

Nun zu den formallogischen Punkten: Die Schwierigkeit, den Clusterbegriff einer Klasse zuzuordnen, findet eine analogische Entsprechung in der Schwierigkeit einer klassifikatorischen Zuordnung der Kunst: Den performativen Eigenschaften sowie dem Abstraktionsgrad ihrer Untersuchungsobjekte geschuldet, kann weder der Clusterbegriff noch der Kunstbegriff unter eine fixe Oberkategorie rubrifiziert werden, wenn diese Oberkategorie nicht aufgrund ihrer übergeordneten Form- und Wesensmerkmale vorab mit dem einzig möglichen Label 'Kultur' belegt werden soll. Beide Forschungsgegenstände, sowohl Kunst als auch Cluster, scheinen sich als bislang 'offene Begriffskonzepte' aktuell dergestalt auszudehnen, dass sie sich eindeutigen Definitionen entziehen.[120]

---

such, their ambiguous and indeterminate attributes are expressed by a rich variety of symbols in the many societies that ritualize social and cultural transitions" (Turner 1969:95). Gerade jenen, von Turner zur Vollführung der „transition" (ebd.) aufgeführten Symbolen kommt im Rahmen der Transformation von Kollektiven noch vor der Initialisierung und Etablierung der eigentlichen kooperativen Intermediäre eine entscheidende Funktion zu. Genau diese besonders störanfällige phasische Grenzüberschreitung, die sich bei Turner durch den Begriff der „Liminalitity" (Ders.) ausdrückt, ließe sich wieder mit den von mir bereits kurz skizzierten Funktionen eines die Impulsgeber verbindenden oder auch trennenden synaptischen Spaltes metaphorisieren.

119 Dass regionale Nähe zwar eine durchaus förderliche, aber für Kooperationen (als einer Oberkategorie, unter der sich, unter bestimmten Voraussetzungen auch Cluster subsumieren ließen) keine zwingend notwendige Bedingung ist, heben neben Kiese (2008a:64) auch Frank, Meyer-Guckel und Schneider hervor. (Vgl. Dies. 2007:76) Allerdings wird ebenjene Hervorhebung der Autoren durch deren Gleichstellung von Clustern und regionalen Netzwerken an anderer Stelle (vgl. Dies. 2007:14) und trotz des Verweises der Autoren, dass diese Beschreibung das aktuelle förderpolitische Verständnis wiederspiegele (vgl. Dies. 2007:76), eindeutig abgeschwächt. Dies ließe sich ebenso umkehren, denn ebenso wie die regionale Nähe keine zwingende Bedingung für Kooperationen ist, ist auch „die Existenz eines oder mehrerer Cluster innerhalb einer Region weder eine notwendige noch eine hinreichende Bedingung für überdurchschnittlich positive Regionalentwicklung" (Sternberg 2005:122).

120 Vgl. zur Problematik der Begriffsdefinition in der Kunst auch den eingehenden kritischen Rekurs auf Weitz von Schmücker (1998:93ff.): „Folgt man Weitz, ist es das Kennzeichen eines offenen Begriffs, daß seine Verwendbarkeit nicht auf der Existenz eines spezifischen Bündels notwendiger und hinreichender Anwendungsbedingungen beruht, wie es sich für andere Begriffe angeben lasse, sondern auf dem Vorliegen unterschiedlicher, sich aber überschneidender Ähnlichkeitsbeziehungen. Demnach kann ein offener Begriff einerseits auf Phänomene Anwendung finden, die er traditionellerweise immer schon bezeichnet, andererseits aber auch auf neu- oder andersartige Dinge, sofern diese einigen der Phänomene, zu deren Bezeichnung er herkömmlicherweise benutzt wird, in einigen Hinsichten ähnlich sind" (Schmücker 1998:95, im Rekurs auf Weitz 1956/57:32). Schmücker verweist jedoch darauf, dass Weitz unberücksichtigt ließe, „in wievielen Hinsichten und zu wievielen traditionellerweise mit dem Begriff bezeichneten Phänomenen Ähnlichkeit vorliegen muß, damit ein offener Begriff auf ein neu-

Übertragen wir diese Überlegungen auf eine sozio-ökonomisch dringlich gewordene Einordnung des Clusterbegriffs und die damit verbundene definitorische Problematik: Sowohl Clusterobjekte als auch Clusterbegriff selbst unterstehen als altes (nicht nur begriffliches) Erbe und neues (nicht nur materiell aufzustellendes) Vermächtnis komplexen Herausforderungen: Obgleich der Clusterbegriff seine etymolgischen und geschichtlichen Wurzeln mitführt, auf die er hinsichtlich seiner Bündelungsmaxime verweist und die Relevanzkontexte von Clustern heute nicht mehr in Frage gestellt, sondern vielmehr euphorisch propagiert werden, scheint das sich auszuprägende Clusterphänomen noch keineswegs zweifelsfrei fasslich. Zum einen mag dies daran liegen, dass die historischen Referenzkontexte, in denen sich die Cluster(vorläufer) situierten, historisch nicht eins zu eins übertragbar sind, zum anderen tritt bei näherer Betrachtung wiederum ein Paradoxon in den Vordergrund, das die Frage nach der Einordnung von Clustern zusätzlich erschwert: Versteht man Cluster als ‚offenes Konzept', werden Ähnlichkeitsrelationen und damit die Möglichkeit definitorischer Inklusion und Exklusion der Begrifflichkeit in ähnlich anmutende Kategorien wie Gruppen, Netzwerke etc. mitunter hinfällig. In diesem Zusammenhang ist ein Rekurs auf die Schwierigkeiten bei der Bestimmung des Kunstbegriffs für die Thematik interessant, da gewisse Auslegungen und definitorische Verortungen des Kunstbegriffs (vgl. in Bezug auf eine kritische Würdigung Schmücker 1998, insbesondere dessen Rekurs auf Weitz, ebd.:101f.)[121] einem ähnlichen Dilemma Vorschub leisten, wie es sich auch bei der Verwendung und definitorischen Einordnung des Clusterbegriffes in letzter Konsequenz stellt: Entweder verhandelt man den Clusterbegriff (ebenso wie den Kunstbegriff) als offenen Begriff, der vorab auf die Festlegung seiner Anwendungsbedingungen verzichtet (vgl. Schmücker 1998:101) und setzt ihn damit der Arbitrarität und Ubiquität aus, welche sowohl eine empirische als auch evaluative Zugriffnahme wenn nicht verunmöglichen, so doch extrem erschweren. Oder aber man führt restringierende definitorische Kriterien (beispielsweise hinsichtlich der Anwendungsbezüge und Vorbedingungen) (vgl.

---

oder andersartiges Phänomen angewandt werden kann" (Schmücker 1998:95f.). Desweiteren hebt er auf die von Weitz s. E. n. unberücksichtigte Voraussetzung der Ähnlichkeitsrelation ab: „Weil Ähnlichkeit eine relationale Eigenschaft ist, läßt sie sich von keinem Phänomen ohne Bezug auf ein anderes fordern. Weitz' Kriterium kann die Zugehörigkeit eines Phänomens zur Klasse der Kunstwerke deshalb nur motivieren, sofern von irgendwelchen anderen Phänomenen bereits feststeht, daß sie Kunstwerke sind" (Schmücker 1998:99, im Rekurs auf Weitz). Eine mit der Verwendung einhergehende begriffliche Erweiterung mache zudem nur dann Sinn, so Schmücker, wenn die begriffliche Verwendung vorab einer Restriktion unterlegen habe. (Vgl. Schmücker 1998:101)

121   Schmücker bezieht sich hier auf: Weitz, Morris (1956/1957, Erstdruck/Nachdruck): The Role of Theory in Aesthetics, in: The journal of Aesthetics and Art Criticism 15, S. 27-35 (Nachdruck)

ebf. Schmücker ebd.) ein, welchen wiederum eine Vielzahl der vorhandenen unterschiedlichen Clusterobjekte möglicherweise nicht gerecht würden, obwohl selbige nichtsdestotrotz großes Innovationspotential besäßen.[122]

Erforderlich wären also wiederum genauere Abgrenzungskriterien in Bezug
auf Merkmalsausprägungen, Ursache-Wirkungsrelationen und Dimensionen von
Clustern. Auch wenn eine abschließende valide Antwort eingehender Tiefenforschung bedürfte und in dieser Arbeit freilich dahingestellt bleiben muss, lohnt es
sich, die formale Conjuncto der Ursache-Wirkungsverhältnisse zumindest semantisch zu skizzieren, „da wir uns längst daran gewöhnt haben, statt einer Definition
eine Gruppe sogenannter Synonyme angeboten zu bekommen" (von Glasersfeld
1987:39). Von Glasersfeld beschreibt dieses Phänomen anhand der oft fehlenden
Spezifizierung bestimmter Merkmale einer ‚Sache':[123] „Es kann eine(r) sehr wohl
wissen, daß das Wort *Automobil* durch das Wort *Kraftwagen* ersetzbar ist und
dennoch keine Ahnung von den spezifischen Merkmalen haben, die eine Sache
aufweisen muß, um *Automobil* oder *Kraftwagen* genannt werden zu können" (von
Glasersfeld 1987:39, kursive Hervorhebung im Original).

Übertragen wir dies auf unsere Thematik, so kann jemand den Clusterbegriff – eben weil dies dem ‚Common sense' des verfestigten Diskurses entspricht
– durchaus durch den Netzwerkbegriff ersetzen, ohne aber ihre jeweiligen Charakteristika zu kennen. Dies mag natürlich noch auf sprachliche Willkür und eine
allzu naive Begriffsgläubigkeit zurückzuführen sein. Interessanter verhält es sich
demgegenüber mit der synonymischen Setzung von Clustern und Netzwerken bei
jenen Akteuren, die den (wissenschaftlichen) Bedeutungsgehalt des Netzwerkbegriffes kennen und abgrenzen können, denn eine bereits weithin ausgearbeitete Netzwerkforschung hat durchaus Kriterien hervorgebracht, um Netzwerke als
Forschungsgegenstände tiefergehend zu spezifizieren.[124] Ohne hier tiefer in die
Beschreibung der bereits überbordenden Fülle spezifischer Netzwerkdefinitionen
abzugleiten, müssen sich zukünftige Abgrenzungen von Clustern und Netzwerken
unabhängig davon, ob sie im Bereich der Ähnlichkeitsrelation oder Konvergenz
ansiedeln, auf ein ideelles Zentrum beider Begriffe stützen, das sich offensicht-

---

122 So finden viele in der Praxis auftretende Varianten von Clustern aufgrund restringierter
     Zugriffsformen und zu eng gefasster Dimensionierungen häufig keine Beachtung in den
     Bestandsaufnahmen der Clusteranalysen. Auch ‚Hidden Champions' werden aufgrund ihrer
     fehlenden Marktdurchdringung evtl. nicht erfasst.

123 Eine ‚Sache' müsste in Bezug auf eine Abstraktion auf die in meiner Arbeit verfolgte Prob-
     lematik dann jedoch auch ein in der Vorstellung konstruiertes, abstraktes, also nicht direkt
     greifbares und nicht visuell zugängliches Objekt wie den Cluster umfassen.

124 Zu Netzwerkdefinitionen und -typologien existiert eine Fülle an Literatur, die hier weder
     aus- noch aufgeführt werden kann. Viel diskutierte Positionen nehmen im organisations- und
     wirtschaftssoziologischen Bereich bspw. Windeler (2001) und Sydow (1992) ein.

lich nicht leichtgängig beschreiben lässt. Eine damit verbundene Schwierigkeit ist möglicherweise auf zwei Aspekte zurückzuführen, wenngleich diese natürlich nicht deren alleinige Auslöser sind: Zum einen sind dies m. E. n. übereilt vorgenommene (Gleich-)Setzungen von Klassifikationsschemata und klassifizierenden Elementen, zum anderen der fehlende Einbezug einer (Neu-)Erkennung besonderer Einflussvariablen und Wirkmechanismen von Clustern.

Dies bedarf der Klärung: Zur tiefergehenden (semantischen) Verknüpfung von Ursachen- und Wirkungsrelationen arbeitete von Glasersfeld in Anlehnung an die Terminologie von Aristoteles ein Konzept aus, dass die Wechselverhältnisse von Ursachen und Wirkungen anhand der im Deutschen oft verwendeten „kausale[n] Konjunktion" (von Glasersfeld 1987:39) ‚weil' untersucht. (Vgl. ebd.) Interessant für meine Untersuchung ist dieser Ansatz, da von Glasersfeld zum einen ausführlich sichtbar macht, dass „[e]ine Klassifikation [...], wie ordentlich und nützlich sie auch immer sein mag, nicht notwendigerweise äquivalent einer Analyse der klassifizierten Elemente" (von Glasersfeld 1987:40) sei. Bezugnehmend auf die Aristotelische' Klassifikation der Formursache konstatiert er zum anderen, dass in bestimmten Fällen

> „[...] der Teil nach dem Wort *weil* in keiner Weise einen Grund oder eine *Ursache* dafür [angibt, B. P.], daß das Subjekt des vorausgehenden Ausdrucks eben so *ist*, wie gesagt wird, oder die Eigenschaft [...] *hat*, [...] [welche, B. P.] ihm zugeschrieben wird. Was dem Wort *weil* folgt, ist lediglich unsere Rechtfertigung oder Begründung dafür, das Subjekt des ersten Teils so zu *benennen*, wie wir es benannt haben, oder ihm die Eigenschaft zuzuschreiben, die wir ihm zugeschrieben haben. Das *weil* führt daher den Grund für etwas ein, was wir sagen, und gibt *keine* kausale Erklärung eines Sachverhalts" (von Glasersfeld 1987:42, kursive Hervorhebungen im Original).

In Anlehnung an Aristoteles Relationen der Wirkursache konstatiert Glasersfeld (1987:43) weiter, dass diese stets auf Temporalität gründen müsse, denn erst anhand des Zeitverlaufes könne eine Veränderung eintreten, die einen Unterschied sichtbar mache, „der sich an ein und demselben Element zu unterschiedlichen Zeitpunkten findet" (ebd). (Vgl. ebd.) Eine für meine Ausführungen noch bedeutsamere Folgerung, liegt im Kern obiger Aussage des Autoren begründet und besteht darin, dass das Wort ‚weil' damit nicht immer einen rekursiven Umkehrschluß erlaubt bzw. dass zwei Vergleichswerte nicht notwendig in einem Wechselverhältnis stehen müssen. (Vgl. ebd.:42)

Übertragt man dies auf Cluster so bedeutet das, dass auch die Relation von Clustern und regionalen Netzwerken evtl. völlig neu ausgehandelt werden muss: Sagen wir z. B. ‚ein Cluster ist ein regionales Netzwerk', lässt sich dies nicht unbedingt umkehren, denn ein regionales Netzwerk ist noch lange kein Cluster. Sagen wir hingegen ‚ein Cluster ist ein regionales Netzwerk, *weil* er regional und vernetzt ist', geben wir mit dem ‚weil' *keine* Gründe an, da diese bereits im ersten Satzteil vorausgesetzt werden. Soll hingegen die ‚causa efficiens' genauer erfasst werden, lässt sich dies erst in einem phasischen Verlauf angemessen beurteilen, in dem bestimmte Variablen evtl. ganz neu erforscht werden müssten: Die Variablen, welche sich in Clusterdiskursen herauskristallisieren, sind zumeist Regionalität, Nähe und Vernetzungsdichte. Diese Variablen könnten hinsichtlich der Gelingensbedingungen von Clustern potentiell nun u. a. entweder 1) als voneinander völlig unabhängige, 2) als einander (stets) voraussetzende, 3) notwendige, aber für den Erfolg nicht hinreichende oder aber 4) für den Erfolg notwendige und hinreichende, aber noch nicht in Gänze fassliche Variablen gesetzt werden. Ebenjene Setzung der oben angesprochenen Variablen, die sich zur Zeit in gegenwärtigen Clusterdiskursen als prägend herauskristallisieren, berührt aber wiederum eben die *gleichen* Variablen, die bereits für das Gelingen und Scheitern *regionaler Netzwerke* herangezogen werden. Ich werde diese Variablen, genauer: ihr Zusammenspiel daher aus folgendem Grund *nicht* weiter untersuchen: Der gegenwärtige Diskurs führt nicht nur zu einer Gleichstellung und Vermengung der Begriffe, Dimensionen und Eigenschaften von Clustern und regionalen Netzwerken, sondern diese Fokussierung auf die begriffliche Oberkategorie der Netzwerke, wirkt sich zwangsläufig auch auf obige, ihr auf einer Subebene unterstellten Variablensetzungen aus. Sie unterliegt daher in Folge den gleichen Schlussfolgerungen. Würde ich diesem Vorgehen ebenfalls folgen, unterläge auch die Argumentation meiner Arbeit den vorab erwähnten Zirkelschlüssen.

Womit ich im Rückgriff auf George Spencer-Brown am zweiten formallogischen Punkt meiner Kritik ankomme: In seinem Werk „Laws of Form" hebt Spencer-Brown u. a. darauf ab, dass jegliche Unterscheidung den Unterschied selbst beinhalte: „*Unterscheidung ist perfekte Be-Inhaltung*" (Spencer-Brown 1999:1, kursive Hervorhebung im Original). So könne es nach Spencer-Brown, „keine Unterscheidung geben ohne Motiv, und es kann kein Motiv geben, wenn nicht Inhalte als unterschiedlich im Wert angesehen werden. Wenn ein Inhalt einen Wert hat, kann ein Name herangezogen werden, diesen Wert zu bezeichnen. Somit kann das Nennen des Namens mit dem Wert des Inhalts identifiziert werden" (Spencer-Brown 1999:1). Die „Definition der Unterscheidung [fungiert wiederum, B. P.] als eine Form der Schließung" (Spencer-Brown 1999:67). Noch bevor wir aber überhaupt unterscheidende Definitionen konstituieren und damit jene, sich in der Vorstellung am abstrakten Phantasma bildenden Konstrukte und/oder sich konkret zeigenden, visuell wahrnehmbaren Objekte produzieren können, müssen wir laut Spencer-Brown zuvor ein differenzierendes Kriterium festlegen: „Jede Kennzeichnung impliziert Dualität, wir können kein Ding produzieren, ohne Koproduktion dessen, was es nicht ist, und jede Dualität impliziert Triplizität: Was das Ding ist, was es nicht ist, und die Grenze dazwischen" (Spencer-Brown 1999:xviii).

In Bezug auf eine pointierte Unterscheidung von Clustern und Kaffeetassen – um hier auf das bereits in meiner Einführung skizzierte Beispiel von Elbert (2008:5) zurückzukommen – könnte man sagen, dass der sich zwischen Clustern und Kaffeetassen konstituierende Unterschied, der „die Grenze dazwischen" (Spencer-Brown 1999:xviii) markiert, primär in der *Fassbarkeit* des Materials, also in der physischen Präsenz der zu betrachtenden Objekte liegt. Dieser Unterschied zielt allerdings auf die mit der *An*fassbarkeit verbundenen Materialeigenschaften, also Aggregatzustände ab, fördert aber nicht die *Er*fassbarkeit des zu betrachtenden Forschungsgegenstandes Cluster. Zwar sind Cluster unter dieser Perspektive logischerweise keine Kaffeetassen, jedoch – diese Analogie aufnehmend – ebenso wenig Stuhlbeine, Kopfhörer oder Computermäuse etc. Wie aber verhält es sich, – um hier wieder zum Kritikpunkt zurückzukehren, – mit der Unterscheidung zweier, bereits vorab ohnehin schon nur als Abstrakta vorliegenden Konstrukte, die zudem äußerst metaphorisch aufgeladen sind, wie eben den Clustern und den Netzwerken?

Die Kennzeichnung von Unterschieden zwischen Clustern und Netzwerken – oder um dies auf eine allgemeine Metaebene zu abstrahieren, zwischen Clustern und X – wird noch über deren jeweilige Bedingungsgefüge und Bedeutungsdimensionen ausbuchstabiert werden müssen. Jedoch und hier ließe sich mit Fuchs argumentieren: „Irgendwie müssen Unterschiede kenntlich gemacht werden können, irgendwie eine ‚Ephiphanie' haben, damit sie überhaupt unterschieden werden können – weil sie unterschieden werden müssen, damit überhaupt ‚Etwas' unterschieden ist" (Fuchs 2007:54). Auf diese Orientierung auf einen Unterschied hin, so könnte man weiter sagen, wurden Cluster und Netzwerke, bzw. Cluster und X bereits unterschiedlich benannt. Dies wiederum verweist darauf, dass ein (wie auch immer gelagerter und noch auszubuchstabierender) Unterschied bereits unterschwellig erkannt und begrifflich separiert wurde und das begriffliche Konstrukt zum Ausfüllen seiner inhaltlichen Form bereitsteht. Obschon sich hier – mit den Worten von Cassirer – „die Frage [erneuert, B. P.], ob die ‚Merkmale', nach denen wir die Dinge in Klassen teilen, uns schon vor der Sprachbildung gegeben sind oder ob sie uns vielleicht erst durch dieselbe geliefert werden" (Cassirer 2010:250), sollte die Füllung des Clusterbegriffs weder vorschnell auf Basis metaphorischer Abstraktionen noch auf Basis unzureichend hinterfragter inhaltlicher Klassifikationen und Abgrenzungen (in Bezug auf den Begriff des Netzwerks bzw. den Begriff X) geschehen: Denn „[b]evor irgendwelche Inhalte miteinander verglichen und gemäß dem Grad ihrer Ähnlichkeit in Klassen geordnet werden können, deren eine die andere umfaßt, müssen sie selbst als Inhalte bestimmt sein" (Cassirer 2010:252). Dazu wird wiederum (der weiter oben aufgeführte, auch von Spencer-Brown markierte) „logische[...] Akt der Setzung und Unterscheidung gefordert" (Cassirer 2010:252).

Dieser „Akt der Setzung" (ebd.) oder besser noch ‚Ins-Werk-Setzung' von Clustern ist aber selbst bislang weder semantisch homogenisiert noch inhaltlich durchgängig verifiziert und auf praktischer Prozess- und Umsetzungsebene erst recht nicht durchdekliniert. Dieses Missverhältnis ließe sich noch weiter ausdifferenzieren, denn der „Akt der Setzung und Unterscheidung" (ebd.) fungiert quasi erst als performativer Enabler für alle Folgeprozesse, da *er* es ist, „*durch* den in dem stetigen Fluß des Bewußtseins erst irgendwelche Einschnitte entstehen, durch den das rastlose Kommen und Gehen der Sinneseindrücke gleichsam angehalten wird und gewisse Ruhepunkte gewinnt" (Cassirer 2010:252, kursive Hervorhebung B. P.). Zumindest verfügen wir mit dem Wort Cluster bereits über die begriffliche Hülse des Konstrukts, welche den sich aus Eindrücken generierenden Vorstellungsinhalten als Gefäß dienen kann. Dabei ist weiter zu beachten, dass „[n]icht die Vergleichung der Vorstellungen und ihre Zusammenfassung nach Arten und Gattungen, sondern die Formung der Eindrücke zu Vorstellungen [...] daher die ursprüngliche und die entscheidende Leistung des Begriffs" (ebd.) ist. „Damit Vorstellungen in der Form eines Gedankens [nun aber überhaupt, B. P.] verbindbar werden, bedürfen sie einzeln einer vorgängigen Formung, durch welche sie überhaupt erst zu logischen Bausteinen werden" (ebd.).

Ich möchte mich hier nun nicht länger mit der formallogischen Begriffsbildung beschäftigen, da ich den Clusterbegriff zudem bereits etymologisch untersucht habe. Ich habe hier nur die Problematiken der Bildung und Erzeugung von Begriffen berührt, weil „[d]as Problem der Begriffsbildung [...] den Punkt [bezeichnet, B. P.], an dem Logik und Sprachphilosophie sich aufs nächste berühren, ja an dem sie zu einer untrennbaren Einheit zu verschmelzen scheinen. Alle logische Analyse des Begriffs scheint zuletzt an einen Punkt zu führen, an dem die Betrachtung der Begriffe in die der Worte und Namen übergeht" (Cassirer 2010:249).[125]

Allerdings dürfen obige Ausführungen demgegenüber nicht dazu führen, die Unterschiede lediglich auf die semantische Ebene zu verlagern, denn die Forschungen Austins zum Gelingen oder Scheitern performativer Sprechakte, die ich

---

125 Wir kranken wohlmöglich, – um hier mit einer kleinen pointierten Crux zu schließen – an der Bildung eines Begriffsinhaltes, da das gebildete, zur Verfügung stehende Wort – einer Chimäre gleich, wie selbstverständlich suggeriert, ein bereits existentes Objekt zu verkörpern, obschon dieses Objekt (wenn auch zunächst nur als Konstruktion), noch *bevor* es ins Werk gesetzt wird, möglicherweise erst *durch* die Nutzung des Begriffs und dessen Füllung mit Inhalt, zur Anschauung gelangt.

vorab konturiert habe, legen bereits nahe, dass die Gelingensbedingungen von Vollzugsakten (und damit hier auch denjenigen Akten der tätigen Unterscheidung, also der Produktion von Unterschieden durch Begriffsbildung) nicht *allein* auf sprachlichen Impeti gründen, sondern ihr eindrücklicher *Aus*druck – so könnte man in Anlehnung an Cassirer sagen – auf unserem ausdrücklichen *Ein*druck basiert. Auch „um zum letzten Ursprung des Begriffs zu gelangen, muß das Denken in eine noch tiefere Schicht zurückdringen, muß es die Motive der Verknüpfung und Trennung aufsuchen, die sich im Prozeß der Wortbildung selbst wirksam erweisen und die | für die Unterordnung des gesamten Vorstellungsmaterials unter bestimmte Klassenbegriffe entscheidend sind" (Cassirer 2010:251, Hervorhebung bzw. Trennung im Original). Damit würde sich die Angabe potentieller *rein* sprachlicher Kriterien für das Gelingen und Scheitern von Clustern in der Praxis und damit der *alleinige* Untersuchungsorigo der Sprachwissenschaften auf Clusterphänomene (hier Metaphorisierung etc.) als ebenso einseitig erweisen, wie es im Rahmen der Erschließung der Bedeutungs- und Bedingungsgebäude von Clustern aktuell durch deren rein regionalwirtschaftliche Vereinnahmung erfolgt.[126]

Ob und inwiefern die aktuelle Vernachlässigung dieser vorab beschriebenen Bedingungs- und Wirkungsgefüge sowie die gegenwärtig vorherrschende Einfassung in einen zukünftig zu befürchtenden *circulus vitiosus* führt, sei freilich dahingestellt. An dieser Stelle soll zunächst der Hinweis genügen, dass ein virtuoser Schulterschluss der Akteure niemals durch einen (v)erkannten Zirkelschluss gestützt werden kann. Zudem sind Clusteraktivitäten kaum regional begrenzbar. Dies wird anhand der aktuellen Bestrebungen von führenden, in hochschulnahen Exzellenzclustern tätigen Akteure bzw. von jenen, im Rahmen der Hightech-Strategie der Bundesregierung aktiven Praxisvertretern deutlich, welche z. B. die Kooperationsansätze ‚Open Innovation' bzw. ‚Crowd Sourcing' als Teilbereiche geplanter bzw. in Umsetzung befindlicher Clusterstrategien ausweisen. So bleiben deren Clusteraktivitäten und Clusterbildungsprozesse aus Gründen der Sicherung und Steigerung unternehmerischer Innovationskraft und Wettbewerbsfähigkeit zumeist längst nicht mehr zentral auf eine rein räumliche Verortung im genuin geographischen Sinne beschränkt. Um diese praktische Entwicklung the-

---

126 Es wäre in weiteren praktischen Clusteranalysen damit nicht nur zu überlegen, *ob*, sondern *inwieweit* und in welchen Entwicklungsphasen die Variablen Regionalität und Vernetzung und deren *metaphorischer Gehalt* in Bezug auf das Verständnis von Clustern zusammenspielen, voneinander abhängig sind oder sich gar mittelbar aufeinander und damit auch auf das Clusterverständnis en gros auswirken. Auf Basis dieser Überlegung bedürfte sogar die folgende These eingehender Untersuchung: Während die Initialisierungsphasen der Clusterbildung regionale Verankerung zwar voraussetzen, wird genau diese während der Konsolidierungsphasen bei zunehmender Vernetzungsnotwendigkeit, deren erfolgreiche Lancierung den Cluster überhaupt erst in den Status eines Netzwerkes erhebt, zunehmend sekundärer.

oretisch nachzeichnen zu können, lassen sich wiederum Konzepte des Performativen dazu heranziehen, neue dynamische Raumkonzeptionen auf den Weg zu bringen und an veränderte Bewegungsradien anzuschließen, da „[a]n die Stelle einer Konzeption von Räumen als durch geographische oder bauliche Gegebenheiten begrenzt [...] eine Konzeption treten [kann, B. P.], in der Räume durch die Bewegung eines handelnden Subjekts oder durch sprachliche Raumdeixis erschlossen und etabliert werden" (König 2011:54). Diese performativ gelagerten Raumkonzepte werden im Hinblick auf eine entsprechende Präkonfiguration der Wissensentwicklung von/in Clustern im Verlauf dieser Arbeit noch näher erläutert.

Da die momentanen begrifflichen Definitionen von Clustern zumeist auf definitorische Inventarien des Netzwerkbegriffes rekurrieren, muss eine Segmentierung spezifischer anderweitiger Clustercharakteristika zwingend scheitern, wenn man den Begriffs- und Bedeutungsgehalt von Netzwerken auch für den Cluster unmittelbar vorausschickt und diese gleichsetzt. Das entsprechende Pendant als abgegrenzter und eigenständiger Forschungsgegenstand fehlt aufgrund seiner Abgrenzungs- und Alleinstellungskriterien. Der Mangel und das Defizit an Unterscheidbarkeit ist – wie bereits im ersten Kapitel erwähnt – natürlich dem noch einzugrenzenden Forschungsfeld und dem aktuellen Forschungsstand geschuldet. Aktuelle Managementpraxis in den Bereichen von Cluster-Development und Cluster-Management läuft somit jedoch Gefahr, von etwaig falschen Annahmen auszugehen bzw. ihr Vorgehen den bestehenden Netzwerktheorien und Praxen analogistisch anzugleichen.

Diesbezüglich unternimmt Kiese den gewagten und anspruchsvollen Versuch, Unterschiede zwischen Clustern und Netzwerken deutlich zu machen, indem er auf die regionale Variable von Clustern abhebt. Er setzt die Variable Räumlichkeit jedoch als konstativ für Cluster an, indem er ausführt, dass Netzwerke im Unterschied zu Clustern „nicht a priori räumlich" (Kiese 2008:12) seien. (Vgl. ebd.:11f.) Dieser Faktor des „nicht a priori räumlich" (ebd.:12) Seins, trifft selbstverständlich auf viele Typen von Netzwerken zu, variert aber in deren Zuordnungen ebenfalls – je nachdem, wie die Auslegung und Ausdehnung des Räumlichen definitorisch gehandhabt wird.[127] Geht man davon aus, dass sich Kiese (wie in der Regionalwirtschaft zumeist üblich) auf bestimmte Regionen und damit auf kartographisch eingrenzbare Flächen bezieht, exkludiert dieses „nicht a priori räumlich" (ebd.) Sein, interpretiert man es im Sinne eines „nicht a priori räumlich" (ebd.) *eingegrenzt* sein', natürlich überregionale, inter- und trans-

---

127   Unklar ist bei dieser Aussage, ob sich Kieses Verständnis von Raum hier auf Räume im Sinne der Standortpolitik bezieht oder aber sich ausdehnen lässt und dann z. B. auch auf soziale, virtuelle oder aber organisationale Räume abhebt.

nationale Netzwerke. Interpretiert man es hingegen als ein „nicht *a priori* räumlich" (ebd., kursive Hervorhebung B. P.) Sein, so fallen alle Netzwerke darunter,
bei denen der regionale Bezug entweder keine oder aber nur eine untergeordnete
Rolle einimmt. Allerdings wäre dieses Unterscheidungskriterium im Hinblick auf
die gegenwärtige Gleichstellung von Clustern und *regionalen* Netzwerken – die
aktuell das *gros* der Gleichstellungen von Clustern und Netzwerken ausmachen
– nicht weiterführend. Es sei denn, man verstünde Kieses Intention bei der Nutzung des Begriffs der Räumlichkeit derart weit, als dass er damit bereits auf die
allgemeine (Ein-)Rahmung bzw. „Cadrage" (Deleuze) des „Raumbild[es]" (Löw
2001:15) abzuheben versuche, die den Netzwerken fehlt.

Weiterhin macht Kiese deutlich, dass Netzwerke „zumindest im praktischen
Verständnis einseitig auf Kooperation" (Kiese 2008:12) denn auf den von Porter betonten Aspekt des lokalen Wettbewerbs (und damit auch auf Konkurrenz)
ausgerichtet seien und gibt dies als ein Unterscheidungskriterium an. (Vgl. ebd.)
Zwar weist Kiese das Verständnis dieser scheinbar vorliegenden Dichotomie von
Kooperation und Konkurrenz selbst der Praxis bzw. den praktischen Akteuren
zu (vgl. Kiese 2008:12), aber auch dieses vermeintliche Abgrenzungskriterium
wird, zumindest für die Unterscheidung von Netzwerken und Clustern *en gros,*
hinfällig, da es in Bezug auf eine große Anzahl von Industrie- und Unterneh-
mensnetzwerken, *gerade* in den Praxen der Praxis fehlschlägt, da diese Netzwerke auf „Coopetition"[128] gründen. Zudem (und evt. noch relevanter) handelt es sich
bei jenen unternehmerischen bzw. industriellen Netzwerktypen gerade um jene
‚Kandidaten', bei denen in aktuellen Praxisdiskursen (kurz nach den regionalen
Netzwerken) am häufigsten eine Verwischung von Netzwerken und Clustern und
eine damit einhergehende vermeintliche Gleichstellung erfolgt.

Kiese konstatiert zudem: „Netzwerke sind wesentliche Bestandteile von Clustern, können jedoch als Folge der fehlenden räumlichen Dimension über die territorialen Grenzen hinausgehen. Dabei dient die Intensität der Verflechtungen in
Netzwerken als wichtiges Kriterium zur räumlichen Abgrenzung von Clustern.
Andersherum sind erfolgreiche Cluster aber selbst Bestandteile von interregionalen Netzwerken, indem sie in der externen Clusterdimension über vielfältige Verknüpfungen zu anderen Clustern der gleichen Branche bzw. Technologie verfügen"
(Kiese 2008a:58). Auch wenn Kiese (zumindest mit Blick auf die hier vorgenom-

---

128   Die sog. „Coopetition", ehemals Neologismus, gegenwärtig bereits weithin inkulturierter
       Begriff, verschwistert die Begriffe ‚Competition' und ‚Cooperation', die im Allgemeinen als
       dichotomisch verstanden werden, in einer begrifflichen Dependence. Dieses Konzept, ebenso
       wie die Hintergründe, die dazu führen, dass diese scheinbar paradox anmutende semantische
       Verschwisterung in der Praxis kein ‚Widerspruch in sich' bleibt, wird ausführlich von Bran-
       denburger/Nalebuff (2008) beschrieben.

mene Abgrenzung von Clustern und Netzwerken) das für Cluster äußerst bedeutsame Kriterium der Komplementarität der Akteure (u. a. hinsichtlich ihrer sektoriellen Zugehörigkeit, Ausrichtung und Interessenlagen) unterberücksichtigt,[129] (welches er an späterer Stelle seiner Ausführung allerdings deutlich hervorhebt)[130] und er seine Ausführungen zudem in Anlehnung an vorab getroffene Unterscheidungskriterien anschließt, die ich, wie bereits beschrieben, für eine Abgrenzung speziell im Hinblick auf die am häufigsten mit Clustern gleichgesetzten Typen von Netzwerken für nicht weiterführend halte, so befindet sich hier m. E. n. dennoch ein neuralgischer Punkt der gesamten Clusterdebatte: Kieses Ausführungen – wenngleich unter anderen Vorzeichen – stützen meine These, dass weder eine Rubrifizierung von Clustern unter den Netzwerkbegriff noch eine Rubrifizierung von Netzwerken unter den Clusterbegeriff en gros sinnvoll ist, um die aktuelle Handlungsrealität abzubilden.

Die zumeist primär geographisch vorgenommene Dimensionierung eines Clusters führt mitunter auch zu folgenden Anschlussproblematiken: Wird ein Cluster *rein* geographisch dimensioniert, werden alle inkludierten Organisationen *unweigerlich* zu Bestandteilen des Clusters formatiert. Diese formale Zugehörigkeit allein ist allerdings freilich noch kein Erfolgskriterium für eine erwünschte und von den Akteuren proaktiv ausgeführte Partizipation. Ebenjene Partizipation ist damit also noch lange nicht gewährleistet. Dies gilt ebenso für die im Vorfeld der Partizipation als deren Enabler eingesetzte zielgerichtete und akteursspezifische Adressierung. Anzunehmen ist vielmehr, dass viele über dieses Prinzip zum Cluster eingefassten Organisationen zu Beginn der Clustersituierung weder über die Bereitschaft noch die Fähigkeit in Punkto 'to be Cluster-Ready' verfügen und die Organisationen sich dementsprechend nicht als aktiver und integrativer Grundstoff des Clusters verstehen, ebenso wenig wie sie ohne entsprechende Unterstützungskonzepte bereit und willens sind, ihre bislang vorherrschende und funktional erfolgreiche Organisationstrategie zugunsten eines Meta-Placements zu verändern, bzw. diese als 'Botschafter' der neuen 'Botschaft' einer übergeordneten Clusterstrategie anzupassen.

Hier wird bereits deutlich, dass ein konstruktives Zusammenspiel von identifikatorischer Bedeutungserzeugung und Sinnbildung durch die Clusterakteure

---

129 Vgl zu den Foki der Komplementarität auch die Clusterdefinition des Bundesministeriums für Bildung und Forschung (BMBF 2011). Zur Bedeutsamkeit der Integration und Inklusion komplementärer Kräfte in Clusterkontexte sowie zur Notwendigkeit, einer damit verbundenen Bindung, Bündelung und Balancierung (Austarierung bzw. Harmonisierung) der heterogenen Akteursinteressen vgl. bereits Pieper (2007, insb. S.19ff.).

130 Kiese votiert allerdings an anderer Stelle seines Werkes dafür, dass eine „[o]ptimale Voraussetzung für interaktives Lernen […] eine gemeinsame Wissensbasis mit komplementären Fähigkeiten" (Kiese 2008a:64) sei.

sich auf die angedachte Formgebung von Clustern als potentieller Enabler zukünftiger Innovationskraft unmittelbar auswirkt und hinsichtlich einer wirtschafts-, kultur- und wissenspolitischen ‚Ins-Werk-Setzung' dementsprechend eine tragende Rolle im Cluster-Development einnehmen muss. Während Netzwerke sich also – ganz vereinfacht und auf ihre Formgebung zurückgekürzt – durch ihre verbindenden Strukturen kennzeichnen und über ein bedeutungstragendes Gebilde von Knoten und Kanten visualisieren lassen, fasst der Cluster die vorhandenen Akteure als eine Art „Cadrage" (Deleuze) zunächst lediglich rahmend ein. Danach muss das Cluster-Management die Akteure zunächst *„mitten ins Bild"*[131] (Boccioni 2002:110, kursive Hervorhebung im Original) holen, in dem es diese füreinander und ihre anzuschließende Funktion für die Öffentlichkeit sichtbar macht. Damit ist jedoch im Regelfall weder eine Bekundung in Form einer Einverständniserklärung (Placet) noch ein Bekenntnis in Form einer Willensbekundung für eine, wie auch immer geartete Zusammenarbeit erfolgt noch ein wechselseitiger Transformationsprozess initiiert, der – einem performativen Kunstwerk gleich – im aktiven Vollzug erst bildend erzeugt wird.[132]

---

131 Hier ist allerdings nicht lediglich der von Boccioni in seinem Aufsatz „Bildnerische Grundlagen der futuristischen Malerei und Plastik" (so der Titel des Kapitels in Ders. 2002) als bloßer „Betrachter" (ebd.:110) auftauchende Akteur gemeint, sondern der Cluster-Akteur wird über seine passive Betrachterrolle hinaus, über und durch die Sichtbarmachung anderer Mitstreiter zum aktiv handelnden ‚Aus-Bilder' und ‚Raum-Bildner', also zu einem Teil des sich verändernden Szenarios und zugleich zu einem das Szenario selbst verändernden Teil.

132 Ohne entsprechende theoretische Differenzierungen, – die wie oben gezeigt aktuell selbst lediglich den Status von Suchformeln besitzen – mitführen zu müssen, lassen sich topographische und strukturelle Präkonfiguration von Netzwerken und Clustern abstrahieren und im Analogistisch-Bildlichen verdeutlichen: Schwenken wir dazu auf eine astronomische Beobachtung ein und widmen uns dem Zodiak, jener zur Orientierung dienenden und auf unserer Ordnungsbildung basierenden Formation der Tierkreiszeichen am Nachthimmel. Um die Formation der Gestirne für uns einprägsam zu bestimmen, werden diese in Sternenkarten visuell durch feine (am Himmel jedoch nicht vorhandene) Verbindungslinien abgebildet. Die Sterne werden dazu als Punkte dargestellt und visuell miteinander verbunden. Mit einer charakteristischen Namensgebung erhält diese Struktur einen Sternbildnamen oder wird zum Tierkreiszeichen erhoben. Die individuellen Formationen, wie z. B. der ‚große Wagen' lassen sich gleichsam als verbundenes Netzwerk einer bestimmten Sternformation lesen. Aufgrund der vorgenommenen Struktur- und Namensgebung lassen sich die einzelnen Sternenbilder auch untereinander differenzieren. Zoomen wir weiter in den astronomischen Kosmos finden wir auch einen spezifischen Clusterbegriff, der sich definitorisch auf einen ‚Sternhaufen' bezieht. Nehmen wir nun die Ergebnisse der vorangegangenen Kapitel hinzu, lässt sich sagen, dass dieser Sternhaufen über seinen vorgenommenen Bildausschnitt ausgewählt wird, indem wir eine „Cadrage" (Deleuze) setzen und somit die Selektion ins Bildfeld rücken. Nur unter Setzung einer bestimmten vorab gewählten Rahmung gerät die Sternhäufung als solche in unser Blickfeld. Diese Rahmensetzung rückt jedoch nur einen kleinen Bildausschnitt unseres Kosmos in den Blickpunkt, der außer der Markierung des Rahmens noch keinerlei wahrnehmbarer Struktur unterliegt. Während den Sternbildern und Tierkreiszeichen eine strukturelle Bedeutung unterlegt wurde, wird mit der Rahmung bzw. Einfassung der Sternhäufung lediglich

Wenden wir uns daher nun der Kunst bzw. den Formen künstlerischer Anschauung und Bedeutungserzeugung zu, denn „[i]m Gebiet der künstlerischen Anschauung wird es sodann vollends deutlich, daß alle Auffasung einer ästhetischen Form am Sinnlichen nur dadurch möglich wird, daß wir selbst die Grundelemente der Form bildend erzeugen. Alles Verständnis | räumlicher Gestalten z. B. ist zuletzt an diese Tätigkeit ihrer inneren Produktion und an die Gesetzmäßigkeit dieser Produktion gebunden" (Cassirer 2010:19, Hervorhebung bzw. Trennung im Original). Ein damit einhergehendes rekursives Wechselspiel zwischen Präformations-, Produktions- und Rezeptionsästhetik verweist nunmehr unmittelbar auf jenen in dieser Arbeit bereits erwähnten Riss bezüglich des Bedeutungserzeugens, der seinen Ausgangspunkt je nach Perspektive vom Ding (Clusterobjekt) bzw. Zeichen (Clusterbegriff) nimmt. Eine Hinterfragung dieser Crux anhand dessen, was Kunst ist bzw. eine Befragung der Kunst, was diese zu leisten hat, könnte mithin dazu gereichen, dass sich dieser Riss schließt, denn „[d]ie Kraft der Kunst, die Kraft, die die Kunst hat und ist, bestünde mithin darin, den Streit zwischen Ding(gewesen)sein und Zeichen(geworden)sein – nicht: zu entscheiden, sondern im Gegenteil: als unentscheidbaren zu führen" (Menke 2005:15).

Damit scheint insbesondere die Kunst in der Lage, genau jenen neuralgischen Punkt sichtbar zu machen, der sich inmitten der Clusterdebatte befindet und einen latenten Streit evoziert, insofern, als dass die unterschiedliche forschungsgegenständliche Ausrichtung von Geistes- und Wirtschaftswissenschaften einer interdisziplinären Zusammenarbeit bislang stetige Rückschläge erteilte: Verstehen wir die Geisteswissenschaften – stark verkürzt – als Wissenschaften, die sich primär mit (abstrakten) Zeichen beschäftigen, und die Wirtschaftswissenschaften primär als jene, die sich mit den (konkreten) und vorfindlichen Objekten beschäftigen, ließe sich mithilfe der Ins-Werk-Setzung eines Clusterkunstwerkes genau jener – aufgrund der Forschungstraditionen scheinbar unüberbrückbare – Riss als ein bloß künstlich konstruierter betrachten. Die Tradition der Separierung dieser Forschungsrichtungen könnte jedoch bei einer gemeinsamen Analyse und Gestaltung der ‚Ins-Werk-Setzung' von Clustern zu Gunsten transdisziplinärer Herangehens-

---

ein spezieller Bereich gerahmt und somit zur visuell erfassbaren Größe. Visuelle Verbindungslinien zwischen den Sternen existieren nicht. Und hier wird auch der Mehrwert für unsereren Forschungsbereich erkennbar und anschlussfähig. Durch das entleerte Sinnbild einer visuell und logisch unverknüpften Formation ergeben sich unerschöpfliche Assoziationsmöglichkeiten. Dies eröffnet den ‚Createuren' neue Freiheitsgrade in der Neubestimmung, Neubenennung und Neustrukturierung. Somit steht sowohl die historische Klassifikation und Festlegung von Sternbildern als auch die gesamtheitliche Gestaltung des ZODIAK's für das schöpferische und kreative Moment der Menscheit par excellence. Für unsere Thematik stellt sich daran anschließend die Frage, wie groß die Freiheitsgrade in der individuellen Strukturierung von Clustern sind und was Klassifikation dementsprechend bedeuten müsste?

weisen reaktiv und interaktiv aufgehoben werden: „Denn in eben dem Moment, in dem die Beschreibung des Dings den Rückschlag verspürt, die es zum Verstehen des Zeichens treibt, ist der künstlerische Gegenstand kein bloßes Ding mehr, er ist vielmehr das Erscheinen, das Zeigen des Dings. Und in jenem anderen Moment, in dem das Verstehen des Zeichens den Rückschlag verspürt, der es zum Beschreiben des Dings nötigt, ist der künstlerische Gegenstand kein bloßes Zeichen mehr, er ist vielmehr das Hervorgehen, die Geburt des Zeichens. Zeichen des Dings, Ding des Zeichens" (Menke 2005:18). Diese besondere Rekursivität von „Zeichen des Dings, Ding des Zeichens" (ebd.) eines sich im Vollzug befindlichen Kunstwerkes geht daraus hervor, dass „dieses sich nicht auf einen der beiden Pole – Inhalt oder Form – festlegen lässt. Vielmehr *ist* das Kunstwerk allein in einem *beständigen Übergehen* zwischen diesen beiden Polen – zwischen Form und Inhalt oder genauer: Material und Bedeutung oder eben auch: Ding und Zeichen. Aber dieses Übergehen [...] vollzieht sich in beiden Richtungen: vom Ding ins Zeichen bzw. Element und vom Zeichen bzw. Element zurück ins Ding" (Rebentisch 2005:52, kursive Hervorhebung im Original).

Sowohl ein solchermaßen gelagertes Verständnis von Kunst als auch ein damit einhergehender Kunst(be)griff, welche auf kunstvolle Bedeutungserzeugung und dialektisch-hermeneutische Vermittlung abheben, können nicht auf einem traditionellen, d.h. in Gattungsgrenzen verbleibenden und in Epochenbegriffen verhafteten Kunstbegriff und schon gar nicht auf einem klassischen Werkbegriff aufsetzen. Auch ein zu entwickelndes Clusterverständnis muss Cluster als rekursiv *ge*schachtelte und perfomativ *ver*schachtelte Bedingungs- und Bedeutungskonstruktion situieren. Da hierzu unmittelbar auch (post)avantgardistische, performative und philosophische Perspektiven in Anschlag gebracht werden müssen, befindet sich die originäre Gelenkstelle eines zu entwickelnden Zuganges genau dort, wo ebenjene Perspektiven in der Kunst stets mit Blick auf eine Erweiterung des Kunstbegriffs kontrovers diskutiert und neu ausgehandelt werden. Hinsichtlich der Ins-Werk-Setzung von Clustern und einer damit erforderlich werdenden transdisziplinären Bearbeitung über die Geistes-, Gesellschafts- und Wirtschaftswissenschaften ist nun zu untersuchen, ob und inwieweit die Kunst als eine zwischengeschaltete „Energeia"[133] wirksam werden und eine ‚Vertäuung' von Theorie und Praxis im Clusterformenfeld erfüllen kann?

---

133   Zu einem ähnlich gelagerten Verständnis der Kunst als „Energeia" vgl. Menke (2005:16).

4. Kunst als Strategie – Strategie als Kunst

4.1 Performative Künste der Gegenwart: Transformatorische Insignien und ideologische Zusammenschnitte

„Ni la matière, ni l'espace, ni le temps ne sont depuis vingt ans ce qu'ils étaient depuis toujours.
Il faut s'attendre que de si grandes nouveautés transforment toute la technique des arts,
agissent par là sur l'invention elle-même,
aillent peut-être jusqu'à modifier merveilleusement la notion même de l'art."[134]

(Paul Valéry)

Jener weitreichende Umschwung, den Valéry bereits im Jahre 1928 für das Kunstverständnis der Zukunft und eine damit einhergehende Neudimenisonierung vorzeichnete, ist auch heute erstaunlich aktuell. Allerdings scheint ein klar umrissenes Verständnis von Kunst und der Einordnung ihrer Dimensionen sowie Zugehörigkeiten in Bezug auf die Gegenwartskunst gerade *aufgrund* der Dynamiken des von Valery prognostizierten Wandels kaum möglich. Oder andersherum gesagt, „[s]olange die ästhetischen Künste einen mehr oder minder geschlossenen Kanon bildeten, konnte die Antwort unproblematisch erscheinen" (Schmücker 1998:80). Obschon der „Kunst [...] seit jeher die Koexistenz hochgradig unterschiedlicher Stile und Verfahrensweisen" (Welsch 1992:93) zueigen ist, hat „[d]ie Entwicklung der modernen Kunst [...] einen Typus von Kunst hervorgebracht, der die Unterscheidbarkeit von Kunst und Nicht-Kunst prinzipiell in Frage stellt" (Schmücker 1998:80).

Insbesondere der Versuch einer einheitlichen Einordnung der *zeitgenössischen* Kunst unter bestimmte Label scheint aufgrund der Pluralität der Stilrich-

---

134 Entnommen aus Valéry (1928:3). In deutscher Übersetzung: „Weder die Materie, noch der Raum, noch die Zeit sind in den letzten Jahren gleich geblieben, was sie vordem seit jeher waren. Man muß damit rechnen, daß so bedeutsame Neuerungen die ganze Technik der Künste umwandeln, damit auf den schöpferischen Vorgang selbst wirken – so sehr, daß sie vielleicht in erstaunlicher Weise bestimmen könnten, was künftig unter Kunst zu verstehen sein wird" (Valéry 1965:46). Obgleich der Inhalt dieser Aussage heute aktueller denn je erscheint und deshalb in seiner Konsequenz umso kontroverser verhandelt werden könnte, inspirierte er bereits in den dreißiger Jahren Walter Benjamin, der seinem Werk „Das Kunstwerk im Zeitalter seiner technischen Reproduzierbarkeit" (so der Titel des Werkes von Ders.) genau diese Aussage Valérys (in geringfügig abgewandelter Übersetzung) voranstellte. (Vgl. Benjamin 2006:06)

tungen, des Facettenreichtums der Exponate sowie der zunehmend intermedialen Zusammenführung und Einung von Einzelkünsten zum Scheitern verurteilt. Eine sich an diese Überlegungen anschließende Frage, was Kunst heute noch (oder wieder) bedeuten kann und inwieweit sie eines ganz neuen Verständnisses harrt, ist zwar in Bezug auf praktische Relevanzen in außerkünstlerischen Kontexten (so es diese denn gibt) zu erfragen, jedoch abschließend kaum zu beantworten.[135] Auch wenn sich an dieser Fragestellung freilich schon zahlreiche Wissenschaftler abarbeiteten, steht eine allgemeingültige Antwort inklusive der Kriterien, welche es vermögen, ‚Kunst' von ‚Nicht-Kunst' zu separieren, noch immer aus. Insbesondere eine Bezugnahme auf moderne Gegenwartskunst(-werke und -ereignisse) führt also nicht nur jene bekannten Schwierigkeiten der Typisierung bzw. Klassifikation innerhalb dieser Typisierung mit sich, sondern rückt auf einer Metaebene vielmehr die kunstästhetische Frage in den Vordergrund, ob sich *überhaupt* potentielle Unterscheidungskriterien finden ließen, um ‚Kunst' von ‚Nicht Kunst' zu separieren.[136] (Vgl. Schmücker 1998:80f.) Damit ist „[d]er Zweifel am Sinn der Suche nach dem Kunsthaften der Kunst […] nach wie vor virulent" (Schmücker 1998:83f.).

Eine besondere Form der Neuformierung der Kunst tritt in der Überschreitung tradierter Ein- und Ausgrenzungen zu Tage, die vormals noch die Einlassung von Kunst in je spezielle Entäußerungs- und Veräußerungsformen, Ausstellungsbedingungen und Aufführungsorte festgeschrieben haben.[137] Diese Grenzziehungen charakterisierten die Kunst allerdings nicht nur als solche und machten diese im allgemeinen Verständnis erst als Kunst erfassbar, sondern sie differenzierten in Form spezieller Verortungen und Verräumlichungen auch die Demarkationslinien zur Rubrifizierung der Kunst unter spezielle Kunstformen im Besonde-

---

135 Diesen und ähnlichen Fragestellungen widmete sich eingehend das Metaprojekt ‚Advantage Avantgarde', in dessen Rahmen auch diese Arbeit entstand. Ein kardinales Ziel des Projektes war es, zu erfassen, wie und über welche Akteure sich der aktuelle ‚state of the art' gegenwärtig konstituiert und inwiefern Kunst als diskursives Feld auf soziale, kulturelle und ökonomische Bereiche ausgedehnt werden und auf diese proaktiv einwirken kann.

136 Diese Unterscheidung kann hier nicht weiterverfolgt werden, denn sie führt unmittelbar ins Zentrum einer kunstphilosophisch ausdifferenzierten Debatte, deren Gegenstand die Frage nach der Wesenheit bzw. Verfasstheit eines Kunstwerkes ist. Dazu sei hier nur folgender Hinweis gegeben: Hinsichtlich der Frage, ob und ab wann man im Entstehungsprozess des künstlerischen Werkes überhaupt von einem ‚Kunstwerk' sprechen kann, kristallisieren sich in Anlehnung an Schmücker (1998) vorrangig zwei Ausrichtungen heraus, die sich grob danach separieren lassen, ob sie einen „mentalistischen" (Schmücker) oder einen „physizistischen" (Ders.) Kunstbegriff fokussieren. (Vgl. zur Definition, Weiterführung und Kritik dieser Positionen eingehend Schmücker 1998)

137 Ein Beispiel sind jene, sich außerhalb von Museen oder Galerien in den Räumlichkeiten alter Industriedenkmale inszenierenden, oftmals multimedialen Kunstformen.

ren.[138] Laut Baecker wird bspw. „[d]ie recherchierende Kunst [...] zur sich selbst neu formatierenden Kunst, weswegen in den Experimenten mit den Formaten gegenwärtig die wichtigsten Impulse der Kunst liegen. Die Bilder verlassen ihre Rahmen und das Museum und verlieren sich als *land art* im Raum. Das Theater drängt auf die Strasse, mindestens aber auf die Leinwand. Die Oper überträgt sich in den öffentlichen Raum. Die Musik wird *ambient* und *environment, noise* und *rap*. Die Akademien werden Schwarzmärkte und darüber selber zum Theater. Kaum eine Kunst ist nicht zugleich *performance* und dies schon deswegen, weil dem Publikum der Schutz des *white cube*, der vierten Wand, des Sessels im Parkett nicht mehr gegönnt wird und es hineingeholt wird in die zu ihrer eigenen *black box* gewordenen Kunst" (Ders. 2009:93, kursive Hervorhebung im Orig.).

Ohne in der hier gebotenen Kürze umfassend auf die Frage eingehen zu können, welche Form- und Sinngebungen welche Kunstverständnisse auszeichnen und wie sich diese auf die damit verbundenen Begriffsverständnisse auswirken, steht dennoch die Frage im Raum, welches besondere Potential der Kunst für die Clusterthematik zukommt: Wäre die Frage nach jenen, der Kunst innewohnenden Gehalten und Wirkkräften hinfällig, würde der Gebrauch des Kunstbegriffs in der Titelgebung dieser Arbeit kaum Sinn machen. Ich schreibe der Kunst hingegen vielmehr ein signifikantes Potential zu, welches sie aus der Fülle möglicher anderer Bezugslinien und Zugriffnahmen in besonderer Weise zur Verbindung komplementärer Kräfte prädestiniert. Dennoch unterliegt auch der in dieser Arbeit verwendete Kunstbegriff keinem absoluten, sondern einem notwendig definiten Gebrauch.[139] Es handelt sich also nicht um eine Abhandlung *über* Kunst im allgemeinen, sondern um einen primär *aus* der Kunst abzuleitenden Zugriff, welcher neue Bezugsrahmen zur Entwicklung dringlich gewordener Metakompetenzen im Clusterbereich herleitet. Zudem verfolge ich das Ziel, eine der Kunst implizit innewohnende Performativ- und Kreativkraft zu explizieren und zu extrahieren, welche sich in besonderer Weise zur Steigerung der Potenz(ialität) von Clusterentwicklungsprozessen anschlussfähig machen lässt, um die prognostizierte Omnipotenz von Clustern zu untersuchen und Anhaltspunkte von Basen finden zu können.[140] Der hier vorgeschlagene Zugriff auf die Kunst als einer performativen Konstruktion (vgl. auch von Hantelmann 2005:32) sowie eine Auswei-

---

138 Vgl. dazu auch Fischer-Lichte/Hasselmann/Rautzenberg (2011), welche für neuartige Grenzüberschreitungen nicht nur sensibilisieren, sondern für eine notwendige „Ausweitung der Kunstzone" (so ein Teil des Titels von Fischer-Lichte/Hasselmann/Rautzenberg) votieren.

139 Vgl. zum definiten Gebrauch von Kunst eingehend Schmücker (1998:67f.).

140 Damit setze ich voraus, dass Zugriffe auf spezifische Kunstrichtungen und -strömungen aufgrund des ihnen eigenen Abstraktionspotentials als metatheoretische Brücken fruchtbar gemacht werden können, um zukünftig erfolgversprechende sozio-ökonomische Wegbeschreitungen zu antizipieren und auf dieser Folie weitreichende Innovationen in Clustern zu generieren.

tung des Kunstbegriffs erklären sich damit wie folgt: Einerseits strebe ich eine Fokussierung in der Bildung und Entwicklung von Clustern über eine Inbezugnahme der kreativen Wertschöpfungspotentiale, sprich der Kreativität der Clusterakteure selbst an, da diese Stellgröße in vielen Clusterdiskursen noch immer schwer vernachlässigt wird.[141] Andererseits versuche ich dadurch jene Momente beschreibbar zu machen, welche eine kreative Gestaltung und Ins-Werk-Setzung auslösen, hebe also explizit auf das performative Handeln der Clusterakteure *in einem kunstvoll-tätigen* Vollzug ab.

Die Fragen, die sich für den Gang dieser Arbeit somit anschließen sind: Wie und in welcher Form kann Kunst – unterlegt man ihr den Anspruch, als prospektive Projektionsofferte und retropolatives Antizipationspotential sozial-gesellschaftlicher bzw. sozio-ökonomischer Prozesse zu fungieren – zugleich als Katalysator und bahnbrechender Schrittmacher eben jener gesamtgesellschaftlichen Prozesse wirken und wie können diese zudem gewinnbringend extrahiert und interpoliert werden? Welche ‚Erfüllungsgehilfen' – seien es nun wegweisende kunstphilosophische Richtungen oder aber richtungsweisend prägende Künstler – sind als Paten und Vordenker heranzuziehen, um ein notwendig erweitertes Kunstverständnis für die Praxen und Prozesse sozio-ökomomischer ‚Konzeptionalisierungstrategien von Clustern' übertragbar zu machen?

Trotz einer solchermaßen themenzentrierten, kontextspezifischen und damit *lediglich aus der Fülle der Möglichkeiten auszuwählenden potentiellen Antwort* auf die Frage, welches aktuelle Potential der Kunst innewohnt, wirft sich jedoch sogleich eine Herausforderung auf: Warum und vor allem wie gedenkt man, die Kunst als vermittelndes, gleichsam interpolatives Moment auftreten zu lassen, wo sie sich doch – zumindest in ihrem gegenwärtigen Erscheinungsbild der zeitgenössichen Kunst – selbst nicht entsprechend *ver*orten, geschweige denn *ein*ordnen lässt?

Möglicherweise, so könnte man natürlich argumentieren, bedingt gerade die aktuelle Nicht-Zuordbarkeit der Gegenwartskunst ihr permanentes Oszillieren. Diese Schwingungen, die keine kategorischen Positionen und Kunstrichtungen mehr einnehmen und festschreiben, könnte man als einen, sich in der Kunst widerspiegelnden Ausdruck der gegenwärtigen Auflösung von Grenziehungen und Beschränkungen auffassen. Somit wäre die zeitgenössische Kunst selbst Ausdruck, Abbild und Medium, jener sich in den gesellschaftlichen Korpus einschreibenden Brüche und Marker der Auflösung der Grenzziehungen von System und Umwelt. Obgleich dieser Argumentationsstrang der Kunst das Potenti-

---

141   Dies geschieht insofern, als dass Kreationsleistungen und mit ihnen die sie produzierenden Akteure oftmals als reine Rechengrößen absorbiert werden.

al zuschreibt, die Auflösungen systemischer Grenzen und damit einhergehende Brüche künstlerisch abzubilden, reicht er nicht aus, sofern die Kunst tatsächlich als produktive Projektionsofferte und retropolatives Antizipationspotential zur Bewältigung gesellschaftlicher Umbrüche fruchtbar gemacht werden soll, um intersystemischen Handlungserfordernissen systematisch begegnen zu können. Er greift gleich in zweierlei Hinsicht zu kurz: Zum einen fügt er dem Diskurs über die Sinnhaftigkeit der Kunst kein wirkliches Novum hinzu, denn auch wenn die Kunst in der ökonomischen Praxis noch nicht als relevante Stellgröße verortet wird, so wird der Kunst (zumindest im Verständnis kunstaffiner Kritiker) dennoch die Funktion zugeschrieben und damit das Potential zuerkannt, als Abbildungsfläche und Ausdrucksmittel gesellschaftlicher Umbrüche zu fungieren. Entscheidend ist jedoch, dass obiger Argumentationsstrang die der Kunst innewohnende Kompensationskraft gänzlich unberücksichtigt lässt. Oder anders gesagt, er verlässt die selbstgenügsame Ebene der ‚l'art pour l'art' nur zum Teil, da er die Funktion der Kunst auf eine rein reproduktive Ebene beschränkt, jedoch deren perzeptive und rezeptive Sphären sowie auch eine Verbindung dieser Sphären und ihres Überganges ausspart. Allerdings wurde sowohl die Überwindung der reproduktiven Ebene[142] als auch die Überschreitung von Sphären bereits in der Kunst selbst richtungsweisend bearbeitet: Ein prägnantes Beispiel ist z. B. die von Lissitzky vorgenommene Interpretation eines Exponats des su-

---

142 Die folgende Aussage von Lissitzky kann als Beispiel dafür herangezogen werden, dass ein suprematistisches Kunstverständnis die Überwindung der reproduktiven Funktion von Kunst zur Programmformel macht und sich suprematistische Kunst dementsprechend als Analogon für die gesellschaftliche Wahrnehmung von Kunst in Form und Funktion schöpferischer Hervorbringungsleistung und ‚Zeichen-Setzungen' eignet: „DER KÜNSTLER BAUT MIT SEINEM PINSEL EIN NEUES ZEICHEN. DIESES ZEICHEN IST KEINE FORM DER ERKENNTNIS VON ETWAS SCHON FERTIGEM, SCHON GEBAUTEM, DAS IN DER WELT EXISTIERT – ES IST EIN ZEICHEN EINER NEUEN WELT, AN DER WEITER GEBAUT WIRD UND DIE DURCH DEN MENSCHEN EXISTIERT" (Lissitzky 1977:20, Hervorheb. im Orig.). Anhand dieser Ausbringung lässt sich freilich auch der höchst konstruktivistische Charakter dieses Kunstverständnisses erkennen.

prematistischen[143] Künstlers Malewitsch,[144] das als „Schwarzes Quadrat" in der Ausstellung „0,10: Letzte Futuristische Ausstellung" zur Schau gestellt wurde.[145] Während Malewitsch laut Lissitzky selbst glaubte, „daß er die Formen und die Malerei bis zur Null gebracht hätte" (Lissitzky 1977:25), markiert Lissitzky den damit verbundenen Nullpunkt als

> „Nullpunkt der abnehmenden Reihe, aber dafür sehen wir auf der anderen Seite eine neue, zunehmende Reihe. Wenn wir als die aus dem Unendlichen kommende Reihe ... 6, 5, 4, 3, 2, 1, 0 haben, so beginnt hier, nachdem sie die Null erreicht hat, ein neues Anwachsen 1, 2, 3... Ja, diese Reihe steigt an, aber jenseits der Malerei. Wenn behauptet wurde, daß die Jahrhunderte ihre Malerei bis zum Quadrat geführt haben, auf daß sie hier untergehe, so sagen wir: wenn die Platte des Quadrates den engen Kanal der malerischen Kultur verschlossen hat, so dient ihre Rückseite als mächtiges Fundament für das räumliche Wachstum der realen Welt" (Lissitzky 1977:25).

Hier offenbare sich, wie Gersdorff (2007) beleuchtet, der Weitblick von Lissitzky, da dieser über die Referenzierung von Reihen und Folgen einen Referenz- und Ausgangspunkt für neuartige Räume des Wirkens der Kunst aufzeige. Lissitzky prognostiziere der Kunst eine Transposition zur Permutation ihrer zukünftigen Rolle und Funktion, wobei die eigentlich neue Bedeutung, Stellung und Anwendungsmöglichkeit der Kunst erst jenseits imaginärer Abgeschiedenheit ersicht-

---

143 Da Lissitzky den Suprematismus als Synonym für „Veränderlichkeit" setzte (vgl. Lissitzky 1977:23f.) und der Begriff „Suprematie" laut DUDEN mit „Obergewalt" bzw. „Überordnung" übersetzt werden könne, (vgl. DUDEN 1990:755) lässt sich Suprematismus hier symbolisieren als ‚Überordnung durch Wandel'. Dabei wird jene, den Wandel auslösende Überordnung erst über eine permanente, sich vom Künstler selbst auferlegte Überwindung bestehender Perspektiven gewonnen, die zudem seiner, sich daran anschließenden mutigen Neuverortung und passionierten Positionierung bedarf. Zu den auslösenden Momenten des Wandels gehörte dementsprechend bereits in der Historie, dass der Künstler selbst „nicht mehr liebäugelnd *vor* dem Gegenstand verblieb, sondern ihn umkreiste, sich um ihn drehte. Das heißt, er war bestrebt, seine Wahrnehmung nicht in drei, sondern in vier Dimensionen wiederzugeben. Die Zeit war reif, sich aus diesem Kreis zu befreien. Ausweg gab es nur einen – man mußte sich mit dem Glauben in den Abgrund stürzen, dort nicht den Tod, sondern die Neugeburt zu erlangen. Das durfte nicht aus Verzweiflung geschehen (diejenigen zerschellen), sondern mit voller Überzeugung und Kraft" (Lissitzky 1977:25, kursive Hervorh. im Orig.).

144 Malewitsch selbst führt sein sog. „Schwarzes Quadrat" auf folgende Bedeutung zurück: „Ich habe nichts erfunden. Nur die Nacht habe ich in mir empfunden, und in ihr habe ich das Neue erblickt, das ich Suprematismus nannte. Durch die schwarze Fläche, die ein Quadrat bildete, hat es sich ausgedrückt" (O-Ton Malewitsch, aufgeführt in: Lissitzky/Arp 1990:IX).

145 „0,10" kann u. a. auch als Wegweisung verstanden werden, Binärwelten durch Zeichensetzung perspektivisch zu verschieben. Damit lässt sich der Kunstrahmen der Ausstellung mit der Titelmetapher „0,10" z. B. auf die heutige digitale Kommunikationswelt übertragen, welche durch eine einseitige Priorisierung und Fokussierung auf binäre Konstruktionen in der Gefahr steht, den Kommunikationskanal und seine Elemente zusehendlich zu restringieren. Vgl. zu Herausforderungen fortschreitender technischer Virtualität bereits Pieper (2007a:10ff.).

lich, greifbar und wirksam sein werde. (Vgl. Gersdorff 2007:4)[146] Dies bedeutet, dass sich das performative Potential der Kunst erst jenseits dieser Imaginären vollends entfalten und so zur Überwindung vormals getrennter Sphären und Polarisationen beitragen kann. Dies kann jedoch erst dann gelingen, wenn sich das derzeitige Zuschreibungs- und Wirkfeld der Kunst und ihrer Künstler über jenes der Kunst bisher zugedachte und von zahlreichen Kunstakteuren (nach-)verfolgte Prinzip einer wie auch immer gearteten Nach- und Abbildung hinausbewegt, sich also über Bedeutung und Funktion der 'Dar-zu-stellung' und 'Darbietung' erhebt, um sich dann – nun von neuer autarker Position 'aus-wirkend' – für aktive Erneuerungs- und Gestaltungsprozesse zu empfehlen.

Dieser Schritt ist für die Kunst und ihre Akteure mit einem tiefgreifenden Bewusstseinswandel verbunden, denn bevor dieses performative Potential für die Erfordernisse einer intersystemischen Wertschöpfung nutzbar wird, bevor also der Output der Künstler als zukünftiger Input für die proaktive Unterstützung von Wandlungs- und Veränderungsprozessen ergiebig wird, müssen die Künstler ihre neue Rolle selbst gehaltvoll und kunstvoll ausfüllen können. Das heißt also, dass Kunst ihrem Potential der Überbrückung von Sphären nicht auf Basis der Zuschreibung von Techniken und der bloß funktionalen Einschreibung ihrer Exponate in systemische Prozesse gerecht werden kann. Denn: „Die Ausdifferenzierung von künstlerischen Techniken und Formsprachen allein reicht noch nicht aus, um von Kunst zu sprechen: hinzukommen muß eine definierte Rolle des Künstlers" (Brock 1977:187). Vor diesem Hintergrund wird speziell der Unterschied der Wortgebung und Bedeutungsebene zwischen 'künstlerisch' und 'kunstvoll' praktisch nachvollziehbar.

Ebenso kann „[d]ie funktionale Indienststellung der Kunst [...] nur gelingen in Abhängigkeit von der Entwicklung der Binnenstruktur künstlerischer Praxis. Also kann eine Gesellschaft nur Forderungen an die Funktion der Kunst stellen, wenn sie mit Rücksicht auf ihre allgemeine Entwicklung die Ausbildung und Weiterbildung der immanenten Gesetzmäßigkeiten der Kunst ermöglicht. Das heißt für die Kulturpolitik: sie muß ermöglichen, daß die Kunst überhaupt Funktionen haben kann, indem sie ermöglicht, daß die Eigengesetzlichkeit der künstlerischen Praxis sich entwickeln kann" (Brock 1977:189). Zudem muss die Gesellschaft sich

---

146 An dieser Stelle greift das Konzept der Performativität in die Denklogik binärer Relationen insofern ein, als dass die Überbrückung der vormals getrennt betrachteten Sphären der symbolischen Welt der Kunst und der Materialisierung ihrer Werke über die sichtbaren Corpora hinaus einen transformatorischen Ausdruck regelrecht einfordert. Der Endpunkt der Wahrnehmung „ad oculos" (Bühler) kann also in Anlehnung an Lissitzky, ebenso den Origo für eine visionäre Abstraktion 'am phantasma' bilden, das wiederum in (nun veränderte) Sinn-Corpora überführbar ist.

dafür öffnen, die der Kunst bislang zugeschriebene Zweckmäßigkeit in Bezug auf die gesellschaftliche Reichweite auszuweiten und die Kunst wiederkehrend als Wirk- und Stellgröße des Wandels anerkennen. Denn: „Dass die Kunst am Erkenntnisgewinn nicht nur wie alle anderen gesellschaftlichen Bereiche interessiert ist, um sich mit dem für ihre eigenen Absichten relevanten Wissen auszustatten [...] konnte man vermutlich nur deswegen aus den Augen verlieren, weil die moderne Gesellschaft sich auf das Ordnungsprinzip der funktionalen Differenzierung eingeschworen hat und daher für die Kunst nicht gelten konnte, was bereits für die Wissenschaft galt" (Baecker 2009:80). Hebt man auf Positionierung und Placement der Kunst ab, so muss allerdings berückichtigt werden, dass „[d]ie Kunst [...] das einzige gesellschaftliche System [ist, B. P.], das über kein symbiotisches Symbol verfügt, sondern selber eines ist" (Baecker 2009:87). Dies wiederum führt dazu, dass „wenn es um Wirtschaft und Politik, Wissenschaft und Religion geht, [...] man sich wieder darauf einlassen [muss, B. P.], dass das Geld und die Macht, die Wahrnehmung und der Trost engere Bedingungen setzen, als die Kunst sie für sinnvoll hält" (ebd.).

Mögliche zukünftige Funktionszuweisungen der Kunst liegen also weder in der alleinigen Verantwortung der Künstler noch in einer Form der Indienstnahme durch die Gesellschaft, welche die Funktion der Kunst zu ihrem eigenen Nutzen oftmals lediglich ‚zu-recht-stutzt'. Es geht dann vielmehr um die wechselseitige Ausweitung der Handlungsbereiche, um eine neue performative Ebene der Verbindung von Wissenschaft und Wirtschaft zu gestalten und damit zu einer neuen Ökonomie des Wissens zu finden.

Wenden wir uns daher nun insbesondere dem performativen Gehalt der Kunst zu und folgen der Annahme, dass ein Rückgriff auf die Kunst dazu geeignet ist, ‚intermediäre (Knautsch-)Zonen'[147] kompensatorisch bedeutungs- und gehaltvoll

---

147 Die hier gewählte Metapher der ‚intermediären Knautschzone' und ein sich daran anlagerndes, von mir favorisiertes Kunstverständnis geben Aufschluss darüber, dass ich die Kunst selbst nicht als ein System sehe, obschon ich einer, sich aktuell primär am Kunstmarkt orientierenden Kunstproduktion durchaus systemischen Charakter zuweise. Allerdings siedele ich die Form und Funktion der Kunst hier auf einer Metaebene an, die insbesondere und voraussichtlich erst dann, wenn diese sich vermittelnd *zwischen* den Systemen bewegen, das der Kunst immanente, intersystemische und grenzübergreifende Innovationspotential zur vollen Entfaltung bringen. Damit schließe ich den Nutzen und die Berechtigung eines systemtheoretisch gelagerten Kunstverständnisses, welches ein Kunstsystem, das sich – wie Vietta konstatiert – ‚schon vom Ansatz her eben systemtheoretisch als ‚operativ geschlossen', ‚autoreferentiell' und ‚autopoietisch' definieren muß" (Vietta 2001:22), für Untersuchungen des Kunst*marktes* durchaus nicht als zielführende Analyseperspektive aus. Je nach Zielstellung mag sie auch für andere kunsttheoretische Untersuchungen passfähig sein. Dennoch betrachte ich einen derartigen systemischen Zugang, wie ihn Luhmann (1997) maßgeblich grundierte, zumindest für meine Zielvorstellung als unzureichend und vom Ansatz her ungeeignet: Mir ist primär daran gelegen, das *intersystemische* Innovationspotential der Kunst aufzugreifen. Unter

auszufüllen, wobei die Herausforderung darin liegt, dass diese Zonen parallel dazu erst konstruiert werden müssen. Ein derartiger Anspruch, der darauf ausgerichtet ist, den intersystemischen Herausforderungen mit Hilfe der Kunst zu begegnen, ist einem performativ gedoppelten Wirkungsgefüge unterstellt: Zum einen muss er den unmittelbaren Wandel von Werkbegriff und Ereignisbegriff der Kunst einbeziehen. Zum anderen muss er dem Widerspruch begegnen, dass ein Vorgehen eingefordert wird, bei dem eine konkrete Zielbestimmung nicht vorab (bspw. durch Bestandsaufnahmen und Bedarfsanalysen), sondern erst während des Gestaltungsprozesses durch aktive Aushandlung und kontinuierliche Anpassung ersichtlich und fassbar wird. Oder anders gesagt: Man muss der Vorstellung erweiterten Raum geben, dass das im Schaffungsprozess entstehende Werk die Ereignisse in stetiger Folge zu neuen Antezedenzbedingungen transponiert, die sich wiederum auf die Strategie und den konzeptionellen Prozess zur Rahmung und Gestaltung auswirken.[148]

Eine mögliche Rubrifizierung des Ereignisbegriffs unter den Werkbegriff oder auch deren Gleichschaltung sind unter Rückgriff auf arrivierte Forschung noch vergleichsweise einfach zu erklären, da „Kunstwerk und Ereignis [gegenwärtig, B. P.] kein Widerspruch mehr [sind, B. P.], weil sich die Auffassung des Werkbegriffs so verändert hat, dass er eben auch die performativen, sprich wirkungs- und erfahrungsbezogenen Dimensionen mit einschließt, die ein modernistischer Werkbegriff ausgeschlossen hatte" (von Hantelmann 2005:27f.). Zwar räumt von Hantelmann ein, dass sich die performativen Dimensionen je nach Kunstwerk und Kunstform unterschiedlich stark ausprägen (vgl. von Hantelmann 2005:30), sie schreibt jedoch jedem Kunstwerk eine performative Dimension zu, denn jedes Kunstwerk „bündelt Aufmerksamkeiten, generiert Wirkungen, produziert Erfahrungen und ordnet Körper im Raum an, die diese Erfahrung machen" (ebd.). Im Rekurs auf die Bedeutsamkeit des definitorischen Scheiterns bei Austin, bei welchem – laut von Hantelmann – „am Beginn seiner Beschäftigung mit dem Performativen, nicht die Definition des Begriffs, sondern das Scheitern dieser Definition" (ebd.) stehe, betrachtet von Hantelmann die definitorische Einord-

---

Rückgriff auf die Kunst geht es mir – wie auch schon Vietta – vorrangig darum, aufzuzeigen, „*daß* und *wie* Innovationen von einem System ins nächste einwirken und das System von innen heraus verändern" (Vietta 2001:25, kursive Hervorheb. im Orig.). Daher blende ich die systemtheoretische Perspektive der Kunst im Folgenden aus und schließe mich uneingeschränkt der Aussage Viettas an, dass „die Modernisierung der Künste [...] sich nicht *im* System und aus ihm heraus, sondern an den *Interferenzstellen* verschiedener Systeme [vollzieht, B. P.]" (Vietta 2001:21, kursive Hervorheb. im Orig.).

148   Hierbei wird zum einen die Notwendigkeit und zum anderen die Forderung nach zukünftig transformierbaren Strategien und elastischen und flexiblen Konzeptionen verständlich und nachvollziehbar.

nung eines Kunstwerks als ein performatives, als Falle, weil eine derartige Einordnung das Performative auf etwas Konstatives reduziere, obschon der Clou bei Austin darin liege, dass sein Text – als Inszenierung – die konstatierende Ebene seiner Aussage unterlaufe. (Vgl. Dies. 2005:30). Eine Abstraktion der austinschen Lesart auf das Performative von Kunstwerken müsste – mit Hantelmann gesprochen – dahingehend erfolgen, „nicht [...] eine bestimmte Klasse oder Kategorie von Kunstwerken zu definieren, sondern vielmehr die *spezifische Art und Weise* hervorzuheben, *wie* das Kunstwerk Bedeutung produziert" (von Hantelmann 2005:31, kursive Hervorheb. B. P.).[149] Dies hat zur Folge, dass die künstlerische Hervorbringungsleistung in den Mittelpunkt rückt und der künstlerische Gestus „sich nicht über Meinungen artikuliert, über das, was ein Kunstwerk ‚aussagt', sondern darüber, was es ‚tut', was es bewirkt und was es an Realitäten hervorbringt" (von Hantelmann 2005:35).

Fokussieren wir auf das Inventions- und Interventionspotential der Kunst, stellt sich die Frage, ob Kunst auch dazu prädestiniert ist, Innovationen in Clusterkontexten maßgeblich voranzutreiben und wenn ja inwiefern? Kann sie dazu beitragen, die bestehenden, jedoch oft überkommenen, da nicht zielführenden Separationen der Akteure zu überbrücken? Welche Rolle könnte die Kunst insbesondere im Hinblick auf die Hervorbringungsleistungen und Bedeutungserzeugungen in Clustern einnehmen und welchen spezifischen Kunstdiskursen und -verständnissen käme diesbezüglich eine besondere Unterstützungsfunktion zu?

Meine kennzeichnende Ausrichtung auf das Produktive des Performativen, das hier als ‚auslösendes Moment' der Wertschöpfung und proaktiven Ins-Werk-Setzung verstanden wird, erklärt sich dadurch, dass wir den performativen Charakter zum einen über die Formbildung von Clustern vollziehen und zugleich einen neuen intermediären Werkbegriff des zu erschaffenden Produktes berücksichtigen müssen. Demnach sind zwei Ins-Werk-Setzungen thematisch eingehender zu beleuchten: Zum einen ist dies die Ins-Werk-Setzung von Clustern als übergeordnetes Formbildungsprinzip und zum anderen ist dies die Ins-Werk-Setzung des im Cluster zu erschaffenden Werkes über die Begriffsbildung und Begriffsbestimmung eines neu zu definierenden Werkbegriffes. Demnach müssen wir für eine sozio-ökonomische Dimensionierung des Performativen jedoch nicht nur Ausschau nach performativen Analogien in der Kunst halten, sondern zunächst einen Kunstbegriff anschließen, der die rekursive Triade ‚Dynamik –

---

149   Damit ließe sich jeglicher Zugriff auf Kunst, welcher die aktiven Akte veränderter Bedeutungserzeugung hervorhebt und neue Abstraktions- und Übertragungsmöglichkeiten von Kunst und Kreativität auf vormalig aus der künstlerischen Wirkungssphäre ausgeschlossene Handlungsfelder ermöglicht, – in Anlehnung an von Hantelmann 2005:32 – als eine performative Konstruktion auffassen.

Grenzüberschreitung – Proaktive Übersetzung' integriert. Hierdurch wird die Notwendigkeit eines erweiterten Kunstbegriffs sichtbar, welcher sich über die Disziplinen erstreckt, sich system- und grenzübergreifend über die solitären Wissenssysteme von Wissenschaft und Wirtschaft erweitert und sich intersystemisch auf eine neue Intermediäre ausdehnt.[150]

Die Bestimmung eines „erweiterten Kunstbegriffs" wurde – zumindest was die übergeordnete sozialgesellschaftliche Dimension und die konzeptionelle Breitenwirksamkeit anbelangt – primär von Joseph Beuys in zahlreichen Rückgriffen auf die Philosophie Rudolf Steiners geprägt.[151] Beuys, eine der sicherlich schillerndsten und gleichwohl schwierigsten Künstlerpersönlichkeiten des 20. Jahrhunderts, formuliert die Bezüge seines erweiterten Kunstbegriffs selbst wie folgt: „Dieser Kunstbegriff ist allerdings nun einer, der sich nicht mehr auf das künstlerische Spezialistentum allein beziehen kann, [...] sondern dieser Kunstbegriff bezieht sich auf die elementare Künstlernatur, die in jedem Menschen prinzipiell vorhanden ist; er bezieht sich also auf jedermann" (Beuys 1992:15). Damit sich ein derartiger Kunstbegriff nun vollends und uneingeschränkt auf den Menschen beziehen könne, müsse der Kunstbegriff – laut Beuys – *selbst* anthropologisch verstanden werden. (Vgl. Ders. 1992:44) Anspruch und Ziel dieser begrifflichen Anthropologisierung, – man könnte hier auch sagen, Basis und Garant des Verstehens und Anwendens des mit dem Begriffsgebäude zu verbindenden humanistischen Wertschöpfungsideales – liegen laut Beuys darin,

---

150   Wenden wir das clusterspezifische Kunstverständnis dieser Arbeit ins Metaphorische und verstehen es als Enabler und Unterstützer eines, sich kunstvoll fortentwickelnden ‚Ge-Werkes' ist es genau jenes triadische Accompagnement, welches das Gewebe damit verbundener Werk- und Wertstoffe als ein multiperspektivisch durchwirktes vorzeichnet. Dies lässt sich auch abstrahieren und am Beispiel von Kunstwerken darlegen: Die Unmöglichkeit einer einzigen Seh- und Gedankenbewegung führen uns in der Malerei beispielgebend Wassily Kandinsky und Willi Baumeister oder in der Literatur Roland Barthes (2010) vor Augen. Dies geschieht freilich immer vor dem Spiegel individuell motivierter Projektionsflächen. Die Metaphorik und Interpretationsfläche des Spiegels weitet selbigen zu einem erweiterten Reflexionsmedium eigener Sichtweisen im Kontext einer rahmenden Darstellung der umgebenden Umwelt und der eigenen Verortung in eben dieser Umwelt. Ähnlich verhält es sich mit dem dynamischen Textverständnis von Barthes. Besonders deutlich wird diese Dynamik an der Stelle, wo Barthes darauf abhebt, wie wir Text dynamisch verstehen, Texten proaktiv begegnen oder Texturen fortlaufend einbinden und fortschreiben können: „*Text* heißt GEWEBE; während man dieses Gewebe aber bislang immer für ein Produkt, einen fertigen Schleier gehalten hat, hinter dem sich, mehr oder minder verborgen, der Sinn (die Wahrheit) befindet, betonen wir jetzt beim Gewebe die generative Vorstellung, daß sich der Text durch ein ständiges Verflechten selbst verfertigt und bearbeitet" (Barthes 2010:80, kursive Hervorhebungen und Großbuchstaben im Original). (Vgl. auch Hülk 2005:15)

151   Vgl. zu Beuys Rückgriffen auf Steiner eingehend Weber (1991:27ff.) bzw. in Bezug auf die Anschlussfähigkeit der „Dreigliederungsidee" Steiners an seinen erweiterten Kunstbegriff auch Beuys (1992:48ff., bzw. Ders. im Interview in: Harlan/Rappmann/Schata 1976:13f.) selbst.

„[i]n jedem Menschen [...] das schöpferische, kreative, [...] freie, sich selbst bestimmende und seine Umgebung mitbestimmende, umgestalten könnende Wesen [...], welches Gestaltungen im gesamtwirtschaftlichen Bereiche vollziehen
kann" (Beuys 1992:44), zu aktivieren.

Im Rahmen eines solchermaßen anthropologisch erweiterten Kunstbegriffs,
der sich auf eine humanistisch orientierte Neu- bzw. Umgestaltung der Gesellschaft richtet und die schöpferischen Akteure als proaktive Kreatoren dieser Trans-
formationsvollzüge fokussiert, finden sich bereits lange vor der Verortung des
‚Performative turn' zahlreiche Insignien des Performativen wieder.[152] (Vgl. Reck
2007:87, vgl. Gronau 2008:337) Beuys, dessen Kunstbegriff „weder auf besondere Personen noch auf bestimmte Institutionen beschränkt" (Gronau 2008:337)
war, „sondern [...] sich im universalen menschlichen Vermögen zu handeln" (ebd.)
begründete, kann damit als „Prototyp für das, was man später Performativität
gennant hätte" (Reck 2007:87), verstanden werden, da „[d]as performative, das
heißt durch Handlungen Wirklichkeit evozierende Vermögen des Menschen [...]
als anthropologische Grundannahme im Zentrum von Beuys' ästhetischen und
politischen Überlegungen" (Gronau 2008:337) stand.

Jene gestalterischen Transformationsprozesse, auf welche der erweiterte
Kunstbegriff von Beuys abhob, beschränkten sich allerdings nicht nur auf anth-
ropologisch-ästhetische Überlegungen, sondern integrierten einen übergreifenden
kapitalbildenden Zugriff auf gesamtgesellschaftliche und politische Dimensionen
sowie auf die Arbeitssphäre des Menschen. Die universalistische Metaebene, die
ein solcher Zugriff einfordert, ermöglicht es, dasjenige fassbar zu machen, was
Beuys selbst in zahlreichen Ausbringungen unter den Begriff „Soziale Skulptur"
(Ders.) subsumiert: „In diesem Tätigkeitwerden des Menschen als einem Künstler
in jeweils seinem Arbeitsfelde erscheint dieser *Erweiterte Kunstbetriff* [sic!] als
eine neue Kunstdisziplin. Man könnte sie die Soziale Skulptur nennen" (Beuys
1992:44). Wie Gronau (2008) im Rekurs auf Beuys ausführt, zeichnen sich die zur
Formung und Formierung dieser „Sozialen Skulptur" (Beuys) führenden Tätigkeiten durch den Vollzug des „Hineindrückens einer Tat in die Materie" (Beuys
1984:125, zit. n. Gronau 2008:337)[153] aus. (Vgl. Gronau 2008:337) Somit rekurriere
der Begriff der Plastik bzw. Skulptur für Beuys nicht allein „auf ein künstlerisches

---

152 Hier so könnte man sagen, kommt die semantische Dimension des Akteursbegriffs inhaltlich
     voll zum Tragen: Der Mensch aktiviert und initiiert als ‚*Akt*-eur' selbst die Akte seines proak-
     tiven, selbstbestimmten Tuns.
153 Gronau (2008) bezieht sich hier auf: Beuys, Joseph (1984): "Eintritt in ein Lebewesen". Vortrag
     am 6. August 1977 in Kassel, in: Harlan, Volker/Rappmann Rainer/Schata, Peter (Hrsg.) (1984):
     Soziale Plastik. Materialien zu Joseph Beuys. 3. erw. und erg. Auflage. Achberg: Achberger
     Verlagsanstalt

Objekt, sondern meint ein universelles Gestaltungsprinzip mit aktionistischem Charakter" (Gronau 2008:337). Vor dem Hintergrund eines derartig übergreifend verstandenen „universelle[n] Gestaltungsprinzip[es]" (ebd.) sind auch Kunst und Ökonomie für Beuys keineswegs Antagonisten, denn „[a]uch die Kunst ist dann Ökonomie. Nur ist ihre Ware ein spirituelles, mentales Gut, ein Erkenntnis- und ein Fähigkeitsgut" (Beuys 1993:43, zit. n. Bunge 1996:121).[154] Hier wird bereits ersichtlich, dass Beuys' Korrelationen von Ökonomie und Kunst nicht nur einen erweiterten Kunstbegriff erfordern, sondern auch einen notwendig übergeordneten Ökonomiebegriff inkludieren.[155]

In Bezug auf eine aktuelle Verbindung von Kunst und Ökonomie macht bspw. Pankoke sichtbar, dass in der organisationalen Praxis auch gegenwärtig noch immer jener sprachliche Duktus verwendet werde, der sich genuin aus den Diskursen von Kunst und Künstlerfiguren speise (vgl. Pankoke 2006:181): So „finden wir in der sozialen und politischen Praxis der ‚Kunst des Organisierens' die Begriffsbilder künstlerischer Gestaltung. Noch heute beschreiben wir das Organisieren gerne in der Sprache der Künstler. Wir sprechen von Komposition und Konzertierung, von Dissonanz und Harmonie, von Takt und Ton, von Sinn und Stil. Die Sprache der Künstler spannt sich von Schleiermachers Programm, die ‚Geselligkeit als Kunstwerk zu construiren', bis hin zu Schumpeters Würdigung unternehmerischen Handelns als ‚schöpferische Zerstörung'" (Pankoke 2006:181). Auf Basis dieser von Pankoke (ebd.) erwähnten, im Organisationsalltag zu Hauf verwendeten Begrifflichkeiten aus dem Kunstbereich stellt sich hier die Frage, welche Bedeutung der Einpassung von Kunst und der Integration von Künstlerfiguren in ökonomische Kontexte wirklich zukommt und welche ihr dementsprechend zugemessen werden müsste? Werden Künstler – als Akteure mit (neo)avantgardistischer Gesinnung und kreativ-strategischem Gestus – auch heute noch (und vielleicht dringender als zu Beginn des 20. Jahrhunderts) insbesondere in Clusterkontexten in der Funktion von ‚Reformatoren', ‚Regulativen' und ‚Relais' gebraucht?

---

154 Bunge bezieht sich hier auf: Beuys, Joseph/Haks Frans (1993): Das Museum. Ein Gespräch über seine Aufgaben, Möglichkeiten, Dimensionen. Wangen: FIU

155 Beuys Ökonomiebegriff lässt sich dementsprechend selbstverständlich nicht auf Kostenprämissen, Leistungsportfolien, Rentabilitätsvorschauen sowie Angebots-Nachfrage-Kalkulationen zurückkürzen, sondern (re)vitalisiert mit Blick auf dessen Gesamtinventar den Ursprung des ‚Oikos': Indem Beuys das Kapital als ein übergreifendes Vermögen positioniert, rehabilitiert er zum einen, das ökonomisches Verständnis, dass bereits in der alteuropäischen Ökonomik, gar in der antiken ‚Oikonomia' beheimatet war. (Vgl. zu Begriff und Bedeutung von ‚Oikos' und ‚Oikonomia' eingehend Brunner 1968) Zum anderen belebt er die Situierung des Kapitals als übergeordnete Wissensressource und Handlungsmaxime, welche sich zwar im proaktiv tätigen Vollzug des Einzelnen entwickeln, sich jedoch in der daraus resultierenden Folge zu einem überindividuell ersichtlichen und kollektiv nutzbaren Produktivgut formieren (können).

Vor dem Hintergrund dieser Fragestellungen rückt die Analyse des Akteurstypus der ‚Künstlerfigur' selbst in den Fokus. Über die Rezeption und Perzeption des bewusst und unbewusst Wahrgenommenen stehen Künstler per se als (Ver-)Mittler, besser gesagt als ‚Interceptoren' für die individuelle Verarbeitung von Ansichten, Eindrücken und Empfindungen, welche sich in ihren Werken widerspiegeln, abbilden und ausdrücken. Als ‚Interceptoren' sind sie fähig, gesellschaftliche Strömungen bewusst und unbewusst abzufangen, zu kanalisieren, in ihren Werken aufzubereiten und durch ihre Werke zu transformieren. Wäre ein solcher Akteurstyp ebenso wie ein dereinstiger Avantgardist als „Hebammenkünstler" (Müller 1990:o. S.) einsetzbar und wenn ja, wird er „als Transformator von Imagination, Phantasie und Utopie in Form, als Wirkungs- und Versinnbildlichungsspezialist" (Müller 1990:o. S.) in Clusterkontexten sogar unabdingbar?

Da eine Verschwisterung von Kunst und Ökonomie bzw. deren Mitteln und Mittlern m. E. n. entscheidend zur Hebung des Innovationskapitals beitragen könnte, erstaunt es, dass sich ein Zugriff, der diese Dimensionen koppelt, bislang weder in Clustern noch in kleinteiligeren ökonomischen Formationen (bspw. in KMU und Konzernen) als erfolgsrelevante strategische Handlungsmaxime durchsetzen konnte. Eine Frage, die sich unmittelbar daran anschließt, ist folgende: Werden doppelformative, also sich in beiden Gefügen verortende und daher mit beiderlei Verständnissen und Methodiken operierende Akteursfiguren in Clusterkontexten allgemein, insbesondere aber in neuartigen KKI-Cluster Kontexten benötigt, um als Clusterkünstler eine überfällige system-, sektoren- und branchenübergreifende Konzeptionalisierungsstrategie zu lancieren?

Zur Vorzeichnung dieser neuen Figuren und Formationen wird ein weiterer Fokus des Kunstverständnisses dieser Arbeit in den nächsten Unterkapiteln auf avantgardistische Kunstformen gelegt. Dabei werde ich die historische Geneaologie der künstlerischen Bewegungen jedoch weitestgehend aussparen und deren kunstwissenschaftliche Verortung sowohl zugunsten philosophischer und etymologischer Betrachtungen als auch ideologischer Übertragbarkeiten lediglich streifen. Stattdessen werde ich primär auf die übergeordneten Dimensionen und Metaebenen des Avantgardebegriffs einschwenken, spezifische bedeutungstragende Faktoren und strategische Dimensionen extrahieren, um einen für Clusterkontexte übertragbaren Avantgardebegriff vorzeichnen zu können. Durch eine Aufarbeitung dieses strategischen Konglomerats und dessen Übertragung auf aktuelle feldspezifische Handlungserfordernisse

- lassen sich auf einer Metaebene übergreifende Steuerungsoptionen für kulturell übergreifende Transformationsprozesse ableiten

- eröffnen sich auf der Mesoebene forschungstheoretische Optionen für eine zukünftig interdisziplinäre Zusammenarbeit von Performativitäts-, Innovations- und Clusterforschung

- finden obig skizzierte Überlegungen einer notwendigen Integration avantgardistischer Künstlerfiguren in unternehmerische (Cluster-)Kontexte feldspezifischen Halt

- können auf Mikroebene der Unternehmen (hier z. B. betriebliche HR-Organisation) Strategien generiert und Change-Maßnahmen abgeleitet werden, die es den wirtschaftlichen Akteuren erlauben, den Auswirkungen des globalen Wandels mit Flexibilisierungsstrategien und Stabilisierungsprogrammen proaktiv zu begegnen.

Insbesondere der letzte Punkt fokussiert auf Relevanz und Erfordernisse einer innovationsorientierten, (inter)organisationalen Steuerung und Gestaltung und wird damit vorrangig für die unternehmerische Praxis virulent. Für diese wird der Umgang und die Umstellung auf den globalen Wandel zur essentiellen, integrativen Querschnittsaufgabe. Unternehmen sind bereits per se gehalten, ihre Ziele über ein effektives und effizientes Prozessmanagement zu steuern, um ihre Abläufe effizient zu gestalten und ihre Marktfähigkeit zu sichern.[156] Vor dem Hintergrund globaler Dynamiken müssen sie ihre Strategien und Prozesse (unabhängig von einer evtl. Einfassung in Clusterkontexte) jedoch verstärkt an globale und internationale Markterfordernisse anpassen und ihre Strategien entlang dieser Herausforderungen ausrichten, um innovations- und marktfähig zu blei-

---

156 Da die zunehmende Globalisierung neue Virtualisierungsformen einfordert, wirkt sich dies auch unmittelbar auf die Spezifikation von Anforderungen aus, die aktuell zumeist die Passung und Migration von Kultur und kommunikationstechnischen Erfordernissen betreffen, und je nach organisationalem Fortschritt die Referenzierung auf Governance- und Compliance-strategien beinhalten. Die Steuerung dieser Metaprozesse verlangt selbstverständlich nicht nur technische Strategen, sondern primär Vermittlungsexperten, die diesen mannigfaltigen Umstrukturierungsprozessen richtungsweisend, vorausschauend und proaktiv begegnen und die unternehmerische Vison im strategischen Umsetzungsprozess kollektiv zu einer Inter-Vision transponieren. Je nach unternehmerischer Zielstellung und Ausrichtung beginnt die Initalisierung organisationaler Change-Prozesse zumeist im Human-Ressources Bereich. Erste Schritte, um die unternehmerischen Abläufe zu optimieren, bestehen oftmals darin, Bedarfsanalysen und Bestandsaufnahmen durchzuführen und den Reifegrad der Organisation z.B. anhand von Maturity-Modellen zu messen, Prozesse unternehmensweit zu standardisieren und in zur unternehmerischen Ausrichtung und Zielstellung passenden Enterprise-Ressource-Planning-Systemen (ERP-Systeme) abzubilden. Einen tieferen Einblick in die Dimensionen des Prozessmanagements im Human-Ressources Bereich sowie eine Kurzübersicht verschiedener Maturity-Modelle bietet Schönenberg (2010).

ben.[157] Ungeachtet dessen, ob es sich bei spezifischen Handlungserfordernissen nun z. B. um die Findung und Umsetzung von Innovations-, Unternehmens-, Wissens- oder Clusterstrategien handelt (um hier nur die Metaebene zu berühren), ist die Notwendigkeit transformierbarer Strategien somit evident und allgegenwärtig. Den avantgardistischen Dimensionen, Strategien und Ausbringungen wiederum wohnt seit jeher ein höchst performativer, proaktiver und prospektiver Charakter inne, weshalb sie im Folgenden als Analogiefläche herangezogen werden.

4.2 Die avantgardistische Phalanx: Zerrbild oder Mainframe?

> „Sie [die Avantgarde, B. P.] ist diejenige Kunst, die, um die Welt zu erfassen,
> zu ihr hinabsteigt, aus ihr die Bedingungen der Krise aufnimmt und, um sie zu beschreiben,
> dieselbe entfremdete Sprache verwendet, in der diese Welt sich ausdrückt:
> indem sie aber diese Sprache transparent macht, sie als Form der Darstellung *herausstellt*,
> tut sie das uns Entfremdende von ihr ab und befähigt uns, sie zu demystifizieren.
> Das kann der Anfang des Handelns werden."
>
> (Umberto Eco 1990:178, kurs. Hervorheb. im Orig.)

Mit dieser zugespitzten Aussage Ecos wenden wir uns der avantgardistischen Kunst nicht nur als performativem (Re-)Präsentationsmodell von Vergangenheit und Gegenwart, sondern auch als einem Antizipationspotential möglicher Zukunft zu. An dieser Stelle soll es nicht darum gehen, uns vertiefenden Ausführungen zu widmen, die ausführlich der Frage nachspüren, welche Formen, Strömungen und Merkmale der Kunst sich aus welchen Blickwinkeln und vor welchen Hintergründen der Avantgarde zurechnen lassen.[158] Allerdings möchte ich eine begriffliche Einordnung vorausschicken und eine knappe Skizzierung vornehmen, um aufzuzeigen, weshalb ein bedeutender Focus dieser Arbeit sich insbesondere auf ein als ‚avantgardistisch' zu bezeichnendes Kunstverständnis richtet.

Der ursprüngliche Kontext des Begriffs ‚Avantgarde' entstammt dem Sprachduktus des französischen Militärs und symbolisiert gemeinhin die nach vorne strebende, proaktive Spitze einer kriegsführenden Truppe, die aufgrund ihrer Platzie-

---

157 Zunächst müssen jene, mit dem Wandel verbundenen unternehmerischen Handlungserfordernisse eruiert und darauf abzielende Interventionsmaßnahmen entwickelt werden, die im Rahmen der Implementation wiederum mit adäquaten Strategien zu flankieren sind. Ins Praktische gewendet bedeutet dies zumeist die Konzeption und Implementation eines passfähigen, d. h. auf die Unternehmenskultur abgestimmten Prozess- und Organisationsmanagements, das im Hinblick auf Optimierung, Harmonisierung und Standardisierung u. a. vielfältige Interventionen im Bereich eines interorganisationalen Prozess-, Change- und Wissensmanagements erforderlich macht.

158 Ausführliche Überblicke zu diesem Themenfeld bieten Schmidt-Burkhardt (2005) und von Beyme (2005).

rung eine Pionierrolle im bevorstehenden Kampf innehatte, da sie als erste (und damit eben *nicht* als ‚Derniergarde') die Demarkationslinie in feindliche Gefilde überschritt. Schmidt-Burkhardt hält folgende Definition bereit: „Er [der Avantgardebegriff militärischer Provenienz, B. P.] bezeichnet die Vorhut einer Armee, die zur Absicherung der Marschwege für die Hauptstreitkräfte in unbekannte Gelände vordringt und die Position des Gegners ausfindig macht" (Schmidt-Burkhardt 2005:3f.). Eine militärisch noch eingängigere Auslegung finden wir bei Müller:

> „Avantgarde heisst hier zunächst Aufklärung: Aufklärung über den Feind, über seine Truppenstärke und seine Stellungen, über seine Bewegungen und seine Taktik, über seine Finten, seine Hinterhalte und seine Hinterhältigkeit. Zugleich muss die Avantgarde das, was sie tut: nämlich aufklären, verschleiern. Sie ist eine Eclaireurtruppe, die im Geheimen agiert, sie ist Licht im Dunkel, das man nicht sehen darf. Sie kundschaftet mögliche Widerstandsformen aus, entfernt Hindernisse, sichert die eigenen trägen Massentruppen vor Überraschungen oder verschafft ihnen Zeitgewinn durch Zeitverzögerung" (Müller 1990:o. S.).

Die damit verbundenen Implikationen der Avantgarde, namentlich Vorreiterschaft, Aufklärungsabsicht und Richtungsweisung gelten gleichsam auch als phänomenologische Eigenschaften bestimmter Kunstrichtungen, die sich dementsprechend ebenso unter der begrifflichen ‚Schirmherrschaft' der Avantgarde versammelt und sich den ursprünglich militärischen Avantgardebegriff nach und nach als ihr Flagschiff einverleibten. Allerdings merkt Schmidt-Burkhardt an, dass „[d]ie kunstgeschichtliche Literatur […] sich offensichtlich auf kein einheitliches Gründungsdatum der Avantgarde einigen" (Schmidt-Burkhardt 2005:3) hätte können, und der Origo „irgendwo zwischen 1874 und 1909, zwischen der ersten Gruppenausstellung der französischen Impressionisten und dem Gründungsmanifest des italienischen Futurismus, angesetzt" (ebd.) worden sei. (Vgl. ebd.) Unter dem Begriff selbst werden (im kunstwissenschaftlichen Verständnis) „gemeinhin alle Kunstströmungen des 19. und 20. Jahrhunderts subsumiert, die sich einerseits vom Akademismus absetzten und andererseits durch ein ästhetisches, philosophisches oder politisches Programm definieren" (ebd.).[159] Dementsprechend markiert Groys, dass „[d]ie künstlerische Avantgarde […] als Avantgarde der Zukunft, des Neuen, des Kommenden verstanden [werde, B. P.] – die

---

159 „Unter ‚Avantgarde' wären also all jene künstlerischen Strömungen des 20. Jahrhunderts zu subsumieren, die als ‚Vorhut' in allen Gattungen und diese tendenziell überwindend einen unwiderruflichen Bruch mit dem überkommenen Kunst proklamieren und eine radikal neue Kunst zu schaffen suchen, teilweise auch, um damit eine neue Kunst-Leben-Relation mit Auswirkungen für den Alltag zu stiften" (Asholt/Fähnders 2000:14f.). Bedeutsam ist jedoch, „daß die Avantgarde nicht mit dem Gegenstandsbereich von Kunst und Literatur im 20. Jahrhundert identisch ist, sondern primär eine historische verortete und konnotierte Kategorie darstellt" (Asholt/Fähnders 2000:15).

einen Krieg gegen die Kräfte der Vergangenheit, der Tradition, des Konserva-
tismus führt" (Groys 2002:79). Demgegenüber konstatiert er, dass insbesondere

> „die radikale Avantgarde immer wieder an das Archaische appelliert – nicht unbedingt an das
> historisch Neue [...] [und zudem, B. P.] an das innere Gefühl (Expressionismus), an das Un-
> bewußte (Surrealismus) oder an das Nützliche (Konstruktivismus) [...]. Es handelt sich da-
> bei also um Kräfte und Haltungen, die nicht in der Geschichte neu entstanden sind, sondern
> immer schon operativ waren – wenn auch in verdeckter Form, so daß nicht diese Kräfte und
> Haltungen selbst, sondern ihre explizite Thematisierung in der Kunst als neu gelten dürfte"
> (Groys 2002:79).

Groys macht zudem darauf aufmerksam, dass „[d]ie künstlerische Avantgarde sicherlich nicht im gleichen Sinn, das heißt nicht ‚real' kriegerisch [ist, B. P.]. Dafür
manifestiert sie aber um so deutlicher die symbolischen Mechanismen der Entstehung und der Austragung solcher neuartiger Kriegshandlungen, denn das Volk
der avantgardistischen Künstler ist im Geiste durchaus kriegerisch – auch wenn
es im sogenannten realen Leben meistens träge ist" (Groys 2002:81).

Ziehen wir dazu Beispiele historischer Avantgarden heran, lassen sich leicht
weitere Gemeinsamkeiten anführen, die jedoch stets vor dem Hintergrund ihrer
sozio-politischen Situation gedeutet werden müssen und für die Ankuppelung an
ein modernes Begriffsverständnis zeitkritisch zu modifizieren sind. Vorab: Jede
Avantgardebewegung, die als solche immer einen ihr inhärenten Innovations- und
Umbruchanspruch verfolgt, kann diesen nur im Rekurs auf die Transformation
der jeweiligen zeitgeschichtlich vorherrschenden Problemlagen und Widersprüche
einlösen. Somit ist jede Avantgardebewegung stets individuell historisch situiert.

Will heißen: „Die Avantgarde als Errungenschaft der kulturellen Moderne
ist ein Pluralphänomen. Sie trat in einer Vielzahl von Kunstismen auf, die sich
aus der im 19. Jahrhundert stetig wachsenden Schar von ausgebildeten Malern,
Bildhauern und Graphikern rekrutierten" (Schmidt-Burkhardt 2005:15). In summa: „DIE Avantgarde – ein Kollektiv-Singular" (von Beyme 2005:31, Hervorhebung in Großbuchstaben B. P.) „war [...] von Anfang an pluralistisch" (von Beyme 2005:37) und existierte primär vor dem Hintergrund einer Fokussierung auf
einen gesellschaftlichen Reflexions- und Transformationsanspruch.[160]

---

160   Während der Begriff Avantgarde – wie Schmidt-Burkhardt zeigt – in Frankreich bereits zu
      Zeiten der französischen Revolution seinen Eroberungsfeldzug als konstitutive Metapher für
      das Neue und Transformatorische angetreten habe, sei er in Deutschland offenbar erst später
      inkulturiert worden. Dies ließe sich beispielsweise daran festmachen, dass Kandinsky, einer
      der Gründungsväter der Münchner Künstlervereinigung, diese 1901 zunächst mit dem Namen
      ‚Phalanx' belegt habe, statt primär mit dem Avantgardebegriff zu operieren. (Vgl. Schmidt-
      Burkhardt 2005:4ff.) Eine so verstandene ‚Phalanx' lässt sich im heutigen Verständnis wohl
      am ehesten mit einer Einheit von ‚Pionieren' in Einklang bringen.

Situieren wir den Begriff der Avantgarde lediglich als kunstgeschichtliche Epoche fiele er (wie in vielen kunstgeschichtlichen Beschreibungen) oftmals mit dem ebenso schillernden Begriff der ‚Moderne' zusammen, was wohl auch daran liegen mag, dass sich beide über den gemeinsamen Generalnenner der gesellschaftlichen Neuformierung definieren lassen. (Vgl. von Beyme 2005:34) In gegenwärtiger Zeit, die u. a. auch als ‚Postmoderne' bezeichnet wird und in der Pluralität nicht nur respektiert, sondern „Pastiche [...] [zu einem B. P.] Leitmotiv" (Vester 1993:93) erhoben wird (vgl. eingehend ebd.) wäre er nur noch als historisches Erbe präsent und hätte somit seinen Wirkungsanspruch verloren. Würde man Avantgarde nur als einzelne große Bewegung verstehen, die sich zeitkritisch und subversiv gegen die jeweilig herrschenden Systemhierarchien abgrenzte, wäre der Begriff zur Beschreibung heutiger (Kunst-)Bewegungen kaum hilfreich und wenig zielführend und die definitorische Verortung und Verwendbarkeit wäre dementsprechend somit sprichwörtlich *unerheblich* und zwangsläufig *unergiebig*.

Die scheinbare Folgerichtigkeit, auf die eine gegenwärtige Ablehnung eines solchermaßen interpretierten Avantgardebegriffes aufbaut, basiert jedoch m. E. n. auf einer unzureichenden Berücksichtigung der Antezedenzbedingungen. Daher werde ich keine Transformation des Begriffs vorschlagen, sondern seine bedeutungstragenden und wirklichkeitskonstituierenden Dimensionen herauspräparieren. Ich schlage dazu vor, den Avantgardebegriff – entgegen seiner im verbreiteten Kunstverständnis noch immer vorherrschenden epochalen Vereinnahmung – zunächst auf seine ursprünglichen etymologischen Wurzeln zurückzuschlagen und ihn primär semantisch zu verstehen. Diese begriffliche Verschiebung, obschon sie im kunstwissenschaftlichen Sinne etwaig als ‚Begriffsflucht' anmuten mag, ist hier nur ein Wiedereintritt des ursprünglichen Inhalts, also der Begriffslast, in die ihm seit jeher zugrundeliegende sprachliche Form. Diese (Re-) Formierung ermöglicht es, die *gesamte* Palette der Konnotationen des Avantgardebegriffs mehrdimensional auf aktuelle Prozessdynamiken und ‚offene Kunstwerke' zu übertragen und deren Bezugs- und Beziehungssysteme mitteilbar zu machen. Ein solch umfassender Zugriff ermöglicht neben der Inklusion weiterführender inhaltlicher Rekurse und begrifflicher Anschlüsse auch Rückgriffe auf die mit der Begrifflichkeit einhergehenden historischen Ausformungen und deren gesellschaftsklimatische Koloration, die insbesondere im Bereich der Kunst kritisch erfasst wurde und in die künstlerischen Werke prägend und plastisch eingeflossen ist.

Verortet man das Bedeutungsinventar des Avantgardebegriffs primär unter ursprünglicher etymologischer Prämisse und versteht die sich unter einer Flagge zusammenschließende geschlossene Kampftruppe als eine sich formierende und nach vorne treibende Phalanx, die gegen einen wie auch immer gearteten Gegenpol antritt, so liegt der Schlüssel zum Verständnis des Begriffsinventars notwendig auf den damit verbundenen Akteursspezifika. Nimmt man auf dieser Folie noch die konkrete Ausformung der historischen Situation zusätzlich in den Blick, ist nicht einsehbar, dass die gegenwärtige ‚Nicht-Geschlossenheit' der Kunstformen bzw. ‚Nicht-Zuordbarkeit' der Kunstrichtungen und in Folge dessen auch die Exponate und Akteure selbst weniger avantgardistisch (hier verstanden als reflexiv-wegweisendes, das performative Moment proaktiv auslösende Pioniertum) sind, als ihre historischen Vorläufer es noch waren, und dies aus zwei Gründen:

Zum einen waren Avantgarden, wie vermutlich alle Künste,[161] immer schon grenzüberschreitend ausgerichtet bzw. auf Einforderung von Grenzüberschreitung angelegt (vgl. Krieger 2009:o. S.) und das nicht nur hinsichtlich ihrer oftmals gattungsübergreifenden und sich in unterschiedlichen Medien manifestierenden Kunstformen, sondern aufgrund der Geisteshaltungen und Gesinnungen der sie produzierenden Akteure, die sich selbst in den Kunstwerken widerspiegelten und ihren Anspruch manifestierten, dessen intentionale Essenz aufgrund seiner Novität oftmals selbst nur durch grenzüberschreitende Reflexionsprozesse erfassbar wurde. Zum anderen – und das wird in vielen Diskursen, welche die Avantgarde als kohärente Größe deklarieren, häufig ausgeblendet – waren jene, die Avantgarde verfechtenden Gruppierungen bereits in der Historie enorm zersplittert (vgl. Gay 2009:35f.), oder mit Müller gesprochen „mehrgöttergläubig" (Müller 1990:o. S.). Auf dieser Folie traten „die Avantgarden, die Ismen, [...] auch zu sich selbst in Konkurrenz und bekämpf[t]en sich gegenseitig, weil sie verschiedene Wege und Mittel vorschl[u]gen" (ebd.):

> „Was im Kampfgetümmel nur allzu klar erschien, der Krieg des Neuen gegen das Alte, wie die meisten Geschichtsbücher es darstellen, war in Wirklichkeit eine unübersichtliche Folge von Scharmützeln, unterbrochen von Waffenstillständen und in Unordnung gebracht durch gelegentliche Frontwechsel. Der beliebteste Schlachtruf der Moderne lautete: ‚Dort ist der Feind'. Aber er war keineswegs so gut begründet, wie es den Anschein hatte. [...] Die Vorwürfe der Modernen gegen ihre Widersacher sollten von der Tatsache ablenken, dass ihr eigenes Lager kaum größere Einheit aufwies als das von ihnen bekämpfte Establishment" (Gay 2009:35f., kursive Hervorheb. im Orig.).

---

161 Diese These lässt sich durch eine Aussage von Dirk Baecker stützen: „Grenzüberschreitung war in der Kunst immer schon das Gebot der Stunde; kein künstlerisches Selbstverständnis begnügte sich damit, die Grenzen nur zu beschreiten, zu verschieben, auszuweiten und zurück zu nehmen, obwohl genau dies doch nur getan werden konnte (denn jenseits der Grenze hat man es nicht mehr mit Kunst zu tun). Es gibt keine Kunst, die sich nicht als Kunst (und nicht nur als Ornament oder Kunsthandwerk) im Zweifel auch politisch verpflichten lässt, gut verkaufen lässt, erzieherisch einsetzen lässt oder therapeutisch fruchtbar machen lässt" (Baecker 2009:82f.).

Auch von Beyme macht auf die Nonkonformität des Avantgarde-Lagers aufmerksam, in dem er anmerkt, dass es dort weitaus weniger Disziplin und Gruppenbewusstsein gegeben habe, als der Terminus vermeintlich suggeriere. (Vgl. von Beyme 2005:37) Nach Einschätzung des Autoren war "[d]ie Avantgarde [...] ein begrifflicher Kollektivsingular aber keine soziale Einheit und zerfiel in viele Schulen. Der Einheitsanspruch kam aber noch darin zum Ausdruck, dass einzelne Exponenten der Avantgarde durch die Fülle der Ismen irritiert waren [...]" (von Beyme 2005:40).

4.3 Avantgardistische Kunst als dynamisches Transformationspotential: Bewegungen und Beweglichkeiten

> „Wenn sich die Kunst nicht als lediglich praktisch-zweckmäßige Angelegenheit einerseits
> und nicht nur als in der Luft schwebende l'art pour l'art andererseits entwickelt,
> so werden ihre Beziehungen und Zusammenhänge mit anderen geistigen Gebieten
> und endlich mit der Gesamtheit des ‚Lebens' im allgemeinsten Sinne voll in Kraft treten.
> Die Kunst wird dann als lebensschöpferische Kraft mit so einer Klarheit einwirken,
> daß die heutigen Zweifel über ihre Bedeutung und Berechtigung
> als Resultat einer rätselhaften Verblendung vorkommen werden."
>
> (Wassily Kandinsky)[162]

Ein Fokus, der auf die Bestimmung komparatistischer Abgrenzungskriterien bzw. Überlappungen und Überlagerungen zwischen tradierter Verwendung und heutiger Begriffsdefinition des Avantgardebegriffs abzielt, schwenkt auf die Frage ein, unter welchen Voraussetzungen der Begriff seine Aktualität für heutige Verhältnisse wieder reklamieren bzw. seinen Bedeutungsgehalt rehabilitieren könnte. Damit verbundene Fragestellungen, die sich außerhalb einer epochal beschränkten Begriffsbestimmung in Bezug auf die Aktualität und Anschlussfähigkeit des Begriffs an heutige Phänomene umso eklatanter stellen, sind insbesondere jene, welche sich aus der ursprünglichen etymologischen Konnotate ableiten lassen. Diese betreffen neben der (Neu-)Verortung der Bewegungsrichtung und einer damit verbundenen Form der Grenzüberschreitung auch die Hinterfragung der Gegnerschaft. Nehmen wir zunächst die Bewegungsrichtung in den Blick, die nicht nur bei historischen Avantgardeformen – fasst man sie als Phalanx – als eine linear nach vorne gerichtete Grenzbewegung in zunächst unvertrautes und daher feindlich anmutendes Neuland erscheint. Dieser auslösende Schritt steht nun nicht nur für die Bedeutung der Grenzüberschreitung Pate, sondern ist automatisch damit verbunden, ehemals fremdbesetztes Terrain zu erobern, neue Claims zu setzen und damit neue Territorien zu besetzen. So hebt auch Ellrich (2009:o. S.) im

---

162 Kandinsky (1925:639), zit. n. Bunge (1996:26). Bunge bezieht sich hier auf: Kandinsky, Wassily (1925): Abstrakte Kunst, in: Der Cicerone, Leipzig, 17, 1925, S. 639-647

zusammenfassenden Rekurs auf Schnell folgendes hervor: „Kennzeichnend für eine Avantgarde ist demnach ‚die Exploration künstlerisch neuer und neu zu erobernder Areale.' (Schnell 2005: 137)" (Ellrich 2009:o. S., Zitation von Schnell[163] im Original).[164] Ellrich zeigt zudem auf, dass „[f]ür Gehlen [...] die Avantgarde als Haltung und Aktion definitiv anachronistisch geworden [sei, B. P.]: ‚Die Bewegung geht ja gar nicht mehr nach vorwärts, sondern es handelt sich um Anreicherungen und um den Ausbau auf der Stelle, wer heute von Avantgardismus spricht, der meint nur Bewegungsfreiheit als Programm, aber die ist ja längst zugestanden.' (1962:294)" (Ellrich 2009:o. S., Zitation von Gehlen im Original).[165] Doch ist damit auch eine avantgardistische Geisteshaltung zwangsläufig zugleich obsolet geworden, wird eine neuerliche Hypertrophierung der Avantgarde nur inszeniert, auf Basis von Prestige- und Vermarktungsgründen spezieller Partikularinteressenten heute evtl. gar nur arrangiert?[166] Anschlussfragen, die sich hier zwangsläufig stellen, berühren ja mitnichten nur die vermeintliche Bewegungsrichtung der Akteure, da eine antizipatorische, in ungewisse Zukünfte gerichtete Wegweisung bekanntermaßen oftmals un(ein)fassbar oder den Akteuren, trotz der Notwendigkeit nachhaltiger Innovationsgestaltung, zuweilen gar nicht ersichtlich ist. Dementsprechend ist die Frage in Bezug auf eine mögliche Bewegungsrichtung unabdingbar mit Folgefragen gekoppelt, die mit der Richtung und Ausrichtung verbundene Gestaltungs- und Freiheitsformen in den Fokus nehmen. Auch wenn man (ähnlich wie Gehlen) also davon ausginge, dass die Entfaltungsmöglichkeiten heute einem größeren Zugeständnis unterlägen, so existieren doch

---

163   Ellrich bezieht sich hier auf: Schnell, Ralf (2005): „Die Avantgarde als Retrogarde. Aporien der Medienavantgarden", in: Fürnkäs, Josef u. a. (Hgg.) (2005): Medienanthropologie und Medienavantgarde. Ortsbestimmungen und Grenzüberschreitungen. Bielefeld: Transcript, S. 121-142

164   Diesbezüglich rückt z. B. Krieger die Fragen nach der Verortung und Bestimmung möglicher Grenzen und deren Überschreitbarkeiten in den Fokus. Zwar untersucht Krieger dies am Beispiel zweier, vor dem Hintergrund ihrer künstlerisch radikalen Umsetzungen nicht unumstritten gebliebenen Schlüsselfiguren – Nitsch und Export, – lenkt aber damit das Augenmerk gleichsam auch auf die Notwendigkeit einer vorgängigen Analyse der gegenwärtigen Arten und Formen von Grenzen, deren Beschaffenheit sie in Eingangsfragen zur Diskussion stellt und das Publikum zur Hinterfragung und neuerlicher Bestimmung einer damit möglicherweise einhergehenden Zielsetzung auffordert. (Vgl. Krieger 2009)

165   Ellrich bezieht sich hier auf: Gehlen, Arnold (1961): „Über kulturelle Kristallisation", in: Ders. (1962): Studien zur Anthropologie und Soziologie. Neuwied/Berlin: Luchterhand, S. 283-300

166   Vgl. dazu auch die Ausführungen von Ellrich (2009:o. S.) in Bezug auf das „Populäre" (ebd.), welches „den scharf getrennten Systemlogiken eine anheimelnde Gesamtlogik" (ebd.) überstülpe. (Vgl. ebd.) Ellrich votiert dafür, dass „[g]egen diese gepflegte Semantik des Populären [...] ein operatives Konzept von Avantgardismus abzusetzen" (ebd.:o. S.) sei. (Vgl. ebd.) Desweiteren konturiert Ellrich hier prägnante Beispiele einer sich offenbar mehr und mehr als Avantgarde ausgebenden Pop-Kultur, die sich durch ostentativ selbstinszenierende Obsessionen kennzeichnet und konsequent selbstverliebte Einschläge zur Programmformel erhebt. (Vgl. ebd.)

unleugbare Unterschiede zwischen ‚Bewegungsfreiheiten' und ‚Bewegungsfähigkeiten'. Um Bewegung zu initiieren, muss zunächst Beweglichkeit gesichert sein, die wiederum Bewegungsfähigkeit erfordert. Hier ist jedoch die Frage, ob die Räume, die diese ‚Freiheitsgrade' ermöglichen, überhaupt schon vorhanden sind bzw. ob diese nicht viel eher noch erschlossen werden müssen, um diesen Wunsch und Willen nach Bewegungsfreiheit ausleben zu können?

Standen bei historischen Avantgardebewegungen zumeist nachdrückliche Provokationen, verbunden mit dem unhintergehbaren Anspruch auf die Einlösung der Wirkkraft ihrer Pro-Aktionen und der Ins-Werk-Setzung vielgestaltiger gesellschaftlicher Neu-Formationen im Vordergrund der Vollzugsakte, so verschieben sich bei heutigen Avantgarden bzw. Kunstformen mit avantgardistischer Tendenz evtl. nur Mittel und Methoden, nicht jedoch das Gesamtziel. Dieses besteht – und das ist allen Avantgarden eigen – in der Überwindung bestehender Dogmen und Gesetztheiten, die als solche eben dadurch überkommen sind, als dass man die sich stellenden Problematiken nicht mehr mit Hilfe bestehender Mittel lösen kann und jene, für dieses Problemgefüge nicht mehr zielführenden Maßnahmen überwinden muss, um Wandel und Veränderung auslösen zu können. Hier trifft sich das Ziel historischer Avantgarden ganz klar mit den Ausrichtungen heutiger ‚Wissensavantgarden' im übergeordneten Ziel der ‚Innovationsgestaltung': Die den Akteuren dazu abgeforderte visionäre Kraft mutet in Anfangsstadien zuweilen chaotisch, evtl. gar brachialisch an, da sie bestehende Ordnungsmuster nicht nur *‚auf-bricht'*, um Lücken (die vormals vielleicht nicht, oder nur partiell vernehmbar und wahrnehmbar waren) besser zu schließen, sondern auch *Lichtungen* schlagen muss, um *‚durchzubrechen'* und somit neue Entwicklungspfade für angedachte Innovationvorhaben zu ebnen.[167]

---

167 Bei der entstandenen Lücke handelt es sich jedoch zumeist nicht um eine jederzeit (wieder) verschließbare Luke, sondern um ein sich ausdehnendes Loch, für dessen Stopfmuster das neue (Wissens-)Garn vielleicht noch fehlt. Auf die notwendige Schließung dieser eklatanten Lücke zwischen Problemwahrnehmung und Problemlösung verweisen heute z. B. das Ansinnen und der abgeforderte Anspruch auf ‚Sprunginnovationen', die den im Rahmen der High-Tech Strategie zu fördernden Akteuren von politischer Seite abverlangt werden: Wodurch aber zeichnen sich Sprunginnovationen aus, wenn nicht durch die Kreatorenleistungen mentaler Beweglichkeit und organisationaler Bewegungsfähigkeit und das Abweichen von vorgegebenen Mustern, was erst zusammengenommen zu einer Eroberung neuer Wissensräume führt und damit das moderne Korrelat versinnbildlicht, das der ursprüngliche etymologische Bedeutungsgehalt des Avantgardebegriffs mit Fokus auf Transformation des Bisherigen und Verschiebung der alten Koordinaten bereits impliziert? Wäre eine Antezedenzbedingung für die Genese einer solchen Sprunginnovation, um hier an eine Metapher Benjamins (2006:66) anzuschließen, nicht vergleichbar mit einem Geschoss, das von einer Phalanx gezielt in den Raum zukünftiger Betrachtung interpolativ abgefeuert werden müsste und um die spätere Umsetzbarkeit und Übertragbarkeit zu sichern, gleich einem retropolativ wirkenden Bogen – nachgerade auf den Betrachter am Ursprungspunkt zu- und zurückschießen müsste? Wäre eine derartige

Den Origo jeglicher Erneuerung und Innovationsgestaltung bildet damit offenbar die schöpferische Kreation prospektiver Ideen und visionärer Inventionen. Ein sich daran anschließender durchgängiger Überführungsprozess von der Idee zum Ergebnis erfordert jedoch hochkomplexe Transfer- und Transformationsprozesse, da eine Idee, die zuvorderst im imaginär-mentalen Feld entwickelt wurde und in den Raum praktischer Realisation überführt werden muss, notwendigerweise transformierbarer Strategien bedarf, um sicher über die Schluchten der Uneinlösbarkeit zu gelangen. Weniger philosophisch gesprochen: Ideen lassen sich praktisch nicht einlösen, wenn die Materialisierung zu funktionaler Performanz fehlschlägt, wenn also die Idee auf den Markt praktischer Nachfrage nicht als Ware applizierbar ist. Dementsprechend bleibt auch ein (kunst-)philosophischer Rückgriff für die Praxis Leergriff, wenn es nicht gelingt, die avantgardistischen und vorausgreifenden Strategien aus einem imaginären Gedankengebäude durch einen programmatischen Kunstgriff in ein auch in der aktuellen Praxis transformierbares Innovationsgebäude und neue Produkte zu überführen.[168] Mit Blick auf eine Übertragbarkeit der historisch avantgardistischen Dimensionen auf gegenwärtige sozio-ökonomische Erfordernisse verlagere ich den Analysefokus daher nun auf die Akteure und richte mein Augenmerk auf die Entgrenzungsformen, den Bewegungsvorgang, die Grenzüberschreitungen[169] und Gegnerschaften.[170]

Sprunginnovation nicht zudem vergleichbar mit einem Kunstwerk, das seinen Wert und seine Wirksamkeit – mit Breton gesprochen – nur daraus generiert, „insofern als es von Reflexen der Zukunft durchzittert wird" (Von Benjamin aufgegriffene Aussage Bretons, in: Benjamin 2006:63, dort o. J. und o. Q.)?

168   In Anlehnung daran verweist Jullien auf die Aristotelische Idee der vermittelnden „phronesis". (Vgl. Jullien 2006:19) Diese findet strategische Rekursfläche in der Schumpeterschen Figur des proaktiven Gestalters, kurz des sog. „Mann[es] der Tat" (Schumpeter 2006:133/ Orig.1912). Dieser Akteur aktiviert neue phantasievolle Kombinationen, setzt diese proaktiv in Gang und in Szene und nimmt damit Einfluss auf das „schöpferische Gestalten auf dem Gebiete der Wirtschaft selbst" (Schumpeter 2006:104). Eine mit den Schumpeterschen Konzepten einhergehende Fokussierung des Managementbegriffes allein auf die genuinen Führungsspitzen und eine Vernachlässigung des kollektiven Kooperationsgedankens (vgl. auch Wunderer 2003:41) scheint einer Cluster-Strategie, die darauf abzielt, heterogene Akteure zu vereinen, jedoch abträglich. Aus diesem Grund wird das Schumpetersche Konzept an dieser Stelle nicht weiter diskutiert.

169   Wie Krieger aufzeigt, spiele „[d]as Verletzen und Überschreiten von Grenzen [...] im Kontext des Avantgardebegriffs eine zentrale Rolle, ja es scheint das Kriterium für Avantgardismus überhaupt zu sein. Allerdings ist es ein sehr ungenauer Begriff, der kaum je hinterfragt und konkretisiert wird. Um welche Grenzen geht es überhaupt? Welche Gebiete trennen sie voneinander ab? In welche Richtung, mit welchem Ziel werden sie überschritten?" (Krieger 2009:o. S.).

170   In Anlehnung an diesen Diskurs zieht Verena Krieger das logische Fazit, dass „es [...] vielleicht gerade das besondere Verdienst der Neo-Avantgarden [sei, B. P.], uns darauf gestoßen zu haben, dass es nicht gilt, die ‚Grenzüberschreitung' an sich zu heroisieren, sondern vielmehr die jeweiligen Formen und Ziele der Bearbeitung konkreter Grenzen differenziert und präzise zu benennen" (Krieger 2009:o. S.).

Versteht man Entgrenzung als Dimension der Avantgarde, überlappt der Avantgardebegriff auf den ersten Blick mit einem erweiterten Kunstbegriff. Zudem überlappt er aber auch mit Überlegungen hinsichtlich der Neuformierung in Bezug auf die Grenzziehungen und Demarkationen von Oganisationen und Systemen: Waren es bei historischen Avantgarden primär die Überschreitung der „Grenze zwischen Kunst und Leben[spraxis] (Krieger 2009:o. S.) (vgl. Dies. ebd. im Rekurs auf Bürger, vgl. von Beyme 2005:38) oder auch die Entgrenzung und Neuformierung von Theater und Literatur bzw. Text (vgl. z. B. Tairoffs ‚entfesseltes' Theater), lassen sich avantgardistische Tendenzen heute (insbesondere) im Bereich der zeitgenössichen Kunst beispielsweise an der Überschreitung bzw. Überwindung der Abgrenzung von Kunst und Nicht-Kunst bzw. dem Verschmelzen vielfältiger Kunst-Richtungen und medialer Mittel respektive ihrer künstlerischen Zusammenspiele festmachen. (Vgl. auch Fischer-Lichte 2010:7)

Aber nicht nur in der zeitgenössischen Kunst finden wir derartige avantgardistische Tendenzen heute vor, sondern in allen gesellschaftlichen und sozio-ökonomischen Bereichen, in denen Kreativität und proaktive Grenzüberschreitung als Wegbereiter für Innovationen betrachtet und begrüßt werden. Dementsprechend gilt es zu untersuchen, inwieweit sich diese bereits in der avantgardistischen Kunst beheimatete Entgrenzungspraxis zu einer durchgängigen Verbindung wissensgesellschaftlicher Systeme im Allgemeinen ausweiten ließe, ohne sich der Utopie einer vollständigen Absorption dieser Systeme hingeben zu müssen? Dies kann (im Gegensatz zur obig von Ellrich angeführten These Gehlens) eben nur dann gelingen, wenn die Bewegungsfähigkeit der Systeme im doppelten Wortsinne neu ‚überdacht' wird, da jegliches System als wissensgesellschaftlicher Akteur per se eben durchaus auch avantgardistische Kräfte mobilisieren muss, um (zu) eng gesteckte Grenzen auszuweiten. Diese Fokussierung wird in der aktuell angestrebten *simultan* zu erfolgenden Wissensgenese zwischen Wissenschaft und Wirtschaft zwingend notwendig.

Wenden wir uns dem Phänomen der ‚Gegnerschaft' zu, so lässt sich diese mit Rückblick auf die historischen Avantgarden relativ leichtgängig bestimmen und auf spezifische gesellschaftliche Systeme und Gruppierungen eingrenzen. Wer ist jedoch als konfliktiver Antagonist bzw. aktueller Widersacher einer heutigen Avantgarde ausweisbar und kann sich dieser nur auf Basis einer er- und einfassbaren Masse herausbilden? Die Beantwortung dieser Fragestellung bedarf keiner gesonderten Forschung, denn sie ist durch den, sich im Zuge der Globalisierung stetig verschärfenden internationalen Wettbewerb omnipräsent. Zudem ist es ein Kriterium aufrechter Avantgarden, dass sie sich ihrem eigenen inneren Anspruch selbstverpflichten. Vor dem Hintergrund der Forderungen auf Erneuerung und

Wandel besteht dieser immer auch darin, einer ideologischen und konzeptionellen *Sättigung* und Verfestigung entgegen zu wirken. Damit richtet sich unverfälschte und reelle Avantgarde zwangsläufig auch gegen ihre bereits etablierten Vorläufer, die sich symbolisch als ‚alte Garde' einfassen lassen, welche sich bereits verstetigt und verfestigt hat. Hier zeigt sich auch, ob und wie avantgardistisch die jeweiligen Avantgarde-Vertreter in ihrem Handeln selbst sein mögen und wie diese ihre (dereinst) etwaig herrschaftlichen Platzierungen verteidigen, denn wie Ellrich (2009) sichtbar macht, charakterisieren sich „'echte' Avantgarden" (ebd.:o. S.) dadurch, dass sie „keine Beharrungtendenzen aufweisen, sondern weiterziehen möchten und zudem genau wissen, wann ihre Zeit gekommen ist, um von der Bühne abzutreten oder die aktuellen Stellungen an vorderster Front für die nächste Generation zu räumen [...]" (Ders. 2009:o. S.). Dementsprechend gipfelt Avantgarde stets in der Bekundung der Willensbekräftigung zum Aufbruch und Angriff, in obig von Ellrich beschriebenem Szenario auch zum Verzicht. Auslösendes, also performatives Moment jeder Avantgardebewegung ist damit der innere Antrieb der Akteure, die bestehenden Zustände und Herrschaftsverhältnisse zu hinterfragen und zu verändern. Diese unaufhörliche Reflexion und der ihr zugrundeliegende fortwährende Anspruch und Wille zum Aufbruch und zur Selbsterkenntnis erzeugen jenes unerschöpfliche mächtige Kraftquell, aus welchem sich Impuls und Antrieb für eine anschließende Bewegung herleiten, herausbilden und sichtbar hervortun. Damit sind „[r]adikale Kritik an gesellschaftlichen Zuständen und die Forderung nach deren Transformation, aber auch Radikalität der Mittel [...] stets Synonym für Avantgarden und damit zahlreiche Dimensionen von ‚Grenzüberschreitungen'" (Österreichische Akademie der Wissenschaften 2009:o. S.).[171]

---

171 Bei einer genaueren Untersuchung des Momentes der Gegnerschaft darf nicht unterschätzt werden, dass sich proaktive Bewegungen für die gesellschaftliche Gesamtheit nicht zwangsläufig im positiven Sinne auswirken und daher eingehend analysiert werden müssten. Vgl. zu Wirkmechanismen klandestiner und das System unterlaufender Gefüge beispielsweise das Werk von Eva Horn „Der geheime Krieg" (so der Titel von Ders. 2007).

4.4 Avantgardistische Künste der Historie: Triebkräfte und Transformatoren der Gegenwart?

Ein historischer Wegmarker bewegender transformativer Kraft war insbesondere der den klassischen Avantgarden zuzurechnende ‚Futurismus'. Diese Bewegung kennzeichnete sich dadurch, dass sie „sowohl in Literatur als auch bildender Kunst einen Ausweg aus den Hauptströmungen ihrer Zeit, namentlich dem Realismus und dem Dekadentismus" (Folliero-Metz 2005:204) gesucht habe. (Vgl. ebd.) Das „Manifest des Futurismus" (so der Titel von Marinetti 1995a/Orig. 1909), welches „1909 auf der Titelseite des Pariser *Figaro*" (Hülk 2005:19, kurs. Hervorheb. im Orig.) veröffentlicht wurde, ist bis heute wohl eine der prominentesten und radikalsten[172] avantgardistischen Ausbringungen des Futurismus und drückte der gesamten Bewegung den reformatorischen Stempel ihres Urhebers Marinetti auf.[173]

---

172 Lassen wir eine spezifische Untersuchung der späteren (Mit)Vereinnahmung des Werkes durch faschistoide und radikale Gruppierungen aufgrund der werksimmanenten eklatanten Positiv-Konnotation des Kriegsgeschehens und der vielzähligen Aufrufe zum Kampf (vgl. Folliero-Metz 2005:205) einmal außen vor und unternehmen den Versuch, die Werke Marinettis vor dem Hintergrund ihres zeitlichen Kolorites einzuordnen respektive sie im Rahmen ihrer ursprünglichen intentionalen Bestrebung zu verstehen, bieten sie die Option der Einbettung in andere Lesarten und die Integration in übergeordnete und andersgelagerte Verständnishorizonte. Daher scheint es mir unangemessen, Marinetti sein Werk nicht vor dem Hintergrund einer Berücksichtigung der Intentionalität formulierter Absolutheitsansprüche und historischer Referenzrahmen zu lesen. Dies erschiene mithin so, als wolle man einen Vordenker aus seiner Zeit ziehen, ihn in unsere Zeit betten und ihm dann den Spiegel seiner vermeintlichen Antiquiertheit vorhalten. Dies würde zwangsläufig dazu führen, Marinetti als einen antiquierten, faschistoiden Denker zu betrachten und aus dem Pool prospektiver Schlüsselfiguren bzw. möglicher Paten einer zukünftigen Innovationsgestaltung aussparen zu müssen. Liest man die Schriften und Manifeste eingehender, so werden allerdings Denkrichtungen offenbar, die auf dessen Wunsch und Wille hinweisen, die Vielfarbigkeit, Vielgestaltigkeit und Vielstimmigkeit in einer Zeit zu propagieren, die eben nicht die Toleranz oder gar Begeisterung für verschiedenste Denk- und Stilrichtungen aufbrachte und sich auch nicht durch die Öffnung für verschiedenste Lebensformen auszeichnete. Für Marinetti, Boccioni und andere futuristische Künstler galt es deshalb, Originalität, Enthusiasmus und Interesse erst zu (er)wecken. Boccioni et al. (1995) haben daher im „Manifest der futuristischen Maler" (ebd.:11) ihre Auflehnung „gegen die Begeisterung für alles, was wurmstichig, schmutzig und von der Zeit zerfressen ist" (ebd.) kundgetan, da die Autoren „die übliche Verachtung für alles, was jung, neu und voller Leben ist, für ungerecht und verbrecherisch" (ebd.) hielten und „zur notwendigen Erneuerung aller künstlerischen Ausdrucksmittel beitragen woll[t]en" (ebd.:12). Ihre Ziele waren es daher „den Kult der Vergangenheit, die Besessenheit für das Alte, die Pedanterie und den akademischen Formalismus [zu, B. P.] zerstören" (ebd.:13) und dementsprechend „jede Form von Originalität, sei sie auch noch so verwegen oder heftig, [zu, B. P.] preisen" (ebd.:13). An diesen Aussprüchen wird deutlich, dass diese Absicht den Künstlern aufgrund des dreinstigen Zeitgeistes verständlicherweise nur durch absolute Richtungsgebung und eklatante Neudimensionierung aller bestehenden Machtplattformen und Herrschaftsverhältnisse gelingen konnte. (Vgl. auch Folliero-Metz 2005:210)

173 Da auch das Manifest selbst eine Inszenierungsform war und Marinetti dieser Inszenierungsform später eine höchstmögliche Breitenwirksamkeit absprach bzw. die Abbildung der Forderungen,

In Form des besagten Manifestes unternahm dieser dereinst das anspruchsvolle Vorhaben, zahlreiche Wert-, Sprach- und Ästhetikverständnisse seiner Zeit als überkommen und unzeitgemäß zu markieren, in dem er u. a. zahlreiche tradierte Kunstformen, Aufführungs- und Ausstellungskontexte sowie die Sprache in ihrer vorherrschenden Form selbst als zu überwindende „Passatismen" (Ders.) brandmarkte bzw. der Obsoletheit bezichtigte und für die Überwindung starrer Normierungen votierte. (Vgl. dazu Ders. 1995a:4ff., vgl. auch Folliero-Metz 2005) Vor diesem Hintergrund verwundert es nicht, dass „[z]u den Eckdaten der Reform Marinettis [...] die radikale Zerstörung der Kultur der alten Welt und die Erschaffung einer neuen Kultur für die neue Welt, d. h. eine neue Grammatik, eine neue Ästhetik, ein neuer Kult der Materie, ein neuer, künstlicher Mensch" (Folliero-Metz 2005:205) zählten.

Zahlreiche Analogien und Metaphern in Marinettis „Manifest des Futurismus" (Ders. 1995a/Orig. 1909) akzentuieren eine ausschließlich positive Konnotation der Technolgie. Eine damit verbundene Hinwendungsbereitschaft offenbart eine der Technologie seitens der gesamten futuristischen Bewegung offenbar zugeeignete ubiquitäre Durchschlagskraft. Ein damit verbundener als zukünftige Notwendigkeit formulierter Anspruch gipfelt gar in der als ein ‚Non Plus Ultra' angestrebten Einspeisung in eine technisch vollends automatisierte Lebenswelt. (Vgl. ebd.) Dieser Wunsch und Anspruch verbindet den Futurismus mit den Ausbringungen von Droz und de la Mettrie. De la Mettrie mit der Idee seines ‚l'homme machine' (1985)[174] oder Droz mit seinen Automaten in Form zeichnender, klavierspielender oder schreibender Puppen (vgl. Schneider et al. 1987:18) intonierten die vollendete Automation, deren Setzung sich, mit der in der theatralischen Metaphorik bis ins absolut artifiziell getriebenen Idee der „Übermarionette" (Craig) fortschrieb. Allerdings wurden bezüglich der Technisierung auch immer kritische Stimmen laut: Laut Schneider et al. (1987) habe bspw. Jean Paul „die ‚Automate' in seinen karikierenden Schilderungen als Symbole der von ihm verachteten mechanistischen und materialistischen Weltanschauung, welche die menschliche Willensfreiheit negiere, ad absurdum" (ebd.:24, kursive Hervorhebung des Originals getilgt) geführt.

Ansprüche und Inhalte der futuristischen Bewegung durch eine schriftliche Ausbringung (trotz der im Anschluss vorgenommenen oralen Rezitation) in ihrer Inszenierungskraft als begrenzt erachtete, veränderte er auch die Ausbringungsform futuristischen Gedankengutes und rief die futuristischen ‚serate' ins Leben. (Vgl. eingehend Schrader 2005:232)

174   Laut Bloch sei „die Materie [...] nach La Mettrie immanent bewegt, sie ist der ‚Sitz' der Kraft, der Ausgang wie der Angriffspunkt aller Bewegung" (Bloch 1978:55). Dementsprechend beinhalten damit verbundene Impeti de la Mettrie's laut Bloch „de[n] dringende[n] Wille zur Erklärung der Welt ohne fremden Eingriff" (ebd.).

Versprach die Mechanisierung von Arbeitsprozessen zu Beginn des 20. Jahrhunderts vielfach Vereinfachungen der Körperakkorde und Verringerungen der Kapitalinvestitionen, so schlichen sich bereits erste Zweifel gegen die Folgen einer fortschreitenden Technisierung in die Köpfe der Akteure. Diese Widerstände machten während der Blüte der Industrialisierung Fritz Lang mit der Verbrennung des Maschinenmenschen in „Metropolis" bzw. Romain Rolland mit seinem Werk „La révolte des machines" (Rolland 1921/deutschsprachige Ausgabe: Rolland/Masereel 1949)[175] deutlich.[176] Rolland, Masereel und Lang standen dabei mit ihrem Denken und ihren Werken natürlich nicht alleine, wenn es galt, eine als bedrohlich empfundene ‚Hypertrophierung' der Maschine über den Menschen und deren mögliche negative Auswirkungen kritisch nachzuzeichnen. Moholy-Nagy markierte beispielsweise die Herausforderung einer Verbindung von Mensch und Technisierung darin, dass es „unmöglich [sei, B. P.] die produktion [zu, B. P.] verbessern, oder steigern zu wollen, ohne dabei das soziale moment zur hebung des lebensstandards des arbeitenden selbst in erster linie zu berücksichtigen" (Moholy-Nagy 2001/Faksimile der Erstauflage von 1929:12, Kleinschreibung im Orig.). Vor diesem Hintergrund schließt er, dass „die technik [...] niemals ziel, sondern stets nur mittel sein [dürfe, B. P.]" (Moholy-Nagy 2001/Faksimile der Erstauflage von 1929:13, Kleinschreibung im Orig.).[177]

Doch zurück zum Futurismus: Neben einer durchgängig positiven Betonung des Faktors Geschwindigkeit, [178] – die durch Sätze wie bspw. „[w]ir erklären, daß

---

175 Unabhängig von der Problematisierung der mechanisierten Maschine mit den von Rolland geschilderten Zügen futuristischer Maschinenmacht über den Menschen wird in der deutschsprachigen Ausgabe auf der Folie der Briefwechsel zwischen Masereel und Rolland noch eine weitere erkenntnisträchtige Losung offenbar: Die Briefe behandeln die Strategie, einerseits der lokalen Öffentlichkeit zu entgehen und andererseits die Veröffentlichung strategisch im Ausland zur Uraufführung zu bringen.

176 Die in der deutschsprachigen Ausgabe enthaltenen Holzschnitte Masereels verdeutlichen den Aufwand, aber auch das künstlerische Genie, über die Holztechnik eine szenische Handlung zu visualisieren. Die über die Jahrhunderte verfeinerte Technik des Verarbeitens von mentalen Eindrücken zu medialen Ausdrucksformen auf Papier verlangte zur Produktion stetig die Reflexion von Positiv und Negativ.

177 Interessant ist, dass sich die oben skizzierte Gegnerschaft von Technikbefürwortern und vehementen Kritikern auch gegenwärtig zeigt: Faszination und Verve für vollendete Technologisierung spiegeln sich bspw. heute im Genre ‚Science-Fiction' wider und setzen sich zudem in bestimmten wissenschaftlichen Zweigen, wie z. B. der technischen Informatik, Robotik und KI Forschung fort. Eine dringlich gewordene Balance zwischen Humanismus und Technizismus zeigt sich vor dem Hintergrund einer zunehmenden Virtualisierung jedoch aktuell darin, dass u. a. die Sicherung von persönlichen und personenbezogenen Daten zunehmende Relevanz erlangt.

178 Insbesondere das dereinst vom Futurismus postulierte Phänomen ‚Geschwindigkeit' bietet vielfältige Anschlussflächen für die sozial-kulturelle und künstlerische Auseinandersetzung mit moderner Dynamik. Hier sei daher beispielgebend auf eine solche Auseinandersetzung

sich die Herrlichkeit der Welt um eine neue Schönheit bereichert hat: die Schönheit der Geschwindigkeit" (Marinetti 1995a:5) ersichtlich wird[179] – war es, wie schon Imminger (2005:250) aufzeigt, ein übergeordnetes Ziel futuristischer Bestrebungen, die Simultanität zum favorisierten Modus zu erheben, um die sich vielerorts abzeichnende Dynamik einfassen zu können. (Vgl. Ders. ebd.) Wie auch Imminger (2005:250) ebenso verdeutlicht, markiert auch m. E. n. das Streben der Futuristen nach der „simultane[n] Form"[180] (Boccioni 2002:113) eine durch diese vorgenommene Suspendierung der Form, als einer fixen, feststehenden (und damit starren) Kategorie. (Vgl. Imminger 2005:250) Dieses futuristische Anliegen kennzeichnet die Eigenschaften der Form vielmehr als im dynamischen Vollzug konstruierte und sich durch den Vollzug von Handlungen permanent neu konstituierende. (Vgl. auch Imminger 2005:250) Vor diesem Horizont lässt sich auch auf Henri Bergson verweisen, dessen Artikulation sich ähnlich lagert, wie eben jenes futuristische Anliegen der Koinzidenz dynamischer Formanteile und ein damit verbundenes Verständnis beweglicher und bewegender Formgefüge. Die Intention von Bergson fokussiert allerdings eher auf ‚Formsprengungen': „[…] es gibt keine Form, da Form ein Unbewegtes ist, Wirklichkeit aber Bewegung. Real ist einzig die kontinuierliche Formveränderung; Form ist nur eine von einem Sich-Wandeln genommene Momentaufnahme" (Bergson 1912:306). (Vgl. dazu auch Imminger 2005:250) Für eine sehr ähnlich gelagerte Sichtweise votiert bspw. auch

---

und transdisziplinäre Bearbeitung des Gegenstandsbereiches ‚Geschwindigkeit' verwiesen: Im Rahmen des Metaprojektes ‚Advantage Avantgarde' führte das CCCM ein Symposium mit Wissenschaftlern, Künstlern, Managern und Unternehmensberatern durch, in dessen Zentrum Diskurse zur Aktualität und Potentialität avantgardistischer Ausbringungen und Überlegungen zur Übertragbarkeit auf moderne ökonomische Herausforderungen standen. Das Symposium ‚Tempodrome der Zukunft: Die Avantgarde im Kreuzfeuer globaler Dynamiken, Strategien und Prozesse' war u. a. daraufhin angelegt, Formen der Einkesselung produktiv entgegenzuwirken und vor dem Hintergrund des kulturellen Erbes der Avantgarde zukunftsweisende Lösungsansätze zur Bewältigung aktueller sozio-ökonomischer Herausforderungen aufzuzeigen sowie Aufbrüche und Neuanfänge einer Zusammenarbeit zwischen Wirtschaft, Wissenschaft und Kunst anzuregen. (Vgl. CCCM:2009) Künstlerisch umgesetzt wurde diese Auseinandersetzung von artlab21, einem Verbundpartner des Metaprojektes: Da sich im oben beschriebenen Symposium ein avantgardistischer Schwerpunkt im Bereich des Futurismus manifestierte, traten die internationalen Künstler und Künstlerinnen im Vorfeld des 100. Geburtstages des futuristischen Manifestes in die Ausdruckswelt futuristischer Künstlerfiguren ein. Sie (re-) interpetierten das den Futurismus unmittelbar bewegende Phänomen ‚Geschwindigkeit' vor dem Hintergrund globaler Dynamik und führten dies in einem temporär zur Spielkulisse und Ausstellungsfläche umfunktionierten stillgelegten Industriedenkmal auf. (Vgl. artlab21:2009)

179   Vgl. zu diesem Phänomen desweiteren eingehend Boccioni (2002:115ff./122ff.).
180   Auch Schrader (2005:241) macht deutlich, dass sich die Erzeugung einer „simultane[n] Form" (Boccioni 2002:113) der sich die Futuristen verschrieben, für diese nur auf der Basis von „Gleichzeitigkeit" einlösen ließe: „Diese […] Gleichzeitigkeit ist nach Boccioni die Bedingung für alle weiteren futuristischen Forderungen wie die nach *dinamismo, velocità* (zu Deutsch: Dynamismus, Geschwindigkeit) etc." (ebd., kursive Hervorhebung im Original).

Kandinsky, indem er konstatiert: „Die Form ist immer zeitlich, das heißt relativ, da sie nichts mehr ist, als das heute notwendige Mittel, in welchem die heutige Offenbarung sich kundgibt, klingt" (Kandinsky 1955:17).

Auch den Clustern als höchst performativen Konstruktionen, die sich zum einen zugleich öffnen und abgrenzen und zum anderen unterschiedliche Systeme und heterogene Akteure einfassen müssen, werden 1) Simultanität und 2) permanente Formdynamiken, d. h. hohe Formveränderungspotentiale bei paralleler Stabilisierungsnotwendigkeit abverlangt. Insbesondere in Bezug auf die Initialisierung und Etablierung von Clustern erscheinen diese hochaktuellen Abforderungen zugleich auch hochkomplex und hyperbolid, da sich der Cluster somit immer über seine Formveränderung zwischen ‚Stabiltät' und ‚Fragilität'[181] bewegen und aufrechterhalten muss. Dies bedeutet für Cluster jedoch ebenso, dem Erfordernis der Koinzidenz gerecht zu werden, indem sie dasjenige einfassen, umfassen, also quasi ‚ummanteln', was den Werkbegriff, das Werk und das sich herauszubildende Produkt kennzeichnet.[182] Wie im Futurismus sind sowohl Cluster als auch die in ihnen eingefassten Organisationen stetig dem Anspruch einer interaktiven Neubelebung und Neuinszenierung unterworfen, um traditionelle „Passatismen" (Marinetti) zu überwinden. Zur Unterstützung einer eingeforderten

---

181 Vgl. eingehend Gersdorff/Pieper (2008).

182 Die mit der Zielstellung der Erzeugung einer „simultane[n] Form" (Boccioni 2002:113) einhergehende Bedingung der Koinzidenz ließe sich auch auf sprachlicher Folie verfolgen: Romanische Sprachen, im Besonderen das Französische, verfügen durch das Gérondif über eine Prädikatenkonstruktion, die verschiedene Handlungen in einem Wort zu verknüpfen weiß und damit nicht nur eine sprachliche (allerdings nicht ins deutsche übertrag- oder übersetzbare) Konstruktion der Gleichzeitigkeit der Handlungen kennzeichnet, sondern auch die flektierte Verbform akzentuiert und so die Aufmerksamkeit vom dinghaften Objekt auf das Prädikat verlagert und damit einen parallelen Handlungsvollzug der Akteure akzentuiert. Die Gérondif-Construction könnte dazu verhelfen, jene dem Performativen im deutschen noch immer zugrundeliegende temporäre Nachträglichkeit, die als sozio-kulturelle Signatur die Hierarchie bipolarer Grammatik betont, zugunsten einer Heterarchie performativer Hermeneutik aufzulösen. Die polymorphe, auch sozio-kulturell zu abstrahierende ‚Gérondif-Construction' würde dabei nicht nur das raum-zeitliche ‚Zusammentreffen', sondern auch das ‚Zusammenziehen' vormals getrennter Handlungen gestatten, wobei die Aktionen über die Bewegungen der Beugung Wissen zu geballten Wissensformen (ge-)runden. Diese ‚G-Konstruktion' trüge aller Voraussicht nach ihrerseits zu einem mehrdimensionalen Verständnis bei und verhälfe, die klassische Systemtheorie evtl. um eine ‚raum-zeitliche' Komponente auszudehnen. Dabei könnten starr gezogene Grenzziehungen zwischen System und Umwelt zugunsten einer wechselwirkenden Permeation, wo nutzbringend, in ihren Grenzbereichen relativiert werden. Eine über die Semantik hinausweisende Gérondif-Construction verhälfe dazu, die clusterbestimmenden Faktoren der Agglomeration, Aggregation und Agglutination zu verschwistern. Insbesondere vor dem Hintergrund einer Erlangung und Stärkung kohäsiver Kräfte kommt der etymologischen Dimension des Agglutinationsbegriffes vor dem Hintergrund der „Verschmelzung", „Verklumpung" und „Verklebung" (DUDEN 1990:35) der Akteure und Systeme eine übergeordnete Relevanz zu.

Neuinszenierung streicht Marinetti im „Technische[n] Manifest der futuristischen Literatur" (1995:24/Orig. 1912) zudem das Potential der Analogiebildung als einer Methode und eines Mediums zur Gestaltung vielfältiger Transformationen heraus. (Vgl. auch Vietta 1992:161) Dabei wird "[d]er Analogie-Stil" (Marinetti 1995:25) von Marinetti selbst als "unumschränkter Herr der ganzen Materie und ihres intensiven Lebens" (ebd.) gefeiert. Insbesondere zur Unterfüllung des Begriffs- und Bedeutungsgebäudes von Clustern können Analogien auch zum tieferen Verständnis einer Orchestrierung der Einung heterogener Akteure gereichen. So plädierte schon Marinetti für die Nutzung von Analogien zur Verbindung des scheinbar Gegensätzlichen und Disparaten im Zuge der Formung und Formierung einer Einheit: „Analogie ist nur die tiefe Liebe, die fernstehende, scheinbar verschiedene und feindliche Dinge verbindet. Nur durch sehr ausgedehnte Analogien kann ein orchestraler Stil, der gleichzeitig polychrom, polyphon und polymorph ist, das Leben der Materie umfassen" (Marinetti 1995:25).

Eine für die Clusterthematik ebenfalls prägnante Ausrichtung verfolgen auch jene Kunstrichtungen, die auf Installationskunst ausgelegt und im weitesten Sinne als avantgardistisch zu bezeichnen sind, da sie die Einbettung der Dinge und Sichtweisen in den stetig fließenden Gestus von kulturgetriebenem Sinn und lebendigem Sein über die Setzung in extrafunktionale Szenerien verfremden und diese durch die kontextfremde Inszenierung und Referenzierung umso prägnanter sichtbar und damit bearbeitbar machen. Eine derartige Inszenierung, die sich durch Verfremdung vormaliger Referenzkontexte und eine damit einhergehende Neureferenzierung auszeichnete, kultivierte in der Kunst beispielgebend Duchamp als Vorreiter und Demiurg der „Ready-mades".[183] Mit von Hantelmann formuliert: „Indem Marcel Duchamp den Alltagsgegenstand zum Kunstwerk deklarierte, führte er eine Verschiebung im Modus des Bedeutens in die Kunst ein. Das Readymade ist eine Behauptung. Die Signifikanz der künstlerischen Äußerung entsteht nicht durch die repräsentationale Funktion des Zeichens, sondern durch das Faktum seiner Setzung" (von Hantelmann 2005:34).

Das Herauslösen von Formen und Objekten aus ihren gegebenen Gebrauchszusammenhängen und das Setzen in neue fremdartige Szenerien und Referenz-

---

183   Durch die willkürliche Erhebung eines Alltagsobjektes zum Kunstwerk bzw. durch die Setzung
       in eine neue Szene gerät der konstruktivistisch gelagerte Prozess des Erhebens zum Kunstwerk
       in spe, selbig als Modus und Mechanismus in den Status eines Kunstwerkes. In gewisser Weise
       performiert das Kunstwerk erst durch die Integration in fremdartige Referenzkontexte die
       Perspektivik des Betrachters, ebenso wie der Betrachter das Alltagsobjekt erst durch seine
       Betrachtung vom „Ready-Made" (Duchamp) aus seiner nur gebrauchsgegenständlichen Ding-
       lichkeit enthebt und durch eigene Wesenhaftigkeit in den Status einer wirkmächtigen Kunstform
       erhebt. Mit dieser Erhebung intendierte Duchamp neben der Setzung in fremde Szenerien
       dereinst auch die Signierung und damit die proprietäre Vereinnahmung des Gegenstandes.

kontexte ließe sich auch auf die transformierenden Verweisungskontexte sozio-
kultureller Zeit-Zeichen übertragen: Die Verfremdung der situativ ursprünglich
anders verorteten Funktion und kontextuell vormalig anders vereinnahmten Form
dynamisiert den ursprünglichen Charakter und eröffnet so den Blick für die generelle Wandelbarkeit von Sinn und Zweck. Auf aktuelle Erfordernisse appliziert
benötigen wir somit eine Neureferenzierung in der Bildung und Konstitution von
Clustern. Die Wahrnehmung von Clustern als „Ready-mades" (Duchamp) verlangt nicht nur eine Signierung, Mitteilungsabsicht und die Setzung des Gebildes in den öffentlichen Raum, sondern die ‚Ins-Werk-Setzung' benötigt immer
die Bildung eines neuen Ordnungs- und Referenzrahmens, damit Cluster sinnstiftend wirksam werden. Anders als die „Ready-Mades" (Duchamp) basiert die
Setzung von Clustern jedoch nicht nur auf der Signatur der beteiligen Clusterakteure, sondern erfordert die Einspiegelung der Akteurskompetenzen in die
Prozesse des Clusterns, da sich die Form- und Sinnbildungsprinzipien wie oben
angeführt im stetigen Fluss zwischen Stabilität und Fragilität bewegen. Die geographische Einfassung der Akteure zieht dabei nicht notwendigerweise auch deren Integration, geschweige denn deren Inklusion nach sich. Weil Cluster jedoch
erst über ihre Produktion ein Rahmenwerk zur Rahmung bilden und ebenso wie
„die künstlerische Arbeit, letztlich *die* Rahmungen [herstellen, B. P.], die das eigentliche Kunstprodukt hervortreten lassen" (von Hantelmann 2005:32, kursive
Hervorhebung im Original), müssen die Akteure in die Lage versetzt werden, in
Lernprozessen proaktive und prospektive Arbeit an Ordnungsrahmen, Werk und
Produktionsprozessen vorzunehmen. Zwar konstituiert sich der Cluster zunächst
aufgrund vorbefindlicher organisationaler Signaturen und Contents, erfordert später jedoch ein überspannendes und umfassendes Rahmenwerk, welches die stetige Einspeisung neuerlicher Perspektivwechsel einfordert.[184] Darauf werde ich
später noch eingehender zurückkommen.

---

[184] Eine derartige Verschränkung, Überlagerung und Überlappung zahlreicher Perspektiven – die
       im ungewohnten Kontext verschwistert werden und zusammengenommen völlig neue Wahr-
       nehmungsmuster bedingen, finden wir im künstlerischen Bereich insbesondere in den Werken
       von De Chirico wider: De Chirico ist „[i]n seinen metaphysisch inspirierten Bildern [...] die
       künstlerisch überzeugende Verbindung philosophischer Reflexion mit den Erscheinungen der
       sichtbaren Welt gelungen" (Schmied 2001:90). „De Chirico hat die Perspektive zerbrochen und so
       das Miteinander, Nebeneinander, Gegeneinander vieler Perspektiven ermöglicht, die eigentlich
       alle nur Fragmente von Perspektiven sind" (Schmied 2001:91). Dabei lässt sich insbesondere
       dessen Exponat „Metaphysisches Interieur" direkt auf das diesem Kapitel vorangestellte Zitat
       von Eco rückbeziehen und unter dieser Perspektive als ein avantgardistisches Kunstwerk par
       excellence verstehen. Denn: In diesem Werk ist „[d]ie Verfremdung des Vertrauten [...] voll-
       ständig. Das ‚Verrücken' realer Dinge, das Hineinstellen in eine Umgebung, in die sie nicht
       gehören und in der man sie nicht vermutet, bewirkt einen desillusionierenden Schock. Der

In summa: Durch den vorgenommenen Rückgriff auf die Philosophie und die Ausrichtung künstlerischer Avantgarden wird deutlich, dass die Avantgarden nicht nur kunstimmanente Veränderungen herbeigeführt, sondern immer auch gesellschaftliche Bewegungs- und Innovationsfähigkeit in entscheidender Weise vorangetrieben haben. Indem die Kunstwerke selbst verschüttete Sinnzusammenhänge z. B. durch Provokation oder Verfremdung sichtbar machen, erleichtern sie Perspektiven- und Paradigmenwechsel, so dass konstruktive Gegenbilder zu tradierten, jedoch überkommenen Vorstellungen generiert werden können, welche eine Neuausrichtung zu Gunsten einer Intersystemik befördern. Deutlich wird durch die vorangegangenen Kunstdiskurse und deren Übertragung auf Cluster, dass jegliche Clusterbildung im Hinblick auf die Einfassung und Einbettung der Akteure in ein übergeordnetes Bedingungsset, genauer in ein FRAMESET übergehen muss. In den Fokus der Initialisierung und Etablierung von Clustern rückt somit speziell ein noch nicht weiter ausdifferenzierter Übergangsbereich, der sich mit der Gestaltung von Ordnungsrahmen und der Bedeutung der Rahmensetzung befassen muss. Diese Erfordernisse verweisen letztlich alle auf die Notwendigkeit der Entwicklung und Konzeption neuer Wissensarchitekturen und transformierbarer Stategien in Form von dialektischen Konzeptionalisierungs- und Produktionsstrategien, wodurch sich nun erschließt, weshalb ich in dieser Arbeit auf einen erweiterten Kunstbegriff aufbaue sowie auf ein im weitesten Sinne als avantgardistisch zu bezeichnendes Kunstverständnis abziele.[185] Da die ursprünglich getrennt agierenden Akteure aus den Einzelorganisationen zudem im neuen Medium Cluster zusammengeführt und virtuos verschachtelt werden müssen, wird im Folgenden ein analogistischer Exkurs auf die ‚Intermedia' geführt.

Betrachter wird gezwungen, eine traumhafte zweite Wirklichkeit wahrzunehmen und sich mit ihr auseinanderzusetzen" (Ruhrberg 2010:134).

185 Rufen wir uns in Erinnerung, dass das gros avantgardistischer Künstler mit ihren Werken den Anspruch verband, die von ihnen als überkommen verstandenen Werte und Normen sichtbar zu machen und zu überschreiten, damit zugleich sozio-politische Interventionen in die Breite verfolgten und darauf abzielten, mit ihrer Kunst eine unmittelbar auf einem schöpferischen Impetus basierende, gesellschaftliche Transformation einzuleiten. Noch im Mittelalter wäre ein solch transformatives Kunstverständnis mit dem Ziel einer in die Zukunft gerichteten gesellschaftlichen Neuausrichtung nicht denkbar gewesen oder hätte zumindet keine nachhaltigen Wirkungen ausgelöst, denn noch im Mittelalter sei die ‚ars', wie Eco aufzeigt, nicht mit schöpferischer Kraft verbunden worden. (Vgl. Eco 2000:154) Vielmehr sei Kunst als „ein Wissen von Regeln, mittels denen man Dinge hervorbringen kann" (Eco 2000:150) verstanden worden, was dazu führte, dass Kunst nicht als Expressionsform gewertet, sondern nur als Konstruktionsleistung bewertet worden sei. (Vgl. Eco 2000:151) Zwar inkludiert die ‚Kunst des Clusterns' notwendig auch die Konstruktionsleistungen von der Idee zum Objekt, jedoch existiert kein gesichertes Wissen kanonisierter Regeln für deren erfolgreiche Hervorbringung, weshalb der Fokus insbesondere auf die Aktivierung der schöpferischen Kreations- und Interventionskraft der Akteure zu legen ist und damit unmittelbar avantgardistischen Impeti folgt.

4.5 Exkurs: Kunst- und Medienintermediäre – Zur Gewinnung von Perspektiven

Vor dem Hintergrund einer Bedeutungstransformation der Künste und dem Ziel einer Abstraktion der Einspiegelung einer neuen System/Umwelt in den Cluster werden im Folgenden Kunst- und Medienintermediäre in den Blick genommen, die wir heute zumeist als ‚Intermedia' bezeichnen. Intermedia lässt sich verstehen als „die Kunst der Überschreitung tatsächlicher und gleichzeitig fiktiv gemeinter Wirklichkeiten, ein gegenseitiger Transfer ihrer wahrzunehmenden Bedeutungen auf zwei oder mehrere Medien, die gemeinsam in ein und demselben Kunstwerk eingesetzt werden" (von Graevenitz 2006:179). Im Bereich der Intermedia haben sich bereits Wirkungsfelder herausgebildet, die eine ‚Inklusion vielschichtiger Contents' in eine übergeordnete Form versinnbildlichen.[186] Zur Beschreibung einer derartigen Einfassung ließe sich auf den Ausdruck „mise en abyme" zurückgreifen (vgl. von Graevenitz 2006:179), welcher ausdrückt, „dass ein Medium ein anderes inkarniert hat und sich nun Interrelationen ergeben, d. h. dass ein Medium im anderen wiedererscheint" (von Graevenitz 2006:179). Intermedialität verbleibt jedoch nicht auf dem Terrain der Medienwissenschaften, sondern wird „zum universellen künstlerischen Wirkungsfeld, in dem die Medien systematisch und historisch nicht mehr von einander isoliert, sondern in ein Wechselspiel gebracht werden" (Meyer 2006:53). Vor dem Hintergrund der Situierung und Spezifizierung der Intermedia(lität) als eines Universalphänomens wird im Folgenden u. a. auf den der Intermedia zugrundeliegenden Prozess der „Abimierung" abgehoben. Dieser Prozess ließe sich als medienwissenschaftliches Korrelat für den Inklusionsprozess der vormalig separierten Einzelorganisationen in den Cluster fassen, so dass Cluster als neuartige Intermediäre vorgezeichnet werden können und die in Clustern ablaufenden Prozesse nicht nur sozio-ökonomischen, sondern auch medienwissenschaftlichen Halt finden.[187] Die Verschrän-

---

186   Eine Inklusion ‚vielschichtiger Contents' sowie deren Überlappung und Überlagerung im Cluster wird auch im Zuge einer Überschreitung von Systemgrenzen und der damit einhergehenden Verschiebung von Grenzbereichen zu einer (inter-)organisationalen Herausforderung.

187   Wiederfinden lässt sich diese Montagetechnik der Einbettung beispielsweise in den Kunstrichtungen *Assemblage* und *Collage* und insbesondere in *Fluxus*. Die Perspektivik, Programmatik und Paradigmatik des Fluxus richtet sich in ihren Anwendungen „auf einen kontinuierlichen Wandlungsfluss durch das Freisprechen von bisherigen Bindungen, Grenzen, Behinderungen durch die Reinigung von erlernten Verhaltensschemata und Eingengungen" (Meyer 2006:52). „'Fluxus' bezeichnet im Lateinischen das Fließen und Fließende" (Meyer 2006:51) und enthält damit unmittelbare Züge zum zirkulären dynamischen Ineinandergreifen der (Kunst) Elemente im stetigen Fluss. So wird das „Fließen als Grundcharakter der Bewegung [...] von Vertretern dieser Kunstform programmatisch gegen erstarrte Strukturen und zur Betonung eines permanenten Wandels freigesetzt" (Meyer 2006:51), erlangt damit also kompensatorische Kraft. Auf dieser Folie „fließen in der Fluxus-Kunst seit den sechziger Jahren auch die Künste

kung des Clusterbegriffes mit medienwissenschaftlichen Impeti erlaubt es, den
Clusterbegriff weiter auszudifferenzieren und damit eine Schneise für neue Per-
spektiv- und Paradigmenwechsel zu schlagen. Spielmann beispielsweise rekrutiert den Clusterbegriff nicht aus der Ökonomik, sondern entlehnt ihn aus der
modernen Musikwissenschaft, wo er die „Bezeichnung des Phänomens der Ton-
trauben" (Spielmann 1993:59) symbolisiere. Spielmann wählt diese Entlehnung,
um „die Simultaneität des Differenten in der Einheit einer Einstellung zu kennzeichnen" (ebd.). Dabei definiert sie einen (visuellen) Cluster als Ausdrucksform
der „innerbildliche[n] Schichtung von Rahmenfunktionen" (ebd.): „Cluster, be-
ziehungsweise ‚visueller Cluster' bedeutet folglich eine Gleichzeitigkeit, die als
innerbildliche Verschachtelung diaphaner Bildebenen auftritt und, elektronisch
unterstützt, zur absoluten, punktuellen Verdichtung strebt" (Spielmann 1993:59f.).
Die Ausführungen Spielmanns in Bezug auf die Bestimmung und Einordnung
visueller Cluster stützen jene, den ökonomischen Clustern abverlangte Funktion
der Einfassung und Verschachtelung eingegliederter Organisationen und lassen
das Phänomen der Gleichzeitigkeit bzw. Simultanität als ein universelles Clus-
terspezifikum erscheinen. Ebenso wie die einzelnen Elemente in der Intermedia
zusammengeführt und verschachtelt werden, müssen bei der Clusterbildung die
ursprünglich getrennt agierenden Akteure und Systeme im neuen Medium Cluster zusammengefasst und neu eingefasst werden. Auch ein ökonomischer Cluster kann durch die Integration, Migration und Überlappung heterogener Ideen,
Kompetenzen und Intelligenzen im dynamischen Performativitätsvollzug als „Effekt einer vielfachen Überlagerung von ‚Einstellungen' in einem komprimierten,
simulierten ‚Bewegungsbild'" (Spielmann 1993:51) bezeichnet werden. Da sich
Cluster im Besonderen durch Dynamik und Räumlichkeit auszeichnen, können
sie in Analogie zur Kinematographie als „Verräumlichung des bewegten Bildes"
(Spielmann 1993:49) gefasst werden. Diese Verräumlichung zum „Bewegungs-
Bild" (Deleuze) inkludiert stets Prozesse der Inferierung und Abimierung. (Vgl.
Spielmann 1993:49) *Abimierung* fasst Spielmann als die „Einspiegelung des Außerhalb" (Spielmann 1993:57) bzw. als die „Einspiegelung des *hors-cadre*" (Spiel-
mann 1993:59, kursive Hervorheb. im Orig).

---

und die Medien ineinander" (Meyer 2006:53). Meyer konstatiert mit den Worten von Joseph
Beuys, dass es sich bei Fluxus um „einen ‚therapeutischen Zersetzungs- und Auflösungsproz-
ess'" (Ausspruch von Beuys, in: Meyer 2006:54) handele und es bei der ‚sozialen Plastik' von
Beuys „nicht ausschließlich um Destruktion, sondern auch um konstruktive Umwertung, um
einen Prozess der Transformation" (Meyer 2006:55) gehe.

Abbildung 1:   Georg Muche (1923): Studio reflected in garden crystal
(in: MOMA 1975:153)

Prozesse der Abimierung lassen sich jedoch nicht nur in der Kinematographie und in der Malerei z. B. in den Kunstwerken von Escher oder Muche, bspw. in dessen Werk „Studio reflected in garden crystal" von 1923 (vgl. Abb.1) finden.[188] Sie bilden vielmehr ein entscheidendes Moment für die Verschiebung der Akteursperspektiven hin zu einer aumentierenden Selbstreflexivität. (Vgl. Nühlen 2003:43) Spielmann bezeichnet Selbstreflexivität als "ein Konzept, das jeweils auf derjenigen Ebene einhakt, die für innovative künstlerische Prozesse offen ist" (Spielmann 1993:66).[189] Selbstreflexivität erfordert bekanntermaßen immer eine Beobachtung der eigenen Beobachtung, die in der Systemtheorie als sog. „Beobachtung zweiter Ordnung" bestimmt wird. Der Begriff der Beobach-

---

188   Durch die Beobachtung im Spiegel der Umgebungswahrnehmung, verschwimmen die harten Grenzen von Eigenbeobachtung und Fremdwahrnehmung und finden in einem transparenten Resonanzkörper zusammen. Dies macht auch Spielmann deutlich, indem sie das Konzept der Inferierung zum Gestaltungsmerkmal visuell möglicher Wahrnehmung erhebt. So stoßen „[i]n der transparenten Überlagerung von zwei Bildebenen durch Inferierung, das heißt einer integrativen Einfügung mit harten Begrenzungskanten [...] wie in einer Collage zwei Texturen aneinander" (Spielmann 1993:58).

189   „Prototypisch leistet hier Inferierung die Aufgabe, die Selbstvergewisserung über die Voraussetzungen und Grenzen der Kunst mit bewegten Bildern in einer Form zu erfassen" (Spielmann 1993:66).

tung rekurriert etymologisch auf das frz. Wort ‚observer' und auf das lat. Wort ‚observare'.[190] Begriffsabkömmlinge, die wir auch heute noch nutzen, sind z. B. die Begriffe ‚Observatorium' und ‚observieren'. Beide Begriffe verweisen jedoch auf eine besonders obsessive und tiefgehende Form der gezielten Beobachtung. Diese besondere Form der Beobachtung erfolgt mit dem Ziel, etwas herauszufinden und damit überhaupt etwas oder etwas mehr über dasjenige in Erfahrung zu bringen, was vor der eingehenden Beobachtung in der Latenz lag und damit weder ersichtlich noch erschlossen war. Es geht also immer darum, die Einordnung einer Sache oder eines Sachverhaltes in Ordnungs- und Orientierungsschemata voranzutreiben und damit die Unsicherheit des ‚Nicht-Wissen-Könnens' mithilfe einer sich anschließenden Deutung des beobachteten Ereignisses zu reduzieren.

Wie Pankoke verdeutlicht, teilen sich Wissen und Sehen eine etymologische Wurzel: „Zu erinnern ist an die gemeinsame europäische Wurzel von ‚Wissen' und ‚Sehen' (lat.) ‚videre' [...]" (Pankoke 2000:111, vgl. auch Pankoke/Quenzel 2006:7). Der Modus Operandi des ‚Sehens' impliziert dabei jedoch immer auch das reflexive Moment des introjektiven ‚Schauens' welches als Origo einer Vor- und Ausbildung darauf wurzelnder Visionen verstehbar wird (Vgl. auch Pankoke 2000:111) So könnte man „Wissen [...] [auch als, B. P.] aktives Sehen, also kritisches Beobachten und kreatives Voraus-Schauen" (Pankoke/Quenzel 2006:7) beschreiben: „Soziologen, speziell die Wissenssoziologen sprechen hier von einem ‚Wissen und Sehen zweiter Ordnung'. Es geht um sehendes Wissen und wissendes Sehen und lernendes Denken" (Pankoke 2000:111).

So verstanden, ließe sich Wissen auch einfassen als in permanenten Lernprozessen immer wieder neu zu entwickelnde Beobachtung *von* etwas, die sich mit der Anschauung *über* etwas verknüpft und damit die Prozesse der Ins-Werk-Setzung und In-Stand-Setzung des Neuen steuert. Wie Schwan (2005:263) zeigt, finden sich sowohl im Begriff Manifest als auch im Begriff Ereignis etymolo-

---

190   In historischen Wörterbüchern finden sich zudem Verweise darauf, dass sich der Begriff ‚beobachten' etymologisch von ‚Obacht' ableitet. (vgl. z. B. DWB). Die Brüder Grimm halten folgende Definition für Obacht bereit: *„die acht ob etwas, observantia, cura, custodia"* (DWB, Bd. 13, Sp. 1063, kursive Hervorheb. und Kleinschreibung im Orig). Sie markieren zudem, dass Obacht als *„eine nach analogie* von obdach *u. a. im 17. jahrh. entstandene wortbildung"* (ebd., kurs. Hervorheb. und Kleinschreibung im Orig.) gefasst werden kann, wobei ‚Obdach' auf das *„schützende dach über etwas, mit einem solchen dache versehener aufenthaltsort, eigentlich und bildlich (unterkunft, schutz, schirm)"* (DWB. Bd. 13, Sp. 1064, kurs. Hervorheb. und Kleinschreibung im Orig.) verweist. Zudem könne der Begriff ‚Obacht' auch als ein Synonym für ‚Aufacht' gefasst werden kann (vgl. DWB, Bd. 1, Sp. 617), ein Begriff, welcher die besondere Fürsorge und Vorsicht im Hinblick auf den Umgang mit etwas markiere. (Vgl. ebd.) Hier sehen wir, dass sich die verschiedenen Bedeutungsebenen des heutigen Begriffs ‚Beobachtung' ursprünglich alle mit dem Bedeutungskreis von Schutz und Sorgfalt(spflicht) verbanden.

gische Wurzeln wieder, die auf Sichtbarkeit und Fassbarkeit abheben: „Zu diesem Eindruck fügt sich die Etymologie, bedeutet das lateinische *manifestus* doch ganz im Wortsinn ‚handgreiflich', das Verb *manifestare* macht etwas ‚sichtbar'. Ähnliche Konnotationen schwingen im Begriff des ‚Ereignisses' mit, der seiner Herkunft aus dem ahd. *araucnissa, arougnessi* nach ein ‚Sichzeigen' meint; das zugehörige Verb *irougen*, mhd. *eroüg(n)en* (abgeleitet von ahd. *ouga*, ‚Auge') bedeutet wörtlich ‚vor Augen halten'" (Schwan 2005:263, kursive Hervorheb. im Orig.). Wenn es darum geht, „mit unserem Sehen lernend umzugehen und zugleich unser Wissen immer wieder durch kritisches Sehen unter Kontrolle zu halten" (Pankoke 2000:111), so werden Sehen und Wissen und Lernen performativ. Mit der Performativität von Lernen und Wissen und deren konstruktivistischer Einfassung werden wir uns in einem gesonderten Kapitel noch eingehend befassen. Hier soll es zunächst um die Skizzierung der Konsequenzen des performativen Aktes des Sehens gehen. Denn: „Wird aus dem Sehen ein performativer Akt, so heißt das in letzter Konsequenz, dass kein statischer und idealer Blick existiert, da die Möglichkeit, alles zu erfassen, nicht mehr gegeben ist" (Schwan 2005:244). Dies hat auch Auswirkungen auf die strategische Steuerung von Clustern, die durch ein Konglomerat von Perspektiven, genauer durch eine Ausweitung des Gesamtkomplexes der Perspektive zu ergänzen ist. Dies ließe sich in die Symbolik eines ‚Komplexauges' fassen und anhand der „Filmstudie 1927" von Hans Richter verbildlichen.

Abbildung 2: Hans Richter (1927): Filmstudie 1927/Berlin
           (in: Steinorth 1979:43)

In den folgenden Unterkapiteln wird es nun darum gehen, die bisherigen Perspektiven mit passfähigen strategischen Impeti zu verschwistern.

4.6 Avantgardistische Manifeste und progressive Re-entries

> „Die Manifeste siedeln an jenem Übergang zwischen ‚Kunst' und ‚politischer Praxis',
> an dem Absichtserklärungen den Charakter literarischer Unverbindlichkeit verlieren,
> […] an einem Übergang, der wie jeder Durchgangsort zugleich ein Freiraum ist, den man,
> wie es die sehr unterschiedliche Praxis der Avantgardebewegungen gezeigt hat,
> zu sehr unterschiedlichen Zwecken nützen kann. Solange die historische Wirksamkeit
> von Aktionismus und Manifesten bestand (besteht), erzeugten (erzeugen) sie
> […] ein Gefühl der Bedrohung bestehender Verhältnisse bei jenen,
> die glauben, diese verteidigen zu müssen."
>
> (Wagner 1997:52)

„Die Zeit der Manifeste *scheint* vorbei" (Gersdorff 2007:3, kursive Hervorhebung B. P.), so der Tenor, der auf die gegenwärtige Gefahr eines Mangels öffentlicher Ausbringung von offenkundig, inständig und eindringlich vertretenen Willensbekräftigungen zum kollektiven Aufbruch einschwenkt.[191] Obschon sich das mit dem Gedanken der Dynamik offenbar dereinst verschwisterte semantische und aktionistische Pathos[192] der historischen Manifeste nicht mit der zumeist eher sachlich formulierten Semantik und vergleichsweise nüchternen Rhetorik aktueller Ausbringungen ideologiepolitischer Zielvorstellungen und unternehmenspolitischer Wegweisungen deckt, ist obiger Tenor je nach Lesart keinesfalls eindeutig: Verweist Gersdorff doch im Rahmen semantischer Doppelbedeutung zugleich auf die Möglichkeit eines *neuen* Aufscheinens und damit auf ein potentielles Wiederbeleben jener, den Manifesten inhärenten Dynamiken. Aber ist ein damit verbundener Rückblick auch Vorschein des Neuen oder passiert der Schein nur als kurzer fragmentarischer Abglanz das Blickfeld, um gleich darauf wieder in die Absenz zu verschwinden?

Unternimmt man den anspruchsvollen Versuch, einen Cluster ebenso wie ein Manifest als Markierung eines avantgardistischen Übergangs zu situieren und fasst ihn zudem als dynamischen Frei- und Freiheitsraum zur Entwicklung eingeforderter Sprunginnovationen auf, wird die Frage virulent, wie und in welcher

---

191 Ähnlich situiert dies auch Ellrich, was anhand folgender Aussage deutlich wird: „Die evokative avantgardistische Geste, dem kunstbeflissenen Publikum ein markantes Manifest vor die Füße zu schleudern und die praktische Umsetzung folgen zu lassen, hat offenbar ihre einstige Sprengkraft verloren" (Ders. 2009:o. S.).

192 Wagner (1997:55) attestiert der Postmoderne, dass in ihr „[d]er Aktionismus lebt, doch das Manifest […] tot" (ebd.) sei, da „[d]as Pathos der Aktion, das die performativen Äußerungen der Manifeste umhüllte, […] der Postmoderne allenfalls als ironisches Zitat verfügbar" (ebd.) sei und „die Verbindung von *Aktionismus und Manifest*, die das Herzstück des Projekts Avantgarde ausmach[e], […] nicht länger zur Verfügung" (ebd., kurs. Hervorhebung im Original) stehe. (Vgl. ebd.) Eine Einschränkung dabei ist allerdings die Klammerung von Wagner in obig aufgeführtem, dieses Kapitel eröffnenden Zitates, welche die Abgeschlossenheit des Bestehens und Vergehens einer damit verbundenen Wirklichkeit suspendiert und deren Gegenwärtigkeit, ebenso wie im hier zitierten Eingangssatz von Gersdorff – zumindest semantisch – revitalisiert.

Weise die Übertragungen avantgardistischer Dynamik in Clusterkontexten als strategisches Potential wirkungsvoll eingebracht und zur Erlangung von Wettbewerbsvorteilen zukunftsweisend ausgebracht werden können? Zusammengenommen und pointiert: „Und jetzt zurück nach vorn" (so der Titel von Plath 2000:653)?

Nehmen wir zunächst an, dass eine Vorausschau auf zukünftige, global orientierte Innovationsformen und sozio-ökonomisch erfolgreiche Innovationsstrategien ihr bedeutungsgenerierendes Movens auch und wieder aus den reanimierten Wurzeln der Avantgarde bezieht und zur Umsetzung von Innovationen Strategien aufruft, die sich bereits in den Manifesten der Avantgarde manifestierten. Ob nun Manifeste im Allgemeinen, historische Vorläufer, Manifeste der klassischen Avantgarde oder jener Ausbringungen, der sich im Gegenwärtigen offenbar formierenden ‚neuen Wissensavantgarde' sind diese auf ihren gemeinsamen ‚Charakter' und ihr universelles ‚Wesen' hin zu befragen. Hier revitalisieren sich die im Zuge der Beforschung klassischer Manifeste freilich schon ähnlich gestellten Fragestellung: Was zeichnet ein Manifest als solches explizit aus? Wie manifestiert (sich) ein Manifest als Manifest? Wer manifestiert was vor dem Hintergrund welcher Zielstellungen? Welcher Claim wird mit der Setzung einer manifestierten Forderung besetzt? Und worin verbirgt sich jene, aus der Historie bekannte, in die Gegenwart herübergerettete (oder noch hinüberzurettende) mitreißende und bewegende Kraft der Manifeste? Ließe sich ein aktueller Anspruch auf dynamische Hervorbringungsleistungen überhaupt auf Dauer stellen und wenn ja, gelingt dies noch auf Basis der tradierten Vokabularien und Verantwortlichkeiten einer wegweisend steuernden Bewegung, die sich selbst als wegweisende Richtinstanz versteht und sich zugleich als Vertretung eines Kollektivs verantwortet?[193] Schließlich: Wohnt den Manifesten gar ein solchermaßen avantgardistisches Potential inne, dass sie selbst zu Markern und „Re-entry[s]" (Spencer-Brown) der Avantgarde als einer „glücklich gewählte[n] Projektionsfläche für Ansprüche eines Selbstautorisierungsunternehmens mit auf Dauer gestellter Fortsetzung" (Plath 2000:665) werden?

Eine Korrelation zwischen den (Ein)Forderungen der Avantgarden auf Einlösung ihres avantgardistischen Anspruches und ihren Ausbringungen ist schnell erklärt: Diesbezüglich zieht bspw. Hülk (2005:20) eine Schleife von der Performativität zur klassischen Avantgarde, indem sie auf die wohl bedeutendste Proklamation des Futurismus, das „Manifest des Futurismus" (Marinetti 1995a/Orig. 1909) abhebt und darauf verweist, „dass Performativität der durchgängige Ges-

---

193   Plath stellt in diesem Zusammenhang eine wegweisende Frage: „Wie kann man ‚nach' dem kommen, was sich als ‚vorn' ausgibt? Die Frage verweist auf die erwähnten Schwierigkeit, [sic!] einen Zeitpunkt zu bestimmen, an dem man sprechen kann und an dem man ‚jetzt' sagen muß, in der Absicht, eine Gegenwärtigkeit und Präsenz in der Zeit zu beteuern" (Plath 2000:668).

tus dieses ersten avantgardistischen Textes ist, der alle gültigen kulturellen Codes und Kontexte zerstört und eben dadurch Avantgarde konstituiert. Performativität ereignet sich erstens im Gründungsakt der Bewegung als einem Sprechakt, der mit mehrfach skandierten, militanten Einsetzungsworten Avantgarde intoniert, exponiert und vollzieht" (Hülk 2005:20). In diese Betrachtungsweise lässt sich auch jene Aussage von Leroy eingliedern, dass das Manifest selbst „sicher deshalb zur Diskursform *par excellence* der Avantgarden geworden [ist, B. P.], weil es sich selbst als die Avantgarde des Diskurses betrachtet. Seine Autorität ist ebensosehr topographisch wie auch symbolisch begründet: befiehlt es doch eine neue schriftstellerische bzw. künstlerische Wahrheit, allerdings von außen her. Das Manifest bekräftigt mehr als daß es Zeugnis ablegt" (Leroy 1997:277).

Muss es sich bei einem Manifest jedoch notwendig um einen Text handeln, der das zu Manifestierende unisono ins Werk setzt, *indem* er vom Produzenten als solches ausgebracht und vom Rezipienten daraufhin erst als manifestierter Anspruch verstanden wird? Was genau ist also die Funktion der Form – als Medium im Sinne der Parole McLuhans zu fungieren und höchst selbst ‚Botschaft' zu sein, oder lediglich probates Mittel, um Inhalt durchschlagend in die Öffentlichkeit zu transportieren? Was sind die Regeln für die Formation von Inhalten und die Formierung von Akteuren und Zielen, kurz die Kriterien der Ordnungsbildung, die sich in das Medium Manifest einschreiben? Und was wird in Manifesten ins Werk gesetzt oder gar verstetigt?

Knüpfen wir zur Beschreibung der Funktion von Manifesten zunächst an einen historischen Rahmen an: „Im deutschen, genauer deutschsprachigen Wortgebrauch hat sich ‚Manifest' erst mit Dada – historisch im Kontext der Novemberrevolution – durchgesetzt" (Fähnders/Karrenbrock 1998:65). So bahnte sich „[m]it der Entdeckung des Manifestes durch die Avantgarde als die ihr adäquate Gattung [...] nun jener Sturmlauf [an, B. P.], der die Zeitgenossen von ‚Manifestantismus'[194] sprechen lässt – dieses Wort ist ein Neologismus der deutschen Avantgarde und wird von Franz Pfemfert bereits 1913 in seiner expressionistischen Zeitschrift *Die Aktion* geprägt" (Fähnders 2000:75, kursive Hervorheb. im Orig.).

Bleiben wir jedoch zunächst bei der Form eines Manifestes in Bezug auf einen Text. Was genau führt dazu, einen Text im Status und Stand eines Manifestes zu situieren? Fähnders verweist darauf, dass sich „unschwer gattungstypische

---

194 Anschlussfähig sind hier auch die Überlegungen von Hülk (2005), die den Manifestantismus selbst als Kunstform situiert: „Der ‚Manifestantismus' nämlich ist eine ebenso selbstreflexive wie inszenatorische Aktionskunst, ist selbst Waffe in einer ästhetischen *querelle*, welche Materialität (Typographie, Format, Trägermedium), Oralität (Apelle, Befehle, Deklamationen) und Theatralität (Selbstinszenierung) ereignishaft einsetzt" (Hülk 2005:20, kursive Hervorhebung im Original).

Eigenschaften des Manifestes ausmachen [lassen, B. P.], die sich bereits in seiner Semantik im außerkünstlerischen Bereich finden: Diskursive Programmatik, Eindeutigkeit und Öffentlichkeit des Textes, seiner Aussage wie seiner Intention. [...] Ein Text mit für das Manifest gattungstypischen Charakteristika wäre in jedem Fall als Manifest auszumachen – nenne es sich nun Manifest oder nicht" (Fähnders 2000:77f.). Unabhängig von seiner Benennung und Betitelung wäre ein Text, der den oben bezeichneten gattungstypischen Charakteristika gerecht würde, laut Fähnders also als Manifest bestimmbar. (Vgl. ebd.) Wie aber verhält es sich mit Texten, die von ihren Urhebern ausdrücklich als Manifeste bezeichnet werden, obigen Charakteristika jedoch nicht entsprechen? Wie Fähnders hervorhebt, „finden wir sogar selbsternannte Manifeste, bei denen nicht mehr auch nur die geringsten Textmerkmale auf ein Manifest schließen lassen – mit Ausnahme eben der Selbstbezeichnung, die allein es ist, die einen Zusammenhang zur Gattung noch herstellt bzw. diesen intertextuell[...] herzustellen einfordert" (Fähnders 2000:78). Was also manifestiert (sich) im Manifest? Die von einem Urheber eingeforderte Zuweisung der Ausbringung zu den Manifesten, signalisiert also zunächst einmal einen damit einhergehenden Anspruch auf prozessuale Einlösung der manifestierten Forderung und zugleich auf richtungsweisende Einbettung der damit verbundenen Absichtserklärung: „Indem nämlich die Behauptung aufgestellt wird, daß ein Text oder ein Kunstwerk als Manifest zu verstehen ist (ob es nun Manifest heißt oder nicht, bzw. ob es nun einer Gattung Manifest zuzuordnen ist oder nicht), wird im Grunde angegeben: dieser Text oder dieses Werk enthält eindeutige programmatische Aussagen, bietet Aufschluß über Intentionen. Die Bezeichnung eines Textes oder eines Werkes als Manifest bietet somit eine diskursive Strategie, die darauf angelegt ist, Krisen der Intentionalität zu bewältigen, wieder Zugriff auf Intentionen zu bekommen" (van den Berg/ Grüttemeier 1998:28). Worin besteht nun aber diese, der Inhaltsebene offenbar übergeordnete Absicht der Schöpfer von Manifesten? Heben diese mit der Postulation und Propagierung ihrer Ausbringung als Manifest primär auf eine *allein* den Manifesten zugesprochene und *nur* diesen innewohnende Aktivierung einer Bezugs- und Beziehungsebene ab, welche die eingeforderte Adressierung und Involvierung einer öffentlichen Masse überhaupt erst ermöglicht?[195]

---

195 Auch die dem Performativen zueigene Deixis wird in der Sprache der Manifeste revitalisiert, um jene mit der sprachlichen Ausbringung einhergehenden Forderungen als unverzüglich einzutretende Unisono Setzung einer Verzeitlichung und Verräumlichung zu markieren, so dass sich aus der ausgebrachten Forderung die Kraft der Schlussformel einer ‚so sei es hier und jetzt durch mich' Setzung ergibt. (Vgl. Wagner 1997:48) Oder mit Fähnders formuliert: „Postulat und postuliertes Ziel werden eins, das Manifest ist nicht mehr auf Exterritoriales aus, Manifest und Aktion fallen zusammen, das Manifest findet in sich selbst eine Teleologie, es wird als ästhetische und soziale Praxis inszeniert" (Fähnders 2000:84).

Bei der Manifestierung (hier der Ausbringung) geht es nicht allein um die Manifestation der eingeforderten Bedeutung auf der Inhaltsebene, sondern ebenso um die Fixierung der Bedingungen zur Einlösung der Forderung. Einerseits geht es damit zwar um Bewahrung des Inhaltes durch (schriftliche) Konservierung, zugleich aber immer auch um Eroberung des Neuen durch proaktive Setzung mit dem Ziel einer direkten Einflussnahme auf das Publikum durch dessen Adressierung und Involvierung. Oder anders gesagt: „Das Manifest als ‚Botenstoff'" (Gersdorff 2007:5) zwischen ‚individuellem Anspruch' und ‚kollektivem Zuspruch' fokussiert auf die Anerkennung des Inhalts in seiner manifestierten Form durch das Publikum bzw. den Rezipienten. Diese Anerkennung tritt unisono mit der Setzung hervor und wird dennoch als bereits gesetzt betrachtet, in eben jenem Moment der öffentlichen Hervorbringung, bei der sich der manifestierte Inhalt bereits als unhintergehbarer Anspruch konfiguriert hat. (Vgl. Fähnders 2000:88, der hier vom „Sofortismus" spricht, sowie Ders. ebd.:87.) Dabei wird deutlich: Ein Manifest manifestiert nicht nur, es traktiert! Es traktiert dazu, der aufgestellten und beanspruchten Forderung unverzüglich Folge zu leisten, denn formuliert werden hier niemals Konjunktive, sondern ausschließlich und uneingeschränkt Imperative. Dementsprechend besaßen die Ausbringungen einen entschieden renitenten Charakter, der auf die Umwälzung öffentlicher Willensbekräftigung abzielte. Sie waren also dergestalt angelegt, dass sie ihre mit der Forderung verbundenen intentionalen[196] Absichtsbekräftigungen unter wegweisender Flagge in die Semantik von Richtformeln einkleideten.

In Anerkennung und Auszeichnung der *Funktion* des Manifestes als ein funktionales Macht- und zielorientiertes Herrschaftsmedium, in das sich der abgeforderte *Inhalt* einschreibt und sich die *Form* des Anspruches als ein proprietäres Verdienst verstetigt, konstituiert und revitalisiert das Manifest, wie van den Berg (1997) zeigt, zugleich wiederum herrschaftliche Funktionen: "Vor dem Hintergrund des […] damals noch primären Gehalts und Stellenwerts des Manifests, erlaubt erst der Anspruch der historischen Avantgarde, daß ihr bzw. ihrer Kunst eine führende, ja souveräne Rolle bei einer Neugestaltung des Lebens zukommt, sich auf den Stuhl des Herrschenden zu setzen und gibt den Repräsentanten dieser Avantgarde quasi die Befugnis, Manifeste zu veröffentlichen", so van den Berg (1997:63). Wie van den Berg konstatiert, entstammen auch die Manifeste, ebenso „wie die Selbstbezeichnung ‚Avantgarde', ebenfalls einem kriegerischen Zusammenhang, in dem sie zum einen Medium der souveränen Herrschaft, Aus-

---

196 Dasjenige, „was den Manifestcharakter eines Manifestes ausmacht" (van den Berg/Grüttemeier 1998:17), begründet sich, laut van den Berg und Grüttemeier (1998:17) primär in der „pragmatische[n] Funktion, die sich in etwa als die Vermittlung von Intentionen, die öffentliche Darlegung programmatischer Überlegungen umschreiben lässt" (ebd.).

druck selbsternannter Autorität, zum anderen Darstellungen militärischer Pläne und der Erläuterung von Beweggründen und Zielsetzungen in Verbindung mit kriegerischen Handlungen waren" (van den Berg 1997:63): „Damit unterstreicht das Manifest als Texttypus oder genauer: die Übernahme, die Aneigung des Manifests das avantgardistische Selbstverständnis und den (doppelten) Führungsanspruch" (ebd.:64). Dementsprechend sei „[d]as avantgardistische Manifest [...] nicht nur Manifest eines Ismus, sondern zugleich manifest ein Ismus, Kundgebung im doppelten Sinne oder, um jene andere Bedeutung des Wortes zu nehmen, Frachtbrief und Fracht zugleich" (ebd.:69). So formuliert Marinetti im schriftlich fixierten Gründungsakt der dem ersten futuristischen Manifest vorangestellt ist, bereits den der Bewegung immanenten Anspruch „stolze[r] Leuchttürme oder vorgeschobene[r] Wachtposten" (Ders. 1995a:3/Orig. 1909) auf Positionierung und Placement „[a]ufrecht auf dem Gipfel der Welt" (Ders. 1995a:7/Orig. 1909), welche zur Stellung(nahme) und man könnte hier auch sagen, zur 'Dar-zu-Stellung' als Richtgröße erst berechtigen und den im Rahmen des Manifestes formulierten Anspruch auf inhaltliche Zustimmung und Umsetzung gleichsam zur propriäteren Stellgröße erheben. (Vgl. Asholt/Fähnders 2000:9)

Damit handelt es sich also bei Manifesten keinesfalls nur um die Forderung, der im Manifest selbst formulierten inhaltlichen Umsetzung, sondern um die Ermächtigung der Urheber zur *Ein*forderung und Anerkennung der *Ab*forderung jeglicher Forderungen selbst.[197] Wodurch findet nun aber die Eroberung des Terrains durch das Manifest (Vgl. Fähnders 2008:83) und die damit verbundene Beanspruchung von Claims bzw. die Besetzung strategischer Felder statt? Da ich in dieser Arbeit bislang primär die *künstlerischen* Avantgardebewegungen, deren Impeti und die dem Avantgardebegriff zugeschriebenen Manifeste an ein modernes Clusterverständnis angeschlossen habe, werde ich im Folgenden das inhaltliche Spektrum des Avantgardebegriffs in summa komplettieren und dazu tiefer auf den bislang nur konturierten militärischen Gestus des Begriffs sowie damit verbundene strategische Ausrichtungen einschwenken.

---

197 So auch Fähnders: „Die zielgerichtete Desavoirung des einseitig-linearen Manifestierens
     – beides ist auch authentischer Bestandteil des avantgardistischen Projekts – läßt den Mani-
     festantismus in neuem Licht erscheinen: Es wird nicht mehr die Durchführung, Einlösung,
     Realisierung bestimmter Forderungen gefordert, sondern das Fordern selbst steht im Zentrum,
     und mit ihm wohl die Auseinandersetzung mit seinen Strukturen, Bedingungen, Möglichkeiten"
     (Fähnders 2000:82).

4.7 Die Wissensavantgarde (re)formiert sich: Weckruf und Erwachen der strategischen Künste

> „Jede Form ist das Momentbild eines Prozesses.
> Also ist das Werk Haltestelle des Werdens
> und nicht erstarrtes Ziel."
>
> (Lissitzky/Schwitters 1924)[198]

Fähnders verweist darauf, dass „die Avantgarde das frisch eroberte Terrain des Manifestes gar nicht mehr auf eine diesem angemessene Art und Weise besetzt hält" (Fähnders 2000:83). Der Autor zeigt auf, dass hier „ein neues Verhältnis zur herrscherlichen Gattung deutlich" (ebd.) werde, und zwar „[d]ie operative Hereinziehung des Rezipienten in das Manifestieren" (ebd.). Dies begründet Fähnders wie folgt:

> „[W]enn nicht mehr diskursiv eindeutig manifestiert wird, sondern gerade dieses Verfahren einer Kritik unterzogen und revidiert wird, so ist es Aufgabe des ‚Hinterlandes', diese tendenzielle Selbstaufgabe der ‚Vorhut' nun selbst und selbsttätig mit Inhalt auszufüllen. Darin läßt sich auch eine Selbstüberprüfung des herrischen Blickes vom Wolkenkratzer erkennen, wie ihn in variantenreicher Bildlichkeit die Avantgarde-Manifeste verkünden. Der Avantgardist geht in der hier skizzierten, zugespitzten Manifest-Konzeption den Rezipienten nicht länger bloß voran, sondern alle, Avantgarde und Haupttroß, finden sich in Bewegung" (Fähnders 2000:83).

Übertragen wir dies nun auf sozio-ökonomische Gebilde und verstehen die Ins-Werk-Setzung von Clustern selbig als eine durchgehende Manifestation, bei der sich gleichsam alle Akteure als Teil der Bewegung wiederfinden. Eine damit verbundene strategische Steuerung inkludiert dann auch die ‚Erweckung' der ‚schlafenden Ressource' aus der ihnen zuweilen (wenn auch nur temporär) unterstellten Unbeweglichkeit des ‚Dornröschenschlafes' und die effektive und effiziente Führung der gesamten ‚Truppe' auf eine kollektive Marschroute mit Hilfe vorausschauender Handlungsstrategien.[199] Denn: „Strategische Steuerung will die Horizonte des Möglichen umsetzen in die Ermöglichung neuer Wege" (Pankoke 2006:175f.). Diese intentionale Absicht und initiatorische Umsetzung des Bewegtseins und ‚In Bewegung Setzens' der gesamten verfügbaren Truppenstärke bezieht ihre strategischen Wurzeln wiederum aus militärischen Impeti. Denn: „Als eine vorübergehende Operation, d. h. als ein einfaches Ergreifen der Initiative be-

---

198   Zit. n. Fähnders/Karrenbrock (1998:86, Hervorheb. in Versalien ebd. getilgt). Ebenfalls in van den Berg (2000:58) – dort mit dem Verweis auf das Autorenduo Lissitzky und Schwitters, (vgl. ebd.:64) die ich hier als Autoren übernommen habe.

199   „Der alltägliche Aufenthalt in der Latenz wird zunehmend unruhig. Zwei Arten von Schläfern treten in Erscheinung – Schläfer im Impliziten, die weiter nach Geborgenheit durch Nichtwissen suchen, und Schläfer im Expliziten, die wissen, was an der Front geplant ist, und auf den Einsatzbefehl warten" (Sloterdijk 2002:287).

trachtet, ist der Angriff fast immer vorteilhaft, vor allem in der Strategie. Falls es wirklich der Kern der Kriegskunst ist, seine Hauptkräfte auf den entscheidenden Punkt zu bringen, so ist es klar, dass die erste Anwendung dieses Prinzips darin bestehen muss, für die Bewegung die Initiative zu ergreifen" (Jomini 2009:49).

Um zu verstehen, welches Accompagnement ein (militärisch ausgelegtes) Strategieverständnis sowohl mit der (avantgardistischen) Kunst als auch der modernen Ökonomik nicht nur verbindet, sondern erst über selbige Zusammenschau jene Dynamik entfaltet, die sich in moderner Fassung und Auslegung bspw. als sog. ,Sprunginnovation' manifestiert, nähern wir uns dieser Verbindung zunächst über die mit dem Begriff der Strategie einhergehenden Bedeutungskorrelationen: Der Begriff ,Strategie' lässt sich auch als „oberste Führung und Planung" (DWB, Bd. 19, Sp. 934-936) bzw. als „Kunst der Heerführung, Feldherrnkunst, [geschickte] Kampfplanung" (DUDEN 1963:685, Einfassung in eckige Klammern im Orig.) fassen. Schwenken wir auf dereinstige Schlüsselfiguren eben jener militärischen Ursprungskontexte ein, liesse sich Strategie nach Jomini auch fassen, als die „Kunst [...] den Krieg auf der Karte zu machen, die Kunst, den ganzen Kriegsschauplatz zu umfassen" (Jomini 2009:46). Dementsprechend gehören „[a]lle die Kombinationen, welche sich auf den *ganzen* Kriegsschauplatz erstrekken [...] der Strategie an" (Jomini 2009:45, kursive Hervorhebung im Orig.).[200] Eine Erklärung wie „das grosze ist die strategie, das eigentlich schöpferische: sie gestaltet den sieg" (DWB, Bd. 19, Sp. 934-936, dereinstige Rechtschreibung originalgetreu übernommen) macht die Verbindung der Bedeutungen von Kunst,

---

200   Zu diesen Kombinationen zählen laut Jomini u. a. "die Bezeichnung dieses Kriegsschauplatzes und der verschiedenen Kombinationen, welche er darbietet; [...] die Bezeichnung der entscheidenden Punkte, welche aus diesen Kombinationen und aus der als günstig anerkannten Richtung der Unternehmungen hervorgeht; [...] die Wahl der Operationszone und die Einrichtung der festen Basis; [...] die Bestimmung des Ziels, [...] die Operationsfronten, die strategischen Fronten und die Verteidigungslinien; [...] die Wahl der Operationslinien, [...] die vorläufigen Operationsbasen und die strategischen Reserven; [...] die Divisionen und die grossen Entsendungen, welche nützlich oder nötig sein können" (Jomini 2009:45, Rechtschreibung originalgetreu übernommen). All diese Punkte lassen sich auch unmittelbar zu Teilen einer umfassenden Clusterstrategie umwenden, gilt es doch in Clusterkontexten, eine griffige eingängige Bezeichnung für den Cluster selbst zu generieren, die als bedeutungstragendes Unique von allen partizipierenden Akteuren geteilt und getragen wird. Zugleich geht es darum, das Terrain des Clusterschauplatzes einzufassen sowie ein übergeordnetes Cluster-Management zu installieren, welches die möglicherweise konvergierenden und konfliktiven Interessen der partizipierenden Akteure untereinander zu Gunsten eines übergeordneten, von allen Beteiligten anvisierten Zieles harmonisiert und deren ,commitment' auch über den Clusterverbund hinaus durch die Genese von Leitbildern, Visionen und Dachmarken in die Öffentlichkeit trägt, um die Breitenwirksamkeit des Clusters öffentlich zu vertreten sowie Produktivität und Effektivität der Produkte und Dienstleistungen zu sichern und zu steigern.

Kampf und Strategie[201] deutlich, die im Begriff „Strategem" – der laut dem DU-
DEN mit „Kriegslist" und zugleich „Kunstgriff" und „Trick" übersetzt werden
könne (Vgl. DUDEN 1990:745) – ihren Höhepunkt findet. Krünitz stellt Strategie
noch direkt mit „Stratagema" bzw. „FR. Stratageme, Surprise" gleich (Krünitz
o. J:o. S./Artikel Strategie, kursive Hervorheb. und Hervorhebung in Großbuchstaben im Orig.). Hier wird das Überraschungsmoment, das sich im Englischen
noch heute im Begriff ‚Surprise' ausdrückt, direkt zum auslösenden Moment der
Strategie, gar zu deren kardinaler Bedeutung konnotiert. Dies deckt sich wiederum mit der militärischen Avantgarde-Definition Müllers, wenn er konstatiert,
dass „die Avantgarde das, was sie tut: nämlich aufklären, verschleiern [muss, B.
P.]. Sie ist eine Eclaireurtruppe, die im Geheimen agiert, sie ist Licht im Dunkeln,
das man nicht sehen darf" (Müller 1990:o. S.).[202]

Nähern wir uns nun einer Übertragung und Applikation strategischer Überlegungen der Avantgarde auf sozio-ökonomische Dimensionen der Gegenwart:
Eine eindrucksvolle Zusammenschau von moderner Ökonomie und postavantgar-
distischer Strategie unternimmt Pankoke: Obgleich dieser nicht auf den Avantgardebegriff als solchen einschwenkt, hebt er – u. a. im Rückgriff auf die „‚romanti-
sche Modernität'" (Pankoke 1991:34) und die Figur des ‚strategischen Genies' des
Reformers von Clausewitz (vgl. ebd.) – genau auf jene Schwerpunkte der strategischen Kriegsführung ab, die unmittelbar an das ursprünglich militärische Verständnis des Avantgardebegriffs anschlussfähig sind. Zusammengenommen fasst
er den „kreative[n], konstruktive[n] und doch riskante[n] Umgang mit ‚Chaos'
und ‚Komplexität'" (ebd.) als „[p]raktische Künste"[203] und appliziert die „Hand-
lungspläne[...] ‚strategischer Genies'" (Pankoke 1991:34) auf die marktdynami-
schen Herausforderungen moderner Unternehmensführung.[204] Zoomen wir zur
Verdeutlichung einer sich daraus ableitenden unmittelbar avantgardistisch gelagerten Dimension bei Pankoke zunächst auf dessen Visualisierung der Komplexität eines kriegerischen Szenarios und damit verbundener Handlungsstrategien:
Pankoke führt aus, dass sich „im ‚Ausnahmezustand' des Krieges [...] alle Ko-

---

201 „Nach August Wagner, in seinen ‚Grundzügen der reinen Strategie', gehört zu der Strategie die
      Lehre von den Operationen und ihrer Ausführung auf dem Terrain, oder reine und angewandte
      Strategie" (Krünitz o. J.:o. S. /Artikel Strategie).

202 Diese Verschleierungstechniken begegnen uns in der modernen Ökonomie dergestalt wieder,
      als dass gerade Wissen als Markt- und Machtinstrument genutzt wird und insbesondere vor
      dem Hintergrund der Ausbringung von Sprunginnovationen und der späteren Zurechnung
      dieser Innovationen auf einzelne Schlüsselakteure und spezifische ‚Adressen' daher vielfach
      zurückgehalten wird.

203 So ein gleichnamiger Teil des Publikationstitel von Pankoke (2006).

204 Für eine tiefergehende Überführung der Clausewitzschen Strategien in Risikokontexte und
      konfliktive Steuerungsräume moderner Unternehmensführung vgl. ausführlich Pankoke (2007).

ordinaten verschieben, das Alltägliche fremd wird und das scheinbar Einfache über die Komplexität des Feldes täuschen kann: ‚Es ist alles im Kriege sehr einfach, aber das Einfachste ist schwierig' [Clausewitz, B. P.]" (Pankoke 1991:38, im Rekurs auf Clausewitz). Eine in dieser Krisenzeit dringend notwendig werdende Steuerung erfordert also besondere und neuartige Kompetenzen ein. Diese Kompetenz – und hier macht Pankoke die Aktualität der Clausewitzschen Aufzeichnungen für das moderne Unternehmertum deutlich – wird erforderlich, um „in turbulenten Feldern vielfältiger Ungewissheit und Unübersichtlichkeit durch Vision und Kombinatorik die Beobachtung zu ergänzen und so auch gegenüber fremden und feindlichen Feldern[205] die Initiative zu ergreifen und die Situation durch eigenen Entwurf zu definieren" (Pankoke 1991:38).[206]

Dieser „eigene[...] Entwurf" (ebd.) wiederum birgt eine große Verantwortung in sich, die laut Pankoke „gerade dann gefordert [ist, B. P.], wenn Vertrauen riskant wird. Gerade dann aber muss – unter sich verschärfendem Tempo- und Entscheidungsdruck – *entschieden* gehandelt werden" (Pankoke 2007:315, kursive Hervorhebung B. P.). Oder mit von Clausewitz gesprochen: „Ohne Mut und Entschlossenheit kann man in großen Dingen nie etwas tun, denn Gefahren gibt es überall." Unter Rückgriff auf das performative Moment des Tätigwerdens im aktiven Vollzug müsste diese Clausewitzsche' Aussage insofern ergänzt werden, als dass jeglicher (selbst)tätige Handlungsvollzug darauf basiert, dass eine Strategie erst in eine wirklichkeitskonstituierende Handlung überführt werden kann, wenn „dem ‚Mut' der Umsetzung des Wissens in die ‚Tat'" (Pankoke 2007:319) die ‚In-Gang-Setzung des Entschlusses durch das eigene entschiedene Tun' folgt.

---

205 Die von Pankoke verwendete Metaphorik des Feldes bzw. der Feldbeherrschung und Feldbesetzung ist dem Strategiebegriff offenbar bereits immanent. Verweisen ließe sich hier – neben der Analogie des kriegerischen Schlachtfeldes, dessen nahe begriffliche und bedeutungstragende Verwandschaft sich auch heute noch in Begriffshybriden wie ‚Feldpost', ‚Feldküche', ‚Feldwebel' finden lässt – auf die Begriffe des Spiel-, Kraft-, Spannungs- und Betätigungsfeldes. (Vgl. DUDEN 1963:162)

206 Pankoke merkt dazu an, dass „Buch- oder Bildungsangebote heute unter Titeln wie ‚*Clausewitz für Manager*' aktuelles Interesse" (Ders. 2000:107, kursive Hervorhebung im Original) finden. Denn: „Gegenüber den Unübersichtlichkeiten und Unberechenbarkeiten komplexer und turbulenter ‚Umwelten' galt und gilt es, die Schwierigkeiten der Weltbeobachtung durch ‚Selbstbeobachtung' zu kontrollieren und die Entwicklung komplexer Handlungsfelder durch selbstbewußtes Konstruieren und Organisieren zu steuern. Dies hätte auch Konsequenzen für die organisatorische Kultur der ‚inneren Führung'. Wenn ein ‚Feldherr' – oder (im gesellschaftlichen System der Wirtschaft) auch ein ‚Unternehmer' – sein Feld nur noch durch Konstruieren und Organisieren beherrschen kann, also für die Sinnrichtung und Systembildung des Handelns ‚selbst' die Verantwortung übernimmt, wird der Erfolg solcher Sinn- und Systembildung davon abhängen, ob und wie es gelingt, auch bei Mitstreitern diesen ‚inneren Sinn' anzusprechen, Interesse und Engagement, oder wie es damals hieß ‚Enthusiasmus' zu wecken" (ebd.).

Ohne hier bereits jenen besonderen Dynamiken vorweggreifen zu müssen, welche sich in kriegerischen Situationen entfalten, stimme ich mit Pankoke (1991, 2000, 2007) darin überein, dass die einstigen Komponenten strategischer Kriegsführung vor dem Hintergrund sich gegenwärtig verschärfender Wettbewerbsbedingungen wiedererstarken und zu unabdingbaren Bestandteilen moderner Unternehmensführung werden.[207] Insbesondere die Akteursfigur des Strategen gewinnt in der Bedeutung „'Feldherr, [Heer]führer' […] [z]u *gr.* stratós ,Heer' und *gr.* ágein ,führen'" (DUDEN 1963:685, Wortklammerung und kursive Hervorhebung im Original) besondere Bedeutung: Ob nun im aktuellen unternehmerischen Kontext oder im militärischen Rückgriff[208] kommt ihr eine übergeordnete Relevanz zu, da sie die „Gefilde" als eine „Gesamtheit von Feldern" (DUDEN 1963:203) beobachten und auf einer Metaebene wegweisende Steuerungsprozesse initiieren und in Gang setzen muss.[209] Diese strategische Kompetenz wiederum beschränk-

---

207   „Nichts ist wahrer als die Bemerkung, dass man Strategie und Taktik niemals oder sehr selten ganz trennen kann. […] Es sind andere Einteilungen der Lehre wie in Strategie und Taktik in älterer Zeit üblich gewesen und in neuerer Zeit mehrfach versucht worden. Sie leiden aber sämtlich an dem Mangel: die Tätigkeit des Führers und somit die grösste geistige Potenz im Kriege nicht mit zu begreifen" (Jomini 2009:45).

208   Eine Differenzierung respektive Komparation der Lehrsätze und Sichtweisen von Jomini und Clausewitz nahm Oberstleutnant von Boguslawski bereits im Jahre 1880 in einer beigefügten Einleitung zu Jominis' Werk „Abriss der Kriegskunst" vor: Er hebt auf die unterschiedlichen Laufbahnen beider Generäle ab, verweist jedoch auch darauf, dass beide Zeit ihres Lebens keinen Einsatz erhalten hätten, der ihren Fähigkeiten gerecht geworden sei. (Vgl. Boguslawski 2009:ii) Seiner Ansicht nach habe man „beide und ihre Werke häufig in einen zu schroffen Gegensatz gestellt" (ebd.), obschon „dieser Unterschied in der Lehre und in der Auffassung des Krieges dieser beiden erlesenen Geister in der angenommenen Schroffheit gar nicht existiert" (Boguslawski 2009:iii). Denn: „Eigentlich stehen sich die beiden Schriftsteller nur in ihrer Meinung über Folgendes gegenüber: Clausewitz erklärt, in der Taktik sei die Lehre eine feststehendere als in der Strategie, Jomini dreht den Satz absolut um" (Boguslawski 2009:iv).

209   Krünitz differenziert zudem die Akteursfiguren des „Strategen" und des „Strategikers": „Der Stratege besitzt die höhere Geistesfähigkeit, im Kriege Erfindungen, oder auch nur Anordnungen zu machen, Stoff, Zeit und Raum unter allen Umständen seinem Zwecke gemäß zu benutzen; er handelt aber nur als Naturalist, und ist ein Kriegsgenie von Natur, hat dazu ein angebornes Talent. Der Strategiker verbindet aber damit noch Studium und Erfahrung; er ist ein großer Mann. Als Feldherr bewährt ihn vor Allem, als Strategiker, diese Verbindung der Naturgaben mit den erlangten Kenntnissen und der Kriegsgewohnheit, indem er mit lebendiger Einbildungskraft den ganzen Schauplatz des Krieges umfaßt, die erforderlichen Streitkräfte nach Zahl und Waffen, so wie die entscheidenden Punkte bestimmt, deren Besitz zu seinem Endzwecke nothwendig ist. Er ist aber nicht bloß Meister in seiner Kunst; auch in keinem andern wissenschaftlichen Gebiete ist er ein Fremdling. Er ist vorzugsweise Länder= und Staatenkundiger, und weiß die feindlichen Streitkräfte und ihre Hülfsquellen in allen ihren Beziehungen zu berechnen. Philosoph und Menschenkenner hat er den Geist und Charakter seiner Nation und seines Feindes genau erforscht, ehe er ihn handeln sieht. Die Energie seines Charakters entwickelt sich in seinen Reden; daher versteht er auch mit wenigen, aber kräftigen Worten den Muth seines Heeres zu entflammen" (Krünitz o. J.:o. S./Artikel Strategie, Hervorhebungen bzw. Trennungen im Orig., dereinstige Rechtschreibung originalgetreu übernommen). In

te sich, wie Pankoke aufzeigt, auch bei der Fokussierung militärischer Provenienz nicht lediglich auf genuin militärische Kontexte, sondern inkludierte auch
in diesen Kontexten bereits globale und politische Dimensionen und erweiterte
sich damit zu einer übergeordneten Feldkompetenz (vgl. Pankoke 2006:178): Pankoke macht deutlich, dass das ‚strategische Genie' bereits für Clausewitz „eben
nicht nur durch militante Konflikte gefordert, sondern auch durch die Steuerung
gesellschaftlicher Entwicklungen, wie damals in Preußen auf kritischer Schwelle zwischen Reform und Revolution" (Pankoke 2006:178) unabdingbar gewesen
sei. (Vgl. ebd.) Somit „interessiert [Clausewitz, B. P.] hier nicht als Taktiker der
Kriegskunst, sondern als Stratege der Reform, also des gesteuerten Wandels.
[...] Die damit zum Problem und zum Programm werdende Steuerung erfordert
das ‚strategische Genie' der methodischen und systematischen Beobachtung und
Bearbeitung von Turbulenz und Kontingenz, Komplexität und Chaos" (Pankoke
2000:69). Damit war das ‚strategische Genie' längst nicht nur militärischer Kom-
mandeur, sondern die unhintergehbare Relevanz bestimmter, ihm abverlangter
Kompetenzen war aufgrund jener, mit seiner Schlüsselrolle einhergehenden besonderen Zielstellungen, bereits vorab auf einer Metaebene angesiedelt (vgl. Pankoke 2006:178): „So sollte ein Feldherr sein ‚Feld beherrschen' – auch dann noch,
wenn die immer komplexeren Konfliktfelder sich weder beobachten noch berechnen lassen, und dennoch entschiedenes Handeln gefordert ist. Bei aller Unübersichtlichkeit der Umstände galt es, für das Handeln Perspektiven zu setzen und
Richtung zu weisen – Schneisen ins ‚Dickicht der Lebenswelt' zu schlagen" (Pankoke 2006:178, im Rekurs auf Clausewitz).[210]

Der strategisch virtuose Führer oder wie es Clausewitz ausdrückte, das „strategische Genie", war in Funktion des ‚Feldherrn' offenbar nicht nur in Bezug auf
die Auswahl und Form des Einsatzes weisungsbefugt. In der Position als (feder)
führender Schlüsselakteur war dieser zugleich ‚persona supra grata' und damit
unmittelbar persönlich verantwortlich für die Wahl der (richtigen und zielführen-

---

Anlehnung an diese Definition von Krünitz müsste die hier vertretene Figur des strategischen
Führers aufgrund der ihr abgeforderten Fähigkeiten und Wesensmerkmale als ‚Strategiker'
veranschlagt werden. Da die meisten Quellen jedoch von der Figur des ‚Strategen' ausgehen,
diese aber durchaus im Sinne des von Krünitz postulierten Strategikers positionieren, wird
der Begriff des Strategen in dieser Arbeit beibehalten und fortgeführt.

210 Auch Jomini hebt auf die Kompetenzen eines erfolgreichen Feldherrn ab: „Zwei *sehr verschiedene* Dinge machen das Talent eines Feldherrn aus: imstande zu sein, die Operationen
gut zu beurteilen und zu berechnen, sodann aber zu verstehen, sie zu einem guten Ausgang
zu führen. Die erste dieser Fähigkeiten kann ein Geschenk der Natur sein, oder man kann sie
auch durch das Studium erwerben und weiterentwickeln. Was die zweite betrifft, so hängt
sie vielmehr von dem Charakter des Mannes ab; und wenn das Studium sie entwickeln und
vervollkommnen kann, so wird es sie niemals die Kraft der Ausführung verleihen, welche eine
persönliche Eigenschaft ist" (Jomini 2009:260, kursive Hervorheb. im Orig.).

den) Strategie, welche letztlich über Gelingen und Misslingen der gesamten Operation entschied, weshalb sich Funktion, Position, Person und Operation letztlich in der Figur des Feldherrn verschwisterten.[211] Worin bestand jedoch diese spezifische Kompetenz des Feldherrn bzw. Strategen speziell und worauf gründet sich ihre unhintergehbare Relevanz hinsichtlich spezifischer Zielstellungen?[212]

Nach Auswertung militärischer Schriften sowie relevanter Sekundärliteratur referiert eine derartige Feldbeherrschungskompetenz nicht auf eine spezifische Schlüsselfähigkeit, sondern inkludiert ein ganzes Konglomerat an Eigenschaften und Fähigkeiten. Um hier nur eine kleine Auswahl aufzugreifen, sind dies z. B. Selbststeuerung und Selbstbeobachtung,[213] Kühnheit, Entschlossenheit

---

211   Diese Verschwisterung findet Halt in einem Verweis von Boguslawski, in dem er auf den vollkommenen Einsatz und das Engagement der Generäle von Clausewitz und Jomini abhebt, welche sich auch in ihrer beider Schriften widerspiegelten: „In Clausewitz' Werk ‚Vom Kriege' und im ‚Abriss der Kriegskunst' ist also von dem, was beide erfahren, gedacht, gewollt, alles, sind die Männer sozusagen selbst enthalten" (Boguslawski 1990:ii).

212   Westliche Theoriestränge fokussieren im Rahmen von Zielerreichungsprozessen, – wie Jullien (2006) zeigt – meist Zweck-Mittel-Relationen in planbaren, kalkulierbaren und absichtsvollen Modellarchitekturen (vgl. Jullien 2006:16ff.), die sich auf Schematismen der Vorab-Planung der vorausberechneten Züge konzentrieren und aufs Engste mit der Kalkulation eines mathematischen Kalküls der ‚Messkunst' als einer Vermessungskunst des logischen Raumes korrelieren. (Vgl. auch ebd.) Dazu formulierte bereits Platon in der Politeia im Rahmen des Kapitels „Wissenschaften zur Erziehung der Philosophen" die Kunstfertigkeiten des philosophischen Strategen. Insbesondere die Geometrie spiegelt sich bei ihm als strategische Kunst der Ebenenerfassung wider. Diese wird durch die Akteursfigur eines „Meßkünstler[s]" (Ders. 1991:526d, 541) verkörpert: „Denn um Lager abzustecken, feste Plätze einzunehmen, das Heer zusammenzuziehen oder auszudehnen und für alles was die Richtung des Heeres in den Gefechten selbst und auf den Märschen betrifft, wird es einen großen Unterschied machen ob einer ein Meßkünstler ist oder nicht" (Platon 1991:526d, 541). Die Relevanz der Messgrößen verdeutlicht Platon durch einen Rückgriff auf die Bildnisse im Rahmen der Sternenkunde: „[…] jene bunte Arbeit am Himmel muß man nur als Beispiele gebrauchen um jenes nämlich zu erlernen, wie wenn einer auf des Daidalos oder eines anderen Künstlers oder Malers vortrefflich gezeichnete und fleißig ausgearbeitete Vorzeichnungen trifft. Denn wenn einer, der sich auf Messkunde versteht, diese sieht, so wird er wohl finden, daß sie vortrefflich gearbeitet sind, aber lächerlich doch diese im Ernst darauf anzusehn, als ob man darin das Wesen des Gleichen und Doppelten oder irgend eines anderen Verhältnisses fassen könnte" (Platon 1991:529d/e, 549). Damit sind Messgrößen Vorstufen, die sich mitunter zu ‚Zugpferden' der Dialektik eignen: „Nun aber, sprach ich, geht die dialektische Methode allein auf diese Art alle Voraussetzungen aufhebend grade zum Anfange selbst, damit dieser fest werde […]" (Platon 1991:533c, 559). Dabei wird uns die „dialektische Methode" (ebd.) als Gipfel vollendeter strategischer Kunst vorgeführt. (Vgl. ebd.)

213   „Wo (wie im kriegerischen Feld) unter Tempo- und Entscheidungsdruck die ‚Weltbeobachtung' schwierig, wenn nicht gar unmöglich wird, muß das strategische Genie umso mehr sich selbst kontrollieren und selbst steuern, ‚Feldbeobachtung' findet so Korrektiv und Kompensation durch ‚Selbstbeobachtung'" (Pankoke 2000:70, im Rekurs auf Clausewitz).

und Entschiedenheit,[214] Klugheit,[215] Menschenkenntnis,[216] sowie Beweglichkeit
und Bewegungsfähigkeit. Die Verschwisterung dieser einzelnen Fähigkeiten zu
einem übergeordneten Fähig- und Wertigkeitskonglomerat, das im Rahmen der
Steuerung hochkomplexer und mannigfaltiger Handlungsfelder auch in aktuellen Unternehmenskontexten entscheidende Bedeutung erlangt, ist also bereits aus
den Handlungsnotwendigkeiten der klassischen Avantgarden erwachsen; hat dort
Wirkkräfte entfaltet und Wurzeln getrieben. Neben der Bedeutsamkeit als Analogiefläche bei der Neudimensionierung des Wandels offeriert die Applikation
avantgardistischer Dimensionen auf sozio-ökonomische Kontexte, Implikationen zur praktischen Gestaltung vielgestaltiger unternehmerischer Wandlungsnot-
wendigkeiten und erleichtert somit die Wegfindung durch die oftmals undurchschaubar erscheinenden Labyrinthe interorganisationaler Marktdynamik: Das
Beherrschen und Beherzigen jenes ursprünglich den Avantgarden zugeschriebenen Konglomerates an Fähigkeiten und Eigenschaften erstarkt in Clusterkontexten zu *strategischen Künsten*.[217] Diese umfassen die kunstvolle Verknüpfung der
kontextsensitiven Relationen von Akteuren, Wissen, Wettbewerb und Kooperation, um die Spannungsfelder und Kräfteverhältnisse auszugleichen, die sich in
Clusterkontexten zwangsläufig ergeben und werden zu einem Nimbus innovativer
Entwicklung und Steuerung: Soll den Clustern zukünftig die verantwortungsvol-
le Rolle von führenden ‚Innovationslaufwerken' und ‚Wissenskraftwerken' zukommen, und wichtiger noch, sollen sie dieser ihnen beigemessenen Funktion

---

214   „Der Krieg besteht aus Thaten; im Kriege ist nicht mehr vom Rechte, sondern nur vom Han-
      deln die Rede; der Thätigste im Handeln ist Sieger. Kühnheit und Entschlossenheit führt zu
      raschen Thaten; nichts ist daher schlimmer, als Unentschlossenheit" (Krünitz o. J.:o. S./Artikel
      Strategie, dereinstige Rechtschreibung originalgetreu übernommen).

215   „Die Strategie besteht demnach […] in der Klugheit, die ein Feldherr bei seinen Unterneh-
      mungen anwendet, um den Feind, wenn nicht schnell zu vernichten, und dadurch den Frieden
      herbei zu führen, doch durch eine entscheidende Schlacht so außer Thätigkeit zu setzen, daß
      es ihm schwer wird, gleich wieder seine Kräfte zu sammeln; auch durch eine solche Schlacht
      sich auf die Folge des Krieges das Ansehen des Gefürchteten zu verschaffen. Schon ein großer
      Vorzug, den ein Feldherr genießt, [ist, B. P.] der Armee durch seine klugen Operationen Sieg
      und Ansehen verschafft zu haben, um dadurch die Thätigkeit der Truppen zu vermehren, und
      den fortgesetzten Feldzug muthig zu bestehen" (Krünitz o. J.:o. S./Artikel Strategie, dereinstige
      Rechtschreibung originalgetreu übernommen).

216   „Was das Terrain, auf welchem man steht, die Beweglichkeit der Truppen, und ihre Menge
      betrifft, so ist es weit leichter hiermit bekannt zu werden, als mit Allem, was die Bravour
      anbelangt. Hier ist es besonders, wo einem Feldherrn die genaueste Menschenkenntniß am
      meisten zu Statten kommt. Die persönliche Tapferkeit des Menschen hängt ganz von seinem
      Charakter ab, von seinen Temperaments=Eigenschaften, und von seinem sittlichen Gefühle"
      (Krünitz o. J.:o. S./Artikel Strategie, Hervorhebungen bzw. Trennungen im Orig., dereinstige
      Rechtschreibung originalgetreu übernommen).

217   Siehe dazu weiterführend CCCM (2007/Auftaktveranstaltung des Metaprojekts ‚Advantage
      Avantgarde': ‚Strategische Künste der Wissensavantgarde' – Erste Truppenschau).

auch gerecht werden, müssen sie schon per se die übergeordnete Zielstellung der Innovationsgenese und -gestaltung fokussieren. Dementsprechend geht es „[b]ei allen Diskursen um regionale Cluster [...] in der Regel darum, für die unübersichtlichen und komplexen globalen Prozesse des Wandels von Arbeit und Technologie brauchbare und tragfähige Entscheidungs- und Handlungskonzepte zu entwickeln" (Cernavin 2005:35).

Auf dieser Basis wird eine Fokussierung der Akteursperspektive erforderlich: Müssen doch die an einem Cluster beteiligten Schlüsselakteure dereinstige Feldherrn- und Feldbesetzungsstrategien abrufen und diese auf eine produktive Anwendung in Clusterkontexten übertragen können, um die Ins-Werk-Setzung, Positionierung und Ausrichtung des Clusters über die Erlangung einer ganzheitlichen Sicht pragmatisch ‚mit dem Blick fürs Ganze' zu steuern: Zunächst muss ein Unternehmen seine ‚Truppe' unter Aktivierung des Korpsgeistes und der Beobachtung der relevanten Umwelt *stimmig* auf einen *passenden* Weg führen.[218] Dabei sind Cluster-Management und Cluster-Development aufgrund der Vielzahl der in den Cluster eingebundenen Organisationen und ihrer mitunter disparaten Ansichten und Intentionen noch weitaus stärker als das Management von Einzelorganisationen „auf die Vermittelbarkeit der unmittelbar an den Fronten des Handelns gemachten Erfahrung" (Pankoke 2007:321) verwiesen, um den Cluster selbst als kardinalen manifesten Corp(u)s moderner Unternehmensführung in die Öffentlichkeit zu postieren und dort zu positionieren. Die in den Cluster eingebundenen ‚Truppen' müssen jedoch *selbst* den Genius strategischer Künste als einer auf moderne globale Märkte applizierbaren strategischen Kriegsführung verkörpern. Denn ein Unternehmen ist auf dem ‚kriegerischen Feld' des Marktes heute immer dann erfolgreich, wenn sich die Führung trotz mannigfaltiger Störgrößen aus dem Umfeld mit Mut und Entschlossenheit dem Wettbewerb und seinen Bedingungen stellt und die Unternehmensprodukte und Dienstleistungen ergebnisorientiert veräußert. Aktuell vollzieht sich dies in Unternehmenskontexten durch das Sublimieren äußerer ökonomischer, politischer Kräfte und das Proklamieren und Programmieren innerer Entschlussfähigkeit.[219]

---

218 „Die Ausbildung der Truppen suche man auf den möglichst höchsten Grad zu bringen, sowohl in physischer, als in intellektueller und moralischer Hinsicht" (Krünitz o. J.:o. S./Artikel Strategie). Zudem, so führt Krünitz weiter aus, „[m]uss das ganze Heer, selbst die Unterabteilungen desselben in ein organisch gegliedertes Ganzes geteilt und so eingerichtet sein, daß jedes [Element, B. P.] dieser Ganzen in aller Beziehung selbstständig handeln kann" (ebd., Angleichung an aktuelle Rechtschreibung B. P.).

219 Im Rahmen konstruktivistischer Theoriebildung und Wirklichkeitswahrnehmung formulierte von Glasersfeld (1987:200ff.) die interessante Analogie der Schlüssel-Schloss-Korrelation: „Ein Schlüssel ‚paßt', wenn er das Schloss aufsperrt. Das Passen beschreibt die Fähigkeit des Schlüssels, nicht aber das Schloß" (von Glasersfeld 1987:200). Für das Öffnen des Schlosses

Steuerung, Führung und Leitung von Clustern sind selbst wiederum strategisch auszurichten in der Weise, dass die beteiligten Organisationen durch eine strategische Positionierung größtmögliche Wettbewerbsvorteile erlangen und durch eine strategische Koordinierung Effizienz, Effektivität und Komplexitätsreduktion erwirkt werden.[220] Dazu müssen die Unternehmen bereits im Vorfeld kurative Maßnahmen ergreifen, um zukünftig im globalen Markt jene Schlüsselfähigkeiten zu besitzen, die es ihnen erlauben, die Partien zwischen System und Umwelt geschickt ‚durch-spielen', ihre Trümpfe ‚aus-spielen' und ‚Proaktionsdispositive' ‚ein-spielen' zu können:[221]

---

sei es dementsprechend entscheidend, dass der Schlüssel die Funktion erfülle, den Vorgang der Öffnung durchzuführen. (Vgl. ebd.) Übertragen wir diese Analogie auf sozio-ökonomische Verhältnisse, so sind die wettbewerbsrelevanten Voraussetzungen für funktionierende Schlüssel, zielführende Sinnkonstruktion und die Passgenauigkeit, welche sich über wechselnde Schlossmechanismen des Marktes konstituieren. Der erfolgreiche Unternehmensführer – und hier kann man in Anlehnung an Pankoke (2000:107) durchaus von einem modernen „Feldherr[n]" (ebd.) sprechen – besitzt sozusagen einen Generalschlüssel, der in der Lage ist, wichtige Marktpotentiale zu eröffnen. Die entscheidenden Generalschlüssel einer Unternehmensführung für das produktive Wirken am Markt entsprächen dann den abgeleiteten, hochfunktionellen Erkenntnissen und Handlungsmethoden aus dem Zusammenspiel personeller Kompetenzen, innerer Strukturen und äußerer Rahmenbedingungen. Um die Schlösser an den Portalen des globalen Marktes aufzuschließen, bedarf es zur Festlegung aktueller Schlüsselgrößen der vorherigen Analyse der komplizierten Verschlüsselungsmechanismen. Damit Schlüssel mit ihren operativen Flanken auch weiterhin stimmig (hier im Sinne von passend) sind, muss die Organisation sie also regelmäßig strategisch den Aktivitäten am Markt anpassen. Passende Schlüssel markieren so die Positionen und Dimensionen der Organisation im Marktumfeld. Unternehmerische ‚Fitness' legitimiert sich dann nicht nur über die Schlüsselung von Belastungen in Kostenstellen, sondern bedeutet – um hier die Analogie von Ernst von Glasersfeld (1987) wieder aufzunehmen – zunehmend ein strategisches ‚fit' machen für das ‚Match' am globalen Markt. Dies fordert neben der Entwicklung von passenden personellen und stimmigen organisationalen Schlüsselfähigkeiten auch die Schlüsselfertigkeit, organisationales Wissen zu entschlüsseln und die Schlüsselakteure im jeweiligen Feld auszumachen. Unter Aktivierung der gebündelten kinetischen Energie des entschlussfreudigen Bewegens und des entscheidenden Bewirkens eröffnen neuartige Schlüsselkompetenzen also die Schlüsselfelder vormals geschlossener Märkte. So ist es kein Zufall, dass Schlüsselkompetenzen in allen arbeitsweltlichen Belangen heute zunehmend entscheidender werden – sind doch spezielle, dem individuellen Prozessablauf angepasste Fähigkeiten scheinbar Garanten erfolgreicher Kapitalbildung. Diese Fähigkeiten gilt es jedoch nicht lediglich nur einzufordern, sondern sie müssen mit Blick auf den erfolgreich zu meisternden Wandel zumeist erst einmal individuell generiert werden.

220 Dies impliziert bereits die Herausforderung von Steuerung, Führung und Leitung eines strategisch gelagerten, avantgardistisch orientierten Wissens-Relais. Diese Zusammenhänge werden im Verlauf dieser Arbeit in Bezug auf strategische Steuerungsmuster und Managementmodi noch gesondert betrachtet.

221 Der Zeitpunkt des unvermeidlichen Anstoßes, um diese Aktivitäten ins Rollen zu bringen, sollte jedoch bewusst gewählt werden, um damit verbundene Ereignisfolgen, Spielverläufe und -einsätze kontrollieren und antizipieren zu können. Vergleichen ließe sich dies mit der freien Partie beim Billard, welche als spielerische Kunstform angesehen werden kann, sequentielle Interaktionen spielerisch zu erzeugen. Selbst das ‚königliche Kugelspiel' verlangt

Da in Clustern laut Cernavin „keine linearen und monokausalen, einfach planbaren Beziehungen und Wirkmuster zwischen den Akteuren der direkten Infrastruktur des regionalen Umfeldes zu den Schlüsselakteuren und den Akteuren der direkten Infrastruktur eines Clusters" (Cernavin 2005:43) bestünden und „[d]er Wert der Kommunikation im Cluster [...] gerade darin [liegt; B. P.], dass sie nicht gestaltet, nicht strukturiert und häufig auch nicht explizit abläuft" (Cernavin 2005:49), lassen sich Cluster als „extrem dynamische soziale Systeme" (Cernavin 2005:49) durchaus mit Experimentalspielen vergleichen: Ebenso wie Experimentalspiele fordern Cluster spezifische Entscheidungs- und Kooperationsmuster ein und eröffnen experimentelle Räume, auf deren Grundlage sich weiteres interaktives Handeln bewegen und sinnhaft bewirken lässt. Dementsprechend ändern sich die Konstruktionen der Handlungsflächen, die Dispositionen der Aktionen, die Konstellationen des Sinns und die Konfiguration der Macht (Stellgrößen) stetig. Da eingangs jedoch weder eindeutig voraussehbare Spiel-Konfiguration noch bereits verbindlich erweiterte Spiel-Konzessionen vorliegen, müssen sowohl die Spielvollzüge als auch damit einhergehende Vollzugsakte im Laufe des Clusterentwicklungsprozesses verhandelt, schließlich ausgehandelt sowie verbindlich von allen getragen werden.[222]

Was könnte nun der moderne Cluster-Stratege als (re)vitalisierter ‚Feldherr' tun, um das interorganisationale ‚Schlachtfeld' zum coopetitiven ‚Spielfeld' umzufunktionalisieren und damit neue Formen strategischer Inter-Organi-

---

jedoch nach Akteuren, welche gewinnbringende Kombinationen und Kombinatoriken gezielt vorausberechnen und stimmig umsetzen. Karambolagen bedeuten beim Billard – genau wie auf den großen globalen Märkten der Macht – nicht lediglich Kollisionen auf der Folie einer chaotischen Reihung inter-organisatorischer Konfrontation, sondern beschreiben gewinnbringende Konstellationen und Konvergenzen zwischen den großen Spielbällen, auf den Plattformen marktorientierter Wettbewerbsdynamik. Im Unterschied zum Poolbillard, das durch einen reinen Verdrängungswettbewerb gekennzeichnet ist, verlangt die hohe Kunst der Wissens- und Wissenskulturverschmelzung jedoch strategisches und systemisches Denken, um über geschickte Antizipation von Feldkoordinaten, die Kugeln der Macht zu einem magischen Terzett zu kombinieren.

222   Der damit verbundene dynamische Prozess ähnelt dem chinesischen Spiel ‚Go'. Ziel dieses Spieles ist es mit den Spielsteinen ein spezielles Gebiet geschickt und mit Bedacht zu besetzen, um sich schlussendlich die Kontrolle als ‚Feldherr' zu sichern und die Bewegungsfähigkeit des Gegners gekonnt zu minimieren. (Vgl. auch Heins 2003:39) Der Gegenüberstellung der Spielprozesse von ‚Go' und ‚Schach' widmet sich ebenso Jullien, der diese als Analoga nutzt, die Unterschiede westlich und östlich geprägter strategischer Denkweisen herauszustellen. Die Divergenz liesse sich seiner Einschätzung zur Folge daraus ableiten, dass der Sieger beim ‚Go' nicht durch Angriff auf einen Hauptspielstein vernichtet werde, sondern potentielle eigene Einflussbereiche vergrößert würden, indem man dem Gegner nicht frontal und direkt begegne, sondern sich seiner durch Umstellungen und Umgehungsmanöver bediene, dadurch das Kräfteverhältnis indirekt zum eigenen Nutzen wende und damit den Ausgang des Spiels beeinflusse. (Vgl. Jullien 2006:89)

sations-Kunst zu lancieren? Krünitz hat in Bezug auf die Feldbeherrschung eine Checkliste strategischer Handlungsempfehlungen erstellt, die sich wie ein hochmodernes Governance-Brevier liest und sich zudem unschwer auf globale sozioökonomische Spielzüge in Clustern übertragen lässt. In Anlehnung an Krünitz sind dies primär folgende Zielstellungen: das Corps zu vereinigen,[223] in Bezug auf die Operationen flexibel zu bleiben und diese nicht vorab zu verregeln,[224] Neuerungen proaktiv zu forcieren,[225] den strategischen Handlungsplan situations- und kontextspezifisch zu optimieren,[226] die eigene Motivation und Willensstärke wie auch die des Corps zu kräftigen und auf die wesentlichen Faktoren der Operation zu konzentrieren.[227] Dabei gilt es, das Überraschungsmoment auszunutzen[228] und die gebotene Vorsicht und Klugheit mit dem umsichtigen Blick fürs Ganze und einer genauen Kenntnis des Operationsfeldes[229] zu verbinden, aber dennoch mit Mut, Kühnheit und Umsicht voranzuschreiten.[230] (Vgl. Krünitz o. J. :o. S./Artikel Strategie)

---

223 „Die Hauptsache ist, sich nicht in mehrere Korps zu zersplittern" (Krünitz o. J.:o. S./Artikel Strategie).

224 „Man binde sich an keine Regel, wenn man etwas Besseres weiß, das Vortheile verschafft, oder wenn Umstände eintreten, die Ausnahmen erheischen" (Krünitz o. J.:o. S./Artikel Strategie, dereinstige Rechtschreibung originalgetreu übernommen).

225 „Man sey neu in seinen Kriegshandlungen, oder wende das Alte auf eine neue ungewöhnliche Art an; hierdurch sind die meisten Schlachten gewonnen worden" (Krünitz o. J.:o. S./Artikel Strategie, dereinstige Rechtschreibung originalgetreu übernommen).

226 „Man bedenke, daß das, was einmal geglückt ist, nicht immer glücken kann, daher muß man nicht immer denselben Plan bei allen Angriffen befolgen, sondern sich jedesmal nach den Umständen richten, und nach den Dispositionen des Feindes, wenn man derselben habhaft werden kann; denn nicht immer ärndtet man bei einem wiederholten Plane dieselben Resultate ein; denn auch der Gegner trifft andere Vorkehrungen, sobald er unsere Angriffsweise einmal kennt" (Krünitz o. J.:o. S./Artikel Strategie, dereinstige Rechtschreibung originalgetreu übernommen).

227 „Man stähle die moralische Kraft und die Stimmung des Gemüthes gegen alle äußeren Eindrücke" (Krünitz o. J.:o. S./Artikel Strategie, dereinstige Rechtschreibung originalgetreu übernommen).

228 „Man wähle diejenigen Mittel zur Ausführung seiner Kriegshandlungen, welche dem Feinde am unwahrscheinlichsten und schwierigsten vorkommen müssen, und ihn überraschen" (Krünitz o. J.:o. S./Artikel Strategie). „Bei einer ungünstigen Wendung der Dinge verlasse man sogleich die angenommene Handlungsweise, und trete mit Entschlossenheit und Ueberblick in eine andere, wo möglich neue und überraschende über" (ebd.).

229 „Kurz eine genaue Terrainkunde ist durchaus nothwendig, wenn man einigermaßen glücklich operiren will, und dazu dienen die Ingenieur=Geographen und die Generalstabsoffiziere, welchen diese Angelegenheiten obliegen" (Krünitz o. J.:o. S./Artikel Strategie, dereinstige Rechtschreibung originalgetreu übernommen).

230 „Man sey kühn und setze bei einem Hauptschlage Alles aufs Spiel, jedoch mit Vorsicht und Klugheit" (Krünitz o. J.:o. S./Artikel Strategie, dereinstige Rechtschreibung originalgetreu übernommen). „Hat man Veranlassung zum Ueberlegen, Gründe für die Wahl seiner Handlungen, so gehe man nicht aufs Gerathewohl zu Werke, wo aber dieses Alles fehlt, und doch gehandelt werden muß, da soll man es auf gut Glück wagen, und frisch darauf losgehen, weil es

Diese hier nur kursorisch ausgewählten Elemente komplexer Kriegsstrategien lassen sich, wie jetzt offenbar wird, nicht nur als Spielstrategien einsetzen, sondern sind wiederum längst moderater Teil marktfähiger Unternehmensstrategien. Damit sie sich jedoch als global ausgerichtete Innovationsstrategie in Clusterkontexten bewähren, fordern sie sowohl den managerialen Spielführern als auch den politischen Spielemachern die geschickte Balancierung des permanenten Wechselspiels zwischen ‚Surprise-Management' und ‚Enterprise-Management' ab, um das vorhandene Wissenspotential über reflexive Lernprozesse in wirksames Wettbewerbskapital überführen zu können.

In Anlehnung an diese Überlegung und im Rückgriff auf Dybe und Kujath (2000)[231] setzt jegliche Innovationsgestaltung in Clustern auf dem konstruktiven Zusammenspiel der Faktoren ‚Wissen' und ‚Lernen' auf. Ihr gelungenes Accompagnement beeinflusst das avantgardistische Transformationspotential der Akteure während der Initialisierung und Etablierung von Clustern offenbar in entscheidendem Maße und soll daher im Folgenden näher beleuchtet werden.

---

dann dem Gegner gewöhnlich eben so geht; denn manches Treffen wird durch ein glückliches Ungefähr gewonnen; Alles kommt auch auf die schnelle Umsicht des Feldherrn an, wenn die Schlacht angenommen worden ist" (ebd.).

231 Dybe und Kujath markierten bereits dereinst, den heute umso aktuelleren ‚common sense' des förderpolitischen Verständnisses von EU, Bund und Ländern, indem sie bereits im Jahr 2000 anmerkten, dass „Wissen […] in den entwickelten Ökonomien der hochindustrialisierten Länder als strategische Ressource und Lernen als wichtigster Faktor innovativer Regionalentwicklung" (Dybe/Kujath 2000:25) gelte.

5. Wissen: Abstraktionen – Konstruktionen – Korrelationen

5.1 Influx of knowledge – Wissen als Wanderer zwischen Körper- und Sinnwelten

> „Das Wandern ist des Wissens Lust,
> an dem es nur schwer gehindert werden kann [...]."
>
> (Spinner 1994:31)

> „Schwer verläßt
> Was nahe dem Ursprung wohnet, den Ort."
>
> (Hölderlin)[232]

Der produktive Umgang mit Wissen ist im praktischen Feld strategischer Unternehmensführung gewiss kein neues Thema. Ebenso ist es gegenwärtig kein Novum, dass Wissen zu einem der kardinalsten Produktions- und Wettbewerbsfaktoren und zu einem der „entscheidenden Standortvorteile" (Henning/Leisten 2007:33) avanciert ist. Demzufolge sind sowohl das Wissen selbst als auch seine Genese und die Möglichkeiten seiner Übertragung nicht nur genuines Refugium der Wissenschaft, sondern längst zu uneingeschränkt bedeutsamen Richt- und Stellgrößen eines wirtschaftlichen und regionalen Fortschritts angewachsen. (Vgl. auch Sternberg 2005:128)

Bislang habe ich skizziert, dass Cluster aktuell vorrangig als wegweisende Instrumente betrachtet werden, welche wirtschaftliche und regionale Entwicklung befördern (können). Da laut Manger „[d]ie Diffusion von Wissen [...] häufig als der wichtigste Vorteil von Clustern gewertet" (Dies. 2009:13) werde, stellt sich nun die zweifelsfrei brisante Frage, wie und wodurch sich dieser Vorteil einstellt und *ob* er sich überhaupt bereits vollends einlösen konnte? Anders gewendet: Wenn Cluster im Diskurs dergestalt mit Bedeutung aufgeladen und mit dem Anspruch unterlegt werden, dass sie geeignete Instrumente sind, Innovationen durch Wissen und dessen Diffusion, Transfer und Transformation zu befördern, ist auch zu erfragen, wie dies zu realisieren ist: Zu ergründen sind dabei die Antezedenzbedingungen, welche dieser Wissensentwicklung auf organisationaler und regionaler Ebene zugrunde liegen, damit diese erfolgreich verläuft und ein

---

232   Zit. n. Heidegger (1996b:23).

Zusammenspiel der damit verbundenen Faktoren zur Steuerung und Gestaltung vorgezeichnet werden kann.

Beginnen wir zunächst auf organisationaler Ebene: Evident ist mittlerweile, dass geeignete Rahmenbedingungen geschaffen werden müssen, um das Potential der Ressource Wissen solcherart erschließbar und nutzbar zu machen, dass Wissen als ein produktiver Markt- und Wettbewerbsfaktor wirksam werden kann. Faktisch bedeutet dies jedoch vorallem, dass Organisationen, Unternehmen und Institutionen nicht nur gewillt und geneigt, sondern hinsichtlich ihrer eigenen strukturellen und kulturellen Voraussetzungen und den zu erzielenden Ergebnissen höchst reflektiert agieren müssen, um „das richtige Wissen, zum richtigen Zeitpunkt, am richtigen Ort, in der erforderlichen Qualität" (Rehhäuser/ Krcmar 1996:10) überhaupt erst einmal ausfindig zu machen, eine bezüglich ihrer speziellen Zielstellungen adäquate Übersetz- und Übertragbarkeit des Wissens zu gewährleisten und diese für alle Beteiligten zudem anschlussfähig und nachvollziehbar zu machen. Um dies zu erreichen, so scheint es, wurde der Begriff ‚Wissensmanagement' und ein damit verbundenes Methodenarsenal und Bedeutungsset ‚geboren': So läutete Wissensmanagement[233] in der unternehmerischen Praxis geradezu ein Fanal ein, versprach es doch die hinderliche Leerstelle zwischen individuellen Wissenspraxen und dem unternehmerischem Nutzen bzw. den Notwendigkeiten einer Sicherung und Speicherung von Wissen mit Hilfe eines ‚Baukastens' kollektiv wirksamer Managementstrategien überbrücken und Wissen als ‚Produkt'[234] unternehmerisch vereinnahmen zu können.[235] Dies verlieh dem Wissensmanagement zunächst den Anstrich einer „kalkülhafte[n] Ak-

---

233 Insbesondere Fragen nach der Ausgestaltung der Wissensteilung und Wissensspeicherung boten der Praxis die legitimatorische Grundlage für eine neu aufzulegende manageriale Steuerungsform. Im Rahmen ökonomischer Verknüpfungen und Fragestellungen ist der Wissensbegriff damit natürlich zwangsläufig zentral an die Konglomerate von rationalen Überlegungen der Knappheit und damit zwangsläufig an Wettbewerbsvorteile, Nutzenrelationen und Zweckrelevanzen gebunden.

234 Vgl. zu einer kritischen Sicht auf die Praxen des Wissensmanagements durch die Vereinnahmung des „Wissen[s] als Ware" (Mittelstraß 2001:38) respektive einer Suspendierung des „eigentliche[n] Wesen[s], [des Wissens, B. P.] nämlich Ausdruck des epistemischen Wesens des Menschen zu sein" (ebd.:39f.) eingehend Mittelstraß (2001:38ff.).

235 Diese Aussage ist für das gros der Unternehmen, die sich im Zuge organisationaler Umstrukturierungsprozesse mit Wissensmanagement eingehender befasst haben, gewiss überspitzt. Sie spiegelt aber sowohl die Anfangsutopie einer leichtgängigen Umsetzung als auch die Anfangseuphorie wider, die sich allein durch das Auftauchen der Begrifflichkeit und damit verbundener Konnotationen mit der Hoffnung auf Minimierung der zahllos vorhandenen Herausforderungen verbanden. Auf dieser Folie wurde Wissensmanagement zum prominenten Primat, das jedoch sowohl in der Theorie als auch in der praktischen Anwendung auf sehr heterogene Auslegungen und Anwendungen trifft. Theoretisch befragt, empirisch bearbeitet und praktisch erprobt, wurden vor diesem Hintergrund die Spezifika des Begriffes sowie die Techniken praktischer Umsetzung und die Diversitäten managerialer Steuerung. Kunde davon geben zahllose einschlägig bekannte

kumulationsaufgabe [...], die mit Fleiß und Disziplin durchzuführen" (Pritsching 2004:325) sei.[236] Dass eine gelungene und gewinnbringende Verbindung von Wissen, Steuerungsmechanismen, Regelungsstrategien sowie strukturellen und kulturellen Interventionen eine enorme organisationale Herausforderung darstellt und die Initiierung und Etablierung einer geeigneten Wissenskultur respektive -struktur gewaltiger Anstrengungen bedarf, ist einer an Organisationsentwicklung (OE) und Personalentwicklung (PE) orientierten Management- und Beratungspraxis gegenwärtig zweifelsohne bekannt.

Unabhängig davon, auf welcher Ebene ein Management des Wissens diskutiert wird und obgleich die vielfältigen positiven *Funktionen* des Wissens erkannt wurden, rücken im gegenwärtigen Umgang mit der Ressource Wissen jedoch zumeist zwei übergeordnete Problemkomplexe in den Vordergrund, welche jene zu Beginn dieses Kapitels aufgeführten Zitate stellvertretend umkreisen: Dies ist zum einen der offenbar oszillierende, fluide und schwer fassliche *Inhalt* dieser Ressource und zum anderen die komplexe (und zuweilen komplizierte) Übertragbarkeit des Wissens aufgrund seiner Eigenschaften und *Form(en)*.

Beschäftigen wir uns also zunächst mit der ersten Grundproblematik und hinterfragen den vermeintlich eindeutigen und alltagssprachlich selbstverständlich hingenommenen Begriff des Wissens auf seine Bedeutung, da ein allzu naiver Umgang mit der Begrifflichkeit auch im Rahmen der Wissensentwicklung in Clustern zu etwaigen Missverständnissen und potentiellen Fehlschlüssen führen kann. Obgleich die Frage, was das Wesen des Wissens buchstäblich ausmacht oder praktischer gewendet: was genau Wissen ist, auf den ersten Blick entweder arg philosophisch anmutet oder sich allzu profan ausnimmt,[237] nimmt die Art ihrer

---

Werke, wie beispielsweise „Wissen managen" (Probst/Raub/Romhardt 1999) oder „Wenn ihr Unternehmen wüsste, was es alles weiß" (Davenport/Prusak 1998).

236 Zwar erfolgte der Einsatz eines Wissensmanagements in Unternehmenskontexten meist vor dem Hintergrund einer intendierten Sicherung der Wirtschaftskraft und einer Steigerung der Wettbewerbsfähigkeit. Dass dabei jedoch nicht immer die Metaebene einer Verschränkung von Struktur, Kultur und Strategie ins unternehmerische Blickfeld rückte, zeigte sich spätestens in jenem, wissenskulturell höchst bedenklichem Phänomen, dass Wissensmanagement zumindest in unternehmerischen Kontexten zuweilen vorrangig als technische Prothese bzw. technologische Ausweitung zur Einfassung und Steuerung der Wissensbestände interpretiert wurde. Zu bedenken ist dabei jedoch immer, dass man den vielfältigen sozio-kulturellen Erfordernissen und dementsprechend erforderlich werdenden Neukonzeptionalisierungen von Wissen beileibe nicht mit der bloßen Implementierung eines Arsenals von speziellen IT-Tools bzw. einer mitunter kaum kulturell flankierten Einführung von ERP-Systemen begegnen kann. (Vgl. Pieper 2002)

237 Profan mutet die Frage z.B. vor dem Hintergrund an, dass wir erlangtes Wissen in alltäglichen Kontexten wie selbstverständlich abrufen und uns keine näheren Gedanken zur Beschaffenheit dieser längst internalisierten, vormalig bereits oftmals zielführenden und ergebnisorientierten Handlungsabläufe machen. Arg philosophisch mutet sie Praktikern paradoxerweise aus

Beantwortung unmittelbaren Einfluss darauf, welche Strategien zur Hebung und Hervorhebung des Wissens eingesetzt werden. ‚Wissen' ist aufgrund vielfältigster Erkenntnis- und Nutzerinteressen gegenwärtig bekanntlich zur weitumfassenden, in unzähligen Kontexten eingesetzten Begrifflichkeit und hinsichtlich der Erforschung von Genese- und Übertragungsmöglichkeiten zur viel untersuchten Ressource geworden. Als vermeintlicher ‚Allesschlucker' und universell einsetzbarer ‚Restbehälter' hat die Begrifflichkeit dabei allerlei Unbestimmtes und Unbestimmbares aufnehmen müssen. Je nach Ausrichtung kann diese damit schwerlich zur Einfassung von Phänomenen herangezogen werden, die auf Detailgenauigkeit abstellen, demgegenüber allerdings als Substitut für vieles gelten.[238] Wissen, so könnte man dies hier versinnbildlichen, tritt damit in Form einer ‚nomadischen Gestalt' auf, die sich offenbar jeglicher Verortung und Einfassung zu verwehren scheint.[239]

Beginnen wir eine Zugriffnahme auf Wissen und dessen Bedeutsamkeit zunächst von handlungspraktischen Überlegungen ausgehend: Im Exkurs des vorgängigen Kapitels habe ich skizziert, dass Wissen sich auch durch Anschauungen auf mögliche Größen und, dem untergeordnet, durch Beschauungen von materiell und physisch bereits sichtbaren Größen speist. Die spezifische Ausformung von Anschauungen und Beschauungen emergiert bekanntermaßen aus einem Konglomerat von Erfahrungen, Erwartungen sowie Wert-, Ziel- und Zweckvorstellungen und beeinflusst damit wiederum die Art und den Umgang mit praxisrelevanten, auf spezifische Funktionen ausgerichteten Handlungserfordernissen. Indem die Anschauung als Index in einen, vom Akteur durch ihr Vermächtnis bereits ‚präkonfigurierten' Relevanzrahmen eingespeist wird, akzeleriert sie je nach kon-

---

demselben Grund an, denn wenn schnelle Lösungen für aktuelle Umsetzungsproblematiken gefunden werden müssen, sind oft weder zeitliche, noch finanzielle Ressourcen abrufbar, um Ursachenforschung und substanzielle Einordnung der potentiellen Hintergründe von bestehenden Begriffsgebäuden zu betreiben.

238 Auch die Suche nach Synonymen, um Extrakt und Essenz des Wissens fassbar, verstehbar und vorallem generalisierbar zu machen, führt zumeist in ein semantisches Vakuum. Begriffsinhalt und Bedeutungsgebäude von Wissen lassen sich offenbar keinem aussagekräftigen Analogon zuordnen. So verfügen wir heute über kein generalisierbares Synonym, dass nicht zumindest bei einer Feinbetrachtung der Inhalte und Anwendungen großen Unterschieden zum Begriff Wissen unterläge und eher als dessen mögliche Subkategorie fassbar wird, wie bspw. die Begriffe Kompetenz, Virtuosität oder Fähigkeit.

239 Noch immer werden „[u]nter dem Begriff des *Wissens* […] sehr unterschiedliche Phänomene verstanden: elaborierte gesellschaftliche Ideensysteme wie Religionen oder politische Weltanschauungen, naturwissenschaftliche Faktizitätsbestimmungen, implizites, inkorporiertes Können, alltägliche Klassifikationsschemata etc. *Wissen* bezeichnet also nicht nur sach- oder faktizitätsbezogene, durch Erfahrung gewonnene und revidierbare Kognitionen, sondern auch Glaubensvorstellungen, Körperpraktiken, Routinen alltäglicher Lebensführung usw., die als Kenntnisse aufgezeichnet sein können, als Vermögen den Individuen zukommen oder als gesellschaftlicher Bestand bspw. in Institutionen tradiert werden" (Keller 2005:19, kurs. Hervorheb. im Orig.).

textueller Passung zu einem Vermögen oder Unvermögen und wirkt damit als ein Enabler oder aber Verhinderer einer speziellen Verhaltensweise. Bedürfnisse nach Ordnung und Erfordernisse der Orientierung wiederum fordern diese Muster und Modi, die es ermöglichen, sich sinnstiftend zu verorten und intentional zu positionieren geradezu unabdingbar ein.[240] Denn: „Eine Welt ohne Ordnung wäre weder erkennbar noch denkbar"[241] (Riedl 1990:25, zit. n. Göbel 1998:17).[242] Dies erklärt jenen, aus pragmatischen und handlungsleitenden Steuerungsüberlegungen erwachsenen markanten Wunsch und Wille, mit Komplexität verbundene Prozesse und Zuschreibungen im Rahmen von Logizität und Erkenntnisinteresse aufzulösen und zugrundeliegende Muster, Sachverhalte und Objekte als genuin (Natur-)Gegebenes, also permanent, beständig und verlässlich ‚Seiendes', ausformen und abbilden zu können.

Die Verwirklichung dieses Wunsches – so *scheint* es zunächst – ist vor dem Hintergrund und mit Hilfe der ‚Ontologie' erreichbar, die sich als „Lehre vom Sein" (DUDEN 1990:551) mit „den Ordnungs-, Begriffs- u. Wesensbestimmungen des Seienden" (ebd.) beschäftigt und jenen auf ‚Realismus' basierenden Theorierichtungen zuordbar ist. Stark verkürzt setzen diese auf der Vorstellung einer für den Akteur grundsätzlich zugänglichen Realität auf, deren Existenz sich unabhängig von subjektiver Perspektivik und individuellem Zugriff konstituiert. Deren Verständnisbasis in Bezug auf die ‚Wirklichkeit' basiert dementsprechend auf der Annahme einer durchführbaren und zudem nahezu exakten Annäherung an eine, als ‚Realität' verstandene Konstituente. Dies setzte jedoch bekanntermaßen voraus, dass Instrumente und Modi zur Wahrnehmung, Erkennung und Aussöhnung mit einer etwaigen *einen,* durch Abbildung darstellbaren Realität vorlägen bzw. erschlossen und der Zielsetzung entsprechend eingesetzt werden könnten.[243]

---

240 Um Orientierungssinn und handlungsleitendes Erkenntnisinteresse zu befriedigen, wird beispielsweise auf Instrumentarien und Methodiken der Zeitmessung, der Ortsbestimmung oder der Einfassung eines Sachverhaltes oder Objektes in ein Begriffsgebäude zurückgegriffen. (Vgl. dazu Korpiun 2001:3ff.)

241 Bemühen wir die radikal-konstruktivistische Erkenntnistheorie ist laut Göbel jedoch „fraglich, ob es reale Ordnung überhaupt gibt, oder ob wir sie erfinden, weil sie für uns denknotwendig ist" (Göbel 1998:18 im Rekurs auf Riedl 1990:28)?

242 Göbel bezieht sich hier auf: Riedl, Rupert (1990): Die Ordnung des Lebendigen. Systembedingungen der Evolution, München: Piper

243 Dieser theoretische Strang unterliegt der „Auffassung, daß der vernunftbegabte, erkenntnisfähige Organismus in eine bereits strukturierte Welt geboren wird und daß es darum zur Aufgabe des denkenden Menschen gehört, Struktur und Gesetze jener von ihm prinzipiell unabhängigen Welt zu ‚erkennen'. Das heißt, er muß den Entdecker spielen, und mögen seine Sinne auch unzuverlässig sein und seine Vernunft zu schwach und begrenzt, um alles zu verstehen, so soll sein unermüdliches Suchen und Denken doch allmählich zu einer Annäherung an ein ‚wahres' Weltbild führen" (von Glasersfeld 2002:13). Dieses Verständnis gründe laut von Glasersfeld darauf, dass „die Tätigkeit des ‚Erkennens' oder der ‚Kognition' als eine Art von Abbildung

(Vgl. von Glasersfeld 1987:102) Demgegenüber machen u. a. Klaus und Buhr deutlich, dass „[e]in Kardinalfehler aller Ontologie [...] die Annahme einer *absoluten* Existenz und die Annahme der Erkennbarkeit eines solchen existierenden Absoluten" (Klaus/Buhr 1985:893, kurs. Hervorheb. im Orig.) sei.

Ist nun aber die Welt – um hier eine berühmte Formulierung Wittgensteins (1984:11) aufzunehmen – „alles, was der Fall ist" (ebd.)? Und wenn ja, was genau *ist* der Fall und wodurch wird selbiger definiert? Wittgenstein suspendiert die ontologische Vorstellung der Unhintergehbarkeit einer universellen Existenz durch sein Postulat, dass die Welt „die Gesamtheit der Tatsachen, *nicht* der Dinge" (ebd., kurs. Hervorh. B. P.) sei. Auch wenn man hier einer kompletten Suspendierung nicht gänzlich zustimmen mag, so muss man anerkennen, dass sich Wittgenstein in dem Maße von einem ontologistisch gespeisten Verständnis entfernt, als dass er keine gesetzten verdinglichten Größen rehabilitiert und dabei auch die Relevanz des Mythischen anerkennt, indem er jenes „Unaussprechliche[...]" (Ders.) aus dem Begriffsfeld verweist und in ein Zeigfeld mit eigenständiger Valenz eingemeindet. (Vgl. ebd.:85) Auch hier bleiben jedoch Folgefragen im Raum stehen: Wenn die Wahrheit sich nicht als Eigenschaft von etwas Dinglichem konstatiert, wie wird sie dann als Tatsache konstituiert, und konkretisiert? Oder noch problematischer, wie genau wird sie als höchst abstrakte Größe konstruiert und manifestiert, um dem Erfordernis größtmöglicher Validität als reliable Konstitutive gerecht werden zu können? Oder anders gefragt: Wenn die Wahrheit als solche also nun nicht als vorgängige Definition, sondern sich etablierende (Kor-)Relation betrachtet wird, was (re-)aktiviert sie und ist diese Relation selbst wiederum relativierbar?

Klaus und Buhr zeigen auf, dass Aristoteles „als erster in der Wahrheit nicht eine Eigenschaft der realen Gegenstände oder idealer Wesenheiten [sah, B. P.], sondern [...] sie in der Relation zwischen den vom erkennenden Subjekt formulierten Aussagen und dem erkannten Objekt" (Klaus/Buhr 1972:1132, zit. n. Korpiun 2001:1)[244] begründete. Aristoteles inkludiert mit dieser relationalen Verortung die Einbindung der Perspektive eines Beobachters und fasst den damit verbundenen Vorgang des Erkennens und Bewertens als re-aktive Handlung des Akteurs ein. Allerdings separiert er Objekt und Subjekt und abstrahiert von seiner Beschreibung einer solchen Relation noch nicht auf die Beobachtungsleistung im Sinne einer aktiven (Neu-)Konstruktion, d. h. er konfiguriert den Modus Operandi des Ins-Welt-

oder Kopiervorgang aufgefasst" (von Glasersfeld 1987:102) werde. Dementsprechend wurde „[d] ie Außenwelt [...] so zu einer Realität, die *entdeckt* werden mußte, und sie mußte ganz unausweichlich die Dinge enthalten, die das Subjekt bereits kopiert und so erkannt hatte, ebenso wie alle jene, die das Subjekt eines Tages noch erkennen könnte" (ebd., kurs. Hervorheb. im Orig.).

244   Korpiun (2001) bezieht sich hier auf: Klaus, Georg/Buhr, Manfred (Hrsg.) (1972): Marxistisch-Leninistisches Wörterbuch der Philosophie. Reinbek bei Hamburg: Rohwolt

Setzens nicht explizit als eine selbsttätige Hervorbringungsleistung. Desweiteren ist trotz (s)einer zugestandenen Relation zwischen dem Objekt und dem seitens des Subjekts über das Objekt getätigten Aussagegehaltes noch kein Vor-Griff auf die Verifizierung einer mit dieser Aussage etwaig zu verbindenden Objektivität und demzufolge kein Rück-Griff auf die Validität des Objektes selbst möglich. (Vgl. auch von Foerster 1993:367) Zusammengefasst bedeutet dies: Soll das Bestehende beobachtet und beschrieben werden, wissen wir aus Systemtheorie und Konstruktivismus, dass der Beobachter zwar als solcher nicht wegzudenken ist, da er die Beobachtung des Bestehenden (auf seine Weise und mit seinen Mitteln) vollziehen muss, um dem Objekt oder Sachverhalt für sich und andere Gewicht und Gültigkeit zu verleihen. (Vgl. dazu auch von Glasersfeld 2002a:17 bzw. Ders. 2002:31) Jedoch kommt einem Akteur – laut dem Konstruktivismus – nicht lediglich die Aufgabe zu, die Welt bloß seinen Potentialen entsprechend zu erfassen und konstativ zu beschreiben, sondern (s)eine Wirklichkeit vielmehr zu en-acten, durch eigenes konstruierendes Tun zu en-ablen und dementsprechend (s)eine eigene Welt erst performativ ins Werk zu setzen.[245] Als eine solch explizit performative Hervorbringungsleistung situiert diese Weltgestaltung bereits Schopenhauer, in dem dieser darauf votiert, dass sich „[d]ie Welt als Wille und Vorstellung" (so auch der bezeichnende Titel von Ders. 2008) konfiguriere und diese Aussage gleichsam zur eigentlichen Ins-Werk- und In-Welt-Setzungs-Formel zukünftiger Realitäten erhebt.

Zusammengefasst: Wie ich bereits mehrfach skizziert habe, beherbergen Aussagen über Objekte und Sachverhalte oftmals nur den *An*schein von Realität in sich und basieren zumeist auf einem bloßen *An*sinnen auf Realität und einem Anspruch auf Manifestation und dessen Einlösung seitens spezieller Akteure mit individuellen Partikularinteressen.[246] So gesehen, wären sie damit – um das Credo des Konstruktivismus zu paraphrasieren – in keinster Weise die Resonanz einer objektiven und damit faktisch gültigen Realität. (Vgl. insbesondere von Glasersfeld 1997 sowie Ders. 1987:143) Betrachtet man diese Relationen vor dem Hin-

---

245 Hier erwähnte Aussagen und Schlussfolgerungen basieren auf den Überlegungen und in Anlehnung an Ernst von Glasersfeld (1987), welcher darauf aufmerksam macht, dass „[s]obald wir [...] Kontinuität als ein den Dingen zugehöriges Merkmal auffassen, [...] die Grundlage für eine Welt gelegt [haben, B. P.], die ‚existiert', eine Welt, die ‚da' ist, ob wir sie nun wahrnehmen oder nicht, eine Welt, die letztenendes völlig vom erfahrenden Beobachter getrennt erscheint. Statt uns nun unser selbst bewußt zu werden als der Schöpfer von Kontinuität und somit von Rekurrenz und Regularität im Fluß unserer proximalen Signale, fangen wir an, *unseren Konstrukten* Kontinuität und Permanenz zuzuweisen. Sie werden zu einer von uns unabhängigen distalen ‚Realität', und unsere Erfahrungsakte nehmen den Charakter der Erkundung und Entdeckung von Dingen an, die bereits da und von uns geschieden sind" (von Glasersfeld 1987:165, kurs. Hervorheb. im Orig.).

246 Diesen Zusammenhang habe ich in dieser Arbeit bereits am Beispiel der Wirkkraft von Metaphern und Manifesten dargelegt.

tergrund einer solch konstruktivistischen Zugriffnahme, sind zunächst objektiv anmutende Relationen also nur scheinbare Abbildungen einer gesetzten und als gegeben angenommenen Realität und damit eine, lediglich dem ‚Schein' aufsitzende Vorstellung[247] der Vereinnahmung von Realität.[248] Laut Glasersfeld negiere der Konstruktivismus jedoch nicht das potentielle Vorhandensein einer ontologischen Realität, sondern lediglich die Möglichkeit einer Zugriffnahme des Akteurs auf diese potentiell vorhandene ontologische Realität, da diese dem Akteur nicht zugänglich bzw. von diesem niemals erfassbar wäre. (Vgl. von Glasersfeld 2002:17)[249] An die Stelle eines unhintergehbaren feststehenden Realitätsbegriffes, also hier des – unabhängig von einem beobachtenden Akteur bestehenden Seins – träte vielmehr ein höchst subjektiver, vom jeweiligen Beobachter individuell konstruierter Wirklichkeitsbegriff. Damit einhergehend konstituiere sich eine theoretische Formation, welche statt des Postulats eines vom Akteur unabhängigen Seins, die persönliche individuelle Passung und Gestimmtheit seiner Handlungen in Korrelation mit der ihn umgebenden Welt in den Fokus rücke.[250] (Vgl. ebd.:18f.) Dieses Konstrukt einer kontextorientierten, zweckdienlichen und situativ zielo-

---

247 Vgl. zu Bedeutung, Logik und Wechselverhältnissen der scheinbar disparaten Begriffe ‚Sein' und ‚Schein' insbesondere Korpiun (2001).

248 Im Rückgriff auf Foucault merkt Keller an, dass „'Wahrheit' [...] demnach keineswegs eine ‚richtige' Abbildung von Realität und niemals eine substanzielle Qualität von Aussagen [ist, B. P.], sondern ein historisch kontingentes Ergebnis von Wissenspolitiken" (Keller 2005:136f.). So verweist Keller darauf, dass „[d]er Begriff der Gouvernmentalität [gebraucht man ihn im Sinne Foucaults, auf den Keller hier rekurriert, B. P.] [...] als konzeptuelle Umsetzung der entwickelten Vorstellung des Macht/Wissen-Konnexes verstanden werden" (Keller 2005:139) könne. Auch jene, in der Rückschau auf falschen Annahmen beruhende, dem Schein verhaftete, wenngleich nicht minder machtvolle Wissenspolitiken werden besonders im Rückgriff auf historische Annahmen deutlich, die ihrer Zeit zu Tautologien erhoben wurden und sich zu jenem, von Keller beschriebenen, unhintergehbaren „Macht/Wissen-Konnexes" (ebd.) formierten. So wurde der Infragestellung bzw. Negierung von herrschenden Weltbildern und den damit möglicherweise verbundenen Verschiebungen von Macht und Einfluss in unserer Historie oft mit Sanktionen begegnet: Man denke z. B. an die machtvollen Turbulenzen um Galileo, als dieser das seinerzeit bestehende Dogma eines geozentrischen Weltbildes mit seinen Forschungen ins Wanken brachte. Vgl. zur Geschichte und Differenzierung der Entwicklung von geo- zu heliozentrischem Weltbild z. B. die literarische Abarbeitung an dieser historischen Vorlage von Brecht (1963).

249 Dementsprechend verstehe sich der Konstruktivismus „als eine Theorie des Wissens, nicht als eine Theorie des Seins" (von Glasersfeld 1997:187). Denn: „Wie das Sein ist, ist für den Konstruktivismus völlig gleichgültig" (von Glasersfeld 1997:324).

250 Diese Passung bzw. Gestimmtheit setzt also stets einen Beobachter, genauer Weltgestalter voraus, welcher subjektiven Sinn und individuelle Bedeutung überhaupt erst performativ generiert, indem er sie in der Doppelfunktion eines Markers und zugleich eines Spurenlesers – gleich einem Wirk- und Wechselgefüge sortiert, entsprechend bewertet und (ein-)ordnet.

rientierten Passsung wird von Ernst von Glasersfeld (2002:18) als sog. „Viabilität" (Ders.)[251] bezeichnet. (Vgl. ebd.) Demzufolge liesse sich vor dem Hintergrund

> „der radikal konstruktivistischen Sicht [...] niemals sagen, daß unser Wissen in dem Sinne ‚wahr' ist, daß es eine ontologisch reale Welt widerspiegelt. Wissen sollte und könnte nie eine derartige Funktion haben. Die Tatsache, daß irgendein Konstrukt für eine gewisse Zeit lang Erfahrungen bzw. entsprechende Experimente überstanden hat, bedeutet, daß es bis dahin insofern viabel war, als es einschränkende Bedingungen überwunden hat, die dem Erfahrungsbereich, in dem wir operiert hatten, zugehörten. Viabilität bedeutet aber keineswegs Einzigartigkeit, denn es kann unzählige andere Konstrukte geben, die ebenso viabel gewesen wären wie dasjenige, das wir erzeugt haben" (von Glasersfeld 1987:143).

Der Konstruktivismus verfolgt Wissens- und Wirklichkeitskonstrukte damit immer unter der Prämisse einer subjektiven Logizität und stellt die Funktionalität dieser Logizität ab auf ihre „Viabilität" (Glasersfeld).[252] Wissen – versteht man es primär als zweckdienliche und anwendungsorientierte Ressource – ist damit eng verbunden mit philosophischen Distinktionen, welche sich hier nur beispielgebend mit der Konstitution und den Interdependenzen von Wahrheit, Wirklichkeit und Wahrnehmung befassen. Ohne hier vertiefend in die philosophischen Sphären driften und auf die Differenzierungsfolien von Richtigkeit oder Korrespondenz abstellen zu müssen, lässt sich zusammenfassend festhalten, dass Wahrnehmung und die damit verbundene Rezeption durch den Akteur entscheidend von dessen Zugriffen und Anschauungen auf Wirklichkeit bzw. von der Annahme und der Art der (In-)Zugriffnahme abhängen. Diese Zielvorstellung erfordern stets auch heterogene Zugänge und divergierende Interpretationen des Wissensbegriffes.[253]

---

251   „Viability hieß ursprünglich die ‚Gangbarkeit' eines Weges" (von Glasersfeld 2002:18). „Im Gegensatz zu der ‚ikonischen' Relation der Übereinstimmung, die – auch wenn nur eine ungefähre Annäherung postuliert wird – begrifflich auf Isomorphie beruht, ist die Relation der Viabilität auf den Begriff des Passens im Sinne des Funktionierens gegründet" (von Glasersfeld 2002:18f.). In Anlehnung daran, werde „etwas [...] als ‚viabel' bezeichnet, solange es nicht mit etwaigen Beschränkungen oder Hindernissen in Konflikt gerät" (von Glasersfeld 2002:19), d. h. „an allen Hindernissen vorbei (den ontischen wie den aus der Handlung selbst erwachsenden) zum erwünschten Ziel führt" (von Glasersfeld 2002:30). „Viables Wissen *paßt* in die ontische Welt, erhebt aber niemals den Anspruch, diese Welt ikonisch darzustellen oder zu *repräsentieren*" (von Glasersfeld 1987:227, kurs. Hervorheb. im Orig.).
252   Die Zugriffnahme auf Wirklichkeit wäre damit – mit von Glasersfeld – von subjektiven Vorannahmen, Erfahrungen und bestehenden Einschätzungen vorgeprägt und eine ontologische Sicht nicht möglich. Auch jedes wissenschaftliche Wissen (gleich ob bspw. Natur-, Geistes- oder Gesellschaftswissenschaft) wäre demnach ebenfalls immer nur auf individuelle und viable Zugriffnahme beschränkt.
253   Wissenssoziologie sei laut Maasen „in der Regel heute [...] – ohne Ausnahme mit all dem befaßt, was für sich selbst den Wissensstatus reklamiert" (Maasen 1999:7). Damit sei „[a]lles, was in einem gegebenen Sozialverband als Wissen gilt, [...] ihr Gegenstand, und dieser Gegenstand wird unter der Prämisse untersucht, daß alles Wissen sozial konstruiert ist" (Maasen 1999:26). Keller macht darauf aufmerksam, dass bereits Mannheim und Scheler – als die wohl

Wenn man wie bspw. Watzlawick (2002:7) davon ausgeht, „daß es [...] zahllose Wirklichkeitsauffassungen gibt, die sehr widersprüchlich sein können, die
alle das Ergebnis von Kommunikation und nicht der Widerschein, ewiger, objek-
tiver Wahrheiten sind" (ebd.), zieht dies eine doppelt notwendig werdende Kor-
rektur eines, zumindest in der gegenwärtigen unternehmerischen Praxis oftmals
noch immer vorherrschenden Wissensverständnisses nach sich. Diese Korrek-
tur bezieht sich zum einen auf die Korrelation von Wissensbegriff und Wirklich-
keitsproduktion, zum anderen auf die Enthebung und Entmachtung eines tradierten Verständnisses des Objektivitätsbegriffes: Wie Knorr verdeutlicht, handle es
sich bei der Produktion von Wissen, um einen konstruktiven Gestaltungsprozess,
der einer ebensolchen Analyse zugänglich werde. (Vgl. Dies. 1981:227f.): „Anstatt Wissen als eine Repräsentation von Wirklichkeit zu analysieren, kann man
es als aus dieser Wirklichkeit fabriziert ansehen" (Knorr 1981:227). Ein derartiges Wissensverständnis beinhalte laut Glasersfeld jedoch, auch den Begriff der
Objektivität selbst suspendieren zu müssen (vgl. Glasersfeld 2002:31), zumindest
wenn man unter Objektivität subsumiert, „ein Objekt so [zu, B. P.] kennen, wie
es wäre, bevor es in dem Erlebensbereich eines erkennenden Subjekts erscheint"
(ebd.), denn „[o]bjectivity is a subject's delusion that observing can be done without
him" (Aussage von Heinz von Foerster, rezitiert durch von Glasersfeld 2002:31).

   Nähern wir uns dem Wissen – als historisches Erbe und kulturelles Gedächtnis – sind unter dem Wissensbegriff auch historische Wissensformen zu versam-
meln, die sich lange vor Beginn unserer Schriftkultur in den gesellschaftlichen
Korpus und Kolorit damaliger Zeiten einschrieben.[254] Unsere Zugriffnahme auf

---

prominentesten Gründungsväter der Wissenssoziologie im deutschsprachigen Raum – ein
ähnliches Verständnis mit der Konzeptualisierung des Wissens und seiner sozialen Verfasstheit
verbänden, wie es auch heute noch in den zahlreichen Ausformungen der Wissenssoziologie
mitschwingt. (Vgl. Keller 2005:27) Auch Srubar intoniert folgendes, aus dem Wissensbegriff
der Wissenssoziologie gespeiste Credo der Relativität von Wissen: „Die Grundüberlegung, die
das Modell des wissenssoziologischen Denkens dazu anbot, läßt sich etwa folgendermaßen
skizzieren: Wenn alles Wissen sozialbedingt ist, dann läßt sich seine notwendige Relativität
zeigen. Hiermit kann der Wahrheitsanspruch einzelner gruppenbezogener Deutungen in Frage
gestellt werden, ohne daß eine Wertung des Inhalts erfolgen müßte. Dadurch wird der Weg zu
einem alternativen, die Relativität des Wissens reflektierenden Entwurf der Wirklichkeitsin-
terpretation im Prinzip freigemacht" (Srubar 1981:345). Einen tiefgehenden Einblick in die
Thematik der Wissenssoziologie ermöglichen Meja und Stehr mit den Foki „Entwicklung der
deutschen Wissenssoziologie" (so der gleichnamige Titel von Meja/Stehr 1982) sowie „Rezeption
und Kritik der Wissenssoziologie" (so der gleichnamige Titel von Meja/Stehr 1982a).

254 Auch nach Korpiun (2001) könnten wir den Wissensbegriff zwar auf uns heute noch bekannte
     Bestände abstrahieren, müssten jedoch beispielsweise die Ordnung des Wissens dereinstig
     tätiger Heilkundigen exkludieren, da wir deren erkenntnisleitende Bedeutungssysteme nicht
     mehr zweifelsfrei nachzeichnen können. Da wir dementsprechend nicht mehr über vormalige
     Sinn- und Referenzbezüge verfügen, ließen sich damit einhergehende Bedeutungen für uns
     auch nicht mehr eindeutig dechiffrieren. (Vgl. Korpiun 2001:15f.) Schwierigkeiten entstünden

dieses Wissen bleibe jedoch, wie Korpiun herausstellt, „auf Bereiche beschränkt, in denen die sinnliche Erfahrung unmittelbar prägend für die Bedeutung fungiert. Sobald – und das ist bei Kulturen und Riten die Regel – gedankliche Konstrukte die tradierte Bedeutung formieren, ist sie für uns nicht mehr zu verstehen" (Korpiun 2001:20). Unabhängig von unserem Verstehen und Nachvollziehen hatten derlei, für uns aufgrund unserer Unkenntnis zum Mysterium erhobene Wissensformen jedoch zweifelsfrei eine unmittelbar „handlungs- und erkenntnisbestimmende Funktion für die Menschen des [damaligen, B. P.] Kulturkreises" (Korpiun 2001:19).

Dies zeigt, dass Wissen immer auch einer Einordnung in zeitliche Referenzrahmen unterliegt und sich die Abrufbarkeit dieses Wissens durch sich verändernde Relevanzkontexte erschwert bzw. die weitere Nutzung des Wissens durch seine Bindung an bestimmte Akteure respektive Akteursgemeinschaften, auf welche nicht mehr zugegriffen werden kann, oftmals sogar verunmöglicht. Vor dem Hintergrund des demographischen Wandels und eines aumentierenden ‚Job-Hoppings' spitzen sich für Unternehmen insbesondere derlei Fragekomplexe zu, die sich mit dem produktiven Umgang einer notwendigen Weitergabe und Sicherung personengebundenen Wissens befassen: Nicht umsonst boomt die Entwicklung von Instrumenten in der Organisationsentwicklung und die Einführung technischer ‚Enterprise Planning Systeme', welche es ermöglichen (sollen), das Wissen der Mitarbeiter auch nach deren Ausscheiden innerhalb der Organisation zu speichern und als organisationales Gut zu sichern.

Eine weitere mit der Sicherung des personalen und organisationalen Wissens verbundene Schwierigkeit, die sich unmittelbar auf das fruchtbar zu nutzende Wissenspotential und damit auf die Wettbewerbsfähigkeit der Unternehmen auswirkt, ist die notwendige *Einsicht* der Mitarbeiter zur *Explizierung* des Wissens. Kann nun aber Wissen, da es offenbar derart subjektiv konstruiert wird und damit direkt an den konstruierenden Beobachter gebunden ist, überhaupt übertragen,[255] gar personen- und zeitlich unabhängig gesichert, gespeichert und

---

deshalb auch bezüglich der Rückverfolgung und Deutung jener, uns lediglich noch in materieller Gestalt vorliegenden Sinnsysteme, deren Bedeutung sich im Laufe der Jahrhunderte unweigerlich verschleiere, so Korpiun. (Vgl. ebd.:15ff.) Vgl. zu den hier aufgerissenen Problematiken und zu speziellen Exemplifizierungen eingehend Korpiun (2001:17f.).

255   Nach von Glaserfeld wäre eine derartige Übertragung als solche gar nicht möglich. Denn: „Wissen kann nie als solches von einer Person zur anderen übermittelt werden. Wenn wir den Gedanken annehmen, daß das, was wir ‚Wissen' nennen, stets eine relativ invariante Verhaltens- oder Begriffsstruktur ist, und daß ein Organismus dieses Wissen dann besitzt, wenn ein Beobachter den Schluß zieht, daß der Organismus diese Struktur tatsächlich gebrauchen und verwirklichen kann, dann folgt [daraus, B. P.] […], daß die einzige Art und Weise, in der ein Organismus Wissen erwerben kann, darin besteht, es selbst aufzubauen oder für sich selbst zu konstruieren" (von Glasersfeld 1987:133).

genutzt werden? Hier lässt sich u. a. auf die ursprünglich von Polanyi (1958) ein-geführte Unterscheidung von „implizitem"[256] und „explizitem" Wissen zurück-greifen; eine Unterscheidung, die als solche zwar mittlerweile weithin bekannt ist, im Zuge von Externalisierungsstrategien jedoch mithin die komplexesten Pra-xisproblematiken nach sich zieht.[257]

Da insbesondere den Clustern aktuell große Potentiale zur Ermöglichung und Gestaltung eines erfolgsversprechenden Innovations- und Wissenstransfers zuge-schrieben werden, geraten sowohl Überführungs- und Externalisierungsstrategi-en von implizitem in explizites Wissen als auch der interaktive Wissenstransfer zwischen den Clusterakteuren zunehmend zu einer Kardinalaufgabe in Clustern. Zwar schreitet die Bearbeitung der Wissenstransformation in Clustern aktuell vo-ran, steckt in Bezug auf valide Größen und ein abstrahierbares Gesamtkonzept, welches alle Faktoren und Antezedenzbedingungen für Wissensdimensionierun-gen und -transformationen entsprechend zu berücksichtigen und konzeptionell zu integrieren wüsste, allerdings noch in den ‚Kinderschuhen',[258] vielleicht gar

---

256 Gemeint ist mit implizitem Wissen eine Form des Wissens, das "im Laufe des Lebens durch Erfahrung erworben (gelernt) und meist praktisch erprobt [wird, B. P.] (im Sinne von *Know-How*), wobei damit aber auch Wissen gemeint ist, von dem eine Person manchmal gar nicht weiß, dass sie es besitzt oder nicht erklären kann, was sie weiß (latentes Wissen). Sie *weiß* oder *kann* es einfach und kommt zu Erkenntnissen, oft ohne den eigentlichen Erkenntnisvorgang genauer beschreiben zu können. Dies gilt insbesondere für Abläufe, die im sogenannten prozeduralen Gedächtnis aufbewahrt werden wie Radfahren oder das Spielen eines Musikinstruments" (Adelsberger/Bick/Hanke 2002:76, kurs. Hervorheb. im Orig.).

257 Ohne hier die Tiefen der Überführung impliziten in explizites Wissens nachzuzeichnen, der sich zahlreiche Autoren bereits gewidmet haben, lassen sich damit verbundene Problematiken beispielgebend mit einem Szenario von Kubon-Gilke illustrieren, welches die moderne Ak-teur – insbesondere wenn er mit nicht-deutschsprachigen Kulturen in sprachlichen Kontakt getreten und nicht gerade in der Lehre des ‚Deutschen als Fremd- und Zweitsprache' bewandert ist – oftmals erleben kann: „Die meisten Menschen sprechen ihre Muttersprache korrekt, ohne exakte Grammatikregeln angeben zu können, aber man verzieht fast automatisch das Gesicht und zeigt emotionale Reaktionen, wenn jemand einen groben Sprachfehler begeht, den man nicht einmal exakt zu benennen weiß" (Kubon-Gilke 2004:299). Im sprachlichen Bereich berührt dies ferner die Problematik der sog. ‚Idiome', die trotz einer in der jeweiligen Sprachgemeinschaft tradierten Bedeutung aufgrund der in einer anderen Sprachgemeinschaft fehlenden Bezugs- und Referenzgrößen nicht wörtlich übersetzbar und sinngemäß nur äußerst schwierig übertragbar sind, ohne einen Bedeutungsverlust zu riskieren. Zu diesen und ähnlichen übergeordneten Problemstellungen in Kommunikationskontexten vgl. auch von Glasersfeld (1987:218).

258 Sowohl für organisationale als auch regionale Einsatzfelder liegen allerdings mittlerweile Optionen für die Gestaltung einer notwendigen Umwandlung dieser Wissensarten sowie Möglichkeiten vor, um Transfer und Transformation im Rahmen von Lernprozessen voranzu-treiben. Auch wird dabei auf Hemmnisse und Störgrößen abgehoben, welche wiederum starken Einfluss auf andere Faktoren ausüben und bestimmte Vor- und Umfeldbedingungen erfordern: Hier ließe sich auf die weithin ausgearbeiteten Konzeptionen zur „Lernende[n] Organisation" (Argyris/Schön 2002) bzw. jene zu „Lernende[n] Regionen" (Scheff 1999) verweisen.

in den ‚Geburtswehen'. Dennoch gibt es nach vorne weisende Ansätze bspw. aus der Regionalentwicklung, die genau diesen Übergangsprozess von implizitem zu explizitem Wissen aufgreifen und damit verbundene Bedingungsgefüge thematisieren: In Bezug auf eine angestrebte Wissensgenese und dazu notwendige „Wissensspillover"[259] macht z. B. Sternberg für den Bereich innovativer Regionalentwicklung deutlich, dass jenes von Polanyi beschriebene „'tacit knowledge' als implizites, unkodiertes und an Personen gebundenes Wissen [...] aus nahe liegenden Gründen einen sehr starken Zusammenhang zur Region und zwar als Ursache und Wirkung von Regionalentwicklung" (Sternberg 2005:128) aufweise und „in der ursprünglichen Bedeutung von Polanyi [...] – wenn überhaupt – nur über face-to-face Kontakte vermittelt werden" (ebd.) könne.

Hier stellen sich für die Clusterthematik sogleich zwei Folgefragen. Erstens: Welche Arten und Formen von Nähe benötigen Cluster, um die abgeforderte Wissens- und Innovationsgenese sowie den Transfer des Wissens zu bewerkstelligen und im Rahmen von Lernprozessen voranzutreiben? Anders gewendet und ein wenig ungestüm gefragt: *Wie* nah ist nah genug und *wie* ‚klebrig' ist das innovationsgenerierende Wissen wirklich? Und: Was fungiert als Kleber und was als Lösemittel? Und daran anschließend: Sind die von Sternberg und anderen fokussierten vis-a-vis Kontakte für den Erfolg regionaler Wissens- und Innovationsgenese auch und insbesondere in Clustern zwangsläufig stets notwendig oder sind sie bspw. in Bezug auf die Erhöhung der Lernfähigkeit von Clustern lediglich hilfreich,[260] da durch andere Faktoren substituierbar?

Kiese fasst den aktuellen Diskurs hinsichtlich einer positiven Auswirkung räumlicher Nähe auf den Clustererfolg dahingehend zusammen, dass „[d]ie Leistungsfähigkeit von Clustern [...] allgemein mit der positiven Wirkung der räum-

---

259   Die Beschäftigung mit den Voraussetzungen und Gelingensbedingungen eines erfolgreichen Wissenstransfers sowie einer produktiven Wissenstransformation ruft zwangsläufig Fragen nach Arten, Dimensionen und Rahmenbedingungen einer schnellen Externalisierung und Übertragbarkeit von Wissen auf den Plan. Insbesondere bei einer angestrebten Verbindung heterogener Akteure stellen sich dementsprechende Folgefragen, z. B. wie die Steuerung intermediärer Kräfte optimal zu konzipieren und zu konzeptionalisieren ist. Mit Blick auf die Einschätzung der Erfolgswahrscheinlichkeit von Clustern hinsichtlich möglicher Wissenstransfere und eine darauf abzielende bestmögliche Ausrichtung befasst sich Kiese (2008:30) u. a. mit den Forschungen zu Spillover Effekten, wobei Ergebnisse bezüglich der Frage, ob sich erfolgreiche Wissensspillover eher innerhalb von Branchen vollzögen oder aber Branchengrenzen eher überschritten, laut Kiese jedoch bisher nicht eindeutig seien. (Vgl. Ders. 2008:30) Allerdings kommen laut Kiese „Wissensspillover [...] als Erklärungsfaktoren regionaler Clusterdynamik nur in Frage, wenn sie in Form von lokalisierten Lernprozessen räumlich gebunden sind" (Ders. 2008:16). Daran können wir das notwendige Accompagnement von Wissen und Lernen erkennen, das im Hinblick auf Cluster noch eingehender bearbeitet wird.

260   Eine weitere Anschlussfrage ist, wie diese Kontakte zu gestalten sind, um die Clusterentwicklung nachhaltig zu enablen. Dies wird im Verlauf der Arbeit noch an anderer Stelle ausgearbeitet.

lichen Nähe auf interaktive Lernprozesse begründet" (Kiese 2008a:64) werde, da „kurze Wege zwischen den Akteuren [...] die Interaktionshäufigkeit [erhöhen, B. P.] und [...] den Austausch impliziten Wissens durch regelmäßige Face-to-Face Kontakte [erleichtern, B. P.]" (ebd.). Dabei gibt er zu bedenken, dass neueste Studien zu dem Ergo gelangen, „dass räumliche Nähe nur *eine* von verschiedenen Dimensionen der Nähe in Clustern" (ebd., kursive Hervorheb. B. P.) sei. Boschma (2005) stellt laut Kiese gar heraus, „dass kognitive Nähe der Akteure die *einzige* unverzichtbare Voraussetzung für interaktive Lernprozesse" (Kiese 2008a:64, im zusammenfassenden Rekurs der Ergebnisse von Boschma 2005, kurs. Hervorheb. B. P.)[261] sei. Demgegenüber sei wiederum „[r]äumliche Nähe [...] zumindest in Grenzen durch organisatorische, soziale oder institutionelle Nähe substituierbar"[262] (ebd.). Kiese macht diesbezüglich deutlich, dass zu wenig Nähe offenbar Verständigungsprobleme der Akteure nach sich ziehe, wohingegen zu viel Nähe die Quellen für Innovationen restringiere.[263] (Vgl. ebd.)

---

261   Kiese bezieht sich hier auf Boschma, Ronald A. (2005): Proximity and Innovation: A Critical Assesment, in: Regional Studies, 39(1)

262   Diese Problematik lässt sich unmittelbar auf die räumliche Verortung und Inszenierung von Clustern beziehen: Ermitteln wir die kardinalen Erfolgsgrößen und Einflussfaktoren von Clustern nur auf Basis der aktuellen, die Diskurse beherrschenden regionalen Faktoren, so wird die geographische Nähe bereits als kardinale Stellgröße von Clustern gepriesen und zunehmend manifest, obschon sie u. U. zunächst einer (erst noch in die Wirkmächtigkeit sozio-ökonomischer Märkte zu überführenden) Behauptung gleichkommt. Behauptet wird zuweilen, dass ein Cluster aufgrund geographischer Nähe besonders erfolgreich sei und daher entscheidende Innovationen generiere. Mit dieser bewussten Überspitzung des Wortes ‚Behauptung' geht es mir nun weder darum, die Innovationsfähigkeit von Clustern in Bezug auf andere sozio-ökonomische Formationen zu kontrastieren, noch darum, die vielzähligen Forschungen zur Bedeutsamkeit regionaler Nähe zu negieren und den Vorteil regionaler Nähe in Frage zu stellen, welcher z. B. im Hinblick auf die Minimierung von Transport- und Logistikkosten eindeutig und damit evident ist. (Vgl. Porter 2002:21) Zahlreiche Untersuchungen haben bereits die Relevanz des Faktors ‚räumliche Nähe' im Hinblick auf die effektive Ausbringung und das Standing von Clustern in den Blick genommen. Doch auch um eine Abarbeitung bzw. Beteiligung an dieser Forschungsfrage soll es hier nicht gehen. Fraglich ist gleichwohl und hier kommen wir in Bezug auf die diskursiv gesetzte Bedeutung, – die als ein entscheidender Faktor der Meinungsbildung betrachtet werden kann – zum entscheidenden Punkt: Ist der zweifellos bedeutsame Faktor der geographischen Nähe als Ursache, als Erfolgsgröße oder als Wirkung erfolgreicher Clusterbildung zu betrachten und wie wirkt sich dieser bereits diskursiv manifestierte Faktor zum einen auf den Bedeutungs- und Bedingungsgehalt des Clusterbegriffs im allgemeinen Verständnis und zum anderen auf die Strategien der Ins-Werk-Setzung von Clustern en gros aus? Denn, und das sei hier nur angemerkt, kann selbstverständlich auch ein Cluster – versieht man ihn mit entsprechenden Marketing- und Profilierungsmodi – zu einer weitaus größeren und flächendeckenderen Breiten- und Öffentlichkeitswirksamkeit der in ihn regional eingebundenen Akteure führen.

263   Zu einem ähnlichen Ergo gelangt auch Sternberg (2005:130), der einem „an den regionalen Potenzialen orientierte[n] Branchen*mix* der beteiligten Akteure" (ebd., kursive Hervorhebung B. P.) die höchsten Erfolgschancen einräumt und die Maxime aufstellt, „soviel Ähnlichkeit der Branchen der Unternehmen wie möglich, um die notwendige Spezifität der Region zu

Dementsprechend kommt er zu dem Schluss, dass die „[o]ptimale Voraussetzung für interaktives Lernen [...] eine gemeinsame Wissensbasis mit komplementären Fähigkeiten" (Kiese 2008a:64) sei, „[d]a neues Wissen zumeist durch Interaktionen von Personen entsteht, die komplementäre Wissensbestandteile zum Zweck der Wissensproduktion neu kombinieren, [...] [weshalb, B. P.] Face-to-face Kontakte in räumlicher Nähe förderlich, wenngleich *nicht* notwendig" (Kiese 2008:17, kurs. Hervorheb. B. P.) seien.[264]

Demgegenüber vertritt Kubon-Gilke die Ansicht, dass die Beschränkung auf kognitive Wissensbestandteile *nicht* der alleinig ausschlaggebende Faktor für jene, in der Wissensökonomik notwendigen Analysen sein dürfe. (Vgl. Dies. 2004:303f.) Da Kubon-Gilke im Hinblick auf das Verständnis von Wissensgenese und -teilung auf „eine bidirektionale Beziehung von Kognitionen und Emotionen" (ebd.:304) votiert, stehen ihre Ausführungen dennoch nicht zwangsläufig im Widerspruch zu jenen von Kiese, da bei erfolgreicher Berücksichtigung und Austarierung beider Wissens- und Motivationsmodi für die Wissensteilung nachgerade wiederum die kognitive Nähe der Akteure für den Erfolg des Wissenstransfers kardinal sein könnte. Interessant ist Kubon-Gilkes Ansatz jedoch noch vor einem anderen Hintergrund: Sie macht deutlich, „dass Standardannahmen, Wissen als exogene Größe zu verstehen oder allein auf einer aggregierten Ebene zu endogenisieren, für eine Ökonomik des Wissens zu kurz greifen" (Dies. 2004:303). Dementsprechend kann sich „Wissensökonomik [...] *nicht* auf eine Analyse vermeintlich kognitiv-rationalen Wissens beschränken" (Kubon-Gilke 2004:303f., kurs. Hervorheb. B. P.).

Verstehen wir eine kardinale Zielrichtung der Wissensökonomik darin, soziale, technische und ökonomische Relevanzen auszutarieren und personale sowie organisationale Interessen entsprechend zu balancieren, bedarf der Erfolg einer gewünschten Wissensgenese und eines darauf aufsetzenden Wissenstransfers demnach (schon vor dem eigentlichen Initialisierungsakt der Wissensteilung) weiterer Apriori, welche bereits als Vorbedingungen vor dem eigentlichen Generieren und Transferieren des Wissens vorliegen müssen und daher als Stellgrößen bereits in die Konzeption der diversen Überführungsstrategien einzubauen sind. Diese Vorbedingungen sind völlig unabhängig sowohl von dem Vorhandensein kognitiver Wissensbestände und kognitiver Nähe als auch von der Art der vorhandenen Wissensbestände. Als intrinsisch motivierte ‚Apriori' sind sie den Folge-

---

erreichen und soviel Heterogenität wie nötig, um Lerneffekte zu generieren und Lock-ins zu vermeiden" (ebd.).

264 Die Potentiale, die eine komplementäre Wissensbasis in sich birgt, wurden auch seitens der Politik als essentiell eingestuft und aktuell in verschiedenen Förderprogrammen (z. B. vom BMBF im Programm „Forschungscampus") forciert.

prozessen vielmehr vorgeordnet und befördern, behindern oder verunmöglichen deren Ingangsetzung: So entstehe z. B. „[i]mplizites Wissen [...] nicht losgelöst von motivationalen Phänomenen wie der Kooperationsbereitschaft oder intrinsischer Arbeitsmotivation. Zugleich ist auch beim expliziten Wissen die intrinsische Lernmotivation eine wichtige Voraussetzung für Lernerfolge" (Kubon-Gilke 2004:300). Zwar expliziert diese Arbeit nicht sui generis die intrinsischen Motive und Motivationen en gros, jedoch ist dieser Ansatz für unsere weitere Analyse fruchtbar, da er Denklogiken mit sich führt, welche die enge Korrelation einer erfolgreichen Wissensgenese und eines darauf aufbauenden Wissenstransfers mit den organisationalen Bedingungen und Gegebenheiten aufzeigen.[265] Zusammengefasst ist die erfolgreiche Einbettung des Wissens der zu beteiligenden Akteure in (inter)organisationale Wissensbasen also immer auch an deren motivationale Präkonfiguration gekoppelt und erfordert daher eine Ausweitung und Ergänzung der rein kognitiv darstellbaren Wissensbestände (ausgewiesen z. B. durch Wissenslandkarten und Wissensbilanzen) auf die individuellen Motive, Motivationen und Zuschreibungen der Akteure sowie eine Inklusion ihrer Zielsetzungen und Zweckrelationen. Denn: Diese wirken sich unmittelbar auf deren Erwartungs- und Entscheidungsverhalten und damit auch auf deren Akzeptanz einer Beteiligung[266] aus und ermöglichen erst zusammengenommen eine gemeinsame Identitäts- und Sinnbildungsbasis.

---

265 Im prominenten Gefolge von Polanyi hebt Kubon-Gilke zudem hervor, dass Wissen als solches weder immer ausschließlich implizit noch stets vollständig explizit sei. So könne „Wissen vielfach nur als Kombination impliziter und expliziter Anteile verstanden werden" (Kubon-Gilke 2004:300). Untersuchen wir die Ökonomik des Wissens in Clustern noch eingehender auf die Personengebundenheit des Wissens, ist auch relevant, dass implizites Wissen im Kollektiv nicht per se vorliegt, sondern selbst oft erst generiert werden muss, um überhaupt umgewandelt und genutzt werden zu können und sich „implizites, kaum kommunizierbares Wissen aus einem spontanen Verständnis aus dem Arbeitszusammenhang heraus *überindividuell* ergeben kann" (Kubon-Gilke 2004:299, kurs. Hervorheb. im Original).

266 Auch Adelsberger, Bick und Hanke (2002:76) machen deutlich, dass dies ebenso Auswirkungen im Bereich von Wissensmanagement und dessen Konzeptionierungsstrategien nach sich ziehe, da für das Wissensmanagement nicht nur die *„Fähigkeit"* der Akteure zur Explikation und Teilung von Wissen relevant und erforderlich sei, sondern auch deren *„Bereitschaft"*. (Vgl. ebd.) Je nach Ausrichtung, Struktur und Kultur der Organisation seien daher, jene von Hansen, Nohria und Tierney (1999) in den Wissensmanagement-Diskurs eingebrachten „Kodifizierungsstrategien" und „Personalisierungsstrategien" entsprechend zu gewichten und prozentual zu balancieren. (Vgl. Adelsberger, Bick und Hanke 2002:77f., die sich hier auf folgende Quelle beziehen: Hansen, Morten T./Nohria, Nitin/Tierney Thomas (1999): Wie managen sie das Wissen in Ihrem Unternehmen? In: Harvard Business Manager 5/1999, S.85-96) In Bezug auf die Einführung von Wissensmanagement bieten die Autoren u. a. einen interessanten kompakten Einblick in damit möglicherweise einhergehende Hindernisse und Störgrößen in Form von *„Human-, Technologie- und Organisationsbarrieren"* (Adelsberger/Bick/Hanke 2002:79, kurs. Hervorheb. im Orig.).

Obige Ausführungen verdeutlichen die Notwendigkeit eines neuartigen Umganges mit Wissen und die ebenso nötige Loslösung von einigen zwar tradierten, jedoch nichtsdestotrotz gegenwärtig kaum mehr zielführenden Verständnissen, u. a. bezüglich der Genese und des Transfers von Wissen. Erforderlich wird insbesondere die Suspendierung jener Vorstellungen, dass Wissen essentiell über kognitiv-rationale Faktoren erfassbar, allein über strukturelle Interventionen generierbar oder aber primär mittels technologischer Neuerungen steuerbar sei. In Anlehnung an die vorab skizzierten konstruktivistischen, historischen, wissenssoziologischen und intrinsisch motivierten Impeti und Antezedenzbedingungen des Wissens und seiner Genese, kann Wissen, abstrahieren wir es auf Individualebene, als ein Phänomen gefasst werden, welches seitens des Akteurs in prozessualen Handlungsvollzügen stets intentional und eigenmotiviert gehandhabt wird, dabei von seinen individuellen Beobachtungspraxen und Bewertungsmaßstäben dimensioniert wird und sich hinsichtlich seiner jeweiligen situativen und kontextuellen Verortungen sowie aufgrund zeitlich begrenzter Geltung und Gültigkeit verändert.[267] Freilich ist dies nun keine wahrlich neue Erkenntnis und vorgängige, z. T. bewusst sehr allgemein gehaltene Beschreibungen dienten hier vorrangig dazu, für die insbesondere in Clustern notwendig werdende mehrdimensionale Perspektivik im Umgang mit Wissen zu sensibilisieren. Zudem ist es diesbezüglich entscheidend, einer mit einem verkürzten bzw. vereinseitigen Wissensbegriff etwaig einhergehenden Gefahr vorzubeugen, welche eine Engführung jener im Cluster stattfindenden Wissens- und Lernprozesse zur Folge hätte. Desweiteren gilt freilich auch in Clustern uneingeschränkt, dass Wissen dort als „Resultat von Reflexionen" (North/Romhardt/Probst 2000:56) wirksam wird, sich als „Produkt und Produzent der gesellschaftlichen Reproduktion" (Maasen 1999:26) erweist, unmittelbar auf das aktive Handeln der Clusterakteure im performativen Vollzug einwirkt, bzw. deren zielgerichtetes und kontextsensitives Handeln überhaupt erst ermöglicht.

---

267   Zum einen muss sich die Perspektive unmittelbar auf den Wissensträger fokussieren und verlangt somit einen immanenten Akteursbezug. Dementsprechend muss sich die Relevanz von Wissen am Maßstab der Akteure, d. h. an deren Wahrnehmungsmodi, Sinnzuweisungen und Nutzeninteressen bemessen und ist damit auch unmittelbar an die Funktionszuweisungen und Sinnbildungen dieser Akteure gebunden. Da sich Sinn jedoch zumeist in der Bearbeitung und Gestaltung sozial konstruierter Wirklichkeiten widerspiegelt bzw. sich über diese konfiguriert, muss ein übergreifender und für unternehmerische und (inter)organisationale Kontexte passfähiger Wissensbegriff immer auch konkrete Praxis-, Vollzugs- und Anwendungsbezüge inkludieren. Vgl. zu weiteren und teils ähnlich gelagerten Dimensionierungen von Wissen auch die Ausführungen von Willke (1998). Im Rahmen von „Wissensarbeit" (Willke 1998:4) müsse Wissen laut Willke „kontinuierlich revidiert" (ebd.), dabei „permanent als verbesserungsfähig angesehen" (ebd.) und „prinzipiell nicht als Wahrheit, sondern als Ressource betrachtet" (ebd.) werden, welche zudem „untrennbar mit Nichtwissen gekoppelt ist" (ebd.).

5.2 Interdependenzen von Wissen und Lernen

> „Zwar ist' s mit der Gedanken-Fabrik, Wie mit einem Weber-Meisterstück,
> Wo Ein Tritt tausend Fäden regt, Die Schifflein herüber hinüber schießen,
> Die Fäden ungesehen fließen, Ein Schlag tausend Verbindungen schlägt:
> Der Philosoph der tritt herein, Und beweist euch, es müßt' so sein:
> Das Erst' wär' so, das Zweite so, Und drum das Dritt' und Vierte so;
> Und wenn das Erst' und Zweit' nicht wär', Das Dritt' und Viert' wär' nimmermehr.
> Das preisen die Schüler aller Orten, Sind aber keine Weber geworden.
> Wer will was lebendig's erkennen und beschreiben, Sucht erst den Geist heraus zu treiben,
> Dann hat er die Teile in seiner Hand, Fehlt leider! nur das geistige Band."

(J. W. von Goethe 1998:69)

Betrachten wir Wissen unter konstruktivistischer Manier als ein soziales *Konstrukt*, dass sowohl Personen, Organisationen sowie Clustern eigen ist, so nehmen wir das Verständnis von Wissen und sein notwendiges Accompagnement mit Lernprozessen als Voraussetzung für damit verbundene Handlungsvollzüge nahezu vorweg:[268] Obgleich „Lernfähigkeit [...] vereinfacht als die Fähigkeit der Nutzung, Veränderung und Entwicklung von Wissen interpretiert werden" (Scheff 1999:72) kann und sich das Wissen bekanntlich nur durch permanente Lernprozesse noch aktuell und anschlussfähig erhalten lässt,[269] scheint dieser unmittelbare Zusammenhang von Lernen und Wissen und eine diese Zusammenhänge berücksichtigende Bearbeitung in organisationalen Selbstverständnissen und ökonomischen Kontexten längst noch keine Selbstverständlichkeit zu sein.[270] Um zunächst also sowohl die Korrelation als auch die Performativität von Wissen und Lernen zu verstehen und an praktische Interventionskonzepte globaler Dynamik anschließen zu können, werde ich im Folgenden zunächst einen kursorischen Rekurs auf den Begriff des Lernens führen, dessen bedeutungsgenerierende historische Hintergründe und Einbettungen erfragen, die aktuellen Interdependenzen von Wis-

---

268 Wissensvermittlung und damit einhergehende didaktisch und lernorientierten Gefolgsfragen des personalen, organisationalen, sozialen oder reflexiven Lernens werden zur bewegenden und sich allgegenwärtig ausbreitenden Kraft. Um deren Darstellung und Vereinnahmung als praktisches Anwendungsfeld ringen im universitären Bereich verschiedenste Wissenschaften. Auch in der Fort- und Weiterbildung gewinnen wissensintensive Lernprozesse u. a. deshalb an Bedeutung, da der Wert des Wissens als ökonomisches Markt- und Handelsgut längst belegt und eine damit verbundene Kaufkraft schnell erkannt worden ist. (Vgl. auch Pritsching 2004:320ff.).

269 Auf der Folie scheinbar sinkender Halbwertszeiten des Wissens, permanenter (wissens-) gesellschaftlicher Dynamiken sowie demographischer Entwicklungen stößt die Parole des sog. ‚Lebenslangen Lernens' allerorten auf ein lebendiges, zuweilen jedoch – beispielsweise im Rahmen sich verschärfender Verteilungsungleichgewichte und damit einhergehender Pressionen – ebenso kritisches Echo. (Vgl. Pritsching 2004:320ff.)

270 Dies hängt u. a. mit Weltsichten, Menschenbildern und Formen der Inklusion und Inkulturation von Wissensverständnissen und bildungspolitischen Praxen in unternehmerische Kontexte zusammen und wird im weiteren Verlauf der Arbeit noch eingehender geklärt.

sen und Lernen aufbereiten und daraus resultierende aktuelle Problematiken für clusterspezifische Kontexte konturieren.[271]

Im Hinblick auf die Vermittlung von Wissensmaterien waren Akzeptanz und Berücksichtigung einer konstruktivistisch gelagerten Perspektivik bekanntermaßen nicht immer gegeben: Im Unterschied zur klassischen Bildungsperspektive und jenen auf Denkfreiheit und Selbsttätigkeit abzielenden Maximen der Aufklärung etwa, sei die Vermittlung von Bildung, wie Siebert aufzeigt, in der Industriegesellschaft als ein extern determinierbarer und auf Modi der Linearität und Standardisierung abstellbarer Prozess verortet worden. (Vgl. Siebert 2001:30) Weithin verbreitete Denkmuster und Handlungsmaximen der industriellen Gesellschaft gründeten auf der Basis behavioristischer Modelle, woraufhin auch mit Blick auf Lernprozesse auf Kalkulierbarkeit, Planbarkeit und Berechenbarkeit votiert worden sei. (Vgl. ebd.) Vermittlung und Transfer von Wissensinhalten seien zuweilen schlechterdings mit der Übertragung von Daten und Fakten gleichgesetzt, Lerninhalte als leichtgängig und ohne Informationsverluste als vermittelbar betrachtet und Lernfortschritte als antizipierbar, gar programmierbar erachtet worden. (Vgl. ebd.)[272] Dementsprechend sei das Individuum im Rahmen dieses konsequent mechanistischen Verständnisses „[...] nach behavioristischen Mustern mit Wissen gefüttert, [...] trainiert, konditioniert, geschult" (Siebert 2001:30) worden. Siebert zeigt auf, dass sich jenes, vorrangig an mechanistischen Impeti angelehnte Verständnis erst allmählich weiter entwickelt(e) und in diesem Zuge die Vorstellung des Menschen als einer in seiner Gesamtheit zu koordinierenden und funktional zu steuernden ‚Maschine' suspendiert(e). (Vgl. ebd.) Denn: Im Gegensatz zur Trivialität und Dinghaftigkeit von Maschinen, welche „aus Einzelteilen [bestehen, B. P.], die bei Störfällen repariert oder ausgetauscht werden können [und, B. P.] [...] durch Energie und Information nach dem Input-Output-Modell steuerbar und berechenbar" (Siebert 2001:30) seien, sei dies bei „lebendigen Systemen" (ebd.:31) aufgrund ihrer weitaus komplexeren Wirkmechanismen nicht möglich (vgl. ebd.): „Unser Nervensystem, unser Bewusstsein, soziale Systeme, Biotope, auch Organisationen, Gesellschaften, Kulturen sind komple-

---

271 Zunächst erscheint die oben skizzierte Interdependenz dieser Begriffe selbstverständlich. Nehmen wir sie aber genauer unter die Lupe, bewegt diese nicht nur die Tiefgründe existenzialistischer Philosophie oder hermetisch abgeschlossene Zirkel. Es handelt sich vielmehr um Überlegungen, welche oftmals ebenso primär praxisrelevante Zugänge betreffen, die sich aktuell allerorten in Handlungs- und Denkpraxen einweben und die Akteure aufgrund globaler Dynamiken mit komplexen und nur transdisziplinär bearbeitbaren Fragestellungen konfrontieren.

272 Weithin verbreitet war ein technokratisch orientiertes Bildungsmodell, das in seinen Grundgedanken auf das Sender-Empfänger Paradigma des Transportmodells von Shannon und Weaver (1976) rückführbar ist.

xe, vernetzte, zirkuläre Systeme. Sie funktionieren durch Rückkoppelungen, Eigendynamik, Wachstum. Ihre Entwicklungen verlaufen nicht linear, sondern dis-
kontinuierlich, oft chaotisch" (Siebert 2001:31).[273]

In diesen Problemzusammenhang lässt sich eine Aussage von Ernst von Glasersfeld eingliedern, welcher konstatiert, dass „[d]as Wort ‚Lernen' [...] zweideu-
tig" (von Glasersfeld 1987:131) sei. Denn: Bei ‚Lernen' kann es sich laut von Glasersfeld „um die Wiederholung (‚Iterierung') eines festgelegten Weges" (ebd.) oder
aber „um die Konstruktion eines solchen Weges" (ebd.) handeln.[274] Von Glasersfeld zeigt auf, dass eine Vermengung beider Formen (oftmals zugunsten der Ite-
ration) stattgefunden habe (vgl. ebd.) und moniert, dass „eben diese Vermengung
von den unnachgiebigeren Vertretern des Behaviorismus weit verbreitet worden
[sei, B. P.]. Entsprechend ihrer Basisdoktrin gibt es ja nur eine Art des Lernens,
nämlich die, die sich aus der Wiederholung ergibt und sich selbst in Wiederholung manifestiert. Alles was auf Regeln, auf begriffliches Wissen, oder auf das
Treffen von Entscheidungen hindeutet, wird ausgeschlossen, und entsprechend
werden geistige Entwicklung und Erziehung mit ‚Training' gleichgesetzt, d. h. mit
Training im Sinne der Wiederholung bestimmter Verhaltensweisen" (von Glasersfeld 1987:131f.). Dass jedoch die eigenständig entwickelte Zielrichtung des Lernens und die damit verbundene Handlungsorientierung des Akteurs einen immens wichtigen Faktor im Rahmen von Lernprozessen darstellt, erschließt sich
durch eine seiner weiteren Feststellungen: „Da das behavioristische Dogma jegliche Ziel- und Zweckorientiertheit auf seiten beobachteter Organismen kategorisch
ausschließt, wird das erste unentbehrliche Auftreten eines erfolgreichen Verhaltens oft zu einem ‚zufälligen' Ereignis trivialisiert. Das ist eine schlimme Ver-
zerrung, denn sie verdeckt für immer die allgemeinste Lernstrategie eines lebendigen Organismus, die Strategie von Versuch und Irrtum" (Glasersfeld 1987:132).

---

273 So weist auch Haase unter dem Aspekt der Übertragung von Informationen darauf hin, dass
    „[d]er soziale, interindividuelle Transfer von Information [...] nach der Fragmentierung des
    Wissens durch den Generator, eine Defragmentierung durch den Nutzer" (Haase 2004:78, im
    Rekurs auf Machlup) erfordere. „Beide Vorgänge – Fragmentierung wie Defragmentierung –
    erfolgen vor dem Hintergrund der unterschiedlichen Wissensbasen von Generator und Nutzer.
    [...] Es kann nicht davon ausgegangen werden, dass der Nutzer der potenziellen Information
    grundsätzlich und regelmäßig das aus der Repräsentation gewinnt, was der Generator zu
    transferieren beabsichtigt" (Haase 2004:78, im Rekurs auf Piore).

274 Hinsichtlich der Lernvorgänge ist zudem die Unterscheidung von Assimilation und Akko-
    modation relevant: „Äquilibration [ist, B. P.] im kognitiven Bereich die Anpassung etwa von
    Perzepten an begriffliche Strukturen, die das wahrnehmende Subjekt bereits gebildet hat, und
    diese Anpassung des Neuen an das Alte wird ‚Assimilation' genannt. Kognitive Äquilibra-
    tion bedeutet aber auch die Anpassung von Begriffen an Perzepte, und diese zweite Art der
    Anpassung, die auch in der Erzeugung einer neuartigen Struktur oder in der Kombination
    mehrerer bereits gebildeter Strukturen zu einer größeren begrifflichen Einheit bestehen kann,
    wird ‚Akkomodation' genannt" (von Glasersfeld 1987:110f.).

Dies beinhaltet Anschlüsse zur Theorie der Kybernetik, denn „Selbst-steuerung bedeutet in der Kybernetik[275] gewöhnlich das Prinzip der ‚negativen Rückkoppelung'"[276] (von Glasersfeld 1987:145). Die sog. ‚negative Rückkoppe-lung' wiederum basiere laut von Glasersfeld darauf, dass der Organismus eine Störung im Funktionssystem erkenne, die er durch eine spezielle Maßnahme zu beheben suche und damit durch versuchsweise Erprobung anderer Verhaltensmodi einen Lernprozess überhaupt erst in Gang setze. (Vgl. von Glasersfeld 1987:147):

> „Der Lernprozeß beginnt notwendigerweise mit der zufälligen Auswahl einer Tätigkeit als Re-aktion auf ein Störungssignal. Reduziert diese Aktivität die Fehlermeldung nicht, dann wird eine andere versuchsweise eingesetzt, und so weiter, bis eine gefunden ist, die tatsächlich zur Reduktion der ‚Störung' führt. Dieses Vorgehen nach Versuch und Irrtum endet, wenn ein Ver-such Erfolg bringt. Die Verbindung zwischen erfolgreicher Tätigkeit und Störungssignal wird sodann aufgezeichnet, und die Fehlermeldung wird von da an ‚automatisch' die Aktivität aus-lösen, die erfolgreich war. Hätte es jedoch keine Störeinwirkungen gegeben und folglich auch keine Störungsmeldung, dann hätte auch kein Lernen stattgefunden" (von Glasersfeld 1987:147).

Vor diesem Hintergrund gilt die Devise, dass „Wissen [...] nicht an passive Emp-fänger transferiert, sondern durch aktives Lernen erworben [wird, B. P.]. Dabei spielt der vorhandene Wissensstand ebenso eine Rolle wie das Interesse an dem betreffenden Gegenstand. Beides bildet den individuell gegebenen Kontext, aus

---

275 Gründungsvater der Kybernetik ist nach von Glasersfeld (1987) der Mathematiker Norbert Wiener, welcher Kybernetik dereinst als „die Erforschung von Regelungen und Nachrichten-übertragung im Lebewesen und in der Maschine" (Wiener 1948:o. S. zit. n. von Glasersfeld 1987:144) bezeichnete. (Glasersfeld bezieht sich hier auf: Wiener, Norbert (1948): Cybernetics, Cambridge/Mass.: J. Wiley)

276 „In der einfachsten Form besteht Regelung durch negative Rückkoppelung aus einer Anord-nung, die ein System (zum Beispiel ein Lebewesen oder eine Maschine) instandsetzt, eine Aktivität gemäß ihrer Wirkung einzurichten" (von Glasersfeld 1987:145). Dabei könne ein solches „System, daß sich selbst durch negative Rückkoppelung steuert, [...] nicht durch die Beschreibung seiner Teilstücke, sondern nur durch eine Beschreibung ihrer zirkulären In-teraktion erklärt werden" (von Glasersfeld 1987:174). Dementsprechend liege „[d]ie Identität eines derartigen Systems [...] ausschließlich in der Invariante, die aus wechselseitig austa-rierten Veränderungen entsteht" (ebd.). Krieger führt aus, dass „[d]iese Form von Operation [...] eine *Rückkoppelungschleife* oder ein *Regelkreis* genannt [wird, B. P.]. Denn das, was die Operation des Systems als *Output* in die Umwelt bewirkt, wird wieder als *Input* in das System aufgenommen. Wir können also von einem *kybernetischen* oder *selbststeuernden* System sprechen" (Krieger 1998:26, kurs. Hervorheb. im Orig.). In Folge der Bewältigung aktueller Störungen, die aus einem in der Vergangenheit liegenden Ungleichgewicht resultieren, ist ein derartiges System zugleich bereits auf die Kompensation und Behebung möglicher zukünftiger Störungen ausgelegt. Oder mit den Worten von Ernst von Glasersfeld: „Immer wenn wir uns eine Rückkoppelungsschleife näher ansehen, stellen wir fest, daß der gerade ablaufende Akt gegen die unmittelbare Vergangenheit arbeitet, gleichzeitig aber schon durch die unmittelbar folgende Zukunft selbst kompensiert wird" (von Glasersfeld 1987:174f.). Beispiele für diese Art von Rückkoppelung seien beispielsweise die Öllampe, der Thermostat, Autopiloten und Lenkwaffen. (Vgl. von Glasersfeld 1987:145 sowie Ders. 1987:213)

dem heraus eine Person die Wissensteilhabe umzusetzen in der Lage ist und für erstrebenswert hält (Helmstädter 2004:99f). Wie Stehr (2001:8) herausstellt, „er-erfüllt [Wissen, B. P.] nur dort eine *aktive* Funktion im gesellschaftlichen Handlungsablauf, wo Handeln nicht nach im Wesentlichen stereotypisierten und oft unreflektierten Mustern abläuft oder ansonsten weitgehend reguliert ist, sondern wo es, aus welchen Gründen auch immer, einen Entscheidungsspielraum oder -notwendigkeiten gibt" (ebd.).

Dementsprechend werden in Bezug auf produktive Lernprozesse von Akteuren bzw. Organisationen und Systemen oftmals Fragen virulent, die sich im Themenfeld von Steuerungskonzepten, sprich Selbstorganisation[277] bzw. Fremdorganisation situieren. Beide Formen sind dabei allerdings weder per se positiv noch negativ. Deren Einsatz basiert viel eher auf organisationsspezifischen Ausgangsbedingungen und Zielsetzungen: In Bezug auf die Schaffung einer eigenständigen und von allen Beteiligten getragenen und gelebten Unternehmenskultur und einer damit einhergehenden Arbeitsbereitschaft, Motivation und Identitätsbildung beispielsweise, erscheinen Konzepte der Selbstorganisation zunächst als die von den zu beteiligenden Mitarbeitern oftmals favorisierte und damit auch für das jeweilige Unternehmen meist sinnvollere, da tragfähigere Lösung. Selbstorganisation kann sich jedoch, wenn sie in die „selbstorganisierte Einengung des Blickfeldes durch die unhinterfragten mentalen Modelle, die selbstorganisierte Einengung der Handlungsmöglichkeiten durch Routinen, Gewohnheiten und Spielregeln und in die Emergenz unerwarteter kollektiver Folgen aus individuellen Handlungen" (Göbel 1998:20) mündet, auch negativ auswirken und dabei höchst bedenkliche Folgeproblematiken nach sich ziehen.

---

277 „Unter Selbstorganisation verstehen wir einen irreversiblen Prozeß, der durch das kooperative Wirken von Teilsystemen zu komplexeren Strukturen des Gesamtsystems führt. Die Selbstorganisation ist der Elementarprozeß der Evolution, die als unbegrenzte Folge von Prozessen der Selbstorganisation verstanden wird" (Krieger 1998:31). Dabei sind „Rhythmen, Regelungen und Operationen [...] die drei grundlegenden Verfahrensweisen der Selbstregelung und Selbsterhaltung von Strukturen. [...] In jedem Falle wird es aber notwendig sein, zumindest mit Bezug auf den Aufbau neuer Strukturen, zwei Ebenen der Regelung zu unterscheiden. Auf der einen Ebene verläuft die Regelung innerhalb der bereits gebildeten oder fast vollendeten Struktur und konstituiert somit deren Selbstregelung, führt zu einem Zustand des Gleichgewichts, wenn die Selbstregelung erreicht ist. Auf der anderen Ebene wirkt die Regelung am Aufbau neuer Strukturen mit, indem eine oder mehrere zuvor aufgebaute Strukturen eingegliedert, als Substrukturen in größere eingebaut werden" (Piaget, Jean 1968: Le structuralisme. Paris: Presses Universitaires de France, S.16., zit. n. von Glasersfeld 1987:110). Übertragen wir dies auf die Clusterbildung so wird deutlich, dass nicht nur der Cluster als solcher, sondern zuallererst die an ihm zu beteiligenden und in ihn einzugliedernden Organisationen voraussetzungsvolle Steuerungsstrukturen und Lernkulturen auf- und ausbauen müssen, um überhaupt ‚clusterfähig' zu werden.

Eine lediglich im Statischen verhaftete und dort verbleibende „Cadrage" (Deleuze), in deren Rahmen eine derartige strategische Steuerungsentscheidung nicht mehr revidierbar wäre, kann in einem System, das den Anspruch erhebt, den Akteur nicht automatisieren und mechanisieren zu wollen, nicht tragfähig erscheinen. Abstrahiert man dies ganz allgemein auf (inter)organisationale Systeme, müssen diese oftmals also zunächst lernen, überkommene Verhaltensmodi und Urteilsbildungen zu revidieren bzw. zu korrigieren. (Vgl. auch Hartmann 2008:120 im Rekurs auf Ders. 2006:44)

Welchen Einfluss hat eine derartige Lernfähigkeit nun wiederum auf den Erfolg von Clustern? Hartmann hält folgende, elegant auf Cluster abstrahierte Definition von Lernfähigkeit bereit: „Unter Lernfähigkeit von Clustern wird die Fähigkeit von Netzwerken und Betrieben in einem Cluster verstanden, neue Reaktionsprogramme in Gestalt neuer Strategien zu erwerben und einzuüben. Diese neuen Strategien fungieren als problemadäquate Antwort(en) auf aktute Krisen(phasen), die durch exogene Schocks ausgelöst worden sind. Die neuen Reaktionsprogramme bzw. Strategien führen zur Veränderung von bestehenden Kernkompetenzen und Routinen sowie Strukturen und Prozessen im betroffenen Cluster, wobei gleichzeitig obsolet gewordene Reaktionsprogramme verlernt werden" (Hartmann 2008:120 im Rekurs auf Ders. 2006:44).[278] Demzufolge spricht Hartmann der Lernfähigkeit von Clustern höchste Relevanz in Bezug auf deren Erfolg und Fortbestehen zu. Eine mangelnde Lernfähigkeit wiederum macht er als Ursache und Wirkung für das Scheitern und den Niedergang von Clustern verantwortlich: „Der Niedergang von Clustern ist also kein zwingend deterministischer Prozess, der im Laufe der Zeit unweigerlich auftritt, sondern die direkte Folge von nicht bewältigten Clusterkrisen aufgrund und infolge eines Mangels an hinreichender Lernfähigkeit im betroffenen Cluster bzw. in seinen Netzwerken" (Hartmann 2008:120). Das Vorliegen und die Notwendigkeit einer hinreichenden Lernfähigkeit von Clustern ist auch im Bedingungsset von Sternberg (2005) als eine Voraussetzung des Clustererfolges enthalten. In seinem Rekurs auf Enright (2003) wird aus den Ausführungen von Sternberg deutlich, dass sowohl die Pflege und Stabilisierung von Kooperationen (auch und insbesondere nach Eintritt von Clustern in reifere Phasen und bei älteren Clustern) als auch die permanente Aufrechterhaltung dynamischer Strukturen (zur Vermeidung von Verkrustungen

---

278 Hartmann rekurriert hier auf eine von ihm selbst getätigte Aussage in: Hartmann, Christian (2006): Die Lernfähigkeit von Clustern. Eine theoretische und empirische Betrachtung, Graz: Leykam

und daraus resultierender ‚Lock-ins') den Clustererfolg (mit) herbeiführen und diesen befördern. (Vgl. Sternberg 2005:129)[279]

Die Lernfähigkeit von Clustern bestimmt jedoch nicht nur darüber, wie *bestehende* Cluster ihren Erfolg sichern bzw. ihren Niedergang vermeiden können. Vielmehr unterliegt bereits die Initiierung und ‚Ins-Werk-Setzung' von Clustern der erfolgreichen Lernfähigkeit der zu beteiligenden Organisationen als eines unhintergehbaren und äußerst voraussetzungsreichen Aprioris. Daher werden uns sowohl Fragen nach der Lernfähigkeit von Clustern im Allgemeinen als auch deren Kopplung an lern- und wissenstheoretische Einflussgrößen, Strategien und Verhaltensmodi im Speziellen, durch die weiteren Teile dieser Arbeit begleiten.

---

[279] Nach dem von Sternberg im Rekurs auf Enright (2003) ausgeführten Bedingungsset sind dies zwei von fünf wesentlichen Bedingungen. Als weitere Ursachen, die den Clustererfolg unterminieren oder gar verhindern, nennt Sternberg (2005:129) im Rekurs auf Enright (2003) zudem die „[m]angelnde Nachfrage für die Produkte des Clusters" (ebd.), die „Obsoleszenz der entsprechenden Organisations- und Produktionsstrukturen" (ebd.) sowie die „[g]eringere Wettbewerbsfähigkeit gegenüber konkurrierenden Clustern anderswo" (ebd.).

6. Cluster – Grundriss für neue Wissenskonstruktionen

6.1 Ökonomische Befunde und geographische Relationen

> „Paradoxically, the enduring competitive advantages in
> a global economy lie increasingly in local things
> – knowledge, relationships, and motivation –
> that distant rivals cannot match."
>
> (Porter 1998:77, kursive Hervorhebung des Orig. getilgt)

Nicht nur bei allem impulsgebenden Enthusiasmus, sondern vorrangig bei ebenso ausgeprägter Spitzfindigkeit, welche den Ausdruck ‚Cluster' aktuell begleiten, darf nicht übersehen werden, dass eine mit dem Clusterkonstrukt einhergehende Orientierung auf Innovation und Erneuerung weder in einer kollektiv-ideologischen ‚Weihestätte' beheimatet ist, noch auf rein imageorientierte Partikularinteressen Einzelner zurückgeführt werden kann und erst recht nicht auf einer kleinen experimentellen Spielerei wirtschaftspolitischer Eliten beruht. Zumeist gründet sich das Bestreben Cluster zu initialisieren und die mit ihnen verbundenen ‚Chiffren der Erneuerung' zu propagieren allerorten schlicht und einfach auf tiefgreifende Problemlagen. (Vgl. auch Pieper 2007a:3f.) Daher erstaunt es auch nicht, dass Cluster offenbar „häufig als Reaktion auf ökonomische Strukturwandel, krisenhafte Entwicklungen oder Strukturbrüche entstanden" (Floeting 2008:5) sind.

Diese vermeintlich im wirtschaftgeographischen und ökonomischen Feld beheimateten Praxisproblematiken scheinen nunmehr auch im Rahmen ihrer theoretischen Betrachtung und Bearbeitung zwangsläufig einen ebensolchen feldspezifischen Ein- und Zugriff vorauszusetzen. Daher verblüfft es zunächst, dass mein bisheriger Zugriff auf die (wirtschafts)geographischen und ökonomischen Definitionen, Vorbedingungen und Erfolgsfaktoren von Clustern bislang weitgehend en passant erfolgte. Die Beiläufigkeit eines derartigen Zugriffes war in dieser Arbeit allerdings der Einbettung und Einordnung von Clusterdiskursen sowie einer damit verbundenen, notwendig präkonzeptionellen Clusterfokussierung geschuldet. Um eine einseitige Perspektive dennoch ausschließen und ein intermediär angesiedeltes Mehrebenenkonzept entwerfen zu können, welches die aktuellen Befunde und deren Zugänge veranschaulicht, soll im Folgenden ein kurzgefass-

ter und kompakter Zugriff auf ebenjene wirtschaftsgeographischen und ökonomischen Impeti nachgeholt werden.[280]

Auch im Bereich einer eher an ökonomischen und wirtschaftsgeographischen Variablen orientierten Clusterforschung existiert derzeit allerdings noch
keine allgemeingültige, d. h. für alle Arten von Clustern generalisierbare und auf
jegliche Clusterspezifik abstrahierbare Clustertheorie. (Vgl. auch Kiese 2008:21)
Laut Alecke/Untiedt stehe „[h]inter dem Cluster-Konzept [...] auch keine spezifische Theorie regionaler Wirtschaftsentwicklung, sondern eine Ansammlung
unterschiedlichster Ideen und Konzepte" (Dies. 2005:4). So verweist auch Porter
(2002:22) darauf, dass es sich bei der konzeptionellen Einfassung und Förderung
von Clustern „weniger um Wissenschaft, [sondern, B. P.] eher um eine vage Kunst"
(ebd.) handele, wobei es „keine harten Standards [gäbe, B. P.], Cluster geographisch zu bestimmen oder ihre Erfolge zu messen" (ebd.). Denn: „Die Definition
liegt beim Betrachter. Und jede Initiative schreibt ihre eigenen Regeln" (ebd.) so
Porter.[281] Gleichwohl erschwert diese Tatsache die ausgiebige Analyse und Antizipation zukunftsträchtiger Erfolgsfaktoren sowie die Entwicklung von Maßnahmen, welche den Erfolg von ,Erfolgsfaktoren' sicherstellen: Etwaige, zur Behebung von Störzuständen essentiell notwendige Problemlösungsstrategien sind
weder in Gänze ausgemacht noch als Piloten erprobt, geschweige denn als generalisierbare Handlungsoptionen niedergelegt. Die Behebung von Krisen erlaubt
demgegenüber jedoch keinerlei Aufschub, weshalb entsprechende Lösungsfor-
meln nicht nur allmählich zu validieren, sondern zügigst zu formulieren und parallel dazu, kulturell und strukturell zu verankern sind.

Fraglos entstammen bislang sowohl die prominentesten Clusterdefinitionen als auch die damit verbundenen kardinalsten Feldforschungen aktuell un-
bestreitbar den Feldern der Ökonomie und Wirtschaftsgeographie. Diese Provenienzen formen (wie in dieser Arbeit bereits eingängig beschrieben) sowohl die
Bestimmbarkeit und Fasslichkeit von Clustern im Allgemeinen als auch die ihnen
aufgrund dieser Positionierung zugemessenen Erfolgsfaktoren sowie die ihnen
unterstellten Vorteile im Besonderen. Dergestaltige Konturen und Kolorationen

---

280   Die Betrachtung und Bewertung von Branchen werde ich dabei zwar nicht aussparen, so
      doch darauf zurückkürzen, als dass Ihnen nur bei paralleler Berücksichtigung der evolutiven
      Clusterdynamiken, d. h. hier in Bezug auf die Nachzeichnung beispielgebender historischer
      Clusterentwicklungen, eine allenfalls beigeordnete Rolle zugemessen wird. Denn: „[D]ie
      Wettbewerbsfähigkeit eines Landes [beruht, B. P.] nicht mehr darauf, in *welchen* Branchen
      es sich dem Wettbewerb stellt, sondern *wie* es das tut" (Claas van der Linde 2005:16, kursive
      Hervorheb. im Orig.). Will heißen: „Heutzutage hängt Wettbewerbsfähigkeit vor allem von
      der ständigen Verbesserung der mikroökonomischen Grundlagen der Wettbewerbsfähigkeit
      ab" (Ders. 2005:17).
281   Auch nach Kiese (2008a) seien Cluster noch immer „ein eklektisches Konzept" (ebd.:59).

bilden zusammengenommen freilich nicht nur den Ausgangspunkt einer gegenwärtig akzelerierenden Popularität von Clustern, sondern sie bilden auch die Basis für die strategische und operative Ausrichtung von Clustern, welche somit die Ins-Werk-Setzung wesentlich bestimmen und (zuweilen über-)formen. Beginnen wir daher zunächst mit den aktuell kommunizierten kardinalen Vorzügen von Clustern und fragen noch einmal genauer, worin jene, den Clustern zugemessenen positiven Effekte aus der Perspektive von Ökonomie und Wirtschaftsgeographie gegenwärtig bestehen.

Vorzüge von Clustern aus Sicht von Ökonomie und Wirtschaftsgeographie

Kiese verdeutlicht u. a. im Rückgriff auf Martin/Sunley (2003:22),[282] dass „[d]er aktuellen Popularität von Clustern [...] die weit verbreitete Auffassung zugrunde [liege, B. P.], Unternehmen in Clustern seien produktiver, innovativer, wettbewerbsfähiger, profitabler und schüfen mehr Arbeitsplätze als solche außerhalb von Clustern" (Kiese 2008:28). Die ökonomischen ‚main principles' dieser gegenwärtigen Popularität von Clustern, vulgo die Beförderung von Produktivität, Effektivität und Merkantilität werden denn auch von zahlreichen Regionalökonomen und Wirtschaftsgeographen durchgängig gestützt. So begründet bspw. Porter die Beförderung des Marktgeschehens durch Cluster wie folgt: „Erstens entsteht mehr Effizienz. Transaktionen können ohne hohe Logistik- oder Transportkosten erfolgen. Kommunikationswege werden kürzer, Marktteilnehmer können rasch aufeinander reagieren. Cluster erzeugen außerdem Güter, auf die dort angesiedelte Firmen relativ kostengünstig zugreifen können. [...] Zweitens forcieren Gelegenheiten Innovationen. Wenn viele Unternehmen und Marktteilnehmer auf engem Raum konzentriert sind, sieht man Marktlücken schneller. Neue Güter oder Dienstleistungen drängen sich einem förmlich auf, die technische Expertise liegt vor der Tür. [...] Dazu kommt der bessere Zugriff auf Kapital. [...] Drittens schlägt sich ein Cluster in der Gründungsrate neuer Firmen nieder. Die Schwellen zum Markteintritt liegen niedriger [...]. Man kann leichter Kapital auftreiben, wichtige Zulieferer und Abnehmer finden" (Porter 2002:21).[283] Ähnlich argumen-

---

282 Kiese knüpft hier u. a. an Argumentationsstränge von Martin und Sunley an und bezieht sich auf: Martin, Ron/Sunley, Peter (2003): Deconstruction Clusters: Chaotic Concept or Policy Panacea? in: Journal of Economic Geography, 3(1), S. 3-35

283 Auch Ketels (2008:44) fasst die Vorteile von Clustern (in unmittelbarer Nachbarschaft zu den obigen Ausführungen von Porter) wie folgt zusammen: „Erstens können Unternehmen innerhalb eines Clusters ein höheres Produktivitätsniveau erzielen" (ebd.). Dies wird von ihm zum einen auf den „Zugang zu spezialisierten Arbeitnehmern, Zulieferern, Investoren, Forschungsinstitutionen, Infrastruktur usw., die sich als Reaktion auf die Konzentration von

tiert auch van der Linde (2005:21), welcher das Potential von Clustern dergestalt auffächert, dass diese „ein spezielles Umfeld und eine ganz besondere Kombination von Produktionsfaktoren, Institutionen und Wissen" (ebd.) böten, wodurch „sie sich wie ein Turbocharger auf die Effizienz und die Produktivität auswirken und diese erheblich steigern" (ebd.).[284] Er führt aus, dass mit Clustern „meist außerordentliche Innovationsraten" (ebd.) einhergingen und weist Clustern sowohl für die „Kommerzialisierung von neuen Ideen" (ebd.) und die „Ausbildung von spezialisierten Arbeitskräften" (ebd.) als auch für die „Entwicklung von spezialisiertem und auf die jeweilige Branche ausgerichtetem Wissen und entsprechenden Technologien" (ebd.) einen ‚Pro Bono' zu.

Auf Basis dieser Ausführungen muten Cluster (wiederum) als DAS Zaubermittel zur schnellen Lösung wirtschaftlicher, regionaler und globaler Problematiken schlechthin an. Hinsichtlich einer produktiven Ins-Werk-Setzung, Gestaltung und Steuerung von Clustern werfen sich jedoch Fragen danach auf, ob die oben genannten, den Clustern in wirtschaftsgeographischen und ökonomischen Theoriediskursen unterlegten positiven Effekte mit den primären Zielstellungen derjenigen Praxisakteure deckungsgleich sind, welche die aktuelle Positionierung, Ausrichtung und Steuerung von Clustern im Feld der Wirtschaftsförderung und Politik gegenwärtig dominieren und (ver)absolutieren? Daran schließen sich selbstverständlich Anschlussfragen an, wie bspw.: Welcher Begriffsbildung und Begriffsscheidung folgen diese Clusterakteure bzw. wie und an welcher Stelle positionieren sie die Clusterförderung und entsprechende Clusterförderungsinstrumente in ihren Zielkatalogen? Welche Bedeutsamkeit und Behandlung kommt diesen Positionierungen im Rahmen entsprechender Beratungs-, Begleitungs- und Fördermaßnahmen für Cluster(initiativen) zu? Und nicht zuletzt, auf welche Weise werden die angedachten Maßnahmen letztlich umgesetzt und wie von den Clustern bzw. von denjenigen Organisationen angenommen und bewertet, welche (un)mittelbar in den Cluster selbst eingebunden sind?

Diese Fragen bedürfen zwangsläufig empirischer Vergleichsstudien, die in weiteren Forschungen tatsächlich noch auszuweiten und zu vertiefen sind und in dieser Arbeit nur angerissen werden können. Eine interessante Untersuchung zu

---

Beschäftigungsmöglichkeiten, Kunden und Kooperationspartnern im Cluster angesiedelt haben" (ebd.) zurückgeführt. Als weiteren Grund nennt er „die schnelle Dispersion neuen Wissens und de[n] Druck zur Erarbeitung differenzierter Wettbewerbsstrategien" (ebd.). Ebenso schüfen Cluster auch „ein besseres Innovationsumfeld für Unternehmen" (ebd.) und böten zudem „Vorteile für junge Unternehmen" (ebd.), so Ketels.

284 Van der Linde (2005:21) macht jedoch deutlich, dass sich dieser „Turbocharger" (ebd.) auch ins Gegenteil verkehren könne. (Vgl. ebd.) Denn: „Ein Cluster, bei dem die Grundlagen für die Wettbewerbsfähigkeit nicht mehr stimmen, kann sehr schnell seine Wettbewerbsfähigkeit verlieren!" (ebd.)

obigen Themenfeldern, die zumindest Teilbereiche abdeckt und Tendenzen zur Beantwortung obiger Fragestellungen in Bezug auf kommunale und regionale Wirtschaftspolitik aufzeigen kann, legten allerdings bereits Floeting und Zwicker-Schwarm (2008) vor. Thematisch relevante Teilbereiche dieser Untersuchung werden im Folgenden – mit Blick auf die Steuerungserfordernisse einer integrativen Förderung – diskutiert.

Ausrichtung und Steuerung der Cluster(diskurse) durch die Wirtschaftsförderung

Floeting und Zwicker-Schwarm (2008) machen zunächst darauf aufmerksam, dass auch „[i]n der Wirtschaftsförderungspraxis [...] mittlerweile sehr unterschiedliche Organisationsformen und -strukturen mit dem Label ‚Cluster' versehen" (Floeting/Zwicker-Schwarm 2008:15) würden. Da die „Schnittstellenfunktion [der Wirtschaftsförderung, B. P.] – nach außen in die Wirtschaft ebenso wie nach innen zu anderen Fachverwaltungen – [...] eine der wichtigsten Aufgaben kommunaler Wirtschaftspolitik" (Dies. 2008:17) sei, nimmt die Wirtschaftsförderungspraxis freilich auch entscheidenden Einfluss auf die Ausprägung eines spezifischen Clusterverständnisses und die damit verbundenen kardinalen Zielsetzungen zahlreicher wirtschaftlicher und kommunaler Akteure.

Laut Floeting und Zwicker-Schwarm (2008:34) heben „Wirtschaftsfördungseinrichtungen [...] sehr häufig darauf ab, Unternehmen auf Cluster aufmerksam zu machen, Neugründungen von Unternehmen zu unterstützen, den eigenen Standort wettbewerbsfähiger zu machen sowie Wirtschaft und Wissenschaft näher zusammenzubringen" (ebd.). Im Rahmen der von den Autoren vorgestellten Untersuchung zeigt sich bei einer Gewichtung nach Prioritäten, dass sich nicht alle aktuell notwendig anzugehenden Ziele einer noch auszubuchstabierenden Clusterentwicklung auch mit den vordringlich genannten Zielen und Foki der Befragten deckten. (Vgl. ebd.) Die Autoren fassen die vordringlich genannten Ziele der befragten Kohorte zu Zielbündeln zusammen und machen ersichtlich, dass „auf Vernetzung, Unternehmen, Arbeitsplätze und den Standort ausgerichtete Ziele deutlich wichtiger genommen werden als eng auf die Clusterentwicklung ausgerichtete Ziele" (Dies. 2008:35). Den Befragten geht es laut den Ergebnissen dieser Umfrage dabei vorrangig um allgemeine und spezielle Formen der Vernetzung, direkt danach um die Bindung und Unterstützung von Unternehmen und erst im Anschluss daran um die Sicherung und Schaffung von Arbeitsplätzen sowie die Verbesserung der Standortattraktivität. (Vgl. ebd.) Die Steuerung bzw. das Management und die Ausrichtung von Clustern bildet lediglich das Schlusslicht beim Zielbündel der erfragten Zielstellungen, wobei die Überwindung von Branchengrenzen im Ermessen der Befragten sogar auf dem allerletzten Platz! rangiert. (Vgl. ebd.)

Aus den Daten und Ergebnissen der „Difu Wifö-Umfrage 2008" (ebd.) ziehen Floeting und Zwicker-Schwarm (2008) folgende Bilanzen: Sie merken an, dass diese Ergebnisse „vermutlich [...] auf die spezifische Rolle der Befragten zurück[zuführen]" (ebd.) seien, da „[k]ommunale Wirtschaftsförderer [...] eher die auf den Standort insgesamt ausgerichteten Ziele im Blick" (ebd.) hätten. Die Autoren geben daher zu bedenken, dass „[b]ei einer Befragung der Netzwerkmanager [...] vermutlich die enger an der Clusterentwicklung orientierten Ziele stärker an Bedeutung gewinnen [würden, B. P.]" (ebd.:35). Zum anderen verweisen sie darauf, dass bei den Clusterinitiativen offenbar „[e]rst an wenigen Stellen Fragen des professionellen Managements von Clustern, [sowie, B. P.] des Überwindens von Branchengrenzen usw. ins Bewusstsein gerückt" (ebd.) seien. Die Autoren konstatieren zudem, dass sich die Befragten „[i]nsgesamt [...] in der Phase der Verstetigung von Clusterinitiativen und Netzwerken" (ebd. 36f.) befänden, „[d]ie Managementerfordernisse dafür [...] zunehmend erkannt [würden, B. P.], [...] aber häufig noch nicht in Instrumente und deren Anwendung umgesetzt" (ebd.:37) worden seien. (Vgl. ebd.)

Demzufolge machen diese Ergebnisse gleich zwei grundsätzliche und generalisierbare Gefahren sichtbar:

1) Zum einen sind Cluster hinsichtlich ihrer Steuerungsstrukturen und -kulturen gegenwärtig oftmals noch nicht optimal ausgelegt und derart aufgestellt, als dass sie die ihnen von wirtschaftsgeographischer und ökonomischer Seite zugestandenen Vorzüge vollends entfalten und passfähige Strategien zur Umsetzung notwendiger Lernprozesse entwickeln und enablen können. Diesbezüglich ist die in der „Difü Wifö Umfrage 2008" sichtbar gemachte Unterschätzung der Entwicklung neuartiger Management- und Steuerungsansätze von Clustern durch die Wirtschaftsförderung äußerst prekär: Wenn Cluster in Bezug auf ihre Steuerungsfähigkeit keine adäquaten Mechanismen bereithalten bzw. keine externe Unterstützung erhalten, kann dies insbesondere in der Frühphase ihrer Verstetigung zu schwerwiegenden Problematiken führen: Je nach Ausformung ihres strukturellen und kulturellen Reifegrades sind Cluster dann beileibe nicht immer und ausschließlich als nach vorne weisende Folgen des sozio-ökonomischen Wandels und damit einhergehender Problematiken zu verstehen, sondern zuweilen auch für negative Ausprägungen dieses Wandels ursächlich (mit)verantwortlich und bergen je nach Ausrichtung und Grad von Lernfähigkeit und Lernfortschritt dementsprechend nicht nur Vorteile. So verweisen denn auch zahlreiche

Autoren auf die Risiken und Gefahren fehlgeleiteter, stagnierender oder instabiler Clusterentwicklung, die sich z. B. aufgrund fehlender oder unzureichender Lern-, Entwicklungs- und Steuerungsfähigkeit zu realen, kaum überwindbaren Störgrößen manifestieren und nicht selten die Entwicklung und ökonomische Anschlussfähigkeit ganzer Regionen blockieren (können).[285]

Diese Problematiken können und sollen nun keineswegs gegen die Akteure der Wirtschaftsförderung ins Feld geführt werden. Denn auch in diesem Feld zeichnet sich zunehmend ein Wandel hin zu einer „[i]ntegrierten Wirtschaftsförderung" (Beer et al. 2004) ab.[286] Mit der Hinwendung zur Integrierung neuer Steuerungskonzeptionen und der Bearbeitung von Kooperationserfordernissen ist bereits (u. a. in Bezug auf die Aufhebung von Singularisierung und Separierung der ansässigen Akteure) ein wichtiger Schritt getan. Allerdings ist damit allein in den eigenen Reihen vieler Einrichtungen längst noch kein Pool ausgewiesener ‚Cluster-Competence' geschaffen und dementsprechend werden auch keine, unmittelbar und ausschließlich auf die Zielgruppe der Clusterakteure und deren hochkomplexe Problemhorizonte abgestimmte Beratungs- und Begleitungsleistungen angeboten. Die Bearbeitung obig skizzierter Herausforderungen wird daher gegenwärtig insofern zum folgenreichen Problem, als dass die Wirtschaftsförderung – insbesondere in Bezug auf prekäre Ausrichtungs- und Steuerungsfragen sowie Dysbalancen und Problematiken, welche von den Clusterakteuren in ihren Ausprägungen meist nicht selbst auf damit verbundene Ursachen zurückgeführt werden können – oftmals als erster und naheliegendster Ansprechpartner der Clusterakteure schlechthin fungiert, u. a. da sie in vielen Regionen Deutschlands zuweilen eben auch die *Zusatz*aufgabe von Clusterbetreuung und -beratung innehat.

Gesetzt den Fall, dass diese Instanzen nun selbst jedoch entweder a) keine im Clusterfeld versierten Experten beschäftigen und/oder b) anfallende Beratungs-, Begleitungs- und Steuerungsfunktionen (aufgrund der im Praxisfeld noch weithin vorherrschenden Gleichstellung von Clustern und Netzwerken, als auch der Fokussierung des kardinal angestrebten Zieles einer Vernetzung der Clusterakteure) an *Netzwerk*manager delegieren, obgleich Cluster wie bereits beschrieben oftmals mit ganz anders gelagerten Problematiken umgehen müssen und dementsprechend anderer Problemlösungsstrategien bedürfen als Netzwerke und/oder c) die eingesetzten Experten dergestalt auf wirtschaftsgeographische Feinheiten und ökonomische Stellgrößen spezialisiert sind, dass sie die auf der Akteursebene (bspw. aufgrund der unterschiedlichen Mentalitäten und Handlungsmodi) im-

---

285 Vgl. zu Risiken und Folgen mangelnder Lernfähigkeit beispielhaft Hartmann (2008) sowie zu Niedergangsfaktoren und -ursachen altindustrieller Cluster eingehend Enge (2005).

286 Vgl. zu diesen Bestrebungen und Umorientierungen eingehend Beer et al. (2004).

mer wieder anfallenden Beziehungs- und Kommunikationsproblematiken nicht als solche erkennen (können), dann stehen insbesondere junge Cluster(initiativen) aufgrund ihrer evtl. nicht zielführenden Orientierung und Ausrichtung in der Gefahr zu scheitern.

2.) In oben erwähnter „Difu Wifö-Umfrage" wird von den Befragten als kardinales Primärziel „Vernetzung" (Floeting/Zwicker-Schwarm 2005:35) genannt, wobei die „Vernetzung von Unternehmen und Einrichtungen" (ebd.) auf dem ersten Platz und die „Vernetzung von Wissenschaft und Wirtschaft" (ebd.) auf dem zweiten Platz rangiert. (Vgl. ausführlich ebd.) Dies wiederum beherbergt zwei Folgeprobleme:

a) Das Ziel „Branchengrenzen überwinden" (ebd.) belegt den letzten Platz der Nennungen (vgl. ebd.) und wird dementsprechend marginalisiert, wenn nicht gar ausgespart. In der Gesamtschau aller genannten Ziele fällt daher auf, dass der Zusammenhang zwischen dem Anliegen der Vernetzung und der dazu notwendigen Überwindung von Branchengrenzen offenbar nicht erkannt und/oder unterberücksichtigt wird. Spezielle, von den Befragten selbst angestrebte Formen der Vernetzung basieren jedoch auf sektorieller Überschreitung, die im Rahmen der Anbindung eines Clusters über die gesamte Wertschöpfungskette hinweg, zuvorderst meist zwangsläufig eine Branchenüberschreitung einfordert. Da dieses eher marginalisierte Ziel zudem in eine Vernachlässigung, schlimmstenfalls Ausblendung der dazu notwendigen, jedoch äußerst langwierigen und voraussetzungsvollen Verständigungs- und Lernprozesse und in Folge dessen in eine unzureichende Wissensprogression münden könnte, drohen u. a. Vereinseitigungen und Verkrustungen, die schließlich u. U. die Aktivität des gesamten Clusters lähmen können. Denn: Sowohl ‚hochinnovative' Formen der kollektiven Wissensproduktion als auch produktive Ressourcenakkumulation erfordern eine Öffnung in sich abgeschlossener Fach- und Forschungsdisziplinen und oft monolithisch betriebener sektoraler, systemischer und organisationaler Branchenfokussierung.

b) Wie aus den Ausführungen von Beer et al. (2004) sichtbar wird, ist es insbesondere für die Wirtschaftsförderung ein gewichtiges Bestreben, die ‚Logik des Marktes' durch eine „Ökonomie der Aufmerksamkeit" (so Primat und Titel von Franck 1998) zu ergänzen, d. h. regionale Veränderungen zu antizipieren, wirtschaftliche Problemlagen zügig zu erkennen und den Erfordernissen des kommunalen bzw. regionalen Marktgeschehens nicht nur flexibel zu begegnen, sondern Kunden umgehend zu bedienen. Obgleich dies einer ausgefeilten Dienstleistungsmentalität entspricht, die um die Bedürfnisse ihrer ‚Kunden' weiß und sich hervorragend an diese angepasst hat und sich zudem immerfort auf neue Flexibilitäten ihrer Adressatengruppe einlässt, kann die Fortführung dieser Anpassung insbesondere in Punkto des ‚Vernetzungsbestrebens' scheitern.

Gerade in Bezug auf jene, mit dem Wunsch der Vernetzung möglicherweise einhergehenden Störgrößen haben Beer et al. (2004) Instrumente für die Wirtschaftsförderung entwickelt, die auf technische und soziale Konzeptionen der Wissensverabeitung abzielen. Damit haben die Autoren einen wichtigen Grundstein für eine zielgruppenspezifisch angepasste Behebung jener zentralen Problematik des (inter)organisationalen Wissenstransfers für die Zielgruppe der Wirtschaftsförderung gelegt. Allerdings und dies scheint von vielen Betrachtern lange ausgespart worden zu sein, sitzen insbesondere die Wirtschaftsförderer in Bezug auf die mit der Clusterbildung einhergehende Vernetzungsleistung der Crux eines ‚double-bind' Konnexes auf. Denn: Die Wirtschaftsförderung wird entweder ihr vorrangiges Ziel, und zwar die Belebung des Standortes zumindest mithilfe ihrer bisherigen Modi (die genau auf den bisherigen unternehmerischen Adressatenkreis und die Bedürfnisse der bisher in der Ökonomie verfolgten Logik schneller Umsetzung abzielen) in der Beratung und Begleitung von kooperationswilligen Clusterorganisationen suspendieren müssen oder aber in Bezug auf den Erfolg einer clusterspezifisch ausgerichteten, also zielgruppen- und problemorientierten Beratung und Begleitungsleistung aufgrund der extrafunktionalen Logiken ihrer neuen Adressatengruppe scheitern. Ein konstruktiver Umgang mit Clustern kann nämlich, wie Tichy (1995) aufzeigt, nur dann gelingen, „*solange man sich bewußt ist, daß es sich bei ihrer Schaffung nicht um einen einmaligen Akt handelt, nicht darum die ‚wahre' Wirtschaftsstruktur zu schaffen, sondern daß es gilt, einen dynamischen Prozeß einzuleiten und am Leben zu erhalten*" (Ders. ebd.:92, zit. n. Scheff 1999:60, kursive Hervorhebung ebd.):[287] Wäre die Wirtschaftsförderung weiterhin darauf bedacht, Enabler einer veritablen Wirtschaftsstruktur zu sein und verfolgt sie die Marktlogiken ihrer bisherigen Kundschaft auch im Hinblick auf Clusterakteure, steht sie in der Gefahr, eine etwaige Inkompatibilität hinsichtlich ihrer bisherigen Ausrichtungen bzw. Handlungsmodi und jenen, ihr neuartig abverlangten Notwendigkeiten zu erzeugen.

Obgleich u. a. Floeting und Zwicker-Schwarm den Faktoren ‚Wissen' und ‚Kreativität' sowie auch den ‚weichen' Standortfaktoren im Rahmen der Erlangung lokaler und regionaler Alleinstellungsmerkmale eine gesteigerte Bedeutung zumessen (vgl. Dies. 2008:16, ähnlich auch Cernavin 2005:43), zeichnet sich dennoch ab, dass bspw. die Bereitschaft zur Wissenstransformation, die Lancierung von Lern- und Beziehungsfähigkeit sowie die Ausbalancierung jener, mit der Clusterzugehörigkeit verbundenen außerordentlichen Motive und Motivation(en)

---

287 Scheff (1999) bezieht sich hier auf: Tichy, Gunther (1995): Die wirtschaftspolitische Bedeutung ökonomisch-technischer Clusterkonzepte, in: Steiner, Michael (Hrsg.) (1995): Regionale Innovation. Graz: Leykam, S. 89-103

der in einen Cluster integrierten vielfältigen Akteursgruppen von vielen Markt-
strategen ökonomischer Provenienz eher als sekundäre Größen eingeordnet und/
oder in zahlreichen Erhebungen nicht vorab als mögliche Kategorien eingeführt
werden. (Vgl. auch Pieper 2007)

Hinsichtlich der bereits in Verzug geratenen (Re)Aktionsnotwendigkeit der
Wirtschaftsräume auf ökonomische und regionale Problemlagen versetzt dies
kaum in Erstaunen, da insbesondere sog. ‚weiche' Faktoren zuvorderst eine voraussetzungsvolle Inkulturation und dementsprechend langfristige Lernprozesse
erfordern. Allerdings ist die soziale und kulturelle Wirkmächtigkeit dieser Faktoren nicht zu unterschätzen, denn auch bei einer primär ökonomischen Betrachtung von Clustern lassen sie sich kaum von ökonomischem Handeln separieren,
da jegliches Handeln immer auf sozio-kulturellen Identitäts- und Inkulturations-
prozessen basiert. Diesen Zusammenhang hebt auch Cernavin hervor, in dem er
anmerkt, dass „[ö]konomisches Handeln [...] immer eingebettet [ist, B. P.] in soziale Kontexte, sei es im Unternehmen [...] als ein soziales System oder sei es in
die sozialen Kontexte des regionalen Umfeldes" (Ders. 2005:45).[288]

Doch eine derartige Korrelation, die ihr wohl bedeutsamster Wegbereiter
Granovetter (1985) in seinen Ausführungen zur „Embeddedness" (ebd.:S.481)
eingehend schildert,[289] wird, obschon sie gegenwärtig längst als einleuchtendes
Faktum betrachtet werden müsste, zuweilen nicht im Sinne einer Wechselwirkung
oder gar Konnexion verstanden. Dementsprechend bleibt eine, im Umkehrschluss
ebenso notwendige Einbettung oder auch Re-Naturierung sozialer Relationen in
ökonomische Gefüge zuweilen un(ter)berücksichtigt.[290] Auch wenn mitunter immer noch versucht wird, die Wirtschaftlichkeit eines Clusters lediglich anhand
ökonomischer Gößen zu prognostizieren; so basieren Erfolg, Produktivität und
Nachhaltigkeit von Clustern dennoch (auch) entscheidend auf Faktoren, die sich
nicht primär ökonomisch determinieren, sich gleichwohl aber entwickeln und
evaluieren lassen, sodenn man sie mit einem Summarium (in diesem Feld oftmals noch vernachlässigter) kultur- und medienwissenschaftlicher Instrumente
und Zugriffe entsprechend verstärkt.[291]

---

288 Dementsprechend wird auch eine interaktive Verschränkung von unterschiedlichen Ebenen
     der Akteurs-, System- und Sinnbildung erforderlich.
289 "This paper concerns the extent to which economic action is embedded in structures of social
     relations, in modern industrial society" (Granovetter 1985:481), so einer der Eröffnungssätze
     von Granovetter.
290 Vgl. zu Erweiterungen des prominenten Konzeptes von Granovetter auch Zukin und Di Maggio
     (1990).
291 Dazu notwendige Instrumente und Zugriffe werden im weiteren Verlauf dieser Arbeit noch
     eingehend eingeführt.

(Mikro-)Ökonomische und wirtschaftsgeographische Determinanten

Im Folgenden soll es nochmal um die Verschränkung mikroökonomischer Dynamiken und Erfolgsfaktoren von Clustern aus der Perspektive von Ökonomie und Wirtschaftsgeographie gehen: Im Hinblick auf die Darlegung von Wettbewerbsfaktoren ist insbesondere der Cluster-Ansatz von Porter einer der kardinalsten, prominentesten und langlebigsten Ansätze. Dieser dient primär zur Erklärung regionalökonomisch gelagerter Wertschöpfungsprozesse sowie einer damit verbundenen Herausbildung und Sicherstellung von Wettbewerbsvorteilen. Der von Porter eingeführte Clusterbegriff stützt sich dabei maßgeblich auf die Bedeutsamkeit der Faktoren ‚räumliche Konzentration' (die je nach Referenzrahmen jedoch variabel dehnbar ist)[292] sowie ‚Konnexionen der Akteure': „A cluster is a geographically proximate group of interconnected companies and associated institutions in a particular field, linked by commonalities and complementarities. The geographic scope of a cluster can range from a single city or state to a country or even a network of neighboring countries" (Porter 2008:215). Mit seinem sogenannten „Diamond" (Porter 2008a:198)[293] markiert Porter (2008:227) bezüglich der Entstehung von Clustern vier primäre Bedingungen.[294] Primäre Bedingungen bzw. Bestimmungsfaktoren sind nach Porter (2008:227): „Factor (Input) Conditions", „Demand Conditions", „Relatetd and Supporting Industries" sowie "Context for Firm Strategy and Rivalry" (ebd.). Die sog. „Factor (Input) Conditions" (Ders. 2008:227) speisen sich laut Porter aus der Verfüg- und Abrufbarkeit sowie der Qualität von Ressourcen und Infrastrukturen. Konkret umfasst dies nach Porter die „natural", „human" und „capital resources" (ebd.) und die „phy-

---

292 Porter determinierte den Faktor der räumlichen Nähe im Rahmen seiner ursprünglichen Clusterdefinitionen (u. a. Ders.:2008:215/Orig. 1998) keineswegs eindeutig, denn „[t]he geographic scope of a cluster can range [..]" (ebd.). Im Rahmen dieser Ausführungen „vermeidet Porter […] es konsequent, Cluster auf eine bestimmte räumliche Maßstabsebene festzulegen" (Kiese 2008:10), so Kiese. In einem seiner späteren Aufsätze verweist Porter jedoch selbst darauf, dass ein gutes Richtmaß der Autoradius sei, da dasjenige, was sich an einem Tag bequem abfahren lasse, einen sinnvollen Wirtschaftsraum begrenze. (Vgl. Ders. 2002:22).

293 Zwar wird dieser auf Cluster fokussierte Wettbewerbsansatz von Porter selbst als „Diamond" (Ders. 2008a:198) bezeichnet, allerdings ergäben sich m. E. n. noch weitere fruchtbare Analogien zum Clusterbegriff: Diamant sowie Cluster gelangen z. B. erst durch ihren ‚Schliff' zu einer sichtbaren Facettierung. Während sich bei einem bearbeiteten und durch einen Veredelungsprozess hindurch gegangenen Diamanten das Licht reflektiert und von diesem zurückgespiegelt wird, führt auch beim Cluster erst der ‚richtige Schliff' zum Erfolg und der Cluster entfaltet in Folge dessen spektrale Strahlkraft.

294 Laut Porter (1991:96) beeinflussen diese Bestimmungsfaktoren den Wettbewerb und determinieren das Marktgefüge durch ihr Zusammenspiel. Dementsprechend sei „der ‚Diamant' […] ein sich wechselseitig beeinflussendes System, dessen Teile sich gegenseitig verstärken" (Ders. 1991:154). Demzufolge hinge „[d]ie Wirkung des einen Bestimmungsfaktors […] vom Zustand der anderen ab" (Porter 1991:96).

sical", „administrative", „information scientific and technological infrastructure" (ebd.). Mit Porter kurz auf den Punkt gebracht, beziehen sich „Factor (Input) Conditions" (ebd.) auf „[d]ie Position des Landes bei den Produktionsfaktoren" (Porter 1991:95). Bei den sog. „Demand Conditions" (Porter 2008:227) oder zu deutsch „*Nachfragebedingungen*" (Porter 1991:95, kursive Hervorhebung im Original) spiele „[d]ie Art der Inlandsnachfrage nach Produkten oder Dienstleistungen der Branche" (Porter 1991:95) also die Absatzoptionen sowie das Kaufverhalten der Abnehmer eine entscheidende Rolle. (Vgl. Porter 2008a:191) Denn: „A nation's companies gain competitive advantage if domestic buyers are the world's most sophisticated and demanding buyers for the product or service" (ebd.) so Porter. Wenn das dem Cluster zugrundeliegende Produkt (bzw. die Dienstleistung) also nicht (mehr) marktfähig ist, da es auf dem oft hart umkämpften Markt keine Abnehmer findet oder hinsichtlich des Preis-Leistungsverhältnisses nicht (mehr) mit anderen Konkurrenzangeboten standhalten bzw. diese unterbieten kann, so wird ein Cluster absterben, sodenn er sich hinsichtlich seiner Angebots- und Produktpalette nicht zügigst umstellen kann. Die Verfügbarkeit der „Related and Supporting Industries" (Porter 2008:227) führt aufgrund wechselseitiger Synergien wiederum zu erhöhter Produktivität und zu einer akzelerierenden Verbesserung der Wettbewerbsbedingungen. In diesem Zuge treten die um Marktmacht und -fähigkeit konkurrierenden Organisationen oftmals in eine verschärfte „Konkurrenz" (Porter 1991:96). In stark vereinfachter, kompakter Zusammenfassung der Einschätzungen Porters bezüglich des Faktors Konkurrenz läßt sich festhalten, dass sich Konkurrenz laut dem Autoren innovations- und wachstumsfördernd auswirken könne, da selbige den Maßstab und die Messlatte für einen marktfähigen ‚fit' stetig erhöhe und eine daraus resultierende Dynamik u. a. auch die Durchsetzung und Platzierung wettbewerbsfähiger Akteure maßgeblich vorantreibe. (Vgl. Ders. 1991:96)[295]

Ergänzend zu seinen vier herausgearbeiteten Hauptbedingungen bzw. primären Bestimmungsfaktoren können laut Porter allerdings noch „[z]wei weitere […] Variable das nationale System ganz wesentlich beeinflussen" (Porter 1991:97). Bei diesen handelt es sich um den „Zufall" (ebd.) und den „Staat" (ebd.). Wie Porter verdeutlicht, seien „Zufallsereignisse […] wichtig, weil sie Unterbrechungen hervorrufen, die Veränderungen bei der Wettbewerbsposition zulassen. Sie können die Vorteile bis dahin etablierter Wettbewerber auslöschen und es den Unternehmen eines anderen Landes ermöglichen, sie zu verdrängen und einen Wettbewerbsvorteil als Reaktion auf neue und veränderte Bedingungen zu erzielen"

---

295   Auch im alltagssprachlichen Gebrauch finden wir diese These in dem häufig genannten Statement ‚Konkurrenz belebt das Geschäft' wider.

(Porter 1991:148). Dementsprechend erlangen „Zufallsereignisse [...] ihre Rolle teilweise dadurch, daß sie die Bedingungen im ‚Diamanten' ändern" (Porter 1991:149). Die Funktion der zweiten Variable, des Staates liege laut Porter darin, dass der Staat die anderen vier aufgeführten Bestimmungsfaktoren sowohl im Positiven als auch im Negativen beeinflussen könne. (Vgl. Porter 1991:151) So könne der Staat laut Porter „die Chancen, einen Wettbewerbsvorteil zu erzielen, beschleunigen oder erhöhen (und umgekehrt), hat aber nicht die Macht, den Vorteil selbst zu schaffen" (ebd.:152), weshalb Porter ihm nur die Rolle eines „Beinflusser[s] des nationalen ‚Diamanten'" (ebd.) zumisst. Beide Bedingungen können ihren Einfluss und ihre Wirkkraft also nur bei Vorliegen der von Porter genannten Hauptbedingungen ausspielen. (Vgl. van der Linde 2005:27)[296] Wie Porter betont, seien jedoch „Vorteile im gesamten ‚Diamanten' [...] notwendig, wenn ein Wettbewerbserfolg in den wissensintensiven Branchen erreicht und behauptet werden soll" (Ders. 1991:96).[297] Allerdings sei, so Porter, „[n]icht der Zugang zu den Faktoren [...] von entscheidender Bedeutung für den Wettbewerbsvorteil, sondern deren produktiver Einsatz" (Ders. 1991:100).

In Anlehnung daran macht van der Linde (2005) deutlich, dass „[e]in Land, das sich nicht in wenigstens einem Bereich Vorteile erarbeitet – und das sind normalerweise zuerst die Faktorbedingungen – [...] niemals auch nur ansatzweise wettbewerbsfähig sein [wird, B. P.]" (Ders. 2005:19). Allerdings fügt er einschränkend hinzu, dass „nachhaltige Wettbewerbsfähigkeit meistens nur möglich [sei, B. P.], wenn sich in *allen* Bereichen vorteilhafte Bedingungen finden" (ebd., kursive Hervorhebung im Original). Denn: „Unterscheidet man zwischen wettbewerbsfähigen und wettbewerbsunfähigen Clustern, dann zeigt sich, dass sich die wettbewerbsfähigen Cluster auf *jeden* der 4 Faktoren abstützen konnten"[298] (ebd.:27, kurs. Hervorh. im Orig.), so van der Linde im Resümee auf die Ergebnisse der „Cluster Meta-Studie" (ebd.:23).[299] Der Autor bringt die Ergebnisse dieser Studie mit folgender Schlussformel auf den Punkt: „Faktorbedingungen sind zwar der häufigste Erfolgsfaktor, sie sind aber auch mit recht niedriger Wettbe-

---

296 Allerdings betonen – so Kiese – Porters „jüngere[...] Arbeiten immer stärker den lokalisierten, räumlich gebundenen Charakter dieser Einflussfaktoren auf die mikroökonomische Wettbewerbsfähigkeit der Unternehmen, von der schließlich die Prosperität von Regionen und Volkswirtschaften abhängt" (Kiese 2008:10f.).

297 Allerdings so setzt Porter einschränkend hinzu, könne „ein Überfluß an Faktoren den Wettbewerbsvorteil schwächen anstatt stärken" (Ders. 1991:98), da „[s]elektive Nachteile bei Faktoren [...] durch ihren Einfluß auf die Strategie und Innovation oft zu einem anhaltenden Wettbewerbserfolg bei[trügen, B. P.]" (ebd.).

298 Diese vier Faktoren beziehen sich hier auf jene, von Porter in seinem ‚Clusterdiamanten' aufgeführten Hauptbedingungen.

299 Vgl. zu Ergebnissen der hier nur skizzierten Studie eingehend van der Linde (2005).

werbsfähigkeit verbunden. Wettbewerb ist dagegen nur für sehr wenige Cluster der wichtigste Grund ihrer Wettbewerbsfähigkeit, aber diejenigen Cluster, die sich primär auf Wettbewerb abstützen, werden mit der höchsten Wettbewerbsfähigkeit belohnt" (van der Linde 2005:28).

Um die mit wirtschaftgeographischen und ökonomischen Clusterbegriffen einhergehenden Dimensionen, Vorbedingungen und Wirksamkeiten nun noch einmal zu extrahieren, werde ich im Folgenden auf eine Darlegung von Ketels zurückgreifen. Ketels (2008) fächert die Bedeutung von Clustern in drei elementare Dimensionen auf:

> „Erstens haben Cluster eine *geographische Dimension*. Räumliche Nähe schafft erst die Möglichkeit für intensiven Austausch – geplant wie ungeplant – innerhalb eines Clusters. Diese Intensität lässt sich trotz moderner Kommunikations- und Informationstechnik zwischen Partnern an weit entfernt liegenden Standorten nicht kopieren und gibt damit dem Cluster eine deutliche Differenzierungsmöglichkeit. Zweitens haben Cluster eine *Aktivitätsdimension*. Die positiven Effekte von Clustern ergeben sich aus der Interaktion von Aktivitäten auf verschiedenen Stufen von Wertschöpfungsketten, wobei die Grenzen zwischen bestimmten Branchen oder Dienstleistern und Industrie regelmäßig überschritten werden. Drittens haben Cluster eine *Akteursdimension*. Die positiven Effekte und das Wachstum von Clustern sind das Ergebnis der Handlungen von Unternehmen, Ausbildungs- und Forschungsinstitutionen und dem öffentlichen Sektor. Cluster profitieren in dieser Begrifflichkeit von der aktiven Zusammenarbeit der Akteure, aber diese Zusammenarbeit (oder gar die Existenz einer Clusterorganisation) ist *nicht* die Voraussetzung für das Bestehen eines Clusters" (Ketels 2008:42f., kursive Hervorhebung B. P.).[300]

Um Cluster als ökonomische Phänomene nun leichtgängiger in Bezug auf ihre Verräumlichung einfassen zu können,[301] möchte ich obigen Erklärungsansatz zunächst in Bezug auf die räumliche Dimension ausweiten und noch einmal auf die Korrelationen zwischen der Entstehung von Clustern und der Auswirkung wirtschaftlicher und räumlicher Dynamiken zurückkommen: Es ist bekannt, dass wirtschaftliche Organisationen sich aufgrund zunehmender Wettbewerbsdyna-

---

300 Legt man hier nur die geographische Einfassung von Clustern zu Grunde, die durch räumliche Eingrenzung eines bestimmten Areales zustande kommt und damit unweigerlich alle in diesem Gebiet vorhandenen Akteure unabhängig von ihrem Partizipationswunsch und Integrationswillen inkludiert, mag diese Aussage richtig und aus einem primär an ökonomischen Faktoren interessierten Blickwinkel gar prototypisch erscheinen. Hinsichtlich der Vorbedingungen für jene, von Ketels als notwendig eingeforderten Wachstumseffekte widerspricht sich dieser mit obiger Aussage m. E. n. jedoch, da insbesondere erfolgreiche Handlungseffekte eben gerade auf einer aktiven Zusammenarbeit basieren, die in ihren Steuerungserfordernissen äußerst voraussetzungsreich ist und sowohl eine entscheidende Vorbedingung als auch eine stetig zu erneuernde unhintergehbare Voraussetzung einer erfolgreichen Clusterentwicklung darstellt.

301 Eine überblicksartige Gesamtschau der Entwicklungsphasen und Lebenszyklen von Clustern ist und kann hier freilich nicht die Zielstellung sein. Zu Ebenen der Clusterbildung siehe daher eingehend Dybe/Kujath (2000) und zu Lebenszyklen von Clustern ausführlich Press (2006).

mik bis dato zumeist auf spezifische Teilbereiche fokussieren und auf Kernkompetenzen spezialisieren mussten, was zu sog. „funktionaler Differenzierung"
(vgl. dazu insbesondere die zahlreichen Arbeiten Luhmanns) und damit zu notwendigen Verflechtungsprozessen führte. In diesem Gefüge wird die räumliche
Nähe zur gewichtigen Stellgröße innovations- und marktfähiger Interaktionsräume. Laut Porter (2002:22) ist „[r]räumliche Nähe [...] in einer globalen Wirtschaft lebenswichtig" (ebd.). Dies stellt primär auf Kontexte räumlicher Verort-
barkeit und der, in diesen Kontexten vorhandenen, zu erwirtschaftenden und zu
sichernden Ressourcen und Potentiale ab. Ökonomischer Erfolg suburbaner, ur-
baner bzw. regionaler Räume basiert dabei auf der Bewusstmachung, der Nutzung und dem Ausbau der jeweilig vorhandenen Stärken und auszubauenden Einzigartigkeiten. Die Bündelung und Bindung spezifischer Potentiale (Kapazitäten,
Ressourcen und Kompetenzen) avanciert dabei recht schnell zur ‚Dynamic Sel-
ling Proposition'. Damit diese nun jedoch nicht in ein eher utopisches „Wunsch-
denken Cluster" (Kiese 2008:13) mündet, – bei dem ein Cluster durch politische
Einflussnahme forciert werde, ohne dass man dabei jedoch auf eine tragfähige
Alleinstellungsressource zurückgreifen könne (vgl. ebd.) – könne man laut Porter „seine Wirtschaftsförderungspolitik nicht darauf gründen, ein paar Hightech-
Cluster als Rettung anzudocken. Sie werden nie groß genug sein. Stattdessen sollte
man sich über seine Stärken klar werden, schauen wo man bereits kritische Masse besitzt und diese Sektoren auf dem neuesten Stand halten oder auf Hightech-
Niveau bringen" (Porter 2002:23).[302]

Vor dem Hintergrund dieser Argumentation ist zwangsläufig auch die Verfügbarkeit spezieller infrastruktureller Faktoren unabdingbar, denn: „Kein Unternehmen siedelt komplexe Aktivitäten in einem Gebiet an, ohne dass all die wichtigen Faktoren vorhanden sind: qualifizierte Arbeitskräfte, Technologien, Inputs"
(Porter 2002:23).[303] Insbesondere im Bereich der Clusterbildung stellt der Stand-
ortfaktor daher ein wichtiges Entscheidungskriterium und Unterstützungsinst-
rument im Rahmen von Ansiedelungsfragen und Einzugsräumen dar, da bei der
Standortwahl über die Option für (in)formellen, persönlichen und vertrauensvollen

---

302 Noch schärfer formuliert dies Stuchtey (2002:50): „Nur wenn ein Standort in mindestens
      einer Disziplin oder in einer Industrie in der Weltliga mitspielen kann, bietet sich ein Cluster-
      Entwicklungsprogamm an" (ebd.), so der Autor.
303 Dies ließe sich auch mit der Raumbedeutung der „Global Cities" stützen, die sich laut Sassen
      (1998:40ff.) zu „Steuerungszentralen", „transnationale[n] Marktplätze[n]", „Knotenpunkte[n]"
      und „postindustrielle[n] Produktionsstätten" des Weltmarktes formieren würden. (Vgl. ebd.)
      Nationale, global übergreifende Wirtschaftsabläufe können dementsprechend trotz Compu-
      terisierung und Virtualität nicht beliebig verlagert werden, da sie eine adäquate Infrastruktur
      erfordern. In den Vordergrund rücken damit sodann materielle Gegebenheiten bzw. physische
      Voraussetzungen und somit Raumbindungen. (Vgl. ebd.)

Austausch und die Veranschlagung von Nachfrage(r)n, Kunden und Einzugsräumen hinaus, auch institutionelle und infrastrukturelle Rahmen zu berücksichtigen sind. Damit nimmt die aktuelle Ausrichtung auf Cluster (zumindest konzeptuell) offenbar jene im Rahmen zunehmender Globalisierungssbestrebungen lange ausgespart gebliebenen hochkomplexen Korrelationen[304] einer „tief verwurzelte[n] stoffliche[n], informelle[n] und soziale[n] Einbindung unternehmerischen Handelns in sich auch immer räumlich manifestierende soziale Zusammenhänge" (Rehfeld 1999:137, kursive Hervorheb. des Originals getilgt) wieder auf.

Dies bildet die Basis für ein grobes Differenzierungsmerkmal zwischen ökonomischen! Clustern und zunehmend virtuell gestützten und technologisch gesteuerten Netzwerkformen: Im Zuge bahnbrechender technologischer Errungenschaften werden spezielle Formen von Netzwerken im Zuge der Globalisierung bekanntermaßen zunehmend international und global gesteuert. Die Evolution der Informationstechnologie überschreibt oftmals territoriale, regionale und nationale Grenzen, sodass sich unternehmerische Wirkungsgebiete ausdehnen und kaum mehr per Grenzziehung auf der Karte verorten lassen. Die daraus resultierende räumliche Trennung und geographisch weite Streuung wird durch technologische Vernetzung zu überwinden und zu substituieren gesucht. Infolge der, durch Zonierungsüberschreitung erforderlichen Virtualität werden allerdings oftmals unerwartete Spannungen zwischen Sozial- und Maschinenwelten[305] produziert und neuartige Formen des (inter)kulturellen Managements von Wissen, Werten und Kompetenzen erforderlich. Der Ins-Werk-Setzung von Clustern kommt demgegenüber offenbar ihre (sozial)räumliche Ballung und Verbundenheit durch die Möglichkeit der Schaffung persönlicher Vertrautheit im *Face to face* Interaktionsprozess zugute, obgleich sich Cluster durch evolutive Dynamiken im technologischen Bereich in fortgeschrittenen Entwicklungsstadien freilich ebenfalls weitläufiger[306] verräumlichen können.[307]

---

304 Vgl. dazu auch die kritische Diskussion von Rehfeld (1999:136ff.).

305 Vgl. zu Potentialen, Folgen und Risiken zunehmender Technisierung und Virtualisierung z. B. Pieper (2007a), Ellrich (o. J.) sowie Blumenberg (1999).

306 Dybe und Kujath (2000) machen deutlich, dass insbesondere „[i]n solchen den lokalen und regionalen Rahmen sprengenden Clustern [...] offensichtlich andere Formen einer sozialen Strukturierung der Märkte gefunden [werden, B. P.], Marktunsicherheiten auf anderen Wegen als durch sozial-räumliche Einbindungen in eine regionale institutionelle Infrastruktur abgeschwächt [werden, B. P.] und die Innovationsfähigkeit anders als durch regionale Netzwerkbeziehungen beschleunigt [wird, B. P.]" (Dies. ebd.:18).

307 Dies gibt Grund zu folgender Annahme: Die Bildung erfolgreicher Cluster, die später internationale Positionen erreichen, kann in ersten Entwicklungsphasen evtl. gerade auf Faktorentkräftungen internationaler (Aus-)Bildung von Netzwerken zurückgeführt werden: Es entsteht der Eindruck, als ob diese Faktoren zu Beginn der Clusterbildung gerade funktional gesteigert werden, indem man ihre Reichweite – für internationale Prozesse scheinbar dysfunk-

Das folgende Unterkapitel beleuchtet das Wechselspiel der in diesem Kapitel skizzierten Dimensionen sowie deren Auswirkungen und Effekte auf die Marktfähigkeit und den Clustererfolg an prägnanten und weithin bekannten historischen Beispielen und nimmt prospektive Neuerungsbestrebungen in den Blick.

6.2 Historische Kronzeugen und regionale Gläubiger: Potentiale und Hemmnisse innovativer Wegweisung

Versteht man Cluster ganz allgemein als eine produktive arbeitsteilige Zusammenballung von Akteuren, sind sie „die moderne Ausprägung eines uralten Phänomens" (Porter 2002:21).[308] Dabei reichen die Bezugslinien von sozio-ökonomischen Clustern (je nach Ansiedelung des Schwerpunktes und Ausrichtung des Primates der Clusterdefinition)[309] bis weit in die Historie zurück. Nach Stuchtey (2002:48) sind Cluster gar „so alt wie der sesshafte Mensch" (ebd.). So waren bspw. bereits „Alexandria und Karthago [...] nicht nur Marktplätze und Schutzburgen, [sondern, B. P.] sie waren auch Sammlungsorte von Handwerk und Wissenschaft: Viele Experten eines Faches konnten ihre Erkenntnisse zusammenbringen und austauschen. Aus alten Ideen entstanden neue, der Erfolg des einen war

tional – eingeschränkt. Dies darf jedoch nicht darüber hinwegtäuschen, dass Internationalität eine ebenso wichtige, vielleicht gar die wichtigste Eingangsvoraussetzung für Unternehmen und Institutionen ist, um sich überhaupt am globalen Markt erfolgreich positionieren zu können. Lokalität und Internationalität schließen sich jedoch keineswegs aus, sondern sind in Clustern eng miteinander verknüpft. Dabei muss jedoch eine differenziertere Sichtweise von Internationalität zugrunde gelegt werden: Internationalität kann einerseits bedeuten, dass ein Unternehmen bzw. ein wie auch immer gearteter Zusammenschluss von Organisationen international vertreten ist oder mit Partnern in ganz Europa oder in Übersee kooperiert. Eine weitere Form der Internationalität ist allerdings offenbar gerade in eher kleinräumigen Formationen bzw. Clustern generierbar. Diese wird jedoch dadurch erreicht, dass die sonst weiträumig verteilten Kompetenzen vornehmlich lokal gebündelt werden, so dass die Region gerade durch das bewusste Ausblenden großräumiger Streuung sowohl ein einmaliges Portfolio als auch ein unnachahmliches Kompetenzprofil erwirkt. Internationalität und Regionalität befördern, bedingen und enablen sich in Clustern dementsprechend wechselseitig.

308 Laut Porter waren „[d]ie ersten Cluster [...] die mittelalterlichen Zünfte" (Porter 2002:21). Da die Zünfte allerdings den Zunftstatus und dessen Eintritt neu aufzunehmender Anwärter durch teils rigide, festgeschriebene Ordnungen und begrenzte Akteurszahlen reglementierten, um den Wettbewerb möglichst niedrig zu halten, sich lediglich auf gewisse Stände begrenzten und meist einen lokal eingegrenzten Markt bedienten (vgl. auch Porter 2002:21), können sie m. E. n. nur als Vorläufer von Clustern, jedoch nicht als Cluster selbst bezeichnet werden.

309 Wie bereits erwähnt, zirkuliert aktuell eine Vielzahl verschiedener Clusterdefinitionen mit unterschiedlich gelagerten Schwerpunktsetzungen. Je nachdem, ob dementsprechend nun eher auf Korporation, allgemeine Ballungsphänomene, interorganisationale Vernetzung, Zusammenarbeit en gros, industrielle Zusammenschlüsse oder aber geographische Einfassungen abgehoben wird, lassen sich freilich auch unterschiedliche Bezugslinien und Beispiele für Clusterbildungen in der Historie finden.

Antrieb für den anderen, die enge Kooperation ließ Erstaunliches entstehen. Gotische Kathedralen wuchsen in den Himmel, wo kühne Baumeister und geschickte Steinmetze aus aller Herren Länder an einem Punkt zusammenkamen" (ebd.). Versteht man kollektive [310] oder korporative Impeti als die primäre Basis erfolgreicher Clusterbildung, lassen sich Cluster historisch auch als „Wiederentdeckung der ‚Korporation' umschreiben. Spuren finden wir schon in der Völkerwanderungszeit im Frühmittelalter. Zu dieser Zeit haben germanische Stämme kriegerisch neues Land erobert. Im Zuge der Ansiedelung wurde das Land dann zwischen den neu entstandenen Weilern und Dörfern – von Besatzern und Bewohnern gemeinsam – bewirtschaftet" (Pieper 2009:59f.).

Um über diese Vorläufer moderner wirtschaftlicher Zusammenarbeit hinaus eine erfolgreiche, jedoch historisch weitaus jüngere Clusterentwicklung in den Blick zu nehmen, lässt sich bspw. auf das Ruhrgebiet verweisen, welches aufgrund dereinst höchst produktiver Clusterentwicklung als historischer ‚Industrie-Enabler' verortbar ist. Unterstützt durch den Aus- und Aufbau neuer Technologien ließ sich im ausklingenden 19. Jahrhundert der Abbau des reichlich vorhandenen natürlichen Rohstoffes Kohle bewerkstelligen und beschleunigen, woraufhin die ‚Kohle und Stahl Ära' eingeläutet wurde und sich das prosperierende Ruhrgebiet dereinst zur kardinalen industriellen Wirkgröße in Europa manifestierte:[311] In keiner Region Europas wurden vergleichbar viele (auch ausländische) Arbeitskräfte angeworben, aumentierte die Bevölkerungsentwicklung in so explosionsartigen Ausmaßen, entstanden derartig rapide prosperierende und sich immens vergrößernde Großstädte; ballte sich ein derartig vielfarbiges Ensemble von Menschen, Kompetenzen, Intelligenzen, Kultur und Kapital. (Vgl. ähnlich auch Lohner 2002:58) Freilich war die rasante Entwicklung der Wertschöpfung auch der Abrufbarkeit des auf den Rohstoffabbau bezogenen Fachwissens und den dazu nötigen hochspezialisierten Kompetenzen sowie der erfolgreichen Zusammenarbeit der an-

---

310 Dem Kollektivgedanken verpflichtet waren z. B. auch die ‚Landwirtschaftliche Produktionsgenossenschaft' (LPG), ein Konglomerat landwirtschaftlich tätiger Akteure der ehemaligen DDR. Auch die ‚Kolchosen' in der ehemaligen Sowjetunion gründeten auf dem Primat des Kollektivs. Da diese Beispiele allerdings auch politisch erzwungene bzw. den Akteuren oktroyierte Kollektive waren und einer freiheitlich-demokratisch geprägten Grundordnung entgegenstanden, werden sie an dieser Stelle nicht als Wegmarker moderner Clusterbildung verstanden und daher auch nicht weiter thematisiert. Auch Kiese grenzt Cluster aufgrund des zusätzlichen Kriteriums der ihnen – „[n]eben der vertikalen Dimension der Wertschöpfungskette" (Ders. 2008:11) – zugrundeliegenden „kooperative[n] und kompetitive[n] Beziehungen zwischen Unternehmen der *gleichen* Wertschöpfungsstufe" (ebd., kursive Hervorhebung B. P.) von jenen „vertikal integrierten Produktionssystemen wie z. B. sozialistischen Kombinaten" (ebd.) ab. (Vgl. ebd.)

311 Zu Entwicklung, Aufstieg und Perspektiven des Ruhrgebietes als Industriestandort vgl. z. B. Wehling (2002).

sässigen Organisationen, d. h. vorrangig der Stahl- und Eisenindustrie (bspw. die
‚Gutehoffnungshütte') und Montankonzernen (z. B. Thyssen, Krupp und Hoesch)
geschuldet. Ganz entscheidend wurde die kulturelle Entwicklung aber auch durch
die dort lebenden Menschen befördert, welche die ‚Industriekultur' generierten
und den kulturellen Kolorit der Industrielandschaft in entscheidender Weise prägten.[312] Wie Pankoke hervorhebt, „präsentierte sich diese alte Industrielandschaft
[dereinst, B. P.] im Dreiklang von ‚Schwerer Arbeit', ‚Großer Organisation' und
‚Starker Kultur'"[313] (Pankoke 2002a:100). So verwundert es keineswegs, dass ein
höchst gewichtiges und „[k]lassisches Argument für den ‚Standort Ruhrgebiet'
[...] eine Arbeiterschaft [war, B.P.] die als fachlich qualifiziert und zugleich industriell diszpliniert galt. Ihre Orts- und Werktreue wurde als günstige Voraussetzung für rentable Investitionen angepriesen" (Pankoke 1993c:11).

Mit Beginn der Kohlekrise zeichnete sich allerdings ein tiefgreifender Strukturwandel ab, der in Schließungen, Stilllegungen und später Brachen von Zechen
und Stahlwerken seinen Verlauf nahm und trotz staatlicher Subventionierung mit
enormen ökonomischen Problematiken einherging. Auch jüngere und innovationsorientierte Branchen konnten in einer kurzen Zeitspanne nicht in ausreichendem Maße nachwachsen und somit der prekären konjunkturellen Lage der Region nicht effektiv genug gegensteuern. (Vgl. dazu Enge 2005 und Lohner 2002)

Enge macht deutlich, dass „[f]ür den Ausbruch dieser Niedergangsprozesse
[...] hauptsächlich exogene Faktoren verantwortlich [waren, B. P.], wie der welt-
weite Nachfrageeinbruch in der Stahlindustrie oder die Substitution der Stein-
kohle durch Mineralöl" (Enge 2005:252). Als zusätzliche Problemfaktoren nennt
er „die geologischen Verhältnisse im Ruhrgebiet, durch die der heimische Bergbau gegenüber Importkohle nicht [mehr, B. P.] wettbewerbsfähig war" (Enge
2005:243). Eine weitere Problematik war zudem der enormen Spezialisierung der
Arbeitskräfte geschuldet. Damit einhergehende verheerende Folgen trafen jedoch
bei weitem nicht nur einzelne Akteursgruppen: So erwiesen sich „Gewerbebe-
triebe, Selbstständige und Facharbeiter [...] beim Einsetzen der Krise Mitte des

---

312   Bei dem Phänomen des Ruhrgebietes als Industriewunder handelte es sich um eine geclusterte
      „Kultur-Region" (Pankoke 2002a), in der die Akteure weit mehr als nur durch ‚Hüttenwerks-
      verträge' miteinander verbunden waren. Die Identitätsbildung und der Gemeinsinn der ‚Kum-
      pel' und ihrer Familien generierte sich bspw. durch die Unterbringung in ähnlich gestalteten
      Wohnsiedlungen, vergleichbaren Arbeitsstrukturen und ähnlich gelagerten Freizeitvergnügen,
      aber auch durch die profane Ausgabe der ‚Lohntüte'.
313   „Als starke Kultur (‚strong culture') fassen Soziologen den sinnenfälligen Ausdruck von
      Stabilitätsdenken und Systemvertrauen" (Pankoke 2002a:101). Abstrahiert man ein solches
      Gefüge auf den organisationalen Bereich, so bedeutet dies, dass „Faktoren wie Betriebszugehö-
      rigkeit, Betriebsverbundenheit, Stabilität und Kontinuität, Solidarität und Loyalität besonders
      gewichtet" (Pankoke 1993c:14) werden.

20. Jahrhunderts als so spezialisiert und untrennbar mit Kohle und Stahl verbunden, dass die Bemühungen um die Restrukturierung der Region bis heute andauern" (Lohner 2002:58).[314] Zudem waren „keine alternativen Entwicklungspfade außerhalb des Montansektors [vorhanden, B. P.], auf die sich eine Entwicklung jenseits der Verbundwirtschaft hätte stützen können" (Enge 2005:255). Einen der wichtigsten Faktoren, die den Niedergang des Ruhrgebietes letztlich unaufhaltsam vorantrieben, sieht Enge im „Fehlen präindustrieller Stadtstrukturen als Basis von Urbanität" (ebd.).

Die exogenen Faktoren bildeten jedoch bei weitem nicht das alleinige Kernproblem, welches den Niedergang des ehemaligen „Industriewunder[s] Ruhrgebiet" (Lohner 2002:55) auslöste: Vielmehr formierte sich – wie bereits Enge 2005 aufzeigt – gerade das Zusammenspiel von exogenen und endogenen Faktoren zu einem tiefgreifenden und lange anhaltenden Problemkomplex, der sich auf die gesamte Region auswirkte: So barg insbesondere die „'starke Kultur' […] keineswegs, nur positive Effekte" (Pankoke 1993c:13). Diese war, wie Pankoke aufzeigt, nämlich nicht nur im positiven Sinne richtungsweisend, bindend und gewichtig, sondern wuchs sich zugleich auch zu einer, in starren Strukturen verhafteten und in überkommenen Mustern erstarkten Kultur aus, die den ohnehin schon dringend notwendigen Lern-, Innovations- und Veränderungsprozessen dereinst nur marginal Raum, Recht und Relevanz zugestand. (Vgl. Pankoke 1993c:13f. sowie Ders. 2002a:101) Auch Enge macht deutlich, dass „[d]ie Verbundwirtschaft des Ruhrgebietes […] vor allem ein Cluster des Modells industrieller Komplex [war, B. P.], in dem stoffliche Verflechtungen und niedrige Transportkosten wichtig waren. Diese Strukturen entsprechen dem Bild einer alten Industrieregion als ‚Massenproduktionsregion', in der kollektive, netzwerkbasierte Lern- und Innovationsprozesse keine bedeutende Rolle spielten" (Enge 2005:249).[315] Die „'starke Kultur'" (Pankoke 1993c:13), die sich in negativer Wendung für Verkrustung und Erstarrung und das Fehlen von Lernprozessen verantwortlich zeichnete, war

---

314   „Häufig entwickelten sich ursprüngliche Erfolgsfaktoren langfristig zu Ursachen des Niederganges" (Enge 2005:252). Dies gälte laut Enge u. a. „[f]ür die enge Zusammenarbeit zwischen Bergbau und Bergwerksmaschinenbau im Ruhrgebiet, die den Zulieferern eine technologische Führungsposition auf dem Weltmarkt bescherte, zugleich aber auch dazu beitrug, dass sie große Schwierigkeiten hatten, Produkte für Märkte jenseits des Bergbaus zu entwickeln" (Enge 2005:253).

315   Enge zeigt diesbezüglich auf, dass Prozesse, welche auf den kollektiven Austausch von Wissen gerichtet waren, oftmals sogar untersagt worden seien: „Alfred Krupp verbot seinen Ingenieuren sogar Veröffentlichungen und Vereinsmitgliedschaften, um den Informationsaustausch soweit wie möglich einzuschränken" (Enge 2005:204). An diesem Beispiel wird deutlich, dass ein Verständnis von Wissen als ein diversifizierender Macht- und Alleinstellungsfaktor nicht erst mit der Wissensgesellschaft aufkam, sondern bereits während der Blüte der Industriegesellschaft zur Erhaltung von Marktmacht bekannt war und entsprechend eingesetzt wurde.

jedoch nicht allein den dereinstig erschwerten Rahmenbedingungen und einem „funktionale[n] Lock-in"' (Enge 2005:243)[316] geschuldet. Es handelte sich vielmehr um ein Phänomen, welches sich nach Enge, ebenso durch ein Accompagnement eines politischen und eines kognitiven Lock-in ausgezeichnet habe (vgl. Enge 2005:245)[317] und einer daraus resultierenden Blockierung und Fehlsteuerung im Bereich der zukünftigen Ausrichtung Vorschub leistete, da „man hartnäckig eine Renaissance der Montanindustrie erwartete [...] [und, B. P.] die regionalen Erneuerungsprogramme [daher, B. P.] lange Zeit vorrangig zur Förderung des Montansektors dienten" (Enge 2005:245). Dementsprechend wurden „notwendige Erneuerungsprozesse auch durch ‚Verhinderungs-Allianzen' aus Unternehmen, Politik und Gewerkschaft blockiert" (Kiese 2008:18).

Am Beispiel des dereinst im Ruhrgebiet angelagerten Kohle&Stahl Clusters wird damit deutlich, dass auch ein ehemals prosperierender Cluster, der sich auf einen materiellen Rohstoff gründet, u. a. durch dessen Verknappung bzw. durch dessen absinkende Nachfrage absterben kann. Unter Aussparung anderer Dimensionen, d. h. lediglich in Bezug auf die zu vermarktende Produktressorce kann damit zunächst festgehalten werden, dass industrielle Cluster solange existieren, wie ihr Rohstoff vorhanden ist, genutzt werden kann und nachgefragt wird.[318] Doch „[h]äufig entwickelten sich ursprüngliche Erfolgsfaktoren langfristig zu Ursachen des Niederganges" (Enge 2005:252), so ein Credo von Enge.[319] Im Ruhr-

---

316 So lag der „funktionale Lock-in des Bergwerksmaschinenbaus [...] vor allem darin, dass seine Innovationsfähigkeit weitgehend systemimmanent blieb und viele Unternehmen große Schwierigkeiten hatten, sich Geschäftsfelder jenseits des Bergbaus zu erschließen" (Enge 2005:243). Zudem hat „die Montanindustrie durch die Bodensperre nicht unwesentlich dazu beigetragen [...], alternative Entwicklungen in der Region zu behindern. Diese Blockadehaltung der etablierten Industrien war aber weniger an eine bestimmte Branche gekoppelt, sondern vor allem an die Vorherrschaft großbetrieblicher Strukturen", so Enge (2005:243f.).

317 Demzufolge „dominierten jene Clusterstrategien, die auf einen Erhalt der etablierten Strukturen ausgerichtet waren" (Enge 2005:245). Zudem eröffneten sich wie Pankoke zeigt, auch Probleme in der Identitäts- und Identifikationsdimension der Akteure und der Rekrutierung von ortsansässigen Arbeitskräften aus den ‚eigenen Reihen', als es darum ging, „vor dem Hintergrund sich ändernder Produktions- und Dienstleistungsbedingungen andere Arbeitshaltungen und Leistungsmotivationen als jene der klassischen Industriekultur von ‚schwerer Arbeit' und ‚großer Organisation' einzufordern" (Pankoke 1993c:11). Dies war freilich auch der Wertbindung der Akteure geschuldet, denn „[w]ährend in der altindustriellen ‚Kultur der Arbeit' die betriebliche Bindung noch als fraglose ‚Selbstverständlichkeit' erwartbar war und zumutbar blieb, gewinnt heute der ‚subjektive Faktor' an Gewicht: Gefordert ist nicht allein Loyalität und Disziplin, sondern Motivation und Kooperation, Engagement und Kreativität, Lernfähigkeit und Verantwortungsbereitschaft", so Pankoke (1993c:11).

318 „Die ‚alten' Industrien konnten sich halten, so lange sie sich in wachsenden Märkten bewegten", so auch Enge (2005:252). Zu einem ähnlichen Schluss gelangt ebenso Lohner: „Cluster, die auf Rohstoff basieren, halten solange, wie der Rohstoff gebraucht wird" (Ders. 2002:58).

319 Vgl. zur Korrelation von Lernfähigkeit und Niedergangswahrscheinlichkeit von Clustern eingehend Hartmann (2008).

gebiet war dies ein Konglomerat unterschiedlichster Faktoren sowie ungünstiger Rahmenbedingungen, die zuweilen auch die Bildung einer „regionalen Identität zwischen ‚Altlast' und ‚Aufwind' (Pankoke 1993:204) schwächten.

Im Rückgriff auf die (von eher ökonomisch argumentierenden Autoren) skizzierten Vorteile eines erfolgreichen Clusters (vgl. Kapitel 6.1) müssen für den ehemals prosperierenden und schließlich niedergegangenen Kohle&Stahl Cluster im Ruhrgebiet jedoch Umwertungen vorgenommen werden: Porter stellte die These auf, dass „die Keimzellen für neue [oftmals, B. P.] gerade von alten Clustern oder anderen Segmenten derselben Branche [stammen, B. P.]" (Porter 2002:23). Laut Enge „fällt jedoch auf, dass keine Cluster in der [Ruhrgebiets-, B. P.] Region existieren, welche an parallele Entwicklungspfade anknüpfen, die vor oder während der Blütezeit der Montanindustrie entstanden sind" (Enge 2005:217).[320] Obschon der dereinst erfolgreiche Cluster an einem bestimmten Punkt keinen Pro-Bono mehr für die Genese einträglicher Produkt- und Prozessinnovationen bot, konnten die an ihm beteiligten Unternehmen insbesondere durch ihre verfestigten clusterimmanenten Strukturen und erstarrten Kulturen (vgl. Pankoke 1993c:13f.) eine notwendig gewordene Umbildung bzw. Neufokussierung lange nicht erfolgreich bewerkstelligen. Durch verschiedenartige Lock-In (vgl. Enge 2005:238f.) und den vorherrschenden kulturellen Kolorit wurden Neuerungsprozesse mit Beginn des Niederganges vielmehr noch erschwert und Unsicherheiten (z. B. in Bezug auf Arbeitsplatzverluste) inklusive damit einhergehende Blockaden zusätzlich verstärkt.[321] Auch die von Porter (2008) für eine erfolgreiche Clusterentwicklung modellierten Faktoren (vgl. Kapitel 6.1) bedürfen – mit

---

320 Allerdings gelang „[d]ie Entstehung neuer Cluster im Ruhrgebiet [...] vor allem dann, wenn es sich dabei um evolutionäre Entwicklungen handelte, die an den bestehenden Strukturen anknüpften – und die im Interesse der Montanindustrie waren" (Enge 2005:213). Letztgenannte Aussage beinhaltet allerdings eine kleine Crux: Denn wie auch Enge (2005:206) deutlich macht, entstand zwar u. a. die Umweltwirtschaft erst im Anschluss an den niedergehenden Cluster, allerdings wird zum einen insbesondere der ursprüngliche (industrie)kulturelle Entwicklungspfad in Verbindung mit einer innovativen Weiterentwicklung zu einer Keimzelle für neuerliche Wegweisungen, wie ich es zum Ende dieses Kapitels noch herausstellen werde. Zum anderen basieren innovationsorientierte evolutive Clusterentwicklungen stets auf einem Konglomerat von Faktoren, die außerhalb des Partikularinteresses eines bestimmten Sektors liegen müssen, wie ich im weiteren Verlauf dieser Arbeit ebenfalls noch aufzeigen werde.

321 Daher ist es „[g]ewiß [...] kein Zufall, daß für das Ruhrgebiet die Frage nach dem Zusammenhang von strukturellem Umbau und kultureller Erneuerung akut wurde mit den krisenhaften Folgeproblemen des hier bis in die späten 1980er Jahre verschleppten Strukturwandels, dessen soziale Kosten im spektakulären Arbeitskampf um die drohende Schließung der Krupp-Hüttenwerke Rheinhausen auch öffentlich wahrgenommen wurde. In den Strategien industriegesellschaftlichen Krisenmanagements erschien dann die überkommene ‚Industriekultur' als stabilisierendes Moment des ‚Systemvertrauens'" (Pankoke 1993c:19). Vgl. zum hier angesprochenen „Systemvertrauen" eingehend Luhmann (2000).

Blick auf die Entwicklungen im Ruhrgebiet – der Erweiterung und Ergänzung: Versteht man das Portersche Diamantenmodell als ein generalisierbares, d. h. als ein auf alle (sozio-ökonomischen) Cluster übertragbares Modell, kann vorausgesetzt werden, dass die im Modell festgelegte Faktorierung auch auf den ehemaligen Kohle&Stahl Cluster des Ruhrgebietes anwendbar ist: In Anlehnung an die in Porters Cluster-Diamant aufgeführten Erfolgsfaktoren könnte man die im Ruhrgebiet aufgetretenen Fehlentwicklungen nun zum einen auf die mit der Kohle- und Stahlkrise einsetzenden veränderten „Factor (Input) Conditions" (Porter 2008:227) und zum anderen auf die gesunkenen „Demand Conditions" (Porter 2008:227) sowie sich u. a. auch durch den Faktor „Staat" (Porter 1991:97) etwaig fälschlich gewichtete Innovationsmaßnahmen zurückkürzen. (Vgl. zu Ursachen, Folgen und Wechselspielen der Bedingungsgefüge eingehend Enge 2005) Allerdings ist jene dereinst offenbar höchst prekäre, von Enge (2005) herausgearbeitete „endogene Blockade" (ebd.:244)[322] in den Ausführungen Porters nicht explizit als eine potentielle primäre Störgröße erfolgreicher Clusterentwicklung angelegt. In historischer Rückschau stellte aber gerade diese Form der Blockade eine immense Herausforderung dar und wurde im Zuge der dringlich notwendigen sozialen und kulturellen Neuorientierung zu einer fast unüberwindlichen Barriere, die bekanntermaßen nur durch permanente und auch gegenwärtig noch anhaltende Lernprozesse zu durchdringen ist.

Damit erweisen sich sowohl jene als ‚weich' bezeichneten Faktoren als auch grenzüberschreitende Lernprozesse als höchst entscheidend für Innovations- und Wettbewerbsfähigkeit; finden sich jedoch trotz ihrer Relevanz in den Auslegungen ökonomischer Provenienz oftmals nicht als relevante Faktoren einer erfolgreichen Clusterentwicklung wider. Auch die Enabler der aktuell (insbesondere von politischer Seite) abgeforderten, regionalen Kohäsion und damit einhergehende Wirkkräfte werden in die aktuell zumeist ausschließlich ökonomisch gelagerten Zugriffe auf Cluster nur unzureichend einbezogen.[323] Dies erweist sich als konzeptuelles Manko, denn wie auch Scheff ausführt, wird „[d]ie Kohäsion

---

322 Im Ruhrgebiet trug „[d]ie entscheidende endogene Blockade der regionalen Ebene [...] Züge eines politischen Lock-ins im Sinne einer weitreichenden industriellen Prägung des politischen Gefüges durch die Montanindustrie" (Enge 2005:244).

323 In Bezug auf Porters Ausführungen merkt bspw. auch Cernavin an, dass „bei diesen Darstellungen Porters auf[falle, B. P.], dass Porter anders als viele deutsche Diskutanten seinen Clusterbegriff ausschließlich ökonomisch ableitet. Dabei geht es ihm um die Wettbewerbsfähigkeit von Unternehmen. Fragen der sozialen oder ökologischen Nachhaltigkeit spielen kaum eine Rolle" (Cernavin 2005:38). Allerdings stuft Porter sozial-kulturelle Impeti und Wertigkeiten durchaus als wichtig ein, zumindest in dem Sinne, dass diese den Bestimmungsfaktoren implizit seien und „nicht von wirtschaftlichen Ergebnissen getrennt werden" (Ders. 1991:153) können: „Kulturelle Faktoren sind wichtig, da sie die Umgebung der Unternehmen prägen; sie wirken durch die Bestimmungsfaktoren, nicht getrennt von ihnen" (ebd.).

in einer Region [...] u. a. durch die wirtschaftliche Verflechtung und Vernetzung innerhalb der Region (Unternehmenskooperationen) und durch die Zusammenarbeit der regionalen Akteure im Sinne einer kooperativen Entwicklungspolitik (Verwaltung, Universitäten, Kammern usw.) positiv beeinflusst" (Scheff 1999:22). Soll ein Cluster also darauf ausgelegt werden, die Wirtschaftslage der Region zu befördern und zugleich deren Kohäsivkraft zu stärken, kann auf einen derartigen Austausch von Wissen, Ideen, Kapitalien und Kompetenzen und damit verbundene Lernprozesse nicht verzichtet werden.[324] Dies wiederum setzt sowohl das Enabling als auch das Empowerment zur Initalisierung und Implementierung damit verbundener permanenter Lernfähigkeit voraus, damit die (u. a. von Porter für eine erfolgreiche Clusterentwicklung propagierte) Spezialisierung von Kompetenzen und Arbeitskräften langfristig nicht unweigerlich in eine Innovationsblockade mündet, die – wie es am Beispiel des Ruhrgebietes überdeutlich wird – nur unter enormen Anstrengungen behoben werden kann.[325]

Wie wendet man diese ruhrgebietsspezifischen Blockaden und Entwicklungen nun ins Konstruktive, da die Möglichkeiten eines Wiederaufbaus und einer Reaktivierung des Geistes längst abgestorbener Zuliefererketten nun freilich nicht in der physischen Reaktivierung liegen können, die Folgen des Niederganges in Form des damit einhergehenden Strukturwandels noch immer anhalten und sich aus dem niedergegangenen Cluster zudem (bislang) offenbar kein neuer entwickeln konnte?

An dieser Stelle soll es nun nicht darum gehen, politische Interventionsmaßnahmen vorzuschlagen oder die ökonomischen und geographischen Erfolgsbedingungen für einen neuerlichen spezifisch ausgerichteten Cluster zu analysieren.[326] Vielmehr geht es mir im Folgenden darum, sichtbar zu machen, dass insbesondere das Ruhrgebiet sozialkulturelle und räumliche Potentiale bietet, dem Wandel anhand vorhandener Alleinstellungsmerkmale und neu hinzugewonnener Stärken prospektiv und proaktiv zu begegnen. Dies ist selbstverständlich kein

---

324 Die hier beschriebene Notwendigkeit ist generalisierbar. Sie lässt sich auch auf die Prosperität einer Region übertragen und wird z. B. an der Bedeutung wissensintensiver Produktionsbereiche für die Wirtschaftlichkeit ganzer Nationen sichtbar. Denn: „Regionen, die auf Kundennutzen setzen, erneuern sich selbst. Es sind die wandlungs- und deshalb überlebensfähigen Modelle: Sie sind die wahren Vorbilder für die Wirtschaftsregion des 21. Jahrhunderts" (Lohner 2002:58).

325 Kiese (2008a) fasst die Vermeidung von Niedergangsprozessen für reife Cluster wie folgt zusammen: „Um nicht zu Altindustrieregionen zu verkrusten, benötigen reife Cluster dynamische Umfeldbedingungen, die durch die Förderung von Unternehmensgründungen, das Organisieren von interregionalen Lernprozessen, die Umlenkung von Ressourcen in neue technologische Entwicklungspfade sowie die Verschneidung von vorhandenen Kompetenzen mit neuen Technologietrends und Marktimpulsen unterstützt werden können" (Ders. ebd.: 61).

326 Hierzu liegen bereits Untersuchungen und Feldforschungen vor. Beispielgebende Vorschläge hat (insbesondere für das Ruhrgebiet) bspw. Enge (2005) unterbreitet.

neues Anliegen, und die von Pankoke bereits im Jahr 1993 vorgezeichnete Zielstellung einer „Verbindung von Solidität und Solidarität der ‚starken Kultur' mit einer neuen Offenheit für Innovation und Kreativität" (Pankoke 1993c:14) wurde im Ruhrgebiet bereits in zahlreichen nach vorne weisenden Initiativen zur Handlungsmaxime kultiviert und während des Kulturhauptstadtjahres 2010 im Ruhrgebiet im großen Stil realisiert: Ein erster Schritt begann damit, an das industriekulturelle Erbe anzuknüpfen und die vorhandenen, lange brachliegenden industriekulturellen Flächen als Denkmale und Zeitzeugen wieder ins Rampenlicht zu setzen, die wirtschaftliche Wertschöpfung parallel dazu jedoch vorrangig auf andere Güter umzustellen. Zudem führten bspw. die den Strukturwandel unterstützenden Subventionen und Maßnahmen im Rahmen der Internationalen Bauausstellung Emscher Park (IBA) im Ruhrgebiet dazu, dass Industriebrachen industrieller Kultur entweder unter Denkmalschutz gestellt bzw. einer neuen künstlerischen oder kulturellen Nutzung zugeführt wurden. Vor dem Hintergrund und der Kulisse des industriekulturellen Erbes boten sich im Ruhrgebiet dabei im Besonderen die Umwidmung und Neunutzung stillgelegter Zechen, Hütten und Fabrikhallen an, die als Industriedenkmale zur Ins-Werk-Setzung künstlerischer Kreativität und zur Revitalisierung kultureller übergreifender Kommunikation anregten. (Vgl. Gersdorff/Pieper 2010:3): Prominente Beispiele dieser Umnutzung sind z. B. die zum Weltkulturerbe deklarierte ‚Zeche Zollverein' in Essen, die ‚Jahrhunderthalle' in Bochum sowie die ‚Kokerei Hansa'[327] in Dortmund, die nicht nur als statische Denkmale auftreten, sondern gegenwärtig als kulturelle Ausstellungs- und Aufführungshallen dynamischer Kreationsprozesse des Kreativen genutzt werden.[328]

---

327 Mit Focus auf die Verbindung von Kunst, Kreativität und industriekulturellem Erbe ist dies z. B. auch in dem von artlab21 und der Stiftung Industriedenkmalpflege und Geschichtskultur auf dem Gelände der Kokerei Hansa in Dortmund gemeinsam durchgeführten Ausstellungsprojekt ‚One on One' beispielgebend realisiert worden. (Vgl. eingehend Pieper 2010:o. S.) Ausschlaggebendes Moment für die Lancierung dieses Projektes war jedoch "nicht die Umnutzung selbst, sondern vielmehr die Frage nach dem Verhältnis von zeitgenössischer Kunst, industriellem Raum und postindustrieller Gesellschaft" (Pfeiffer 2010:o. S.). Dabei bietet insbesondere die der Kunst inhärente universelle Ausdruckskraft große Chancen und Potentiale für generationen- und raumübergreifende Kommunikation als auch für grenzüberschreitende Kooperation. Als Enablerin kann Kunst den Abbau vielgestaltiger Barrieren ermöglichen und als Mittlerin kann sie wechselseitige Verständigung befördern. (Vgl. Pieper 2010:o. S.) Auch die im Metaprojekt „Advantage Avantgarde" vom CCCM mit Akteuren aus Kunst, Wissenschaft und Wirtschaft realisierten Symposien und Ausstellungen spiegeln nach vorne weisende Möglichkeiten einer grenzüberschreitenden gesellschaftlichen Neuausrichtung.

328 Insbesondere Industriedenkmale, als zwischen Historie und Moderne changierende Kronzeugen des Wandels, werden vielerorts neu positioniert. Zunehmend wird erkannt, dass sie sich zu sozial-kulturellen bzw. künstlerischen Zukunftsorten umwidmen lassen, um „experimentelle Betätigungsfelder für diverse Akteure und deren Zusammenarbeit jenseits von Branchenfo-

Fokussiert man dereinstige Wertschöpfungsparadigmen der eingangs beschriebenen Kohle und Stahl Ära auf das Gestaltungsprinzip der Formung und
Nutzung eines Rohstoffes, so ist dies der heutigen Wertschöpfung in der Wissensgesellschaft in ihren Implikationen gar nicht so unähnlich. Gewandelt haben sich
lediglich die Ebenen der Produktion und Produktivität: Arbeitete man damals mit
einem *Rohstoff aus dem Innern der Erde*, so arbeitet man heute vermehrt mit einem *Rohstoff im Innern des Kopfes*. War damals der Stahl zu formen und neuer
Nutzung zuzuführen, so gilt es heute, das Wissen zu formen, das gleichsam zu
Rohstoff, Instrument und Organum der Wissensgesellschaft geworden ist. Beide
Rohstoffe sind also zu Nukleoli (Zell- bzw. Wachstumskernen) übergreifender
Kompetenzentwicklung geworden. Diese Kompetenz bündelte sich in der Kohle und Stahl-Ära zwar fachlich hochversiert, jedoch extrem spezialisiert auf den
Abbau, die Verwertung und Vermarktung eines natürlichen, jedoch nur begrenzt
vorhandenen und damit auch hinsichtlich seiner Vermarktungspotentiale temporär beschränkten Rohstoffes. Demgegenüber kann Wissen einer unbegrenzt an-
dauernden Transformation und damit permanenter Nutzung zugeführt werden.[329]
Auch laut Rammert steige „der Wert des Wissens […] umso höher an, je mehr es
gebraucht wird und je unterschiedlicher die Aspekte sind, unter welchen es genutzt werden kann, während sich der Wert der materiellen Güter durch die Be-
nutzung verringert (Ders. 2002:o. S.).

Letztlich könnte man jenen, mit der Umfunktionierung altindustrieller Funk-
tionszonen einhergehenden Entwicklungsgang aufgrund der zahlreichen Erneu-
erungsbestrebungen nicht nur mit einer kleinen (Lern- und Wissens-) Revolution vergleichen, sondern ihn als äußerst voraussetzungsvollen evolutiven Wandel
von Kultur, Interaktion, Technologie und Infrastruktur fassen. Da alle gegenwärtig noch bestehenden und aus der Historie bekannten Cluster sich diesen globalen
Wandlungsprozessen notwendig stellen müssen, um durchgängig und langfristig erfolgreich zu bleiben, wird jenes für alle Cluster generalisierbare Wechsel-

---

kussierung und systemischer (Ab)geschlossenheit zu eröffnen" (Gersdorff/Pieper 2010:3f.).
Insbesondere an obigen Beispielen wird erkennbar, dass sich auch in ehemals altindustriell
vorgeprägten Regionen ein wegweisender soziokultureller Wandel anbahnt und in eine sich
interkulturell öffnende, vielfältigste Akteure verbindende und sich neuen Kreativkonstruktionen
verschreibende Kultur- und Wissensgesellschaft hinein führt. Ein derartiger Wandel ist freilich
nicht nur im Ruhrgebiet in Gang gesetzt worden, sondern hat auf ganz Europa übergegriffen.
Vgl. dazu eingehend Gersdorff/Pieper (2010:3f.) sowie zu den hier verhandelten Topics mit
Blick auf das Ruhrgebiet eingehend Pankoke (1993c) sowie Ders. (2002a).

329   Wobei dies – wie wir noch sehen werden – freilich nur dann wirklich gelingen kann, wenn
Wissen nicht länger lediglich als ein knappes Alleinstellungs- und Herrschaftsgut zur Verfolgung von besitzstandswahrenden Partikularinteressen betrachtet wird, sondern die verbindende
Kraft des Wissens für kollektive Sprunginnovationen von den Beteiligten auch entdeckt und
für Synergien gleich welcher Art und Ausprägung entsprechend genutzt wird.

verhältnis von Revolution und Evolution in folgendem Exkurs noch einmal eingehender aufgefächert.

6.3 Exkurs: (R)Evolutionen als Erneuerungschiffren moderner Clustersynthese

> „NOVITAS ANTE PORTAS"[330]
>
> „Das Neue läßt sich finden, es will zu uns.
> Warum lassen wir es nicht herein?"
>
> (von Oetinger/von Pierer 1999:20)

Bislang habe ich u. a. im Rückgriff auf den ehemals prosperierenden Kohle&Stahl Cluster im Ruhrgebiet verdeutlicht, dass ein erfolgreicher Entwicklungs- und Gestaltungsprozess von Clustern stets diverse endogene und exogene Indikatoren berücksichtigen muss, so er denn auf das Primärziel ausgelegt ist, die Innovationsfähigkeit nachhaltig zu sichern. Folgende Überlegungen beziehen sich jedoch nicht auf eine Erweiterung oder Umwertung der in den letzten Kapiteln bereits beschriebenen wirtschaftsgeographischen und ökonomischen Parametrisierung erfolgreicher Clusterentwicklung, sondern verstehen sich als Ergänzung zu den bisher dargelegten Entwicklungserfordernissen. Ebensowenig geht es mir hier um eine Aufarbeitung oder (Re-)Vitalisierung der – insbesondere im biologischen und soziologischen Bereich – zahlreich vorhandenen und tiefgehend ausgearbeiteten Evolutions- bzw. Revolutionstheorien oder damit einhergehender definitorischer Abgrenzung und deren kritischer Hinterfragung. Demzufolge intendiere ich auch keine erweiterte Bearbeitung der gegenwärtig diskutierten gesamtgesellschaftlichen Evolutions- und Revolutionsprozesse. Eine derartige wissenschaftliche Auseinandersetzung bedürfte, auch wenn man sie ‚nur' auf Cluster bezöge, gewiss umfassenderer Forschung. Die Intention meines Exkurses ist es vielmehr, jenes von mir bislang lediglich ‚am Rande' angeführte Wechselspiel von evolutivem Wandel und revolutionärem Handeln anschaulich zu benennen und dieses als eine bedeutsame, auch auf das Clusterformenfeld ‚überspringende' Stellgröße wirklichkeitsnah herauszustellen. Denn: Auch im Clusterbereich gilt, dass eine umfassende und tiefgreifende Änderung bestehender Verhältnisse stets mit einem proaktiv und prospektiv ausgerichtetem Handlungsvermögen der Clusterakteure zu kombinieren ist. Eine derartige Veränderungsleistung ist jedoch mit der Fähigkeit dieser Akteure verbunden, sich auf veränderte Gegebenheiten und neuartige Bedingungen nicht nur allmählich einzustellen, sondern scheinbar re-

---

330 So der Titel des einführenden Kapitels von Bolko von Oetinger und Heinrich von Pierer (Dies. 1999:20, Hervorhebung in Großbuchstaben im Original, Fettschrift des Originales getilgt).

stringierte Handlungsoptionen durch stets aktives und selbststeuerndes, hin und wieder provokantes und – da noch wenig tradiertes – bisweilen auch mühevolles und unbequemes ‚Aus- und Hinein-Wirken' in das öffentliche Umfeld zu erweitern. Dieses Handeln vollzieht sich auch in Clustern wiederum nicht unabhängig von zahlreichen, sich ebenfalls im Wandel befindlichen Umfeld- und Umwelt-Bedingungen, die ihrerseits hemmenden oder befördernden Einfluss auf die Art und Ausprägung der Handlungsmodi selbst nehmen.

Gleichwohl scheint es gewagt, den Begriff der Evolution, noch mehr den der Revolution, die auf unterschiedlichste bereits vordefinierte Anwendungsgebiete rekurrieren und sich in ihren Charakteristika quasi auszuschließen scheinen, in einem Accompagnement zu verbinden und sie – noch dazu im Plural – cum grano salis begrifflich zu verschmelzen. ‚(R)Evolutionen': Dieses paradox anmutende Hilfskonstrukt suspendiert die kontradiktorischen Setzungen der Begriffe und zielt damit nicht nur auf bloß semantische Addition, sondern weit mehr auf konzeptuelle Inklusion beider Phänomene. Dieser Kunstgriff ermöglicht es zudem, jene mit einer durchgängigen Clusterentwicklung verbundenen Wandlungsdimensionen dergestalt begrifflich einzufassen, dass sie in ihrem Changieren zwischen Evolution und Revolution als ‚(R)Evolution' verortbar werden.

Isolieren und betrachten wir dieses ‚Begriffskonglomerat' einmal unter gesonderter Perspektivik: Stark vereinfacht formuliert, gestaltet sich *Evolution* als langwieriger Fortschritts- und Wachstumsprozess, der in Raum- und Zeitkontinuen festgeschriebene Erklärungen und Normen von Welt- und Wirklichkeitssichten durch permanente Wandlungen überwindet. Mit fortschreitender Evolution sind stets weitreichende Selektionsprozesse verbunden. Diese Auslese befördert bspw. auch funktionale Differenzierungen und somit die Ausprägung von Nischen. Diese Gegebenheiten bilden jedoch bei einer, die regionalen, nationalen und globalen Kontexte neuerlich umwälzenden Dynamik wiederum die Basis für neu- und andersartige Herausforderungen. Aktuell liegt eine dieser Herausforderungen in der durch globale Dynamiken bedingten Notwendigkeit der Rückführung einer großangelegten Separierung, die durch ihre immanente Logik u. a. auch in eine Isolierung und Verinselung der Akteure und ihrer Wissensressouren geführt hat. Es kann und soll bei dieser Rückführung nicht um eine Aufhebung der, auf die spezifische Bearbeitung und Bedienung ganz unterschiedlicher Problemhorizonte und heterogener Bedarfe abzielenden Branchen, Disziplinen oder gar Sektoren gehen. Dennoch müssen diese organisationalen Akteure und die in ihnen tätigen personalen Akteure (bspw. im Zuge der Genese und Entwicklung dringlich notwendiger radikaler Innovationen bzw. Sprunginnovationen) auf neuartige Weise zusammenarbeiten und sind damit vielgestaltigen Grenzüberschreitungen regelrecht unterworfen. Für die Zukunftsfähigkeit dieser Grenzüberschreitungsprozesse fungiert nun wiederum die Tragfähigkeit jener sie emöglichenden Lernprozesse als ein Selektionsmechanismus.

Demgegenüber lässt sich eine, in ihren Wirkungen breitangelegte und in ihren Wirkmächtigkeiten tiefgängige sowie temporär vergleichsweise rasche Wende bestehender Zustände als Revolution verstehen. Diese Umschreibung von Revolution ist ebenfalls recht grob und stark verallgemeinernd. Nimmt man die Modernisierungsprozesse der Historie unter die Lupe, lassen sich neben den bekanntesten Revolutionen noch zahlreiche andere Wandlungsprozesse unter diesen Revolutionsbegriff subsumieren, deren Ursachen und Auswirkungen für die Gesellschaft stets einschneidende Veränderungen nach sich zogen. Einer dieser Wandel, welcher das gesamtgesellschaftliche Gefüge bis heute beeinflusst, ist bspw. die im Zuge einer propagierten Wissensgesellschaft entstandene „digitale Wissensrevolution" (Schetsche 2006).

Eine sich auf Basis großformatiger ‚Wissensrevolutionen' aktuell entwickelnde Wissensökonomik wiederum geht u. a. mit der Entwicklung radikal neuer Konzeptionen der ‚Mehrsprachigkeit' einher, da deren aktuelle Abforderung sich beileibe nicht mehr allein auf das Erlernen möglichst vieler, gegenwärtig im Umlauf befindlicher und in wirtschaftlichen Zusammenhängen bedeutsamer Fremdsprachen reduzieren lässt. ‚Mehrsprachigkeit' bezieht sich heutzutage vielmehr auf die Fähigkeit, Zusammenhänge und Verflechtungen zwischen (inter)kultureller, technologischer und kommunikativer Neuerung im Gesamten und in ihren Wechselwirkungen zu erkennen, zu internalisieren und die damit einhergehenden Erfordernisse auf Basis komplexer Interfacelogiken und neuartiger Interaktionsmodi entsprechend zu bedienen. (Vgl. hierzu auch Schneider 1997:23) Im Cluster bezieht sich dies beispielsweise auf die Planung und Gestaltung von Kompatibilität und Interoperabilität – von Organisationssystemen, -kulturen und -strukturen, Fachsprachen und Mentalitäten – der zu beteiligenden Partner. Faktoren, die diesen Prozess begleiten und einen damit verbundenen Wandel rapide und teilweise radikal vorantreiben, sind im Rahmen der Clusterentwicklung vornehmlich Evolutionsprozesse im Bereich der Informationstechnologien, der Infrastrukturen, der (Inter)Kulturalität und der Interaktion. Im Zuge ihrer steten Weiterentwicklung lassen sich damit einhergehende Prozesse einer qualitativen Nutzung zuführen und – nach Sicherstellung einer entsprechenden Passung mit den Erfordernissen des Clusters – als *Produktivitätsadditive* bezeichnen.

Das sich bedingende Zusammenspiel der hier konturierten, stets aufeinander rekurrierenden Neuformierungslogiken setzt im Rahmen der Clusterentwicklung jedoch vielfältige Wandlungsprozesse in Gang, die sich nicht mehr monokausal

beschreiben, geschweige denn auf eine relationale oder gar kausale Logik spezifischer Ursache-Wirkunsketten zurückkürzen lassen. Damit handelt es sich um ein
Konglomerat von Dynamiken, welches sich sowohl auf evolutive Entwicklungen als
auch auf revolutive Ereignisse gründet. Einseitige Setzungen und bipolare Aufspal-
tungen evolutiver bzw. revolutiver Prozesse können daher, wenn überhaupt nur als
Hilfsmittel einer analytisch-systematisierenden Darstellung herangezogen werden.

　　Die viable Darstelllung komplexer Clusterdynamiken und ihrer daraus resultierenden Wechselwirkungen erfordert hingegen ein multidimensionales Mehr-
Ebenen-Modell, welches selbige zumindest en gros einfasst und als ein rekursiv
aufeinander einwirkendes Gesamtsystem abbildet. Verfolgt man mit dieser Darstellung zudem den erweiterten Anspruch, eine speziell in Clustern erforderlich
werdende Performativität und Paralellität von soziokulturellen und ökonomisch-
technischen Neuerungen zu modellieren, muss ein solches Modell notwendig auf
einer Verschränkung von Interaktions- und Interkulturalisierungsprozessen sowie
technologisch-infrastrukturellen Fortschritts-Konzeptionen aufsetzen.

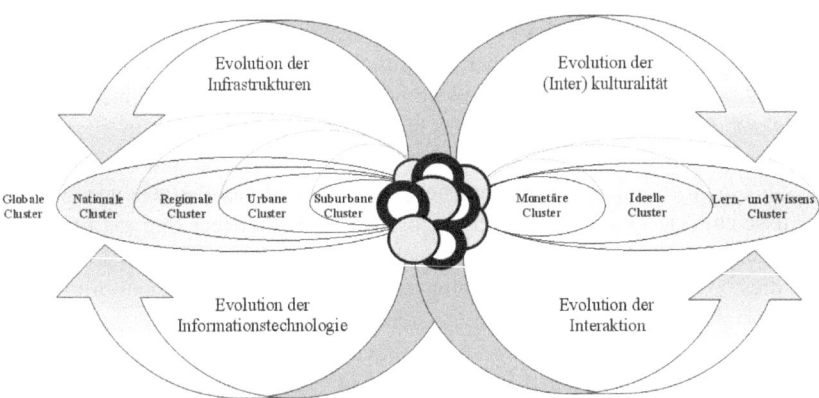

Abbildung 3:　Evolutionsdynamiken in Korrelation zu
　　　　　　　　Clusterbildungsprozessen (eigene Darstellung)

6.4 ‚Tear down the walls':
Grenzüberschreitung(en) als Basis produktiver Wissensbündelung

> „Die großen Errungenschaften des Geistes
> übersteigen sämtlich die Kräfte einzelner Individuen."
>
> (Charles Sanders Peirce)[331]

Lässt man die, für den Clustererfolg von seiten der Ökonomie und Wirtschafts-geographie als unabdingbar veranschlagten Pfadabhängigkeiten, Variablen und Determinanten (vgl. Kapitel 6.1) einmal beiseite, ließe sich die konsequente Ein-lösung jener, den Clusterakteuren aktuell kardinal abgeforderten Fähigkeit, vulgo die Überwindung von Grenzen auch als eine spezielle Art der ‚Cluster-(R-) Evolution' (vgl. Kapitel 6.3) bezeichnen.

Nun mag man einwenden, dass die Logik von Clustern aufgrund einer an-gestrebten Akkumulation von Ressourcen doch *gerade* in der Zusammenarbeit bzw. im Zusammenwirken verschiedener Organisationen zu einem großen Gan-zen läge, was die Überschreitung von Grenzen uneingeschränkt verlange. Wor-auf gründet sich also meine Herausstellung der Grenzüberschreitung als ‚Clus-ter-(R-)Evolution', wo diese schon längst in der Praxis eingelöst scheint und damit nicht unbedingt als ein, in der Clustergeschichte erst allmählich entstandenes (also evolutiv bedingtes) Phänomen und erst recht nicht als ein, das sozio-ökonomi-sche Gesamtgefüge neuausrichtender revolutionärer Akt betrachtet werden kann?

Hinzu kommt, dass nicht nur der Organisationssoziologie, sondern auch den allermeisten unternehmerischen Akteuren heutztage längst bewusst sein müss-te, dass bspw. jene organisationalen Strukturen und Kulturen klassischer Moder-ne, wie sie Taylorismus und Fordismus hervortrieben – (nicht nur) im Hinblick auf die intendierte Genese von Innovationen und dazu erforderliche Kooperati-onen – nunmehr kaum noch zielführend sind. (Vgl. Wrobel 2008:87f.) Auch für die Ökonomie ist es derweil kein Novum mehr, dass sowohl der evolutive Wandel der Arbeitsverhältnisse als auch ein Konglomerat organisationaler, regionaler und globaler Dynamiken offenbar Phänomene hervorgebracht haben, die zum einen nicht mit tradierten Steuerungslogiken zu kompensieren sind und zum anderen schon gar nicht im organisationalen Alleingang umgangen, geschweige denn be-hoben werden können.[332] So finden sich Kooperationserfordernisse auch als un-

---

331 Zit. n. Tomasello (2002:11, kursive Hervorhebung ebd. getilgt).
332 Vgl. auch Pieper (2007:3). Ähnlich argumentiert auch Wrobel (2008:93): „Namentlich grundle-gende oder ‚radikale' Innovationen bedürfen aufgrund der ihnen zugrunde liegenden komplexen Zusammenhänge zumeist in besonderem Maße einer breiten Basis heterogenen Wissens. [...] Da ein solch breites, häufig auch notwendigerweise interdisziplinäres Wissensspektrum ge-genwärtig kaum mehr von einem einzelnen Unternehmen aufgeboten werden kann, erlangen,

abdingbare Erfolgskriterien in zahlreichen (ebenso in den primär ökonomischen und wirtschaftsgeographischen) Clusterdefinitionen wieder.

Aus Kooperationserfordernissen erwächst auch immer die Notwendigkeit Antriebskräfte für einen großangelegten Clustererfolg zu mobilisieren, womit der *Sinn* und die *Funktion* von Grenzüberschreitungen für Cluster selbstverständlich einen evidenten Gemeinplatz einnehmen. Der Kern der Grenzüberschreitungsproblematik verortet sich jedoch m. E. n. an anderer Stelle und umfasst primär die Ausprägung und Gestaltung eines auf die Erfordernisse erfolgreicher Clusterentwicklung abzielenden *Formbildungsprozesses*.

Versteht man interorganisationale Kooperation als eine Form der Grenzüberschreitung so ist diese den gängigsten Clusterdefinitionen zwar immanent, allerdings wird in diesem Zuge zumeist lediglich selektiv auf die ebenfalls notwendige Überschreitung von Organisations- und Branchengrenzen abgehoben. Nimmt man allerdings die aktuelle Forderung der High-Tech-Initiative des BMBF hinsichtlich der Genese eingeforderter Sprunginnovationen zur Erneuerung von Modernisierungspartnerschaften zwischen Wirtschaft und Wissenschaft hinzu und versteht Cluster als einen „lokalisierte[n] Teil eines unternehmensübergreifenden Wertschöpfungs*systems* mit Elementen und Verflechtungen in vertikaler, horizontaler und diagonaler Dimension" (Kiese 2008:11, kursive Hervorhebung im Orig.), so fordert dies den Clusterakteuren nicht nur organisationale Zusammenarbeit und die Überschreitung ihrer Unternehmensgrenzen ab. Im Rahmen einer derartig komplexen Zusammenarbeit wird allen beteiligen Clusterakteuren zudem systemische Interoperabilität abgefordert, welche wiederum nicht nur inter- und transdisziplinäre Arbeitsformen, sondern darüber hinaus die Überschreitung sektorieller Logiken bedingt.

Im Folgenden soll es nun primär um die letztgenannte Form der Überschreitung von Grenzen gehen, denn aufgrund der vorherrschenden sektorimmanenten Logiken und Handlunsgmaximen stellt insbesondere diese Art der Überschreitung für die Akteure aktuell eine immense Herausforderung dar:[333] Wenn Organisationen durch externe Größen in einen Cluster eingefasst werden und damit offiziell als ‚Teil' des Clusters ausgeflaggt werden, bedeutet diese Setzung (wie ich bereits an anderer Stelle knapp skizziert habe) keinesfalls unmittelbar, dass selbige

---

der Clustertheorie zufolge, (strategische) Kooperationen in diesem Zusammenhang mehr und mehr an Bedeutung" (ebd.).

333　Vgl. zu weiteren Formen der Grenzüberschreitung und damit verbundener Herausforderungen auch den äußerst kühnen, wohlgleich stark verdichteten Ansatz von Rehfeld (1999a), der sich mit einigen, in meiner vorliegenden Arbeit aufgearbeiteten Ergebnissen z. T. überschneidet, was m. E. n. jedoch dafür spricht, dass die Zeit für neuartige Zugriffe zunehmend ‚gereift' ist und ebenjene Zugriffe die gegenwärtigen Cluster- und Innovationsdiskurse nicht nur ergänzen, sondern vielmehr in entscheidender Weise befruchten können.

Organisationen auch die Bereitschaft und Fähigkeit besitzen, sich mit Wissen und Kompetenzen in den Cluster zu integrieren. Wenn sich diese Zusammenarbeit – z. B. vor dem Hintergrund einer unzureichenden Prozess-Kompatibilität der in den Cluster eingefassten Organisationen, welche zukünftig als ‚Partner' an- und auftreten und dem Cluster ein einzigartiges ‚Antlitz' verleihen sollen, – nun allerdings nicht vollends entfalten kann, erodiert das dem (erst noch ‚Ins-Werk' zu setzenden) Cluster potentiell unterstellte Wissen[334] oder aber der Cluster verbleibt als eine unrealisierbare Konstruktion bereits während seiner Initialisierungsphase in der Utopie eines „Wunschdenken-Cluster[s]" (Kiese 2008:13) verhaftet.[335] Da die Fähigkeit und Bereitschaft der Akteure zur kollektiven Akkumulation, Teilung und Transformation von Wissen und Kompetenzen demnach eine der wichtigsten Ressourcen und Erfolgsbedingungen überhaupt ist, gilt es zunächst einmal, Konzepte und Strategien zu entwickeln, welche dazu verhelfen, die aufgrund heterogener Handlungsmaximen und Steuerungslogiken vorherrschende Separierung der Akteure zu überwinden, damit im Cluster komplementäre Kompetenzen gebündelt und Kapital gebildet werden kann.[336]

Schauen wir uns die Ursächlichkeit dieser Kritikpunkte einmal genauer an, um Widersprüche und Divergenzen konstruktiv auflösen zu können, und beginnen dazu mit der Darstellung einer sektorimmanenten Verortung der organisationalen Clusterakteure: Ihre differenzierten Ordnungs- und Handlungslogiken führen dann zu einer sektoriellen Einfassung ihrer Zugehörigkeit. Differenziert

---

334 Wrobel (2008) macht deutlich, dass „implizites Wissen einem Unternehmen und sogar einer (Cluster-)Region den entscheidenden Vorsprung gegenüber den Wettbewerbern verschaffen" (ebd.:93) könne, da es „nicht handelbar, imitierbar und substituierbar" (ebd.:93) sei. (Vgl. ebd.:93) Allerdings muss dieses im Cluster potentiell vorhandene Wissen der Einzelakteure, insbesondere im Hinblick auf eine von diesen gewollte und konsequent forcierte Wissenstransformation zuvorderst durch ein (in vielen Fällen zu klein bemessenes) ‚Nadelöhr' hindurchgeschoben werden, damit es vom Cluster selbst auch entsprechend abgerufen und genutzt werden kann.

335 Bei einem „Wunschdenken-Cluster" (Kiese 2008:13) „spielt politische Einflussnahme eine entscheidende Rolle" (ebd.) jedoch fehle „eine spezielle Ressource, auf der eine eigenständige Entwicklung basieren könnte" (ebd.), so Kiese.

336 Soll also der Einschluss der Organisationen in einen Cluster nicht zum Ausschlusskriterium des Clusters für den globalen Markt werden, ist die von Ketels getätigte Aussage, dass eine Zusammenarbeit der Clusterakteure im Hinblick auf den Bestand von Clustern nicht erforderlich sei, (vgl. Ders. 2008:43) m. E. n. verfehlt. Unberücksichtigt bleibt in Ketels Zugriff zudem die konzeptuelle Integration komplexer Lernprozesse und sozio-kultureller Antezedenzbedingungen in Bezug auf die (so essentielle) Ausrichtung jener, von ihm genannten clusterspezifischen „Akteursdimension" (ebd.).

werden dabei der ‚Erste Sektor',[337] der ‚Zweite Sektor'[338] und der ‚Dritte Sektor'. Die tradierten und inkulturierten Begriffe ‚Erster Sektor' und ‚Zweiter Sektor' sind als Synonyme und zuweilen auch als ‚Platzhalter' für Staat und Markt zu betrachten, substituieren diese jedoch eher in wissenschaftlichen Beschreibungen. Demgegenüber ist der Begriff ‚Dritter Sektor' zum einen vergleichsweise neu, zum anderen wird er trotz seiner vielen Substitute[339] auch im alltagssprachlichen Gebrauch (vorrangig in Diskursen über Ehrenamt und Bürgerschaftliches Engagement) verwendet:[340] Er charakterisiert Institutionen, Organisationen und Zusammenschlüsse in welchen "es weder in erster Linie um Gewinn und Konkurrenz noch um hoheitliche Verwaltung geht" (von Alemann 1996:4). Damit umfasst er „das weite Feld der *Vereinigungen*, Gesellschaften, Vereine und Verbände" (ebd., kursive Hervorheb. im Orig.). Dementsprechend inkludiert er – wie die Enquete Kommission ‚Zukunft des Bürgerschaftlichen Engagements' im Rekurs auf Priller et al. verdeutlicht – all jene Organisationen, „die formell strukturiert organisational unabhängig vom Staat und nicht gewinnorientiert sind, eigenständig verwaltet werden sowie keine Zwangsverbände darstellen" (Priller/Zimmer/

---

337   Der Gegenstandsbereich des Staates (Erster Sektor) umfasst „alle staatlichen Institutionen, wenn sie hoheitliche Aufgaben wahrnehmen. Dies sind beispielsweise Parlamente, Regierungen, Verwaltungen, Justiz, aber auch alle anderen öffentlichen Einrichtungen, wie Schulen, Theater oder Museen" (von Alemann 1996:3f.).

338   Der ‚Markt' als sogenannter Zweiter Sektor umschließt als ökonomischer Überbegriff „alle Organisationsformen, die wirtschaftlichen und Erwerbszwecken dienen, wie Konzerne, Unternehmen, Firmen oder sonstige kommerzielle Veranstaltungen" (von Alemann 1996:4). Er ist gekennzeichnet durch Wettbewerb, welcher primär die ökonomische Zusammenführung zwischen Angebot und Nachfrage eines Produktionsgutes bzw. einer Dienstleistung nach sich zieht. Demgegenüber mutet „[d]ie alteuropäische Ökonomik […] unter modernen Gesichtspunkten als ein Komplex von Lehren [an, B. P.], die der Ethik, der Soziologie, der Pädagogik, der Medizin, den verschiedenen Techniken der Haus- und Landwirtschaft angehören. Sie ist weder Volkswirtschafts- noch Betriebswirtschaftslehre, noch auch bloße Lehre von der Haushaltung oder Konsumtion. Daß hinter ihr die innere Einheit des ‚Hauses' in der Gesamtheit seines Daseins steht, vermögen wir kaum mehr zu sehen" (Brunner 1968:106). Während die alteuropäische Ökonomik also noch die gesamtheitliche Erfassung des „ganze[n] Haus[es]" (Brunner) umfasste, (vgl. Brunner 1968:107) hat sich der Begriff, wie Brunner (1968) eingehend aufzeigt, sukzessive gewandelt. Er bezieht sich als ‚Ökonomie' heute primär auf volkswirtschaftliche Aspekte einer auf den Markt ausgerichteten Organisation von Knappheit und Verfügbarkeit. (Vgl. zur Vertiefung der hier nur skizzierten Begriffsgeschichte und zu deren Bedeutungswandel eingehend Brunner 1968)

339   In aktuellen Diskursen wird der ‚Dritte Sektor' begrifflich u. a. auch als gemeinnütziger-, freiwilliger- oder zivilgesellschaftlicher Sektor gefasst.

340   Der Begriff wird in erstmaliger Verwendung Amitai Etzioni (1973) zugesprochen, der in seinen Ausführungen einen „third alternative, indeed sector, [which, B. P.] has grown between the state and the marcet sector" (ebd.:315) zu beschreiben sucht.

Anheier 1999:13, zit. n. Deutscher Bundestag. Enquete Kommission ‚Zukunft des Bürgerschaftlichen Engagements' 2002:232).[341]

Die ‚Rubrik' Sektor verweist dementsprechend auf eine Klassifikation und Einordnung von Organisationen mit gleichen oder ähnlich gelagerten Funktionsstrukturen und/oder Formeigenschaften. Diese Zuweisung ist allerdings ein relationales Konstrukt. Gehen wir jedoch von relationalen Konstrukten aus, so ist in dieser Setzung gleichsam deren Relativierbarkeit impliziert, d. h. dass eine Relation auch immer hinsichtlich ihrer historischen Einbettung variieren und ihre Formen verändern kann und somit einer sozialen und damit wandelbaren Konstruktion organisationaler Konfigurationen unterliegt.[342]

Ein ‚Hemmschuh', welcher im Zuge sektoraler Grenzüberschreitungsprozesse nun Spannungen auslöst und Konflikte in Clustern aufwirft, liegt somit auch nicht primär in der Begriffsbildung begründet. Wohl aber gründet er auf jenen sektoral spezifischen, mit der Verortung dieser Organisationen einhergehenden und sich im Rahmen einer intersektoriellen Zusammenarbeit verstärkenden, da divergierenden Handlungslogiken, Tauschmedien und Mentalitäten. Worin bestehen nun diese sektorspezifischen Ein- und Ausschlusskräfte?

Sektorimmanente Logiken begründen sich auf Basis der sektoreigenen Zielstellungen und damit einhergender Operationsmedien: So handelt der Markt bekanntermaßen mit einer monetären Kapitalform oder wie Deutschmann sagen würde, er operiert mit der *„Chiffre"* Geld.[343] (Vgl. Deutschmann 2008:132f.) Um

---

341 Die eingesetzte Enquete Kommission bezieht sich hier auf: Priller, Eckhard/Zimmer, Annette/ Anheier, Helmut K. (1999): Der Dritte Sektor in Deutschland. Entwicklungen, Potentiale, Erwartungen, in: Aus Politik und Zeitgeschichte, Bd.9, S.12-21. Wie Hörmann (2002) verdeutlicht, nehmen „[p]olitikwissenschaftliche Erklärungsansätze [...] den ‚Dritten Sektor' als Pufferzone zwischen Markt und Staat [in den Blick, B. P.], der die Funktion hat, soziale Spannungen und politische Konflikte zu mildern bzw. zu lösen" (Hörmann 2002:57).

342 In Bezug auf die Fülle verschiedenster, unter den Begriff des Dritten Sektors subsumierter Organisationen, kommt die Enquete-Kommission zu dem Schluss, dass eine „sektorale Zuordnung nach Organisationstypen [...] in vielen Fällen unzureichend [ist, B. P.], weil sie de[re]n besonderen Handlungstypus sowie die ambivalenten Strukturen nicht erfasst und weil je nach Aufgabe, Zielsetzung und Programm sowie Land und Region andere Abgrenzungen notwendig werden" (Deutscher Bundestag: Enquete Kommission ‚Zukunft des Bürgerschaftlichen Engagements' 2002:232). Dies lässt sich zwar in besonderem Maße auf den Dritten Sektor beziehen, trifft jedoch freilich auch auf die Zuordnung von Organisationen zu den anderen beiden Sektoren zu. Zwar forcieren diese Begriffe auch spezifische Auslegungen, „[d]och die Begriffe und das assoziative Netz, das sie bilden, stellen kein Bewusstseinsgefängnis dar und verhindern die Entwicklung abweichender Vorstellungen keineswegs" (Haß 2005:87). Denn: „Die Sprache stellt nicht nur default-Lösungen, sondern auch die Mittel der Revision und Innovation bereit" (ebd.).

343 Die Begrifflichkeit ‚Chiffre', die Deutschmann hier in Bezug auf ‚Geld', anstelle der – zumindest hinsichtlich der Logik einer symbolisch vermittelbaren Operationsgröße – weitaus üblicher eingesetzten Begrifflichkeit ‚Medium' nutzt, basiert auf seiner These, dass „Geldvermögen [...]

deren Verfügbarkeit zu maximieren, wird Knappheit[344] über Kriterien betriebswirtschaftlicher Logik gesteuert. In Anlehnung an den auf Effektivität und Effizienz ausgelegten Wertmaßstab des Marktes sind die durch ihn zu erzielenden Gewinne dementsprechend primär auf *monetäre Maximierung* gerichtet.

Vor dem Hintergrund einer ihm unterstellten gemeinwohlorientierten Solidaritätsmaxime veranschlagen sich Ertrag und Output des Dritten (respektive ‚Non-Profit') Sektors wie Pankoke aufzeigt, demgegenüber eher über den Transfer sozialer Werte und Kapitalien, welche sich durch ökonomische Messgrößen gemeinhin nicht errechnen und mit dem primären Tauschmedium des Marktes nicht honorieren ließen. (Vgl. Pankoke 2000a:108 sowie Ders. 2008:434/435/437)[345] Im Interesse eines demokratischen Staatsgebildes wiederum steht u. a. die flächendeckende Bewahrung, Sicherung und Regelung von Bürgerinteressen, -rechten und -pflichten. Im Gegensatz zu den wettbewerblichen Zielen und daher quasi ausschließlich rationalistisch angelegten Leitkriterien des Marktes teilen sich der Staat und diejenigen, auf das gesellschaftliche Wohl gerichteten Organisationsformen des Dritten Sektors das Ziel der *ideellen Optimierung.*[346]

Sowohl für den Dritten Sektor als auch für den Staat lässt sich der in ihnen agierende Akteurstyp daher idealtypisch offenbar als ‚homo socialis' fassen. Die vermeintlich ausschließliche Fokussierung des Marktes auf rationale Berechenbarkeiten erfordert demgegenüber augenscheinlich den Akteurstyp eines ‚homo oeconomicus'.[347] Ich halte sowohl diese traditionellen, jedoch auch gegenwärtig

---

nicht als bloßes ‚Kommunikationsmedium' im systemtheoretischen Sinn betrachtet werden" (Ders. 2008:132) könne. Denn Medien – so Deutschmann – „sind symbolische Konstrukte, die Informationen aus der Umwelt in einer bestimmten Weise codieren und dadurch systembildend wirken. [...] Richtiger wäre es deshalb für das Geld statt der Kategorie des Mediums die von Luhmann (1992) selbst in seiner Religionssoziologie entwickelte Kategorie der ‚Chiffre' einzusetzen. Religiöse Formeln bzw. ‚Chiffren' repräsentieren zwar wie Symbole Anderes. Aber weil dieses Andere jede Erfahrung übersteigt, können sie es nicht bezeichnen, sondern gleichsam nur an seine Stelle treten, eben ‚chiffrieren'" (ebd.:132f., Rekurs auf Luhmann im Original).

344   Wie Deutschmann anmerkt, „symbolisiert [Geld, B. P.] nicht irgendwelche ‚Güterknappheiten', sondern nur seine eigene inhärente Knappheit. ‚Knapp' ist Geldvermögen immer nur [sic!] Bezug auf sich selbst, d. h. zu alternativen Verwertungschancen; es ist also immer zu wenig da" (Ders. 2008:133).

345   Vgl. zur Verortung und Bedeutung von „Geld, Macht und Engagement in freiwilligen Vereinigungen" (so der gleichnamige Titel des Werkes) eingehend Horch (1992).

346   Dies bedeutet nun keinesfalls, dass die Führungsspitzen des Staates selbst nicht an der monetären Maximierung des Landes (und selbstverständlich auch an ihrer eigenen) interessiert sind, wohl aber, dass die hoheitlich organisierten Einrichtungen dem öffentlichen Gemeinwohl und dem Gemeinnutzen verpflichtet sind.

347   Auch der im Bereich des Freiwilligenengagements beobachtbare Wandel hin zu anders gelagerten Motiven und Motivationen der Akteure (vgl. Pankoke 1991a) führte im Bereich des Freiwilligenmanagements zunehmend zur Lancierung neuer und auf die individuellen Bedarfe

noch oftmals verwendeten Zuweisungen der Akteure zu anthropologischen Menschenbildern als auch die ihr freilich übergeordnete strikte sektorielle Zuordnung der Organisationen nicht nur für a) gefährlich, da diese Verabsolutierung die Gefahr birgt, dass das Zustandekommen eines grenzübergreifenden sozio-ökonomischen Koordinatensystems zwischen den divergierenden Interessenlage(r)n der heterogenen Akteursgruppen und deren zunehmend erforderlicher Umweltanpassungen ‚zerrieben' zu werden scheint. Zudem spreche ich diesen hypertrophierten und quasi unhintergehbaren Kategorisierungen b) die Berücksichtigung der in allen Sektoren bereits erfolgten umfangreichen Veränderungsbestrebungen ab. Denn: 1) ist die Typik der Akteursunterscheidung nicht nur an *artifiziell konstruierten Reinformen* angelehnt, sondern sie stützt wiederum die Verortung und den Verbleib in enggefassten Grenzen bzw. die Verhaftung in determinierten Akteursrollen und trägt damit ihrerseits zur Erstarrung systemimmanenter Logiken bei. Und 2) lässt sich die gegenwärtige Ausrichtung der sektoriellen Zielstellungen nicht mehr ausschließlich auf die ursprünglich intendierte Profit bzw. Non-Profit Orientierung zurückkürzen: Freilich stützen sich Dritt-Sektor-Organisationen auch heute noch vornehmlich auf das „Steuerungsmedium Solidarität" (Pankoke 2008:433, kursive Hervorhebung des Orig. getilgt). Dieses lässt sich einfassen, „als Medium der Aktivierung von sozialer Kompetenz, sozialem Kapitel [sic!] und sozialem Sinn" (Pankoke 2008:433). Zumeist verleihen soziale Organisationen ihrer Zielgruppe insofern Relevanz, indem sie dieser – je nach organisationaler Ausrichtung – unmittelbare Hilfe und Unterstützung zukommen lassen und/oder in der Funktion vermittelnder, wortgewaltiger Fürsprecher antreten, d. h. also die ‚Umwelt' als gewichtige Lobby adressieren und deren Gehör für die Anliegen und Bedarfe ihrer Zielgruppe sensibilisieren. Allerdings seien – wie Priller et al. bemerken – gegenwärtig auch „in den Organisationen [des Dritten Sektors, B. P.] ein Mehr an Wirtschaftlichkeit und Tendenzen einer zunehmenden Ökonomisierung spürbar. [...] Die Organisationen befinden sich in einem hohen Maße in einer Rationalisierungsfalle. [...] Durch eine engere marktförmige Ausrichtung entsteht zugleich die Gefahr, dass die Organisationen Probleme haben, ihre zivilgesellschaftliche Spezifik zu erhalten und zu stärken. Sie ähneln immer stärker reinen marktwirtschaftlichen Unternehmen" (Priller et al. 2012:56).[348] Derartige

---

der Engagierten ausgelegten Formate. In Form von Freiwilligenarbeit en gros und durch die Teilnahme an Kompetenzentwicklungs- und Qualifizierungsprogrammen, welche diese Tätigkeiten begleiten, wird den Akteuren oftmals ein ‚Pro-Bono' zugesprochen, der mitunter einen möglichen (Wieder-)Einstieg in den ersten Arbeitsmarkt befördern kann, sodass deren Erlangung finanziellen Kapitals und eine damit einhergehende monetäre Maximierung auch hier zumindest mittelbar vorangetrieben werden.

348 Im Rückgriff auf die von Max Weber entwickelte Typik des „Berufsmenschentums" müsse den auf ökonomische Vorteile abzielenden Akteuren theoretisch auch das Ausschalten freudigen

Zielerweiterungslogiken betreffen jedoch nicht nur den Dritten Sektor allein, sondern haben ebenso auf den Markt übergegriffen: Auch im Bereich des Marktes eingefasste Unternehmen haben die Erfordernisse (personal-)politischer und globaler Dynamiken erkannt. Sie lancieren bspw. auf Basis von 'Corporate Citizenship' (CC) bzw. ‚Corporate Social Responsibility' (CSR) zunehmend wohltätige Aktionen und verstärken damit ihrerseits solidarische Impeti und soziale Kapitalien, indem sie das Gemeinwohl u. a. auf Basis sozialer und soziokulturell ausgerichteter Initiativen unterstützen.[349]

Damit kehren sich die Primärlogiken von Markt und Drittem Sektor zwar nicht um, werden jedoch zunehmend durch (bislang bestenfalls als Boni geltende, dem vorgängigen relational zugemessenen Wesen des Sektors jedoch ‚fremdartige') Ziele ergänzt, die in ihrer Bedeutsamkeit ursprünglich dem jeweils komplementären Sektor zugedacht wurden. Damit wäre ein Akteur auch als sich im Markt situierender ‚homo oeconomicus' immer zugleich ‚homo socialis'. Seinesgleichen wäre der ursprünglich als reiner ‚homo socialis' verstandene Dritt-Sektor Akteur, – unterstellt man ihm jenseits altruistischer Impeti immer auch den auf Reziprozität abzielenden Wunsch einer „Ökonomie der Aufmerksamkeit" (so Primat und Titel von Franck 1998), bzw. den Willen zur Erwirtschaftung von wertsteigernden ‚Gütern', mit denen er, einer immateriellen Valuta gleichkommend, in die Lage versetzt wird, auf dem „Markt des Ansehens" (ebd.:101) zu handeln, – im Sinne seiner erwünschten Aneignung und Vereinnahmung knapper Güter, ebenso ein ‚homo oeconomicus'. So kann ‚Aufmerksamkeit' wie Franck aufführt, „zwar als solche nicht weitergetauscht werden, sie kann aber sehr wohl einen Tauschwert annehmen. Ihr Tauschwert hängt unter anderem von dem Einkommen an Beachtung ab, das die beachtende Person bezieht" (Ders. 1998:73). Deutlich wird daher, „dass in Theorie wie in Praxis das Soziale nicht immer ‚un-

---

enthusiasmierten Engagements abgefordert werden, so Pankoke. (Vgl. Ders. 2001:157) Pankoke verweist – unter Rekurs auf Seibel's (1994:20) Vorwürfe eines im Dritten Sektor vorfindbaren „funktionalen Dilletantismus" (Seibel 1994:20) – jedoch auf die Notwendigkeit eines interessengeleiteten Engagementpotentials, das zur Erreichung und Wirksamkeit solidarischer Ziele, freudig bzw. enthusiastisch ausgeübt werden müsse, um das damit möglicherweise einhergehende Defizit rationalistischer Prägung substituieren zu können. (Vgl. Pankoke 2001:159 f.)

349   Maaß und Clemens haben zu diesem Themenkomplex eine tiefergehende Untersuchung (Dies. 2002) vorgelegt. Diese macht sichtbar, dass CC von den Unternehmen nicht nur im Sinne eines Reputations- und Profilierungsinstrumentes und damit als erweitertes, der Öffentlichkeitsarbeit und Breitenwirksamkeit dienliches Marketinginstrument eingesetzt werden könne, sondern auch als Mittel einer erweiterten Personal- und Organisationsentwicklung diene, welches sowohl das Organisationsklima verbessern als auch die Vertrauenskultur und Verantwortungsübernahme sowie Kooperationsbereitschaft stärken könne. (Vgl. ebd.) Vgl. zu neuartigen Entwicklungen im intermediären Bereich zwischen sozialen und ökonomischen Aktionsformen zudem Pankoke (2008).

ökonomisch' sein muss und das Ökonomische nicht ‚un-sozial'. Vielmehr geht es
um die soziale Einbettung der Wirtschaft wie um die ökonomischen Grundlagen
des Sozialen" (Pankoke 2008:433).

Diese Zielerweiterungsbeispiele stehen für sich selbst und machen u. a. anschaulich, dass bereits ‚mentale' Grenzüberschreitungen sektorimmanter Logiken
eine unverkennbar große Herausforderung darstellen. Auch Clusterakteure situieren sich selbstverständlich in all diesen Sektoren und müssen diese ‚mentale'
Grenzüberschreitung zugunsten einer über die gesamte Wertschöpfungsdimensi-
on verlaufenden Zusammenarbeit erst einmal intendieren und folglich auch deren
Anschlussfähigkeit und Durchgängigkeit in der Wertschöpfung realisieren. Unternehmen wir dennoch den Versuch, diese Grenzüberschreitungen analogistisch
einmal in größerer Weite auf die Clusterlogik zu übertragen und schauen uns dazu
sowohl die scheinbar primär in ökonomische Zusammenhänge des Marktes eingefassten Clusterobjekte als auch jene Logiken an, die sie aktuell zu definieren scheinen. Fokussiert man speziell auf jene, den ökonomischen und (wirtschafts)geo-
graphischen Definitionen immanente Bedeutungszuweisungen, die mit der Triade
‚Akkumulation – Konkurrenz – Effizienz' gefasst werden können, scheinen Cluster bereits vom „Geist des Kapitalismus" (Boltanski/Chiapello 2001:462) vollständig durchdrungen. Denn: „Das letzte Kennzeichen des Kapitalismus ist die Konkurrenz: Jede kapitalistische Einheit ist permanent bedroht durch die Handlungen
anderer konkurrierender Einheiten. Diese Dynamik schafft eine permanente Unsicherheit und bietet den Kapitalisten ein sehr starkes Motiv der Selbsterhaltung,
um ohne Unterlass den Prozess der Akkumulation fortzuführen" (Boltanski/Chi-
apello 2001:462). Die Sinnhaftigkeit des ökomischen Handelns reproduziert sich
mit Boltanski/Chiapello (2001) nun u. a. durch einen Argumentationsstrang, welcher stetig „die Effizienz und die Wirkungskraft einer durch Konkurrenz stimu-
lierten Produktion" (ebd.:462) fokussiert. Dies deckt sich mit der Ausrichtung der
ökonomischen Clusterdefinitionen, in denen zumeist auf die Relevanz von Konkurrenz und Rivalität bzw. stetigen Wettbewerb der Organisationen untereinander
abgehoben wird, um auf dieser Basis u. a. die Ideen- und Innovationsfähigkeit von
Clustern sowie deren ‚fit' zu erhöhen, sodass diese bei Erfolg im günstigsten Fall
als ‚Markt(an)führer' auf der internationalen Weltbühne mitspielen.

Boltanski und Chiapello machen deutlich, dass auch „der ‚Geist des Kapitalismus' historischen Veränderungen unterworfen [sei, B. P.], wobei er sich immer
auf a) die unterschiedlichen Formen der Akkumulation, die durch die Umstände vorgegeben sind, bezieht (Organisation der Produktion, zentrale Profitmärkte,
technologische Möglichkeiten etc.) und auf b) die Art der Kritik, die dem Kapi-

talismus entgegengebracht wird, und die ihn dazu zwingt, sich zu rechtfertigen und sich als wünschbar darzustellen" (Dies. 2001:463).

In Analogie dazu ließe sich konstatieren, dass der „Geist des Kapitalismus" (ebd.) insbesondere das den Clustern zugrunde liegende Verständnis bereits lange sprichwörtlich ‚begeistert': Aus einem genuin wirtschaftlichen Blickwinkel betrachtet, sind Produktivität, Effizienz und Effektivität der Wirtschaftssektoren, nicht nur an eine „kritische Masse" (Porter 2002:23) gebunden und werden zumeist als der Clusterbildung *vorgängige* und diese voraussetzende Antezedenzbedingungen verabsolutiert, sondern ebenjene Wirtschaftssektoren müssen Porters Ausführungen zur Folge bereits im Vorfeld der eigentlichen Clusterbildung auf einem hochfunktionablen „Hightech-Niveau" (Porter 2002:23) angesiedelt sein. (Vgl. Ders. ebd.)[350] Hinsichtlich einer Interpretation dieser Aussagen ist natürlich zu beachten, dass die Wirtschaft sich auf ein, in der Volkswirtschaft beheimatetes und komplett anderes Sektorenmodell fokussiert, als jenes in diesem Kapitel ausgeführte. Ohne dieses Modell hier ausdehnen zu wollen, reicht es für meinen hier verfolgten Argumentationsstrang zu erwähnen, dass selbiges auf einer spezifischen Einteilung und Zuordnung von *Wirtschafts*akteuren basiert. In diesem (zumeist) ebenfalls triadisch angelegten Modell werden ein ‚Primär-', ein ‚Sekundär-' und ein ‚Tertiärsektor' unterschieden – und gerade dies führt im Rahmen von Diskursen zwischen Soziologen und Ökonomen immer wieder zu Verwechslungen und Missverständnissen – subsumiert werden unter diese Sektoren jedoch komplett andere Akteursgruppen und *ausschließlich* wirtschaftliche bzw. wirtschaftlich relevante Leistungen.

Unabhängig von dieser Differenz, wird die Zielvorstellung, welche sich mit primär kapitalistisch orientierten und auf monetären Profit abzielenden Clusterkonstruktionen in konzeptioneller aber auch strategischer Hinsicht am besten vereinbaren lässt, namentlich die Beendigung und Aufhebung regionaler und wirtschaftsstruktureller Krisen, – welche die wirtschaftgeographisch ausgerichteten und mit ökonomischen Variablen eingedeckten Cluster als Antworten auf eben jene Problematiken zu versprechen scheinen – von den zur Umschreibung von Clustern im Diskurs oft eingesetzten heilsversprechenden Metaphern noch symbolisch genährt.

Hinzu kommt, dass derartige Clusterkonstrukte nicht nur das mit der ‚Wünschelrute lange gesuchte Wasser' zu sein scheinen, sondern quasi der Überwindung einer heiklen Herausforderung gleichkommen, indem sie Antagonisten adressieren: Über die Schiene eines ökonomisch *und* wirtschaftsgeographisch orientierten

---

350 Zur kritischen Beleuchtung von Notwendigkeit und Tragweite spezieller Bedingungen, welche von Porter und zahlreichen anderen Autoren als der Clusterbildung vorgelagerte Stellgrößen eingestuft werden vgl. auch Manger (2008:28f.).

Cluster-Verständnisses lassen sich nicht nur jene, an monetärer Maximierung interessierten organisationalen Akteure – und das sind insbesondere in wirtschaftlichen Krisenzeiten recht ‚viele' – sondern sowohl Befürworter als auch Gegner
zunehmender Globalisierung einfangen: So kommt den Einen die propagierte
„Renaissance der Regionen" (Kiese 2008:9) zu Pass und die Gleichsetzung von
Clustern mit den „Schlüsselgrößen der künftigen Wirtschaftsentwicklung in Europa und der Welt" (Späth/Henzler 2002:56) bedient die Erwartung der Anderen.

Der hohe Zoll, der möglicherweise an diesen ‚angerufenen Geist' abgetre-
ten werden muss, ist jedoch, dass sich durch enge definitorische Einfassungen,
– die zuweilen an differenzierten Inkulturationsmechanismen, sinnspezifischem
Gehalt und formgebender Gestalt von Clustern weitgehend desinteressiert sind –
keine Inklusionsmöglichkeiten in übergreifende Sinn- und Bedeutungsklammern
vornehmen lassen, die vom „Geist des Kapitalismus" (Boltanski/Chiapello 2001)
noch weitgehend unerfasst blieben.

Ist eine *Gegen*gabe jedoch überhaupt nötig, gar möglich?

Stimmt man auf Basis vorstehender Rekurse auf Boltanski und Chiapello jener Annahme zu, dass es sich auch und insbesondere bei Clustern um einen Ansatz
handelt, der getrieben durch seinen sich bereits verselbstständigenden kapitalistischen Geist die Clustervorstellungen aller Clusterakteure schon samt und son-
ders in Besitz genommen hat, gilt es dennoch zweierlei wegweisende Einschränkungen zu berücksichtigen: Zum einen falle – wie Deutschmann feststellt – auch
„[e]in kapitalistischer ‚Geist' [...] nicht fertig vom Himmel. Er ist zunächst nur
in Form vager Projektionen und Szenarien präsent, die aber die Aura des Neuen
und Zukunftsweisenden ausstrahlen, Aufmerksamkeit erregen und zum Gegenstand gesellschaftlicher Auseinandersetzungen werden können" (Ders. 2008:137).
Damit besitzen sowohl der von einem derartigen ‚Geist' etwaig in Besitz genommene Clusterdiskurs als auch das Clusterobjekt die Möglichkeit ihrer – wiederum über Diskurse erfolgenden – Bereinigung. Zum zweiten verbleibt die Frage,
ob es sich bei diesen Clusteransätzen nicht auch um einen allgemeinen ‚Mythos'
und/oder um einen „kapitalistische[n] Mythos" (Deutschmann 2008:138) und/oder
um einen medial zum Topos getriebenen Mythos handeln könnte?

Handelt es sich bei der kapitalistischen Bedeutungszuweisung um einen allgemeinen Mythos, wird sich bei einem Accompagnement von zunehmender theoretischer Beforschung und einer damit korrespondierenden feldspezifischen Kon-
solidierung ohnehin eine Beruhigung der ‚Gemenge(ge)lagen' einstellen. Auf
Basis „der inneren Erschöpfung der Verweisungshorizonte des Mythos, die seine
ursprüngliche Selektivität sichtbar macht" (Deutschmann 2008:138) ergäbe sich
seine Selbstbereinigung. Je nach Einordnung und Zuweisung einer mit den Be-

grifflichkeiten einhergehenden Gewichtung, kann das begriffliche ‚Doppel' „kapitalistischer Mythos" (Deutschmann 2008:138) allerdings – mit Blick auf die Bedingungen und Bedeutungen sowie die Entwicklungen und Erfolge von Clustern
– ganz Unterschiedliches betonen und bedeuten: Möglich wären u. a. Lesarten, die
folgende Fragen fokussieren: 1) Handelt es sich bei Clustern um einen von Kapitalisten verbreiteten und sich über Diskurse verselbstständigenden Mythos (hier
verstanden als Reproduktion von Rangfolgen und Legitimation zur Besitzstands-
mehrung)? Liegt der Mythos (hier verstanden als Irrglaube) darin begründet,
dass primär kapitalistisch orientierte Zugänge den Erfolg von Clustern sicherstellen (können)? Oder situiert sich der Mythos (hier verstanden als Wunschvorstel-
lung) dahingehend, dass ein Cluster dazu verhelfen kann, Kapital reell zu mehren?

Ohne eine vorschnelle Beantwortung dieser Fragen vorwegnehmen zu wollen,
wird es hier und im Folgenden nun nicht darum gehen, sich im Bemühen um einen
Ersatz kapitalistischer Perspektiven einer naiven Verklärung aktueller globaler Erfordernisse hinzugeben bzw. einen undurchführbaren idealisierten Impetus einer
sozialromantischen ‚Heile-Welt-Kollektivierung' zu (re)vitalisieren. Doch müssen
sich Ökonomisierung und Anthropologisierung oder gar Kapital und (Sozio-)Kul-
tur zwangsläufig ausschließen? Schärfer gefasst: Ist eine der beiden Zielorientie-
rungen stets ‚Apriori', die andere immer ‚Beifügung'? Und lässt sich die Frage, aus
welchen, zueinander in welchem Verhältnis stehenden Teilen ein Cluster demnach
bestehen müsste, jemals mit einer zumindest relativen Sicherheit in Bezug auf deren Validität im Ganzen und/oder deren Reliabilität im Einzelnen beantworten?

Sowohl Porter (z. B. 1998:81) als nunmehr auch zahlreiche andere Autoren
erklären Cluster aufgrund der aus ihnen resultierenden Effekte und Potentiale –
in unmissverständlicher Analogie oder direkten Nutzung der prominenten Aussage von Aristoteles – zu Gebilden, deren Mehrwert sich nicht aus der Summe
ihrer Teile erschließen ließe. So beispielgebend Porter (1998): „A host of linka-
ges among cluster members results in a whole greater than the sum of its parts"
(Ders. ebd.:81) Dieser Mehrwert ergibt sich dabei also, so könnte man für alle
Cluster generalisierbar hinzufügen, erst über das produktive und aufeinander abgestimmte Zusammenspiel der Elemente, die je nach Ausrichtung der Zielrichtung der Autoren freilich differieren. In den Ausführungen von Michael Porter
bspw. wird dieses Credo u. a. offenbar, indem dieser darauf abhebt, dass die von
ihm im Rahmen seines Diamentenmodells angeführten Faktoren nur in ihrem
„produktive[n] Einsatz" (Ders. 1991:100) wirksam würden (vgl. ebd.) und „Vorteile im gesamten ‚Diamanten'" (ebd.:96) nötig seien, „wenn ein Wettbewerbserfolg in den wissensintensiven Branchen erreicht und behauptet werden soll" (ebd.).

Hier eröffnen sich für Soziologen eindeutige Bezüge zu jener von Simmel formulierten Summierung vielgestaltiger „Wechselwirkungen", auf welche dieser u. a. die Bildung von Gesellschaft en gros zurückführt: „Sie [die Gesellschaft, B. P.] ist einmal der Komplex vergesellschafteter Individuen, das gesellschaftlich geformte Menschenmaterial [...]. Dann aber ist ‚Gesellschaft' auch die Summe jener Beziehungsformen, vermöge deren [sic!] aus den Individuen eben die Gesellschaft im ersten Sinne wird" (Simmel 1968:8). An ebenjene Fragen der Gesellschaftsbildung werde ich in Bezug auf Cluster später noch anknüpfen. Hier soll zunächst interessieren, ob dieser ‚Mehrwert', der über den Erfolg eines Clusters offenbar maßgeblich (mit)entscheidet, ein außerhalb unserer Beobachtung liegendes und sich dementsprechend auch außerhalb unseres Zugriffs situierendes Faktum darstellt und ob dieser tatsächlich (un)einschätzbar; gar ein *nicht* faktorierbares ‚Zufallsprodukt' ist?[351]

Meine weitere Bearbeitung dieser nicht leichtgängig zu beantwortenden Fragen besteht nun darin, diese Problemhorizonte immer enger einzukreisen. Zudem werde ich auf Basis von Reformulierungen und Erweiterungen der aktuellen primär ökonomischen und wirtschaftsgeographischen Clusterverständnisse verdeutlichen, dass Cluster keine strukturellen, kulturellen oder gar disziplinär einfassbaren Monolithe oder Mechanismen sein können, sondern sich als Katalysatoren oder Überbrückungen von zuweilen disparaten Kräften, polymorphen Kontravalenzen und multidimensionalen Problemlagen bewähren müssen, die sich im Zusammenspiel aller Sektoren eröffnen. Zudem werde ich sichtbar machen, dass Kultur und Kapital sich keinesfalls ausschließen (müssen), da die Überwindung eines additiven Wissensverständnisses und eines technokratisch gelagerten Umganges mit Wissen ohnehin nur über eine Verschmelzung ökonomischer, sozialer, intellektueller und kultureller Kapitalbildung stattfinden kann. Meine Implementierung eines auf Cluster zugeschnittenen übergeordneten Kapitalbegriffes suspendiert damit unmissverständlich ein rein kapitalistisch instruiertes und mit genuin ökonomischen Impeti gespeistes Verständnis von Kapital, da dieses „die Unendlichkeit der Möglichkeiten gesellschaftlicher Arbeit nur chiffrieren" (Deutschmann 2008:135) und daher „keine Orientierung für soziales Handeln bieten" (ebd.) kann.[352]

---

351 Bezeichnenderweise ist ‚Zufall' eine der beiden von Porter (1991:148f.) aufgeführten nebengeordneten Variablen, die seiner Einschätzung zufolge, im Accompagnement mit den von ihm genannten Hauptbedingungen über Wettbewerbsvorteile und damit auch über den Erfolg bzw. Misserfolg eines Clusters entschieden. (Vgl. ebd.)

352 Spannt man den Bogen über klassische monetäre Kapitaltheorien oder die Marxsche' Kritik des vorherrschenden Verständnisses von Kapital als einer „ungeheure[n] Warensammlung" (Marx) oder auch die Vervielfältigung individueller Ungleichheitslagen im Kapitalverständnis von Bourdieu hinaus und folgt darüber hinaus der Annahme, dass sich soziales und kultu-

Allerdings dürfte obige Problematik noch relativ einfach zu bewerkstelligen sein, denn „Organisation wie Markt – nutzen neben den Preisen eine Vielzahl anderer Informationen zur Koordination der ökonomischen Aktivitäten. In beiden Fällen ist es nicht der Preismechanismus, sondern das soziale Handeln der Akteure, das die Koordinationsleistung vollbringen muss" (Haase 2004:86).[353]

Kooperatives grenzüberschreitendes Denken und Handeln, welches m. E. n. erst Transfer und Transformation von Wissen durch permanente Lernprozesse ermöglicht, bezieht sich wiederum stets sowohl auf die in Kollektiven ausgehandelten und geteilten Bedeutungsebenen, Sinnbasen und Entscheidungsmuster als auch auf sich formierende kulturelle Konventionen, Routinen und Rituale. Vor diesem Hintergrund kann sich auch eine ‚In-Zugriff-Nahme' des Kulturbegriffes nicht in der Betrachtung von (Fach)sprachen, organisationsübergreifender Imagebildung oder sektor- und systemspezifischen Philosophien und Handlungslogiken erschöpfen. Dazu ist sie ein zu gewichtiges Medium, auf dessen Basis sich Sinn, Ziel und Zweck offerieren, konstruieren und konkretisieren (können).[354] So verstanden amtiert „Kultur als Rechner der Unterscheidung für richtig gehaltenem von für falsch gehaltenem Verhalten [und, B. P.] ist auf auffällige Weise mit dem historisch und regional variierenden Selbstverständnis der Menschen als Menschen verbunden. Die Kultur ist daher nicht nur das *Programm* der Gesellschaft, das es erlaubt zu definieren, wie der Mensch zum Mensch wird, sondern auch der *Einwand* gegen diese Gesellschaft, wenn sie dem Menschen zumutet, was dieser für unzumutbar hält" (Baecker 2005:4. kursive Hervorheb. im Orig.). Damit sich ein solcher Einwand nicht zum Aufstand gebiert, sind in allen Sektoren nicht nur Kapitalien zu bilanzieren, sondern auch kulturelle Dissonanzen und Diskrepanzen zu balancieren. Ich verfolge deshalb die These, dass sich soziale und kulturelle Wirkmächtigkeiten auch auf Basis primär ökonomischer Zielsetzungen nicht

---

relles Kapital als Ressource über Tauschbeziehungen und Interaktionen von Individuen im Wechselspiel mit deren Umwelten erwerben und durch die Mannigfaltigkeit der Beziehungen akkumulieren lässt, so gilt es sowohl den ideellen als auch kollektiven Zugewinn von gesellschaftlichen, sozialen, kulturellen und materiellen Werten zu berücksichtigen.

353 Vgl. hier weiterführend auch die Argumentation von Ellrich, Funken und Meister (2001) bezüglich der Erfolgsbedingungen von Vernetzung: „Vernetzung bedeutet also, dass typische Kooperationselemente in die Sphäre des Marktes eingeführt werden. Der Effizienzvorteil von Netzen lässt sich allerdings nur dann sichern und auf Dauer stellen, wenn zu den marktfremden Kooperationslementen auch Formen der Handlungsabstimmung hinzutreten, die man gewöhnlich dem Markt zurechnet" (Ellrich/Funken/Meister 2001:192).

354 Dementsprechend sind u. a. auch „Macht und Geld in Beziehung zu setzen mit kultureller Dynamik. Kultur ist dabei – kommunikationstheoretisch – das Medium, um Sinn zu kommunizieren – und zwar auf sinnenfällige Weise. Und es steht schlecht mit einer Gesellschaft, wenn dieses Medium eintrocknet, und dann die Sinnfragen personaler Identität und sozialen Engagements gar nicht mehr deutlich, verständlich, öffentlich werden können" (Pankoke 2000b:119).

von Clusterkonzepten separieren lassen. Sie müssen vielmehr zusammengedacht werden, wenn Bedingungs- und Bedeutungsgebäude von Clustern auf Erhalt, Gestaltung, Auf- und Ausbau effektiver und effizienter Arbeitsweisen ausgerichtet und in einen übergeordneten Rahmen von Verfügbarkeit und Zukunftsfähigkeit eingebettet werden sollen. Dementsprechend gründen (ebenso primär ökonomisch gelagerte) Cluster immer auch auf Solidar- und Gemeinschaftsfähigkeit und müssen sich als soziale Sinnsysteme inkulturieren, die soziales Kapital erst über soziales Lernen aufbauen und mehren können.

Eine umfassendere Problematik, als die Vereinnahmung durch den „Geist des Kapitalismus" (Boltanski/Chiapello 2001:462) ist jedoch möglicherweise der gegenwärtige, in allen Sektoren anzutreffende „Kapitalismus im Geist" (Franck 1998:154). Wie Franck ausführt, „haben [wir, B. P.] den mentalen Kapitalismus auf einer Entwicklungsstufe hier vor uns, die der industriellen Hochform des Geldkapitalismus nicht mehr nachsteht" (ebd.). Diese spezielle Form des Kapitalismus werde, wie Franck herausstellt, insbesondere durch die Medien forciert: „Wie das Geldkapital einmal die hergebrachten Ordnungen des materiellen Reichtums umwälzte, so wälzt der mediale Kapitalismus heute die hergebrachten Ordnungen des Renommees um" (ebd.:154f.) und „das Zentrum der gesellschaftlichen Macht ist im Umzug begriffen. An den Medien führt kein Weg mehr vorbei. Längst kann sich der Einfluß, der von der Hochfinanz des mentalen Kapitalismus ausgeht, an der Macht messen, die die Hochfinanz des materiellen Kapitalismus noch ausübt" (ebd.:155): „Der Kapitalismus des Geldes war eine Tragödie. Der Kapitalismus der Aufmerksamkeit trägt zweifellos närrische Züge. Nur gehört es zur Kommödie, daß die Narretei sehr ernst genommen wird" (ebd.:157). Komplizierter wird es hingegen, wenn „materielle[r] Kapitalismus" (ebd.:155) und „mentale[r] Kapitalismus" (ebd.:155) ein medial gestütztes ‚Stelldichein' eingehen und einander verstärken. Dies könnte in Anlehnung an obige Aussagen von Franck, auch bei der Inszenierung von Clustern zu einer ‚Tragikomödie' führen, sodenn man bei der medialen In-Szene(rie)-Setzung von Clustern deren sozio-kulturellen ‚Eigen-Sinn' ausspart, ihre voraussetzungsvollen Antezedenzbedingungen vernachlässigt sowie jene vielfältigen Voraussetzungen einer produktiven systemübergreifenden und intersektoralen Wissensbündelung un(ter)berücksichtigt lässt.

Die Bestandsaufnahme gesellschaftlicher, wirtschaftlicher und medialer Rahmenbedingungen impliziert im Hinblick auf mikroökonomische Organisations- und Systemlogiken einen notwendigen Perspektiv- und Paradigmenwechsel: Um Wettbewerbsdynamikens antizipieren, Zielfindungsprozesse präkonzeptionieren und Wissensvorsprünge durch intermediäre Lernprozesse verfestigen zu können, sind die Sinn- und Strukturgefüge aller Sektoren neu auszubuchstabieren und als sozio-kulturelle Wirk- und kapitalbildende Wechselgefüge zu re-konzeptionalisieren. Parallel dazu muss eine Aktivierung soziokultureller Ver-antwortung und verantwortlicher Verbindlichkeit maßgeblich erwirkt werden. In Clustern werden damit nicht nur Zusammenkünfte und Einhelligkeit innerhalb der Sektoren, sondern auch Aussprachen, Einstimmungen und Übereinkünfte *zwischen* den Sektoren notwendig. Demzufolge besteht ein kardinales Ziel da-rin, neuartige ‚Interfaces' zu entwickeln, in denen sich im Zuge einer Erweite-rung und Überlappung von Aktionsräumen sozio-ökonomisches Kapital bilden und soziales Lernen etablieren kann. (Vgl. auch Pankoke 2002b) Die damit ge-wonnenen Interaktionsräume, welche eine Verschränkung der Binnen-, Außen-und Umweltrelationen wirtschaftlichen Handelns *und* sozial-kultureller Kontex-te, also buchstäblich polyvalente Kapital- und Kompetenzbildung ermöglichen, werden im Folgenden als Lern- und Wissenscluster (kurz LuW) spezifiziert.[355]

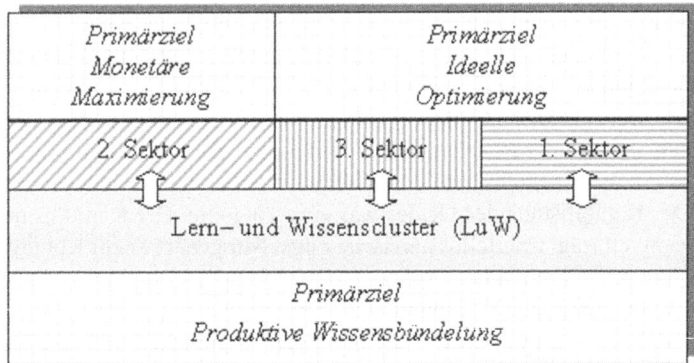

Abbildung 4: Veränderung der Primärziele durch die Genesis von LuW
(eigene Darstellung)

Zu fragen gilt es, wie sich ‚Lern- und Wissenscluster' nun modellieren und ge-winnbringend in aktuelle Clusterkontexte integrieren lassen, sodass es gelingt, dass „unterschiedliche Interessen ‚getrennt marschieren', aber zugleich auch ‚ver-eint schlagen' können" (Pankoke 2006a:98)?

---

355 Durch den Austausch neuer Erkenntnisse und anwendungsbezogene Unterstützung sowie
     eine damit einhergehende Verarbeitung und Bündelung von Individualwissen zu neuem Kol-
     lektivwissen wird die soziale, kulturelle und ökonomische Produktivität eines Clusters durch
     Produktive Wissensbündelung gesteigert.

7. Lern- und Wissenscluster

7.1 Form und Formation der neuen Intermediäre – Interfacedesign

> „Alles Vollkommene in seiner Art muss über seine Art hinausgehen,
> es muss etwas anderes Unvergleichbares werden."
>
> (von Goethe 1830:311)

Systemisch gebundenes Wissen unter einer systemübergreifenden Kuppelkonstruktion zu verräumlichen und das Ganze zudem noch als tragfähige Wissenscapitole von Morgen zu konzipieren, erweist sich aufgrund diffiziler Forschungsgrundlagen als kritische und hemmende Stellgröße zugleich.[356] Auch jene wissenschaftlichen Ausrichtungen und Disziplinen, die bislang das Begriffskonglomerat von Clustern unterhielten, den Clusterdiskurs als Impulsgeber initiierten und somit den Akteuren bis in die Praxis hinein eine erste Orientierung an die Hand gaben, scheinen in vielerlei Hinsicht buchstäblich selbst an ihre Disziplin- und Wissensgrenzen zu stoßen.[357] Zwar wird das noch weitgehend unerforschte Cluster-Terrain aktuell primär von Wirtschaftswissenschaftlern und Regionalökonomen besetzt, allerdings sind dies (mit wenigen Ausnahmen) auch die einzigen, die sich bislang als Einzelkämpfer auf dieses noch unerschlossene Forschungsareal gewagt und sich seiner allmählichen Erschließung kühn angenommen haben. Doch muss mit diesem Zugriff nicht auch zwangsläufig eine erhebliche Aufstockung einer übergeordneten Verantwortlichkeit über die konzeptionelle und strategische Bedeutung von Clustern einhergehen und deren Wirkungs- und Funktionsbereich dementsprechend in seiner ganzen Fülle neu ,über-dacht' werden? Denn: Will man der systemübergreifenden Komplexität im Clusterformenfeld gerecht werden, müssen im Rahmen einer sich etablierenden

---

356 Bereits Porter verband den hochkomplexen Clusterbildungsprozess mit der Aussage, dass Cluster „[m]ehr Kunst als Wissenschaft" (Ders. 2002:20) seien.

357 Dies ist freilich weder Wertung der Qualität des Inputs noch Einschränkung der Bedeutsamkeit des Outputs von Ökonomie und Wirtschaftsgeographie. Denn bei einem alleinigen Zu- und Eingriff anderer Einzeldisziplinen verhielte es sich ebenso – Cluster sind mehrschichtige und vielgestaltige Korpora, deren Komplexität eben nicht an einzelnen Disziplinen, wissenschaftlichen Grenzen und deren Reichweiten ,Halt' macht. Als umwälzende ,Tausendsassa' entziehen sie sich monopolarer und disziplinärer Indienstnahmen.

Clusterforschung notwendigerweise auch konzeptionelle und wissensarchitektonische Entwürfe modellhaft einfließen.

Schauen wir uns zunächst einmal die primäre Vorgabe der Ökonomie für das Clusterformenfeld an: Diese ließe sich analogistisch mit der Begrifflichkeit ‚Assembling' als "Vereinigung, [bzw., B. P.] Zusammenschluß von Industriebetrieben zur Produktionssteigerung und Rationalisierung des Vertriebs" (DUDEN 1990:85) angenehm übertragen und anschließen. Jenes, auch für die Ausrichtung von Clustern charakteristische und um raumbezogene Komponenten erweiterte ‚Assembling' bildet eine überlebensnotwendige Handlungsgrundlage für die ökonomische Produktivität und Prosperität einer Region in einer globalen Wirtschaftsordnung. Im Rahmen der Beratung und Begleitung von Clustern und Clusterinitiativen zeichnet sich jedoch offenkundig ab, dass sich neben der Berücksichtigung ökonomischer Stellgrößen auch soziale, kulturelle, kommunikationstheoretische, pädagogische und psychologische Problemkomplexe ergeben, die sich auf Basis des Assemblinggedankens und ökonomisch ausgerichteter Zugriffe aktuell weder beforschen noch gewichten, geschweige denn beheben lassen.[358] Damit ist die noch weithin suboptimal ausgestaltete Bezugnahme auf diese im Clusterformenfeld essentiellen, *nicht* ökonomisch gelagerten Wertschöpfungszusammenhänge *keine* dem Forschungs- und Wirkungsbereich der Wirtschaftsgeographen und Ökonomen zuzueignende ‚Achillesferse', die aktuell frei liegt. Denn: In Clustern basieren erfolgreiche Intervention, Koordination, Kooperation und Interaktion neben einer Beachtung wirtschaftlicher *Bedingungs*zusammenhänge ebenso auf der Berücksichtigung sozialer und kultureller *Bedeutungs*zusammenhänge.

Vor diesem Hintergrund wird auch die mit Clustern durchgängig verknüpfte Raumfrage zu einer kulturellen Identitäts- und sozialen Sinnbildungsfrage, woraufhin einem noch auszubuchstabierenden Wechselverhältnis von ökonomischer Machbarkeit und soziokultureller Passfähigkeit kardinale Dringlichkeit zukommt: Um Maßnahmen und Modi für eine zukunftsfähige ‚Ins-Werk-Setzung' und Gestaltung von Clustern zu eruieren, müsste die ökonomische Strukturdebatte rund um Clusterentwicklung m. E. n. zuallererst um identitätsstiftende Sinnhorizonte, Wissensmuster und Wertbasen für eine gehaltvolle Cluster-Kultur ergänzt werden. Auch die wesentliche und wegweisende Erfolgsgröße ‚Innovationsfaktor Mensch', die im Innovationsdiskurs gegenwärtig als hochbedeutend diskutiert und zunehmend wissenschaftlich bearbeitet wird, hinkt sowohl in Bezug auf ihre (Re-)Vitalisierung als auch die Realisierung ihr notwendig vorzuschaltender Lernpro-

---

358   Dies stützt sich auf Erkenntnisse aus Forschungs- und Beratungskontexten des CCCM.

zesse in den Praxen des Cluster-Developments tendenziell hinterher.[359] Versteht man Cluster jedoch als neuartige soziale Innovationslaufwerke von ‚Morgen‘, trifft selbstverständlich auch auf diese, die zuweilen in Nichtigkeit und Wesenlosigkeit abgerutschte Prämisse, dass „[d]ie Quelle einer jeden Idee, die zu einer Innovation führt, [...] stets der einzelne Mensch" (Klotz 2007:182) ist, gänzlich und uneingeschränkt zu.

Cluster können damit weder als eine, lediglich auf rein ökonomische Relationen abzielende (Inter-)Organisationsform noch als eine ausschließlich über sozio-kulturelle Logiken zu steuernde Wissensformation aufgefasst werden: Sie sind keine Rückbesinnung auf die naturale Nähe und Verbundenheit traditioneller Kollektive, sondern formieren sich im Idealfall als zwar soziokulturelle, jedoch durchaus auf ökonomische Vormachtstellungen im globalen Markt abzielende Aktions- und Modernisierungsinstrumente. Analogistisch ließe sich eine derartige Verknüpfung der Akteure und ihrer Kompetenzen mit dem Begriff ‚Assemblage‘ einfassen, deren Bedeutungsgebäude einer gestalt- und raumübergreifenden Kunstform gleichkommt. Ähnlich einem Cluster-Korpus, welcher sich aus heterogenen, miteinander verwobenen und permanent interagierenden Akteuren zusammensetzt, bezeichnet die Assemblage einen „dreidimensionale[n] Gegenstand, der aus einer Kombination verschiedener Objekte entstanden ist" (DUDEN 1990:85).

Aufgrund der Notwendigkeit zu intelligenter Kombinatorik verschiedenartigster auf den Cluster einwirkender Akteure und sich auf den Cluster auswirkender Umweltbedingungen, können im Hinblick auf dessen theoretische Rahmungen und dazu notwendige Feldforschungen weder ökonomisches-, geistes-, gesellschafts- noch kulturwissenschaftliches Wissen eine alleinige Vorrangstellung besetzen. Demzufolge sind disziplinübergreifende Denkmodelle und praxisführende Handlungsmodi für eine Meta-Perspektivik zu entwickeln, welche auf die Wechselwirkungen von ökonomischer Struktur, interorganisationalem Wissensaustausch, kultureller Identitätsbildung und sozialer Verantwortung abhebt und sowohl die Expertise der Wissenschaften als auch die Erfordernisse der Praxis integriert sowie die verschiedenartigen Clusterakteure ‚inter-medialisiert‘.

Diesem komplexen Ensemble an Erfordernissen lässt sich m. E. n. nur mit der Einführung einer neuartigen Intermediäre[360] begegnen, deren Form und Formation

---

359 Dieses Ergebnis basiert auf Erhebungen, die vom CCCM und artlab21 im KKI Bereich in den Jahren 2010 und 2011 gemeinsam durchgeführt worden sind.

360 Anders als im deutschen Sprachgebrauch möglich, erhalten die als Schnittstellen bezeichneten, intermediär vermittelnden Zwischenbereiche – welche im englischen oder im italienischen Sprachgebrauch mit den Begrifflichkeiten ‚interface‘ bzw. ‚interfaccia‘ gefasst werden und damit die Sprachwurzel des ‚Dazwischenliegenden‘ mitführen – buchstäblich ein ‚Gesicht‘ und damit charakteristische individuelle Ausdruckskraft.

sowohl eine Doppelbesetzung des Intermediaritätsbegriffes als auch seiner Bedeutungsgefüge bedingen. Die Notwendigkeit dieser Doppelbesetzung offenbart sich insbesondere mit Blick auf die höchst spezielle Art und Weise einer Zusammenarbeit der Clusterakteure. So können die Formationen der Clusterakteure einerseits als intermediäre „Allianzen" (Pankoke 2002b:46, Pieper 2007) gefasst werden. Denn: „'Allianzen' sind kooperative Kontrakte zwischen unterschiedlichen Partnern, die sich – oft auch bei getrennten Wegen – auf gemeinsame Ziele verständigen" (Pankoke 2002b:46). Allianzen betonen also primär den Handlungsmodus einer auf gemeinsames Einvernehmen ausgerichteten Kooperation. (Vgl. ebd.)

Demgegenüber lassen sich die Formationen der Clusterakteure jedoch, – und hier lässt sich wiederum ein Begriffs- und Bedeutungsgebäude von Pankoke anschließen – ebenso als intermediäre „Arenen" (Ders. 2002b:45) verstehen, da jene, in den Cluster eingefassten Organisationen – insbesondere wenn sie vergleichbare Marktsegmente bedienen und ähnliche Kunden adressieren – zumeist in einem harten Wettbewerb zueinander stehen. Ihr spezielles Wissen begründet oftmals ein wettbewerbsrelevantes Unikum, weshalb ein Cluster stets Gefahr läuft, dass Macht-, Interessens- und Zielkonflikte der Akteure kollidieren. (Vgl. auch Pieper 2009:59 sowie zur Konzeptionierung von Arenen eingehend Pankoke 2002b:45)[361] Die neue Intermediäre muss damit also nicht nur als eine Interaktionsfläche heterogener Akteure fungieren, sondern zudem auf die Balancierung der ‚Coopetition' abheben, welche sich durch ein permanentes Wechselspiel von sozial-kultureller Verbundenheit und ökonomischer Rationalität bzw. durch ein Changieren zwischen Konsens und Kontroverse ergibt.[362] In diesem Sinne ließe sie sich nicht nur als Bündelung von Interessen und Austausch von Akteuren, sondern selbst als ein Medium für die Auseinandersetzung und Verständigung zwischen dis-

---

361 Diese Spannungsfelder werden – mit Pankoke – fassbar im „Konstrukt der ‚Arena'" (Pankoke 2002b:45), dessen Verweisungshorizonte wie Pankoke aufzeigt, auch sichtbar machen, „wie sehr die Entscheidungen in Wirtschaft und Gesellschaft und erst recht in der Politik sich umstellt sehen von einer Vielfalt an streitbaren Interessen und Ansprüchen von ‚Eigner-Interessen' (‚Shareholder') und ‚Anspruchs-Vertretern' (‚Stakeholder'), zwischen denen die Prozesse der Moderation (im Sinne komplexer Konsensbildung) und der Mediation (im Sinne komplexer Konfliktvermeidung) immer schwieriger werden" (Pankoke 2002b:45).

362 Auch diese Konnotation ist bereits in der Begrifflichkeit Medium angelegt: So verweist ein ‚Medium' nicht nur auf die räumliche Zentrierung in einem *zwischen* den Objekten liegenden Zentrum, sondern inkludiert – vor dem Hintergrund der Bedeutung eines ‚Organums' bzw. ‚Mittels' – auch die Konnotation eines Enablers zum Handlungsvollzug. Auch der Dritte Sektor ist auf Grund seiner Handlungslogiken und seiner in Bezug auf Markt und Staat nicht applizierbaren Systemik oft als *intermediäres System* bezeichnet worden. Zu überlegen ist, ob diese Bezeichnung die Handlungsebene des Dritten Sektors wirklich abbildet: Der Dritte Sektor füllt als Vermittlungs- und Verhandlungsinstanz zwischen erstem und zweitem Sektor gewiss *mediäre* (lat. medius – das dazwischenliegende) Funktionen aus. Aufgrund seiner eigenen sektoriellen Einfassung kann er m. E. n. jedoch keine *inter*mediäre Systemik begründen.

paraten Kräften verstehen.[363] Die zur Realisierung dieser neuartigen Intermediäre vorgeschlagene Methode; die gleichsam als Mittel zur Implementierung und nachhaltigen Integration intermediärer Interaktions-Einheiten in makroökonomische Clustergefüge veranschlagt werden kann, wird im Folgenden als *Cluster the Cluster* (vgl. Abb. 5) bezeichnet. Die daraus entstehenden Interaktions-Einheiten können als frei kombinierte und konstruierte Ressourcen-, Wissens- und Kompetenzbündelungen unterschiedlichster Kräfte über branchen-, system- und sektorenübergreifende Schwellen und territoriale Grenzen verstanden werden. Damit eröffnen sie Möglichkeiten, Diskurs und produktiven Austausch in funktionaler Vielfalt ,außer-ordentlich' anzuregen:

Lern- und Wissenscluster (LuW-Cluster) sind hybride Neukonstruktionen und Neukonfiguration heterogener Wissenssysteme zu reflexiv lernenden Supra-Systemen. Formiert werden diese durch räumliche und zeitliche Überlagerung, Überschreibung und Überschneidung vormals sektoraler und kultureller Barrieren zu einem intermediären Interaktionsraum. (Vgl. Abb. 5)

Lern- und Wissenscluster lassen sich als ,Form der Sinnform' und als ,Zweckform der Funktionalität' von Clustern verstehen, da diese Interaktionseinheiten weit über eine funktionalisierte Verbindungsstruktur rein ökonomischer Provenienz und die bisherige Ausprägung von Clustern hinausgehen: Sie ermöglichen eine Raumerschließung, indem sie Sozial- und Kapitalwelten internalisieren und das integrative Zusammenspiel vormals disparater Perspektiven befördern. Daraus entwickeln sich Perspektiven für das Zusammenwachsen und Verschmelzen von organisationalem und personalem Wissen, von Kommunikations- und Wissensstrukturen sowie von Akteuren und ihren organisationalen Einfassungen und interorganisationalen Ausweitungen.[364] Für Lern- und Wissenscluster rückt somit ein Neuverständnis von Lernen und Wissen sowie die Kompetenz zu dessen

---

363   Insbesondere durch die Integration eines dazwischenliegenden und gleichsam verbindenden Elements, der ,Copula', kann die neue Intermediäre noch präzisiert werden: Die Copula fungiert gleichsam als Bindemittel und Band, welches einen Cluster zu einem Bündnis bindet und in einen neuen geistigen Organismus überführt. Dieser Organismus fungiert als ,Organum', welches buchstäblich „die *früheste Form der Mehrstimmigkeit*" (Wahrig 1968/1972:2638, kurs. Hervorheb. im Orig.) revitalisiert – und diese durch die Orchestrierung zu einer Einheit verschmelzenden, vielstimmiger Klänge und Klangfarben zur ,Sin(n)fonie' gereifen lässt. Zur Einordnung des hier aufgezogenen Bedeutungsgefüges vgl. den lat. Begriff „*copula* ,Verbindung, Band'" (Wahrig 1968/1972:2131, kurs. Hervorheb. im Orig.) sowie den lat. Begriff „*copulatio* ,Verknüpfung, Verbindung'" (ebd., kurs. Hervorheb. im Orig.)

364   Durch das Charakterisieren aber vor allem das Markieren (also das ,Ver-Orten', das sich mit territorialen Ansprüchen zu verbinden versteht) eines durch Lernen und Wissen gekuppelten Clusters verschieben sich die Primärprozesse von der organisationalen Zielsetzung des As-

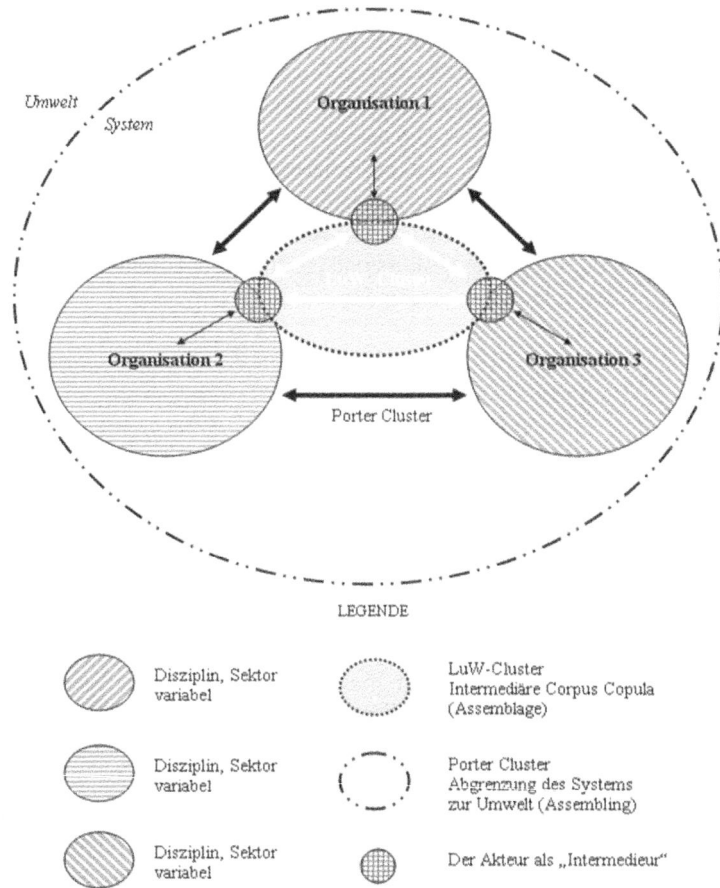

Abbildung 5: ,Cluster the Cluster'. Wechselverhältnisse und
Einbettungsstrukturen (eigene Darstellung)

(Selbst-)Steuerung ins Zentrum aller Aktivitäten, welches eine struktur-, kapital-
und kulturfördernde Rahmung für eine gemeinsame transdisziplinäre Wissensarbeit verlangt. Passfähige Wissenskonzeptionen und Lernmethoden sind nicht

---

semblings hin zur akteurszentrierten Zielorientierung einer formvollendenden Assemblage.
Die Assemblage zentriert und verpackt den Lern- und Wissenscluster kunstvoll zu einem Ort
des ,geistigen Wandels' und des ,Wissens-Handels': „Die Assemblage verbindet künstlerisch
Lernengagements zu Wissensarrangements" (Gersdorff 2007:1).

nur als dynamische Prozesse neu zu deklinieren, sondern auch zu kulturalisieren und zu kapitalisieren. Im Folgenden wird daher zunächst ein kritischer Problemhorizont aufgespannt und im Anschluss daran geklärt, wie diese Lern- und Wissensprozesse integrativ zu initialisieren, zu dynamisieren und auf Nachhaltigkeit hin zu entwickeln sind.

7.2 'Unifying Knowledge' – Strategema oder Dilemma?

„Herren im Bad"[365]

„Müller-L.   Sie können sich in meiner Wanne eine eigene Meinung überhaupt nicht leisten...
[Zwischenspiel, B. P.]
Dr. Klöbner: (greift nach einer Zelluloidente, die neben ihm auf einem Hocker sitzt)
Müller-L.   Die Ente bleibt draußen...
[Zwischenspiel, B. P.]
Dr. Klöbner: (springt auf) Herr Müller-Lüdenscheidt, ich bade immer mit dieser Ente...
               (setzt sich)
Müller-L.   Nicht mit mir!
Dr. Klöbner: Ich kenne sie ja erst seit heute...
[Zwischenspiel, B. P.]
Müller-L.   Ich lasse das Wasser heraus, wenn Sie die Ente hereinlassen...
Dr. Klöbner   Ich nehme meine Ente herein!
Müller-L.   Wo ist der Stöpsel?
Dr. Klöbner   Sie sitzen drauf...
Müller-L.   (zieht den Stöpsel heraus. Das Wasser läuft ab)
Dr. Klöbner   Wissen Sie eigentlich, daß viele Menschen überhaupt kein Bad besitzen?
Müller-L.   Ach, Sozi sind sie wohl auch noch!
[Zwischenspiel, B. P.]
Müller-L.   [...] Also lassen Sie die Ente in Gottes Namen herein...
               (setzt den Stöpsel wieder ein)
Dr. Klöbner   Nein! ...Mit Ihnen teilt meine Ente das Wasser nicht!
Müller-L.   Sie lassen sofort die Ente zu Wasser...
Dr. Klöbner   Ich denke nicht daran!
Müller-L.   Dann tauche ich jetzt solange, bis Sie die Ente zu Wasser lassen...
Dr. Klöbner   Bitte sehr..."

(Loriot 2003:25f./Ausschnitt aus der Geschichte „Herren im Bad", kursive Hervorh. im Original)

Im Zuge kollektiver Innovationsgenese entwickelt sich ‚Wissen' zu einem Primärfaktor, der über die produktive Clusterentwicklung und den angestrebten Clustererfolg maßgeblich (mit)entscheidet. Die Lancierung einer damit einhergehenden, immer auch sozio-kulturell zu veranschlagenden Wertschöpfung verlangt zunächst eine logische Bedeutungsklammer zur Einfassung der polyvalenten Wirklichkeiten aller am Cluster zu beteiligenden Akteure. Damit die im Cluster potentiell

---

365   So der Titel der Geschichte von Loriot (2003).

vorhandenen Wissensressourcen für das Clusterkollektiv abrufbar und an dessen Erfordernisse anbindbar werden, müssen Handlungslogiken und Steuerungsformen generiert werden, die darauf abzielen, eine interpersonale und interorganisatorische Verbindung von Systemen, Akteuren und Wissensvorräten erfassen und deren Verständigung weiterentwickeln zu können. Eine solcherart angelegte Wissensgenese ist im Cluster mit einer Art vagem ‚Spiegelbild' vergleichbar, welches Ausschnitte der Sinn- und Wirklichkeitskonstruktionen seiner Konstrukteure zusammenfasst und widerspiegelt. Damit aus diesen Ausschnitten ein geteiltes schlüssiges Sinnbild entsteht, sich über die assoziativen Verbindungen auch logische Zusammenhänge ergeben und sich Wissen im weiteren Verlauf für den Cluster passend zusammensetzen und funktional zusammenfügen lässt, müssen disparate Ansichten harmonisiert sowie das Zusammenspiel von Selbst- und Fremdwahrnehmungen reflektiert werden. Dies ist definitiv ein äußerst voraussetzungsvolles und gleichwohl zeitintensives Vorhaben. Denn: Obgleich sich Wissen als zentraler ‚Baustoff' für die Ins-Werk-Setzung von Clustergebilden und als ‚Transmitter' (Überführungs- bzw. Übertragungsstoff) einer grenzüberschreitenden Innovationsgestaltung verstehen lässt, liegt es zunächst nur in Fragmenten vor, die sich über funktional differenzierte und daher separierte Segmente verstreuen, zudem auf viele ‚Häupter' verteilen und sich – trotz ihrer Verortung ‚inmitten' des aufzubauenden Clusters – für das Kollektiv zu Beginn der Zusammenarbeit ebenso zusammenhangs-, wie folgenlos ausnehmen. Damit diese Wissens(an)teile nun zu einer Disposition für Kreation und Invention des Neuen werden können, wird zuvorderst deren Defragmentation und Dekomposition; kurz deren Umbildung und Neuformierung[366] erforderlich. Die Eckpunkte dieser Umbildung müssen jedoch direkt an der Anwendungssteuerung und geplanten Ausbringung orientiert sein.

Innovative Wissenstransformation kann in Clustern deshalb nur auf einem reflexiven, performativen Wissensbegriff aufsetzen. Dies impliziert, dass so-

---

366   Im Hinblick auf die Notwendigkeit der Neuformierung, eröffnet sich insbesondere im Bezug auf die Korrelation von Lern-, Wissens- und Innovationsprozessen ein Diskursfeld, das Lernprozesse und Wissenskonstruktionen in das Feld „erweiterte(r) Denk- und Aktionsradien des ‚Möglichkeitsmenschen'" (Lackmann 2003:17) integrieren müsste. Vor dem Hintergrund des von Lackmann vorgelegten Konzeptes „Imagineering" (Ders. 2003:17), welches „das Konstruieren von künstlichen, zumeist bildhaften Vorstellungswelten" (ebd.) umschreibt, werden insbesondere in Clustern, Fragen der Präkonzeptionalisierung von Wissen relevant, die „zu neuen Fragen der Bewertung unserer Möglichkeiten und der Möglichkeiten ihrer Bewertung" (Lackmann 2003:17) führen. Dies hat auch Konsequenz für die Wahrnehmung von ‚Möglichkeiten' in Clustern, denn der Möglichkeit wird damit entweder die Potentialität einer noch zu verwirklichenden Realität zugewiesen oder aber die Möglichkeit wird als deren unwahrscheinliches, gar utopisches Korrelat betrachtet und nicht weiter verfolgt. (Vgl. Argan 1962:45) Damit formiert sich „[d]ie Bestimmung dessen, was ‚ist' – […] [zur, B. P.] Fixierung dessen, was gesellschaftlich ‚gilt'" (Lipp 1994:211).

wohl theoretische Modellierung als auch feldspezifische Ausrichtung von Wissenstransformation und Innovationsgestaltung in Clustern stets die Berücksichtigung organisationaler Identitäten, sektorspezifischer Modalitäten und personaler Mentalitäten in Anschlag bringen muss. Somit lassen sich diese Zuweisungen auf die Formel bringen, dass individuelle Interessen, Zielvorstellungen und Fähigkeiten der zu beteiligenden Akteure notwendig zu integrieren sind und daher Denk-, Handlungs- und Steuerungsmodi einfordern, welche Individualität, Integrität und Identität zu berücksichtigen wissen und zu balancieren vermögen. In Clusterkontexten muss dementsprechend „zunächst eine kollektive Identität geschaffen werden, die imstande ist, den Cluster als logisches Ganzes zu verkörpern" (Pieper 2009:59f.).

All dies setzt jedoch komplexe Lernprozesse voraus, „in deren Rahmen die personalen Interessen, personalen Kompetenzen und personales Engagement wechselseitig (an)erkennbar, vermittelbar und verhandelbar werden" (Pankoke 2004:10) müssen. Die Aushandlung kollektiver Sinnperspektiven und Identitätsbildungen basiert im Cluster wiederum zuvorderst auf inter- und transdisziplinären Zugängen, welche ihrerseits „die Bereitschaft voraus[setzen, B. P.], sich in Menschenbilder und Theorien, Methodologien und Methoden sowie in Praxisfelder anderer Disziplinen einzuarbeiten. Dies beinhaltet die Offenheit für den und das Andere" (Bamberg 2007:45) oder – wie es Schelsky seinerzeit formuliert hat, – die „Offenheit für die Wahrheit des anderen" (Aussage von Ders., erwähnt durch: Pankoke 2002c:99).[367]

Diese Offenheit wiederum hat viele Gesichter. Insbesondere in den Anfangsphasen von Clusterbildungsprozessen ist sie entscheidend für den Clustererfolg: Auf personaler und organisationaler Ebene gilt es, unterschiedliche Akteurssysteme mit heterogenen Kommunikationsmustern und Identitätskulturen, unterschiedlichen Infrastrukturen und verschiedenartigen Planungs- und Entscheidungsmentalitäten zu einem Lern- und Wissenscluster zu formieren. Erforderlich ist also die liberalistische und sensitive ‚Be-Achtung' von Vielfarbigkeit und die Fähigkeit, mit Diversität und Divergenz gebührend und gewissenhaft umzugehen. Auf Clusterebene muss sich diese Offenheit jedoch ebenso auf die ‚Öffnung' und Zugänglichkeit des Clustergebildes selbst ausweiten: So können sich Lern- und Wissen-

---

367 Eine derartig gelagerte Offenheit fordert den Akteuren wiederum höchst konstruktivistisch durchwirkte Denkweisen und Handlungsmaximen ab, die erst auf Basis einer Annahme möglicher anderer Wahrnehmungsweisen von Wirklichkeit in eine emphatische und solidarische Anerkennung verschiedener Fähigkeiten, Bedürfnis- und Interessenlagen münden, und den Akteuren dementsprechend das vorgängige Einlassen auf eigensinnige und zuweilen fremdartig anmutende Besonderheiten abverlangen.

scluster nicht auf einen bereits vorab geschlossenen Aktionsradius fixieren oder gar einen hermetisch abgegrenzten Akteurs- und Adressatenkreis (ein-)berufen. Wie der Raum, in welchem sich ein Cluster verortet, wird auch die Badewanne im Eingangszitat von mehreren Akteuren frequentiert und besetzt. Dieses Szenario kann als Analogie dafür herangezogen werden, dass die abgeforderte Loslösung von Besitzansprüchen, die Zuerkennung von Besonderheiten und die Toleranz für (Ab-)Sonderlichkeiten zunächst unweigerlich zu Problemen führt. Nonchalant könnte man hier fragend ausufern: Wie in der Badewanne, so auch im Cluster?

Der Vergleich scheint trotz seiner Ungezwungenheit in vielerlei Hinsicht zutreffend: Denn auch eine den Clusterorganisationen abgeforderte Offenheit, die sich im Cluster beispielsweise auf den konstruktiven Umgang mit Fremdheit und Andersartigkeit sowie auf die Teilung von Ressourcen und die Zuerkennung von Besonderheiten erstreckt, kann auf Basis der bisherigen Ausrichtung von Clustern nicht ohne weiteres vorausgesetzt werden:[368] Cluster und ihre ‚Arbeitskräfte' sind im gesellschaftlichen Marktgeschehen situiert und daher auch mit dessen Modi durchsetzt. Bekannt ist zwar, „dass in allen Arbeitsprozessen [...] Teamfähigkeit gefordert wird. Oftmals wird es jedoch verabsäumt, die Wertevorstellungen, Lernszenarien und Instrumentarien gezielt auf eine kollektive Wissensproduktion umzustellen. Gelehrt wird damit zwar Integration und Adaption an herrschende Selektion, verlernt jedoch die kollektive Migration als Basis einer zu etablierenden Inkorporation" (Pieper 2009:58f.).

Zielt die Abforderung an die Clusterakteure auf kombinatorische Zusammenführung ihres Wissens, werden damit notwendig verbundene Handlungsmodi (in Anspielung auf das Eingangszitat und hier im doppelten Wortsinne zu verstehen) von den Clusterakteuren schlimmstenfalls gar als von oben und außen oktroyierte, zu wässernde ‚Enten' aufgefasst und von diesen entsprechend konterkariert: So werden sich die Clusterakteure nur bereit erklären, ihr Wissen und ihre Erfahrungen mit dem Kollektiv zu teilen und gemeinsam neue Wissensräume zu erschließen, wenn sie die im Cluster geforderten Pro-Aktionen mit einer (er)fassbaren Er- und Einträglichkeit für sich selbst motivieren und dies zudem logisch damit verknüpfen können, dass dieser Pro-Bono *ausschließlich* über kol-

---

368 Sowohl die Mutmaßung, dass solch komplexe Integrationsprozesse wie sie Clusterakteuren aktuell abverlangt werden, von diesen ohne das Einwerben spezifischer Kompetenz auch zweifelsfrei umgesetzt werden können als auch die Annahme eines vom Kollektiv zu seiner eigenen Stützung stets angestrebten sozialen Gemeinsinns, der sich auf die weitverbreitete Schönwetter-Formel ‚alle müssen zusammenarbeiten, dann wird alles gut, wenn sie all ihr Wissen teilen, wird alles besser' gründet, sind per se gut gemeint. In ihrer (Markt-)Wirklichkeitsfremdheit zielen sie allerdings zuweilen massiv an der Realität vorbei und könnten sich im Rahmen eines absehbaren Kampfes um die Wettbewerbsrelais zwischen jenen, am Cluster zu beteiligenden Organisationen als folgenschwere Fehleinschätzungen erweisen.

lektive Wissensbündelung und einen damit zu verbindenden Lern- und Erkenntnisprozess zu erlangen ist. Dementsprechend bleiben bloße Appelle bezüglich einer unabwendbaren Notwendigkeit zur solidarischen Zusammenarbeit mithin wirkungs- und folgenlos, wenn sich den Akteuren ein damit verbundener ihnen zuzueignender Pro-Bono nicht erschließt oder aber ein eigenmotiviertes Ziel mittels solidarischer Zusammenarbeit und wechselseitiger Wissensteilung als uneinlösbar erscheint. Denn, wie bereits Scholz (2002:114) hervorhebt, seien auch Kooperationspartner „keine Altruisten, die aus Menschenfreundlichkeit kooperieren. Jeder Partner ist ein ebensolcher Opportunist wie man selbst" (ebd.).

Aktuell sind die den Clusterakteuren abverlangten Kooperationserfordernisse für diese jedoch nicht nur mit enormen Herausforderungen verbunden und mit Zweifeln bezüglich der Erlangung eines ihnen selbst zugute kommenden Pro-Bono besetzt. Die Überwindung der zuhauf re-zitierten Devise „Wissen ist Macht" (Bacon) ist vielmehr mit massiven unternehmerischen Risiken behaftet [369] und an neue herausfordernde Akteursrollen gekoppelt. Ein Konglomerat dieser Problemkomplexe reproduziert und verstärkt sich auf Clusterebene in Bezug auf die Doppelpostur [370] bzw. Parallelformation der Akteure in Cluster *und* Organisation. [371] Dieses auf der Handlungsebene zunächst liminale und nicht koinzidierbare Placement, fordert den Akteuren nicht nur eine permanente Grenzüberschreitung, sondern auch eine stetige Vermittlungsleistung, permanente Rückkoppelungsschleifen und multifokale Wahrnehmungsleistungen ab, welche zunächst der Lösung

---

369 Vgl. hier z. B. den kritischen Blick auf Vernetzungen von Scholz: „Unternehmerisches Handeln ist geprägt von Angst vor Kontrollverlust. Gleichgültig, wohin man schaut: Ob Banken oder Computerfirmen, ob Automobilhersteller, Fluglinie oder Bäckerei – in jeder Branche wurden Netzwerk-Kooperationen ausschließlich als ein Zwischenschritt zur Übernahme gesehen. Fast immer stellte sich die Frage, welcher Partner wie schnell groß genug sein würde, den anderen zu übernehmen" (Ders. 2002:113f.), so das kritische Credo des Autoren. Dies trifft insbesondere junge Firmen und KMU, sodenn sie über ein ausnehmend wettbewerbsrelevantes Alleinstellungsmerkmal verfügen, aufgrund etwaiger finanzieller Engpässe jedoch Anteile dessen verkaufen müssen, die von den ‚Großen' nachgerade geschluckt werden, zuweilen auch um diese bewusst versanden zu lassen und damit die Marktfähigkeit der Konkurrenz zu minimieren.

370 Die hier aufgespannte Problematik wird von Windeler (2001) im Rahmen seiner Untersuchungen zu „Unternehmungsnetzwerke[n]" (so auch der Titel seines Werkes) mit der Konzeption des „doppelte[n] Handlungsrahmen[s]" (Ders. 2001:194f.) eingefasst.

371 Hier bestehen nunmehr zahlreiche Verbindungen zu Beiträgen der Organisations-, Kultur- und Netzwerkforschung. Vgl. insbesondere die Ausführungen in Bezug auf eine spannungsgeladene Mehrfachbindung der Akteure in strategischen Netzwerken durch Ellrich/Funken/Meister (2001): „Alle Beteiligten müssen sich nicht nur an Erfolgs- und Loyalitätskriterien ihrer jeweiligen Heimatunternehmung, sondern auch an Gedeihen und Fortbestand des Gesamtnetzwerkes orientieren" (Ellrich/Funken/Meister 2001:192). Vgl. zudem das Konstrukt des „Relais" bei Crozier/Friedberg (1979) und die Aufnahme und Erweiterung dieses Konstruktes bei Pankoke (2004) sowie die Einfassung von Fremdheit und die Überwindung von Grenzen bei Pankoke (2002c).

eines ‚gordischen Knotens' gleichkommen, zumal die Interessen und Zielvorstellungen auf individueller Organisations- und übergeordneter Clusterebene durchaus divergieren und einander zuweilen ausschließen können. Es geht also um das Vermitteln und Verhandeln zwischen der eigenen Organisation und dem Cluster als an den Rändern ausfransende Umwelt, die nun selbst zu einem sozial-kulturellen Binnen-System mit neuen, ganz eigenen Eigenschaften im ökonomischen System geworden ist. (Vgl. Abb. 5) Aufgrund dieser Rollenwechsel müssen sich die Akteure als „Kontextwechsler" (Pankoke 2001a:4) hervortun und das „permanente Variieren und Changieren zwischen unterschiedlichen Erwartungsansprüchen" (ebd.) erst erlernen. Über diesen Kontextwechsel hinaus werden ihnen jedoch zusätzliche Rollen-, Positions- und Perspektivwechsel abverlangt. Diese Wechsel fordern den Akteuren zweierlei Befähigung ab: 1) die Fähigkeit, jene sich in speziellen Aktionsmustern widerspiegelnden Intentionen der Alteri situationsadäquat und kontextspezifisch zu deuten,[372] d. h. die Fähigkeit, selbsttätig Grenzen zu überschreiten und die sich gegenwärtig präsentierende Situation aus dem Blickwinkel der Alteri zu betrachten[373] und folglich 2) ‚reflexives Sehen' sowie ‚introjektives Schauen' zu perfektionieren.[374]

In diesem so wichtigen Identitäts- und Sinnbildungsprozess wird die Ausrichtung der dem Clustererfolg von der jeweiligen Organisation zugeschriebenen Stellgrößen und Wertmaßstäbe vorgezeichnet, welche wiederum grundlegend mit der Entscheidung der Organisation für oder gegen bestimmte Gestaltungspraxen und Partizipationsformen verknüpft ist. Dementsprechend ist die bloße Zuweisung von Funktionen oder auch die eigenständig forcierte Übernahme dieser – zugleich organisationale-, personale- und Cluster-Interessen verschwisternden – Mehr-Ebenen-Rolle[375] (und damit auch Mehr-Raum-Rolle) noch keineswegs ein

---

372   Vgl. zu diesem Themenkomplex eingehend die Ausführungen von Tomasello (2002).

373   Hier erweitert sich die eingangs beschriebene Notwendigkeit der Öffnung des Akteurs um eine zusätzliche Dimension: So erfahre laut Pankoke (1995:31) das ‚Wirkliche' „seinen Sinn erst im Horizont der vielen Möglichkeiten, die wir im Hintergrund ihrer Verwirklichung als Alternativen und Kontraste bedenken und erwägen müssen. Moderne Wirklichkeit wird also nicht mehr erlebt als selbstverständlich hinzunehmendes Sein, sondern ist zu hinterfragen und so auch zu verantworten in ihrem bewußt erlebten und zumeist auch bewußt entschiedenen Sinn. Sinn verweist in soziologischer Betrachtung auf die bewußte Selektivität des Wählens und Entscheidens im Horizont aller möglichen Optionen, Kontraste und Alternativen" (Pankoke 1995:31).

374   Reflexives Sehen wird erforderlich, um „eine von Machtstrukturen durchzogene Praxis des ‚Othering'" (Reuter 2001:252) zu vermeiden, „die sich in Formen des ‚Be-Zeugens', ‚Herab-Schauens' und ‚Über-Sehens' materialisiert" (ebd.) und die Erzeugung von Fremdheit als Konstruktion entlarvt. (Vgl. ebd.) Introjektives Schauen wird erforderlich, um die Verbindung der Geisteszustände des Intuitiven und des Rationalen zu verbinden, die sich im Zuge der Überwindung zunehmender Überkomplexität wechselseitig stützen und ergänzen müssen.

375   Dabei lässt sich diese Rolle analogistisch auch als Sinn(es)system eines Gleichgewichtsorganes fassen, da die Akteure durch permanente Kupplung und Kopplung ein mentales Gleichgewicht

Garant für deren erfolgreiche Ausübung und durchgängige Abwicklung. Diese umwälzende Mehr-Ebenen-Rolle fordert den Akteuren in Clustern vielmehr die permanente Berücksichtigung und Balancierung von ‚Perzeption' und ‚Rezeption' ab und mündet daher in die zukünftig (auch marktwirtschaftlich) äußerst relevante, jedoch vollkommen neuartige – und aufgrund jener ihr erstmalig abgeforderten Kompetenz konsequent zu qualifizierende – Akteursfigur des ‚Interzeptors'.[376]

Thematisiert man derartige Wissenskonstellationen, Vermittlungserfordernisse und damit einhergehende Verhaltenserwartungen, stellen sich zugleich auch Stellungs-, Verantwortungs- und Vertrauensfragen.[377] Insbesondere Vertrauen scheint gegenwärtig als bahnbrechende und wegweisende Lösungsformel für zahlreiche Problematiken herhalten zu müssen. Obschon der Ruf nach Vertrauen und das vermeintliche Echo allgegenwärtig ist, ließe sich die Reichweite von Vertrauen in Clustern laut Wrobel (2008) dergestalt einschränken, dass „Vertrauen unter Umständen keine notwendige Voraussetzung zum Austausch von implizitem Wissen (als zentralem Inhalt von Kooperationsbeziehungen) ist" (Ders. 2008:99). Wrobel stellt jedoch nicht nur die Reichweite von Vertrauen für den wechselseitigen Austausch von implizitem Wissen in Frage, sondern er schränkt auch die Bedeutsamkeit „wiederkehrende[r] Transaktionsbeziehungen" (Ders. 2008:90) als im Erleben und Agieren seitens der Akteure erforderlich eingeschätzter Richtschnur und Stellgröße zum Aufbau einer „Vertrauensbasis" (ebd.) erheblich ein: Laut Wrobel

---

der Verbindung (Corps-Geist) herstellen müssen. Vgl. zu obigem Themenkomplex auch die von Ellrich/Funken/Meister (2001:192) herausgestellten Herausforderungen bezüglich der Mehrfachbindung von Netzwerkakteuren.

376 Analogistisch ist die vermutlich erstmalig in der Dentalmedizin aufgetretene und dort beheimatete Verwendung dieses Begriffes auch auf Clusterkontexte abstrahierbar: In der Dentalmedizin bezeichnet der sog. ‚Interzeptor' eine Bissschiene, die das ‚malmende' Zusammenpressen des Kiefers respektive das ‚Zähneknirschen' verhindern bzw. verringern soll, damit als ein ‚zwischengeschaltetes Organum' zur Kieferentspannung und -entlastung beiträgt und weiteren Negativfolgen vorbeugt. Überträgt man dies auf Cluster, wäre der Interzeptor auch dort als eine Art präventive Abfederung etwaig verhärteter Fronten zu verstehen, die sich durch frontale ‚Zusammenstöße' zwischen Clustererfordernissen und Organisationsinteressen ergeben. Damit trägt der Akteur, welcher die Interessen von Cluster und eigener Organisation als Interzeptor wechselseitig zurückspiegelt, ‚in persona' dazu bei, etwaigen Konflikten vorzubeugen, die sich – ebenso wie im Dentalbereich – darauf gründen, dass jener abfedernde Schutzraum nicht mehr in ausreichendem Maße vorhanden ist und dies zu schwerwiegenden „Klirreffekte[n]" (Pieper 2007a) führen könnte. Diesen Schutzraum wieder aufzuspannen und sich evtl. verhärtende Fronten in ihren an die jeweilige Gegenseite gerichteten, oft unhaltbaren Ansprüchen und nicht umsetzbaren Forderungen konstruktiv zu irritieren, wird zukünftige Aufgabe der in Clustern – als präventive wirkende Organa – agierenden ‚Interzeptoren' sein.

377 Sowohl zur Kategorie ‚Vertrauen' im Allgemein sowie zu Vorbedingungen und Störgrößen in Bezug auf die Bereitstellung und Weitergabe relevanten Wissens wurde insbesondere im Zusammenhang mit der Genese und Entwicklung von Netzwerken bereits umfänglich geforscht. Vgl. mit zusätzlichem Schwerpunkt auf die Relevanz von Misstrauen in strategischen Netzwerken jedoch tiefergehend insbesondere Ellrich/Funken/Meister (2001).

(2008:90, im Rekurs auf die Ergebnisse von Giuliani 2005:13)[378] „scheint es für die Betriebe unerheblich, ob sie zu den angestrebten Kooperationspartnern zuvor über wiederkehrende Transaktionsbeziehungen eine Vertrauensbasis aufgebaut haben oder nicht. Vielmehr steht die fachliche Reputation des potenziellen Partners, mit anderen Worten, das Vertrauen darin, dass er bei der Lösung der eigenen Probleme helfen kann, bei der Suche im Vordergrund" (Wrobel 2008:90, im Rekurs auf die Ergebnisse von Giuliani 2005:13).[379]

Diese Herangehensweise mag für einfach gelagerte und hinsichtlich der Anzahl der Partner überschaubarere Transaktionsbeziehungen sicherlich ein durchaus gangbarer Weg sein. In Clustern führt diese Herangehensweise jedoch zu einer, den Clustererfolg nicht unwesentlich erschwerenden und diesen ebenso verzögernden Problematik. Beratungserfahrungen zeigen bspw. dass die Führungsspitzen vieler in Cluster eingefassten Organisationen oftmals keinen erweiterten Einblick in die Motive und Motivationen ihrer ‚Mitstreiter' besitzen. Obschon Teil eines

---

378   Wrobel (2008) bezieht sich hier auf: Giuliani, Elisa (2005): The structure of cluster knowledge networks: uneven and selective, not pervasive and collective. DRUID Working Papers 05/11
379   Dies beruhe laut Wrobel (2008) auf folgenden Erkenntnissen: Unternehmen „suchen [...] gezielt nach strategischen Partnern für gemeinsame fachspezifische Weiterentwicklungen. [...] Dabei ist die räumliche Nähe zu Partnern bzw. ein Vertrauensfundament aufgrund bestehender Transaktionsbeziehungen sicherlich hilfreich, jedoch keine notwendige Voraussetzung. Offenbar sind Betriebe durchaus bereit, das Risiko eines möglicherweise opportunistischen Verhaltens des Kooperationspartners zu tragen, solange sie ihm aufgrund seiner Problemlösungskompetenz Vertrauen entgegenbringen, also die eigenen Vorteile aus einer solchen Beziehung stärker gewichten als die möglichen Nachteile" (ebd.:91, im Rückgriff auf Coleman 1990:104). Das Platzieren von Vertrauen in Krisenlagen wird insbesondere von Coleman als unhintergehbare Notwendigkeit, aber auch als eine auf das Ziel der Überwindung der Notlage hin ausgerichtete ‚Selbstverständlichkeit' geschildert: „The most extreme case of a need to place trust is that of a person in a desperate situation from which he cannot extricate himself without help. If he is offered help by another, it is rational for him to accept it, even if he believes the chance is near zero that the other will in fact help him. This is true simply because he has nothing to lose [...]" (Coleman 1990:107). Unzweifelhaft lässt sich dies nicht nur auf Personen, sondern gleichwohl auf Organisationen applizieren. Fraglich ist hier allerdings, ob und inwieweit sich diese Unterstützungsnotwendigkeit mangels Alternativen, bzw. ein rationales Hoffen auf Unterstützung valide durch den Begriff und das Bedeutungsgebäude des ‚Vertrauens' auslegen und einfassen lässt oder nicht weit eher ein Erkennen des ausweglosen Situationspotentiales und ein ‚Sich-Ausliefern' an extern tragende Faktoren bedeutet, da ein solches Verhalten, wie Coleman verdeutlicht, durch die Hoffnung auf Hilfeleistung motiviert sei. (Vgl. ebd.) M.E. n. kann selbiger Umstand hier bestenfalls als ein ‚Be-trauen' mit der Hilfeleistung, d.h. im besten Falle als ein ‚An-Vertrauen' weiterer Schritte zur erhofften Minimierung der Krisenlage ausgelegt werden, nicht jedoch, im Sinne eines vorweg (mehr oder minder) bewusst vorgenommenen Platzierens von Vertrauen. Eine tiefergehende Bearbeitung jener, sich an diese Problemkomplexe anschließenden Spezialfragen zu Placement und Genese von Vertrauen würde an dieser Stelle die Einsäumung der Thematik sprengen. Siehe zu einem tiefgehenden Einblick in Formen und Typen des Vertrauens sowie in Modi und Phasen der Vertrauensgenese jedoch ausführlich Ellrich/Funken/Meister (2001).

systemisch übergeordneten ‚Summariums der Kräfte' können die Führungsspitzen, die in (Re-)Präsentation ihrer Organisationen im Cluster als Mandatsträger und damit unisono als Wirk-Wechsel-Enabler antreten, damit mitunter weder ihre eigenen mit der Clusterzugehörigkeit verbundenen Rechte und Pflichten, noch Fremdrollen und etwaige Besonderheiten der anderen Akteure antizipieren. Dies führt wiederum dazu, dass Kooperationspotentiale von den eingebundenen Organisationen nicht immer zügig genug erkannt und in wechselseitig nutzbringende Maßnahmen einbezogen werden können.[380] Doch auch jene durchgängige Offenheit, die den Organisationen im Zuge der Clusterbildung und -entwicklung abgefordert wird, evoziert mitunter zahlreiche rechtliche Fragestellungen, die ihrerseits Vertrauensproblematiken befördern.

Dies ist zum einen der Umgang mit Patenten, der erst allmählich in die Sphäre qualitativer Kontrolle eintritt. Es ist jedoch nicht primär der unternehmerische Umgang mit ‚Assets' (hier verstanden als Kompetenzfeld oder Kompetenzbereich), der sich in Bezug auf die Zielfindung von Clustern gegenwärtig derart problematisch gestaltet, wie oftmals angenommen wird: Im Rahmen der Clusterberatung wird vielmehr offenkundig[381] „dass die im Cluster eingebundenen Unternehmen ihre Partner, aber auch vermeintliche Konkurrenten bereits im Vorfeld der Vertragsgestaltung mit Hilfe der modernen Medien genauestens analysiert haben. Firmeninterna werden so gut wie gar nicht thematisiert, da es ja im Zielfindungsprozess vorrangig um die ‚Was Frage' geht. Also ‚was' der Betrieb oder die Firma einbringen und zur Verfügung stellen kann. Vertrauen und Vertraulichkeit müssen dann über die anfänglich unverbindliche Zusammenarbeit verbindlich aufgebaut werden" (Pieper 2009:60).

Im Gegensatz zum obig beschriebenen, in rechtlicher Hinsicht aktuell als problematisch eingestuften Transfer von Ressourcen und Assets, situiert sich eine keineswegs minder brisante rechtliche Problematik – welche gegenwärtig nunmehr jedoch *unmittelbare* Herausforderungen in sich birgt – oftmals an anderer Stelle. Diese wurde in die Untersuchungen zu Erfolgsbedingungen der Clusterbildung bislang allenfalls marginal einbezogen und bezieht sich auf die Herausbildung von juristischen Personen; vulgo den Umgang mit Rechtsformen und der ihnen zugrundeliegenden Rechtsnormen: Denn in diesem Feld wird jenen am Cluster zu beteiligenden Unternehmen eine doppelte – sich in Bezug auf den Umgang mit rechtlichen Aspekten scheinbar konträre – Ausrichtung abverlangt: Im Zuge einer allgemeinen organisationalen Öffnung „sind rechtliche oder funk-

---

380 Dies stützt sich auf Basis von Erfahrungen im Bereich externer Beratungsaktivitäten des CCCM.

381 Dies stützt sich ebf. auf Basis von Erfahrungen im Bereich externer Beratungsaktivitäten des CCCM.

tionale Formen der Abgrenzung bzw. Identitätsbildung von Unternehmen immer weniger angemessen", so Rehfeld (1999a:57). Eine solche Öffnung wird selbstverständlich auch jenen in den Cluster eingefassten Organisationen abgefordert und stellt diese auf Organisationsebene ohnehin vor polyvalente Herausforderungen. In Bezug auf die rechtlichen Aspekte der von Rehfeld oben geschilderten Öffnungsnotwendigkeit verkehrt sich dies im Zuge der Etablierung von Clustern und Clusterinitiativen jedoch ins Gegenteil, weshalb hier wiederum ein konträrer Problemhorizont aufzuspannen ist. Denn: Im Prozess ihrer Entwicklung „haben Clusterinitiativen ganz eigene Gründungsschwierigkeiten zu bewältigen. Dies sind Schwierigkeiten bei der Findung einer geeigneten Rechtsform zur Legitimation als rechtsfähige Körperschaft, sowie mangelnde Erfahrung in der Ausgestaltung von Verträgen. Im Klartext – Absichtserklärungen mit dem Wunsch und Willen, einen Vertrag abzuschließen, werden oft mit einem Vorvertrag verwechselt, welcher die Leistungen bereits inhaltlich fixiert und erst im folgenden Hauptvertrag die vereinbarten Rechte und Pflichten definiert. Clusterinitiativen, welche im ‚Frühstadium' der Clusterbildung von Rechten und Pflichten der Parteien sprechen, aber selbst noch nicht die Rechtsfähigkeit erlangt haben bzw. ihre Rechtsform aufgrund von ‚Versteuerungsproblematiken' im Prozess ändern, verlieren zusehends an Zuspruch, Unterstützung und letztendlich an Glaubwürdigkeit" (Pieper 2009:60). In diesem speziellen Fall gilt es also, die organisationale Ebene eindeutig von der Cluster-Ebene zu trennen.

Zusammengenommen evozieren diese Problemkomplexe die Anschlussfrage, wie es durch Lernprozesse gelingen kann, jene den Clusterakteuren abgeforderte Offenheit über *reelle und realisierbare* Inklusionsoptionen und Partizipationsformen zu gewährleisten?

7.3 Kaskadierendes Lernen: Zur Integration und Partizipation vielstimmiger Kräfte

Im Folgenden soll es nicht um eine Erhebung der Tragfähigkeit spezifischer Clusterinstrumente[382] zur Findung einer Wegformel für einen allgemeingültigen Clustererfolg gehen, sondern um die kritische Auseinandersetzung mit grundlegenden Annahmen und Beweggründen von Lernprozessen in Clustern. Dieser Diskurs muss solchermaßen geführt werden, dass er sowohl soziale und kulturelle Fragen der Integration und Partizipation der Akteure thematisiert als auch das Clusterverständnis hinsichtlich des Verstehens und Anwendens lerntheoretischer Zu-

---

382 Zu ökonomisch ausgerichteten Instrumentarien und zu Instrumenten, welche Austausch und Kommunikation in Clustern befördern (können) vgl. bspw. Hartmann (2008:125f.).

sammenhänge konkretisiert. Diesbezüglich werde ich im Verlauf den – in Bezug auf Erfolg und Tragweite seiner aktuellen Auswirkungen und Realisierungen – zumeist optimistisch ausgelegten Clusterentwicklungsprozess kritisch hinterfragen und diesen um den Versuch der Offenlegung und Identifizierung potentieller Störgrößen ergänzen.

Um den hier zu verfolgenden Problemhorizont aufzuspannen, möchte ich mit einer von Oleg Cernavin vorgenommenen Einschätzung der Innovationsfähigkeit von Clustern sowie einer von ihm stammenden Clusterdefinition beginnen. Hören wir dazu zunächst in dessen Originalton hinein: „Viele vorhandene[...] Studien zu[...] Innovationsprozessen lassen [...] den Schluss zu, dass die *Wahrscheinlichkeit für Wettbewerbsfähigkeit und Innovationen in regionalen Clustern höher* ist" (Cernavin 2005:50, kursive Hervorheb. im Orig.). Cernavin folgert daraus, dass „Innovations- und Lernprozesse [...] offensichtlich eher aus einem funktionierenden Gesamtsystem [entstehen, B. P.], das die sozialen und humanen Ressourcen aktiviert sowie aus der Qualität des Zusammenspiels der vorhandenen Produktions- und Leistungsfaktoren in regionalen Clustern" (Cernavin 2005:50f.).

Zieht man ein logisches Ergo aus dieser Aussage, ließe sich zunächst folgern, dass regionale Cluster bereits hervorragend funktionierende Gesamtsysteme wären, welche soziale Kapitalien und humane Ressourcen gekonnt zu verbinden und zu aktivieren wüssten und sich durch qualitativ hochwertige Verbindungen aller den Entwicklungsprozess befördernden Faktoren auszeichneten. Ganz ähnlich lagert sich auch die von Cernavin vorgeschlagene Clusterdefinition: „Ein regionales Cluster *ist* ein dynamischer selbstgesteuerter Prozess der eine Vielfalt von eigenständigen Akteuren in einem ähnlichen Handlungsbereich lose gekoppelt zusammenfügt. Cluster *sind* extrem dynamische soziale Systeme. Durch die Vielfalt der formellen und informellen Beziehungen sowie der expliziten und impliziten Kommunikationswege von Akteuren, die sich zum Teil nicht kennen und teilweise Konkurrenten sind, ist das lose gekoppelte soziale Clustersystem in einem ständigen dynamischen Entwicklungsprozess" (Cernavin 2005:49f., kursive Hervorhebung und Fettschrift B. P.).

Worum es mir im Folgenden gehen wird – und dies möchte ich gleich vorweg schicken – ist mitnichten eine Kritik an Cernavin, dessen Zugriffen oder obiger Definition selbst. Wohl aber ist es eine Kritik an jener aktuell offensichtlich vorherrschenden, in ihren Verbrückungen jedoch zumeist nur marginal explizierten und offenbar fraglos hinzunehmenden Verknüpfung der bedeutungstragenden Elemente ‚regionales Cluster – soziales System – Vielfalt – selbstgesteuerter Prozess'. Diese Verbrückung wird im Gefolge obiger beispielhafter Clusterkonzeption nicht als eine Konstruktion, sondern oftmals als bereits evidente Tatsache dargestellt. In diesem Zuge wird Clustern eine soziale, kulturelle und humanistische Ausrichtung zugesprochen, die sich in der Praxis bereits erfolgreich bewährt habe und deren innovationsförderliche Eigenschaften sich längst vollends an den Cluster gebunden und diesen zu einem neuartigen Verbindungsmedium heterogener Kräfte ausgebildet hätten.

Um dies noch einmal zu wiederholen, fälle ich hier *kein* Urteil über die Bedeutsamkeit dieser Elemente für den Erfolg oder das Bestehen eines Clusters, da ich insbesondere Cernavin in Bezug auf die notwendige Ausrichtung und Gestaltung von Clustern – wie man an meiner Ausrichtung der LuW-Cluster unschwer erkennt – nahezu uneingeschränkt zustimme. Was mich allerdings von ihm unterscheidet, ist, dass ich diese Ausrichtung von Clustern als eine *zukünftige* und damit noch *nicht realisierte*, sondern *wünschbare* und in Zukunft *notwendig werdende* verstehe. Doch auch Cernavin – und dies schränkt meine Kritik nun erheblich ein – konturiert Förderungskriterien für regionale Cluster, stellt die Trag- und Reichweite staatlicher Steuerung in Frage und lässt die Ausgestaltung neuer Arbeitsprozesse und -formen sowie die spezifische Gestaltung förderlicher Kontextbedingungen nicht unberücksichtigt. (Vgl. Ders. 2005)

Dementsprechend verstehe ich Cernavins Ausführungen hinsichtlich ihrer Notwendigkeit und Umsetzbarkeit weder als unrealistisch noch als unrealisierbar. Ich nutze seine Definition hier vielmehr als *ein* Paradebeispiel aus der Fülle vorrangig euphemistischer und nahezu durchweg positiver Darstellungen, um deren Inhalte vor dem Hintergrund aktueller Verhältnisse in ihrer verlauteten *Gegenwärtigkeit* als unzutreffend einzustufen. Dies erfolgt wiederum *nicht* mit dem Ziel, die Bedeutsamkeit der Konzeptionen auf inhaltlicher Ebene oder deren Wünschbarkeit zu kritisieren, sondern die aus diesen Diskursen resultierenden folgenschweren Auswirkungen auf Clusterdiskurse und Clusterobjekte sichtbar machen zu können. Denn: Diese ergeben sich m. E. n. *gerade* auf Basis der Suggestivkraft jener, sich auf der Diskursebene von Clustern offenbar tief eingegrabenen und diese zuweilen fraglos beherrschenden und mitunter fragenlos gebliebenen, doch keinesfalls folgenlos bleibenden Setzungen und Bewertungen.

Selbige münden – wie es von Wolf (1997) bereits in Untersuchungen zur Dezentralisierungsproblematik weithin ausgearbeitet wurde und dieser u. a. im Rekurs auf Moldaschl/Schmierl aufzeigt – vielmehr ebenso zwangsläufig in eine „'Ungleichzeitigkeit' neuer Leistungsanforderungen und 'alter' Leistungsbedingungen" (Moldaschl/Schmierl 1994, zit. n. Wolf 1997:218),[383] da sie eben gera-

---

383   Wolf (1997) bezieht sich hier auf: Moldaschl, Manfred/Schmierl, Klaus (1994): Fertigungsinseln und Gruppenarbeit – Durchsetzung neuer Arbeitsformen bei rechnerintegrierter Produktion, in: Moldaschl, Manfred/Schultz-Wild, R. (Hrsg.) (1994): Arbeitsorientierte Rationalisierung, Frankfurt/New York, S. 51-103

de nicht die Kontingenz und schon gar nicht die Koinzidenz berücksichtigen, die
den Clustern aufgrund ihrer Dynamik abgefordert wird. Aufgrund der besonderen
‚coopetitiven' und zu Beginn der Clustergenese zumeist dezentral angelegten Verbindung der Clusterakteure, welche Cernavin zutreffend als eine „lose Kopplung"
(vgl. Ders. 2005:49f.) beschreibt, bedarf es in Clustern zwangsläufig der Schaffung
von andersartig gelagerten Formen einer *neuen* ‚Kupplung', wie ich sie durch die
Einführung von LuW-Clustern bereits vorgezeichnet habe. Ebenso wie in dezent-
ralisierten Kontexten werden damit jedoch auch jenen, an Clustern zu beteiligenden organisationalen und personalen Akteuren anspruchsvolle Neu-Ausrichtungen
abverlangt, und „diesem geänderten Anspruch korrespondieren gerade *nicht* die
Voraussetzungen, die auf Beschäftigtenseite vorhanden sein müßten, um ihn einzulösen" (Wolf 1997:218, kursive Hervorhebung B. P.). Ebenjene oftmals problem-
behafteten Ausführungen und Auswirkungen der Dezentralisierung, die Wolf hier
beleuchtet, lassen sich auch bei der gegenwärtigen Ausrichtung von Clustern beobachten, weil entsprechende Voraussetzungen, wie insbesondere die Entwicklung
neuartiger Akteurskompetenzen, zumeist (noch) nicht als ein der eigentlichen Ins-
Werk-Setzung von Clustern vorgeschaltetes Apriori aufgefasst und erkannt werden.

Dies bedarf weiterer Klärung: Lösen wir dazu einmal die Verknüpfung ‚regionales Cluster – soziales System – Vielfalt – selbstgesteuerter Prozess' aus der
Clusterdefinition Cernavins in die Funktionen ihrer Bestandteile auf. Beginnen wir
dazu mit einer Einordnung von Clustern unter die Rubrik ‚System', da auch ich die
LuW-Cluster als ‚Supra-Systeme' bezeichnet habe, zahlreiche andere Cluster- und
Innovationsforscher dieser Begrifflichkeit offenbar immense Bedeutung zumessen[384] und der Systembegriff auf Basis des zunehmenden Wettbewerbs mit alther-
gebrachter Kraft und in neuem Gewand zu erstarken beginnt. Selbstverständlich
kann es hier nicht um die tiefgehende Untersuchung der Begrifflichkeit selbst gehen, zu der die Systemtheorie ohnehin schon weitaus differenziertere Beiträge geliefert hat, als ich sie im hier gesetzten Rahmen vorlegen könnte. Hinsichtlich der
obigen Problemstellung können wir uns jedoch bedenkenlos mit einer einfachen
Darstellung begnügen. So lesen wir bspw. bei Krieger: „Ein System besteht nicht
nur aus Elementen, die in festen Verbindungen stehen, sondern ein System besteht
auch aus *Operationen* oder *Prozessen*" (Krieger 1998:21, kursive Hervorhebung im
Orig.) und „[d]ie Organisation des Systems determiniert, wie das System *operiert*,

---

384 So schlägt bspw. Kiese vor, Cluster definitorisch als ein „Wertschöpfungs**system**" (Ders. 2008:11,
      kursive Hervorhebung im Original, Fettschrift B. P.) einzufassen. Ähnlich wie Kiese plädieren
      auch Kölling und Möslein dafür, dass Wettbewerbserfolg verstehbar wird als ein „Resultat
      der Fähigkeit eines Unternehmens, mit allen an der Wertschöpfung beteiligten Akteuren ein
      geschlossenes und abgestimmtes Wert**system** zu schaffen" (Dies. 2007:198, Fettschrift und
      kursive Hervorhebung B. P.).

das heißt, welche Prozesse das System ausführt" (Krieger 1998:21, kursive Hervorheb. im Orig.). Und weiter: „Es ist die Organisation des Systems, die das System als zusammengesetztes Ganzes zu mehr – und zugleich weniger – macht als die Summe der Teile" (ebd.:20f.). Laut Krieger würden die am System zu beteiligenden Teile „erst zu Elementen vom System durch die Systembildung" (Krieger 1998:25).

Verstehen wir einen Cluster als ein System und die an ihm zu beteiligenden Organisationen als Teile/Elemente des Systems, ergibt sich daraus folgendes: Bestand und Erfolg von Clustern gründen nicht nur auf einer wie auch immer gearteten Verbindung personaler und unternehmerischer Akteure, sondern basieren entscheidend darauf, *wie* diese miteinander operieren und interagieren. Die Ausrichtung der Gesamtorganisation des Clusters – wozu die gesamte Steuerung und Gestaltung des Clusters, wie z. B. das Cluster-Management und das Cluster-Development, aber auch die dem Cluster unterlegten und sich in ihm ausbildenden Strukturen und Kulturen zählen – determiniert die *Art und Weise* der Ausführung (und wie ich bereits an anderer Stelle in Anlehnung an Fischer-Lichte 2004 dargelegt habe, auch die *Auf*führung)[385] aller im Cluster ablaufenden Prozesse. Diese Ausrichtungen wiederum befördern oder behindern eine dem Cluster unterstellte – und in Bezug auf die Summe der Einzelleistungen der an ihm zu beteiligenden Organisationen – weitreichendere Leistung. Demzufolge ist die ‚Übersummativität' von Clustern, wie sie bspw. auch Porter (1998:81) und zahlreiche andere Autoren immer wieder hervorheben und wie Konzeptionen ‚kollektiver Intelligenz' sie mit gleichbleibender Selbstverständlichkeit immer wieder als ‚Non-Plus-Ultra' ausgeben, trotz der in Clustern vorhandenen Vielfalt nicht zwangsläufig nutzbar und sie ist auch nicht immer per se positiv, ebensowenig wie sie ausschließlich und voraussetzbar sozial ist.[386] Sollen sich Cluster zukünftig zu wert- und wissensgenerierenden und demzufolge wettbewerblich vollends wirkungsvollen Supra-Systemen entwickeln, müssen sie sich zuvorderst sowohl als ‚wertschöpfende Wissenssysteme' als auch als ‚wissensschöpfende Wertssysteme' zur Bildung von ‚Unified Knowledgeforms' verstehen. Dieses Systemverständnis setzt wiederum ein Accompagnement von ökonomischen und sozialen Interventionen voraus. Womit wir bei Begrifflichkeit und Bedeutungsgebäuden des ‚Sozialen' ankommen.

Das Soziale wird in aktuellen Diskursen oftmals mit einer dem Individuum unterstellten Gemeinschaftsfähigkeit[387] und Solidarität konnotiert und vor dem

---

385 Die Konzeption der Aufführung beinhaltet hier selbstverständlich nicht nur organisationale, sondern auch personale Inszenierungsformen.

386 Wenn diese Vielfalt nicht entsprechend gefördert wird, so ließe sich hier kritisch versinnbildlichen, dürfte es statt zu kognitiven ‚Auffahrunfällen' zu mentalen ‚Massenkarambolagen' kommen.

387 Gemeinschaftsfähigkeit kann (hier auf eine Individualebene und auf einen Clusterkontext appliziert) als Fähigkeit eines Clusterakteurs bezeichnet werden, mit anderen Clusterakteuren mehr

Hintergrund einer dem Individuum unterstellten Neigung und Bereitschaft zur Gruppenbildung erklärt. (Vgl. Bertelsmann Stiftung/Bertelsmann Forschungsgruppe Politik 2002:37) Bei dieser nahezu synonymischen Gleichsetzung von Sozialität und Solidarität wird m. A. n. jedoch recht schnell vergessen, dass insbesondere Solidarität (vgl. dazu eingehend Pankoke 2008) – als eine besondere wirk-wechselseitige (Re)-Aktions-Form sozialer Verantwortlichkeit[388] für das sich neu formierende Kollektiv – ein für Cluster wünschbares, anzustrebendes und buchstäbliches Ziel darstellt, welches gerade in den Anfangsphasen der Clusterbildung aufgrund der ,coopetitiven' Kooperationsform jedoch bei weitem nicht als fraglos vorausgesetzt werden kann. Sowohl die Bereitschaft als auch die Fähigkeit zu Solidarität und Sozialität müssen hier vielmehr in einem komplexen Entwicklungsprozess erst generiert und daher über spezielle Vermittlungen fortwährend gestützt und gestärkt werden. Auch die Abrufbarkeit und Nutzbarkeit des sozialen Wissens generiert sich während dieses Entwicklungsvorganges erst allmählich über die Prozesse sozialen Lernens. Die Einforderungen von Solidarität und Sozialität in den Cluster setzen also zuvorderst Prozesse eines permanent zu stabilisierenden ,sozialen Lernens' und ,sozialen Wissens' der in den Cluster eingebundenen bzw. einzubindenden Akteure voraus.

Das Begriffs- und Bedeutungsgebäude des sozialen Wissens erfolgt hier in Anlehnung an die Auslegung von Haase. Laut Haase (2004) inkludiere ,soziales Wissen' „Wissen aus verschiedenen Quellen, das der Einzelne benötigt, um im sozialen Kontext zu interagieren. Es kann sich niemals nur um das Wissen eines Einzelnen handeln, sondern es muss zugleich das Wissen wenigstens derjenigen sein, die zusammen den Kontext bilden oder Teil desselben sind" (ebd.:86f.). Für die theoretische und die praktische Einfassung von Wissen und seiner Komponenten in den Cluster bedeutet dies, dass es sich bei jenem für Cluster relevantem Wissen nicht nur um den Transfer von ,Assets' handeln kann, sondern auch um ein präkonfiguratives soziales Interaktionsvermögen, das die Akteure erst in die Lage versetzt, ihr ,Know-How' mit dem Kollektiv zu teilen. Diese Wissensform lässt sich wiederum nur über soziale Lernprozesse generieren. Nach Bechthold-Hengelhaupt (1997)

---

oder minder erfolgreiche interaktive Kommunikations- und Kooperationsprozesse einzugehen und diese auf Basis permanenter Rückkoppelungsschleifen wechselseitig auszugestalten. (Vgl. Bertelsmann Stiftung/Bertelsmann Forschungsgruppe Politik 2002:36)

388   Eine solchermaßen durch solidarisch gespeiste Impeti konstituierte Verantwortlichkeit, ließe sich in Anlehnung an die Ausführungen der Bertelsmann Stiftung/Bertelsmann Forschungsgruppe Politik als ein ausschlaggebendes Element zur Bildung, Entwicklung und Ausgestaltung sozialer Kompetenz verstehen, welches durch ein Ensemble wert-, ziel und zweckgeleiteter Interaktionen auf- und ausgebaut sowie fortgeführt wird und sich durch die stete Reflektion der Tragfähigkeit, Durchgängigkeit und Sicherung damit verbundener moralischer, ethischer und ökologischer Impeti konstituiert. (Vgl. Bertelsmann Stiftung/Bertelsmann Forschungsgruppe Politik 2002)

konfiguriere sich im Rahmen sozialer Lernprozesse das Soziale gleichsam sowohl zu einem Subjekt als auch zu einem Inhalt des Lernens: es werde zum einen soziales Handeln und Verhalten erlernt, zum anderen werde die Art und Weise des Lernens selbst thematisch fokussiert und die damit verbundenen Prozesse, Praxen und Problematiken werden entsprechend reflektiert. (Vgl. Bechthold-Hengelhaupt 1997). Laut Czerwenka hebe soziales Lernen „methodisch auf den umfassenden Vorgang menschlichen Lernens, inhaltlich auf das menschliche Zusammenleben" (Czerwenka 2000:655) ab. Ziele des sozialen Lernens seien „de[r] Erwerb von Handlungskompetenzen für soziale Situationen und […] Fähigkeiten sozialer Resonanz, wie Verständnis und Einfühlungsvermögen. Im Zuge einer zunehmenden gesellschaftlichen Bedeutung von Subjektivität werden als Ziele aber auch Selbstkompetenz und Sensibilität für die eigene soziale Lage betont" (Czerwenka 2000:656).

Auf die Programmatik von Lern- und Wissensclustern appliziert, lässt sich soziales Lernen damit als performativer Interaktions- und Vermittlungsmodus verstehen, der selbstredend mehr umfasst, als die Imitation und Aneignung vorgezeichneter Verhaltensmuster. Das Fundament gründet vielmehr auf dem Auf- und Ausbau von eigenständiger, (selbst)reflexiver und integrativer Wahrnehmungs-, Beurteilungs- und Übersetzungsfähigkeit. Damit verbinden sich die multilfokalen Meta-Dimensionen neuer (Selbst-)Steuerungs- und (Selbst-)Organisationsformen im Hinblick auf (selbst)initiierte und eigenständig forcierte, prospektive Veränderungsleistungen. Diese Art des Lernens wurzelt auf einem sozialen, synergetischen und konstruktivistischen Wissensbegriff. An dieser Stelle wird dem Leser nunmehr deutlich, weshalb ich in dieser Arbeit bereits verstärkt auf diese spezifischen Wissensformen und -verständnisse sowie damit einhergehende Antezedenzbedingungen abgehoben habe. Bei einer Ausgestaltung jener auf diesen speziellen Verständnissen beruhenden Wissensformation, die im Cluster aufgrund seiner Logiken zudem neuartige inter- und transdisziplinäre Accompagnements einfordert, muss den Clusterakteuren die Option geboten werden, nicht nur umformend und ausgestaltend in ihrem Einsatzbereich ‚mitzumischen', sondern es gilt individuelle und kollektive Identitäts- und Sinnbildung zu verschmelzen und in ein Gleichgewicht zu setzen. Hier schließt sich der Kreis, denn wie Cernavin an anderer Stelle sehr zutreffend betont, generierten sich auch jene, für Cluster essentielle Faktoren wie z. B. „Vertrauen und Wertschätzung […] nur, wenn alle Beteiligten tatsächlich einen ernsthaften Beitrag zum Ganzen liefern können. Vertrauen und Wertschätzung sind nur über Beteiligung an der Sache zu erreichen" (Cernavin 2007:59). Folgen wir der Darlegung von Cernavin daher weiter: „Wenn es gelingt, die zur Verfügung stehenden sozialen Ressourcen zu aktivieren, entwickelt sich eine soziale Dynamik, welche die spezifische Leistungsfähigkeit und die Leistungsbereitschaft der Wissensarbeiterinnen und -arbeiter mir [sic!] ihren Schlüsselkompetenzen fördert. Diese soziale Dynamik ermöglicht und fördert ihre Fähigkeit, selbstreguliert und selbstorganisiert in den betrieblichen Wertschöpfungsprozessen entscheiden und handeln zu können" (Cernavin 2007:53). Daraus ließe sich laut Cernavin die Tendenz ableiten, „dass die Aktivierung der *humanen* Ressourcen nur in einem systemischen Prozess mit der Aktivierung der *sozialen* Ressourcen nachhaltig möglich ist" (ebd., kursive Hervorhebung im Orig.).

An dieser Stelle stimme ich Cernavin insofern zu, als dass auch ich die Aktivierung dieser Sozial- und Humanressourcen als für den Clustererfolg notwendig erachte, ebenso wie ich ‚Selbstorganisation' als die für Cluster mithin erfolgsversprechendste Steuerungsform einstufe, so denn sie – und hier verortet sich wiederum die Crux – eine *reelle* ist. Denn: Obschon „[s]elbstgesteuertes Lernen […] kein exakter, operationalisierbarer Begriff, sondern eine Metapher [ist, B. P.], die Interpretationsvarianten zulässt und Interpretationsfantasie freisetzt" (Siebert 2001:27), bauen auch die gegenwärtigen Ausrichtungen unternehmerischer Selbstorganisation – wie Wolf (1997) bereits anhand der Ausrichtung von Dezentralisierungsformen kritisch herausgearbeitet hat – zumeist *nicht* auf derart selbstständigen Willensentscheidungen und autarken ideologischen Ausrichtungen der Akteure auf, wie es der Begriff auf den ersten Blick impliziert. (Vgl. ebd.) Um diese Aussage zu verdeutlichen, verwende ich den Begriff der Selbstorganisation im Folgenden nicht als eine „Analogie zu natürlichen Phänomenen spontaner Ordnungsbildung" (Wolf 1997:210). Ich fasse ihn hier vielmehr, wie bereits Pongratz und Voß, als „selbstbestimmte Gestaltung der eigenen Handlungsbedingungen durch die Mitglieder eines Systems" (Pongratz/Voß 1997:34, zit. n. Wolf 1997:211),[389] denn „[i]m Gegensatz zur blinden naturwüchsigen Selbstorganisation durch die Konkurrenzmechanismen des Marktes wird in dieser Bedeutungsvariante ein bewußter, demokratischer Willensbildungsprozeß unterstellt" (Wolf 1997:211). Vor dem Hintergrund derartiger Aspekte „verweist der Terminus auf den ‚politischen' Vorstellungskomplex der *direkten Partizipation*" (Wolf 1997:211, kursive Hervorhebung im Original), so Wolf.

Eine solchermaßen unmittelbare Partizipation wäre auch für die Beteiligung der Akteure an einem Cluster ebenso erstrebenswert wie notwendig, da diese Akteure den Cluster als konstitutive Elemente erst zu einem sich organisierenden System formieren und ihn durch ihre Kompetenzen und kreativen Eingaben überhaupt erst zu einem realistischen und zukunftsweisenden Summarium der

---

389 Hier bezieht sich Wolf (1997) auf: Pongratz, Hans J./Voß, G. Günter (1997): Fremdorganisierte Selbstorganisation. Eine soziologische Diskussion aktueller Managementkonzepte, in: Zeitschrift für Personalforschung 7, S.30-53

Kräfte auszubilden vermögen. Allerdings merkt Wolf (1997:211) kritisch an, dass Konzeptionen, Ausrichtungen und Umsetzungen von Selbstorganisation gegenwärtig primär als „Partizipation an der ökonomischen ‚Optimierung' des eigenen Arbeitssystems, also ‚Selbst-Rationalisierung'" (Ders. ebd.) verstanden würden. Zudem gehe es „immer [...] um verordnete, funktionalisierte, mit vorgegebenen Unternehmenszielen konforme Beteiligung" (ebd.), so Wolf. Dementsprechend werde „Selbst*regulation* [...] gefordert, freilich nie in Bezug auf selbstgewählte Ziele, sondern immer nur in bezug auf vorgegebene Probleme und Leistungsparameter. Kreativität soll freigesetzt werden, freilich nur bei der Suche nach Rationalisierungsmöglichkeiten und der Mithilfe bei der Schließung noch offener Poren des Arbeitstages" (ebd.:217, Fettschrift und kursive Hervorhebung B. P.).

Da das dezentrale Unternehmen laut der Einschätzung von Wolf ein bürokratisch-kapitalistisches Projekt sei (vgl. Ders. 1997:212), kritisiert er den (nicht nur) begrifflichen Problemzusammenhang einer „Instrumentalisierung der Partizipation" (Ders. 1997:218) wie folgt: „Naheliegende Formeln zur Umschreibung der zu erwartenden internen Managementprobleme des dezentralen Unternehmens könnten demnach etwa ‚zentralistische Dezentralisierung' (Moldaschl 1996) oder ‚bürokratische Entbürokratisierung' sein. Ähnliche Charakterisierungen dezentraler Arbeitsformen sind schon im Umlauf: 'fremdorganisierte Selbstorganisation' (Pongratz/Voß 1997) oder ‚gemanagte Partizipation' (Greifenstein u. a. 1993)" (Wolf 1997:212, Zitationen der aufgeführten Autoren im Original).[390]

Genannte Begrifflichkeiten konterkarieren, wie Wolf pointiert herausstellt, bereits ihrerseits die Ausprägungen und Umsetzungen einer im buchstäblichen Sinne verfolgten Selbstorganisation. (Vgl. ebd.) Dies wirft zwangsläufig die Folgefrage auf, ob es sich bei den meisten Clustern in ihrer gegenwärtigen Ausrichtung überhaupt um ‚selbstorganisierte' oder sich gar ‚selbstorganisierende' Systeme handeln kann?

Obgleich ich eine 1:1 Übertragung des obigen, konsequent provokativen Ansatzes von Wolf auch hinsichtlich einer Clustern zukünftig abzufordernden sozio-kulturellen Ausrichtung z. T. für problematisch halte, sind dessen Aussagen auch für Cluster äußerst brisant, da diese nunmehr unmittelbar in das ‚Gebiet' des Marktes eingebettet sind. Dementsprechend birgt jener gegenwärtige, in Be-

---

390   Hier bezieht sich Wolf (1997) auf: Moldaschl, Manfred (1996): Arbeitsorganisation und Leistungspolitik im Qualitätsmanagement, in: Hirsch-Kreinsen, Hartmut (Hrsg.) (1996): Qualität und Organisation. London/Berlin sowie auf: Pongratz, Hans J./Voß, G. Günter (1997): Fremdorganisierte Selbstorganisation. Eine soziologische Diskussion aktueller Managementkonzepte, in: Zeitschrift für Personalforschung 7, S.30-53 und auf: Greifenstein, Ralf/Jansen, Peter/Kißler, Leo (1993): Gemanagte Partizipation. Qualitätszirkel in der deutschen und der französischen Automobilindustrie. München und Mering: Hampp

zug auf Cluster m. E. n. zu selbstverständliche und offenbar nahezu unreflektierte Umgang mit Begriff und Bedeutungsgebäude der Selbstorganisation eine mithin selbstverschuldete Gefahr. Hier stimme ich wiederum mit Wolf (1997:212) überein: Dieser mahnt, dass der Markt keineswegs so selbstorganisiert sei, wie er scheine, „da er nie autonom, sich selbst regelnd funktionieren kann, sondern für ihn selbst unlösbare Probleme sozialer Instabilität schafft" (Wolf 1997:212) und dabei „vor allem staatliche Hilfe und Regulierung – [...] [erst, B. P.] die nötige soziale Kohäsion sichern" (ebd.) können. Folglich ist dessen gänzliche Freiheit ein zwar idealistisches, jedoch irreales (Trug- und Zerr-)Bild.[391]

Nun sollen jedoch insbesondere Cluster nicht nur ökonomische Krisen minimieren, sondern gerade als neuartige sozio-kulturelle Kohäsions- und regionale Stabilisierungsmedien fungieren, obgleich die Sicherung der sozialen Kohäsion bislang zahlreiche Eingriffe des Staates in die Sphäre des Marktes erforderte und sowohl durch vielfältigste Interventionen als auch finanzielle Injektionen (wiederum von staatlicher Seite) stabilisiert werden musste. (Vgl. auch Wolf 1997:212) Dieser externe Eingriff beschränkt sich jedoch nicht nur auf die Sicherung und Bewahrung sozialer Kohäsion durch finanzielle Injektion, sondern erfolgt – in Form einer politisch intendierten, von ökonomischer Seite im Zuge von Krisen ausgerufenen und damit aktuell zumeist artifiziell herbeigeführten Initialisierung und Inszenierung von Cluster-Konstrukten – bereits lange im Vorfeld. Dies wiederum nimmt Einfluss auf die Selbsteinschätzung der zu beteiligenden Akteure im Hinblick auf die ihnen zuerkannten Integrations- und zuzuerkennenden Partizipationsmöglichkeiten und mündet aufgrund der multifokalen Stellung dieser ‚Ausrichtungs-, (versus) ‚Adressatengruppe' zwangsläufig in die zweifelsfrei brisante Folgefrage: Was für eine Art von Leistung wird mir für wessen Cluster vor welchem Hintergrund mit welchem intendierten Ziel eigentlich *tatsächlich* abverlangt?[392]

Auch das Credo von Cernavin (2005:67) lautet, dass „[d]ie Lebendigkeit und die Dynamik der sozialen Ressourcen eines Clusters [...] gerade nur im selbstgesteuerten Prozess der Clusterakteure entstehen und lebendig gehalten werden" (ebd.) könnten und „[s]taatliche Interventionsversuche, Cluster zu bilden, [...] in der Regel fehl[schlägen, B. P.]" (Ders. 2005:67, im Rekurs auf Porter).[393] Im Vorfeld einer – für die optimale Ausschöpfung von Wissens- und Wertschöpfungsressourcen essentiellen – Schaffung von Verbindung, Verbundenheit und Verbindlichkeit,

---

391 Vgl. ähnlich bereits Wolf (1997:212, im Rekurs auf die Erkenntnisse von Polanyi).

392 Auch Wolf (1997:218) skizziert vor dem Hintergrund von Folgeproblematiken die Frage nach der Zuordnung von „welcher Leistung" zu „wessen Gruppe" (ebd.).

393 Auch Porter bezeichnete den Staat im Rahmen seines Diamantenmodells lediglich als „Beeinflusser des nationalen ‚Diamanten'" (Ders. 1991:152), nicht jedoch als eigenen Bestimmungsfaktor. (Vgl. ebd.)

welche z. B. durch Symbole unterstützt werden können, welche die Clusterakteure nicht nur miteinander, sondern auch mit dem Clustergedanken verbinden,[394] gilt es also zusätzliche Leitkodices zu berücksichtigen, die hier quasi wiederum als Antezedenzbedingungen für eine von den Akteuren gewollte Integration und deren aktive Partizipation in Clustern virulent werden. Damit die Integration heterogener Kräfte zu einer nach innen wirksamen Sin(n)fonie und demzufolge die Umbildung von individuellen ‚Intra-Versionen' zu kollektiven ‚Inter-Visionen' in Clustern überhaupt gelingen kann, ist also zunächst einmal eine, aus *Sicht der zu beteiligenden Akteure* als reell und realistisch eingeschätzte *Option* für deren Partizipation respektive Selbstorganisation zu aktivieren. Dies basiert u. a. auf der Berücksichtigung und Förderung ihrer intrinsischen Motivation, welche – auch im Zuge der den Akteuren abgeforderten Überschreitung von Grenzen[395] – nun weder vorab vorausgesetzt noch durch unterschwellig formulierte, subliminal mitschwingende Verhaltenserwartungen freigesetzt, geschweige denn per Dekret festgesetzt werden kann.

Die Unterstützung intrinsischer Motivation kann sich daher nur auf die Berücksichtigung spezifischer Manifestationen von Bedürfnissen sowie auf Nutzkalküle (Rational Choice) stützen und auf die Einbindung individueller Visionen in die Lancierung kollektiver Szenarien gründen, damit eine *(Selbst)Identifikation* der Akteure sowohl mit Fremdzielen als auch übergeordneten Zielen der Interaktionsgemeinschaft gelingt. Die kollektiven Zielvorstellungen der Interaktionsgemeinschaft müssen wiederum von allen Akteuren in ihrer Erreichbarkeit und Umsetzbarkeit als – zumindest mit gebündelter Kraft – realistisch und realisierbar eingeschätzt werden und zur Sicherung ihrer Permanenz und Durchgängigkeit supportiv unterstützt werden. Durch die Option, eine individuelle Zukunftsversion konstruktiv einzubringen und gemeinsam zu einer kollektiven Inter-Vision weiter zu entwickeln, entstehen nunmehr persönliche Einbringungsbedarfe. Daraus erst erwachsen Wunsch und Wille der Akteure, einen sowohl für die neu zu positionierende Interaktionseinheit wichtigen als auch subjektiv als sinnvoll erfassbaren und damit einen sich über alle Ebenen bewegenden durchgängig ‚anteils-eignenden' Beitrag zu leisten. Dies darf jedoch keinesfalls in eine etwaige Egalisierung und unreflektierte Gleichschaltung unterschiedlicher Interessenlagen führen. Wichtig ist dies, damit die Zusammenarbeit als eine gemeinschaft-

---

394 Vgl. zu Methoden der Schaffung einer Vertrauenskultur über kommunikative Interaktion insbesondere Cernavin (2007).

395 Auch bei der steten Proklamation der zu lösenden regionalen und ökonomischen Problematiken und dazu notwendiger organisationaler Grenzüberschreitungen darf hier nicht übersehen werden, dass auch im Cluster jedwede Begrenzungen nicht primär räumlicher, sondern sozialer Natur sind. In diesem Punkt möchte ich mich der dereinst von Simmel getätigten Aussage anschließen: „Die Grenze ist nicht eine räumliche Tatsache mit soziologischen Wirkungen, sondern eine soziologische Tatsache, die sich räumlich formt" (Simmel 1968:467).

liche Hervorbringung erfahrbar wird, die ihre Wirkungskraft allein durch die gemeinsame Nutzung interaktiver Potentiale und inter-subjektiver Perspektiven entfaltet, sodass ebendiese Hervorbringung von den Akteuren damit selbst den Charakter aber auch das weithin ausstrahlende Charisma einer vielstimmigen Wissensorchestrierung zugewiesen bekommt.

Bedeutsam wird es damit, dass sich alle beteiligten Akteure nicht nur als für den Gesamtprozess ‚wichtig', sondern hinsichtlich ihrer Vorstellungen und Bedarfe als ‚gewichtig' anerkannt fühlen.[396] Dies wiederum kann durch eine Betrachtung des Akteurs als ein sog. „autopoietisches System"[397] (vgl. Siebert 2001:39) gestützt werden. Autopoietische Systeme sind jedoch, wie auch Siebert ähnlich aufzeigt, in explizit buchstäblicher Bedeutung ‚auto-nom' und damit von ihrer Systemumwelt (hier mit Bezug auf die intentional ablaufenden Vollzugsakte auf der intraindividuellen Akteursebene) in ihren inhärent ablaufenden Prozessen nicht durch externe Injektionen indexierbar, kurz: nicht determinierbar. (Vgl. ebd.) Denn: „Denken, Lernen, Zuhören erfolgt mit bestimmten Absichten. Diese Absichten sind in einen lebensweltlichen Kontext eingebettet und deshalb individuell einmalig" (Siebert 2001:38).

Um ebenjene individuellen Uniquen in sozialen Zusammenhängen also als wegweisend interpretieren und diese konstruktiv fassen zu können, werden permanente Perspektivwechsel und die Einfassung von Diversitäts-Konstruktionen in Positiv-Konnotation (vgl. auch Siebert 2001:41 sowie ebd.:121) notwendig, um „[u]nterschiedliche Beobachtungen und Deutungen in einer Gruppe als Denkanstoß und ‚Erweiterung von Möglichkeiten' nutzen, [und, B. P.] auf Positionsbehauptungen verzichten" (Siebert 2001:121) zu können. Dazu zählt u. a. auch „[e]in Lernthema aus unterschiedlichen Perspektiven und Interessenstandpunkten betrachten, [und, B. P.] unterschiedliche Perspektiven ‚verschränken'" (Siebert 2001:121) zu können.[398] Kurz gefasst, sind Lernszenarien also dergestalt zu organisieren, dass Unvorhergesehenes, anders Wahrzunehmendes und neu zu Entdeckendes sichtbar, fassbar und nachvollziehbar werden kann. (Vgl. ebd.) Fassen wir das Credo von Horst Siebert zusammen, werden Lernen und damit einhergehende Prozesse verstehbar und erlebbar, als stets eigenständig motivierte, höchst

---

396   Diese Sichtweise fand bereits Halt und Heimat in der ‚Aufklärung', als das ‚Gut' Bildung im Sinne der Parole „Sapere aude" nicht mehr nur einem eingeschränkten, elitären Kreis zugebilligt wurde, sondern sich auf das Gros der Individuen ausweitete und zugleich das Wagnis einer Veränderung der Sicht auf das Lernen selbst einschloss.

397   Vgl. zur Begrifflichkeit „autopoietisches System" ausführlich und federführend Luhmann, z. B. Ders. (1984).

398   Dies rückt die Herausforderung der Übersetzungs- und Vermittlungsfähigkeit, aber auch die notwendige Flexibilität für integrative Steuerungsstrukturen in Lern- und Wissensclustern in den Fokus.

individuell konstruierte, vom Ego je nach entsprechender Intention selbsttätig initiierte Akte, welche seitens der alteri weder fixierbar noch oktroyierbar sind. (Vgl. ebd.:38f.) Anzuregen ist damit notwendigerweise immer auch ein „Denken in Rückkoppelungsschleifen, Analogien, irregulären Mustern, und nicht in Kausalverbindungen und quantifizierbaren Zusammenhängen" (Kühl 1998:140).

In Summa: Damit im Cluster sowohl ein erweitertes Verständnis für Selbsttätigkeit als auch wechselseitige Verlässlichkeit erwachsen können, ist das entscheidende Kriterium einer Wissens-Innovation also nicht primär die Kodifikation, sondern die weitaus voraussetzungsvollere Identifikation und die durch Eingaben aller Beteiligten gestützte und als wechselseitig nutzbringend erfahrene Interaktion. Durch die Befähigung und den Vollzug eines Verstehens intentionaler Absichten und heterogener Mentalitätsmuster wird die Weitergabe und Integration jeglicher Kapitalvorräte erst in Gang gesetzt und auf Nachhaltigkeit gestellt. Damit wechselseitiges Verstehen im Cluster in Form eines Echos der Verbundenheit und Verbindlichkeit nachhallt, sind in diesen sozialen Lernprozessen stets hermeneutische (Integration des gemeinsamen Wissensvorrates und Sinnverständnisses), kybernetische (Steuerung des Wissensaufbaus, Organisation der Selbststeuerung) sowie kinetische Elemente (Möglichkeiten der Dynamisierung kultureller Lernprozesse) zu integrieren. Vor diesem Hintergrund inkludiert Cluster-Entwicklung immer *zugleich* auch Personal-, Organisations- und Wissensentwicklung. Clusterentwicklung darf also nicht auf der Stufe der Personalentwicklung stecken bleiben, sondern muss sich als zirkulärer performativer Lernprozess auf und über die Organisation hinaus bis auf Clusterebene erstrecken: Damit einhergehende Lernprozesse, welche sich von der Ebene der Person über die Ebene der Organisation zur Ebene der Cluster vollziehen und sich sinnbildlich mit einer gestuften, aufsteigenden Kaskade vergleichen lassen, bezeichne ich daher als ‚kaskadierendes Lernen'.

Im Anschluss an diese Überlegungen eröffnet sich die Frage, wie ein Terzett von Markt, Staat und Gesellschaft bzw. ein Summarium von Einzelorganisationen nun neu verortet und verräumlicht werden kann, damit die hier aufgeführten, noch weithin experimentellen Modi den Clustererfolg nicht konterkarieren, sondern – ganz im Gegenteil – Optionen bieten, Cluster und deren Ausrichtungen zu optimieren und auf soziale und kulturelle Nachhaltigkeit hin zu konstruieren.

8. Cluster-Figuren und Cluster-Figurationen im Raume

8.1 Framing and Roaming: Zur Verortung und Verräumlichung von Clustern

> „Der Raum ist für den Menschen da – nicht der Mensch für den Raum."
>
> (El Lissitzky)

In aktuellen Clusterdiskursen und -definitionen werden Cluster zumeist als Instrumente verstanden, die sich per se regional und damit stets (wirtschafts)räumlich verorten.[399] Im Folgenden wird es jedoch nicht primär um jenen, im diskursiven Feld von Clustern aktuell wohl bevorzugt diskutierten Aspekt von Räumlichkeit – konkreter, um die *regionale* Verortung von Clustern und damit einhergehende Auswirkungen – gehen. Ich werde diesen Gesichtspunkt nahezu unangetastet lassen, da dieser unzweifelhaft ein hochspezielles Territorium von Wirtschaftsgeographen bzw. Regionalökonomen ist und ferner von Stadtsoziologen sekundiert wird.

Eine Herausforderung liegt nun allerdings darin, dass sich vor dem Hintergrund der Kardinalität der Eingaben dieser Kohorte in den Diskurs nicht nur die begrifflichen *Verwendungsweisen* von Raum und Räumlichkeit primär auf kartographische Aspekte, geographische Zentrierungen und Lokalisierungen von Standorten beschränken. Es wird vielmehr zum Problem, dass eben jene Forschungszugriffe dementsprechend auch bedeutenden Einfluss auf die *Vorstellungswelten* der praktizierenden Wissenschaft nehmen, in denen sich diese bezeichnenden und hochspezifischen Auslegungen und Ausrichtungen von Räumlichkeit situieren. Dieses sehr eigene und spezifische Verständnis von Räumlichkeit stellt jedoch im Prozess der Clusterbildung eine Begrenzung in der Dimensionierung dar. Denn:

---

399 Zuweilen wird deren Verortung um den Ausdruck ‚regional' ergänzt und ihre Formierung in regionalen Räumen explizit betont. (z. B. Cernavin 2005:49) Andere Forscher setzen Begriff und Bedeutungsgebäude eines regionalen Innovationsraumes nahezu mit dem Clusterbegriff selbst gleich. (z. B. Frank/Meyer-Guckel/Schneider 2007:76) Im Praxisfeld von Clustern wird wiederum deutlich, dass Cluster regionale, gar nationale Grenzen zuweilen auch überschreiten und/oder deren Aktionsradien nicht zwangsläufig mit regionalen Einfassungen übereinstimmen. (Vgl. Kiese 2008a:57) Dritte grenzen die räumliche Ausdehnung von Clustern nicht ausdrücklich und spezifisch ein (z. B. Porter 2008:215, vgl. dazu ebf. Kiese 2008a:57) oder markieren Wirtschaftsräume allenfalls durch grobe Explikationen räumlicher Einfassungen. (z. B. Porter 2002:22)

Es prägt die Symbolik des noch nicht ins Werk gesetzten Interaktionsmediums Cluster bereits im Vorfeld und wirkt dann – ebenso wie Chiffren und Codes – dergestalt auf die an einem Cluster zu beteiligenden Akteure ein, als dass auch diese selbst ein ebensolches Verständnis räumlicher Zusammenhänge internalisieren und diesbezüglich Vorstellungen ausbilden, die ihr Verständnis von Räumlichkeit sowie Ausbringung, Output und somit auch Ertrag von Clustern bereits im Vorfeld determinieren.

Zweifelsohne kann es in einem so eingefassten Rahmen nun allerdings weder darum gehen, eine eigene Raumtheorie aufzustellen noch jene in anderen Wissenschaften vielzählig vorhandenen Konzeptionen und Verständnisse von Raum einer großangelegten kritischen Diskussion zu unterziehen,[400] geschweige denn deren Kerngehalte zu extrahieren und auf Basis komparatistischer Untersuchungen in ihrer Reich- und Tragweite zu vergleichen.

Mein Anliegen ist es vielmehr, sichtbar zu machen, dass die vorherrschenden Forschungszugriffe und -perspektiven – sei es z. B. die Vorstellung von Clustern als sich im Raum platzierender und diesen formierender Handlungsgebilde oder ein Verständnis von Clustern als Inszenierungsräume und Aufführungsorte – sich nicht nur unmittelbar darauf auswirken, wie in Zukunft mit der Verortung und Verräumlichung von Clustern, sondern auch wie zukünftig mit einer Integration der Akteure in eben diese Kontexte umgegangen wird, also konkret wie deren Figuration, (Auf-)Stellung und Placement im Raum und/oder Ort erfolgt.

Vor dem Hintergrund einer Untersuchung von Cluster-Räumen bzw. einer notwendigen Erweiterung vorherrschender Räumlichkeitsverständnisse in Bezug auf Cluster schließe ich mich zunächst jenen Thesen uneingeschränkt an, die von Martina Löw in ihrem Werk „Raumsoziologie" (so der Titel von Ders. 2001) in Bezug auf die Möglichkeit einer umfassenden Situierung von Raum formuliert wurden. Im Zuge ihrer Bearbeitung einer „Soziologie des Raums" (so der Titel eines Unterkapitels von Löw 2001:35) votiert Löw für ein notwendig erweitertes Verständnis von Raum und zeigt auf, dass sowohl die Hinzuziehung eines „'ortsbezogene[n] Raumbegriff[es]'" (Dies. 2001:35) als auch eines „'territoriale[n] Raumbegriff[es]'" (ebd.) einem solchen Vorhaben nicht gerecht werden (können). (Vgl. ebd.:35ff.) Ihre damit verbundenen Argumentationsstränge lassen sich nahezu kongruent auf die Problematik der in Bezug auf Cluster gegenwärtig vorherrschend verwendeten Raumbegriffe und damit einhergehender Verständnisse übertragen.[401]

---

400   Vgl. dazu jedoch eingehend und federführend Löw (2001) sowie Thabe (2002).

401   Vgl. zur Definition, Abgrenzung und Kritik der von Löw (2001:35) als „'ortsbezogen[...]'" (ebd.) und „'territorial[...]'" (ebd.) eingefassten Raumbegriffe – an welche ich die hier dargelegten Problematiken begrifflich und bedeutungstragend anlehne – eingehend Dies. (2001).

Überträgt man die von Löw hinsichtlich verschiedener Raumbegriffe aufgestellten Thesen sowie ihre damit einhergehenden Argumentationsstränge auf den Forschungsgegenstand Cluster, genauer: auf ein den Clustern im Diskurs unterlegtes Räumlichkeitsverständnis ergibt sich folgende Problematik: Ein „'ortsbezogener Raumbegriff'" (Löw 2001:35) kann den (sich durch Cluster oftmals erst firmierenden) Raum entweder a) nur als ein unhintergehbares, vorab vorhandenes Faktum einfassen und zeichnet ihn damit als nicht-dynamischen, unveränderlichen vor (vgl. Löw 2001:35) oder b) Ort und Raum unterliegen der Koinzidenz, d. h. sie fallen in eins (vgl. ebd.), woraufhin bspw. eine Separation von Clustern und Regionen unmöglich wird und/oder die überregionalen Aktionsradien von Clustern und die oft notwendig werdende Überschreitung geographischer Grenzen unberücksichtigt bleiben. Die Rubrifizierung der Räumlichkeit von Clustern unter einen „'territoriale[n] Raumbegriff'" (Löw 2001:35) scheitert jedoch ebenso, weil sie – u. a. bedingt durch die Logik einer „Verdinglichung von Räumen zu Territorien'[402] (Löw 2001:35) – a) Cluster nur unter dem Aspekt territorial (er-) fassbarer Faktoren abhandeln, diese aber nicht als extraterritoriale, d. h. eigenständige, hochkomplexe und evtl. auch extrafunktionale Interaktionseinheiten verhandeln können, und b) eine oftmals notwendig werdende erweiterte Clusterpositionierung über teritoriale Grenzen hinaus nicht abbilden können, sowie c) sich eine solchermaßen spezifisch induzierte Reifikation (vgl. Löw 2001:35) ebenso auf die Betrachtung des Clustersystems als einer integrativen homogenen Ganzheit auswirkt und diese nahezu verunmöglicht.[403]

Ein sich auch in den Clusterdiskurs einspeisender Räumlichkeitsdiskurs, welcher sich dort aktuell aus einer eigenartigen Verschmelzung jener oben angeführten Begriffsverständnisse und Bedeutungsgehalte zu formieren scheint, muss nun sein eigenes Erbe, d. h. eine aus „absolutistische[r] Tradition" (Löw 2001:35) hervorgehende Verengung[404] und das damit einhergehende Gewicht einer doppelten

---

402 Löw folgert kritisch, dass ein primär territorialer Raumbegriff, „der den Raum über Größe und Bevölkerungsdichte bzw. Nutzungsmöglichkeiten eines Territoriums konzeptionalisiert" (Dies. 2001:64), auch in „seine[...] soziologische[...] Irrelevanz" (ebd.) führe. (Vgl. ebd.)

403 Für beide Raumbegriffe gilt nach Löw (2001) „daß der Raum als existierende Grundlage betrachtet wird, in der im Handeln strukturiert wird oder Handeln strukturiert" (Dies. ebd.:64). Dies wirke sich dahingehend aus, „daß in keinem Fall die Konstitution von Raum untersucht wird, sondern immer das Handeln" (ebd.). Die Problematik liegt laut Löw nun darin, dass „ein Raum unterstellt [wird, B. P.], für das Handeln *aller* gleichermaßen vorstrukturiert" (ebd., kursive Hervorhebung B. P.), was wiederum zur Konsequenz führe, „daß diese Denkfigur ausschließt, daß durch die Aktivität verschiedener gesellschaftlicher Teilgruppen an einem Ort oder auf einem Territorium mehrere Räume entstehen können. Ferner wird die Bedeutung symbolischer Verknüpfungen nicht berücksichtigt" (Löw 2001:64).

404 „Als absolutistisch wird ein Raumbegriff entweder bezeichnet, wenn dem Raum eine eigene Realität jenseits des Handelns, der Körper oder der Menschen zugeschrieben wird oder wenn

Bürde erst einmal – als durch diese begrifflichen und folglich bedeutungsgenerierenden Ursächlichkeiten bedingtes – erkennen, um es erneut in die ‚Waagschale' werfen und sich in Bezug auf zukünftige Ausrichtungen ‚entlasten' zu können. Diese ‚Abwägung' ist aktuell offenbar noch nicht ins ‚Lot' geraten. Denn:
Lassen wir die oben prognostizierten Verengungen und Vermengungen der verwendeten Raumbegriffe einmal außen vor, wirft ein kritischer Blick auf jenes,
sich in den Clusterdiskurs übergeordnet einlagerndes, primär wirtschaftsgeographisch induziertes und arg konformistisches Raumverständnis die Frage auf, ob
allzu unkritisch „der Fährte gefolgt [worden sei, B. P.], die das gültige Leitbild"
(Wolf 1997:221) oder – um hier zu polemisieren – der bisherige ‚Leitwolf' aus-
legte. Denn: Außerhalb dieser hochspezifischen und daher die Vorstellungswelten mitunter zwangsläufig verengenden Impeti, welche sich aktuell prädestiniert
in den Clusterdiskurs einspeisen, ist es zumindest einer mittlerweile interdisziplinär gelagerten Raumforschung durchaus bewusst, „dass wir es inzwischen mit
harten (Materialitäten) und weichen (Immaterialitäten) Raumbegriffen, Raumvor-
stellungen und Raumentwürfen, die nebeneinander (ko)existieren, sich vielfach
ergänzen oder verdrängen, ebenso zu tun haben wie mit hybriden Räumen, physi-
kalisch-kulturellen Mischungen also, die sich wechselseitig bedingen, gegenseitig
durchdringen und ineinander abbilden" (Maresch/Werber 2002:13). Zwar scheint
auch der Raum selbst ein durch die gesamte Historie hindurch häufig untersuchtes
Phänomen zu sein, allerdings blieben demgegenüber „[w]ann immer vom Raum
in zahlreichen Komposita vom ‚sozialen Raum', ‚virtuellen Raum', ‚ästhetischen
Raum' oder ‚politischen Raum', vom ‚Erlebnisraum', ‚Erfahrungsraum', ‚Verdich-
tungsraum' oder ‚Gestaltungsraum' die Rede war, […] Rückschlüsse auf den Gegenstand selbst selten, so dass der Raum als theoretisch reflektierter Terminus
jahrzehntelang ein kümmerliches Dasein fristete" (Maresch/Werber 2002:12).[405]
Haben wir es bei diesen, in der Raumforschung offenbar vielfältig ausge-
prägten und zuweilen kontrovers diskutierten Raumverständnissen auf der einen
Seite, und jenen den Clusterdiskurs beherrschenden hochspezifischen, zumeist
wirtschaftsgeographisch gespeisten Räumlichkeitsverständnissen auf der anderen Seite, im Hinblick auf die Unvergleichbarkeit von Standpunkten mit einer generellen Inkommensurabilität zu tun? Und können wir dementsprechend getrost

---

der dreidimensionale euklidische Raum als unumgängliche Voraussetzung jeder Raumkonsti-
tution angenommen wird […]. [D]er absolutistische Raumbegriff [wird, B. P.] in der Forschung
auch *Behälterraumbegriff* genannt" (Löw 2001:63, kursive Hervorhebung B. P.).

405 Auf Basis obiger Überlegungen könnte man mit einem provokativ bewusst überspitzten Gestus
nun einwerfen, ob wir es hier mit einem hypertrophierten ‚Thorax', der seinen offenbar zu
schwer geratenen ‚Caput' kaum stützen kann und paradoxerweise zugleich mit einem ‚Corpus'
ohne ‚Delicti' zu tun haben?

der prägnanten Aussage von Elena Esposito (2002) – „[w]as für den einen rechts
oben ist, kann für einen anderen oder zu einem anderen Zeitpunkt links unten
sein, ohne dadurch Konfusion zu erzeugen" (Dies. ebd.:36) – folgen? Oder hat
ein Teil ebenjener, anfänglich als nicht vorhanden geglaubter Verwirrung im Hinblick auf das Raumverständnis sich nicht vielmehr als ursprünglich nicht ‚einseh-
barer' und nun nicht ‚einsichtiger' Eckenhocker entpuppt? In diesem Zuge stellt
sich die Frage, ob eine diese konträren Ausrichtungen verbindende Gelenkstelle
als Basis für ein übergeordnetes und erweitertes Verständnis von Räumlichkeit
in und von Clustern gefunden werden kann?

Wir wollen die Beantwortung dieser Problemkomplexe zunächst einmal zu-
rückstellen und Raum in eine analogistische Bedeutungsklammer einfassen. Auch
wenn ich im Folgenden einem eher performativ gelagerten und einem auf Analogien basierenden Begriffsverständnis von Raum und Räumlichkeit anhänge, so ist
dieses in Bezug auf die Einordnung von Clustern und ihrer zu entwickelnden performativen Eigenschaften weder bloß imaginär noch lediglich virtuell: So kann der
Raumbegriff – selbstverständlich nur unter gewissen Voraussetzungen und Vorbedingungen – neben seiner Inklusion konkreter und abstrakter Funktionen von
Räumen, als geographische, mathematische oder virtuelle Konstruktion – vielmehr gerade über die Injektion erweiterter Bedeutungsgehalte dergestalt präpa-
riert werden, als dass er zur Sichtbarmachung eines „dynamisch-konstruktive[n]
Kraftsystem[s]" (Moholy-Nagy 2001:163) von ‚Pro-Aktionen' gereicht. Im Zuge
einer sinnhaften Füllung und passfähigen Formgebung der Begrifflichkeit könnte
auch der Cluster-Raum selbst, als soziales Wirk- und Wechselgefüge spezifiziert
werden. Doch erfragen wir zunächst einmal, worauf sich Vorstellungen und Verständnisse von Räumlichkeit gemeinhin gründen und wie diese sich in Denkfi-
guren und Diskurse einspeisen, woraufhin sich in Folge auch Raumbegriffe und
-figuren konfigurieren, „Raumbild[er]" (Löw 2001:15) konkretisieren, Räume
konstituieren und Handlungsstrategien konstruieren?[406]

Beginnen wir dazu mit einer Darlegung des Raumverständnisses von Georg
Simmel, da dieser laut Löw, „die Bedeutung der Formgebung und Konstruktionsleistung" (Löw 2001:66) herausgearbeitet habe. (Vgl. ebd.) Laut Simmel bliebe

---

406   Ich folge hier einem Vorschlag von Löw, welche „zwischen Raumvorstellung, Raumbild und
       Raumbegriff" (Dies. 2001:15) differenziert: Im Unterschied zum Raumbegriff seien Raumbilder
       laut Löw „einzelne Bilder von Räumen, an konkreten Arrangements geformt, die in großer
       Vielfalt in einer Gesellschaft existieren können. Eine Raumvorstellung ist im Unterschied dazu
       eine Idee von Raum, eine Verdichtung dieser Raumbilder sowie deren symbolische Besetzung
       mit in wissenschaftlichen Disziplinen geltendem und/oder in den Alltag transformiertem
       Wissen um den Raum" (Löw 2001:15f.).

„der Raum […] immer die an sich wirkungslose Form, in deren Modifikationen die realen Energien sich zwar offenbaren, aber nur, wie die Sprache Gedankenprozesse ausdrückt, die allerdings in Worten, aber nicht durch Worte verlaufen. […] Nicht die Form räumlicher Nähe oder Distanz schafft die besonderen Erscheinungen der Nachbarschaft oder Fremdheit, so unabweislich dies scheinen mag. Vielmehr sind auch dies rein durch seelische Inhalte erzeugte Tatsachen. […] Nicht der Raum, sondern die von der Seele her erfolgende Gliederung und Zusammenfassung seiner Teile hat gesellschaftliche Bedeutung" (Simmel 1968:460f.).

Die durch Simmel hervorgehobene Bedeutsamkeit und Unhintergehbarkeit der sich im Raum situierenden gesellschaftlichen Zusammenhänge, welche dazu führen, den Raum selbst dergestalt unterzuordnen, erweist sich auf Basis seiner speziellen Begründung der Soziologie „als Lehre von dem Gesellschaft-Sein der Menschheit" (Ders. 1968:9), welche auf Simmels stete Fokussierung des Primats sich bedingender und einander auslösender „Wechselwirkungen" (ebd.:6) aufbaut, zumindest in diesem Zusammenhang als unmittelbar folgerichtig und gründet auf Simmels spezifischem Erkenntnisinteresse: „So fragen wir im Interesse der Ergründung der Vergesellschaftungsformen nach der Bedeutung, die die Raumbedingungen einer Vergesellschaftung für ihre sonstige Bestimmtheit und Entwicklungen in soziologischer Hinsicht besitzen" (Simmel 1968:462). Laut Simmel (1968:462) bezöge also die Bedeutsamkeit von Raum (vgl. ebd.) erst *durch* eine solche Zugangsweise ihre soziologische Dimensionierung. (Vgl. Löw 2001:58f., welche diesen Zusammenhang bereits umfassend herausgestellt hat) Denn: Auch die Betrachtung von Raum und Räumlichkeit basiert nach Simmel auf dem Prinzip einer steten „Wechselwirkung […] [welche, B. P.] den vorher leeren und nichtigen [Raum, B. P.] zu *etwas* für uns [macht, B. P.], sie erfüllt ihn, indem er sie ermöglicht. (Simmel 1968:462, kursive Hervorhebung B. P.). Demgemäß gehen nach Simmel die Findung einer Form und die Ausbildung inhaltlicher Relevanzen nicht nur eine einträgliche Symbiose ein, indem sie aufeinander (co-)referenzieren, sondern sie koinzidieren buchstäblich: „In jeder vorliegenden sozialen Erscheinung bilden Inhalt und gesellschaftliche Form eine einheitliche Realität, eine soziale Form kann so wenig eine von jedem Inhalt gelöste Existenz gewinnen, wie eine räumliche Form ohne eine Materie bestehen kann, deren Form sie ist" (Simmel 1968:5).

Wichtige Anknüpfungspunkte zur Wegfindung einer das Form- und Raumverständnis erweiternden Clustertheorie sind die von Simmel vor dem Hintergrund seines Interesses der Untersuchung von Vergesellschaftung aufgeworfenen Begrifflichkeiten ‚Grenze' und ‚Rahmen' sowie ihre inhaltlichen Füllungen. Denn: Die Bestimmungen von Grenzziehungen und Rahmensetzungen geben mithin Aufschluss darüber, wie der Cluster als spezieller Raum verstehbar wird und wie ein sich entwickelnder Raum zu Clustern ausformbar ist bzw. diese ermöglichen kann. Für Simmel ist „[d]ie Grenze […] nicht eine räumliche Tatsache mit soziologischen Wirkungen, sondern eine soziologische Tatsache, die sich räumlich formt. Das idealistische Prinzip, daß der Raum unsere Vorstellung ist, genauer: daß er durch unsere synthetische Tätigkeit, durch die wir das Empfindungsmaterial formen, zustande kommt – spezialisiert sich hier so, daß die Raumgestaltung, die wir Grenze nennen, eine soziologische Funktion ist" (Ders. 1968:467). Fassen wir den Cluster nunmehr als ein Kunstwerk auf, das sich zum einen durch das ‚Ein-Rahmen' spezieller Kräfte und zum anderen durch seine ‚Ver-Ortung' und ‚Ab-Grenzung' anhand spezifischer Grenzmarkierungen charakterisiert, so ist das ‚Simmelsche' Verständnis von Raum, Rahmung und Grenzziehung überaus anschlussfähig:

> „[I]mmer fassen wir den Raum, den eine gesellschaftliche Gruppe in irgendeinem Sinne erfüllt, als eine Einheit auf, die die Einheit jener Gruppe ebenso ausdrückt und trägt, wie sie von ihr getragen wird. Der Rahmen, die in sich zurücklaufende Grenze eines Gebildes, hat für die soziale Gruppe sehr ähnliche Bedeutung wie für ein Kunstwerk. An diesem übt er die beiden Funktionen, die eigentlich nur die zwei Seiten einer einzigen sind: das Kunstwerk gegen die umgebende Welt ab- und es in sich zusammenzuschließen [...]. [...] [D]ie wechselwirkende Einheit, die funktionelle Beziehung jedes Elementes zu jedem gewinnt ihren räumlichen Ausdruck in der einrahmenden Grenze" (Simmel 1968:465).

Sein Primat, vorrangig dasjenige zu untersuchen, was eine für ihn offenkundig „soziologische Funktion" (Simmel 1968:467) besitzt, verfolgt Simmel u. a. indem er darauf abhebt, dass sich ein seitens (s)einer Interessengruppe formierendes Interesse an Raum lediglich auf die Gestaltungen der Dinge im Raum beziehe. (Vgl. Simmel 1968:460) Da selbige Ausführung hier auch seine kritische Stellung in Bezug auf die Bedeutungszumessung des Raumes seitens ästhetischer Theorie illustriert, werden wir in den O-Ton Simmels hineinzoomen:

> „Wenn eine ästhetische Theorie es für die wesentliche Aufgabe der bildenden Kunst erklärt, uns den Raum fühlbar zu machen, so verkennt sie, daß unser Interesse nur den besonderen Gestaltungen der Dinge gilt, nicht aber dem allgemeinen Raum oder Räumlichkeit, die nur die conditio sine qua non jener, aber weder ihr spezielles Wesen noch ihren erzeugenden Faktor ausmachen. [...] Ein geographischer Umfang von so und so vielen Quadratmeilen bildet nicht ein großes Reich, sondern das tun die psychologischen Kräfte, die die Bewohner eines solchen Gebietes von einem herrschenden Mittelpunkt her politisch zusammenhalten" (Simmel 1968:460).

Auch wenn wir den Prämissen Simmels vollständig zustimmen und diese insofern paraphrasieren, als dass jene, sich in sozialen Praxen spiegelnde, von inneren Regungen geleitete räumliche Interaktion, sich *nicht* primär durch räumliche Eigenschaften konstituiert und damit keine Auswirkung und Folge des Räumlichen, sondern – ganz im Gegenteil – zunächst dessen ursächliche Bedingung ist, formiert und figuriert sich ein im Raum zu verortendes soziales Gebilde in unse-

288   8. Cluster-Figuren und Cluster-Figurationen im Raume

rer Vorstellungswelt nicht nur über Denotate, sondern – der Ordnungs- und Orientierungsbildung weit dienlicher, diese zuvorderst gar erst ermöglichend – wiederum über (begriffs)räumlich geprägte Konnotate. So formiert sich die Figuration eines, sich im Raum verortenden Gebildes – sei es nun imaginatives Denkgebäude, visionäres Handlungsgebäude oder aber architektonisches ‚Ge-Heim' – stets durch ‚Demarkationslinien'. Seien sie nun mentaler oder materieller Art, so sind und bleiben sie dennoch stets systemisch begrenzende Markierungen. Auch diejenigen Beschreibungen, die darauf abheben, dass es bei der Einfassung in eine Systemik hier nicht um eine im Materiellen verhaftete und dementsprechend auch nicht mit materiellen Begrifflichkeiten zu erklärende Demarkation ginge, – wie z. B. „[e]s ist ebenso die Organisation des Systems und nicht irgendwelche physikalische Eigenschaft, wie Hülle, Gehäuse, Membran, Haut, Mauern, Grenzposten usw., die das System von der Umwelt abgrenzt und somit die System/Umwelt-Differenz aufrechterhält" (Krieger 1998:21) – helfen bei der Lösung dieser speziellen Problematik kaum weiter: Auch wenn wir den Raum selbst als eine euklidische Konzeption verabschieden und in diesem Zuge die Vorstellung des Raumes als eines „Container[s]" (Funken/Löw 2002:69) gleich mit suspendieren müssten (vgl. Funken/Löw 2002), scheint sich Euklid als (un-)gebetener ‚Wendehals' immer wieder in unsere (räumliche) Vorstellungswelt einzuschleichen, um diese permanent zu strukturieren, zuweilen zu manipulieren, immer jedoch zu determinieren.[407]

Der Hintergrund dieses Gedankens ist selbstverständlich nicht neu und speiste sich, wie Löw aufzeigt, bereits in die dereinstigen Ausführungen von Kant und Simmel ein: Beide haben ihren Raumbegriff, wie Löw (2001:60f.) zeigt, selbst auf „[d]ie Regeln der Euklidik" (Löw 2001:61) aufgebaut und selbige auch für die „alltägliche[...] Raumanschauung als selbstverständlichen Denkhorizont formuliert" (Löw 2001:60).[408] Das Raumverständnis (und damit nicht den Raum selbst!) anders als real-räumlich zu denken, scheint vergleichbar mit einem unausführbaren Versuch über Kommunikation zu kommunizieren, *ohne* zu kommunizie-

---

407 Dies gilt natürlich nicht nur für Euklid. Um diese Analogie hier nonchalant fortzuführen, erscheint Euklid vielmehr stets im Rendezvous mit ‚Chronos'. (Vgl. dazu auch Funken /Löw 2002:81 sowie die Ausführungen zum Ende dieses Kapitels). Gerade Begriffsinhalt und Bedeutungsgebäude des Rendezvous sind auch für Simmel von besonderem Interesse und zwar aus folgendem Grund: „Ich erinnere ferner an das Rendez-vous als spezifisch soziologische Form, deren örtliche Determiniertheit die Sprache durch den Doppelsinn des Wortes charakterisiert: es bezeichnet sowohl das Zusammentreffen selbst wie seinen Ort. Das soziologische Wesen des Rendez-Vous liegt in der Spannung zwischen der Punktualität und Flüchtigkeit des Ereignisses einerseits und seiner räumlich-zeitlichen Fixierung andrerseits" (Simmel 1968:475).

408 Löw zeigt auf, dass auch Kant „die Prinzipien der Euklidik als ordnendes Prinzip vor jeder Erfahrung annimmt" (Löw 2001:36).

ren. Gibt es damit *überhaupt* einen Ausweg aus diesem, sich scheinbar sisyphus-gleich reproduzierenden Zirkel?

Die Beantwortung dieser Frage ist für unsere Folgeüberlegungen äußerst relevant, da nicht nur dem Raum generell, sondern auch dem Cluster zwangsläufig eine orientierungstragende und sinnstiftende Funktion zugewiesen werden muss, damit er die, ihm im Diskurs und auf Folie seiner Etymologie bereits unterlegten Eigenschaften des Einschließens-, Umschließens und Ausschließens (vgl. Unterkapitel 2.2 dieser Arbeit) überhaupt ausbilden und eine dialektische Interaktionsfläche zwischen Zugänglichkeit, Repräsentation und Abgrenzung erzeugen kann.[409]

Jedoch nicht nur für den Cluster selbst, sondern auch in Bezug auf Gestaltungs- und Inszenierungsfragen der Wissensformung und Innovationsgestaltung innerhalb des Lern- und Wissensclusters, – als ein in den Cluster eingelagerter intermediärer Corpus – spielt die begriffliche Raumvorstellung eine unsere Überlegungen unmittelbar begleitende Rolle, denn laut Heidegger erfolgt auch „[d]as Gestalten […] im Abgrenzen als Ein- und Ausgrenzen. Hierbei kommt der Raum ins Spiel. Er wird vom plastischen Gebilde besetzt, als geschlossenes, durchbrochenes und leeres Volumen geprägt"[410] (Heidegger 1996:5). Anschlussfähig für einen auf die Gestaltung von Cluster-Konstrukten zu applizierenden dynamischen Raumbegriff scheint zunächst der „Topos" (Aristoteles, Physik, IV. Buch, zit. n. Heidegger 1996:5); der aristotelische „Ort-Raum" (Aristoteles, Physik, IV. Buch, zit. n. Heidegger 1996:5), auf den Heidegger in seinem Werk „L'art et L'espace" (Ders. 1996:5) Bezug nimmt. So ist laut Heidegger „[d]er von einem Körper besetzte Raum […] sein Ort" (Heidegger 1996a:10). Der Raum lässt sich insofern als „etwas Aufnehmendes, Umfassendes und Einbehaltendes" (Heidegger 1996a:12) begreifen – aber er „räumt auch nur als Raum, *insofern* der Mensch den Raum einräumt, dieses Freigebende zugibt und sich auf dieses einlässt, sich und die Dinge in ihm einrichtet und so den Raum als Raum hütet" (ebd.:14f., kursive Hervorhebung im Orig.). Dementsprechend „braucht der Raum, um *als Raum* zu räumen, den Menschen" (ebd.:15, kursive Hervorheb. im Orig.). Erst *durch* den Menschen könne er daher laut Heidegger als ein ‚Freigeber' fungieren. (Vgl. ebd.:14f.)

---

409 Dies verlangt eine neu zu entwickelnde sozio-kulturell gelagerte, performative Architektonik: Der Begriff der ‚Architektonik' lässt sich dabei nicht nur auf die Architekturwissenschaften begrenzen, sondern ebenso als Gestaltungsprozess einer ins performative Werk zu setzenden Raumform verstehen. Vgl. auch den z.T. ähnlich gelagerten Aufsatz von Baecker (2007): Während Baecker jedoch die „Sinnform der Architektur" (Ders. ebd.:73) untersucht, verstehe ich spezifische Architektoniken und deren (Aus-)Formung, selbst als ‚Formen der Sinnform'.

410 In frz. Fassung: „Le façonnement a lieu en une délimitation, qui est inclusion et exclusion par rapport à une limite. De ce fait, l'espace entre en jeu. Il est occupé par la forme plastique, il reçoit sa marque comme volume clos, volume percé d'ouverture et volume vide" (Heidegger 1996:17).

Aus diesem Verständnis heraus wäre der Cluster mit dem Raumbegriff quasi analog in dem Sinne, dass auch er als „etwas Aufnehmendes, Umfassendes und Einbehaltendes" (ebd.:12) fungiert und er – entwickelt man ihn zu einem sozialen Suprasystem – zudem als ‚Freigeber des Freien' (hier in Paraphrasierung von Heidegger 1996a:14f.) fungieren kann. Der viel zu hohe Preis ist jedoch, dass man sich in diesem Zuge einer Vorstellung anzuschließen hätte, welche auch für die Einfassung von Clustern wiederum den „Behälterraumbegriff" (Löw 2001:63) revitalisiert, den man vor dem Hintergrund einer den Clustern aktuell notwendig abgeforderten Grenzüberschreitung offenbar längst suspendiert glaubte. Am problematischsten aber lagert sich bei einer Hinzuziehung von Heideggers Raumbegriff die nicht nur korrelative Verwendung, sondern gar ‚In eins Setzung' von Raum und Ort, die deren Separierung zwangsläufig verunmöglicht. Die Annahme dieser Perspektive verunmöglicht es jedoch ebenso, die sich überräumlich ausdehnenden, sich oft weithin erstreckenden Aktionsradien von Clustern zu modellieren, mit der komplexen Intersystemik von Clustern verbundene Grenzüberschreitungen, -überschneidungen und -überlappungen zu differenzieren und die Einbettung weiterer neuartiger Räumlichkeiten – wie eben die Integration des LuW-Clusters in den Cluster – zu visualisieren.

Auch Löw erachtet es für essentiell, Raum und Ort begrifflich zu separieren. (Vgl. Dies. 2001:199) Dies erfolgt bei Löw in eben jenem, auch von mir intendierten Sinne, den Raum nicht als hermetisch abgeschlossen oder verengt zu verstehen und somit auch den Raumbegriff solchermaßen zu präparieren, dass er – wie es Löw zutreffend auf den Punkt bringt – in der übergeordneten Figur „eine[r] relationale[n] (An)ordnung sozialer Güter und Lebewesen" (Löw 2001:198) aufgeht. Dieses erweiterte Raumverständnis von Löw gründet sich darauf – und genau hier öffnet sich der vorab von mir auf seine Unhintergehbarkeit befragte Zirkel – dass die euklidische Zugangsweise, welche die „ordnende Aktivität" (Löw 2001:63) des Akteurs scheinbar unaufhörlich unterweist, „nicht mehr als das einzige ordnende Prinzip unterstellt werden"[411] (Löw 2001:63) könne und

---

411 Die Problematik, dieses „ordnende Prinzip" (Löw 2001:63) nun auch für den Cluster als nur einen Aspekt von vielen zu verstehen, dürfte sich jedoch – trotz oder gerade vor dem Hintergrund eines nicht ontologischen Raumverständnisses – als denkbar schwierig und mithin kaum realisierbar erweisen. Denn: Wie der Zoologe Rupert Riedl sehr deutlich macht, hat „[n]icht die Natur [...] die Clusterformation erfunden. Vielmehr ist unsere Fähigkeit, Cluster aufzufinden, eine Form, uns an die Welt anzupassen. In unserem Gehirn haben sich jene Lösungsmöglichkeiten durchgesetzt, die uns die Wirklichkeit so einfach wie möglich wahrnehmen lassen. Wir denken sozusagen in Clustern" (Ders. 2002:76). Auch wenn man sich dem hier von Riedl aus einem naturwissenschaftlichen Begriffsverständnis heraus verwendeten Begriff der Wirklichkeit nicht anschließt, diesen also eher durch einen konstruktivistischen Viabilitätsbegriff ersetzt, zudem eine vom Beobachter abhängige individuelle und daher sehr subjektive Wahrnehmungsperspektive favorisiert oder gar die Objektivität der Wahrnehmung generell suspendiert, so

auch „nicht davon ausgegangen werden [könne, B. P.], daß die für die Alltagsor-
ganisation häufig hilfreiche Verortung in einem dreidimensionalen euklidischen
Raum auch eine sinnvolle soziologische Begriffsbestimmung ist" (ebd.). Löw
plädiert daher dafür, „dieses ordnende Prinzip als einen Aspekt in der Konstitution von Raum zu verstehen" (ebd.) und votiert damit für eine Erweiterung abso-
lutistischer Raumverständnisse (vgl. ebd.):[412] „In der absolutistischen Denkfigur
existieren zwar *Bewegungen im Raum*, aber keine *bewegten Räume*. Das heißt,
sich verändernde Gebilde und konkurrierende Raumkonstruktionen an einem
Ort, die gerade durch die zugrundeliegenden Aushandlungsprozesse immer flie-
ßend sind, werden systematisch ausgeschlossen" (Löw 2001:65). Dies führt sie zu
dem Ergo, dass „[n]ur wenn der Raumbegriff selbst und nicht nur das Handeln als
bewegt gefasst wird, [...] auch Veränderungen von Räumen verstanden werden"
(ebd.:65) können. Auch wenn Löw hier erst einmal die „Wechselwirkung zwischen Struktur und Handeln" (ebd.:53) vorzeichnet, offeriert sie im Laufe ihrer
Ausführungen eine Kommissur, die sich zwischen den Foki Handeln und Strukturen situiert und damit nicht bloß das Wechselspiel beider zur Konstitution von
Raum impliziert, sondern darüber hinaus die Konstitution von Raum selbst interpoliert und diesen als eine Intermediäre konstruiert: „Raum konstituiert sich
in der Wechselwirkung zwischen Handeln und Strukturen" (ebd.:191). Eine sich
daraus ergebende Konsequenz bestehe laut der Autorin wiederum darin, dass

---

ändert das noch nichts daran, dass der grundsätzliche Ordnungs- und Strukturationsprozess
des Menschen offenbar dennoch primär von kognitiven Aprioris angeleitet und begleitet wird.
Diese Art der Crux ist hier nunmehr vorerst nicht lösbar. Gewiss wird sie aber zukünftig u. a.
Wahrnehmungspsychologen und Kognitionswissenschaftler beschäftigen, sodenn diese sich
auf das aktuell noch primär (wirtschafts)geographisch besetzte Cluster-Terrain wagen. Sie soll
daher deren Forschungszugriffen vorbehalten bleiben.

412   Durch diese Aussage wird jedoch nicht sofort eindeutig, ob Löw selbst nun eine Ausweitung
dieses Prinzips propagiert oder ob sie selbst eher eine vollkommene Abwendung von diesem
Prinzip intendiert. Zudem könnte man diesen Vorschlag von Löw je nach Facon durchaus auf
zweierlei Arten fortführen: 1) als Suspendierung der Alleinstellung dieses offenbar kardinalen
Aspektes oder aber 2) als Betonung der Bedeutungsgebäude des Aspektbegriffes selbst: Liegt
die Betonung auf der Negation einer Alleinstellung geht die Schlussfolgerung Löws leichtgängig dahingehend auf, dass dieser einzelne Aspekt der dringend notwendigen Erweiterung um
andere Aspekte bedarf. Bezieht man die Betonung der Aussage Löws jedoch auf den Begriff
‚Aspekt' selbst, ließe sich dieser vor dem Hintergrund seiner Synonyme und bedeutungstragenden Sinngefüge auch als Konstitution eines spezifischen Stellungsgefüges fassen. Dies besäße
unmittelbare Nähe zum Bedeutungsgebäude des Begriffes „Aspektstruktur" (Mannheim).
Diese Begrifflichkeit wurde von Mannheim in die Wissenssoziologie eingespeist (vgl. Keller
2007:o. S.), „um die Art und Weise der Konstruktion von Sachverhalten zu benennen, also
das, was in Bezug auf ein Phänomen erfasst wird" (Keller 2007:o. S.). Verfolgt man diese Art
der Bedeutungszuweisung würde die Aussage von Löw evtl. durch sich selbst konterkariert,
denn so verstanden wäre die Konstruktion von Raum u. U. eine ausschließlich auf kognitiven
Ordnungsbildungsprinzipien basierende und damit eben gerade nicht leichtgängig erweiterbar.

„[d]ie Möglichkeiten, Räume zu konstituieren [...] immer auch von den in einer *Handlungssituation* vorgefundenen *symbolischen und materiellen Faktoren* abhängig" (Löw 2001:191, kursive Hervorhebung im Orig.) seien.

Übertragen wir diesen Raumbegriff von Löw auf Porters' Diamantmodell, welches den Anspruch erhebt, die Gelingensbedingungen einer erfolgsversprechenden Clusterbildung und -entwicklung aufzuzeigen, wird deutlich, dass dieses Erklärungsmodell ausnahmslos auf die Faktorierung von Materialität fokussiert: Es impliziert zwar „Factor (Input) Conditions" (Porter 2008:227), allerdings integriert oder gar koinzidiert es nicht die für Clusterbildung und -erfolg essentiellen Wechselspiele von „symbolischen und materiellen Faktoren" (Löw 2001:191, kursive Hervorhebung des Orig. getilgt). Dementsprechend kann das Portersche' Modell 1) nicht zu einer in Bezug auf räumliche Gefüge und Verknüpfungen in Clustern notwendig werdenden Metasemantik beitragen und 2) nicht mit der Funktion eines, übergeordneten, die vielfältigen Verständnisse räumlicher Vorstellungen koinzidierenden gesamtheitlichen „Raumbild[es]" (Löw 2001:15) antreten, sondern es kann etwaig notwendige Verfügbarkeiten räumlich gebundener materieller Faktoren (z. B. das Vorhandensein spezifischer Branchen und wissenschaftlicher Organisationen) nur additiv aufschlüsseln. Derlei Verkürzung ist jedoch – um hier noch einmal auf den Argumentationsstrang von Löw zurückzugreifen – unmittelbare Folge der auch in diesem Modell fehlenden „symbolische[n] Komponente" (Dies. 2001:193), denn erst „[d]ie symbolische Komponente einer Handlungssituation ermöglicht es, daß sich institutionelle (An)Ordnungen zu Raumbildern verdichten" (Dies. 2001:193).

Wie vollzieht sich vor dem Hintergrund einer von Löw dargelegten „Wechselwirkung zwischen Handeln und Strukturen" (Löw 2001:191) sowie einer Inklusion von „symbolischen und materiellen Faktoren" (ebd., kursive Hervorhebung des Orig. getilgt) nun der Prozess der Entstehung von Räumen und Orten und inwiefern lässt sich dies auch auf die Entstehung und Einordnung von Clustern übertragen?

Nach Löw generiert sich „die Konstitution von Räumen [...] durch (strukturierte) (An)Ordnungen von sozialen Gütern und Menschen an Orten. Räume werden im Handeln geschaffen, indem Objekte und Menschen synthetisiert und relational angeordnet werden. Dabei findet der Handlungsvollzug in vorarrangierten Räumen statt und geschieht im alltäglichen Handeln im Rückgriff auf institutionalisierte (An)Ordnungen und räumliche Strukturen" (Löw 2001:204). Die Autorin schlägt daher vor, „die Konstitution von Raum [...] [als, B. P.] ein[en] Prozeß" (ebd.:198) aufzufassen, welcher auf Basis „zwei analytisch zu trennende[r] Vorgänge geschieht" (ebd.), die sie als "Syntheseleistung" (ebd.) und als „Spacing" (ebd.) fasst, wobei das „Spacing [...] [einen, B. P.] Prozeß des Pla[t]zierens bzw. Pla[t]ziert-Werdens" (ebd.) beschreibt. Im „Spacing" (ebd.) liegt die Möglichkeit der Verbrückung von Person bzw. Ding, Raum und Ort, denn „um [...] sich oder etwas pla[t]zieren zu können, muß es Orte geben, an denen pla[t]ziert werden kann" (ebd.). Sehr ausführlich beschreibt Löw denn auch die Genese und Funktion von Orten. Mit Blick auf eine, auch für Cluster zu entwickelnde Separierung von Räumen und Orten wollen wir daher einmal in deren Zugriff hinein zoomen:

> „Orte werden durch die Besetzung mit sozialen Gütern oder Menschen kenntlich gemacht,[413] verschwinden aber nicht mit dem Objekt, sondern stehen dann für andere Besetzungen zur Verfügung. *Der Ort ist somit Ziel und Resultat der Pla[t]zierung* und nicht – wie Menschen und soziale Güter – im Spacing selbst pla[t]ziertes Element. Orte entstehen durch Pla[t]zierungen, sind aber nicht mit der Pla[t]zierung identisch, da Orte über einen gewissen Zeitabschnitt hinweg auch ohne das Pla[t]zierte bzw. nur durch die symbolische Wirkung der Pla[t]zierung erhalten bleiben. Die Konstitution von Raum bringt damit systematisch auch Orte hervor, so wie Orte die Entstehung von Raum erst möglich machen" (Löw 2001:198, kursive Hervorheb. im Orig.).

Unternehmen wir jetzt den Versuch obige Konstruktion auf Cluster und deren Genese zu applizieren und wo notwendig zu erweitern. Um dies gleich vorwegzuschicken, intendiere ich wie schon Löw eine Konstruktion, die sich darauf gründet, dass durch „Aktivität verschiedener gesellschaftlicher Teilgruppen an einem Ort oder auf einem Territorium mehrere Räume entstehen können" (Löw 2001:64). Ich hebe also darauf ab, sichtbar zu machen, dass auch die Clustergenese – wie ich es mit der Konstruktion der LuW-Cluster bereits vorgezeichnet habe – stets mit der Aus- und Neubildung mehrerer Räume einhergeht, die einander zudem überlagern, überschneiden und überlappen. Eine derartig angelegte Konstruktion erfordert es nun jedoch, dass sie nicht nur die verschiedenen Dimensionen des Raumes sichtbar macht, sondern auch die verschiedenen Aspekte der Zeitdimensionierung und deren Verfahren zur Einhaltung integriert.[414] Dies besitzt aus zweierlei Gründen Relevanz: Zum einen gilt es zu skizzieren, wie jene, sich über die Zeit erstreckenden Verläufe von Interaktionen in Clustern ausgehandelt und Cluster damit als immer auch temporalen Kriterien unterliegende Interaktionsräume verhandelt werden können. Zum anderen – und dies ist für meine Untersuchungen noch weitaus entscheidender – intendiere ich die Inklusion der Zeit, damit die individuellen und kollektiven *raum-zeitlichen* und *zeit-räum-*

---

413   Ein Ort ist laut Löw (2001:199) die Bezeichnung „eine[s] Platz[es]" (ebd.), bzw. „eine[r] Stelle" (ebd.), welche „konkret benennbar [und, B. P.] meist geographisch markiert" (ebd.) sei.

414   Denn: „Sobald Menschen Räume konstituieren, ist der Zeitpunkt den Handlungen immanent" (Löw 2001:35).

lichen Wahrnehmungen der am Cluster beteiligten und zu beteiligenden Akteure integriert werden können.[415]

Fassen wir Cluster vor ihrer eigentlichen Ausbildung im Raum zunächst als eine Raumkonstruktion (oder wie Löw (2001:15) sagen würde, vorerst als ein „Raumbild" (ebd.)) auf und verfolgen im Hinblick auf die Entstehung von Cluster-Räumen eine performative Perspektive, indem wir diese Cluster-Räume nicht als vorab festgelegte, sondern als "flexible, nicht fixierbare sprich als eine performative Konstruktion" (von Hantelmann 2005:32) verstehen, deren Formation und Wirkmächtigkeit sich erst „aus dem Tun ergibt" (Argan 1962:17). Denn: Wenn wir Cluster nicht als einen „vorgefaßten, unveränderbaren, geometrischen Raum" (Argan 1962:17), sondern als „eine Gesamtheit von Räumen, Entfernungen und Richtungen [verstehen. B. P.], in die wir selbst miteinbezogen sind und die ihre Wertigkeit ändern in dem Maße, wie unsere Stellung zum Ganzen sich ändert" (ebd.), kann „[d]as *Tun* [...] zur **Grundbedingung** für jede Raumgestaltung" (Argan 1962:17, Fettschrift und kursive Hervorheb. B. P.) werden. Doch auch durch diese essentiell notwendige Fokussierung auf den Akteur und sein Tun ist noch nicht beantwortet, ob Cluster nun als Räume selbst veranschlagt werden können oder ob es sich bei den von Clustern besetzten Räumen um Räume handelt, in denen sich Cluster verorten oder aber um Orte, an denen sich Cluster verräumlichen?

Dies kann an dieser Stelle natürlich nicht in aller Gänze diskutiert werden. Ich schlage jedoch im Zuge der Zuweisung und Veranschlagung von Räumlichkeit und Örtlichkeit vor, zunächst zwischen Clusterkonstrukt, Cluster und LuW-Cluster zu differenzieren. Der von Löw (2001:198) beschriebene Prozess des „Spacing" (ebd.) beginnt bereits mit der Entscheidung einen *zukünftigen* Cluster, also ein Clusterkonstrukt, an einem speziellen Ort in „vorarrangierten Räumen" (Löw 2001:204) zu platzieren, in welchem sich zukünftige Schlüsselakteure sowie auch jene „symbolischen und materiellen Faktoren" (Löw 2001:191, kursive Hervorheb. des Orig. getilgt) situieren.[416] In diesem Zuge wird der Ort als ein ‚Austragungsort' markiert und der Cluster als zukünftiger ‚Aktionsraum' prä-

---

415   Diese Überlegung lässt sich an Funken und Löw (2002) anschließen, welche in ihren Ausführungen auf die Konstituierung von Räumen, perspektivischen Wahrnehmungsprozessen und damit einhergehenden Handlungen abheben: „Räume, im Handeln konstituiert, als Verknüpfungsanforderung und -leistung begriffen, entstehen im zeitlichen Verlauf. Zeit und Raum sind untrennbar verknüpft. Behälterräume jedoch erwecken den Anschein, unabhängig vom Betrachter zu existieren. Sie kann man betreten, verlassen und durch Zeitakkumulation schnell durchlaufen. Akzeptiert man dagegen, dass Räume immer auch zu konstituierende sind, dann werden sie eingerückt in den Handlungsprozess und abhängig von der Perspektive" (Funken/ Löw 2002:81).

416   Konkret wäre dies z. B. die Verabschiedung einer zukünftigen Platzierung eines Kunstclusters, der seinen Ausgangspunkt im ‚Benzolhochhaus' bzw. ‚Hochhaus Hansa' auf der Kokerei Hansa im Ruhrgebiet nähme.

konfiguriert. Im Zuge prosperierender Clusterentwicklung kommen durch den Anstieg und die räumliche Ausweitung von Anbietern, Nachfragern und Kooperationspartnern weitere Orte hinzu, die den Handlungsraum des Clusters (hier verstanden im Sinne eines sich über den ursprünglichen Raum ausdehnenden Aktionsradius) vergrößern.[417] Auch wenn der Cluster sich nun andersartig formierte und die Orte bereits formgebend besetzt hätte, würden sie (in Anlehnung an Löw 2001:198) demnach nicht einfach verschwinden – sie wären nur nicht länger Teil der Clusterverortung.[418]

Vor diesem Hintergrund lassen sich Cluster als temporär eingelassene, experimentelle Räume verstehen, in denen sich an speziellen Orten differenzierte Interaktionen ereignen. Damit sind sie jedoch *zugleich* auch ‚Frame-Sets', die zunächst in den Rahmen eines Raumes zu platzieren sind, um sich dort überhaupt verorten zu können. Erst in Folge dieser Verortung können sie sich zu Suprasystemen formieren, „welche die oftmals segmentierten und separierten Teilsysteme aus Wissenschaft, Wirtschaft und Gesellschaft überspannen. Cluster werden so als sozio-ökonomische Interaktionsräume fassbar, welche die jeweiligen Handlungsfelder zur Überlagerung und Überlappung bringen und die daraus resultierenden ‚Joint Fields' zu interaktiven ‚Shared-Spaces' ausbauen" (Pieper 2009:58). Dazu müssen jedoch zunächst wiederum neuerliche Interaktionsflächen und damit weitere Lern- und Wissensräume in den Cluster eingelagert werden, wie ich sie in dieser Arbeit als LuW-Cluster definiert habe. (Vgl. Kapitel 7) Diese LuW-Cluster selbst fungieren zunächst als Medien, die an einem oder mehreren Orten innerhalb des Clusters eingesetzt werden und damit erst die Ausbildung eines intermediären Gestaltungs-, Vermittlungs- und Aushandlungsraumes ermöglichen.[419]

Sowie der Lern- und Wissenscluster sich als ein intermediärer Raum im Cluster (als einem sodann experimentellen Raum) formiert und sich als ein, durch die orchestrierte Heterogenität verkörperter Corpus des Intermediären konstruiert, fungiert er *zugleich* als Copula des abstrakt-imaginativen Denkgebäudes und des materiell-funktionellen Handlungsgebildes. Anders gesagt ist er damit als ‚Poly-

---

417 Dies wäre z. B. die Ausweitung der Aktionsradien des in vorstehender Fußnote beschriebenen Kunstclusters durch die Erweiterung der Austragungsorte über das Benzolhochhaus auf der Kokerei Hansa und den Dortmunder Raum hinaus, bspw. durch die überinstitutionelle Zusammenarbeit mit dem CCCM und die überörtliche Austragung der künstlerischen Ausbringungen in den Räumlichkeiten von artlab21 in Bonn.

418 Würde bspw. das Benzolhochhaus – in dem sich der in den vorgängigen Fußnoten skizzierte Kunstcluster eingangs verortet – nun abgerissen, wäre allerdings nicht nur ein bedeutsamer Austragungsort des Clusters, sondern auch der ursprüngliche Ort nicht mehr vorhanden.

419 Vor diesem Hintergrund könnten Lern- und Wissenscluster einerseits als Firniss eines Reflexionsraumes und als Membran eines Innovationsraumes sowie als Gestalt eines Wissensraumes und Form eines Sinnraumes interpretiert werden.

tropos' zu verstehen, indem Kräfte sich nicht nur bündeln, sondern darüber hinaus durch freie Wechselwirkung binden und neue Wege der Gestaltung durch kumulative Wissenskräfte eröffnen. Dies allerdings kann (wie im Kapitel 7 gezeigt) jedoch nur gelingen, indem die Wissensträger das Medium selbst aufbauen, ausgestalten, einer funktionalen Form zuführen und ihre Aktivitäten sinnenfällig in die Öffentlichkeit veräußern. Dazu sind über das Cluster-Roaming intermediärer Zusammenarbeit und das Cluster-Framing kultur-referentieller Verbundenheit unter Berücksichtigung differenzierter Deutungsmodi der Akteure umweltresistente Wissensformen zu strukturieren. Deren Textur muss nun so aussehen, dass sie nach außen hin wie eine schützende Membran wirkt und die hyperboliden Wissensformen nach innen hin abstützt. Damit würden die Außen- und Innenräume des Clusters nicht nur permeabel, sondern quasi ineinander übergehen. Vor diesem Hintergrund ließe sich der Cluster auch als ein soziokultureller Schöpfungsraum verstehen, dessen spannungsvolle Überführung einzelner an ihm beteiligter Figuren und Figurationen zu einer dynamischen Raum(gesamt)figur im Folgenden skizziert wird.

8.2 Cluster als experimentelle und soziale Raumformen

„1 Der Vorhang geht auf. [...]
2 Es taucht langsam von unten auf ----
3 wächst, wölbt sich, Formen fügen sich frei aus dem Raum an –
4 es wächst weiter und weiter – lebendiges Geschiebe von Formen bis –
5 es auf dem Boden aufsteht.
Fuß eines ungeheuerlichen Bauwerks mit Portal.
Das Portal schiebt sich auseinander –
der ganze Bau öffnet sich und –
6 entfaltet seine Hallen -- vielfarbiges Licht".

(Bruno Taut 1920 /Auszug aus dessen Werk „Der ‚Weltbaumeister'. Ein Architekturschauspiel")[420]

Im vorgängigen Kapitel habe ich aufgezeigt, dass sich Cluster nur auf Grundlage eines erweiterten Raumbegriffes verorten und verräumlichen lassen. Veranschaulicht wurde bereits, dass Clusterentwicklung aufgrund der notwendigen Inklusion vielgestaltiger Akteure sowie der Berücksichtigung einer Integration von

---

420 Entnommen aus Thiekötter u. a. (1993:65, kursive Hervorhebung des Originals getilgt). Tauts Baubeschreibungen wären auch ein exzellentes Reservoir für die Darstellung dynamischer, miteinander verschränkter und sich gleichwohl überlagernder und überlappender raum-zeitlicher Cluster-Dimensionen: So waren den von Taut entwickelten „Räumen in vielerlei Schichten und Variationen Elemente der Bewegung und damit der Verzeitlichung eingeschmolzen, so daß die einzelnen räumlichen Abschnitte überhaupt nicht als Teilsummen einer gemeinsamen, homogenen Erstreckung fasslich, sondern als verschiedene, ineinander verschränkte raumzeitliche Bezugssysteme erlebbar wurden" (Thiekötter u. a. 1993:57).

Wissensressourcen und Interessenlagen dieser agierenden Akteure einer ganz eigenen ‚Baukunst' bedarf. Skizziert wurde, dass eine solch konzeptionelle Wissensarchitektur sowohl die Zusammenführung zu einer Intermediären (LuW-Cluster) beinhalten als auch die Bewegungsfähigkeiten und Beweglichkeiten der konstruierenden Akteure bei Grenzfragen berücksichtigen muss. Offen geblieben ist allerdings, unter welcher Perspektivik Cluster als experimentelle und soziale Raumformen in Szene gesetzt werden können, um sie als funktional zusammenwirkende ‚Transitsysteme' des Lernens und Wissens realisieren zu können. Dies soll im Folgenden hergeleitet werden.

Ein analogistisches Paradigma für die Vorzeichnung von Clustern als experimentelle Raumformen sind extrafunktionale Kunsträume, wie wir sie in der darstellenden Kunst; konkreter in der sich auf den Bühnen und Tribünen des Theaters[421] realisierenden Schauspielkunst vorfinden.[422] Konzeptioniert man Cluster ähnlich einem Mitmach-/Mitgestaltungs- bzw. Partizipationstheater,[423] lassen sie sich mit einem, sich im dynamischen Raum inszenierten, schauspielerischen Szenario vergleichen, in welchem die Akteure als „Darsteller [...] zu einer Einheit mit der Bühne" (Argan 1962:47) verschmelzen, sich als „Raum-Formen" (ebd.) situieren und die Neugestaltung des Raumes dynamisieren, indem sie sich durch

---

421   Verlagern wir unsere Perspektive einmal auf die Bühnen und Tribünen darstellender Künste – vom antiken römischen Kolosseum mit seiner von den Zuschauertribünen umrahmten Arena über das vom Publikum, ähnlich wie ein Guckkasten abgegrenzte Hoftheater (vgl. Argan 1962:82f.) zum modernen Mitmachtheater – formieren sich diese ebenso wie im Cluster zu einem Setting, das in Bezug auf die Aus- und Umgebungsgestaltung unmittelbar über die Errichtung von Ein- und Abgrenzungen oder die Einrichtung etwaiger Zu- und Übergangsschwellen entscheidet.

422   Lipp (1994) verweist auf dieser Folie darauf, dass „die Schauspielmetapher ohne Zweifel zu den ältesten soziokulturellen Topoi" (ebd.:212) zähle. Dabei werfe sich allerdings „die Frage [auf, B. P.], ob Kategorien wie ‚Theater', ‚Schauspiel', ‚Darstellung' zur Erfassung von Kultur nur metaphorisch, gleichnishaft, oder am Ende konstitutiv heranzuziehen" (ebd.) seien.

423   Erweiterte Einbindungen des Publikums in das Theatergeschehen finden sich bereits im „von GROPIUS für PISCATOR entworfene[n] ‚totale[n] Theater'" (Argan 1962:48, Hervorhebung in Großbuchstaben im Original): „Das Totale Theater verschmilzt alle Typen des Schauspiels, verwickelt den Zuschauer mit in die Handlung" (Argan 1962:46f.) und „entfesselt seine inneren Kräfte" (ebd.:47). Es „strebt [...] danach, Bühne und Zuschauerraum zu vereinigen, indem es die Handlung auf die Zuschauer ausdehnt und den ganzen Theaterraum mittels Beleuchtung und Projektionen, die ‚nach allen Richtungen den Raum des Theaters in die Bühne miteinbeziehen' szenisch gestaltet" (Argan 1962:83). Durch dabei eingehende Partizipation der Zuschauer am theatralischen Geschehen entfalle die „Trennung zwischen Zuschauerraum und Bühne" (ebd.:47). Somit wird das Theater auch durch die entsprechend angepasste Beweglichkeit der Bauelemente zur bewegten und bewegenden Bühne. (Vgl. Argan 1962:47f.) Wie Argan aufzeigt, entwarf Schlemmer dazu eine „Bühnentechnik, die den Raum als das Ergebnis von Bewegung und Rhythmus auffaßt, als eine ‚Konstruktion', die sich verwirklicht und an der die Zuschauer selbst teilnehmen" (Argan 1962:47).

ihre Eigendynamik „selbst zur rhythmischen Bewegung" (ebd.) formieren und
diese selbstgesteuert[424] inszenieren.[425]

Verorten wir Cluster als experimentelle Raumformen, in die sich zahlreiche
Akteure inszenatorisch einschreiben, bieten sich zudem Anschlüsse an den Begriff und das Bedeutungsgebäude des Experimentes an und rücken den Cluster
in die Nachbarschaft eines in Szene gesetzten performativen Spektakels: „Wo die
Dramatik oder Theatralität des Experimentierens in den Vordergrund tritt, wird
nicht mehr vor allem theoretisches Wissen über einen Gegenstand angestrebt,
sondern ein Gefühl für das Funktionieren eines Zusammenhangs. Nicht die Zukunft macht dann noch die eigentliche Erfüllung des Experiments aus, nämlich
das, worauf es hinführt, was aus ihm zu folgern oder zu lernen wäre. Stattdessen

---

424   Selbststeuerung soll hier in Anlehnung an die Ausführungen von Pankoke, Nokielski und Beine
      als eine hochgradig aktive Einflussnahme der Akteure auf die Steuerung und Gestaltung von
      Person, System und Umfeld und eine durch diese Einflussnahme bewirkte Dynamisierung
      der Person-System-Umwelt-Konstellation gefasst werden. (Vgl. eingehend Pankoke 2004:29
      sowie Pankoke/Nokielski/Beine 1975) Diese Einfassung von Selbststeuerung kann durch das
      (in dieser Arbeit von mir im Rahmen der Ausführungen zur Performativität bereits erwähnte)
      Statement ‚perform yourself beyond the power' sinnenfällig zum Ausdruck gebracht werden.
      Vor diesem Hintergrund wird die eigene ‚Performance' als ein eigenmotivierter schöpferischer
      Vollzugsakt des ‚In-Szene-Setzens' in das Bedeutungsgefüge des Selbststeuerungsbegriffes
      einfassbar. Eine so verstandene Konzeption von Selbststeuerung, welche weit über bloße
      Imitation oder reine Adaption hinausgeht und mit dem Anspruch antritt, selbsttätige Kreation,
      Neukonstruktion und improvisatorische (Re-)Formation von Rollen und Formaten zu erzielen,
      kann als eine Prä-Konfiguration zur Konnexion des Disparaten gereichen.
425   Fischer-Lichte führt eine Definition von Inszenierung ein, die am ehesten mit der hier dar-
      zustellenden Inszenierungsform der Clusterakteure übereinkommt, da sie zum einen sowohl
      authentische als auch dynamische Momente der Inszenierung explizit aufgreift, zum anderen
      an die hier vertretene extrafunktionale Form experimenteller Räume anknüpft, die sich in
      spielaffinen Prozessen formieren. So definiert Fischer-Lichte „Inszenierung als den Vorgang
      der Planung, Erprobung und Festlegung von Strategien, nach denen die Materialität der Auf-
      führung performativ hervorgebracht werden soll, wodurch zum einen die materiellen Elemente
      als gegenwärtige, in ihrem phänomenalen Sein in Erscheinung treten können, und zum anderen
      eine Situation geschaffen wird, die Frei- und Spielräume für nicht-geplante, nicht-inszenierte
      Handlungen, Verhaltensweisen und Ereignisse eröffnet" (Fischer-Lichte 2004:327). Über-
      trägt man dies auf Cluster folgt daraus, dass die zu wählende (Spiel-)Szenerie ein wichtiges
      Kriterium ist, um individuelle ‚Intra-Visionen' im Rahmen der Zielfindung später überhaupt
      in kollektive ‚Inter-Visionen' und damit kollektiv viable Wirklichkeitsformen überführen zu
      können. Denn „[o]bwohl das Handeln im Spiel, ja spielerischen Wagnis, stets versucht, sich
      selbst als sinnhaft zu erfahren, steht es damit in Gefahr, sich der Belanglosigkeit am Ende nur
      des ‚Zufalls', des ‚Wettstreits' um jeden Preis, des puren ‚Maskenzaubers' und ‚Rausches'
      auszuliefern; es unterliegt dieser Gefahr immer dann, wenn es nicht imstande ist, die Bezüge,
      die das Spiel ihm eröffnet, an die Gesellschaft und eine tragende, neue Ordnung – Ordnung,
      die noch in Frage steht – wieder zurückzubinden" (Lipp 1994:202f.). Damit bestimmt die Art
      der Inszenierung auf der sozial-kulturellen Cluster-Bühne nicht nur das Bühnenbild, sondern
      auch Bauplan, Regieanweisungen und (Re)aktionsformen der Akteure gewissermaßen schon
      bei der ersten Probe, spätestens aber zum Auftakt des experimentellen ‚Cluster-Theaters'.

bietet sich hier eine Erfüllung an, die sich unmittelbar aus dem Vollzug und Ablauf des Experiments ergibt. [...] Wer so experimentiert, interessiert sich weniger für den Wissenserwerb und die Darstellung der Wirklichkeit als für die Einbindung zahlreicher Akteure in einen komplexen Erfahrungszusammenhang. Hier treten die Experimentatoren bewusst als Inszenatoren eines Spektakels auf [...]" (Nordmann 2009:17f.).

Unternimmt man den Versuch, Cluster als eine solch geartete Form[426] in Szene zu setzen, muss jedoch zunächst deren „Formhülle gedanklich auf[ge]laden" (Engelbert 1993:145) werden. Diesbezüglich gilt es hier nicht nur en gros zu verräumlichen, sondern Cluster selbst – zuvorderst als „räumliche Konstruktion des Sozialen und [...] soziale Konstruktion des Räumlichen" (Löw 2001:56) zu spezifizieren und diese erst einmal als eine übergeordnete soziale Raumidee zu konzipieren.[427] Erst im Anschluss an eine solche Überlegung verlöre der Cluster – ebenso wie es Funken und Löw (2002) bereits für den ‚Raum' aufgezeigt haben – „die Bedeutung, ein jenseits der Menschen existierendes Objekt zu sein" (Funken/Löw 2002:88) und erst vor diesem Hintergrund lassen sich Cluster zu dyna-

---

426 Die Entwicklung einer solchen Form setzt jedoch voraus, dass trotz einer speziellen Verortung und Positionierung der Akteure im Raum, deren individuelle Interessen und Ziele stets berücksichtigt werden sowie deren Einzigartigkeiten und Besonderheiten gewahrt bleiben und als ‚gewichtig' eingestuft werden: Nur so kann es gelingen, dass die an einem Cluster zu beteiligenden Akteure ihre formbildende Einbindung in den Cluster selbst formfindend ausüben.

427 Im Zuge dessen steht auch eine Spezifikation des Clusterbegriffes hinsichtlich der Inklusion sozialer und räumlicher Dimensionen aus, damit Cluster als ein „dynamisch-konstruktive[s] Kraftsystem" (Moholy-Nagy 2001:163) spezifiziert werden können, in welchem „der [...] Mensch in allen seinen Potenzen mehr als je gesteigert, selbst zum aktiven Faktor der sich entfaltenden Kräfte wird" (ebd., Kleinschreibung im Orig. hier getilgt) Da die zuhauf propagierte ‚Übersummativität' von Clustern zunächst jedoch produktiv nutzbar gemacht werden muss, um durch „[d] as freie Spiel der Kräfte" (Thiekötter u.a. 1993:35) auch ein ‚Summarium gewichtiger Kraft' zu erzeugen, unterstelle ich einer wirkmächtigen und wesentlich wirkungsvollen Cluster-Genese einen künstlerischen Formbildungsprozess, der das Zusammenspiel visionärer, schöpferischer und plastischer Kraft jener, an ihm zu beteiligenden Akteure notwendig einfordert: „[V] isionäre Kraft" (Pankoke 2007:316, im Rekurs auf Clausewitz, vgl. auch Ders. 2006:178) steht als Moment innerer Vorstellungskraft für innovative Möglichkeiten zur Neukonstruktion des Bestehenden. ‚Schöpferische Kraft' wird hier in Anlehnung an die Ausführungen von Kandinsky (1925:639, zit. n. Bunge 1996:26) als originäre kreative Initialisierungskraft gefasst. „[P]lastische Kraft" (Nietzsche 1999:251) steht in moderater Übertragung der von Nietzsche mit diesem Ausdruck verbundenen Impeti. Nietzsche versteht unter „plastischer Kraft" (ebd.), „jene Kraft, aus sich heraus eigenartig zu wachsen, Vergangenes und Fremdes umzubilden und einzuverleiben, Wunden auszuheilen, Verlorenes zu ersetzen, zerbrochene Formen aus sich nachzuformen" (Ders. 1999:251). Dementsprechend steht der Ausdruck hier Pate für die gemeinsame Revitalisierung, Formung, sowie (Aus-) und (Neu-)Gestaltung der kollektiven Wissensmergings während der Zielfindungs- und Zielbildungsprozesse und sich daraus ergebender Funktionszuweisungen.

mischen Lern- und Wissensräumen ausbauen und dementsprechend dann als sozio-ökonomische Ermöglichungsräume interpretieren.[428]

An dieser Stelle gewinnt das Gefüge des ‚sozialen Raums' an Bedeutung,
weshalb sich ein kleiner Verweis auf Sorokin lohnt: „Sorokin (1927) prägte als
einer der ersten den Begriff des ‚sozialen Raums'" (Funken/Löw 2002:84). Der
soziale Raum werde von Sorokin vom geometrischen Raum deutlich abgegrenzt
(vgl. ebd.): „In the first place, *social space is something quite different from geometrical space.* [...] A man may cross thousands of miles of geometrical space
without changing his position in social space; and, *vice versa,* a man may stay at
the same geometrical place, and yet, his social position may change enormous-
ly" (Sorokin 1964:3f., kursive Hervorhebung im Orig.). Nach Sorokin beherberge
der soziale Raum eine Vielzahl von Dimensionen, ließe sich aber dennoch klassifizieren (vgl. Ders. 1964:7):

> "Euclid's geometrical space is space of the three dimensions. The social space is space of many
> dimensions because there are more than three different social groupings which do not coin-
> cide with each other [...]". [...] For the sake of a simplification of the task it is possible, howe-
> ver, to reduce the plurality of the dimensions into two principal classes, provided that each is
> to be subdivided into several subclasses. *These two principal classes may be styled the ver-
> tical and the horizontal dimensions of the social universe"* (Sorokin 1964:7, kursive Hervor-
> hebung im Original).

Betrachten wir dies akteursspezifisch, so differieren soziale Positionen laut Sorokin je nach Fokussierung der entsprechenden Dimension:[429] „While their social position from the horizontal standpoint seems to be identical, from a vertical
standpoint it is quiet different" (Sorokin 1964:7f.). (Vgl. dazu auch Funken/Löw
2002:84, im Rekurs auf Sorokin 1959)[430]

---

428   Eine solche Zielstellung erfordert es u.a. "die Perspektivenfrage, die kulturellen Deutungs-
      muster, die in räumliche Arrangements einbezogenen anderen Menschen, die körperliche
      Wahrnehmungsfähigkeit, die sozial produzierten Güter und Orte [...]" (Funken/Löw 2002:88)
      einzubeziehen.
429   Vor dem Hintergrund von Sorokins Zugriff darf der Begriff des ‚Sozialen' freilich nicht als
      ein humanistisches Wertschöpfungsideal missinterpretiert werden. Das bedeutet, der Begriff
      ‚sozial' markiert hier die Ausbildung einer sozialen Positionierung. Dementsprechend beinhaltet
      er ein völlig anderes Bedeutungsgefüge als ich es bspw. für das ‚soziale Lernen' im Hinblick
      auf eine wertschätzende Begegnung oder soziale Einstellung des egos gegenüber den alteri
      formuliert habe. (Vgl. Kapitel 7 dieser Arbeit)
430   Funken und Löw fassen einen entscheidenden Ausschnitt der Perspektive von Sorokin wie
      folgt zusammen: „Im sozialen Raum definiere man sich in Relation zu anderen Menschen oder
      zu anderen sozialen Phänomenen. Dabei müsse zwischen der vertikalen und der horizontalen
      Dimension der Vergesellschaftung unterschieden werden. Vertikal sei die Gruppenbildung
      entscheidend, z.B. die Zugehörigkeit zur Gruppe der katholischen Gläubigen. Horizontal
      differenzieren sich die Gläubigen in den Papst, die Bischöfe, die Priester sowie die Gemein-
      demitglieder mit unterschiedlichen Machtpotentialen" (Funken/Löw 2002:84, im Rekurs auf

Auch bei der Untersuchung von Clustern wird zwischen der vertikalen Dimension und der horizontalen Dimension unterschieden. (Vgl. z. B. Kiese 2008:11) Diese Differenzierung erfolgt jedoch zumeist mit Blick auf die Darstellung des Transfers von Wissen und Ressourcen über Wertschöpfungsstufen und Wertschöpfungsketten eines Clusters.[431] Cluster wurden bislang allerdings nicht als Zeitzeichen neuartiger Bildungsprozesse von Gesellschaft und/oder[432] Gemeinschaft interpretiert, geschweige denn hinsichtlich jener speziellen vertikalen und horizontalen Dimensionen untersucht, welche mit diesen Bildungsprozessen explizit verbunden sind.

Um diese Prozesse zu konturieren, ließe sich mit Einschränkungen auf Definitionen von Georg Simmel und Max Weber abheben.[433] Widmen wir uns daher zunächst in aller Kürze dem Begriffsverständnis von Simmel. Simmel definiert „Vergesellschaftung [als, B. P.] […] die, in unzähligen verschiedenen Arten sich verwirklichende Form, in der die Individuen auf Grund jener – sinnlichen oder idealen, momentanen oder dauernden, bewußten oder unbewußten, kausal treibenden oder teleologisch ziehenden – Interessen zu einer Einheit zusammen-

---

Sorokin, Pitirim Alexandrowitsch (1959/Orig. 1927): Social Mobility. New York: Routledge/ Thoemmes Press)

431 Versteht man einen Cluster als einen eigenen sozialen Raum, der u. a. in eine vertikale und horizontale Dimension unterteilt werden kann, so ist die Darstellung des damit verbundenen mehrdimensionalen Beziehungs- und Einflussgefüges in aktuellen Praxen bislang nur unwesentlich über eine bloße Sichtbarmachung und Verortung der zu beteiligenden Akteure hinaus gediehen. Aufgrund der bislang oftmals mit großer Selbstverständlichkeit vorgenommenen Gleichstellung von Clustern und Netzwerken sowie der Vielzahl sich im Umlauf befindlicher Clusterdefinitionen existieren natürlich Vergleiche zwischen den Stellungsgefügen in Clustern und den Beziehungs- und Bedeutungsgefügen von Netzwerken und anderen industriellen Kooperationsformen. Diese erweisen sich bei Scharfstellung des Blickes jedoch häufig nicht als reelle komparatistische Differenzierungen, sondern als bloße Übertragungen der Gefüge eben dieser Formationen auf Cluster und werden einer clusterspezifischen (Wissens-)Architektur daher kaum gerecht. Eine Ausnahme bildet Kiese, da er nicht nur auf die Darstellung von Wertschöpfungsketten und -stufen in Clustern abhebt, sondern Cluster als ein mehrere Dimensionen beinhaltendes „Wertschöpfungs*system*" (Kiese 2008:11, kursive Hervorheb. im Orig.) konturiert.

432 Es mag erstaunen, dass ich hier eine ‚und/oder' Verknüpfung wähle, doch es stellt sich ja zunächst einmal die Frage, ob es sich bei den mit Clustern einhergehenden Entwicklungsprozessen nun eher um Formen handelt, die an Prozesse der Vergesellschaftung oder Vergemeinschaftung angelehnt werden können und/oder ob es sich unter Berücksichtigung zeitlicher Verläufe der räumlichen Clusterentwicklung um eine Mixtur beider Prozesse handelt, welche sich im Rahmen einer Differenzierung der Clusterdimensionen evtl. noch auffächer.

433 Auch Tönnies und sein bezeichnendes Werk (2005/Orig. 1887) lassen sich hier argumentativ anschließen. „Zwar gebrauchte […] [Tönnies, B. P.] im Unterschied zu Simmel und Weber noch nicht den Begriff der ‚Vergesellschaftung', jedoch war sein Verständnis von Gesellschaft bereits so angelegt, daß Tönnies gerade die Entstehung ständig neuer sozialer Spannungen und Konflikte sowie eine alles Bestehende mit sich reißende Entwicklungsdynamik als Kennzeichen des fortschreitenden Vergesellschaftungsprozesses ansah" (Lichtblau 2000:427).

wachsen und innerhalb deren [sic!] diese Interessen sich verwirklichen" (Simmel 1968:5). Er verweist weiterhin darauf, dass der Begriff Gesellschaft zwei, stets zu separierende Bedeutungen in sich trage. (Vgl. Simmel 1968:8): „Sie [die Gesellschaft, B. P.] ist einmal der Komplex vergesellschafteter Individuen, das gesellschaftlich geformte Menschenmaterial [...]. Dann aber ist ‚Gesellschaft' auch die Summe jener Beziehungsformen, vermöge deren [sic!] aus den Individuen eben die Gesellschaft im ersten Sinne wird" (ebd.).

Wie Lichtblau (2000) betont, liege nach Simmel „bereits immer dann eine elementare Form der Vergesellschaftung vor, wenn zwei oder mehrere Individuen eine Beziehung zueinander eingehen bzw. in Wechselwirkung miteinander treten. Nach Simmel ist es dabei völlig gleichgültig, aufgrund welcher Motive und Interessen die einzelnen Individuen aufeinander einwirken und insofern eine Vergesellschaftung bilden" (ebd.:427f.).[434] Übertragen wir dieses Verständnis auf Cluster, wäre zweifelsohne auch die Clusterentwicklung ein Prozess elementarer Vergesellschaftung, da diese stets eine wechselseitige Interaktion der Akteure voraussetzt. Jene, die Clusterbildung vorantreibenden Motive und Motivationen der an einem Cluster beteiligten Akteure können jedoch unter Rekurs auf die Ausführungen der Vergesellschaftungsprozesse bei Simmel nicht erklärt werden.

Während sich die Prozesse der Vergemeinschaftung und Vergesellschaftung für Simmel nicht ausschließen, (vgl. Lichtblau 2000:428) da dessen Intention sich – wie Lichtblau aufzeigt, – auf die Differenzierung von Gesellschaft und Individuum fokussiere (vgl. ebd.), gestaltet sich ein Abgrenzungsprozess zwischen selbigen bei Weber u. a. aufgrund seiner zahlreichen weiteren Subdifferenzierungen ungleich komplizierter. Erschwerend kommt hinzu, dass Weber seine Definitionen im Zeitverlauf selbst grundlegend verändere. (Vgl. Lichtblau 2000) Wir wollen uns daher nur auf jene, für die Clustergenese potentiell anschlussfähigen Definitionen Webers beschränken und hören dazu zunächst in den Originalton Webers hinein: „Von ‚Gemeinschaftshandeln' wollen wir da sprechen, wo menschliches Handeln subjektiv sinnhaft auf das Verhalten anderer Menschen bezogen wird" (Weber 1985:441). Dementsprechend sei das sog. „Gemeinschaftshandeln" laut Weber „das primäre Objekt einer ‚verstehenden' Soziologie. [...] Bestandteil des Gemeinschaftshandelns bildet insbesondere dessen sinnhafte Orientierung an den Erwartungen eines bestimmten Verhaltens anderer und den danach für den Er-

---

434 Lichtblau zeigt auf, dass Simmel „den Begriff der Vergesellschaftung zur Kennzeichnung jener sozialen Strukturen und Prozesse [verwendet hat, B. P.], mit denen ein fortschreitender *Sozialisationsprozeß* der einzelnen Individuen verbunden ist. Aus diesem Grund ist für sein Verständnis von Vergesellschaftung auch nicht der Gegensatz von *Gemeinschaft* und *Gesellschaft*, sondern der Gegensatz von *Individuum* und *Gesellschaft* konstitutiv" (Lichtblau 2000:428, kursive Hervorhebung im Original).

folg des eigenen Handelns (subjektiv) geschätzten Chancen" (Weber 1985:441).
Ein ausdifferenzierteres „Gemeinschaftshandeln" (ebd.) sei laut Weber das sog.
„Gesellschaftshandeln" (Ders. 1985:442): „Vergesellschaftetes Handeln (‚Gesellschaftshandeln') wollen wir ein Gemeinschaftshandeln dann und soweit nennen,
als es 1. sinnhaft orientiert ist an Erwartungen, die gehegt werden auf Grund von
Ordnungen, wenn 2. deren ‚Satzung' rein zweckrational erfolgte im Hinblick auf
das als Folge erwartete Handeln der Vergesellschafteten, und wenn 3. die sinnhafte Orientierung subjektiv zweckrational geschieht" (Weber 1985:442).

Diese und weitere sehr sperrige Formulierungen Webers fasst Klaus Lichtblau
in seinem Rekurs auf selbigen stark vereinfachend zusammen: „Eine *Vergemeinschaftung* liegt Weber zufolge dann vor, wenn das Handeln zweier oder mehrerer
Menschen sinnhaft aufeinander bezogen ist; eine *Vergesellschaftung* liegt dagegen immer dann vor, wenn das Handeln zweier oder mehrerer Menschen nicht
nur sinnhaft aufeinander bezogen ist, sondern diese sinnhafte Orientierung ihres
Handelns darüber hinaus zugleich auf der Existenz einer gesatzten Ordnung beruht bzw. diese als solche überhaupt erst konstituiert" (Lichtblau 2000:430, kursive Hervorhebung im Original). Und weiter: „Als ein *Gesellschaftshandeln* bzw.
ein ‚vergesellschaftetes Handeln' versteht Weber dagegen ein Handeln, das sinnhaft an Erwartungen orientiert ist, die aufgrund des Bestehens von *Ordnungen*
gehegt werden, deren Satzung rein *zweckrational* im Hinblick auf das als Folge erwartete Handeln der Vergesellschafteten zustande gekommen ist [...]. [...]
Jenes Handeln, durch das eine solche Vereinbarung bzw. eine auf ihr beruhende Ordnung zustandekommt, bezeichnet Weber dagegen als ein *Vergesellschaftungshandeln,* um dieses von dem an einer bereits bestehenden Ordnung orientierte Gesellschaftshandeln terminologisch abzugrenzen" (Lichtblau 2000:429,
kursive Hervorhebungen im Original). Fehle diese gesatzte Ordnung hingegen,
beschreibe Weber ein solches Konglomerat als „Einverständnisvergemeinschaf-
tung". (Vgl. Lichtblau 2000:431)

Auch Webers Zugriff entbehrt einer Differenzierung zwischen einer Zwei-
Personen-Interaktion und einem Interaktionsverbund, der sich – wie bspw. bei einem Cluster – durch eine größere Anzahl von Akteuren auszeichnet. Lässt man
dies einmal beiseite und abstrahiert obige Definition ungeachtet dieser Diskrepanz
dennoch auf einen Cluster, wäre (im Rückgriff auf die von Lichtblau 2000:432
dargelegten Weberschen' Thesen) auch ein ‚Top-down' initiierter Cluster, welcher
noch über keine Rechtsform verfügt, laut Weber eine „Einverständnisvergemein-
schaftung" (Ders.).[435] Da den meisten Clustern aktuell noch die Rechtsform fehlt,

---

435 Denn: Wie Lichtblau betont, dürfe „[d]er von Weber in diesem Zusammenhang herangezogene
     Begriff des ‚Einverständnisses' [...] dabei keinesfalls mit einer ‚Verständigung' im Sinne der

ließe sich bei selbigen – zumindest nach Weber – nicht von einer ‚Vergesellschaftung' sprechen. Im Zuge der Unterlegung einer für sie geltenden rechtsfähigen Ordnung bzw. Satzung werden sie jedoch einem „Vergesellschaftungshandeln" (Weber) unterzogen, sodass die in diesen Clustern erfolgenden Handlungsvollzüge nach Verabschiedung der Rechtsfähigkeit in ein "Gesellschaftshandeln" (Weber) übergehen. Ein sinnhaft aufeinander bezogenes Handeln der Akteure zieht laut obiger Definition Webers hingegen stets eine ‚Vergemeinschaftung' nach sich, die als solche auch ohne Vorliegen einer gesatzten Ordnung vollzogen wird. Da eine ‚Vergemeinschaftung' laut der obigen Definition Webers lediglich auf sinnhaft ausgerichtetem interaktivem Handeln gründet, wäre sie der ‚Vergesellschaftung' im zeitlichen Verlauf des Clusterentwicklungsprozesses also stets vorgeordnet.[436]

Wie Lichtblau (2000) zeigt, verändere sich die Sichtweise Weber's auf den Forschungsgegenstand in weiteren Schriften jedoch grundlegend: „Denn unter einer *Vergemeinschaftung* versteht Weber jetzt eine soziale Beziehung, die auf ‚subjektiv *gefühlter* (affektueller oder traditionaler) *Zusammengehörigkeit* der Beteiligten' beruht. Unter Vergesellschaftung versteht Weber dagegen eine soziale Beziehung, ‚wenn und soweit die Einstellung des sozialen Handelns auf rational (wert- oder zweckrational) motiviertem Interessen*ausgleich* o[d]er auf ebenso motivierter Interessen*verbindung* beruht', wobei er spezifizierend hinzufügt, daß diese auf einer rationalen Vereinbarung durch gegenseitige Zusage beruhen *kann*, aber nicht *muß* (Weber 1972:21)" (Lichtblau 2000:437 im Rekurs auf Weber 1972:21, Zitationen von Weber und kursive Hervorhebungen im Original).[437] Dementsprechend wird „[d]as vormals für das Vergesellschaftungshandeln zentrale Kriterium der ‚vereinbarten Ordnung' […] [durch Weber selbst, B. P.] relativiert und durch das neue Kriterium der rationalen Interessenwahrnehmung ersetzt" (Lichtblau 2000:437).

---

freiwilligen Zustimmung oder solidarischen Einigung verwechselt werden. Denn Weber faßt diesen Begriff ausdrücklich so weit, daß er nicht nur den *Kampf*, sondern auch die Akzeptanz einer *oktroyierten* Ordnung miteinbezieht" (Lichtblau 2000:432, im Rekurs auf Weber 1985:463,468, kursive Hervorheb. im Orig.).

436   Diese Vergesellschaftung findet sich auch mit Blick auf heutige Rechtsformen wieder. Um die Rechtsfähigkeit als juristische Person zu erlangen und wirtschaftlich tätig zu werden, müssen Organisationen sich eine Ordnung bzw. Satzung geben und diese auf eine Rechtsform gründen. Der Begriff Gesellschaft findet sich auch gegenwärtig in den meisten, die jeweilige Rechtsform beschreibenden Begrifflichkeiten wieder, wie bspw. Gesellschaft mit beschränkter Haftung (GmbH), Aktiengesellschaft (AG), Kommanditgesellschaft (KG) etc. Ist ein Zusammenschluss hingegen als reine Arbeits-Gemeinschaft ausgelegt, fehlen ihm die Rechtsform und damit auch die Rechtsfähigkeit.

437   Lichtblau bezieht sich hier auf: Weber, Max (1972): Wirtschaft und Gesellschaft. Grundriß der verstehenden Soziologie. 5. Aufl., Tübingen: J. C. B. Mohr (Paul Siebeck)

Auf Basis dieser Definitionen könnte ein Cluster nun – auch wenn er keiner Rechtsform unterläge – als ein vergemeinschaftetes und *zugleich* vergesellschaftetes Gebilde aufgefasst werden. Allerdings setzt eine diesbezügliche Auslegung in Anlehnung an diese Definition Webers dann voraus, dass jene, den Clustern aktuell unterstellte Sozialität hier im Sinne einer wechselseitigen Solidarität verstehbar und von den zu beteiligenden Akteuren selbst als solche erlebt und erfahren wird, was wiederum auf einer Wahrung und Integration ihrer Interessen, Motive und Motivationen gründet. Obgleich die Definitionen von Simmel und Weber damit zahlreiche Anschlussflächen für die soziale Situierung und Verortung eines sich entwickelnden Clustergebildes aufweisen, können beiderlei Definitionen – wie bereits skizziert – nicht ohne weitere Einschränkungen auf die Entwicklungsprozesse im Cluster übertragen werden. Wie Lichtblau (2000) aufzeigt, enthielten beide zudem eine nahezu synonymische Setzung des Begriffes ‚Vergesellschaftung' mit anderen Begriffen oder Phänomenen. (Vgl. Lichtblau 2000:426f.) So seien „in Webers Sprachgebrauch [...] Rationalisierung und Vergesellschaftung austauschbare Begriffe" (Lichtblau 2000:426) und Simmels „Begriff der Vergesellschaftung ist [...] mit dem von ihm zur Beschreibung von sozialen Beziehungen herangezogenen Begriff der *Wechselwirkung* identisch" (ebd.:427, kursive Hervorheb. im Orig.). (Vgl. dazu eingehend Simmel 1968:6)

Nun geht es zwar in Clustern immer auch um Rationalität und verschiedenartige Wechselwirkungen, jedoch geht es immer auch um Prozesse gesteigerter Reflexivität und um die Notwendigkeit zur Spezifizierung und Balancierung der besonderen Motive, Motivationen und Interessen der an ihnen zu beteiligenden Akteure, durch welche zukunftsweisende und zielführende Wechselwirkungen überhaupt erst zustande kommen. Deutlich wird damit, dass ein soziales und experimentelles Clustergebilde – sodenn es darauf angelegt werden soll, den Raum durch das Summarium seiner Spektralkräfte als vielfarbige ‚Laterna Magica' zu illuminieren – eben gerade nicht als vorkonfiguriertes und wohlmöglich vorkonfektioniertes Verschlusssystem präkonfiguriert werden kann. Dies wiederum hat unmittelbare Relevanz sowohl für ein zu dimensionierendes Cluster-Management als auch für ein vorgelagertes und prozessual begleitendes Cluster-Development: Versteht man Cluster als experimentelle und soziale Gebilde, so beinhaltet Cluster-Management auch das Management dieser experimentellen und sozialen Erscheinungen. Wie ein solch hochkomplexes Management durch ein Cluster-Development präkonfiguriert werden kann, wird die Thematik des folgenden Kapitels anführen.

9. Vom Szenario zur Szenerie

9.1 Cluster-Management und Cluster-Development stehen Kopf, der Kopf steht quer

Bis dato habe ich herausgearbeitet, dass Cluster durchaus die Modellfunktion eines 'tertium comparationis' erfüllen können, indem sie nicht ausschließlich der ökonomischen Verzweckung dienen, sondern systemübergreifend als sinnhafte Suprasysteme des Lernens und Wissens fassbar und verständlich werden. Dies setzt allerdings voraus, dass es den Akteuren gänzlich gelingt, ein umfassendes Cluster-Development als präkonzeptionelle 'Form der Sinnform' zu initialisieren. Vor dem Hintergrund meiner bisherigen Bearbeitungen zur Hinterfragung der Verortungen und Verräumlichungen von Clustern wurde deutlich, dass es sich bei diesen nicht um „geschlossene Kreise" (Pankoke)[438] handeln kann, welche sich über ein vordefiniertes Raster mit 'Zirkel' und 'Schablone' (re)konstruieren lassen. Cluster sind vielmehr in den Raum einzuschreibende und diesen kontinuierlich verändernde Zeitzeichen, die sich aus individuellen Interessen, kollektiven Bedürfnissen sowie lokalen und globalen Dispositionen speisen und demzufolge einer konsensual passenden Formungslehre bedürfen.

Vor dem Hintergrund globaler Problemhorizonte und einer verstärkt überregional und international ausgerichteten Unternehmungs- und Innovationspolitik unternehmen aktuell immer mehr Organisationen den Versuch, sich zu Clustern zusammenzuschließen, um der kardinalen Richtschnur von Effizienz und Effektivität, vulgo der Sicherung und Steigerung von Wachstum und Wettbewerbsfähigkeit weiterhin gerecht werden zu können. Um Innovationen mit vereinten Kräften gemeinsam zu produzieren, verfolgen insbesondere eine große Anzahl der auf F&E ausgelegten Organisationen – in Angleichung an die auch von der EU-Kommission propagierten Ziele – das Bestreben, Innovations- und Modernisierungspartnerschaften zwischen Wirtschaft und Wissenschaft auf- und auszubauen. Auf Basis der Ergebnisse meiner Arbeit werden diese, sich vorerst im Prozess der Bildung und Neuentstehung befindlichen Cluster die Notwendigkeit einer damit ein-

---

438 Die Symbolik des Kreises wird von Pankoke als Analogie zur Beschreibung einer speziellen Sinn- und Sozialform anschlussfähig gemacht. (Vgl. Ders. 2006:179f.)

hergehenden großangelegten systemübergreifenden Umstrukturierung allerdings
nur dann erfolgreich angehen und bewerkstelligen können, wenn ihnen zuvorderst
ein Metadesign zur Konzeptionalisierung der damit verbundenen äußerst voraussetzungsvollen Entwicklungs- und Gestaltungsprozesse zur Seite gestellt wird.

Versteht man Clusterentwicklung darüber hinaus nicht nur als Ressourcen-
allokation, sondern als Wissensentwicklung, berührt dies zwangsläufig auch die
strategische Ausrichtung sowie die Inkludierung von Wissen und Werten der
Wissenssysteme in den Cluster. Im Rahmen der in dieser Arbeit entwickelten
und ausgebauten Clusterperspektivik stellen sich die Wissenssysteme von Wissenschaft und Wirtschaft nunmehr als ‚Embedded Systems' dar. Im Grunde konkretisiert sich die von Praktikern aktuell favorisierte und vorrangig aufgeworfene
Frage nach einer funktionalen Systemintegration der Wissenssysteme von Wissenschaft und Wirtschaft in einen Cluster damit erst nachgeordnet. Kardinaler
und virulenter werden zunächst übergeordnete Fragestellungen, bspw. wie man
a) über diese Systeme einen erweiterten Referenzrahmen legen bzw. eine (Wis-
sens-)Architektur ‚zäumen' kann[439] und b) wer in Clustern auf welche Weise eine
systemübergreifende Steuerungs- oder Regelungsfunktion wahrnehmen kann?

Eine Identifizierung und Charakterisierung dieser ‚Missing Elements' wird
vor dem Hintergrund aktueller Clusterbildungsaktivitäten somit absolut vordringlich, müssen doch die in Clustern agierenden Akteure längst nicht nur den Binnen-
strukturen ihrer jeweiligen Organisation gerecht werden, sondern zur interorganisationalen Zielerreichung und Gewährleistung intersystemischer Interoperabilität
auch die neuen Umweltmaßstäbe globaler Forschungs- und Innovationspolitik
strukturell antizipieren. Dementsprechend gilt es für das Cluster-Development,
auch eine umfassende Inklusion der erweiterten globalen und sozio-kulturellen
Erfordernisse zu berücksichtigen, disparate Interessenlagen zu balancieren, ausgearbeitete Konzeptionalisierungsstrategien zu reflektieren, ferner gemeinsame
Ergebnisse und Erfolge marktnah in die Öffentlichkeit zu transportieren und potentielle Kunden medienwirksam zu adressieren.

Greift man lediglich diese skizzierten Herausforderungen in dieser kurzen
Zusammenschau auf, wird der Mangel einer grundlagengeführten und intensivier-
ten Innovations- und Clusterforschung sowohl im Hinblick auf Umsetzungsfra-
gen als auch in Bezug auf das Erfordernis einer konzeptionellen Meta-Architektur
immer offensichtlicher. Moderne Clusterforschung wird ihren Forschungsraum
diesbezüglich neu vermessen und damit verbundene Forschungsaktivitäten zwin-

---

439 So betrachtet, besteht eine kardinale Problematik bei der Clusterentwicklung darin, intelligente
     Formbildungsprozesse anzustoßen, um intersystemisch generiertes Wissen zu bündeln und
     als ‚mental software' an den Clusterorganismus zu binden.

gend um soziale und kulturelle Dimensionen erweitern müssen. In Bezug auf eine – vor diesen Hintergründen notwendig erscheinende – Berücksichtigung und Verschwisterung materieller Interessen des Marktes, ideeller Interessen sozialer Wertschöpfung sowie organisationaler Sinn- und kultureller Identitätsbildungsprozesse stecken jedoch sowohl die Formfindung und Sinnbildung von Clustern als auch die Entwicklung effektiver Steuerungsformen aktuell noch in den Kinderschuhen: Nicht nur die Ermittlung des Meta-Designs und des ‚Placements' von Clustern, sondern auch die Entwicklung eines darauf ausgelegten Managements stellen somit DIE Herausforderungen schlechthin dar. Muten doch Ausforschung und Ausrichtung einer prospektiven Clusterentwicklung – welche in der Lage wäre, die Formung und Gestaltung von Clustern unter Berücksichtigung aller Variablen adäquat präjudizieren zu können – zu Recht als außerordentliche Kunstformen an, da die gesteigerte systemübergreifende Komplexität schier undurchschaubar und das ‚Wissens-Bauwerk' Cluster damit zu Beginn mitunter unkonstruierbar und unkonfigurierbar scheint.[440]

Bereits das – der eigentlichen Clusterentwicklung vorgelagerte – Bestreben, aus dem vermeintlich überbordenden Angebot an gängigen Managementmoden und -methoden diejenigen herauszufiltern, die auf die Steuerung der *Bündelung* von Strategien, Strukturen und Kulturen abzielen, d. h. auf die Steuerung polyvalenter Akteurssysteme und somit auf die Reduktion gesteigerter Komplexität selbst fokussieren, ist bereits denkbar schwierig. Denn: Übliche Konzepte lassen nahezu offen, mit welchen Zugängen und Herangehensweisen *Cluster* als systemübergreifende und interorganisationale Denkmodelle auf Basis sozialer Interaktionen organisations- und grenzüberschreitend gestaltet und gesteuert werden können. Da eingespielte Konzepte zumeist ohnehin auf eine methodische Umsetzung auf und *innerhalb* der organisationalen Ebene ausgelegt sind oder aber auf die *exter-*

---

440 Erschwerend kommt hinzu, dass sich etwaig etablierende ‚Patentrezepte' von ‚best practice' nicht dazu eignen, als zukünftige Orientierungsgrößen einer konstitutiven Clusterentwicklung zu fungieren: ‚Patentrezepte' *für* Cluster gelingen nicht, weil diese nicht die voraussetzungsvollen Antezedenzbedingungen und die höchst komplexen Ins-Werk-Setzungs-Konzessionen von Clustern berücksichtigen. Die Übertragung *von* Clustern *auf* Cluster (welche in der Praxis mitunter quasi als ‚Remakes' verstanden werden, vgl. auch Wrobel 2008:99f.) ziehen nicht den gewünschten Erfolg nach sich, weil Cluster die ihnen – in Bezug auf ihre Reich- und Tragweite – oftmals unterlegte Generalisierbarkeit aufgrund ihrer Einlagerung in einen situativen sowie kontextsensitiven, d. h. faktoriellen und zeiträumlichen Konnex nicht einlösen können. Best Practice können bestenfalls Ausrichtungs*anstöße* und Gestaltungs*anregungen* geben, jedoch nicht als generalisierbare Modelle genutzt werden, da sie die differenten Umgebungsgrößen, Orientierungspunkte und Steuerungsverbindlichkeiten schlechterdings nicht integrieren (können). Genau auf diese Variablen wären jene anderen – an einem anderen, demnach abweichenden Bedingungen unterliegenden und damit auch differenziert einzufassenden Cluster – zu beteiligenden Akteure im Hinblick auf eine tragfähige Realisierung ihrer speziellen Zusammenarbeit jedoch im Besonderen angewiesen.

ne und damit auch exogene Handhabung geographischer Agglomeration und ökonomischer Transaktion fokussieren, können diese den Clustern nicht als Präventionsmaßnahmen unterlegt, geschweige denn als Erfolgsrezepte verordnet werden.

Vor dem Hintergrund der in dieser Arbeit bereits herausgearbeiteten Ergebnisse werde ich daher im Folgenden herausstellen, dass ein speziell auf die Entwicklung, Gestaltung und Steuerung ausgerichteter Clusterentwurf zunächst einmal grundlegend neu dimensioniert werden muss. Um gleich vorwegzuschicken, geht es mir dabei mitnichten darum, eingespielte Instrumente oder begriffliche Auslegungen zu kritisieren, gar eine sich erst entwickelnde Etablierung dieser Instrumente aufgrund einer mutmaßlichen Fehlbarkeitsintoleranz zu beanstanden. Doch auch wenn es mir hier keinesfalls um die bestehenden Instrumente und Managementverständnisse als solche geht, so geht es gleichwohl um deren Einsatz im organisationalen Alltag sowie deren Anwendbarkeit, Umsetzbarkeit und Auslegbarkeit in Clustern. Damit verbindet sich mein Anliegen zu verdeutlichen, dass im Zuge sozio-ökonomischer Problemstellungen (zu) lange erwartet wurde, dass sich der flüchtige Zu-Griff auf die zahlreichen Werkzeugkästen und ‚Bau-Sätze' rationaler Kontrolle fälschlicherweise als ein einfach zu bewältigender Ein- und Voraus-Griff erweist, um eben jene sich abzeichnenden Problematiken zügig abwenden bzw. ohne größere Anstrengungen auf direktem Wege lösen zu können. Statt die Ursächlichkeiten und Auswirkungen komplexer Dynamik zuvorderst zu hinterfragen sowie überkommene oder bereits unpraktikable und unangemessene Strategien allmählich zu erneuern, um auf der Folie einer optimierten Konnexion von Prozessen, Kulturen und Strukturen neue strategisch sinnvolle Lernmuster zu etablieren, wurde oftmals auf in anderen Kontexten bewährte ‚put into hand some practice concepts' zurückgegriffen. Dies geschah jedoch zuweilen, ohne deren situative und kontextuelle Bedingt- und Besonderheiten zu berücksichtigen und das zu implementierende Steuerungsverständnis bzw. -instrument zuvor einem ‚proof of concept lab' zu unterziehen, bzw. dessen ‚Roll-out' und ‚Roll-into-space' zuvorderst in einem groß angelegten Feldversuch erprobt zu haben.[441] Ein Blick auf die aktuelle organisationale Ausrichtung an kuranten Steuerungsformen und das Bestreben unternehmerischer Akteure, traditionelle Steuerungsin-

---

441   Obige Ausführungen erfolgen in Anlehnung an Erhebungen des Beratungszweiges des CCCM
         aus den Jahren 2008-2010.

strumente wie bspw. Controlling,[442] Qualitätsmanagement[443] und Change-Management[444] auch zur Behebung und Ausleitung neuartiger Problemstellungen – wie eben bei Clusterbildung und -entwicklung – zu nutzen, zeigt, dass die Wirkung und Wirksamkeit bestimmter als vermeintliche ‚Lötkolben' des Disparaten und als mutmaßliche ‚Hebe-Bühnen' verstandener Instrumente mitunter überschätzt, notwendig ausstehende Lernprozesse der Veränderung des Lernverhaltens und eine langfristig angelegte Optimierung der Problemlösungskompetenzen selbst hingegen potentiell marginalisiert werden.[445]

---

442   Controlling als Reinform einer betriebswirtschaftlichen Logik sui generis schien lange als die geeignete Form, die Komplexität organisationaler Ordnung nach innen zu reduzieren und extern (auch im Rahmen zunehmender Börsennotierung) nominale, finanzielle Größen zu garantieren und zu optimieren. Falschverstandenes Controlling als urwüchsige Steigerung (des ‚Ein mal Eins') der Finanzbuchhaltung unterschrieb im Kampf um die Relais – oft verbunden mit der Hoffnung prokuristischer Allmacht – mit dem Charakter einer sorgfältig kontrollierten Buchführung. Mangels Berücksichtigung multifokaler Perspektiven entwickelte sich aus einer, lediglich als supportiv geplanten Intervention im finalen Anflug von Selbstermessungen eine Eigendynamik an gesteigerter Konfusion. Controlling; geplant als Optimierungs-Instrument, ehemals eingesetzt als supportive Bilanzierungsmodalität, gebar sich für viele unternehmerische Akteure jedoch bei weitem nicht zu einer Befreiungsformel aus unternehmerischer Komplexität, sondern wurde schnell zu einem Hemmschuh, der die Leistungen und die Ausrichtungen der Praxis in ein formalisiertes Regel-Korsett presste und in entsprechende Verengung hinein trieb. Im schlimmsten Falle resultierten daraus Stagnation und Resignation.

443   Die Integration der Stimuli des Qualitätsmanagements misslang in vielen Köpfen durch die Irritationen eines bürokratischen Aufwandes, der kreative Inventionen als Zugkraft für nötige Innovationen durch protokollarische Intentionen oftmals zu vereiteln wusste. So unterband die stete Anfertigung von Protokollarien oft Verve und Tatendrang sowie mutige Entschlossenheit zu innerer Entschlussfähigkeit. Allerdings entwickeln sich wert- und wissensbewegende Ausrichtungen des Qualitätsmanagements insbesondere im Dritten Sektor produktiv fort. Offenbar erhält Qualitätsmanagement gerade dort eine zunehmend reflexive und gesamtheitliche Ausrichtung, welche weit über quantitative Standardisierungsverfahren hinausreicht. (Vgl. Pankoke 2002:15f.)

444   Change-Management – geplant und forciert als allumfassendes Veränderungskonzept – kämpft noch heute mit dem Stigma vollendeter, auf die Spitze getriebener Rationalisierung. Damit verbundene unternehmerische Zielvorstellungen, die sich in begrifflichen Umschreibungen wie bspw. ‚Verschlankung der Organisation' bzw. ‚Reorganisation unternehmerischer Abläufe' wiederfinden, wurden von den Angestellten schnell als Euphemismus ausgelegt, hinter denen diese (zuweilen vollkommen zu Recht) ganz anders gelagerte und daher in der Latenz verborgene bzw. unkenntlich gemachte Absichten und Zielsetzungen der Unternehmensspitze, kurz zielgerichtete Desinformation vermuteten: Statt also die notwendige Partizipation aller Mitarbeitenden zu erreichen, wurden mitunter u.a. durch fatale Herangehensweisen, instrumentelle Steuerungsfehler, fehlende Vertraulichkeit und mangelnde Transparenz, genau jene Irritationen, Ungewissheiten und folglich Drucke erzeugt, die durch den Instrumenteneinsatz überwunden werden sollten, woraufhin Arbeitsplatzängste, Blockaden und Widerstandstendenzen der Betroffenen statt diese zu minimieren, zuweilen verschärft wurden.

445   Wenngleich dieser Schluss zunächst scharfzüngig klingt, so machen u.a. die vom CCCM beauftragten Audits tendenziell deutlich, dass es sich bei der hier geschilderten Problematik weder um Einzelfälle noch um Ausnahmeerscheinungen handelt. Daraus resultierende potentiell *mögliche* verhängnisvolle Folgen sind bspw. die Versandung ausgearbeiteter Analysen,

Im Folgenden geht es mir jedoch weder um die Interpretation etwaiger Fehlentwicklungen noch um eine eingehende Bearbeitung dieser Konzepte. Auch wäre es verfrüht, diese hier nur beispielhaft aufgeführten Problematiken einem, sich ohnehin erst im ‚statu nascendi' befindlichen Cluster-Management als ‚fait a complit' oder ‚fauxpas en complet' zu unterstellen. Allerdings zeigen die hier konturierten Problemkomplexe bereits, dass eine den Entwicklungsprozessen auf Clusterebene vorgelagerte Betrachtung möglicher Einflussgrößen keinesfalls ‚Appendix' oder gar bloße ‚Addenda' ist, sondern ein für die Entwicklung und den Erfolg von Clustern sowohl notwendiges als auch unhintergehbares Apriori darstellt, um einer clusterspezifischen Fehlhaltung und Fehlstellung präventiv vorbeugen zu können. Denn: Im Zuge seiner Etablierung ererbt das Cluster-Development – sodenn es die Notwendigkeit kaskadierender Lern- und Entwicklungsprozesse von der Individual- über die Organisations- bis hin zur Clusterebene erkennt und berücksichtigt – zwangsläufig all jene organisationalen Entwicklungsproblematiken, welche sich in den am Cluster zu beteiligenden Organisationen unabhängig von einer sich anbahnenden Clusterzugehörigkeit bereits verstetigt haben.

Vor diesem Hintergrund wird also insbesondere die Etablierung eines Cluster-Developments auf einer übergeordneten Metaebene zielführend, um Cluster auf konzeptioneller Ebene als „eine Woher- und Wohinform" (Engelbert 1993:145) spezifizieren, auf operationaler Ebene als sozio-ökonomische ‚All-Rounder' einordnen und auf strategischer Ebene als ‚Suprasysteme' initialisieren zu können. Da sich Cluster- und Steuerungsverständnisse darüber hinaus wechselseitig bedingen und beeinflussen – sich aktuelle Clusterverständnisse also nicht nur auf die zukünftige Ausrichtung der Steuerungsverständnisse in Clustern auswirken, sondern eben jene aktuellen Steuerungsverständnisse wiederum die Weichen für zukünftige Clusterverständnisse stellen – bedarf die Clusterentwicklung auch ei-

---

Intransparenz, fehlende Beziehungskapitalien, Vertrauensverluste und im schlimmsten Falle erzwungene Unternehmensübernahmen bis hin zu Insolvenzmeldungen. Und: Auch wenn etwaige negative Folgen und Fehlentwicklungen seitens der Führungsspitze selbst als Summe instrumenteller Fehlnutzungen und personellen Steuerungsversagens erkannt werden, so gestalten sich deren Rücknahme und Rücklaufprozesse mitunter zeit- und kostenintensiver als deren eigentliche (fehlerhafte) Implementierung.

ner Neudimensionierung des Managementbegriffs[446] sowie einer damit verbundenen Neukonstruktion seines Bedeutungsgebäudes bzw. Verständnishorizontes.[447]

Verstehen wir einen Cluster als ein höchst performatives sozio-ökonomisches Wirkgefüge, dessen Bedeutung sich darüber steuert, „was es ‚tut', was es bewirkt und was es an Realitäten hervorbringt" (von Hantelmann 2005:35) und als ‚Ge-Werk', das sich in seiner Quintessenz auf Werte sozialer und kultureller Verbundenheit rückbesinnt, so wird sich Clusterentwicklung nur über die Ge- und Entschlossenheit konstruktiv zusammenwirkender Schlüsselakteure bezüglich einer wirkungsvollen ‚Ins-Ge-Werk-Setzungs-Tat' vollziehen können. Dementsprechend erwachsen Cluster erst durch Prozesse des „Hineindrückens einer Tat in die Materie" (Beuys 1984:125, zit. n. Gronau 2008:337)[448] zu einem diplo-

---

446 Im Rahmen einer Betrachtung der gegenwärtigen Verwendung und akteursspezifischen Aus- richtung der Begrifflichkeit lässt sich ein ubiquitärer Umgang mit dem Managementbegriff und eine daraus resultierende englischsprachige Umwidmung vieler deutscher Berufsbezeichnun- gen nicht bestreiten: Überdeutlich wird dies mit Blick auf aktuelle Stellenanzeigen. In diesen wird bspw. oftmals keine ‚Sekretärin', sondern bei gleichem Aufgabenbereich eine ‚Office- Managerin' gesucht und die vakante Position des ‚Hausmeisters' wird in Stellenangeboten zuweilen (freilich euphemistisch) als ‚Facility-Manager' offeriert.

447 Fokussiert man lediglich auf die angelsächsische Ausrichtung ließe sich ‚Management' leicht- gängig mit ‚Führen' und ‚Leiten' übersetzen. Diese klassische Auslegung des Begriffsverständ- nisses kann jedoch bereits in weniger komplizierten Steuerungszusammenhängen als sie sich aktuell in Clustern abzeichnen wenig leisten, sofern es nicht gelingt, notwendig ausstehende Lernprozesse nicht nur anzudenken, sondern diese selbst konsequent zu hinterfragen und wo notwendig anzupassen: „Lernen bedeutet so die reflexive Stufe des Wissens, so wie wir das ‚Managen' als reflexive Form des Handelns begreifen: Manager beschreiben ihr aktives Verhältnis zum Handeln als ‚Händeln' – und im ‚Händeln' wird ‚Handeln' reflexiv, d.h. die Machbarkeiten und Möglichkeiten des Ermöglichens von Wirklichkeit werden mitbedacht" (Pankoke et al. 2000c:134). Allerdings ist auch das ‚Händeln' bzw. das ‚handhabbar machen' von Prozessen in organisationalen Kontexten nicht derart durchgängig auf alle Managementebenen abstrahierbar, wie es die etymologischen Wurzeln (vgl. dazu Pankoke et al. 2000c:134, Pieper 2007a:43, Baecker 2006:1) zunächst zu implizieren scheinen. Lenken wir den Blick auf das mittlere Management und verstehen obiges analogistisch als eine ‚Hand-Nahme', so bedeutet dies, dass das mittlere Management symbolisch ‚mit einer Hand' mit höher gestellten Manage- mentebenen bzw. dem ‚Managing Director' verbunden ist und nur eine Hand zum ‚Händeln' frei hat, während die ‚Hand des Handelns' meist selbst damit verbundene Dienste ausführt. Problematisch wird diese ‚Hand-Nahme', wenn sie sich seitens des Topmanagements nicht als eine ‚Handreichung' erweist, sondern in einem ‚Hand-Gemenge' gipfelt: Damit bliebe „[d] ie sichtbare Hand des Topmanagements bei der Ressourcenzuteilung, der Strategiefestlegung und der Änderung von ‚Programmen' [...] weiterhin Bezugspunkt von Forderungen und von Frontbildungen im Management" (Wolf 1997:213).

448 Gronau (2008) bezieht sich hier auf: Beuys, Joseph (1984): "Eintritt in ein Lebewesen". Vortrag am 6. August 1977 in Kassel, in: Harlan, Volker/Rappmann Rainer/Schata, Peter (Hrsg.) (1984): Soziale Plastik. Materialien zu Joseph Beuys. 3. erw. und erg. Auflage. Achberg: Achberger Verlagsanstalt

matisch durchgreifenden Wirkgefüge der Zeitzeichen und vollziehen dabei eine ‚Hoch-Zeit'[449] ‚beweglicher Lettern' besonderer ART.[450]

Eine daraus resultierende implizite Verbrückung von Individuen, Clustern und Kunst rückt nun zwei Anschlussüberlegungen in den Vordergrund: Verstehen wir die Entwicklung und Steuerung von Clustern als eine besondere Kunstform und spezifizieren die Akteure als ‚Entwicklungshelfer', die den angedachten Cluster überhaupt erst zu einem ausdifferenzierten ‚Cluster-Kunst-Werk' kolorieren, setzt dies voraus, dass sowohl die Wissenssysteme als auch die damit verbundenen Prozesse kunstvoll vereint werden müssen. Diese Einung wird notwendig, damit die sich formierenden Cluster, sich bereits im Entwurfsprozess ihrer Entwicklung, als Mittel und Medien des Ausgleichs system- und organisationsverhafteter Abgeschiedenheit bewähren können.

Eine damit verbundene Wissensprogression – d. h. eine systemübergreifende Rahmung des systemischen Wissens durch den Clusterframe und eine Einfassung dieser Wissensausweitung in den Cluster – kann dementsprechend lediglich über ein neu auszubuchstabierendes Enterprise-Management gelenkt und gesteuert werden. Im Zuge der transgressiven Steuerung einer derartigen ‚Transversale' muss ein solches Management jedoch auf einem neu zu sichernden Managementverständnis, auf einem erweiterten Kapitalbegriff und auf einem neu einzufassenden Akteursverständnis aufsetzen: Dementsprechend lässt sich auch ein diesbezüglich stimmiger Managementbegriff nicht lediglich in die Ordnungsrahmen von Regelung und Steuerung einfassen und/oder auf die Prozesse des Handelns und Händelns reduzieren. Verstehen wir Cluster als ein neues Zeichen der Zeit, so muss nun auch den Akteuren als den sozio-ökonomischen Entwicklungshelfern dieser neuen – sich noch im Prozess des Werdens und der Ins-Werk-Setzung befindlichen – Symbolik eine charakteristische Rolle zugewiesen werden. Denn obgleich sich der Cluster folglich als spezifisch auszugestaltendes Kunstwerk situieren ließe, reicht – ganz ähnlich wie in der bildenden und darstellenden Kunst – „[d]ie Ausdifferenzierung von künstlerischen Techniken und Formsprachen allein […] noch nicht aus, um von Kunst zu sprechen: hinzukommen muß eine definierte Rolle des Künstlers" (Brock 1977:187).

---

449 In Kapitel 3.5 habe ich die performativen Vollzugsakte von Clustern u. a. mit den Vollzugsakten einer Eheschließung verglichen. Ersichtlich wurde, dass das Beispiel der Eheschließung nahezu 1:1 auf Modernisierungs- und Innovationspartnerschaften übertragbar ist; wenngleich man im Cluster auf vielen Hochzeiten ‚tanzt'.

450 Dies darf allerdings nicht mit einer ‚adhoc' Umsetzung bzw. einer primär auf schnelle Lösungen abzielenden pragmatischen Handlungskonzeption – d. h. einer zumeist in mittelständischen Unternehmenskontexten oft favorisierten ‚hands-on mentality' – verwechselt werden.

Aufgrund des Novums der systemgrenzenüberschreitenden Zusammenarbeit, die Clustern aktuell abgefordert wird, kann der proaktive und prospektive Clusterakteur nicht länger als ‚Manager' bezeichnet werden, zumindest nicht im Rekurs auf traditionelle Begriffsverständnisse und/oder im Rückgriff auf jene, dem Akteur parallel ebenfalls obliegenden organisationalen Steuerungsnotwendigkeiten. Denn: Das „Management [...] innerhalb einer Organisation [...] hält das Wissen um die Gefährdung der Grenze in der Organisation aufrecht und leistet in diesem Sinne einen Beitrag zur Aufrechterhaltung der Grenze selbst" (Baecker 1999:242). Da ein Akteur, welcher an der Clusterentwicklung reell und rege beteiligt ist, nicht nur organisationale, sondern darüber hinaus auch systemische Grenzen überwinden muss und sich auf einer Metaebene zwar nicht gänzlich außerhalb, aber dennoch buchstäblich oberhalb und „vor diesen Institutionen und ihrem Selbstverständnis bewegt" (Brock 1977:616),[451] kann er – zumindest mit Blick auf seine auf der Clusterebene angesetzte Funktion – weitaus passender als ‚Neo-Avantgardist'[452] bezeichnet werden.

Eine solche Einfassung der im Cluster agierenden und diesen gleichsam konstituierenden Praxisakteure wirkt sich wiederum auch auf den Begriff und das damit verbundene Verständnis der (Steuerungs-)Praxen aus. Situieren wir den Begriff ‚Praxis' auf einer bipolaren Skala, so bieten sich scheinbar verschiedene Antipoden an. Im alltagssprachlichen Sprachverständnis wäre ein Gegenbegriff der Praxis die ‚Theorie', in einem erweiterten Begriffsverständnis evtl. die von Aristoteles vorgeschlagene ‚Poiesis'. (Vgl. auch Baecker 1999:325) In Bezug auf letztere Differenzierung hält Baecker (1999) folgende Definition bereit: „Beim Begriff der Praxis liegt der Akzent auf Handlungen, die sich selbst genügen. Beim Begriff der Poiesis geht es dagegen um Handlungen, die außerhalb ihrer selbst ein Werk hervorbringen" (ebd.:325). Obgleich Baecker darauf verweist, „daß die Basiseinheit für die Analyse organisationaler Evolution nicht die einzelne Organisation, sondern eine Population von Organisationen" (ebd.:360) sei

---

451   Brock bringt das Selbstverständnis eines Avantgardisten wie folgt auf den Punkt: „Avantgardist nennt sich jemand, der glaubt, dem allgemeinen Zugriff der gesellschaftlichen Institutionen nicht zu unterliegen, weil er sich vor diesen Institutionen und ihrem Selbstverständnis bewegt" (Brock 1977:616).

452   Allerdings erschließt hier nicht nur eine bescheidene Vorhut der Cluster-Truppe das (Wissens-)Neuland allein. Es gibt keine Vorhut vereinzelter Teile, die dem Summarium der Kräfte eine einseitige Determination und/oder unhintergehbare Bewegungsrichtung vorgibt. Vielmehr gilt es, ähnlich wie es Fähnders (2000:83) bereits für die Bewegung(en) klassischer Avantgarde beschrieb (vgl. Ders. ebd.), alle an der Clusterentwicklung – die immer zugleich eine Cluster-Bewegung ist – zu beteiligenden Akteure als bewegliche Teile zur Mitgestaltung und Ausgestaltung der zu manifestierenden Ins-Werk-Setzung zu bewegen und diese Bewegungsfähigkeit zuvorderst zu ermöglichen, sodass die Akteure ihre neuen Funktionen als Interzeptoren zwischen Rezeption und Perzeption sowie als Multiplikatoren des neuen Clusterverständnisses ausüben können.

und sich Organisationen auch „nicht auf eigene Faust, sondern nur im Verbund" (ebd.) verändern, wird der angestrebte Markterfolg von vielen Unternehmen auch heute mitunter noch auf einen vermeintlich im Alleingang zu erwirtschaftenden Outcome und die Erwirtschaftung monetären Kapitals zurückgekürzt. Dass diese Art der Steuerung auf die im Cluster zu etablierenden Entwicklungs- und Vollzugspraxen nicht übertragbar ist, kann auf Basis vorgängiger Überlegungen als evident betrachtet werden. Allerdings bedarf die Einfassung der Praxis auf Basis der im Cluster notwendig werdenden Einung und Überführung der Systeme einer gänzlich neuen Deklaration, damit im Zuge der abgeforderten Überwindung und Auflösung alter Grenzen und der damit verbundenen Rahmensetzungen und Referenzierungen der System/Umwelt-Konnexe keine neuerlichen starren Grenzen errichtet werden. Dies wird im folgenden Kapitel näher ausgeführt.

Fassen wir vorgängige Überlegungen noch einmal zusammen: Im Zuge globaler Wettbewerbsdynamik gilt es, speziell für die systemübergreifende Wissensprogression in Clustern die sozio-kulturellen Bühnen zu bereiten, den geistigen Boden zu ebnen und die wirtschaftspolitischen Kulissen für die Einung von Akteuren, Systemen und ihren System-Umwelten auszugestalten. Wenn Cluster-Management es anstrebt, letztlich künstlerische Verlaufsformen des performativen ‚Tuns' und ‚Handelns' und kunstvolle Vollendungsformen einer gesellschaftlichen Transformation, inklusive einer damit verbundenen großangelegten Einung zu befördern, gilt es für das Management zuvorderst überkommene Grenzziehungen zu überwinden und *alle* am Cluster zu beteiligenden ‚Vorreiter' und ‚Wegbereiter' als neue Avantgarden des Wissens auf eine gemeinsame Vision einzustellen.[453]

---

453 Differenziert man die Entwicklungsebene von Clustern akteursspezifisch aus, so sind zahlreiche und sehr verschiedenartige Akteure an ihr zu beteiligen. Damit ein neu zu gestaltendes Aufstellungsverfahren der zu beteiligenden Akteure aufgrund coopetitiver Clusterstrukturen und anderer wirtschaftspolitischer Machtgefüge nicht in einen ‚Stellungskampf' mündet, gilt es auf Basis vorausschauender Ins-Werk-Setzungs-Strategien sowohl besondere *Herr*-Stellungs-Prozesse als auch *Heer*-Stellungs-Prozesse zu berücksichtigen. Dementsprechend müssen damit zu verbindende Entwicklungs- und Steuerungsprozesse auf einem neuartigen Formbildungs- und Gestaltungsprinzip aufsetzen, das die „harmonische[...] Verbindung unregelmäßiger Teile, unregelmäßiger Bauelemente, also [...] [die, B. P.] Überführung willkürlicher Elemententeile ineinander unter Wahrung der harmonischen Proportion in den Teilen und im Gesamtkomplex" (Finsterlin 2000:75) gewährleistet. In Anlehnung an die vorgängigen Ausführungen kann die Entwicklung von Clustern damit analogistisch als „Linie von der gestaltlosen Einheitlichkeit zur willkürlichen Unabhängigkeit durch höchste Entwicklung unterschiedenster, aber dennoch im höchsten Sinne gleichwertiger Einzelformen im ungeschlossenen System" (Finsterlin 2000:76) eingefasst werden. Die Entwicklung einer solch künstlerischen Form(ation) setzt jedoch voraus, dass trotz einer speziellen Verortung und Positionierung der Akteure, stets deren individuelle Besonderheiten und Einzigartigkeiten gewahrt bleiben: Nur so kann es gelingen, dass die an einem Cluster zu beteiligenden Akteure ihr Zusammenwirken als ein „sensation d'un accroissement de puissance" (Nietzsche) erleben und den Cluster als ein wirkmächtiges ‚Aggrandisment der Walt- und Schaltkräfte' erfahren. Damit geraten *alle* am

Soll dieser neue ‚Modus Operandi' zu einer – mit dem Spirit der Begeisterung und dem Power der Lernfähigkeit aufgeladenen – ‚Ars Vivendi' werden, können strategisches Cluster-Development und Cluster-Management nicht auf der Oberfläche gängiger ‚Handbuchapparate' bzw. einschlägiger ‚Werkzeugkästen' ausgehandelt werden.

Die sich hier eröffnenden thematischen Anschlussfragen – d. h. wie sich Cluster auf den globalen Weltbühnen inszenieren und sich Cluster-Management und Cluster-Development zukünftig positionieren lassen bzw. inwieweit deren Entwicklungs- und Funktionsbereiche dimensioniert werden können – werden in den folgenden Unterkapiteln abgehandelt.

9.2 Modellage des Cluster-Managements

> „Wolle die Wandlung. O sei für die Flamme begeistert,
> drin sich ein Ding dir entzieht, das mit Verwandlungen prunkt;
> jener entwerfende Geist, welcher das Irdische meistert,
> liebt in dem Schwung der Figur nichts wie den wendenden Punkt."
>
> (Rainer Maria Rilke)[454]

Herausgearbeitet wurde, dass innovative Wissenstransformation in Clustern nur auf einem reflexiven, performativen Wissensbegriff aufsetzen kann und sich Lernprozesse kaskadierend über die Mehr-Raum-Triade ‚Person-Organisation-Cluster' ausdehnen und erstrecken müssen. Dies impliziert, dass Gestaltungs- und Entwicklungsfunktionen des Managements individuelle Interessen und Mentalitäten, organisationale Identitäten und sektorspezifische Modalitäten intentional berücksichtigen müssen. Dementsprechend müssen Entwicklungsvorhaben und Gestaltungsmittel konzipiert werden, welche a) die Individualität, Integrität und Identität der zu beteiligenden Akteure zu balancieren und zu harmonisieren vermögen und b) die Wechselwirkungen von ökonomischer Struktur, interorganisationalem Wissensaustausch, kultureller Identitätsbildung und sozialer Verantwortung reflektieren und integrieren.

Aus einer solchen Annahme erwachsen folglich großformatige Herausforderungen für den Entwurf und die Konzeption einer erfolgreichen Ins-Werk-Setzung

---

Cluster zu beteiligenden Akteure in den Blick- und Mittelpunkt, da sie nur im Summarium die globalen Zeichen der Zeit lokal abstrahieren und als nach vorne wirkende Wegweiser die Ausrichtung des Clusters neu markieren können. Dies setzt jedoch voraus, dass die zu beteiligenden Akteure in die Lage versetzt werden, sich selbst steuern zu können, um sich im Brennpunkt ihres eigenen, neu zu gestaltenden Cluster-Koordinatensystems zu zentrieren.

454 Zit. n. Fischer-Lichte (2004:7).

und (Aus-)Gestaltung von Clustern.[455] Vor dem Hintergrund der gegenwärtigen Erstausrichtungen eines sich erst in der Praxis aufstellenden Cluster-Managements kann allerdings weder eine ganzheitliche Beobachtung noch eine Architektur für eine Mehr-Ebenen- und Mehr-Phasen-Entwicklung von Clustern vorausgesetzt werden. Auf Basis dieser Feststellungen erwächst nun die Erkenntnis, dass sowohl die wettbewerbliche Situation der organisationalen Akteure als auch eine zunächst fragwürdige Bindung der ‚Interessenvertreter' an den Cluster, die Bildsamkeit von Clustern und die Schaffung von Bewegungsfähigkeiten und Beweglichkeiten ohne unterstützende Proaktionen restringieren. Um auf diese Erfordernisse reagieren zu können, ist Cluster-Development im Initialisierungsprozess somit auf eine konzeptionelle Dimensionierung und strategische Ausrichtung zukünftiger Managementfunktionen sowie eine Spezifizierung damit einhergehender Konturierung zwingend angewiesen. Diese Vorwegnahme wirkt sich darauf aus, wie Wissen und Ressourcen sich intersystemisch transformieren und über neue Verbindungs- und Anschlussmöglichkeiten akkumulieren, materialisieren und funktional kapitalisieren. In diesem Zuge rücken neue Zugangsweisen im Umgang mit Selbstwahrnehmung und Fremdbeobachtung in den Fokus. Die spezifische Präkonzeption neuer Zugangsweisen zur Selbst- und Fremdwahrnehmung beansprucht ihrerseits wiederum Raum zur Eröffnung dieser Perspektivwechsel,[456] damit sich individuelle Einsichten mit umsichtigen Weitsichten überhaupt zu einer erweiterten und ganzheitlichen Sicht vereinigen.[457]

---

455 Auch hier zeigt sich wieder einmal die Dringlichkeit des homogenen Zusammenwirkens grundlagenorientierter, anwendungsorientierter und anwendungsnaher Clusterforschung. Denn: Nicht erst in Konsolidierungs- und Reifephasen, sondern bereits während der Planungs-, Entwurfs- und Entwicklungsphasen eines Ins-Werk zu setzenden Clusters werden Identitäts- und Sinnbildungsprozesse in Gang gesetzt, welche die Art und Ausrichtung der Steuerungspraxen, Partizipationsformen und damit einhergehende Funktionszuweisungen vorzeichnen.

456 Umso entscheidender wird es dann, die Relevanz der Mannigfaltigkeit aller an einem Cluster zu beteiligenden Akteure und ihrer individuellen Provenienzen, Partikularinteressen, Nutzenerwartungen, Werthaltungen und Kompetenzspektren als Potential sichtbar zu machen.

457 Vorausgesetzt wird damit nicht nur eine Neubetrachtung von Clustern sowie eine Neu-Dimensionierung dynamischer Akteursbewegung, sondern auch die Kollektivierung der gesamten Cluster-Perspektivik. Anschlussfähig sind in diesem Zusammenhang die Überlegungen von Moholy-Nagy und Lukács. Moholy-Nagy rekurriert auf die Notwendigkeit einer objektiven Gültigkeit der Perspektive für das Kollektiv: „Jede Handlung und jeder Ausdruck des Menschen setzt sich aus verschiedenen Komponenten zusammen, die im biologischen Aufbau begründet sind. Jede seiner Äußerungen ist eine Auseinandersetzung mit der Welt und mit sich selbst und gibt Aufschluß über seinen augenblicklichen Zustand. Fruchtbar ist dieser Ausdruck nur dann, wenn er – außer der persönlichen Befriedigung – auch objektive Gültigkeit für das Kollektivum besitzt" (Moholy-Nagy 2001:8, Ersetzung der Kleinbuchstaben durch Großbuchstaben B. P.). Die Ausführungen von Lukács zum „Problem der Perspektive" (Ders. 1968:254-260) regen dazu an, Perspektive „nicht [als, B. P.] eine bloße Utopie, nicht bloß [als, B. P.] ein[en] subjektive[n] Traum" (Lukács 1968:254) zu verstehen, sondern als „die notwendige Konse-

Cluster lassen sich wie bereits beschrieben als übergeordnete Transitsysteme verstehen, die darauf auszulegen sind, die Gangbarkeit der Ideen- und Wissenstransformation von der Vision zur Innovation zwischen Konstrukt und Produkt über die Wissenssysteme von Wissenschaft und Wirtschaft zu befördern. Auf dieses Ziel hin ausgelegte Visionen und Praxen des Cluster-Managements müssen im Rahmen interorganisationaler Aufbau- und Ablaufprozesse zuvorderst darauf abstellen, eine damit verbundene, gleichwohl äußerst voraussetzungsreiche Überführungs- und Übersetzungsleistung konzeptionell und prozessual einzulösen. Im Zuge dieser erforderlichen transgressiven Überbrückungsleistung geht es für das Cluster-Management nun allerdings nicht nur darum, Kontravalenzen und auftretende Spannungen aller Art temporär zu harmonisieren, sondern darum, die Kräfte in produktive Bahnen zu lenken und sich als Stellgröße zu etablieren, welche die neue ‚Transversale' beständig und in toto stützt. Dieses erhebliche Erfordernis wirkt sich unmittelbar auf die Dimensionierung eines clusterspezifischen Praxisverständnisses aus: Bezugnehmend auf den obigen Abriss lässt sich die (Entwicklungs-, Steuerungs- und Gestaltungs-)Praxis im Cluster weder als bipolarer Gegenbegriff zur Theorie oder Poiesis situieren noch als reine ‚Um-Setzung' und ‚Aus-Führung' betrachten, die über gewohnte ‚hands-on' Prozesslogiken steuerbar ist. Aufgrund der unumgänglichen Übersetzungs- und Überbrückungsleistung, die das Management – bezüglich seiner Gestaltungs- und Entwicklungsfunktion u. a. auch zwischen Wissenschaft bzw. Clusterforschung und jenen, auf bisheriger (Vor-)Erfahrung basierenden Felderfordernissen – zur Ins-Werk-Setzung von Clustern integrativ vollziehen muss, situiert sich eine damit verbundene ‚Praxis' selbst als Intermediäre zwischen Theorie und einer (hier in ihrem ursprünglichen Wortsinne verstandenen) Empirie.[458] Praxis selbst wird jetzt fassbar und konkretisierbar als ‚Durch-Führung' und ‚Über-Setzung', die auf den Funktionsprinzipien eines ‚cross-border' und ‚roll-over' basiert.[459]

---

quenz einer objektiven gesellschaftlichen Entwicklung" (ebd.). Dementsprechend ist eine zu entwickelnde Perspektive „nur dann wirklich lebensnah und echt" (ebd.:255), wir könnten hier auch sagen ‚stimmig' und ‚zielführend', sodenn „sie aus den Entwicklungstendenzen jener konkreten Menschen, die das Kunstwerk gestalten, herauswächst und nicht als eine objektive soziale Wahrheit bestimmten Menschen, die damit nur lose persönlich zusammenhängen, angehängt wird" (Lukács 1968:255).

458 Empirie wird hier als durch Erlebnisse gestützte und in spezielle Relevanzkontexte eingegliederte Erfahrung gefasst und damit hier nicht als eine wissenschaftliche Methode verstanden, diese Erfahrung mittels spezieller Instrumente zu messen bzw. zu erheben.

459 Da die Ausgestaltung dieser Prozesse den managerialen Clusterakteuren jedoch bspw. jene Virtuosität abfordert, die Bildung des neuen Raumes bereits präkonzeptionell zu ver(sinn)bildlichen, welche bislang nur dem Portfolio und Repertoire klassischer Künstlerfiguren zugemessen wurde, zeichnet sich bereits jetzt die Tendenz ab, dass im Rahmen einer zukünftigen Clusterentwicklung nicht mehr die ‚hands-on' Kompetenzen, jener im klassischen Management

Cluster-Management lässt sich auf Basis dieser Befunde als umfassendes Rahmungswerkzeug der *Über*führung, *Über*mittlung und *Über*setzung konkretisieren und in Anlehnung an diese Metafunktionen treffend mit dem Begriff ‚Metagement'[460] betiteln. Diese Überschrift bildet einen übergeordneten Rahmen höherer Ordnung. Ursprünglich separierte Wissensfragmente aus isoliert betrachteter Wissensorganisation werden unter höherer Ordnung dann ‚Unit' oder ‚Teil' eines neuen großen Ganzen. Dies erfordert u. a., dass die besondere Form und Ausprägung dieses Managements zukünftig Schnittstellen der vielschichtigen Wissenssysteme eruiert, Synchronisationspunkte spezifiziert und rekursive Lern- und Wissensprozesse für ein zu etablierendes ‚Unified Knowledge Forming' initialisiert. Somit sind aktuell übergeordnete Fragen eines noch zu bestimmenden Steuerungs- und Gestaltungsverständnisses von Clustern sowie die Nachfrage zukünftig erforderlicher Interventionsmethoden bereits als Richtsatz für die Forschung vorangestellt. Diesbezüglich habe ich bereits verdeutlicht, dass reelle Selbstorganisation in Clustern auf einer Vielzahl von Vorbedingungen aufsetzt, zudem auf einer Berücksichtigung der konkreten Nutzenerwartungen der zu beteiligenden Akteure beruht und – deren selbstständige und selbstbestimmte Willensentscheidung vorausgesetzt – auf vielfältigen Partizipationsofferten zur Integration von Ressourcen aufbauen muss. Mit Blick auf diese diversen Herausforderungen, deren Bewältigung derart eng mit den voraussetzungsvollen Entwurfs-, Lern- und Entwicklungsprozessen der Akteure gekoppelt ist, kann ‚Selbstorganisation' sowohl für die Clusterakteure im Allgemeinen als auch für das Cluster-Management im Speziellen weder „Organisation ohne – oder jenseits von – Intention und Entwurf (Design)" (Ortmann 2006:303) noch den völligen „Verzicht auf Steuerung durch – system- bzw. ebenenfremde *oder -eigene!* – Akteure" (ebd., kursive Hervorheb. im Orig.) bedeuten.[461] Die in Clustern anzustrebende Selbstorganisationsform schließt weder eine Unterstützungsleistung aus noch schmälert oder relativiert sie die Unabdingbarkeit eines präkonzeptionellen Entwurfes als Vorzeichnung jener mit dieser Selbstorganisationsform verbundenen

---

beheimateten ‚Macher', sondern weit eher die Kompetenzen neuer noch auszubuchstabierender Akteursfiguren, namentlich ‚Virtuose' und ‚Raumbildner' gefragt und gefordert werden.

460   Dieser Neologismus verbindet die Begriffe Management, Meta und Etage(re). Während die Bedeutung der ersten beiden Begriffe sich selbstredend erschließt, verbildlicht die ‚Etage' bzw. ‚Etagere' die einander stützenden Ebenen.

461   Verstünde man Selbstorganisation hier als urwüchsiges ‚lassiez faire' ohne den Akteuren supportive Interventionskonzepte und Steuerungsentwürfe zur Verfügung zu stellen bzw. zumindest einen flexiblen Leitfaden – als Einführung in die Wegleitung – zu entwerfen, würde eine derartige Konzeptionierung durch eine spätere enorme Interventionsnotwendigkeit aufgrund von Missständen und Fehlentwicklungen mitunter in eine noch weitaus stärkere Versteuerung und Verregelung führen, wie eine bereits in frühen Phasen überregulierte Steuerung.

Interventions- und Unterstützungserfordernisse. Selbstorganisation und unterstützende Steuerung sind im Cluster keine Antipoden, sondern rufen einander hervor und führen einander herbei.

Diese Wechselwirkung basiert auf folgenden Valenzen und Relevanzen: Hinsichtlich der Notwendigkeit von Formfindung, Sinnbildung und Funktionszuweisung muss die Art und Weise der Kooperation aufgrund der unterschiedlichen Provenienzen der zu beteiligenden Akteure zumeist erst erprobt und der zielführende und favorisierte ‚Modus Operandi' erst einmal ausgehandelt werden. Clusterakteure, die sich im Spannungsfeld zwischen organisationaler Komplexitätsreduktion und (inter)organisationaler Invention bewegen, müssen für das erfolgreiche Bewerkstelligen geplanter Steuerungsverläufe also zunächst wissen, worauf sich ihr Handeln gründet und was es verändern und erneuern möchte, um Innovationen erfolgreich nach vorne zu treiben. Dazu werden diese die ziel- und zweckdienlichen Fragen aufgreifen müssen: ‚Wer dient wem, wem dient was, was dient wem und wohin führt dies'?

Vor dem Hintergrund dieser notwendig zu vollziehenden Zielfindungsprozesse und notwendigerweise im Kollektiv zu verhandelnden und auszuhandelnden Formfindungsprozesse wird es relevant, dass das Management nunmehr versteht, dass es *selbst* ein zwar gewichtiger, aber dennoch (nur) ein Teil des zu etablierenden selbstlernenden Systems ist. Eine damit einhergehende Verortung[462] und Verantwortung bereitet zuweilen Schwierigkeiten, da es in diesem Prozess nun nicht nur darum geht, etwaige Machtfragen zu reflektieren, mitunter zu transponieren und sämtliche Bedürfnisse prozessual zu inkludieren. Sollen Cluster als wahrhaftig kapitalbildende Sinn-Enabler fungieren, muss das Augenmerk zudem auf die Gestaltungs- und Steuerungsprozesse der Sinnbildung und Dimensionierung sowie damit einhergehende Wertigkeiten[463] gelenkt werden. Dementsprechend wird sich das Cluster-Management immer auch mit der Frage befassen müssen, „wie auf neue Herausforderungen handlungsleitende Sinnkonstruktionen zu entwickeln und zu vermitteln sind" (Pankoke 2002:24). Der gekonnte Entwurf und die virtuose Einlösung einer vom gesamten Cluster-Kollektiv als durchgängig sinnhaft und zielgerichtet erlebten Ausrichtung von Clustern gelingen jedoch nur dann, wenn Evaluations- und Selbststeuerungsverständnisse gemeinsam konzi-

---

462 Diese Verortungsfrage stellt sich umso dringlicher, wenn sich das Cluster-Management nicht aus der Peergroup der an einem Cluster zu beteiligenden Akteure selbst rekrutiert, sondern sich durch eine zunächst externe Trägergesellschaft (re-)präsentiert.

463 „Schon im Begriff der ‚Evaluation' (‚Aus-Wertung' von lat. valus = Wert) steckt die Erwartung der Wirksamkeit von Werten, die es zu bewerten gilt. Evaluation als auswertende Wirkungskontrolle ist immer dann gefordert, wenn es um die Wirkung von Werten geht. Moderner gesprochen geht es bei Evaluationsprozessen um die Wechselwirkung von Sinn und System" (Pankoke 2002:25), so wegweisend Pankoke.

piert, integrativ verschränkt, rekursiv verschachtelt und nahezu unisono ausgehandelt werden. Versteht man Evaluation mit Pankoke „nicht nur [...] [als, B. P.] Bilanz der Kosten und Erträge" (Pankoke 2002:23), sondern als prädestiniertes Gestaltungs- und Entwicklungsinstrument, um „Perspektiven und Potenziale der Besinnung und Verständigung auf gemeinsame Ziele der künftigen Entwicklung" (ebd.) sichtbar und konkretisierbar zu machen, wird offenkundig, „dass der Evaluationsprozess zwischen unterschiedlichen Phasen und so auch Prozessebenen vermitteln muss" (Pankoke 2002:23).[464]

In Clustern bezieht sich dies bspw. auf eine gemeinsame Identifizierung und Harmonisierung organisationaler Aufbau- und Ablaufprozesse und eine permanente (Selbst)Reflektion auszuhandelnder Wert- und Zielstellungen sowie die (Re-) Vision dazu erforderlicher und einträglicher Kapazitäten und Kompetenzen.[465] Im Zuge der Konfektionierung clusterspezifischer Steuerungs- und Evaluationsformen[466] geht es also nicht primär um die ‚Beaufsichtigung' der Akteure bzw. die

---

464   Die Berücksichtigung von Phasen und Prozessebenen, welche Pankoke dem Evaluationsprozess hier unterlegt, wird auch und insbesondere in Clustern immens wichtig. Denn: Das Cluster-Development setzt ein Cluster-Management ein und definiert auf Basis der präkonzeptionell entworfenen Entwicklungs- und Gestaltungserfordernisse dessen spätere Einsatzfelder und Aufgabenbereiche. Das Cluster-Management wiederum muss die Akteure im kollektiven Zielbildungsprozess zur Integration und Akkumulation von Wissen und Werten aktivieren und motivieren. Dementsprechend muss die gesamte Ausrichtung der geplanten Selbststeuerung und Evaluation bereits im Entwurfsprozess vorgezeichnet und während der gesamten Entwicklungsphase immer wieder mit den prozessualen Praxiserfordernissen abgeglichen und für zukünftige Herangehensweisen gegebenenfalls neu justiert werden. Denn: „Evaluation bewertet die Wertorientierung von handlungsleitenden Sinnkonstrukten und -kontrakten im Rückblick auf die Bedingungen gemeinsamer Sinnbildung, aber auch im Ausblick auf die zu erwartenden (sich bereits abzeichnenden) Wirkungen der Aktivierung gemeinsamen Sinns. [...] Auch bei einer Bewertung der Auswirkung der Aktivierung dieses gemeinsamen Sinns ist Wahrnehmung und Wertbildung aller Beteiligte[n] und Betroffene[n] einzubinden. Die kommunikativen Arrangements einer solchen partizipativen Reflexivität bezeichnet die Fachsprache auch als ‚responsive Evaluation'" (Pankoke 2002:25). Eben diese „partizipative[...] Reflexivität" (ebd.), welche Pankoke hier anspricht, ist jedoch zugleich dasjenige kardinale Kriterium, welches eine *reelle* Selbstorganisation erst ermöglicht und die Inklusion eines wahrhaft integrativen Steuerungsverständnisses in Clustern befördert.

465   Im Rahmen dieser feldspezifischen Transformationsprozesse müssen die im Kollektiv zu erarbeitenden Zielvorstellungen in ihrer Erreich- und Umsetzbarkeit von allen Beteiligten als realistisch und realisierbar eingeschätzt und Veränderungsleistungen reflektiert werden. Dementsprechend „geht [es, B. P.] also nicht um die durch (Dienst-)Leistungsträger zu erstellenden Produkte, sondern um die diskursiven und partizipativen Prozesse der Bewertung und Steuerung von Wirkungen, Entwicklungen und Veränderungen im Feld" (Pankoke 2002:25).

466   Eine auf Gleichwertigkeit, stetige Rückkoppelung und permanente Resonanz ausgerichtete Wegweisung muss von Clusterakteuren und Cluster-Management gleichermaßen verinnerlicht werden, um den Gleichklang von Prozess und herzustellendem Produkt wirkungsvoll als Leitgedanken deklarieren und als Maxime in die Öffentlichkeit kommunizieren zu können. Sinn-, Ziel-, Identitäts- und Imagebildung verschmelzen damit zu einem rekursiven Prozess der Verinnerlichung und Veräußerlichung. Unter Einbeziehung lokaler und globaler Variablen

Normierung und Bilanzierung ihrer Erfolge anhand ökonomischer Soll-Ist Differenzen, sondern immer auch um die Erlangung einer ‚ganzheitlichen Totalen', in
diesem Fall einer *Über*sicht und Herstellung von systemischer Durchlässigkeit,
sozio-kultureller Verbundenheit und ökonomischer Verbindlichkeit. Im Rahmen
der Entwicklung einer prospektiv ausgerichteten Entwicklungsstrategie müssen
also Sinnhorizonte entworfen werden, die in der Umwelt des lose gekoppelten
Suprasystems eine Relationskontur lancieren, eine Relevanzstruktur etablieren
und eine Resonanzarchitektur intonieren.

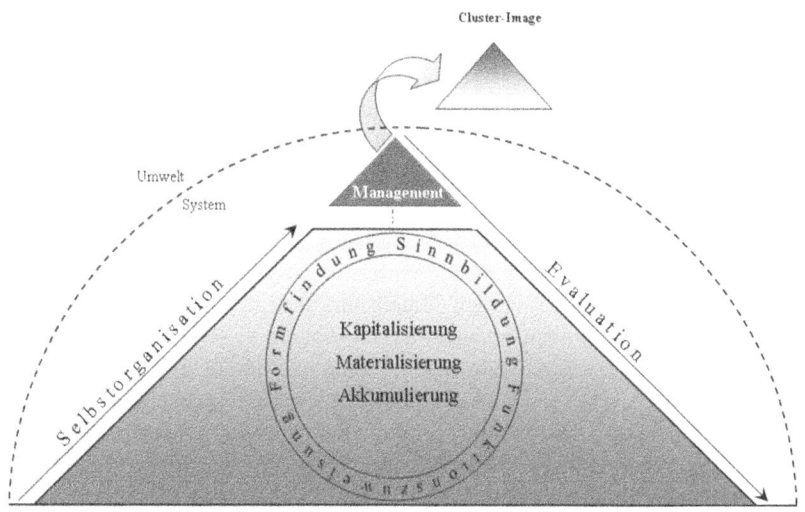

Abbildung 6:   Die magische Cluster-Pyramide (Pieper/Gersdorff 2007)
                 (in: Pieper 2007a:55)

muss das Cluster-Management zusammen mit den Clusterakteuren die geeignete Präferenzvari-
able für Produkte eruieren, definieren und öffentlich deklarieren. Dabei sind die Variablen und
Operanten aus den inhärenten Kapitalwelten für die Öffentlichkeit mit einer Bedeutungsklammer zu flankieren und über das Cluster-Image in die Umwelt zu kommunizieren.

9.3 Grundlegung der cross-medialen In-Szene(rie)-Setzungen

> „Zwei grundlegende Schaffensprozesse, die sich
> auf tausend unerforschlichen Wege[n] ineinander verschlingen,
> haben an der Entstehung eines jeden Kunstwerks teil:
> der Prozess der inneren Gestaltung, der künstlerischen Idee
> – und der Prozess ihrer äußeren Verkörperung."
>
> (Tairoff 1923:38)

Im Verlauf dieser Arbeit habe ich herausgestellt, dass Cluster unter bestimmten Voraussetzungen zu Transitsystemen der Überführung und Übersetzung von Wissen entwickelt und zu Lern- und Wissensräumen etabliert werden können. In Erweiterung der Arbeitsergebnisse zur Performativität[467] kann die These in den Raum gestellt werden, dass performative Akte die zukünftige Ausrichtung von Clustern bereits in deren Entwurfs- und Planungsphasen entscheidend vorbestimmen und einen erheblichen Einfluss auf die (Fort-)Entwicklung ihres gesamten Placements und Enactments nehmen. Damit läge der Origo eines erfolgreich zu präkonfigurierenden Vollzuges von Clustern durchgängig in der Verantwortung des Cluster-Developments. Ich habe bereits verdeutlicht, dass eine darauf gründende Verantwortung nicht ohne jedwede Unterstützung getragen und ausgefüllt werden kann, weshalb eine dementsprechende Vorleistung des Cluster-Developments der Konturierung einer großformatigen Dimensionierung bedarf. Aufgrund der performativen Voraussetzungen und einer darauf basierenden Konzeptionalisierung von Clustern als Aus- *und* Aufführungen[468] muss in einer solchen Setzung jedoch einführend und wegweisend auch eine Konzeptionalisierungsstrategie zu deren Vollzug enthalten sein. Die daraus resultierende Präkonzeption einer *Aus*führung der Ins-Werk-Setzungen von Clustern – also die gewagte Vorhersage zukünftiger managerialer Wegfindungen durch ein Cluster-Development – war bereits Topic des letzten Unterkapitels. Offen geblieben ist aber, wie nun eine *Auf*führung der In-Szene(rie)-Setzungen von Clustern programmatisch umrissen werden kann.[469]

Dieser Themenkomplex wird im Folgenden hergeleitet. Dessen Ausarbeitung erfordert nunmehr allerdings tiefergehende Zu- und Rückgriffe auf Definitionen und Diskurse genuin medienwissenschaftlicher Provenienz. Zwar habe ich im Zuge der bisherigen Ausarbeitung immer auch auf medienwissenschaftliche

---

467 Vgl. eingehend Kapitel 3 dieser Arbeit.

468 Die Konzeptionierung performativer Vollzugsakte als Ausführung und *zugleich* als Aufführung stammt von Fischer-Lichte (2004:32). Zur Übertragung performativer Vollzüge auf Cluster vgl. Kapitel 3.5

469 Dies impliziert, dass es in diesem Kapitel nicht um die nachgeordneten Prozesse des Marketing und Branding gehen kann, sondern um das Design prozessualer In-Szenerie-Setzungen von Clustern en gros.

Begrifflichkeiten und Diskurse zurückgegriffen, allerdings schwang sowohl der Medienbegriff im Allgemeinen als auch eine medienwissenschaftliche Einfassung von Clustern im Besonderen lediglich am Rande mit. Ersichtlich wurde dennoch, dass medienkulturwissenschaftliche Forschungszugänge gleichsam Ansatz-, Mittel- und evtl. sogar zentralisierende Schlusspunkte zukünftiger Clusterforschung sein können. Und dies aus gutem Grund: Korreliert doch die immense Relevanz medienwissenschaftlicher ‚Back-Ups' mit jenen, sich buchstäblich in vorderster Front abzeichnenden ‚Problem-Stages'. Anders gesagt, formieren und figurieren sich mediale Gebilde im Hintergrund globaler Wirkmechanismen, welche sie in ihrem Summarium gleichwohl mitbedingen und mitbestimmen. Verstehen wir unsere aktuelle sozio-ökonomische Gestalt als eine insbesondere durch Medien ins Werk gesetzte, müssen wir folglich auch Cluster – also jene ihr als gegenwärtig kardinale Gloriole aufgelegten und zudem in vivanten Mythen zirkulierenden Figurationen – in einen unmittelbar medienwissenschaftlichen Zusammenhang einordnen.[470] Diese Setzung erfordert nunmehr die vorgängige Abarbeitung von zwei essentiellen Ausgangsfragen: 1) Wie lassen sich Gestalt und Gehalt von Clustern medienwissenschaftlich einrahmen und wie kann es gelingen, Cluster mit Hilfe medialer Neurahmungen auf einen diversifizierenden Unterschied hin zu konzeptionalisieren, damit denkbare Modellgestalt und erzielbarer Gehalt von Clustern ‚be-greifbar' und ‚ver-wertbar' werden? 2) Besteht die Möglichkeit die bisherige (regional)ökonomische In-Schrift von Clustern durch medienwissenschaftliche Über-Schriften und Signaturen evtl. dergestalt zu transponieren, dass sich aus einer daraus resultierenden und in ihrem Kern veränderten Betrachtung auch eine weithin kommunikable Botschaft generiert, welche die Wegfindung zur Einleitung eines diskursiven Wandels begründen könnte?

Im Folgenden werde ich mich den oben verdeutlichten Fragenhorizonten gesondert annähern und diesbezügliche Wege und Wahlmöglichkeiten offerieren. Zwar habe ich Cluster bereits als neue Intermediäre zwischen Wirtschaft und Wissenschaft interpretiert, doch gilt es, Cluster nunmehr auch explizit als Medien zu spezifizieren. Daher werde ich versuchen herauszustellen, welche Prozesse Cluster in den Stand und Status von resonanzkräftigen Medien erheben (können) und welche bereits als erklärte Medien an diesen Inszenierungsprozessen wie beteiligt bzw. zu beteiligen sind. Dies gründet auf folgenden Überlegungen: Da Clus-

---

470   Erstaunlicherweise ist diese offensichtliche Korrelation von einer sich etablierenden Cluster-forschung bislang nicht aufgegriffen, geschweige denn ausbuchstabiert worden. Dies mag dem Faktum geschuldet sein, dass sich die Medienwissenschaften bislang nicht oder nur marginal in den Forschungsfeldern der Clusterforschung bewegten bzw. die Ergründung des Forschungsgegenstandes aufgrund der aktuellen definitorischen Einfassungen und/oder diskursiven Verengungen vorrangig anderen wissenschaftlichen Provenienzen zugemessen haben.

ter basierend auf den gewonnenen Ergebnissen nun unverkennbar medienwissenschaftlich zu verorten sind, gilt es, die In-Szene(rie) Setzungen von Clustern
als Medien und selbige *durch* Medien zu untersuchen. Dementsprechend müssen
nicht nur die Cluster selbst, sondern auch jene an ihnen beteiligten und sie gleichwohl konstituierenden Akteure als Medien einer Ins-Werk-Setzung, genauer als
der Entwicklung der medialen Clusterkorpora vorgelagerte und diese stets begleitende Ins-Werk-Setzungs-Medien situiert werden. Dies schließt direkt an die
im vorgängigen Unterkapitel herausgestellten Erfordernisse der Intonation einer
nach innen und nach außen wirkenden Resonanzarchitektur von Clustern an und
setzt sich in Fragen fort, welche die Herstellung und Verinnerlichung der Cluster-
Identity und deren Veräußerlichung durch ein konsistentes Cluster-Image fokussieren müssen. Denn: Je konsequenter Cluster darauf hin angelegt werden, auf
den globalen weltpolitischen Bühnen zu rangieren, desto konsistenter muss das
Zusammenspiel von innerer Einheit und deren exogener Veräußerung arrangiert
werden. Zusammengefasst gilt es damit also zu klären, auf welche Art Cluster als
Mittler präkonfiguriert werden können, damit sie – dieser Funktion entsprechend
– als spezifische Medien charakterisierbar und entsprechend inszenierbar werden.
     Ebenso wie Medien werden auch Cluster im Rahmen kultureller Entwick-
lungsprozesse durch Akteure konfiguriert und wirken durch ihre Einschreibung
in den sozialen Raum auf deren soziokulturelle Relevanzkontexte zurück. Allerdings hilft diese sehr allgemeine Komparation nur bedingt weiter, da „[a]us dem
Begriff des Mediums […] [erst dann, B. P.] ein operationaler Begriff [wird, B. P.],
wenn es ihm gelingt, ein Medium auf den Unterschied hin zu explizieren, den es
macht" (Baecker o. J.:2). Wie aber generieren bzw. organisieren Cluster nun diesen entscheidenden Unterschied?
     Nühlen verweist darauf, dass ein Medium einen Sachverhalt inszeniere. (Vgl.
Dies. 2003:40, und den mit der Aussage – „Das Medium inszeniert den Sachverhalt", so der Titel des Aufsatzes von Ders. ebd. – verbundenen Imperativ) Diese
Auffassung ist einschlägig anerkannt, klammert allerdings nicht die vorgängige
Inszenierung des Mediums durch dessen ,In-Szenerie-Setzungs-Medien' ein. Die
Inszenierung eines sich in der Umwelt auswirkenden und in das System selbst
zurückwirkenden Mediums, welches dazu gereicht, einen von der aktuellen Realität abweichenden und daher neu zu definierenden Sachverhalt zu inszenieren,
ist allerdings keineswegs voraussetzungslos. Die Konstitution eines neuen Sachverhaltes durch ein Medium gelingt nur dann, wenn das Medium zuvor selbst auf
spezielle Weise konzipiert und konfiguriert wurde. Im Hinblick auf die Explizierung von Clustern als Medien und deren weitere Entwicklung zu wegweisenden
Resonanzkörpern ist damit das Wechselspiel der Unterschiede, welche Cluster

hervorbringen und der Unterschiede, die von Clustern selbst durch diese Hervorbringung erzeugt werden, zu fokussieren. Im Rahmen der angestrebten cross-
medialen Verortung und einer entsprechenden Ausrichtung von Clustern geht es
mir also ganz im Sinne von Baecker darum, diese auf einen Unterschied hin zu
untersuchen, der ihre (potentiellen) Wesensmerkmale abbildet.[471] Problematisch
ist indessen, dass Cluster zum einen eben noch kein medienwissenschaftliches
und gemeinhin anerkanntes Analogon besitzen und lediglich in Form eines wissenschaftlich noch zu spezifizierenden Konstruktes vorliegen. Zum anderen sind
Cluster auch für die gegenwärtige Praxis noch weitestgehend unkontrollierbare
Postulate, denn gelebte Praxen und erprobte Paradigmen. Folglich kann es nicht
darum gehen, einen bestehenden Unterschied zu deklinieren, sondern diesen su-
blimen Unterschied anhand einer Ausdifferenzierung respektive Neudimensionierung von Clustern zuvorderst erst zu generieren. Bei der Offenlegung eines
derartigen Unterschiedes geht es nun allerdings nicht darum, Cluster vorrangig
von anderen Interorganisationsformen zu unterscheiden.[472] Vielmehr geht es darum, Clustern derartige Hilfestellung zu gewähren, dass sie jene, ihnen im Rahmen des Clusterdiskurses bereits kardinal zugeschriebenen primären und sie von
der Performance vieler anderer Formationen unterscheidenden Besonderheiten –
vulgo die Sicherung von Wettbewerbsfähigkeit und die Genese von Sprunginnovationen – überhaupt realistisch *einlösen* können. Dementsprechend ging es in
meinen bisherigen Ausarbeitungen auch nicht darum, Cluster in ihrer Potentialität
zu negieren, sondern eher darum, deren gegenwärtige (noch) nicht vollends ein-
gelöste, gleichwohl als ‚manifest' propagierte Situierung und Verortung zunächst
kritisch zu hinterfragen, zu dekonstruieren und folglich neu zu dimensionieren.

Jenes von McLuhan konstatierte „interplay between the *figure* and its *ground*"
(Ders. 1987:467, zit. n. Baecker o. J.:2, kursive Hervorhebung ebd.)[473] erlangt auch
im Zuge einer auszudifferenzierenden Potentialität von Clustern neuerliche und
weiträumigere Bedeutung.[474] Denn: Dieses Interplay kann hier nur zur Herstellung eines Interface-Designs gereichen, wenn die Clusteridee bzw. der vordring-

---

471   Einen Cluster selbst als Medium zu spezifizieren und damit als einen resonanzfähigen Kron-
       zeugen einer cross-medial (re)kontextualisierten Wissenskultur zu etablieren, erfordert es also
       zuvorderst, einen auf Cluster applizierbaren Medienbegriff zu generieren, welcher sein Unikat
       bereits mitführt.
472   Diese Art von Unterschied habe ich in Kapitel 3.6 bereits konturiert.
473   Baecker bezicht sich hier auf: McLuhan, Marshall (1987): Letters. Ausgewählt und hrsg. v.
       Matie Molinaro, Corinne McLuhan und William Toye, Toronto: Oxford UP
474   Das von McLuhan konstatierte ‚Interplay' basiert damit auf einer Berücksichtigung der Kon-
       stellation und Korrelation von Figur und Grund. (Vgl. Baecker o. J.:2) Vgl. zur tiefergehenden
       Kontrastierung von Figur und Grund sowie zur Einfassung eines „Resonanzgrund[es]" (Urmann
       2010:53) auch die Ausführungen von Urmann (2010:53).

lich mentale Clustergedanke neue offene Szenerien visioniert und diese Vision gleichwohl in die Öffentlichkeit kommuniziert wird, damit Cluster sich aus ihren bisherigen Kulissen offenkundig und somit unverkennbar herauskristallisieren können. Erst durch eine Offenlegung der vormalig ‚subliminal back-stages' und eine Dispersion neuartiger Verweisungskontexte „bekommen [wir, B. P.] zu sehen und zu hören, wie die Form ihre Grenzen überschreitet und mit allen Elementen ihrer Textur in Verbindung tritt, bevor sie jedwede Kontur verloren hat" (Urmann 2010:57).

Die allerorten kommunizierte Bekundung, dass Cluster ein gewichtiges Unikum ausbilden müssen, um auf den globalen Bühnen wettbewerbsfähig zu werden, erlangt im Hinblick auf deren Resonanzfähigkeit eine doppelte Bedeutung und drängt u. a. ein von Porter (und in seinem Gefolge auch von zahlreichen Anhängern) immer wieder faktoriertes, gleichwohl nicht erschöpfend ausdekliniertes Erfolgskriterium von Clustern, namentlich die „kritische Masse" (Porter 2002:23) in den Hintergrund. Dies kann jedoch mitnichten als ein prekärer Punkt von Porters Konzeption gewertet werden. Denn: Zumindest das *numerische* Messen und Bewerten selbiger „kritische[n] Masse" (ebd.) würde voraussichtlich mithin eine sog. „Sorites-Paradoxie" erzeugen, was nicht weiter erstaunen dürfte, da man eben dieses Phänomen bereits im Rekurs auf alle nahen Sprachverwandten des Clusterbegriffes, insbesondere aber auf den Begriff ‚Haufen' abstrahieren kann. (Vgl. zur Etymologie des Clusterbegriffes Kapitel 2.2)[475] Man kann hier freilich davon ausgehen, dass dieses Paradoxon auch Porter und vielen anderen Autoren, die eine den Erfolg (mit)ermöglichende Verdichtung bzw. Fülle von Stell- und Richtgrößen faktorieren bzw. indizieren, keineswegs unbekannt sein dürfte. Dies streckt hier auch eine mögliche zusätzliche Erklärung dafür vor, dass selbige en masse auf die ‚Übersummativität' von Clustern abheben. Vor dem Hintergrund einer m. E. n. notwendigen qualitativen Ausformung der Erfolgsfaktoren (u. a. aufgestockt durch sozio-kulturelle und medial-ästhetische Antezedenz-, Vollzugs- und Verlaufsbedingungen) und einer ebenso notwendigen Einspeisung

---

475   Stark vereinfacht formuliert, kann bei einer ‚Sorites-Paradoxie' aufgrund von Grenzziehungsproblematiken und Unschärfen durch zumeist in der Semantik gründende Vagheiten nicht valide entschieden werden, wieviele einzelne Elemente exakt benötigt werden, um das mit der begrifflichen Kategorisierung verbundene Bild im materiell-dinglichen zu erzeugen und es gibt außer keinesfalls kritiklos gebliebenen Kriterien kein nachprüfbares und konsistent generalisierbares Merkmal, das valide und reliabel eingrenzt, ab wann es sich bei Wegfall wievieler Elemente nicht mehr um das entsprechende begriffliche Gesamtkonstrukt handelt. Ein oft gewähltes Beispiel zur simplifizierenden Beschreibung dieses Phänomens ist die Sichtbarmachung der Formation einzelner Elemente, die erst zusammengenommen, das – mittels Numerik in der Vorstellung nicht entscheidbare – Konstrukt des ‚Haufens' begründen oder eben nicht begründen.

ihrer zahlreichen Wechselwirkungen in ein präkonzeptionelles, sich der Koinzidienz verpflichtendes Meta-Modell ist zudem äußerst fragwürdig, wie ergiebig eine rein numerische Auflösung dieser Masse wäre, sollte sie potentiell machbar sein.

Dies bedeutet nun selbstverständlich nicht, dass Cluster ebenso gut hier wie dort notdürftig ‚eingerenkt' werden können, wenn deren Verortung aufgrund der nicht vorhandenen oder unzureichend ausgebildeten Vorbedingungen das erwartete Ergebnis in Frage stellen. Es bedeutet aber, dass jene den Clustern zugeschriebene ‚Pro-Position' erst dann zu einer ‚Pole-Position' werden kann, wenn sich diese um ein mediales ‚Consubstantiel' erweitert, welches eben gerade nicht aus den jeweiligen vorhandenen lokalen Gegebenheiten gespeist wird, sondern die Grundständigkeit des Clusters zuallererst ebnet und Clustern buchstäblich dazu verhilft, Theorie und Empirie übergreifend und substantiell neu zu ‚verdingen'.

Versteht man Cluster als gewichtige Figur,[476] lässt sich obige Prognose leichtgängig an eine Aussage Nühlens rückbinden, welche in Anlehnung an McLuhan konstatiert, dass dasjenige, was ersichtlich werde, die Figur, und dasjenige, was deren Effekt ausmache, der Grund sei. (Vgl. Dies. 2003:51) Auch wenn es an dieser Stelle nicht Ziel ist, die aristotelischen Kausalitäten erneut auszudifferenzieren,[477] kommt dem *Grund* bezüglich der Einebnung und damit auch der Fundierung von Clustern und ihrer Potentialität eine mehrdimensionale Rolle zu: Er ist nicht nur die geographische Fläche, auf welcher sich der Cluster ausdrückt und/oder der Raum, in den sich der Cluster einschreibt. Auch ist er nicht nur ein „kulturelle[r] Nährboden, auf dem das betreffende Medium wirksam ist" (McLuhan 1992:21), obschon der vorherrschende kulturelle Kolorit selbstverständlich auf die Ausgestaltung der Clusteridee einwirkt und sich auf eine entsprechende (Per-)Formation auswirkt. Unabhängig davon, dass auch vorgängiges relevant ist, ist derjenige den Entwicklungsprozesse *kardinal* anstoßende Grund – also derjenige Grund, welcher die Clusterakteure bewegt und die Clusterentwicklung bewirkt – jener vom Cluster-Development in einer Vorentscheidung zu treffende, triftige *Grund(-satz)[478] der Einung*, da dieser die weiteren Phasen und Prozesse erst (vor)trefflich intonieren und damit zugleich die zukünftigen Sinnhorizonte des Clusters präkonfigurieren kann.

Versteht man diese notwendig herzustellende Einung der Akteure als allen anderen Wegfindungen von Clustern übergeordnet, kann die mediale Verortungsnotwendigkeit von Clustern nicht mehr negiert werden; denn damit ist

---

476 Vgl. zur (räumlichen) Figuration von Clustern Kapitel 8 dieser Arbeit.
477 Vgl. zu jenen, von Aristoteles markierten Kausalitäten und deren Übertragung auf Cluster Kapitel 2.3 und Kapitel 3.6 dieser Arbeit.
478 Hier wird eine Nähe zu Schopenhauers „Satz vom Grunde" offenbar. Vgl. dazu eingehend Ders. (2008:29ff.).

die Medienkulturwissenschaft nicht nur ein potentieller ‚Bypass' zur Belebung eines erweiterten Clusterverständnisses, sondern gleichsam die ‚Hauptschlagader' der Neudimensionierung von Clustern. Dies erklärt sich wie folgt: Sollen Cluster als Suprasysteme die Einung der Reichhaltigkeit und Vielfältigkeit einlösen, müssen sie zuvorderst als Transitsysteme der Überführung und Übersetzung der Polyperspektivität präkonfiguriert werden. Versteht man Cluster als aus globalen Problemhorizonten hervortretende Kunstwerke einer zu vollziehenden Einung,[479] lässt sich nicht mehr ausklammern, dass jeglicher Einungsprozess auf einem vorgeschalteten absichtsvollen ‚Mit-Teilungsprozess' beruht. Um nun sowohl die Übersetzung der intentionalen Absichten der Akteure zu gewährleisten als auch ein „*beständig*[es] *Übergehen* [...] zwischen Form und Inhalt oder genauer: Material und Bedeutung oder eben auch Ding und Zeichen" (Rebentisch 2005:52, kursive Hervorheb. im Orig.) sicherzustellen, wird ein zwischen diese vielfältigen Stellgrößen geschaltetes Organum erforderlich.

Mir ist sehr wohl bewusst, dass sich die Leser hier fragen, ob sich obige Beschreibung nun auf Cluster *oder* auf Medien (hier im Sinne von ‚Ver-Mittlern' verstanden) bezieht und wo genau die Differenz zwischen beiden nun liegt. Nun ist die ‚Ein-Lösung' dieses scheinbar kapriziösen Enigmas allerdings so einfach, dass sie schier übersehen wird: Es gibt keine Differenz! Als evokatives Einungsmedium definiert – welches als essentielle Schnitt- und Schaltstelle fungiert und eine damit einhergehende Überbrückungsleistung vollständig realisiert – fällt ein so definierter Cluster kongruent mit dem von Debray (1994) geprägten Begriffs- und Bedeutungsverständnis der „Mediologie" (Ders. ebd.:72) in eins. Ebenso wie Debray die „Mediologie" (ebd.) definiert, so lassen sich auch Cluster als „grenzüberschreitend, sich quer über die etablierten Institutionen und Nomenklaturen hinwegsetzend" (ebd.) verstehen. Da das Bedeutungsgebäude des der Mediologie inhärenten „Wortteil[s] *medio* [...] *Mediationen* (Vermittlungen)" (ebd., kurs. Hervorheb. im Orig.) ebenso wie der Cluster auf „die dynamische Gesamtheit der

---

479 „Eine Organisation [...] ist nicht die Organisation einer Einheit, sondern die Organisation einer Differenz" (Baecker 1999:20), so Baecker. Wenn ich hier von ‚Einung' spreche, so steht dies nicht im Gegensatz zur These von Baecker, sondern erweitert diese im Hinblick auf die interorganisationale Form des Clusters. Freilich geht es auch und insbesondere im Cluster gerade *nicht* um die Verkürzung, Gleichschaltung und Zurückschneidung von Perspektiven auf eine einheitliche und handhabbare perspektivische Matrix. Spreche ich von ‚Einung' ist dies nicht als Vereinheitlichung, sondern ganz im Gegensatz als Einung potenzierbarer Vielheit zu verstehen, d. h. also als eine Potenz, die erst durch ein sich Einlassen und Einstimmen auf die Fülle an Vielfarbigkeit und Vielgestaltigkeit eingelöst wird. Damit ist sie durchaus in sensu von Baecker, als Organisation vorab differenter, immer aber differenzierter und stets zu differenzierender Stellgrößen zu verorten. Damit generiert der Cluster – vorausgesetzt man formatiert und inszeniert ihn als ein Einungsmedium – seinen Unterschied gerade im Hinblick auf die Einung vormaliger Differenzen.

Prozeduren und Körper, die zwischen eine Produktion von Zeichen und eine Produktion von Ereignissen geschaltet sind" (ebd.) abzielt, kann der Cluster als ein Mittler gefasst werden, eben weil das „Zeichen des Dings [und das, B. P.] Ding des Zeichens" (Menke 2005:18) synchronisiert werden und den Cluster als DAS zukünftige Metamedium formieren.

Ein solches Clusterverständnis hat sich – ungeachtet der propagierten Heilserwartung von Clustern – offenbar noch keinesfalls bis auf deren Diskursebenen ausgebreitet. Dies wird bei Betrachtung, jener dort mitunter florierenden Paradoxa in Bezug auf die Korrespondenz von begrifflicher Fassung, angestrebter Form und zugemessener Funktion von Clustern ersichtlich: Trotz der im Clusterdiskurs vorfindlichen vivanten Cluster-Mythisierungen und diese Mythen immerfort stützender und belebender Metaphern, (die unausbleiblich zu Plattitüden abflauen, sodenn sie keine Auseinandersetzung mit ihren sie charakterisierenden Bedeutungsgefügen bzw. keine Abstraktionstiefe mitführen) wird die Einlösbarkeit eines mit diesen Heilserwartungen stets verbundenen kompensatorischen ‚shifts' mitunter in Frage gestellt. So wird bereits gegenwärtig immer öfter konstatiert, dass Cluster eben nicht zur Kompensation bisheriger Problematiken, sondern möglicherweise nur als Ergänzung und Vervollständigung anderweitiger Innovationsstrategien eingesetzt werden können. Schränkt man die Reich- und Tragweite von Clustern derart ein und impliziert damit, dass diese aktuelle Probleme nicht kompensieren können, so wäre es müßig, sie zu einer Kompensationsstrategie fortzuentwickeln und eine solche müsste dementsprechend nicht angedacht werden. Die Intonation eines mit Clustern verbundenen Heilsmythos wird jedoch demgegenüber paradoxerweise bislang kaum angetastet. Doch an der Intonation von Cluster-Mythen, so heilsversprechend sie auch scheinbar sein mögen, können wir nur dann beständig festhalten und diese aufgrund ihrer Symbolträchtigkeit kontinuierlich revitalisieren, wenn sie sich nicht als Irrglaube; Trugschluss und Zerrbild erweisen.

Genau hier öffnet sich der Zirkel durch ein „Re-entry" (Spencer-Brown) des Cluster-Developments: Damit sich ein Cluster in einem erweiterten Sinne als positiver ‚En-T(r)opos'[480] etablieren lässt und sich im Verständnis der an ihm zu beteiligenden Akteure zukünftig nicht zu einem ‚U(n)-Topos'[481] zusammenkürzt, kommt dem Cluster-Development die Funktion der Ausgestaltung und Steuerung

---

480   Hier verstanden als paradigmatische ‚Um-Wandlung' des räumlichen Szenarios zu einer neuen Szenerie durch die Ein-Wendung der produktiven Kräfte bzw. die Ersetzung des alten Szenarios zugunsten einer bedeutungsverschiebenden Formkategorie.

481   Hier verstanden als ein unmöglicher Ort bzw. undefinierbare Verortung, was mitunter auf dasselbe hinausläuft, weil die distinktive Zuweisung und proveniente Verortung der Akteure und damit auch deren Einordnung und Adressierung fehlschlägt.

der gesamten Cluster-Szenerie und damit auch die schöpferische Vorbildung einer
wert-, wissens- und identitätsbildenden ,In-Szene(rie)-Setzungs-Klaviatur' zu.[482]
Damit Cluster über die Einlösung vielfältiger Übergänge hinaus, selbige auch
autogen aus- und hervorrufen, ist diese In-Szenerie-Setzung also ebenfalls in den
Entwurf zu integrieren, denn die Präkonzeption der In-Szenerie-Setzung wirkt
sich sowohl auf die spätere Ausrichtung der Inszenierungs*optionen* als auch die
Art der Vollzugsakte und Kontingenz-Spielräume und mittelbar wiederum auf
die diskursive Verankerung von Clustern aus.

Bislang habe ich dargelegt, wie und unter welchen Voraussetzungen sich ein
Cluster als evokatives Einungs-Medium konzipieren ließe. Im Folgenden geht es
nun darum, Rolle und ,Roll-in' seiner ,Ins-Werk-Setzungs-Medien'[483] zu umrei-
ßen, um die Korrelation dieser medialen Stellgrößen und den Konnex ihrer cross-
medialen Wechselspiele in den Entwurf der Clusterentwicklung zu integrieren.
Selbstverständlich können diesbezügliche Wechselbeziehungen hier nur angerissen werden, denn sie bedürften wahrlich erweiterter Forschungsanstrengungen.
Allerdings werden voraussichtlich genau diese Topoi die Ausbuchstabierung einer sich erst konstituierenden Feldforschung befördern, da sie nicht nur in wissenschaftlicher Hinsicht bedeutsam sind, sondern direkt an genuin feldspezifische Erfordernisse anschließen. Denn: Im Rahmen der In-Szenerie-Setzung von
Clustern wird dem Cluster-Development ein weiterer prozessualer (Drahtseil-)
Akt abgefordert, der die Entfaltung und Überführung der schöpferischen Kräfte
in struktives Schaffen betrifft: So müssen in den Präkonzeptionsphasen von Clustern, Inszenierungsstrategien eruiert und experimentell erprobt werden, die geeignet scheinen, den angedachten Cluster als Potenz vorzubilden, damit er seine ihm

---

482 Eine damit verbundene Steuerung lässt sich leichtgängig und nahezu kongruent an die Aus-
     führungen von Tairoff (1923) anschließen, welcher für die erfolgreiche Inszenierung einer in
     sich konsistenten Theater-Aufführung, die Gewährleistung durch einen „Spielleiter" (Ders.
     ebd.:59) veranschlagt. (Vgl. ebd.) Im Zuge der sich hier eröffnenden Parallelitäten kann man
     auch für Cluster voraussetzen, dass für deren erfolgreiche Aufführung „augenscheinlich ein
     Jemand nötig [ist, B. P.], der – dieses Resultat schöpferisch anstrebend – die entstehenden
     Kollisionen reguliert und ihnen ihre Richtung weist, indem er sie mildert, verstärkt, aufhebt
     und neu erschafft, um die ganze Handlung zu harmonischer Vollendung zu führen" (Tairoff
     1923:59). Dieser "Spielleiter" (ebd.) wird erforderlich, „damit die szenische Handlung ge-
     setzmäßig, und nicht chaotisch ablaufe; damit sie sich nicht in einander widersprechende,
     sondern in harmonisch auf einander abgestimmte Formen ergieße und im Endresultat als ein
     einheitliches Theaterkunstwerk in Erscheinung trete" (ebd.). Ebenso wie in diesem von Tairoff
     beschriebenen Inszenierungskontext kommt auch dem Cluster-Development die Funktion zu,
     „die Form einer Aufführung zu erfinden, in Zusammenhange mit den Kräften und Wünschen
     der Schauspielergenossenschaft und der Aktionstendenz, die im gegebenen Augenblick auf
     ihrem Wege liegt" (Tairoff 1923:65).
483 Als ,Ins-Werk-Setzungs-Medien' fasse ich hier, die einen Cluster konfigurierenden und seine
     performative Ausgestaltung bestimmenden Akteure.

unterlegte Potentialität zukünftig als ‚Au(g)mentation'[484] der Kräfte ausbilden und inaugurieren kann. Aufgrund der ‚Prä-Position' einer erst anzustrebenden Vervollkommnung von Clustern setzt dies nun zweierlei voraus: Zum einen müssen nicht zieldienliche systemisolierende Handlungsmuster aufgebrochen und ersetzt sowie experimentelle, extrafunktionale Lern- und Wissensräume[485] geschaffen werden. Eine damit einhergehende Befreiung des Cluster-Enactments „von leerer Routine, funktionell abgeschotteter normativer Schwere, schließlich Krisendruck" (Lipp 1994:202) wird unabwendbar, um die Quellen des Schöpferischen anzuzapfen, vulgo die Schöpfungsphantasien der Akteure zu entfalten und deren Schaffenswillen zu entfesseln.[486] Zum anderen, und hier liegt die Crux, muss dieses experimentelle Handeln in eine tragfähige, und wie es Lipp bereits im Zuge seiner Beschreibung eines „spielerischen Wagnis[ses]" (Ders. 1994:202) aufzeigte – unabdingbar in eine „*tragende, neue Ordnung*" (ebd.:203, kursive Hervorhebung B. P.) überführt werden, deren Realisierung noch ungewiss sei. (Vgl. ebd.)

Vor dem Hintergrund der immensen Hoffnungen, die in Cluster gesetzt werden, und der Erwartungen, die an ein Cluster-Management gestellt werden, wird jedoch bereits die Eröffnung und das Zugeständnis notwendig experimenteller Spiel- und Freiheitsräume zu einem beispiellosen und gewagten Husarenstück. Oder anders gesagt: Insbesondere aus der Relevanz der evokativen Heilsprognose des Ins-Werk zu setzenden Clusters und der Valenz jener, mit dieser Richtschnur verknüpften Erwartung an dessen Ins-Werk-Setzungs-Medien resultiert der essentielle Nachdruck zur Überführung der ludischen Verve in die absichtsvolle Darstellung dessen, was für Cluster als wegweisende Zielsetzung vorgezeichnet wurde. Jene den Diskurs beherrschenden Zielsetzungen wiederum, werden von den Clusterakteuren nun ihrerseits wieder dem zu lancierenden Prozessergebnis unterschoben oder zumindest als ein reell angestrebtes propagiert. Die sich gegenwärtig bereits abzeichnenden Problematiken der vollzugstechnischen Einlösung können jedoch dazu führen, dass von den Clusterakteuren nur die Inszenierung einer *erwünschten* Darstellung dargeboten, diese jedoch zwangsläufig nur tem-

---

484 Diese begriffliche Einfassung verschwistert den Prozess der Steigerung mit dem frz. Begriff ‚Augmentation', der ein Synonym des Begriffes Aggrondisment darstellt und hier zudem auf die Herstellung gleicher Augenhöhe der Akteure verweisen soll.

485 Vgl. zu diesem Topic insbesondere die Ausführungen zur Genese von LuW-Clustern in Kapitel 7 dieser Arbeit.

486 Auch an diese Überlegungen können Ausführungen Tairoffs angeschlossen werden: „Die innere Technik des Schauspielers besteht in der Entwickelung seines schöpferischen Willens und seiner schöpferischen Phantasie, in der Fähigkeit, mit ihrer Hilfe ein beliebiges szenisches Gebilde hervorzuzaubern und die notwendigen Emotionen zu beherrschen. Der Weg zu dieser Technik führt in der Hauptsache über die Improvisation" (Tairoff 1923:48, Rechtschreibung originalgetreu übernommen).

porär aufrechterhalten werden kann. Demzufolge würde eine Postur neuer Kulissen zwischen Vorder- und Hinterbühnen von Clustern lanciert[487] und/oder die Ausrichtung notwendiger Selbstorganisationsprozesse torpediert bzw. die Selbststeuerung gar konterkariert. Die im Diskurs verfestigten Ausrichtungen evozieren und verstärken obige Problematik, denn sie wirken nicht nur unmittelbar auf das inszenatorische Handeln ein, sondern sie kontrollieren es auch mittelbar: Verschwistern sich obig aufgeführte mögliche Resultate, führt dies schlechterdings dazu, dass auch das Cluster-Management „generalisierte Verhaltenserwartungen" (Luhmann 1994:139) internalisiert und in Folge dessen ein von ihm erwartetes Handeln als erwartbares spiegelt.[488] Dies wird insofern zur substantiellen Herausforderung, als damit genau jene Entwicklung von Lern- und Reflexionsfähigkeit – die auf Basis bisheriger Arbeitsergebnisse für die Clusterentwicklung und den Clustererfolg unabdingbar notwendig sind – völlig ins Hintertreffen geraten, da das Cluster-Management gegebenenfalls „von außen nach innen verlaufende[...] Selbstdomestikationsbahnen" (Hahn/Willems 1998:198) errichtet, eben gerade um sich etwaiger Kontrollmodi und daraus resultierender Interventionen durch eine externe Instanz bereits im Vorfeld zu entziehen. (Vgl. ebd.:199)[489]

Prognostiziert werden kann daher, dass die Herstellung einer Synthese von Ego, Echo und Ergo(n) in den Mittelpunkt einer cross-medialen Cluster-Inszenierung rücken muss, damit das Clustergebilde „in die ihm entsprechende sichtbare und präzise Form" (Tairoff 1923:46) überführt werden, die In-Szenerie-Setzung vom Cluster-Development vollführt werden und der Prozess kunstvoller Einung vollendet werden kann.

---

487   Darstellung setzt nach Hahn und Willems voraus, „daß der Zuschauer keinen totalen Einblick in das hat, was hinter der Bühne geschieht" (Dies. 1998:193). Vgl. zu den konturierten Rollen-Problematiken sowie zur Differenzierung von Vorder- und Hinterbühne und damit verbundenen Inszenierungsformen eingehend Goffman (2003).

488   Die absichtvolle Darlegung einer vermeintlichen Intention – und dies gestaltet sich in Cluster-kontexten nicht anders, als in anderen sozialen Zusammenhängen auch – ist dementsprechend nicht immer und zwangsläufig die Veräußerlichung einer redlich verinnerlichten Position, sondern oftmals die Rückspiegelung einer Zuschreibung. Diese Rückspiegelung wird durch ein Ego in Erwartung eines von den Alteri erwünschten Echos vorgenommen. Vgl. dazu ausführlich Hahn/Willems (1998).

489   „Aber eben jene Kontrolle, die man selbst vornimmt, um der Fremdkontrolle zu entgehen, ist nichts anderes als deren Vorwegnahme ins eigene Innere, deren Steigerung ins Beispiellose" (Hahn/Willems 1998:199).

10. Final Re-Union

„Es war sogar ein bezeichnender Ehrentitel der Chemiker, daß man sie Scheidekünstler nannte.
Das thut man also nicht mehr [...] und thut sehr wohl daran.
Das Vereinigen ist eine größere Kunst, ein größeres Verdienst.
Ein Einungskünstler wäre in jedem Fach der ganzen Welt willkommen."

(J. W. von Goethe 1837:50)[490]

„Die Kunde ist eben nicht der Kunde!
[...] nicht der Kunde steht im Fokus,
sondern die Kunde der Einung zur Bekräftigung eines gewagten Bündnisses,
als Botschaft des ungebrochenen und impulsiv belebenden Eigen-Willens
einer am Horizont aufziehenden neu formierenden Einheit."

(Lukas Gersdorff 2007:5)

Meine Forschungsabsicht war es, die bis dato noch primär ungelösten semantischen, feldspezifischen und forschungstheoretischen Herausforderungen des
Clusterformenfeldes en bloc aufzuzeigen und diese in Form einer erweiterten Zusammenschau sowohl für eine sich etablierende Clusterforschung als auch eine
die Clustermaterie zunehmend entlehnende Innovationsforschung herauszustellen. Die Synopse war von Bedeutung, um die Komplexität von Clustern auf ein
bearbeitbares Maß zu reduzieren, damit der abstrakte und derzeit noch unfassbare Forschungsgegenstand über Disziplin- und Wissenschaftsgrenzen hinaus
an Form und Gestalt gewinnt. Im Zuge der Erarbeitung disziplinübergreifender
Erklärungsansätze und Beschreibungen von Innovationen im Entstehungs- und
Entwicklungsprozess wurden auch das diskursive Feld und die Problemfelder
praktischer Relevanz berücksichtigt. Ziel war es zu verdeutlichen, dass die Cluster-Materie aufgrund ihrer verbleibenden Komplexität unabdingbar über disziplinäre und systemische Grenzen hinaus zu verhandeln ist und sich aufgrund der
einzubindenden Vielfalt über zahlreiche Dimensionen erstrecken muss.[491] Dementsprechend gründete sich mein kardinaler Bearbeitungsansatz darauf, aktuelle

---

490 Die dereinstige Rechtschreibung wurde hier von mir originalgetreu übernommen.
491 Aufgrund der erforderlichen Transdisziplinarität und der Interaktionsnotwendigkeit zwischen Wirtschaft und Wissenschaft werden voraussichtlich Forscher und Entwickler in den
Fokus rücken, die in beiderlei Wissenssystemen Erfahrungen gesammelt haben und/oder in
außeruniversitären Forschungsinstituten arbeiten, da Clusterentwicklung neben (forschungs-)
feldspezifischem Wissen auch auf systemübergreifender Erfahrung aufsetzt. Aufgrund der zu
vollziehenden Übersetzungs- und Überführungsleistungen kann gemutmaßt werden, dass sich
in Clustern früher oder später ein völlig neuer Praxisbegriff durchsetzen wird.

in der Clusterpraxis vorfindbare Herausforderungen und theoretische Hintergründe an ihren Naht- und Verbindungsstellen an die Clusterthematik anzukoppeln, um disziplinäre Engführungen und Einseitigkeiten zu minimieren und realisierbare systemübergreifende Entstehungs- und Ausrichtungsformen von Clustern anhand systemübergreifender Modellbildung zu entwickeln.

Um die Bedeutungsgefüge von Clustern abzuschreiten und diese als Kulturgüter einzufassen, wurden zunächst deren sprachgeschichtliche Ursprünge anhand ihrer etymologischen Wurzeln rekonstruiert. Vor dem Hintergrund einer zunehmend geforderten Interoperabilität habe ich untersucht, ob und wie autonome Wissenssysteme – die sich unter Clusterperspektivik betrachtet nun viel mehr als ‚Embedded Systems' darstellen – überhaupt interaktiv kommunizieren können. Im Anschluss daran wurden bestehende Modalnotationen von Clustern kritisch reflektiert und die diskursive Bildung des Forschungsgegenstandes bzw. die angenommene Objektivation von Clustern in einer metatheoretischen Performanzanalyse rekonstruiert, um zu untersuchen, wie aus Clustern – bis dato noch unfasslichen Größen – a priori jeglicher Materialisierung ‚in corpora' ein (Sprach-Denk-Wahrnehmungs-)Bild entsteht, das sich imaginieren und kommunizieren lässt. Dabei ging ich auch der Verquickung von Ursache, Sinn und Form von Clusterkonstrukten auf den Grund. Im Anschluss daran habe ich die performativen Vollzugsakte der Ins-Werk-Setzung vom imaginären Cluster*konstrukt* bis hin zum realen Cluster*objekt* und damit verbundene Hervorbringungsleistungen nachgezeichnet sowie Gepräge und Wirkmächtigkeit von Metaphern und Bildern untersucht, da diese Denkinhalte und Handlungsmaximen verfestigen, welche sich als Narrative in den Diskurs einschreiben. Anhand diskursiver Verweisungshorizonte wurde außerdem untersucht, ob es sich bei der Bedeutungszuweisung von Clustern um einen Mythos handelt und wenn ja, um welche Art. Zudem wurden sozialkulturelle Akte der Clusterbildung und damit einhergehende performative Praxen in den Blick genommen. Im Zuge dessen habe ich Cluster von anderen Interaktionskonstrukten, insbesondere von Netzwerken abgegrenzt. Über den Umweg von Kunst und Avantgarde habe ich (post)avantgardistische, performative und philosophische Perspektiven in Anschlag gebracht und die Notwendigkeit eines erweiterten Kunst- und Avantgardebegriffs hervorgehoben, daraus strategische Steuerungsoptionen für notwendig übergreifende Transformationsprozesse abgeleitet und forschungstheoretische Optionen für eine zukünftig interdisziplinäre Zusammenarbeit von Performativitäts-, Innovations- und Clusterforschung konturiert. Im Anschluss daran wurden Interdependenzen von Lernprozessen und Wissensprogressionen für die Clusterentwicklung vorgezeichnet sowie Vorbedingungen, Erfolgsfaktoren und potentielle Störgrößen der Wissensentwicklung

in Clustern skizziert. Neben einer kritischen Beleuchtung der von Wirtschaftsgeographie und Regionalökonomie aufgestellten Thesen zu Vorbedingungen und
Erfolgsfaktoren von Clustern habe ich im Rückgriff auf Evolution und Historie
von Clustern verdeutlicht, dass auch eine primär wirtschaftsgeographisch orientierte Clusterperspektive eines überspannenden Clusterentwurfs bedarf, der die
Herstellung übergeordneter kapitalbildender Einflussgrößen und dementsprechend eine Grenzüberschreitung der Sektoren und Systeme einfordert. Soziale und kulturelle Wirkmächtigkeiten lassen sich dabei nicht von ökonomischen
Zielsetzungen separieren und müssen aufgrund ihres unhintergehbaren Accompagnements zusammengedacht werden, damit sich Cluster als Sinnsysteme inkulturieren und ihren kapitalbildenden Outcome über Prozesse sozialen Lernens
mehren können. Eine Option, Cluster zu einer identitätsbildenden und grenzüberschreitenden ‚Form der Sinnform' zu entfalten und zugleich zu einer ‚Zweckform
der Funktionalität' auszubilden, wurde in dieser Arbeit über die Inklusion einer
neuen Lern- und Wissensintermediären (LuW-Cluster) in das makroökonomische Clustergefüge modelliert. Dazu habe ich ein Übertragungsmodell (Cluster
the Cluster) entwickelt, welches Akteursrollen und Lernprozesse auf Individualebene in den Fokus rückt und im einzelnen konkretisierbare Inklusionsoptionen
und Partizipationsformen für zukunftsträchtige ‚Unified Knowledgeforms' offeriert. Im Anschluss daran wurden gangbare Figuren und Figurationen von Clustern auf Grundlage einer erweiterten Raumdiskussion – in Form einer Demontage
der Passung und Einträglichkeit jener den Clusterdiskurs vorrangig beherrschenden Raumbegriffe und Raumverständnisse – neu verortet. In diesem Zuge habe
ich auch ausdrücklich auf damit einhergehende Vergesellschaftungs- und Ver-
gemeinschaftungsprozesse in Clustern hingewiesen. Denn: Die Etablierung von
Clustern als soziokulturelle und experimentelle Raumformen geht stets mit dem
Einbezug sich überlagernder, überschneidender und überlappender ‚Joint-Fields'
einher, welche zu ‚Shared-Spaces' entwickelt und ausgebaut werden können und
sich somit zu einem durchgängig und durchweg förderlichen ‚Schöpfungsraum'
ausdehnen lassen. Abschließend arbeitete ich heraus, dass Cluster-Management
nur partiell an ein vorherrschendes Managementverständnis und gegenwärtige
Steuerungspraxen anschließen kann, denn Cluster bedürfen einer übergeordneten Wissensarchitektur, welche nur über die Konzeptionalisierung eines speziell auf deren Entwicklung, Gestaltung und Steuerung ausgerichteten großformatigen Entwurfes herstellbar ist. Konturiert wurde, wie und in welcher Form ein
solcher Entwurf dimensioniert werden kann, um die Wegfindung von Clustern
solchermaßen voranzutreiben, dass diese als evokative Einungs-Medien spezifiziert und durch eine, die ‚subtile' systemische Dimensionierung verlassende –

genauer: deren mitunter starre Demarkation überwindende – Modalnotation erfolgreich in Szene gesetzt werden können.

Allerdings *sind* Cluster, *so wie in dieser Arbeit* dimensioniert, aktuell noch *nicht* realisiert: Das aktuell vorherrschende Clusterverständnis ist noch primär regionalökonomisch geprägt und beherrscht den gegenwärtigen Diskurs. Aufgrund dieser disziplinären Verengung und einer damit zwangsläufig einhergehenden Vereinseitigung sowie zahlreicher in Metaphern gekleideter Mythisierungen, welche zusammengenommen den aktuellen Clusterdiskurs repräsentieren, steht das zukünftige Bild von Clustern in der Gefahr evtl. verformt zu werden. Da die ,Main Principles' dieses Diskurses das Bild- und Blickfeld des Objektbereiches auf den verhandelten und vorselektierten Rahmen begrenzen, nimmt der Diskurs wirkmächtigen Einfluss auf die zukünftigen ,Ins-Werk-Setzungen' von Clustern. Zugleich nehmen die Art und Weise der aktuellen regionalökonomischen ,In-Szene(rie)-Setzungen' und die an Cluster gestellten superlativen Erwartungen deren Verhandlung im Diskurs maßgeblich vorweg. Damit nun beide Prozesse den gesamten erweiterten Objektbereich reell abbilden, (vor)trefflich und unisono in eins fallen und weder non-valide Mythisierungen noch anderweitige Engführungen etwaige Zerr- und Trugbilder festsetzen, war es nötig, zuvorderst die Potentialität und die Potenz von Clustern als noch unfasslicher Transversale en gros vorzuzeichnen. Auch wenn meine abschließenden Betrachtungen eine Weiterentwicklung und Ausgestaltung von Clustern auf alleiniger Basis (regional)ökonomischer Maximen und disziplinärer ,Macharten' in Frage stellen, so sind Cluster beileibe noch nicht als ,Re-Union' konzipiert, geschweige denn als solche inszeniert. Obgleich als Hochrufe zukünftigen ,Heils' im aktuellen Diskurs postuliert, sind sie bei weitem noch nicht als Paradigmen performativer Wertschöpfung und Wissensclusterung zurückgeschallt bzw. zu auslösenden Momenten des Vollzugs und der Vollendung einer Vereinung von Wissensvorsprüngen und Wettbewerbsvorteilen (r)evolutioniert. Zwar werden Cluster gemeinhin mit wirkmächtigen Instrumenten assoziiert, die den Wissensvorsprung eines Landes und/oder einer Region entscheidend befördern. Dieser Wissensvorsprung bedeutet allerdings noch lange keinen Wettbewerbsvorteil, wenn er für die zu beteiligenden Systeme nicht interoperabel und damit anschlussfähig und produktiv nutzbar wird.

Verfolgt man im Hinblick auf diese gegenwärtigen Klüfte das Ziel, eine konkrete Gangbarkeit zu offerieren, gilt es also zunächst, Lichtungen in die Unwegsamkeiten und Unwägbarkeiten zu schlagen sowie beischließende Entwicklungspfade für angedachte Innovations- und Erneuerungsvorhaben zu eröffnen und zu erschließen. Soll dies dem Wirkungsfeld einer sich neu formierenden Wissensavantgarde zugesprochen werden, müssen zuvor sowohl Beweglichkei-

ten der Akteure und Bewegungsfähigkeiten der Systeme im doppelten Wortsinne neu ‚überdacht' als auch (begriffliche) „Passatismen" (Marinetti) überwunden
werden. Die Voraussetzungsfülle einer solchen Vorzeichnung forderte mir ihrerseits mitunter unkonventionelle Zu- und Herangehensweisen ab: Aufmerksamen
Lesern werden die zahlreichen analogistischen Verweise, die zuweilen disparat
anmutenden Vergleiche, die fremdsprachigen Idiome sowie die Neologismen gewiss nicht entgangen sein. Wenngleich diese ‚In-Zugriff-Nahme' der Anschlussfähigkeit bislang isoliert betrachteter Form- und Sinnfragmente des (noch) nicht
ausbuchstabierten Forschungsgegenstandes diente und ihrer Zusammenschau
geschuldet war, ging es dabei um weit mehr als um die bloße Inszenierung einer
„Logik der Assoziation" (Urmann 2010:63). Primäres Ziel war es, neuartige und
bisher nicht erkennbare ‚Contents' und ‚Cross-Border-Relationships' einer erweiterten Formfindung, Sinnbildung und Funktionszuweisung von Clustern darstell-
bar sowie die Konturen der anberaumten Gestalt von Clustern als Suprasysteme
greifbar zu machen und über die erlangte Fassbarkeit, Cluster nunmehr auch als
gehaltvolle ‚Interaktionsmedien' wissenschaftlich im Bereich der Medien- und
Kulturwissenschaften zu verorten.

Nachdem nun der wissenschaftliche Mehrwert dieser Anbindung auch für
die Cluster- und Innovationsforschung abschließend verdeutlicht wurde, verbleibt
folglich noch die gewichtige Anschlußfrage, welchen polyvalenten Nutzen die hier
nun vorliegenden Arbeitsergebnisse für die Clusterentwicklung generieren und
welche konzeptionellen Erfordernisse mit einer Aus- und Umbildung von Clustern zu Suprasystemen par excellence verbunden sind?

Sollen Cluster zukünftig tatsächlich als Suprasysteme einer systemübergreifenden Einung etabliert werden, müssen diese bereits im Vorfeld als großformatige Entwürfe (prä-)konzeptionalisiert werden. Erst *indem* der Akt der Ins-Werk-
Setzung von Clustern modellhaft vorgezeichnet wird und dieser präkonzeptionelle
Akt den sinngenerierenden Vollzug *zugleich* ‚en-actet',[492] kristallisieren sich die
maßgeblichen Potentiale von Clustern heraus. Diese bestehen darin, Wissen über
die ganze Bandbreite von der Theorie zur Empirie und vom Abstraktum zum Kon-
kretum neu zu verdingen. Da Cluster jedoch erst im Zuge ihrer kollektiven Ins-
Werk-Setzung eine individuelle Rahmung ausbilden, müssen deren Konstrukteure
in die Lage versetzt werden, eine prospektive Genese eines Rahmenwerkes höherer Ordnung symbiotisch vorzuschalten. Dies ist nötig, damit sich Cluster überhaupt von einer punktuellen Nulldimension zu mehrdimensionalen Suprasystemen ausbreiten und sich über ihre Ins-Werk-Setzung eine grenzüberschreitende

---

492 Der Begriff des ‚En-Actments' zeigt, dass auch der Begriff des ‚Akteurs' hier durchaus wörtlich
     zu nehmen und stimmig ist, da der Akteur buchstäblich als Initiator in Aktion tritt.

‚Werk- bzw. Schöpfungshöhe'[493] intersystemisch realisieren lässt. Dieses Aufstei-
gen in einen (auch urheberrechtlich signifikanten) Olymp erfordert es jedoch, die
schöpferische Idee des strategischen[494] ‚Ge-Werkes' zu kommunizieren,[495] die Er-

493 Grob gefasst ist die Werk- bzw. Schöpfungshöhe zugleich sowohl Prüfstein als auch Ken-
      nzeichnung, d. h. hier ein Unterscheidungszeichen, welches ‚Werke' bzw. ‚Schöpfungen'
      (urheber)rechtlich als solche legitimiert und ihnen aufgrund ebendieser Aus- und Zuweisung
      entsprechenden urheberrechtlichen Schutz zugesteht, da sie in Relation zu jenen anderen,
      urheberrechtlich nicht als ‚Werk' bzw. als ‚Schöpfung' einfassbaren Exponaten einen erfass-
      baren und definierbaren Unterschied aufweisen. Allerdings wird die Herausstellung eines solch
      prägnanten Unterschiedes zunehmend komplexer, da sie von schwer einfass- und messbaren
      Faktoren abhängig ist: Sie berührt nicht nur die sich nunmehr zunehmend wandelnde Defini-
      tion eines Werkes als solchem, sondern auch die Definition des sich in diesem Zuge ebenfalls
      verändernden Werkbegriffes. Dabei handelt es sich um ein Phänomen, das im Zuge der von
      Goehler aufgezeigten „Verflüssigungen" (Dies. 2006:16) beiliebe nicht nur in den traditionel-
      len Kunstwissenschaften virulent wird. Mit Blick auf die Legitimation als urheberrechtlich
      geschütztes Werk erfordert die Herausstellung eben jenes urheberrechtlich relevanten Unter-
      schiedes aktuell zudem eine entsprechende Rubrifizierung vermeintlicher Kriterien unter eine
      problematische übergeordnete Kategorie, nämlich jener des Werkes, welche je nach nationaler
      Rechtsordnung zudem zusätzlich differiert und wirft dabei Folgeproblematiken auf, da sie
      qualitative und mitunter höchst individuelle und subjektive Zuordnungen mit quantitativer
      Vermessung einfassen müsste. Hier wiederholen sich jene, bereits für die Einfassung von
      Kunstbegriff *und* Clusterbegriff aufgeführten Problematiken, die sich aus einer definitorischen
      Erweiterung bzw. Öffnung oder aber einer Verengung der Begriffs- und Bedeutungsgebäude
      ergeben. (Vgl. Unterkapitel 3.6 dieser Arbeit) Wie Straub hervorhebt, wird bei der allgemeinen
      Zumessung eines Schutzes „etwa darauf abgestellt, ob die fraglichen Werke auf der Anstren-
      gung des Schöpfers beruhen, Ausdruck seiner Persönlichkeit sind oder ob sie eine besondere
      schöpferische Leistung oder einen besonderen ästhetischen Wert beinhalten. Alle über einen
      bloßen Leistungsschutz hinausgehenden Konzeptionen bringen indessen schwierige Wertung-
      sentscheidungen mit sich" (Straub 2001:3f.). Übertragen wir dies auf Cluster könnte sich ein
      entsprechender Schutz – je nach Deklarierung des Werkes – zukünftig folglich auf den Schutz
      des Produktes in Clustern und/oder auf den Schutz des Clusters selbst beziehen. Zweiter Fall
      wird – nicht nur bei Unterstellung eines erweiterten Kunst- und Werkbegriffes – voraussichtlich
      völlig neue Patentierungsfragen aufwerfen und ein zukünftiges Praxis- und Forschungsfeld
      der Juristen werden. Denn: „Werke, welche eine physische Einheit bilden […], enthalten oft
      sowohl Aspekte, welche dem Bereich der Literatur und Kunst zuzuordnen sind als auch solche,
      welche auf rein rationalen Ebene liegen und technischer oder wissenschaftlicher Natur
      sind" (Straub 2001:2). Demnach kann „[d]ie Grenzziehung […] im Einzelfall insbesondere bei
      geisteswissenschaftlichen Werken oder bei Werken der angewandten Kunst äußerst schwierig
      sein und lässt sich jedenfalls nicht ohne weiteres anhand einer Abgrenzung zwischen Form und
      Inhalt vornehmen" (Straub 2001:2). Umso wichtiger wird die Interaktion der Clusterakteure
      als solche, denn: „Die kommunikative Funktion von Werkelementen könnte hier [in Bezug
      auf die Schutzzuweisung, B. P.] einen wichtigen Anhaltspunkt geben" (ebd.), so Straub.
494 „In der Schwebe von Nachricht und Vermutung, Vision und Erfahrung vergleicht sich strat-
      egische Kompetenz nicht nur mit der analytischen Methodik des Wissenschaftlers, sondern
      auch mit der spekulativen Konstruktion philosophischer Systeme und mit der künstlerischen
      Produktivität im Entdecken und Verfremden" (Pankoke 1991:38).
495 „Werke der […] ‚Kunst' charakterisieren sich […] [urheberrechtlich, B. P.] dadurch, dass sie
      Inhalte in Formen kommunizieren, welche ästhetische Gestaltungsmöglichkeiten bieten, wobei
      sich der Kommunikationscharakter aus dem Werk selbst ergeben muss" (Straub 2001:8).

wartungshorizonte[496] an das zu schaffende Produkt als sich ästhetisch herausbildendes ‚Kunst-Werk‘[497] zu evaluieren und dieses selbst zeitlich[498] und räumlich zu manifestieren. Um sich in Sphären solch wertschöpfender Höhen zu erheben, benötigen Cluster eine besondere Steuerungs- und Gestaltungsform, welche die derzeitigen Wissenssysteme aus systemischer Geschlossenheit zu einem klassifizierbaren und homogenen „Wissensarrangement" (Gersdorff 2007:1) arrangiert. Verstehen wir ein solch präkonzeptionelles Cluster-Development als wirkmächtigen Frame, so gilt es also vorrangig, die gesteigerte Komplexität aus dem Zusammenspiel lokaler und globaler Variablen zu reduzieren, die Subsysteme aus Wissenschaft und Wirtschaft als ‚Framesources' zu aktivieren und zusammenfassend die Akteure zu integrieren. (Vgl. Gersdorff/Pieper 2008) Demzufolge muss das Cluster-Development auch die Fähigkeit besitzen, den Akteuren ein homogenes Clusterverständnis zu vermitteln und fähig sein, den Cluster als ‚multifunktionales Frameset' zu initiieren, damit systemisch und organisational gebundenes Wissen über die ‚Auskragung' von innen nach außen gestülpt und somit für den Cluster verfügbar wird. Verstehen wir Clusterentwicklung vor diesem Hintergrund als ‚Raumerschafferin' für eine intersystemische Wissensentwicklung, welche zuvorderst die In-Gang-Setzung der Erzielung von Interoperabilität sowie die Herstellung von Identität und Integrität der ‚Embedded Systems' erfordert, stellt sich die Frage, ob jene Instanzen, welche gegenwärtig mit der Clusterentwicklung und der Clusterförderung betraut sind,[499] überhaupt an einem passfähigen Kapitalbegriff ansetzen können, d. h. dessen besterwählte Enabler und Verteiler sind?

Selbstverständlich situieren sich Cluster in wirtschaftlichen Zusammenhängen und bedürfen demzufolge einer Steuerung, die dieser Verortung auch gerecht

---

496 „Urheberrechtlich relevante Werke können stets als Antwort auf eine bestimmte Problemstellung bzw. ein bestimmtes Grundbedürfnis aufgefasst werden" (Straub 2001:5).

497 Zur legitimatorischen Einordnung von (Kunst-)Werken interessiert auch Straub, der u. a. folgenden Passus aus dem URG zitiert: *„Werke sind unabhängig von ihrem Wert oder Zweck, geistige Schöpfungen der Literatur und Kunst, die individuellen Charakter haben"* (URG Art. 2, Abs. 1, zit. n. Straub 2001:1, kursive Hervorheb. ebd.). Dementsprechend muss „[e]in urheberrechtlich schützbares Werk […] also erstens in den (weit gefassten) Bereich der Literatur und Kunst fallen. Zweitens muss es eine geistige Schöpfung darstellen. Und drittens muss es individuellen Charakter haben" (Straub 2001:1).

498 „Soll die innovative Erstleistung honoriert werden, muss für die Rechtsentstehung auf den Zeitpunkt der Werkschöpfung abgestellt werden" (Straub 2001:8).

499 Dies sind zumeist der ‚verlängerte Arm' der Banken und die Wirtschaftsförderungen. Es geht mir gewiss nicht darum, diesen Instanzen ihre fachspezifischen Kompetenzen und systemspezifischen Relevanzen abzusprechen. Allerdings sind diese eben nur ein kleiner Teil der feldspezifischen und hier stets intersystemischen Valenzen: Zum einen geht es in Clustern um die Fortentwicklung und das Zusammenspiel verschiedenster Kapitalien, Wissensformen und Medien und damit um weit mehr als um die Akkumulation monetären Kapitals. Zum anderen sind Banken und Wirtschaftsförderungen selbst (in) ihrem jeweiligen (Sub-)System verhaftet.

werden kann. Diese verlangt neben einer Organisation von Verfügbarkeit allerdings auch und vor allem die Erschaffung der Handreichung zur Erhaltung von
Wert(igkeit)en.[500] Erforderlich wird damit also eine Wissens-Architektur, welche
dem bedeutungstragenden ‚Ge-Häuse' der ursprünglich gesamtheitlichen ‚Oikonomia' (vgl. Brunner 1968) wieder Raum, Recht und Relevanz verleihen und
zugleich einer Strategie für einen erneuerbaren Ökonomiegedanken einen entsprechenden Weg bahnen könnte. Sollen Cluster tatsächlich als revolutionäre Suprasysteme konzeptioniert werden, sind diese *über* die Systeme von Wirtschaft
und Wissenschaft zu spannen, weshalb auch die aktuell mit dieser Steuerungs-
aufgabe betrauten Wirtschaftsförderungen hoffnungslos überfordert wären, da
diese selbst in gewohnt klassisch systemimmanenter (Wirtschafts-)Auslegung
operieren und somit die Anforderungen nicht überblicken bzw. diese zwangsläufig nicht intersystemisch durchgehend bedienen und befördern können. Cluster-
Management ist demnach kein klassisches Instrument der Wirtschaftsförderung,
sondern auf höherer Ebene anzusetzen, um die intersystemischen Herausforderungen auch systemübergreifend einfassen und entsprechend steuern zu können.

Um die Verinnerlichung und Veräußerlichung der intersystemischen Einung
in Bezug auf ihre Symbolkraft und Signalwirkung vollenden zu können, muss der
Cluster als „ganze[s] Haus" (Brunner) bzw. in sich stimmiger ‚Oikos' konzipiert
werden, weshalb er nicht nur eine repräsentative Dachmarke, sondern stattdessen eine sinn- und identitätsstiftende ‚Haus-Marke' benötigt, die über die individuelle Wissensarchitektur von Clustern zu stützen sein wird. Zu überlegen wäre
auch, ob ein dergestalt ausgelegter Cluster überhaupt einer bestehenden (Rechts-)
Form unterlegt werden kann oder ob er zukünftig nicht eher eine neue Klasse,
sprichwörtlich also eine ‚Klasse für sich' hervorbringen wird, bzw. sich als eine
solche ‚abhebt'? Hier schließt sich der Kreis dieser Arbeit, wobei ihr bezeichnender Titel wiederum in den Vordergrund rückt, denn die notwendig zu aktivieren-
de ‚Erhebung', die dem Leser zugänglicher als ‚Arsis'[501] vorstellbar wird, eröffnet uns die Sicht zu aufstrebenden ‚Höhenwegen'. Da es in Clustern als allenfalls
lateral steuerbare Suprasysteme um die Erzeugung von Offenheit und Flexibilität und *zugleich* um die Herstellung von Verbindlichkeit und Stabilität geht, stellt
sich zwangsläufig auch die konzeptionelle Frage, welche Art von Unterstützung

---

500 Denn: „Wirtschaft gehört zu Wirt, das ursprünglich nicht nur den ‚planvollen Erzeuger und
     Verwender der Güter' bezeichnet, sondern soviel wie ‚Pfleger' heißt, ein Wort, das zu Pflicht,
     pflegen, sich für jemanden einsetzen, gehört, das den Schutz übenden, sorgenden Inhaber des
     Hauses [...] bezeichnet" (Brunner 1968:106).
501 Der Begriff ‚Arsis' (Hebung) ist auch in der Linguistik und der Poetik beheimatet und verleiht
     dem Gesagten oder Geschriebenem dort mittels besonderer spezieller Hervorhebungstechniken
     (bspw. Betonungen, Modulationen) Kraft, Gewicht und Relevanz.

und Qualifizierung wie möglich und mit Blick auf anvisierte Erträge und Erfolge auch machbar ist?

Akteure, welche diese neuartigen *feld*spezifischen Entwicklungs- und Steuerungsfunktionen bekleiden und damit hochkomplexen Erfordernissen gerecht werden müssen, werden zweifelsohne nicht über herkömmliche *fach*spezifische Kompetenzentwicklungsprogramme zu qualifizieren sein. Die verführerische Sackgasse besteht nun darin, dass man dementsprechend vermuten könnte, Cluster und deren Akteure verfügen bereits ohne jedes Zutun über ein ‚All(einstellungs)wissen'. Hier darf allerdings das Erfordernis des Cluster-Developments und Cluster-Managements nicht unterschätzt werden, eine ganzheitliche Sicht über die Systeme von Wissenschaft und Wirtschaft abbilden zu müssen. Zur Erzielung systemischer Durchlässigkeit und intersystemischer Verbindlichkeit müssen die Schlüsselakteure dementsprechend zuvorderst selbst eine perspektivische *Über*sicht in toto erlangen. Soll das Cluster-Ensemble zur Veränderung systemischer Sichtweisen und zum Vollziehen nötiger Perspektivwechsel angeregt werden, setzt dies natürlich voraus, dass auch Management und Development zuvor einen Perspektivwechsel vollzogen und entsprechende Ein- und Umsichten erlangt haben. Die Herstellung und der Vollzug dieser notwendigen Perspektivwechsel kann bspw. durch vorgeschaltete ‚Cluster-Inter-Action Councils' akzentuiert werden. Diese *Councils* bilden quasi als Vor-Instanz den Origo für eine systemübergreifende ‚Negotiation' zwischen Findung und Bestimmung intersystemisch funktionaler *Über*tragungs- und *Über*führungsleistungen.[502]

Dem aufmerksamen Leser erschließt sich nun zu Recht, dass die Beherrschung einer ‚Kunst des Clusterns' durch keinen tradierten Wissens- und vorherrschenden Kapitalbegriff aktiviert werden kann, denn das ‚eigentliche' Kapital im Cluster ist das unerschöpfliche ‚Vermögen' Wissen grenzüberschreitend und systemübergreifend zu ‚durchdringen' sowie ‚barrierefrei' und neuartig zu ‚verdingen'. Die übergeordnete Zielsetzung, Cluster zu einem intersystemisch homogenen und schlüssigen Wirkgefüge auszubauen, ist dabei unabdingbar mit Entwicklungskonzepten und Cluster-Instrumenten eines wohldurchdachten Empowerments und Encouragements verbunden, denn prospektive Clusterentwicklung erfordert stets die Aktivierung aller zu beteiligenden Akteure. Daher ist es von entscheidender Bedeutung und für den Erfolg eines Clusters unerlässlich,

---

502   Da die Ausführung derartig großformatiger sozialer Operationen zwangsläufig auch die System/Umwelt-Konnexe beeinflusst, zieht dies immer eine (Neu-)Positionierung der Akteure im dynamischen Stellungsgefüge des Clusters nach sich, mit der diese erst einmal umzugehen lernen müssen. Vgl. dazu auch die strategischen und programmatischen Konzeptionen im Bereich der Beratung und Weiterbildung des CCCM (2012): ‚Systemische Beratung – Advanced Environment' unter URL: http://www.cluster-management.com

dass in den Akteuren eine innere Bewußtwerdung und Überzeugung heranreift, sowohl ‚Aqua-litäten' als auch ‚A-Qualitäten' einer ungehemmt veranlagten intersystemischen Durchdringung und Verdingung gewahr werden zu lassen.[503] Ein breit angelegtes Empowerment ist zumal Ingredienz und wesentlicher Bestandteil der erklärten Signatura Rerum im Cluster.

Die Aktivierung durch ein derartiges Empowerment setzt allerdings die vorgängige Herstellung einer gemeinsamen Identität und die Erzielung einer Identifizierung mit der angedachten Wegleitung voraus. Im Zuge der supportiven Stützung dieses Entwicklungsprozesses können die mit der Ins-Werk-Setzung von Clustern verbundenen Vollzugsakte durch den Begriffshybriden ‚Via-Dukt(us)' sinngenerierend vorausgeschickt werden. Dieser bietet sich aufgrund seiner bedeutungstragenden Inhalte als ein passfähiges Leit- und Sinnbild zur Charakterisierung der zukünftig zu vollziehenden Steuerungs-, Übersetzungs- und Überführungsleistungen an und kann als handlungsleitende Maxime linienführenden und formgebenden Einfluss auf deren Entwicklungs- und Gestaltungsprozesse nehmen.[504] Versteht man Clusterentwicklung als geeignete Disposition zur Entdeckung und Hervorhebung neuer Perspektiven sowie als ein akzentuierendes Eingangssignal zur Auslösung einer sich ein- und fortschreibenden ‚Schöpfungsgeschichte', welche dazu dient, Organisationen zu ‚empowern', stellt sich auch die Frage, wie man das Erlebnis generischer Kraft zu einem wissensökonomisch wirkungsvollen Ergebnis transponiert?

Ein Beitrag des Cluster-Developments, Willensbekräftigungen und Willensbekundungen zu festigen und eine verbindliche Willensdeklaration zu initiieren, besteht in der Handreichung zur Förderung individueller Einschreibungen in eine prozessuale ‚Commitment Chronicle' und der Hilfestellung zur Anfertigung ei-

---

503 Im Zuge einer prospektiven Clusterentwicklung wird es daher zukünftig vornehmlich darum gehen, sowohl „Gestaltungsformen und Aufführungskontexte zu finden, um in Bewegungen des Begegnens und Bewirkens zu treten und sinnstiftende sowie identitätsbildende Bezugs- und Beziehungssysteme zu entwickeln" (Gersdorff/Pieper 2008:52) als auch dementsprechende Rahmenbedingungen zu schaffen.

504 Während der Begriff ‚Via' den zu beschreitenden Weg charakterisiert, verweise ‚Duktus' laut DUDEN auf die abgestimmte „Linienführung der Schriftzeichen" (DUDEN 1990:202) bzw. die „charakteristische Art der [künstlerischen] Formgebung" (ebd., eckige Klammerung im Orig.). Das ‚Viadukt' versinnbildlicht als spezielle, in die Szenerie gesetzte Brücke eine Wegführung bzw. Überleitung und markiert einen Übergang, der darauf ausgelegt ist, etwaige Brüche durch eine verbindende und verbindlich in den Raum gesetzte Stellgröße zu überbrücken bzw. prozessuale Unwegsamkeiten und Barrieren zu minimieren. Auch jene andere, diesem konstruktionalen Begriffs-Doubles immanente etymologische Wurzel, der Begriff „Ductus [*lat.* ‚Führung, Leitung']" (DUDEN 1990:201, eckige Klammerung und kursive Hervorhebung im Orig.) erhält durch sein Accompagnement mit der viablen Wegleitung eine neue Ausrichtung im Hinblick auf die Notwendigkeit einer multilateralen Steuerung von Heterogenität und Vielfarbigkeit.

nes ‚Blue-Books', welches sich über die gemeinsame Fortschreibung durch die Akteure zum ‚Story-Book' manifestiert. Hier wird sowohl die Bedeutsamkeit eines supportiv unterstützenden Developments als auch die Notwendigkeit externer Beratung deutlich, damit dieses ‚Blue-Print' zur Erfolgsgeschichte wird.[505]

Summa summarium kann Folgendes prognostiziert werden: Als DIE Interaktionsmedien der Zukunft besitzen Cluster das unverkennbare Potential, Wissensvorsprung und Wettbewerbsvorteile kunstvoll zu vereinen und als Rahmungswerke eine übergreifende Ordnung herzustellen. Die Einung der zu beteiligenden Wissenssysteme und Akteure unter die Ägide einer höheren Ordnung wird damit zur kritischen Stellgröße für den gesamten Clustererfolg. Diese Einung bedarf unhintergehbarer und äußerst voraussetzungsreicher Apriori – insbesondere einen neu zu bestimmenden Modus Operandi und eine systemüberspannende Modalnotation. Die Überführung eines mit dieser Einung verbundenen ‚Modus Operandi' zur passionierten ‚Ars Vivendi' kann jedoch nur gelingen, wenn Cluster nicht nur als bereits ‚fertige Instant-Produkte' ihres Potentiales beraubt, sondern als intermediäre Praxen präkonfiguriert werden, deren Wegweisung es durch Blue-Prints zuvorderst zu dimensionieren und zu antizipieren gilt. Daher wird sich die intersystemische ‚Pro-Position' von Clustern nur zu einer interoperablen ‚Key-in-Pole-Position' auswachsen, wenn zusätzlich zu unmittelbar offensichtlichen, genuin ökonomischen Zweckrelationen auch die dem angedachten Cluster-Kunst-Werk immanenten sozio-kulturellen Sinndimensionen, ‚eigen-sinnigen' Bedeutungshorizonte und performativen Wirkgefüge akzentuiert und im gesellschaftlichen Diskurs manifestiert werden. Dabei darf nicht unterschätzt werden, dass jeder Cluster auf Individualebene ein „sensibles Psychogramm" (Pieper 2009:60) darstellt. Erst wenn er als eine resonanzfähige Re-Union, also eine Vertäuung sozial-kultureller Verbundenheit und ökonomischer Verbindlichkeit – über die ‚eigen-willigen' und ‚wage-mutigen' ‚Ins-Ge-Werk-Setzungs-Taten'

---

[505] Problematiken ergeben sich, wenn die Feder- und Linienführung einseitige (Schrift-)Züge vorzeichnet und reglementierte Texturen vorschreibt. Dies geschieht bspw. wenn der entscheidende Perspektivwechsel nicht dahingehend vollzogen wurde, dass organisationale Alleingänge zur Herstellung einer wettbewerblichen Alleinstellung nicht mehr gang- und gebhar sind und/oder es lediglich darum geht, den finanziellen Output zu maximieren und demzufolge nur den ökonomischen Zweck zu fokussieren, statt einen mit dem Werk und seiner Setzung ebenso verbundenen sozio-kulturellen ‚Eigen-Sinn' zu kommunizieren. Wird diese Herausforderung früh genug erkennbar, kann das Story-Book ‚palimpsestiert', d. h. einem kreativen Prozess der sinnhaften Überschreibung und des performativen Wiederbeschreibens unterlegt werden, bevor es zur umfänglichen ‚Druck-Sache' wird. Eine solch wissens-, wert- und kapitalübergreifende Clusterperspektivik spiegelt sich also erst dann als wirkmächtige Errungenschaft – d. h. in Wertsteigerungen und Wissenszuwächsen – wider, wenn das Um*denken* auch tatsächlich in konkreten Prozessen des Um*lenkens* wirksam wird. (Vgl. Pieper 2009:59) Auf Basis dieser Herausforderungen entwickelte Beratungsformate werden aktuell vom CCCM pilotiert.

– auch die Gestaltwerdung seiner Unified Knowledgeforms interaktiv vollzieht, kann er zu einer sozio-ökonomischen Signatur der Zeitzeichen erwachsen und als aufgestiegener ‚Signatstern' sowohl seine herausragende Stellung als auch seine Strahlwirkung gesamtgesellschaftlich festigen.

Literaturverzeichnis

Adelsberger, Heimo H./Bick, Markus/Hanke, Thomas (2002): Spaßfaktor Wissen, in: Essener Unikate. Berichte aus Forschung und Lehre, Bd. 18/ Wirtschaftsinformatik, hrsg. v. Rektorat der Universität Essen, Essen: Wissenschaftsverlag FET – Zentralstelle für Forschungs- und Entwicklungstransfer und Wissenschaftliche Weiterbildung, S. 74-81

Aderhold, Jens/Kranz, Olaf (Hrsg.) (2007): Intention und Funktion. Probleme der Vermittlung psychischer und sozialer Systeme. Wiesbaden: VS

Alecke, Björn/Untiedt, Gerhard (2005): Zur Förderung von Clustern. ,Heilsbringer' oder ,Wolf im Schafspelz'. Münster: GEFRA. URL: http://doku.iab.de/veranstaltungen/2005/gfr_2005_alecke_untiedt.pdf (Stand: 27.05.11)

Alemann von, Ulrich (1996): Was sind Verbände? in: Bundeszentrale für politische Bildung (Hrsg.): Informationen zur politischen Bildung. Interessenverbände. Heft 253. Bonn, S. 3-9

Arendt, Hannah (2008): Vom Leben des Geistes. Das Denken. Das Wollen. 4. Auflage. München/ Zürich: Piper

Argan, Giulio Carlo (1962): Gropius und das Bauhaus, hrsg. v. Ernesto Grassi. Reinbek bei Hamburg: Rohwolt (= Rohwolts Deutsche Enzyklopädie 149)

Argyris, Chris/Schön, Donald A. (2002): Die lernende Organisation. Grundlagen, Methode, Praxis. 2. Auflage. Stuttgart: Klett-Cotta

Artlab21 (2009): Geschwindigkeit (Teilprojekt des Metaprojektes ,Advantage Avantgarde') URL: http://www.artlab21.org/tools/projects/advantage_avantgarde/index_eng.html (Stand: 02.01.2012)

Asholt, Wolfgang/Fähnders, Walter (Hrsg.) (1995): Manifeste und Proklamationen der europäischen Avantgarde (1909-1938). Stuttgart/ Weimar: J. B. Metzler

Asholt, Wolfgang/Fähnders, Walter (1997) (Hrsg.): Die ganze Welt ist eine Manifestation. Die europäische Avantgarde und ihre Manifeste. Darmstadt: Wissenschaftliche Buchgesellschaft

Asholt, Wolfgang/Fähnders, Walter (2000): Einleitung, in: Dies. (2000): 9-27

Asholt, Wolfgang/Fähnders, Walter (Hrsg.) (2000): Der Blick vom Wolkenkratzer. Avantgarde – Avantgardekritik – Avantgardeforschung. Amsterdam/Atlanta: Editions Rodopi B.V./GA 2000

Austin, John Langshaw (1972): Zur Theorie der Sprechakte (How to do things with words) Übersetzt und deutsche Bearbeitung von Eike von Savigny. Stuttgart: Reclam

Austin, John Langshaw (1986/engl. Orig. 1961): „Performative Äußerungen", in: Ders. (1986): Gesammelte philosophische Aufsätze. hrsg. v. Joachim Schulte. Stuttgart: Reclam, S. 305-327

Baecker, Dirk (o. J.): Beobachtung mit Medien (Online-Veröffentlichung), wiederabgedruckt in: Ders. (2004): Wozu Soziologie, Berlin: Kadmos. URL: http://www.wmg-seminar.de/html/texte/db/beobachtung-mit-medien.pdf (Stand 20.03.2012)

Baecker, Dirk (1999): Organisation als System. Frankfurt a. M.: Suhrkamp

Baecker, Dirk (2005): Wozu Kultur. Und einige Anschlussüberlegungen zum Kulturmanagement, zur Kulturpolitik und zur Evaluation von Kulturprojekten (Online-Veröffentlichung) URL: htttp://homepage.mac.com/baecker/ (Stand: 10.10.2008)

Baecker, Dirk (2006): Welchen Unterschied macht das Management? (Online-Veröffentlichung) URL: http://www.dirkbaecker.com/Management.pdf (Stand: 02.01.2007)

Baecker, Dirk (2007): Am Anfang war das Dach, in: Ders. (2007): Studien zur nächsten Gesellschaft. Frankfurt a. M: Suhrkamp, S. 73-80

Baecker, Dirk (2009): Kunstformate (Kulturrecherche), in: Rey/Schöbi (2009): S. 79-97

Baldacci, Paolo/Schmied, Wieland (Hrsg.) (2001): Die andere Moderne. De Chirico. Savinio. Ausstellungskatalog zur Kunstsammlung Nordrhein-Westfalen in Düsseldorf vom 15.10.2001-02.12.2001, sowie zur Städtischen Galerie im Lehmbachhaus in München vom 20.12.2001-19.03.2002. Ostfildern-Ruit: Hatje Cantz

Bamberg, Eva (2007): Innovationsfähigkeit in der Arbeitsforschung, in: Streich/Wahl (2007): S. 39-47

Barroso, José Manuel (2009): Political guidelines for the next Commission. Brussels, 3 September 2009 (Online-Veröffentlichung) URL: http://ec.europa.eu/commission_2010-2014/president/pdf/press_20090903_en.pdf (Stand 30.11.2012)

Barthes, Rolland (2010): Die Lust am Text. Frankfurt a. M.: Suhrkamp (= Suhrkamp Studienbibliothek 19)

Bechthold-Hengelhaupt, Tilman (1997): Verantwortung für das Ganze – Bewährung im Alltag. Thesen zum sozialen Lernen. Aufsatz für die Dokumentation der Tagung ‚Soziales Lernen' der Evangelischen Akademie Bad Boll (05.05 – 07.05.97) (Online-Veröffentlichung) URL: http:/www4.w-4.de/~TBHAHFN7Sozlern1.HTML (Stand: 19.06.03)

Beekmann, Klaus/Grüttemeier, Ralf (Hrsg.) (2000): Instrument Zitat. Amsterdam/Atlanta: Editions Rodopi B.V./GA 2000

Beer, Doris et al. (2004): Wege zu einer integrierten Wirtschaftsförderung. Baden Baden: Nomos

Benjamin, Walter (2006/Orig. 1936): Das Kunstwerk im Zeitalter seiner technischen Reproduzierbarkeit. Frankfurt a. M.: Suhrkamp

Berg van den, Hubert (1997): Zwischen Totalitarismus und Subversion. Anmerkungen zur politischen Dimension des avantgardistischen Manifests, in: Asholt/Fähnders (1997): S. 58-80

Berg van den, Hubert/Grüttemeier, Ralf (1998): INTERPRETATION, FUNKTIONALITÄT, STRATEGIE. Versuch einer intentionalen Bestimmung des Manifests, in: Dies. (1998): S. 7-38

Berg van den, Hubert/Grüttemeier Ralf (Hrsg.) (1998): Manifeste: Intentionalität. Amsterdam/Atlanta: Editions Rodopi B.V./GA 1998

Berg van den, Hubert (2000): „...Damit die Harmonie gewahrt bleibt" oder: „Wie wunderschön ist die Natur". Kurt Schwitters' MERZ-Projekt als avantgardistische Naturannäherung, in: Beekmann/Grüttemeier (2000): S. 37-70

Bergson, Henri (1912): Schöpferische Entwicklung. Jena: Eugen Diederichs

Bertelsmann Stiftung/Bertelsmann Forschungsgruppe Politik (Hrsg.) (2002): Gemeinsinn. Gemeinschaftsfähigkeit in der modernen Gesellschaft. Gütersloh

Beuys, Joseph (1992): Kunst = Kapital. Achberger Vorträge. hrsg. v. Rainer E. Rappmann. Wangen: FIU

Beyme von, Klaus (2005): Das Zeitalter der Avantgarden. Kunst und Gesellschaft. 1905-1955. München: C. H. Beck

Bierach, Barbara (2000): Knubbel der Kompetenz, in: Wirtschaftswoche (48), S. 219-220

Blind, Knut/Cuntz, Alexander/Schmoch Ulrich (2009): Patentverwertungsstrukturen für Hochschulerfindungen im internationalen Vergleich. Mit den Schwerpunkten USA, Israel und Japan, hrsg. v. Fraunhofer-Institut für System- und Innovationsforschung ISI. Stuttgart: Fraunhofer IRB (=ISI Schriftenreihe ‚Innovationspotentiale') URL: http://publica.fraunhofer.de/eprints/urn:nbn:de:0011-n-907255.pdf (Stand 01.11.2011)

Bloch, Ernst (1978): Die Lehren von der Materie. Frankfurt a. M.: Suhrkamp

Blume, Eugen/Nichols, Catherine (Hrsg.) (2008): BEUYS. Die Revolution sind wir. Göttingen: Steidl

Blumenberg, Hans (1999): Wirklichkeiten in denen wir leben. Stuttgart: Reclam

BMBF (2011): Bekanntmachung von Richtlinien zur Förderung für den "Spitzencluster-Wettbewerb" des Bundesministeriums für Bildung und Forschung im Rahmen der Hightech-Strategie 2020 für Deutschland (3. Wettbewerbsrunde) (Online-Veröffentlichung) URL: http://www.bmbf.de/foerderungen/15547.php (Stand 28.05.11)

BMBF (2011a): Forschungscampus. Öffentlich-private Partnerschaft für Innovationen. (Wettbewerbsausschreibung im Rahmen der Hightech-Strategie der Bundesregierung) (Online-Veröffentlichung) URL: http://www.bmbf.de/de/16944.php (Stand 01.12.11)

BMWi (2011): Bekanntmachung der Richtlinie zur Förderung von Hochschulen und Unternehmen bei der rechtlichen Sicherung und wirtschaftlichen Verwertung ihrer innovativen Ideen (SIGNO), in: Bundesanzeiger Nr. 147 vom 28.09.2011, S. 3364-3389. URL: http://www.signo-deutschland.de/signo-deutschland/content/e5237/e5446/Richtlinie_SIGNO_2012.pdf (Stand 20.11.11)

Boccioni, Umberto et al. (1995/Orig.1910): Manifest der futuristischen Maler, in: Asholt/Fähnders (1995): S. 11-13

Boccioni, Umberto (2002): Futuristische Malerei und Plastik (Bildnerischer Dynamismus), hrsg. v. Astrit Schmidt-Burkhardt. Dresden: Philo Fine Arts (= Fundus 153)

Boguslawski von, (o. V.) (2009): Einleitung von Oberstleutnant von Boguslawski aus dem Jahre 1880, in: Jomini (2009): S. i-v

Böhme, Gernot (1999): Theorie des Bildes. München: Fink

Bohnsack, Ralf (2005): Bildinterpretation und dokumentarische Methode, in: Wulf/Zirfaß (2005): S. 246-26

Boltanski, Luc/Chiapello, Eve (2001): Die Rolle der Kritik in der Dynamik des Kapitalismus und der normative Wandel, in: Berliner Journal für Soziologie, Bd. 11, Heft 4, S. 459-477

Borgdorff, Henk (2009): Die Debatte über Forschung in der Kunst, in: Rey/Schöbi (2009): S. 23-51

Brandenburger, Adam M./Nalebuff Barry J. (2008): Coopetition: kooperativ konkurrieren: Mit der Spieltheorie zum Geschäftserfolg. Eschborn: Rieck

Brecht, Berthold (1963): Leben des Galilei. Berlin: Suhrkamp

Brock, Bazon (1977): Ästhetik als Vermittlung. Arbeitsbiographie eines Generalisten, hrsg. v. Karla Fohrbeck. Köln: Du Mont

Brock, Bazon/Koschik, Gerlinde (Hrsg.) (2002): Krieg + Kunst. München: Fink

Bröcker, J./Soltwedel R./Dohse, D. (Eds.) (2003). Innovation Clusters and Interregional Competition. Berlin u.a.: Springer

Brödner, Peter/Helmstädter, Ernst/Widmaier, Brigitta (Hrsg.) (1999): Wissensteilung: Zur Dynamik von Innovation und kollektivem Lernen. München: Hampp

Brunner, Otto (1968): Neue Wege der Verfassungs- und Sozialgeschichte, 2., vermehrte Auflage. Göttingen: Vandenhoek & Ruprecht

Bundeszentrale für politische Bildung (Hrsg.) (1995): Verantwortung in einer unübersichtlichen Welt. Aufgaben wertorientierter politischer Bildung. Bonn (= Schriftenreihe Bd. 331)

Bunge, Matthias (1996): Zwischen Intuition und Ratio. Pole des Bildnerischen Denkens bei Kandinsky, Klee und Beuys. Stuttgart: Steiner

Burger, Rudolf (1992): Mythologie als Mythisierung oder Das neue Interesse am Immergleichen, in: Cornel/Knigge (1992): S. 47-58

Bußkamp, Werner (1993): Unternehmenskultur, organisationssoziologisch, in: Ders./Pankoke (1993): S. 22-52

Bußkamp, Werner/Pankoke, Eckart (1993) (Hrsg.): Innovationsmanagement und Organisationskultur. Chancen innovativer Industriekultur im Ruhrgebiet. Forschungsbericht der Arbeitsgruppe Wirtschaftssoziologie der Universität GHS Essen. Essen: Klartext

Cassirer, Ernst (1978/Orig. 1949): Der Mythus des Staates. Philosophische Grundlagen politischen Verhaltens. 2. Auflage. Zürich/München: Artemis

Cassirer, Ernst: (2010): Philosophie der symbolischen Formen. 1.Teil. Die Sprache. Hamburg: Meiner

CCCM (2007): ‚Strategische Künste der Wissensavantgarde' – Erste Truppenschau. (Auftaktveranstaltung des Metaprojekts ‚Advantage Avantgarde'/ Handout Eröffnungsrede) URL: www. cluster-management.com/de/media/symp007handout.pdf (Stand 27.12.2007)

CCCM (2009): ‚Tempodrome der Zukunft: Die Avantgarde im Kreuzfeuer globaler Dynamiken, Strategien und Prozesse' (Symposium im Metaprojekt ‚Advantage Avantgarde') URL: http:// www.cluster-management.com/de/symposium_2009.html (Stand: 02.01.2012)

CCCM (2012): ‚Systemische Beratung – Advanced Environment' (Pilotprojekt) URL: http://www. cluster-management.com (Stand: 20.01.2012)

Cernavin, Oleg (2005): Regionale Cluster als soziale Innovationssysteme. Wandel der Arbeit und die wachsende Bedeutung der Cluster-Perspektive, in: Ders. et al. (2005): S. 35-76

Cernavin, Oleg/Führ, Martin (2005): Einleitung: Regionalökonomie verdrängt Nationalökonomie. Ansatzpunkte zur Förderung der Cluster-Entwicklung, in: Cernavin et al. (2005): S. 5-14

Cernavin, Oleg et al. (Hrsg.) (2005): Cluster und Wettbewerbsfähigkeit von Regionen. Erfolgsfaktoren regionaler Wirtschaftsentwicklung. Berlin: Duncker & Humblot (= Volkswirtschaftliche Schriften 543)

Cernavin, Oleg (2007): Wertschätzung als Produktivitätsfaktor, in: Streich/Wahl (2007): S. 51-62

Coleman, James S. (1990): Foundations of Social Theory. Cambridge (Mass.)/London: The Belknap Press of Harvard University Press

Cornel, Hajo/Knigge, Volkhard (Hrsg.) (1992): Das neue Interesse an der Kultur. Nachdruck der 1. Auflage von 1990. Hagen: Kulturpolitische Gesellschaft e. V. (= Dokumentation 34)

Crozier, Michel/Friedberg, Erhard (1979): Macht und Organisation. Die Zwänge kollektiven Handelns. Königsstein/Taunus: Athenäum

Czerwenka, Kurt (2000): Soziales Lernen, in: Stimmer (2000): S. 655-659

Davenport, Thomas H./Prusak, Laurence (1998): Wenn ihr Unternehmen wüsste, was es alles weiß. Das Praxisbuch zum Wissensmanagement. Landsberg am Lech: Moderne Industrie

Debray, Régis (1994): Für eine Mediologie, in: Pias et al. (1999): S. 67-75

Deleuze, Gilles (1997): Das Bewegungs-Bild. Kino 1. Frankfurt a. M.: Suhrkamp

Demmerling, Christoph (1994): Sprache und Verdinglichung. Wittgenstein, Adorno und das Projekt einer kritischen Theorie. Frankfurt a. M.: Suhrkamp

Deutscher Bundestag/Enquete-Kommission „Zukunft des Bürgerschaftlichen Engagements" (Hrsg.) (2002): Bericht: Bürgerschaftliches Engagement: Auf dem Weg in eine zukunftsfähige Bürgergesellschaft. Bundestagsdrucksache 14/8900 vom 03.06.2002. Berlin

Deutschmann, Christoph (2008): „Kapitalismus" und „Geist des Kapitalismus" – Anmerkungen zum theoretischen Ansatz Boltanskis/Chiapellos, in: Hessinger/Wagner (2008): S.127-143

DUDEN. Etymologie. Herkunftswörterbuch der deutschen Sprache (1963), hrsg. v. Wissenschaftlichen Rat der Dudenredaktion, bearbeitet von Günther Drosdowski, Paul Grebe und weiteren Mitarbeitern der Dudenredaktion. In Fortführung der „Etymologie der neuhochdeutschen Sprache" von Konrad Duden. Mannheim/Wien/Zürich: Dudenverlag

DUDEN. Fremdwörterbuch (1990) 5. neu bearbeitete und erweiterte Auflage, hrsg. v. Wissenschaftlichen Rat der Dudenredaktion. Mannheim: Bibliographisches Institut & F.A. Brockhaus AG

DWB/Deutsches Wörterbuch (begonnen von Jacob und Wilhelm Grimm). 16 Bd. in 32 Teilbänden. Leipzig 1854-1961, Quellenverzeichnis 1971 (fortgeführte Online-Ausgabe) URL: http://woerterbuchnetz.de/DWB/ (Stand: 20.01.12)

Dybe, Georg/Kujath, Hans-Joachim (2000): Hoffnungsträger Wirtschaftscluster. Unternehmensnetzwerke und regionale Innovationssysteme: Das Beispiel der deutschen Schienenfahrzeugindustrie, hrsg. v. Institut für Regionalentwicklung und Strukturplanung. Berlin: Ed. Sigma

Eco, Umberto (1990): Im Labyrinth der Vernunft. Texte über Kunst und Zeichen, hrsg. v. Michael Franz und Stefan Richter. 2. Auflage. Leipzig: Reclam

Eco, Umberto (2000): Kunst und Schönheit im Mittelalter. 5. Auflage. München: DTV

EFI (Expertenkommission Forschung und Innovation) (Hrsg.) (2009): Gutachten zu Forschung. Innovation und technologischer Leistungsfähigkeit 2009. Berlin: EFI

EFI (Expertenkommission Forschung und Innovation) (Hrsg.) (2012): Gutachten zu Forschung. Innovation und technologischer Leistungsfähigkeit Deutschlands 2012. Berlin: EFI

Elbert, Ralf/Müller, Fabian (2008): Kompetenzen kleiner und mittlerer Unternehmen für das Cluster-Management, in: Meyer (2008): S. 161-175

Elbert, Ralf (2008): "Renommee für die ganze Region". Netzwerke – Über Leitfirmen, Vertrauen, Produktivitäts- und Innovationsvorsprung, Jobeffekte – "Magnet für Standort", (Interview) in: Darmstädter Echo vom 09.08.2008, S. 5, URL: http://tud-cluster.de/fileadmin/fgul.de/Presse/20080809cluster.pdf (Stand 29.05.11)

Ellrich, Lutz (o. J.): Die Computertechnik als Gegenstand philosophischer Reflexion (Online-Veröffentlichung) URL: http://www.uni-koeln.de/phil-fak/thefife/ellrich/computerphilosophie.htm (Stand: 03.01.12)

Ellrich, Lutz/Funken, Christiane/Meister, Martin (2001): Kultiviertes Misstrauen. Bausteine zu einer Soziologie strategischer Netzwerke, in: Sociologia Internationalis. Internationale Zeitschrift für Soziologie Kommunikations- und Kulturforschung, 39. Band/2001. Heft 2, hrsg. v. Eckart Pankoke et al. Berlin: Duncker & Humblot, S. 191-234

Ellrich, Lutz (2008): o. T. (Unveröffentlichtes MS)

Ellrich, Lutz (2008a): Was heißt ‚Wissensgesellschaft'?, in: Gegenworte 19: Wissen schafft Publikum, S. 25-27

Ellrich, Lutz (2009): Die „Wiener Nachkriegsavantgarden" – eine Herausforderung für post-avantgardistische Beobachter? (Vortrag auf dem Symposium ‚Teststrecke Kunst. Wiener Avantgarden nach 1945' vom 21.10.09 – 23.10.09 ausgerichtet von der Österreichischen Akademie der Wissenschaften) URL: http://www.viennavant.at/de/symposiumteststreckekunst/erbeundverrat/diskussionsbeitragellrich/ (Stand: 27.05.11)

Enge, Thorsten (2005): Cluster im Strukturwandel alter Industrieregionen. Das Ruhrgebiet und Glasgow im Vergleich. Marburg: Schüren

Engelbert, Arthur (1993): Bauanleitung des Sehens, in: Thiekötter, Angelika u. a. (1993): S. 144-149

Enright, M. J. (2003): Regional Clusters: What We Know and What We Should Know, in: Bröcker/Soltwedel/Dohse (2003): S. 99-129

Ermert, Karl (Hrsg.) (2000): Ehrenamt in Kultur und Arbeitsgesellschaft. Wolfenbüttel: Bundesakademie für kulturelle Bildung (= Wolfenbütteler Akademie-Texte, Bd. 1)

Erstić, Marijana/Schuhen, Gregor/Schwan, Tanja (Hrsg.) (2005): Avantgarde Medien Performativität. Inszenierungs- und Wahrnehmungsmuster zu Beginn des 20. Jahrhunderts. Bielefeld: Transcript (= Medienumbrüche Bd. 7)

Esposito, Elena (2002): Virtualisierung und Divination. Formen der Räumlichkeit der Kommunikation, in: Maresch/Werber (2002): S. 33-48

Etzioni, Amitai (1973): The third Sector and Domestic Missions, in: Public Administration Review, Vo. 33. 4/1973, S. 314-323

EU-Kommission (2000): Europäischer Rat am 23. und 24. März 2000. Schlussfolgerungen des Vorsitzes. Lissabon. Online verfügbar unter URL: http://www.europarl.europa.eu/summits/lis1_de.htm (Stand: 25.05.11)

EU-Kommission (2010): Mitteilung der Kommission. Europa 2020. Eine Strategie für intelligentes, nachhaltiges und integratives Wachstum, 03.03.2010. Brüssel. Online verfügbar unter URL: http://ec.europa.eu/eu2020/pdf/COMPLET%20%20DE%20SG-2010-80021-06-00-DE-TRA-00.pdf (Stand: 25.05.11)

EU-Kommission (2010a): Grünbuch Erschließung des Potenzials der Kultur- und Kreativindustrien. 183/3. Brüssel. (Online-Veröffentlichung) URL: http://ec.europa.eu/culture/our-policy-development/doc/GreenPaper_creative_industries_de.pdf (Stand: 31.05.11)

EU-Kommission (2012): Europäischen Jahr der Bürgerinnen und Bürger 2013 (Online-Veröffentlichung) URL: http://ec.europa.eu/citizenship/european-year-of-citizens-2013/index_de.htm (Stand: 30.11.2012)

Fähnders, Walter/Karrenbrock, Helga (1998): „Ich sage nämlich das Gegenteil, aber nicht immer". Die Avantgarde Manifeste von Kurt Schwitters, in: Berg, van den/Grüttemeier (1998): S. 57-90

Fähnders, Walter (2000): Projekt Avantgarde und avantgardistischer Manifestantismus, in: Asholt/Fähnders (2000): S. 69-96

Feyerabend, Paul (1984): Wissenschaft als Kunst. Erstausgabe. Frankfurt a. M.: Suhrkamp

Finsterlin, Hermann (2000): Die Genesis der Weltarchitektur oder die Deszendenz der Dome als Stilspiel. Ein Lehr-, Spiel- und Versuchsbaukasten von Hermann Finsterlin, in: Frühlicht. Eine Folge für die Verwirklichung des neuen Baugedankens. 2000 [Nachdruck von 1922, Nr.3, hrsg. v. Bruno Taut.] Berlin: Gebr. Mann Verlag, S. 73-78

Fischer-Lichte, Erika (2004): Ästhetik des Performativen. Frankfurt a. M.: Suhrkamp

Fischer-Lichte, Erika (2010): Einleitung, in: Dies./Hasselmann/Rautzenberg (2010): S. 7-29

Fischer-Lichte, Erika/Hasselmann, Kristiane/Rautzenberg, Markus (Hrsg.) (2010): Ausweitung der Kunstzone. Interart Studies – Neue Perspektiven der Kunstwissenschaften. Bielefeld: Transcript

Floeting, Holger/Zwicker-Schwarm, Daniel (2008): Clusterinitiativen und Netzwerke – Handlungsfelder lokaler und regionaler Wirtschaftspolitik, in: Floeting (2008): S. 15-40

Floeting, Holger (2008): Cluster in der kommunalen und regionalen Wirtschaftspolitik. Vom Marketingbegriff zum Prozessmanagement. Eine Einführung, in: Ders. (2008): S. 5-12

Floeting, Holger (Hrsg.) (2008): Cluster in der kommunalen und regionalen Wirtschaftspolitik. Vom Marketingbegriff zum Prozessmanagement. Berlin: DIFU

Foerster von, Heinz (1985): Sicht und Einsicht. Versuche zu einer operativen Erkenntnistheorie. Autorisierte deutsche Fassung von Wolfram K. Köck. Braunschweig/Wiesbaden: Vieweg (=Wissenschaftstheorie, Wissenschaft und Philosophie; 21)

Foerster von, Heinz (1993): Wissen und Gewissen. Versuch einer Brücke. Autorisierte Übersetzung aus dem Amerikanischen von Wolfram K. Köck, hrsg. v. Siegfried J. Schmidt. Frankfurt a. M.: Suhrkamp (=Suhrkamp Taschenbuch Wissenschaft; 876)

Foerster von, Heinz et al. (2002): Einführung in den Konstruktivismus. Beiträge von Heinz von Foerster, Ernst von Glasersfeld, Peter M. Heijl, Siegfried J. Schmidt, Paul Watzlawick, 6. Auflage, ungekürzte Tachenbuchausgabe. München: Piper (=Veröffentlichungen der Carl Friedrich von Siemens Stiftung, 5)

Folliero-Metz, Grazia Dolores (2005): Futurismus beim frühen Marinetti und Hermetismus beim frühen Ungaretti – eine Gegenüberstellung poetischer Konzepte, in: Erstić/Schuhen/Schwan (2005): S. 203-228

Foucault, Michel (1973): Archäologie des Wissens. Aus dem Französischen von Ulrich Köppen. Frankfurt am Main: Suhrkamp

Franck, Georg (1998): Ökonomie der Aufmerksamkeit. München/Wien: Carl Hanser

Frank, Andrea/Meyer-Guckel, Volker/Schneider, Christoph (2007): Innovationsfaktor Kooperation. Bericht des Stifterverbandes zur Zusammenarbeit zwischen Unternehmen und Hochschulen. hrsg. v. Stifterverband für die Deutsche Wissenschaft. Essen

Frank, Andrea/Höfer, Simone (2011) (Hrsg.): Interaktive Wertschöpfung. Neue Innovationsmodelle zwischen Wirtschaft und Wissenschaft. Essen: Edition Stifterverband – Verwaltungsgesellschaft für Wissenschaftspflege mbH

Fromm, Erich (1999): Haben oder Sein. Die seelischen Grundlagen einer neuen Gesellschaft. Deutsch von Brigitte Stein. Überarbeitet von Rainer Funk. Ungekürzte Ausgabe. 27. Auflage. München: DTV

Fuchs, Peter (2007): Die Grammatik sozialer Systeme, in: Aderhold/Kranz (2007): S. 46-64

Funken, Christiane/Löw, Martina (2002): Ego-Shooters Container. *Raumkonstruktionen im elektronischen Netz*, in: Maresch/Werber (2002): S. 69-91

Gamm, Gerhard (2003): ,Werde was du bist'. Über die performative Magie sprachlicher Praxis, in: Kertscher/Mersch (2003): S.197-210

Gauland, Alexander (1992): Kultur, Politik und postindustrielle Gesellschaft, in: Cornel/Knigge (1992): S. 59-64

Gay, Peter (2009): Die Moderne. Eine Geschichte des Aufbruchs. 2. Auflage. Frankfurt a. M.: Fischer

Gersdorff, Lukas (2007): Die Assemblage: Kunst-Kulisse eines Cluster-Kunstwerks. Competence Center Cluster-Management (Unveröffentlichtes MS)

Gersdorff, Lukas/Pieper, Britta Verena (2008): Vom Individual- zum Kollektivwissen: Perform Knowledge to Function, in: Wissensmanagement. Das Magazin für Führungskräfte: Wissen vermehren. Austausch in Communities, Netzwerken und Foren, 5/2008, Ausgabe Juli, S. 52-53

Gersdorff, Lukas/Pieper, Britta Verena (2008a): „Cluster – New frameset for intercultural framework activities". (Präsentation auf der AILA im CCE am 29. August 2008) URL: http://www. cluster-management.com/de/presentation.html (Stand 20.01.2011)

Gersdorff, Lukas/Pieper, Britta Verena (2010): Konsultation zum Grünbuch der EU-Kommission ,Erschließung des Potenzials der Kultur- und Kreativindustrien' (Stellungnahme des CCCM) (Online-Veröffentlichung) URL: http://ec.europa.eu/culture/our-policy-development/ consultation/other_org/de/B-169-O-Competence_Center_Cluster-Management.pdf (Stand 20.02.2011)

Glasersfeld von, Ernst (1987): Wissen, Sprache und Wirklichkeit. Arbeiten zum radikalen Konstruktivismus. Autorisierte deutsche Fassung von Wolfram K. Köck. Braunschweig/Wiesbaden: Vieweg (= Wissenschaftstheorie, Wissenschaft und Philosophie 24)

Glasersfeld von, Ernst (1997): Radikaler Konstruktivismus: Ideen, Ergebnisse, Probleme. Übersetzt von Wolfram K. Köck, Frankfurt a. M.: Suhrkamp

Glasersfeld von, Ernst (2002): Konstruktion der Wirklichkeit und des Begriffs der Objektivität, in: Foerster von, et al. (2002): S. 9-39

Glasersfeld von, Ernst (2002a): Abschied von der Objektivität, in: Watzlawick/Krieg (2002): S. 17-30

Göbel, Elisabeth (1998) Theorie und Gestaltung der Selbstorganisation. Berlin: Duncker und Humblot (= Betriebswirtschaftliche Forschungsergebnisse, Bd. 111)

Göbel, Thomas (1997): Mythos und Kunst. Archaisches Griechenland, Klassische Moderne und der Kunstimpuls Rudolf Steiners. Dornach (CH): Verlag am Goetheanum

Goehler, Adrienne (2006): Verflüssigungen. Wege und Umwege vom Sozialstaat zur Kulturgesellschaft. Frankfurt a. M./New York: Campus

Goethe von, Johann Wolfgang (1830): Goethe's Werke. Vollständige Ausgabe letzter Hand. 17. Band. Stuttgart und Tübingen: J. G. Cotta

Goethe von, Johann Wolfgang (1837): Poetische und prosaische Werke, Bd. 2, Teil 1. Stuttgart und Tübingen: J. G. Cotta

Goethe von, Johann Wolfgang (1955): Die Schriften zur Naturwissenschaft. Erste Abteilung: Texte. Bd. 4, Zur Farbenlehre. Widmung, Vorwort und Didaktischer Teil. Bearbeitet von Rupprecht Matthaei, Vollständige mit Erläuterungen versehene Ausgabe, hrsg. im Auftrage der Deutschen Akademie der Naturforscher (Leopoldina) zu Halle von Rupprecht Matthaei, Wilhelm Troll und Lothar Wolf. Weimar: Hermann Böhlaus Nachfolger

Goethe von, Johann Wolfgang (1998): Goethe Werke. Faust I und II. Die Wahlverwandschaften, Jubiläumsausgabe. Dritter Band, hrsg. v. Albrecht Schöne und Waltraud Wiethölter, Frankfurt a. M./Leipzig: Insel

Goffman, Erving (2003): Wir alle spielen Theater. Die Selbstdarstellung im Alltag. 10., Auflage. München: Piper

Graevenitz von, Antje (2006): Zur Konkurrenz medialer Wirklichkeiten in Performances von Nam June Paik, Joseph Beuys und Aernout Mik, in: Meyer (2006): S. 179-200

Granovetter, Marc (1985): Economic Action and Social Structures: The Problem of Embeddedness, in: American Journal of Sociology. Vol. 91, S. 481-510

Gronau, Barbara (2008): Die prekäre Grenze. Dimensionen des Performativen im Werk von Joseph Beuys, in: Blume/Nichols (2008): S. 336-337

Gronau, Barbara (2010): Aufgeführte Räume. Interferenz von Theater und Bildender Kunst, in: Fischer-Lichte/Hasselmann/Rautzenberg (2010): S. 73-88

Grote Westrick, Dagmar/Muth, Josef/Rehfeld Dieter (2005): Clustermanagement im europäischen Vergleich, in: Institut Arbeit und Technik (Hrsg.) (2005): Jahrbuch 2005, S. 153-168

Groys, Boris (2002): Im Namen des Mediums. Kunst und Politik der Avantgarde, in: Brock/Koschik (2002): S. 79-93

Güntert, Bernhard/Kaufmann, Franz-Xaver/Krolzik, Udo (Hrsg.) (2002): Freie Wohlfahrtspflege und europäische Integration. Gütersloh: Kaiser, Gütersloher Verlagshaus

Haase, Michaela (2004): Wissen und Information – Annahmen der Ökonomik und ihre Konsequenzen für die Institutionenanalyse, in: Held/Kubon-Gilke/Sturn (2004): S. 67-96

Hahn, Alois/Willems, Herbert (1998): Zivilisation, Modernität, Theatralität: Identitäten und Identitätsdarstellungen, in: Jurga/Willems (1998): S. 193-213

Hall, Stuart (1997): Introduction, in: Ders. (1997): S. 1-11

Hall, Stuart (Hrsg.) (1997): Representation. Cultural Representations and Signifying Practices. London: Sage

Haller, Max (2003): Soziologische Theorie im systematisch-kritischen Vergleich. 2., überarbeitete Auflage. Opladen: Leske + Budrich

Hantelmann von, Dorothea (2005): 'I promise it's performative'. Zum Verhältnis von Performativität und zeitgenössischer Kunst, in: Erstić/Schuhen/Schwan (2005): S. 27-36

Harlan, Volker/Rappmann Rainer/Schata, Peter (Hrsg.) (1976): Soziale Plastik. Materialien zu Joseph Beuys. Achberg: Achberger Verlagsanstalt

Hartmann, Christian (2008): Die Lernfähigkeit von Netzwerken und Konsequenzen für die lokale und regionale Netzwerkförderung, in: Floeting (2008): S. 117-129

Häsner et al. (2011): Text und Performativität, in: Hempfer/Volbers (2011): S. 69-96

Haß, Ulrike (2005): Wortbedeutung – Verstehen – Lernen. Sprechen wir nur aus, was wir denken? Oder denken wir nur mittels Sprache? in: Essener Unikate. Berichte aus Forschung und Lehre. Geisteswissenschaften, Bd. 26/Germanistik: Arbeit an/in der Kultur, hrsg. v. Rektorat der Universität Duisburg-Essen. Essen: Wissenschaftsverlag FET & V – Zentrum für Forschungs- und Entwicklungstransparenz und Verwertung, S.77-87

Hausberg, Bernhard (2006): Cluster und Kompetenznetze beraten – Erfahrungen des VDI Technologiezentrums, in: Sydow/Manning (2006): S. 127-144

Heidbrink, Ludger/Hirsch, Alfred (Hrsg.) (2006): Verantwortung in der Zivilgesellschaft. Zur Konjunktur eines widersprüchlichen Prinzips. Frankfurt a.M.: Campus

Heidegger, Martin (1996): Die Kunst und der Raum/L'art et l'espace. 3. unveränderte Auflage. St. Gallen: Erker

Heidegger, Martin (1996a): Bemerkungen zu Kunst-Plastik-Raum. St. Gallen: Erker

Heidegger, Martin (1996b): Erläuterungen zu Hölderlins Dichtung, 6., erweiterte Auflage, hrsg. v. Friedrich-Wilhelm von Herrmann. Frankfurt am Main: Vittorio Klostermann

Heidenreich, Felix (2009): Porträtsammlung und Bilderverbot. Hans Blumenberg (1920-1996), in: Probst/Klenner (2009): S. 10-32

Heins, Volker (2003): Wenn Soziologen Frösche küssen. Vorwärts zur Weltrepublik: Ulrich Beck erfindet die politische Romantik neu, in: Die ZEIT Nr. 5 vom 23.01.2003, S. 39

Held, Martin/Kubon-Gilke, Gisela/Sturn, Richard (Hrsg.) (2004): Normative und institutionelle Grundfragen der Ökonomik. Jahrbuch Bd. 3. Ökonomik des Wissens. Marburg: Metropolis

Helmstädter, Ernst (2004): Arbeits- und Wissensteilung als Prozesse gesellschaftlicher Interaktion, in: Held/Kubon-Gilke/Sturn (2004): S. 97-125

Hempfer, Klaus W. (2011): Performance, Performanz, Performativität. Einige Unterscheidungen zur Ausdifferenzierung eines Theoriefeldes, in: Ders./Volbers (2011): S. 13-41

Hempfer, Klaus W./Volbers, Jörg (2011): Vorwort, in: Dies. (2011): S. 7-12

Hempfer, Klaus W./Volbers, Jörg (Hrsg.) (2011): Theorien des Performativen. Sprache – Wissen – Praxis. Eine kritische Bestandsaufnahme. Bielefeld: Transcript (= Edition Kulturwissenschaft Bd. 6)

Hennig, Beate (1998): Kleines Mittelhochdeutsches Wörterbuch. In Zusammenarbeit mit Christa Hepfer und unter red. Mitwirkung von Wolfgang Bachofer. 3. erg. bearbeitete Auflage. Tübingen: Niemeyer

Henning, Klaus/Leisten, Ingo (2007): Lernen und Arbeiten für Innovation: Lust auf Zukunft – zwölf Thesen, in: Streich/Wahl (2007): S. 27-37

Hessinger, Philipp/Wagner, Gabriele (Hrsg.) (2008): Ein neuer Geist des Kapitalismus? Paradoxien und Ambivalenzen der Netzwerkökonomie. Wiesbaden: VS

Horch, Heinz-Dieter (1992): Geld, Macht und Engagement in freiwilligen Vereinigungen. Grundlagen einer Wirtschaftssoziologie von Non-Profit-Organisationen. Berlin: Duncker & Humblot (= Sozialwissenschaftliche Schriften, Bd. 21)

Hörmann, Martina (2002): Vom kreativen Chaos zum professionellen Management. Organisationsentwicklung in Frauenprojekten. Opladen: Leske + Budrich (= Siegener Studien zur Frauenforschung Bd. 9)

Horn, Eva (2007): Der geheime Krieg. Verrat, Spionage und moderne Fiktion. Frankfurt a. M.: Fischer

Hülk, Walburga (2005): Paradigma Performativität, in: Erstić/Schuhen/Schwan (2005): S. 9-25

Imminger, Christian (2005): Ich mal' etwas was du nicht siehst – Der italienische Futurismus und das Vibrieren der Grenzen, in: Erstić/Schuhen/Schwan (2005): S. 247-257

Jain, Anil K. (2001): Die Psychologie der Metapher und die (vermittelte) ,Innerlichkeit' der Erkenntnis. Metaphorische Ver-Dichtung als Basis einer metaphorischen Heuristik (Online-Veröffentlichung) (Version/Aktualisierungsdatum: 04/04/2006) URL: http://www.power-xs.net/jain/pub/psychologiedermetapher.pdf (Stand 12.01.2012)

Jomini, Antoine-Henri (2009/Preprint-Version): Abriss der Kriegskunst. Mit einem Geleitwort von Albert A. Stahel, hrsg. v. Rainer Hauser. Zürich: VDF Hochschulverlag an der ETH Zürich. URL: http://www.vdf.ethz.ch/service/3212/Abriss_der_Kriegskunst.pdf (Stand: 20.04.12)

Jonas, Michael (2005): Brücken zur regionalen Clusterforschung. Soziologische Annäherung an ein ökonomisches Erklärungskonzept, in: Zeitschrift für Soziologie, Jg. 34, Heft 4. August 2005, Stuttgart: Lucius & Lucius, S. 270-287

Jullien, Francois (2006): Vortrag vor Managern über Wirksamkeit und Effizienz in China und im Westen. Berlin: Merve

Jurga, Martin/Willems, Herbert (Hrsg.) (1998): Inszenierungsgesellschaft. Ein einführendes Handbuch. Opladen/Wiesbaden: Westdeutscher Verlag

Kandinsky, Wassily (1955): Essays über Kunst und Künstler, hrsg. und kommentiert von Max Bill. Stuttgart: Gerd Hatje

Keller, Reiner (2005): Wissenssoziologische Diskursanalyse. Grundlegung eines Forschungsprogramms. Wiesbaden: VS

Keller, Reiner (2007): Diskurse und Dispositive analysieren. Die wissenssoziologische Diskursanalyse als Beitrag zu einer wissensanalytischen Profilierung der Diskursforschung, [46 Absätze], in: FQS, Volume 8/Nr.2 /Art. 19/Mai 2007, o. S. URL: http://nbn-resolving.de/urn:nbn:de:0114-fqs0702198. (Stand: 20.02.12)

Kertscher, Jens/Mersch, Dieter (2003) (Hrsg.): Performativität und Praxis. München: Fink

Ketels, Christian (2008): Clusterentwicklung als Element lokaler und regionaler Wirtschaftsentwicklung –Internationale Erfahrungen, in: Floeting (2008): 41-54

Kiese, Matthias (2008): Stand und Perspektiven der regionalen Clusterforschung, in: Ders./Schätzl (2008): S. 9-50

Kiese, Matthias (2008a): Clusterkonzepte zwischen Theorie und Praxis, in: Floeting (2008): S. 55-81

Kiese, Matthias/Schätzl, Ludwig (2008): Cluster und Regionalentwicklung. Eine Einführung, in: Dies. (2008): S.1-7

Kiese, Matthias/Schätzl, Ludwig (2008a): Vorwort, in: Dies. (2008): S.XIII

Kiese, Matthias/Schätzl, Ludwig (Hrsg.) (2008): Cluster und Regionalentwicklung. Theorie, Beratung und praktische Umsetzung. Dortmund: Rohn

Klaus, Georg/Buhr, Manfred (Hrsg.) (1985): Philosophisches Wörterbuch, Bd. 2., 13. Auflage, als fotomechanischer Nachdruck der 12. durchges. Auflage. Berlin: deb

Klotz, Ulrich (2007): Vom Taylorismus zur Open Innovation – Innovation als sozialer Prozess, in: Streich/Wahl (2007): S. 181-193

Knorr, Karin D. (1981): „Die Fabrikation von Wissen. Versuch zu einem gesellschaftlich relativierten Wissensbegriff", in: Meja/Stehr (1981): S. 226-245

Koch, Gertrud/Voss, Christiane (2005) (Hrsg.): Zwischen Ding und Zeichen. Zur ästhetischen Erfahrung in der Kunst. München: Fink

Koederitz, Martina (2012): Gemeinsam, offen, wandlungsfähig – wie Cluster die Wirtschaft voran bringen (Keynote der Vorsitzenden der Geschäftsführung der IBM Deutschland GmbH zur Clusterkonferenz 2012 des BMBF) (Online-Publikation) URL: http://www.hightech-strategie.de/_media/Martina_Koederitz_BMBF_Clusterkonferenz_2012_final.pdf (Stand 27.02.12)

Kölling, Marcus/Möslein Kathrin M. (2007): Interaktive hybride Wertschöpfung als Innovationsstrategie, in: Streich/Wahl (2007): S. 195-202

König, Ekkehard (2011): Bausteine einer allgemeinen Theorie des Performativen aus linguistischer Perspektive, in: Hempfer/Volbers (2011): S. 43-67

Kordfelder, Angelika/Sievers, Norbert (Hrsg.) (2002): Kulturpolitik als Ehrenamt. Entwicklung und Erprobung von Qualifizierungsmaßnahmen für ehrenamtliche Mandatsträgerinnen. (Projektdokumentation) Materialien/Heft 9, hrsg. v. Kulturpolitische Gesellschaft e. V. Bonn: Institut für Kulturpolitik/Kulturpolitische Gesellschaft

Korpiun, Christian A. (2001): Semesterskriptum „Naturwissenschaft und Sprachprobleme". Universität Essen. Fachbereich 3 (Unveröffentlichtes Lehrmaterial)

Krämer, Sybille (2003): Was tut Austin, indem er über das Performative spricht? Ein anderer Blick auf die Anfänge der Sprechakttheorie, in: Kertscher/Mersch (2003): S. 19-33

Krämer, Sybille (2004): Was haben ‚Performativität' und ‚Medialität' miteinander zu tun? Plädoyer für eine in der ‚Aisthetisierung' gründende Konzeption des Performativen. Zur Einführung in diesen Band, in: Dies. (2004): S. 13-32

Krämer, Sybille (2004) (Hrsg.): Performativität und Medialität. München: Fink

Krieger, David J. (1998): Einführung in die allgemeine Systemtheorie. 2., unveränderte Auflage. München: Fink

Krieger, Verena (2009): Über welche Grenze – wohin? Nitsch vs. Export. (Vortrag auf dem Symposium ‚Teststrecke Kunst. Wiener Avantgarden nach 1945' vom 21.10.09 – 23.10.09 ausgerichtet von der Österreichischen Akademie der Wissenschaften) (Online-Veröffentlichung) URL: http://www.viennavant.at/de/symposiumteststreckekunst/grenzueberschreitungen/referatkrieger/ (Stand: 27.05.11)

Krünitz, Johann Georg (o. J./Orig. 1773-1858): Oeconomische Encyclopädie online. [Orig.: Ökonomische Encyclopädie oder allgemeines System der Staats-, Stadt-, Haus- und Landwirtschaft, in alphabetischer Ordnung] Elektronische/Zweite aufgearbeitete Version der Universität Trier. (Online-Veröffentlichung) URL: http://www.kruenitz1.uni-trier.de/xxx/s/ks35746.htm (Stand:10.05.2012)

Kubon-Gilke, Gisela (2004): Wissen über Wissen – Zum inneren Zusammenhang von Kognition, Motivation und Emotion, in: Held/Kubon-Gilke/Sturn (2004): S. 281-307

Kühl, Stefan (1998): Wenn die Affen den Zoo regieren. Die Tücken der flachen Hierarchien. 5. aktualisierte und erweiterte Neuauflage. Frankfurt a. M./New York: Campus

Lackmann, Jürgen (2003): Bildung im Zeitalter der sog. Wissensgesellschaft, in: Oberliesen/Reuel (2003): S. 16-32

Leroy, Claude (1997): „Mehr Manifeste – Keine Manifeste mehr! Dada in Paris (1920-1923)", in Asholt/Fähnders (1997): S. 275-295

Lichtblau, Klaus (2000): „Vergemeinschaftung" und „Vergesellschaftung" bei Max Weber. Eine Rekonstruktion seines Sprachgebrauchs, in: Zeitschrift für Soziologie, Jg. 29, Heft 6/2000. Stuttgart: Lucius und Lucius, S. 423-443

Linde van der, Claas (2005): Cluster und regionale Wettbewerbsfähigkeit. Wie Cluster entstehen, wirken und aufgewertet werden, in: Cernavin et al. (2005): S. 15-33

Lipp, Wolfgang (1994): Drama Kultur. Berlin: Duncker & Humblot (= Sozialwissenschaftliche Abhandlungen der Görres-Gesellschaft. Kultur, Band 22, hrsg. v. Jürgen Helle et al.)

Lissitzky, El (1977): Proun und Wolkenbügel. Schriften, Briefe, Dokumente, hrsg. v. Sophie Lissitzky-Küppers und Jen Lissitzky. Dresden: VEB (= Fundus-Bücher 46)

Lissitzky, El/Arp, Hans (1990/Reprint des Orig. 1925): Die Kunstismen. Baden: Lars Müller

Lohner, Hartmut (2002): Das Ruhrpott-Syndrom, in: McKinsey & Company (2002): Cluster. McK Wissen. Bd. 01. Hamburg: brand eins Verlag oHG, S. 55-58

Lommel, Michael (2005): Synästhesie. Von den literarischen Avantgarden zum Tonfilm, in: Erstić/Schuhen/Schwan (2005): S. 37-50

Loriot (bürgerl. von Bülow, Bernhard-Victor C. C.) (2003): Das Frühstücksei. Gesammelte dramatische Geschichten mit Doktor Klöbner und Herrn Müller-Lüdenscheidt, Herrn und Frau Hoppenstedt, Erwin Lindemann u. v. a., Jubiläumsausgabe zum 80. Geburtstag des Autors. Zürich: Diogenes

Löw, Martina (2001): Raumsoziologie. Frankfurt a. M.: Suhrkamp

Luhmann, Niklas (1984): Die Wirtschaft der Gesellschaft als autopoietisches System, in: Zeitschrift für Soziologie, Jahrg. 13, Heft 4/84, S. 308-327

Luhmann, Niklas (1994): Soziale Systeme. Grundriß einer allgemeinen Theorie. 4. Auflage. Frankfurt a. M.: Suhrkamp

Luhmann, Niklas (1997): Die Kunst der Gesellschaft. Frankfurt a. M.: Suhrkamp

Luhmann, Niklas (2000): Vertrauen. Ein Mechanismus der Reduktion sozialer Komplexität. 4. Auflage. Stuttgart: UTB/Lucius & Lucius

Luhmann, Niklas (2004): Die Realität der Massenmedien. 3. Auflage. Wiesbaden: VS

Lukács, George (1968): Schriften zur Literatursoziologie. Werkauswahl Band 1. 3. Auflage. Ausgewählt und eingeleitet von Peter Ludz, hrsg. v. Heinz Maus und Friedrich Fürstenberg. Neuwied/Spandau: Luchterhand (= Soziologische Texte Band 9)

Lyotard, Jean François (2009/Orig. 1979): Das postmoderne Wissen. Ein Bericht. 6. überarbeitete Auflage. hrsg. v. Peter Engelmann. Wien: Passagen

Maasen, Sabine (1999): Wissenssoziologie. Bielefeld: Transcript

Maaß, Frank/Clemens, Reinhard (2002): CORPORATE CITIZENSHIP: Das Unternehmen als ‚guter Bürger'. Kurzfassung. Bonn: Institut für Mittelstandsforschung (IFM) (Online-Veröffentlichung) URL: http://www.ifm-bonn.org/assets/documents/94-NF-Kurzfassung.pdf (Stand: 10.05.2012)

Manger, Daniela (2009): Innovation und Kooperation. Zur Organisation eines regionalen Netzwerks. Bielefeld: Transcript (= Technik/Körper/Gesellschaft, Bd. 4)

Maresch, Rudolf/Werber, Niels (2002): Permanenz des Raums, in: Dies. (2002): S. 7-30

Maresch, Rudolf/Werber, Niels (2002) (Hrsg.): Raum. Wissen. Macht. Frankfurt am Main: Suhrkamp

Marinetti, F. T. (1995/Orig. 1912): Technisches Manifest der futuristischen Literatur, in: Asholt/Fähnders (1995): 24-27

Marinetti, F. T. (1995a/Orig. 1909): Gründung und Manifest des Futurismus, in: Asholt/Fähnders (1995): S. 3-7

Markowitz, Jürgen (2007): Referenz und Emergenz: Zum Verhältnis von psychischen und sozialen Systemen, in: Aderhold/Kranz (2007): S. 22-45

Marquard, Odo (1983): Gesamtkunstwerk und Identitätssystem. Überlegungen im Anschluss an Hegels Schellingkritik, in: Szeemann (1983): S. 40-49

Marshall, Alfred (Onlinequelle o. J./Orig. 1890): The Principles of economics. URL: http://www.econlib.org/library/Marshall/marP.html (Stand: 28.05.11)

Martin, Ron/Sunley, Peter (2001): Deconstructing Clusters: Chaotic Concept or Policy Panacea? Revised Version of a Paper Presented at the Regional Studies Association Conference on Regionalising the Knowledge Economy, London 21.11.01 (Online-Veröffentlichung). URL: http://www.cbr.cam.ac.uk/pdf/WP244.pdf (Stand: 21.01.2007)

Maurer, Andrea (2008) (Hrsg.): Handbuch der Wirtschaftssoziologie. Wiesbaden: VS

McLuhan, Marshall (1992): Die magischen Kanäle. ‚Understanding Media'. Düsseldorf u. a.: Econ

Meja, Volker/Stehr, Nico (1981) (Hrsg.): Wissenssoziologie. Opladen: Westdeutscher Verlag

Meja, Volker/Stehr, Nico (1982) (Hrsg.): Der Streit um die Wissenssoziologie. Erster Band. Die Entwicklung der deutschen Wissenssoziologie. Frankfurt a. M.: Suhrkamp

Meja, Volker/Stehr, Nico (1982a) (Hrsg.): Der Streit um die Wissenssoziologie. Zweiter Band. Rezeption und Kritik der Wissenssoziologie. Frankfurt a. M.: Suhrkamp

Menke, Christoph (2005): Einführung, in: Koch/Voss (2005): S. 15-19

Mettrie de la, Julien Offray (1985): Der Mensch als Maschine. Aus dem Französischen übersetzt und mit einem Essay von Bernd A. Laska, Nürnberg: LSR –Verlag

Meyer, Jörn-Axel (Hrsg.) (2008): Management-Kompetenz in kleinen und mittleren Unternehmen. Lohmar: Josef Eul

Meyer, Petra Maria (2006): Performance im medialen Wandel, in: Dies. (2006): S. 35-75

Meyer, Petra Maria (2006) (Hrsg.): Performance im medialen Wandel. München: Fink

Mittelstraß, Jürgen (2001): Wissen und Grenzen. Philosophische Studien. Frankfurt a. M.: Suhrkamp

Mittelstraß, Jürgen (2005): Methodische Transdisziplinarität, in: Technikfolgenabschätzung. Theorie und Praxis, Nr. 2, 14. Jahrgang, Juni 2005, S. 18-23. URL: www.itas.fzk.de/tatup/052/mitt05a.htm (Stand: 20. 11.10)

Moholy-Nagy, Laszlo (2001/Faksimile der 1929 erschienenen Erstausgabe): Von Material zu Architektur. 2. Auflage. hrsg. v. Hans M. Winkler. Berlin: Gebr. Mann Verlag (= Neue Bauhausbücher. Neue Folge der von Walter Gropius und Laszlo Moholy-Nagy begründeten Bauhausbücher)

Moldaschl, Manfred (2007): Von der Arbeitsinnovation zur Innovationsarbeit, in: Streich/Wahl (2007): S. 489-500

Müller, Alois Martin (1990): Letzte Truppenschau. Accompanying sheet für the ISMS OF ART. 1914-1924, in: Lissitzky, El/Arp, Hans (Reprint 1990/Orig. 1925): Beilage ohne Seitenangaben

Museum of Modern Art (MOMA) (Hrsg.) (1975): Bauhaus 1919-1928. edited by Herbert Bayer, Walter Gropius, Ise Gropius. First paperbound edition. New York: Museum of Modern Art

Nietzsche, Friedrich (1999): Die Geburt der Tragödie. Unzeitgemäße Betrachtungen. Kritische Studienausgabe. Neuausgabe, hrsg. v. Giorgio Colli und Mazzino Montinari. München: Dtv

Nordmann, Alfred (2009): Experiment Zukunft – Die Künste im Zeitalter der Technowissenschaften, in: Rey/Schöbi (2009): S. 8-22

North, Klaus/Romhardt, Kai/Probst, Gilbert (2000): Wissensgemeinschaften. Keimzellen lebendigen Wissensmanagements, in: io management Nr 7/8, 2000, S.52-62

Nühlen, Maria (2003): Das Medium inszeniert den Sachverhalt – Medienphilosophische Betrachtungen, in: Dies. (2003): S. 40-61

Nühlen, Maria (Hrsg.) (2003): „Die Geister, die ich rief...": Vom Merseburger Zauber-Geist bis zu den Google Geistern des Internets. Merseburg: Fachhochschule Merseburg. Prorektorat für Studium und Lehre (= Schriften der Fachhochschule Merseburg. Merseburger Ringvorlesung. Band 4)

Oberliesen, Rolf/Reuel, Günter (Hrsg.) (2003): Schule zwischen materieller und virtueller Lernkultur. Band 4, hrsg. v. Institut für arbeitsorientierte Bildung der Universität Bremen. Baltmannsweiler: Schneider (= Forum Arbeitslehre Bd.4)

Oetinger von, Bolko/Pierer von, Heinrich (1999): Novitas ante portas, in: Dies. (1999): S.20-48

Oetinger von, Bolko/Pierer von, Heinrich (Hrsg.) (1999): Wie kommt das Neue in die Welt? Ergänzte Taschenbuchausgabe. Reinbek bei Hamburg: Rohwolt

Oetker, Arend (2011): Grußwort, in: Frank/Höfer (2011): S. 4

Ortmann, Günther (2006): Gemeinsame Sache? Netzwerkberatung, Beratungsnetzwerke, *communities of change*, in: Sydow/Manning (2006): S. 293-314

Österreichische Akademie der Wissenschaften (2009): ‚Grenzüberschreitungen'. ‚Teststrecke Kunst. Wiener Avantgarden nach 1945'. Symposium vom 21.10.09-23.10.09 ausgerichtet von der Österreichischen Akademie der Wissenschaften. Panel Block II. (Online-Veröffentlichung) URL: http://www.viennavant.at/de/symposiumteststreckekunst/grenzüberschreitungen/(Stand 27.05.11)

Pankoke, Eckart/Nokielski, Hans/Beine, Theodor (1975): Neue Formen gesellschaftlicher Selbststeuerung in der Bundesrepublik Deutschland: Diskussion an Beispielen aus den Bereichen Bildung, Soziale Sicherung und Kommunale Selbstverwaltung. Göttingen: Schwartz (= Schriften der Kommission für wirtschaftlichen und sozialen Wandel, 86)

Pankoke, Eckart (1991): Das strategische Genie oder die Organisation als Kunstwerk, in: GDI Impuls 2/91, S. 34-42

Pankoke, Eckart (1991a): Onore e impegno/Ehre und Engagement, (Deutsche und italienische Fassung) in: Annali di Sociologia/Soziologisches Jahrbuch 7, 1991 – II. Trento: Università degli Studi di Trento/Dipartimento di Teoria, Storia e Ricerca Sociale

Pankoke, Eckart (1993): Diskussionsforen und Forschungsperspektiven, in: Bußkamp/Pankoke (1993): S. 204-216

Pankoke, Eckart (1993a): Innovationsprozesse, lerntheoretisch, in: Bußkamp/Pankoke (1993): S. 62-71

Pankoke, Eckart (1993b): Ordnung und Bindung im Kleinbetrieb, in: Bußkamp/Pankoke (1993): S. 127-130

Pankoke, Eckart (1993c): „Große Industrie", „schwere Arbeit", „starke Kultur", in: Bußkamp/Pankoke (1993): S. 10-20

Pankoke, Eckart (1995): Milieu und Engagement. Felder soziokulturellen Lernens in der Post-Moderne, in: Bundeszentrale für politische Bildung (1995): S. 26-40

Pankoke, Eckart (2000) [unter Mitarbeit von Rolf Stellermann]: Unternehmerisches Denken und Handeln als Lernprozess – Unternehmerisches Wissensmanagement. Studienbrief Gründer Fernstudium, hrsg. v. Fachbereich Wirtschaftswissenschaft der Fernuniversität Gesamthochschule Hagen

Pankoke, Eckart/Stellermann, Rolf (Hrsg.) (2000): Werte und Wissen im Wandel. Zur kommunikativen Kultur organisationalen Lernens. Lehrforschungsprojekt im Studiengang ‚Praktische Sozialwissenschaft', Essen: Universität Gesamthochschule Essen

Pankoke, Eckart (2000a): Wertedynamik und Sozialmanagement im Dritten Sektor, in: Ders./Stellermann (2000): S. 101-130

Pankoke, Eckart (2000b): Bürgerschaftliches Engagement und Ehrenamt als ‚soziales Kapital' und als Lebensform, in: Ermert (2000): S.118-133

Pankoke, Eckart et al. (2000c): THEORIEN DER PRAXIS – PRAXIS DER THEORIEN, in: Pankoke/Stellermann (2000): S. 131-135

Pankoke, Eckart (2001): Demokratie: Netzwerke zwischen Partizipation und Produktivität – Nachgefragt, in: Pleister (2001): S. 156-163

Pankoke, Eckart (2001a): Kontextwechsel als Schlüsselerlebnis der Moderne. Universität Duisburg-Essen. Fachbereich Soziologie (Unveröffentlichtes MS)

Pankoke, Eckart (2002): Macht – Geld – Sinn. Qualitätssteuerung durch Wert- und Wissensmanagement, in: Ders. (2002): S. 3-30

Pankoke, Eckart (Hrsg.) (2002): Wert- und Wissensmanagement. Motivationsprobleme und Evaluationsprozesse. Lehrforschungsprojekt der Universität Essen: ‚Praktische Sozialwissenschaft' in Verbindung [mit] den ‚Theorie-Praxis-Dialogen' der Hanns Martin Schleyer-Stiftung. Universität Essen. Institut für Soziologie

Pankoke, Eckart (2002a): Von der Revier-Kultur zur Kultur-Region. Prozesse, Projekte, Konstrukte und Kontrakte kultureller Entwicklung im Ballungsraum, in: Essener Unikate. Berichte aus Forschung und Lehre, Bd.19/Umwelt Ruhr. Vitalität einer Region, hrsg. v. Rektorat der Universität Essen, Essen: Wissenschaftsverlag FET – Zentralstelle für Forschungs- und Entwicklungstransfer und Wissenschaftliche Weiterbildung, S. 98-109

Pankoke, Eckart (2002b): Arenen, Allianzen, Agenden: Netzwerke und Lernprozesse (kultur-)politischer Innovationen, in: Kordfelder/Sievers (2002): S. 31-55

Pankoke, Eckart (2002c): Kontextualität und Interferenz. Grenzgänge zwischen Kulturen, in: Schmied-Kowarzik (2002): S. 89-109

Pankoke, Eckart (2002d): „Sonne der Gerechtigkeit" – Rationalität, Radikalität und Reflexivität diakonischer Praxis, in: Güntert/Kaufmann/Krolzik (2002): S. 99-117

Pankoke, Eckart (2004): Organisation und Intermediarität: Akteurstypen, Assoziationsformen, Relationsfiguren organisierter Vermittlung. Universität Duisburg-Essen, Fachbereich Gesellschaftswissenschaften. Institut für Soziologie (Unveröffentlichtes MS)

Pankoke, Eckart (2006): Praktische Künste: Magisches Wissen – kulturelles Handeln – institutionelles Lernen, in: Ders./Quenzel (2006): S.175-191

Pankoke, Eckart/Quenzel Gudrun (2006): Einführung: „Praktische Künste". Deutungsmuster und Sinnkonstruktionen kulturellen Handelns, in: Dies. (2006): S. 7-14

Pankoke, Eckart/Quenzel, Gudrun (Hrsg.) (2006): Praktische Künste. Deutungsmuster und Wissensformen kulturellen Handelns. Essen: Klartext

Pankoke, Eckart (2006a): Arenen – Allianzen – Agenden: Netzwerke und Lernprozesse zivilen Engagements, in: Heidbrink/Hirsch (2006): S. 85-108

Pankoke, Eckart (2007): Feldbeherrschung und Weltverantwortung: ‚Strategisches Genie' und ziviles ‚Wissensmanagement', in: Aderhold/Kranz (2007): S. 313-328

Pankoke, Eckart (2008): Solidarwirtschaft, in: Maurer (2008): S.431-450

Petersdorff, Dirk von (2008): Geschichte der deutschen Lyrik. Originalausgabe. München: C. H. Beck

Pfeiffer, K. Ludwig (1999): Das Mediale und das Imaginäre. Dimensionen kulturanthropologischer Medientheorie. Frankfurt a. M.: Suhrkamp

Pfeiffer, Marita (2010): [Einführung o. T.], in: One on One. Ausstellungskatalog zur Ausstellung One on One auf der Kokerei Hansa in Dortmund vom 11.09.2010-10.10.2010, hrsg. v. artlab-21press. Köln: artlab21press, o. S.

Pias, Claus et al. (Hrsg.) (1999): Kursbuch Medienkultur. Die maßgeblichen Theorien von Brecht bis Baudrillard. Stuttgart: Deutsche Verlags-Anstalt GmbH (DVA)

Pieper, Britta Verena (2002): Wissensmanagement oder: Das Management des intellektuellen Kapitals als zentrale sozio-ökonomische Herausforderung, in: Pankoke (2002): S. 111-137

Pieper, Britta Verena (2007): Lern- und Wissenscluster. Intermediäre Allianzen als neue Perspektive der Wissensökonomik, Duisburger Beiträge zur soziologischen Forschung Nr. 1/2007, hrsg. v. Institut Soziologie der Universität Duisburg-Essen

Pieper, Britta Verena (2007a): Performativität der Wissensökonomik. Klirr- und Kristallisationseffekte in Cluster-Transformationsprozessen, Duisburger Beiträge zur soziologischen Forschung Nr. 5/2007, hrsg. v. Institut Soziologie der Universität Duisburg-Essen

Pieper, Britta Verena (2009): Vom Klirreffekt zum Kristallisationseffekt (Interview) in: Austria Innovativ. Das österreichische Magazin für Forschung und Technologie: Kooperationen, Allianzen & Netzwerke, S. 58-60. URL: http://www.austriainnovativ.at/fileadmin/user_upload/ pdfs/AI_3_2009.pdf (Stand: 31.05.11)

Pieper, Britta Verena (2010): [Eröffnung o. T.] in: One on One. Ausstellungskatalog zur Ausstellung One on One auf der Kokerei Hansa in Dortmund vom 11.09.2010-10.10.2010, hrsg. v. artlab-21press. Köln: artlab21press, o. S.

Plath, Nils (2000): Und jetzt zurück nach vorn? in: Asholt/Fähnders (2000): S.653-670

Platon (1991): Politeia. Griechisch und Deutsch. Sämtliche Werke, Bd. 5, hrsg. v. Karlheinz Hülser, Frankfurt a. M./Leipzig: Insel

Pleister, Christopher (Hrsg.) (2001): Genossenschaften zwischen Idee und Markt. Ein Unternehmenskonzept für die Zukunft? Kooperatives Wirtschaften: Analysen – Visionen – Praxisbeispiele. Frankfurt a. M.: Campus

Poeschel, Sabine (2005): Handbuch der Ikonographie. Sakrale und profane Themen der bildenden Kunst. Darmstadt: Wissenschaftliche Buchgesellschaft.

Polanyi, Michael (1958): Personal Knowledge. Chicago: University of Chicago Press

Porter, Michael E. (1991): Nationale Wettbewerbsvorteile. Erfolgreich konkurrieren auf dem Weltmarkt. Aus dem Amerikanischen von Wolfgang Rhiel [Orig: Ders. (1990): The competitive advantage of nations. New York u. a.: The free Press] München: Droemersche Verlagsanstalt Th. Knaur Nachfolger

Porter, Michael E. (1998/Reprint Nr. 98609): Clusters and the New Economics of Competiton, Harvard Business Review Nov/Dec 1998, S. 77-90

Porter, Michael E. (2002): Mehr Kunst als Wissenschaft (Interview), in: McKinsey & Company (2002): Cluster. McK Wissen. Bd. 01. Hamburg: brand eins Verlag oHG, S. 20-25

Porter, Michael E. (2008/Orig. 1998): Clusters and Competition. New Agendas for Companies, Governance and Institutions, in: Porter (2008): S. 213-304

Porter, Michael E. (2008a/Orig. 1998): The Competitive Advantage of Nations, in: Porter (2008): S.171-212

Porter, Michael E. (2008): On Competition. Updated and Expanded Edition. Boston: Harvard Business Review Books

Press, Kerstin (2006): A life cycle for clusters? The dynamics of Agglomeration, Change, and Adaption. Heidelberg: Physica

Priller, Eckhard et al. (2012): Dritte-Sektor-Organisationen heute: Eigene Ansprüche und ökonomische Herausforderungen. Ergebnisse einer Organisationsbefragung. Discussion Paper SP IV 2012 – 402, Berlin: WZB. URL: http://www.wzb.eu/sites/default/files/%2Bwzb/zkd/zeng/ dritte-sektor-organisationen_heute.pdf (Stand: 10. 09.12)

Pritsching, Manfred (2004): Was ist das Neue an der Wissensgesellschaft? in: Held/Kubon-Gilke/ Sturn (2004): S. 309-335

Probst, Gilbert/Raub Steffen/Romhardt Kai (1999): Wissen managen: Wie Unternehmen ihre wertvollste Ressource optimal nutzen. 3. Auflage. Frankfurt a. M.: Gabler

Probst, Jörg/Klenner, Jost Philipp (Hrsg.) (2009): Ideengeschichte der Bildwissenschaft. Siebzehn Porträts. Frankfurt a. M.: Suhrkamp

Quennet-Thielen, Cornelia (2011): Herausforderungen neuer Formen der Kooperation von Wirtschaft und Wissenschaft. (Rede der Staatssekretärin Cornelia Quennet-Thielen anlässlich der Konferenz "Enterprising Knowledge: Neue Formen der Innovationspartnerschaften – die Perspektive der Wirtschaft" am 16. und 17. Juni 2011 in Berlin). (Handout) URL:http://www. stifterverband.de/veranstaltungen/archiv/2011_06_16_enterprising_knowledge/quennet-thielen_ herausforderungen_neuer_formen_der%20kooperation_von_wirtschaft_und_wissenschaft.pdf (Stand 18.12.11)

Quennet-Thielen, Cornelia (2012): Ideen von heute für den Wohlstand von morgen – Die Hightech-Strategie 2020. (Rede der Staatssekretärin Cornelia Quennet-Thielen/Bundesministerium für Bildung und Forschung anlässlich der Clusterkonferenz 2012 des BMBF am 23. Februar 2012 in Berlin) (Handout) URL: http://www.hightech-strategie.de/_media/stqt_20120223. pdf (Stand: 25.01.2012)

Rammert, Werner (2002): Zwei Paradoxien einer Wissenspolitik: Die Verknüpfung heterogenen und die Verwertung impliziten Wissens. Technical University Technology Studies Working Papers, hrsg. v. Institut Soziologie der Technischen Universität Berlin (= TUTS-WP-8-2002) URL: http://www.ts.tu-berlin.de/fileadmin/fg226/TUTS/TUTS_WP_8_2002.pdf (Stand: 28.05.11)

Rebentisch, Juliane (2005): Vor dem Zirkel. Überlegungen zur Struktur ästhetischer Erfahrung im Ausgang von Alexander García Düttmann, in: Koch/Voss (2005): S. 50-53

Reck, Hans Ulrich (2007): Index Kreativität, hrsg. v. Christian Posthofen (= Kunstwissenschaftliche Bibliothek Bd. 30) Köln: Verlag der Buchhandlung Walther König

Rehfeld, Dieter (1999): Produktionscluster. Konzeption, Analysen und Strategien für eine Neuorientierung der regionalen Strukturpolitik, hrsg. v. Institut Arbeit und Technik. München und Mering: Rainer Hampp

Rehfeld, Dieter (1999a): Innovative Räume – Überlegungen zu den Schwierigkeiten von Grenzüberschreitungen, in: Brödner/Helmstädter/Widmaier (1999): S. 57-82

Rehfeld, Dieter (2007): Innovation, Raum, Kultur, in: Institut Arbeit und Technik (Hrsg.) (2007): Jahrbuch 2007, S. 38-43 (zudem online veröffentlicht 2008) URL: http://www.iat.eu/aktuell/veroeff/jahrbuch/jahrb07//06-rehfeld.pdf (Stand 14.01.12)

Rehhäuser, Jakob/Krcmar, Helmut (1996): Wissensmanagement im Unternehmen, in: Schreyögg/Conrad (1996): S. 1-40

Reuter, Julia (2001): Sehen als soziale Praxis. Konstruktion des Fremden als Gegenstand einer Visuellen Anthropologie, in: Sociologia Internationalis. Internationale Zeitschrift für Soziologie Kommunikations- und Kulturforschung, 39. Band/2001, Heft 2, hrsg. v. Eckart Pankoke et al. (2001) Berlin: Duncker & Humblot, S. 251-273

Rey, Anton/Schöbi, Stefan/ipf – Institute for the Performing Arts and Film. Departement Darstellende Künste und Film, ZHdK (Hrsg.) (2009): Künstlerische Forschung. Positionen und Perspektiven. Zürich: Zürcher Hochschule der Künste. Institute for the Performing Arts and Film (= Subtexte, Bd. 03)

Riedl, Rupert (2002): Das Dilemma der Kreatur (Interview) in: McKinsey & Company (2002): Cluster. McK Wissen. Bd. 01. Hamburg: brand eins Verlag oHG, S. 74-77

Rolland, Romain/Masereel, Frans (1949/Orig. 1921): Die Revolte der Maschinen oder Der entfesselte Gedanke. Zürich: Büchergilde Gutenberg

Ruhrberg, Karl (2010): Kunst des 20. Jahrhunderts, Bd. 1 Malerei, hrsg. v. Ingo F. Walther. Köln: Taschen

Sassen, Saskia (1998): Metropolen des Weltmarkts. Die neue Rolle der Global Cities. Frankfurt a. M.: Campus

Scheff, Josef (1999): Lernende Regionen. Regionale Netzwerke als Antwort auf globale Herausforderungen. Wien: Linde

Schetsche, Michael (2006): Die digitale Wissensrevolution – Netzwerkmedien, kultureller Wandel und die neue soziale Wirklichkeit, in: Zeitenblicke 5, 3/06. URL: http://www.zeitenblicke. de/2006/3/Schetsche/index_html#d53e45 (Stand 30.05.2012)

Scheuplein, Christoph (2006): Der Raum der Produktion. Wirtschaftliche Cluster in der Volkswirtschaftslehre des 19. Jahrhunderts. Berlin: Duncker & Humblot

Schmidt-Burkhardt, Astrit (2005): Stammbäume der Kunst. Zur Genealogie der Avantgarde. Berlin: Akademie Verlag

Schmied, Wieland (2001): Geografisches Schicksal? De Chirico und die geistige Heimat der metaphysischen Kunst, in: Baldacci/Schmied (2001): S. 80-95

Schmied-Kowarzik, Wolfdietrich (Hrsg.) (2002): Verstehen und Verständigung. Ethnologie. Xenologie. interkulturelle Philosophie. Justin Stagl zum 60. Geburtstag, Würzburg: Königshausen & Neumann Würzburg

Schmücker, Reinold (1998): Was ist Kunst? Eine Grundlegung. München: Fink

Schneider, Irmela (1997): Von der Vielsprachigkeit zur „Kunst der Hybridation". Diskurse des Hybriden, in: Dies./Thomsen (1997): S. 13-66

Schneider, Irmela/Thomsen, Christian W. (Hrsg.) (1997): Hybridkultur. Medien Netze Künste. Köln: Wienand

Schneider, Peter-Paul et al. (1987): Literatur im Industriezeitalter. Eine Ausstellung des Deutschen Literaturarchivs im Schiller-Nationalmuseum Marbach am Neckar, 2., durchgesehene Auflage. hrsg. v. Ulrich Ott. Marbach am Neckar: Deutsche Schillergesellschaft (= Marbacher Kataloge 42/1)

Scholz, Christian (2002): Überleben im Netz, in: McKinsey & Company (2002): Cluster. McK Wissen. Bd. 01. Hamburg: brand eins Verlag oHG, S. 112-114

Schönenberg, Ulrich (2010): Prozessexzellenz im HR-Management. Professionelle Prozesse mit dem HR-Management Maturity Model. Heidelberg u. a.: Springer

Schopenhauer, Arthur (2008/Orig. 1859): Die Welt als Wille und Vorstellung. I und II. Nach den Ausgaben letzter Hand. hrsg. v. Ludger Lütkehaus. 4. Auflage. München: DTV

Schrader, Sabine (2005): „un po' carnevale" – Zum performativen Potential der futuristischen serate. In: Erstić/Schuhen/Schwan (2005): S. 229-246

Schreyögg, Georg/Conrad, Peter (Hrsg.): Managementforschung 06, Berlin/New York: De Gruyter

Schulze, Svenja (2010): Grußwort der Ministerin für Innovation, Wissenschaft und Forschung des Landes Nordrhein-Westfalen Svenja Schulze am 28.10.2010 an der Universität Duisburg-Essen zur Eröffnung der Informationsveranstaltung ‚Forschen in Europa: Nationale und europäische Forschungsförderung' (Handout) URL: http://www.wissenschaft.nrw.de/ministerium/Ministerin/ministerreden/rede_2010_10_28.pdf (Stand 21.01.2012)

Schumpeter, Joseph (2006/Orig. 1912): Theorie der wirtschaftlichen Entwicklung. Nachdruck der 1. Auflage von 1912. hrsg. und ergänzt um eine Einführung von Jochen Röpke und Olaf Stiller. Berlin: Duncker & Humblot

Schwan, Tanja (2005): Die futuristischen Manifeste der Valentine de Saint-Point – Zur Performativität von *Gender* in der medialen Vermittlung, in: Erstić/Schuhen/Schwan (2005): S.259-298

Seibel, Wolfgang (1994): Funktionaler Dilletantismus. Erfolgreich scheiternde Organisationen im Dritten Sektor zwischen Markt und Staat. 2. Auflage. Baden-Baden: Nomos

Shannon, Claude E./Weaver, Warren (1976): Mathematische Grundlagen in der Informationstheorie. München: Oldenbourg

Siebert, Horst (2001): Selbstgesteuertes Lernen und Lernberatung. Neue Lernkulturen in Zeiten der Postmoderne. Neuwied: Luchterhand (= Grundlagen der Weiterbildung)

Simmel, Georg (1968/Orig. 1908): Soziologie. Untersuchungen über die Formen der Vergesellschaftung. 5. Auflage. Gesammelte Werke. Bd. 2. Berlin: Duncker & Humblot

Sloterdijk, Peter (2002): Krieg und Lichtung, in: Brock/Koschik (2002): S. 287-307

Sorokin, Pitirim A. (1964): Social and Cultural Mobility. Paperback Edition. New York: The Free Press

Späth, Lothar/Henzler, Herbert A. (2002): Jenseits von Brüssel. Warum wir uns für die europäische Idee neu begeistern müssen. München: Econ

Spencer-Brown, George (1999): Laws of form. Gesetze der Form. 2. Auflage. Lübeck: Bohmeier

Spielmann, Yvonne (1993): Zeit, Bewegung, Raum: Bildintervall und visueller Cluster, in: montage/av 2/2/1993, S. 49-68. URL: www.montage-av.de/pdf/022_1993/02_2_Yvonne_Spielmann_Zeit_Bewegung_Raum.pdf (Stand: 20.04.2008)

Spinner, Helmut F. (1994): Die Wissensordnung. Ein Leitkonzept für die dritte Grundordnung des Informationszeitalters. Opladen: Leske + Budrich (= Studien zur Wissensordnung, Bd. 1)

Srubar, Ilja (1981): Max Scheler: Eine wissenssoziologische Alternative, in: Meja/Stehr (1981): S. 343-359

Stapelkamp, Torsten (2010): Interaction- und Interfacedesign. Web-, Game-, Produkt- und Servicedesign. Usability und Interface als Corporate Identity. Heidelberg u. a.: Springer (= X.media.press)

Stehr, Nico (2001): Moderne Wissensgesellschaften, in: Aus Politik und Zeitgeschichte 36/2001, S. 7-14

Steinorth, Karl (Hrsg.) (1979): Internationale Ausstellung des Deutschen Werkbunds. Film und Foto. Stuttgart 1929. Stuttgart: Deutsche Verlagsanstalt GmbH

Sternberg, Rolf (2005): Clusterbasierte Regionalentwicklung der Zukunft. Kriterien für die Gestaltung, in: Cernavin et al. (2005): S. 119-138

Stierlin, Helm (2002): Zwischen Sprachwagnis und Sprachwirrnis, in: Watzlawick/Krieg (2002): S.151-166

Stimmer, Franz (Hrsg.) (2000): Lexikon der Sozialpädagogik und der Sozialarbeit. 4., völlig überarbeitete und erweiterte Auflage. München/Wien: Oldenbourg

Straub, Wolfgang (2001): Individualität als Schlüsselkriterium des Urheberrechts, in: GRUR Int/Zeitschrift der Deutschen Vereinigung für gewerblichen Rechtsschutz und Urheberrecht, 2001/Heft 1, 50. Jahrg., S. 1-8

Streich, Deryk/Wahl, Dorothee (Hrsg.) (2007): Innovationsfähigkeit in einer modernen Arbeitswelt. Personalentwicklung – Organisationsentwicklung – Kompetenzentwicklung. Beiträge der Tagung des BMBF. Frankfurt a. M./New York: Campus

Stuchtey, Martin (2002): Zurück zu den Wurzeln, in: McKinsey & Company (2002): Cluster. McK Wissen. Bd. 01. Hamburg: brand eins Verlag oHG, S. 48-51

Sydow, Jörg (1992): Strategische Netzwerke. Evolution und Organisation. Wiesbaden: Gabler

Sydow, Jörg/Manning, Stephan (Hrsg.) (2006): Netzwerke beraten. Über Netzwerkberatung und Beratungsnetzwerke. Wiesbaden: Gabler

Szeemann, Harald (Hrsg.) (1983): Der Hang zum Gesamtkunstwerk. Frankfurt a. M.: Sauerländer

Tairoff, Alexander (1923): Das entfesselte Theater. Aufzeichnungen eines Regisseurs. Autorisierte Übertragung aus dem Russischen. Potsdam: Gustav Kiepenheuer

Thabe, Sabine (2002): Raum(de)konstruktionen. Reflexionen zu einer Philosophie des Raumes. Opladen: Leske + Budrich

Thiekötter, Angelika u. a. (Hrsg.) (1993): Kristallisationen, Splitterungen, Bruno Tauts Glashaus. Eine Ausstellung des Werkbund-Archivs im Martin-Gropius-Bau in Berlin vom 1.10.93-16.1.1994, hrsg. v. Werkbund-Archiv in Zusammenarbeit mit dem Museumspädagogischen Dienst Berlin (MD Berlin). Basel/Berlin/Boston: Birkhäuser (= Ausstellungsmagazin Nr.33 des MD Berlin)

Tkaczyk, Viktoria (2011): Performativität der Wissen(schaft)sgeschichte, in: Hempfer/Volbers (2011): S. 115-139

Tomasello, Michael (2002): Die kulturelle Entwicklung des menschlichen Denkens. Zur Evolution der Kognition. Frankfurt a. M.: Suhrkamp

Tönnies, Ferdinand (2005/Orig. 1887): Gemeinschaft und Gesellschaft. Grundbegriffe der reinen Soziologie. 4. unveränderte Auflage. Darmstadt: Wissenschaftliche Buchgesellschaft

Turner, Victor (1969): The Ritual Process – Structure and Anti-Structure. London: Routledge & Kegan Paul

Unger, Wilhelm (1984): „Wofür ist das ein Zeichen?" Auswahl aus veröffentlichten und unveröffentlichten Werken des Kritikers und Autors. hrsg. v. Meret Meyer. Köln: Du Mont

Urmann, Martin (2010): Die Grenzen der Sprache und ihre Chancen – eine hermeneutische Perspektive auf das Phänomen der Bildlichkeit, in: Fischer-Lichte/Hasselmann/Rautzenberg (2010): S. 49-72

Valéry, Paul (1928): La conquête de l'ubiquité. URL: http://classiques.uqac.ca/classiques/Valery_paul/conquete_ubiguite/valery_conquete_ubiquite.pdf (Stand: 12.12.11)

Valéry, Paul (1965): Über Kunst. Elftes bis fünfzehntes Tausend. Frankfurt a. M.: Suhrkamp

Vester, Heinz-Günter (1993): Soziologie der Postmoderne. München: Quintessenz

Vietta, Silvio (1992): Die literarische Moderne. Eine problemgeschichtliche Darstellung der deutschsprachigen Literatur von Hölderlin bis Thomas Bernhard. Stuttgart: J. B. Metzlersche Verlagsbuchhandlung

Vietta, Silvio (2001): Ästhetik der Moderne. Literatur und Bild. München: Fink

Volbers, Jörg (2011): Zur Performativität des Sozialen, in: Ders./Hempfer (2011): S. 141-160

Wagner, Birgit (1997): Auslöschen, vernichten, gründen, schaffen: zu den performativen Funktionen der Manifeste, in: Asholt/Fähnders (1997): S. 39-57

Wahrig, Gerhard (Hrsg. in Zusammenarbeit mit zahlreichen wissenschaftlichen und anderen Fachleuten) (1968/1972): Deutsches Wörterbuch. Gütersloh/Berlin/München/Wien: Bertelsmann-Lexikon Verlag

Watzlawick, Paul (2002/Orig.1976): Wie wirklich ist die Wirklichkeit? Wahn. Täuschung. Verstehen. Taschenbuchsonderausgabe. München: Piper

Watzlawick, Paul/Krieg, Peter (Hrsg.) (2002): Das Auge des Betrachters. Beiträge zum Konstruktivismus. Heidelberg: Carl-Auer

Watzlawick, Paul/Beavin, Janet H./Jackson Don D. (2003): Menschliche Kommunikation. Formen Störungen Paradoxien, Nachdruck der 10. unveränderten Auflage 2000. Bern: Hans Huber

Weber, Christa (1991): Vom erweiterten Kunstbegriff zum erweiterten Pädagogikbegriff: Versuch einer Standortbestimmung von Joseph Beuys. Frankfurt a. M.: IKO (= Wissenschaft und Forschung, Bd.15)

Weber, Max (1985): Gesammelte Aufsätze zur Wissenschaftslehre. 6., erneut durchgesehene Auflage, hrsg. v. Johannes Winckelmann, Tübingen: J. C. B. Mohr (Paul Siebeck)

Wehling, Hans-Werner (2002): Die industrielle Kulturlandschaft des Ruhrgebiets. Historische Entwicklungsphasen und zukünftige Perspektiven, in: Essener Unikate. Berichte aus Forschung und Lehre, Bd.19/Umwelt Ruhr. Vitalität einer Region, hrsg. v. Rektorat der Universität Essen, Essen: Wissenschaftsverlag FET – Zentralstelle für Forschungs- und Entwicklungstransfer und Wissenschaftliche Weiterbildung, S. 110-119

Weingart, Peter (1976): Wissensproduktion und soziale Struktur. Frankfurt a.M.: Suhrkamp

Welsch, Wolfgang (1992): Kulturpolitische Perspektiven der Postmoderne. Plädoyer für eine Kultur der Differenz, in: Cornel/Knigge (1992): S. 76-94

Whorf, Benjamin Lee (1999): Sprache – Denken – Wirklichkeit. Beiträge zur Metalinguistik und Sprachphilosophie. 22. Auflage. Reinbek bei Hamburg: Rowohlt

Willke, Helmut (1998): Systemisches Wissensmanagement. Stuttgart: Lucius & Lucius

Windeler, Arnold (2001): Unternehmungsnetzwerke. Konstitution und Strukturation. Wiesbaden: Westdeutscher Verlag

Wittgenstein, Ludwig (1984): Tractatus logico-philosophicus. Tagebücher 1914-1916. Philosophische Untersuchungen. Werkausgabe Band 1. Frankfurt a. M.: Suhrkamp

Wolf, Harald (1997): Das dezentrale Unternehmen als imaginäre Institution, in: Soziale Welt. Zeitschrift für sozialwissenschaftliche Forschung und Praxis, 1997/Heft 2, Jahrgang 48, hrsg. v. der Arbeitsgemeinschaft Sozialwissenschaftlicher Institute e. V. Baden-Baden: Nomos, S.207-224

Wrobel, Martin (2008): Das Konzept regionaler Cluster: zwischen Schein und Sein? Eine kritische Analyse gängiger Annahmen der aktuellen Clusterdiskussion, in: Jahrbuch für Regionalwissenschaft 2009/29, S. 85-103

Wulf, Christoph (2005): Zur Performativität von Bild und Imagination. Performativität – Ikonologie/Ikonik-Mimesis, in: Ders./Zirfas, Jörg (Hrsg.) (2005): Ikonologie des Performativen. München: Fink, S. 35-49

Wulf, Christoph/Zirfas, Jörg (2005): Bild, Wahrnehmung und Phantasie. Performative Zusammenhänge, in: Dies. (2005): S. 7-32

Wulf, Christoph/Zirfas, Jörg (Hrsg.) (2005): Ikonologie des Performativen. München: Fink

Wunderer, Rolf (2003): Führung und Zusammenarbeit. Eine unternehmerische Führungslehre. 5. überarbeitete Auflage. München und Neuwied: Luchterhand

Zukin, Sharon/Di Maggio, Paul (Hrsg.) (1990): Structures of capital: The social organization of the economy. Cambridge: University Press

Abkürzungs- und Akronymverzeichnis

Abb.	Abbildung
Abs.	Absatz
AG	Aktiengesellschaft
ahd.	althochdeutsch
AILA	Association Internationale de Linguistique Appliquée
Art.	Artikel
BMBF	Bundesministerium für Bildung und Forschung
BMWi	Bundesministerium für Wirtschaft und Technologie
bspw.	beispielsweise
bzw.	beziehungsweise
CC	Corporate Citizenship
CCCM	Competence Center Cluster-Management
CSR	Corporate Social Responsibility
DDR	Deutsche Demokratische Republik
Ders.	Derselbe
d. h.	das heißt
Dies.	Dieselbe(n)
DWB	Deutsches Wörterbuch
ebd.	ebenda
ebf.	ebenfalls
Eds.	Editors
EFI	Expertenkommission Forschung und Innovation
EFRE	Europäischer Fond für regionale Entwicklung
erg.	ergänzte/r/s
ERP	Enterprise-Ressource-Planning
erw.	erweiterte/r/s
et al.	et alii/et aliae (und andere)
etc.	et cetera (und so weiter)
EU	Europäische Union
e. V.	eingetragener Verein
evtl.	eventuell
f.	folgende (nächste) Seite
ff.	folgende (nächste) Seiten
frz.	französische/r/s
F&E/FuE	Forschung und Entwicklung
GA (GRW)	Gemeinschaftsaufgabe Verbesserung der regionalen Wirtschaftsstruktur
GEFRA	Gesellschaft für Finanz- und Regionalanalysen GbR Münster
GmbH	Gesellschaft mit beschränkter Haftung
gr.	griechisch
GUI	Graphisches User Interface
Hervorheb./Hervorh.	Hervorhebung
Hrsg.	Herausgeber/in

IBA	Internationale Bauausstellung
idg.	indogermanisch
insb./insbes.	insbesondere
IT	Information Technology
Jg.	Jahrgang
Jh.	Jahrhundert
KG	Kommanditgesellschaft
KI	Künstliche Intelligenz
kirchenlat.	kirchenlateinisch
KKI	Kunst- und Kreativindustrie(n)
KMU	Kleine und mittlere Unternehmen
kurs.	kursiv
lat.	lateinisch
LPG	Landwirtschaftliche Produktionsgenossenschaft
LuW (-Cluster)	Lern- und Wissenscluster
m. A. n.	meiner Ansicht nach
Mass.	Massachusetts
m. E. n.	meiner Einschätzung nach
mhd.	mittelhochdeutsch
mlat.	mittellateinisch
MOMA	Museum of Modern Art
MS	Manuskript
nhd.	neuhochdeutsch
OE	Organisationsentwicklung
o. J.	ohne Jahr(esangabe)
o. Q.	ohne Quelle(nangabe)
Orig.	Original
o. S.	ohne Seite(nangabe)
o. T.	ohne Titel
o. V.	ohne Vorname(nsangabe)
PE	Personalentwicklung
S.	Seite
SIGNO	Schutz von Ideen für die gewerbliche Nutzung
sog.	sogenannte/r/s
u. a.	unter anderem/und andere/s
u. ä.	und ähnliche/r/s
URG	Urheberrechtsgesetz
URL	Uniform Resource Locator
urspr.	ursprünglich
usw.	und so weiter
u. U.	unter Umständen
v.	von/vom
vgl.	vergleiche
vlat.	vulgärlateinisch
westgerm.	westgermanisch
WWW	World Wide Web
Wz.	Wurzel
z. B.	zum Beispiel
zit. n.	zitiert nach
z. T.	zum Teil
*	erschlossene Form

Abbildungsverzeichnis

The manufacturer's authorised representative in the EU is Springer
Nature Customer Service Centre GmbH, Europaplatz 3, 69115 Heidelberg,
Germany. If you have any concerns regarding our products, please
contact ProductSafety@springernature.com

Printed and bound by CPI Group (UK) Ltd, Croydon, CR0 4YY
27/04/2026
02097632-0002